经济型轿车电气系统故障检修实例

吴政清 许 力 主编

金盾出版社

内 容 提 要

　　本书系统介绍了国内保有量较大的东风、桑塔纳、别克、帕萨特、本田、现代、宝来、捷达、红旗、奇瑞等十五个系列经济型轿车电气系统故障检修实例。许多实例附有"故障维修总结",是编者的智慧及经验的结晶,使实例起到举一反三之效,能使读者提高故障诊断与分析的能力。

　　本书内容丰富,实用性强,适于汽车维修人员及广大私家车主查阅解决故障和自学提高之用,也可供大中专院校和技工学校有关专业在校学生学习参阅。

图书在版编目(CIP)数据

经济型轿车电气系统故障检修实例/吴政清,许力主编. -- 北京:金盾出版社,2012.11
ISBN 978-7-5082-7666-3

Ⅰ.①经…　Ⅱ.①吴…②许…　Ⅲ.①轿车-电气系统-检修　Ⅳ.①U469.110.7

中国版本图书馆 CIP 数据核字(2012)第 113593 号

金盾出版社出版、总发行

北京太平路 5 号(地铁万寿路站往南)

邮政编码:100036　电话:68214039　83219215

传真:68276683　网址:www.jdcbs.cn

封面印刷:北京蓝迪彩色印务有限公司

正文印刷:北京金盾印刷厂

装订:永胜装订厂

各地新华书店经销

开本:787×1092 1/16　印张:27.5　字数:650 千字

2012 年 11 月第 1 版第 1 次印刷

印数:1~6 000 册　定价:52.00 元

(凡购买金盾出版社的图书,如有缺页、
倒页、脱页者,本社发行部负责调换)

前　言

随着我国汽车工业的飞速发展和机动车保有量的迅猛增加,特别是进入新世纪后,汽车将越来越多地进入千家万户。但在车辆使用过程中,遇到一般故障如何迅速诊断与排除这一问题,一直困扰着汽车维修与驾驶人员。鉴于这种情况,我们根据多年从事汽车维修和驾驶的实践经验,并参阅大量的有关资料,编写了这本书。

本书系统介绍了国内保有量较大的东风系列、桑塔纳系列、别克系列、帕萨特系列、本田系列、现代系列、宝来系列、捷达系列、奥迪系列、红旗系列、中华系列、奇瑞系列等十五个系列的经济型轿车电气系统故障检修实例。力求通过各种车型(共约 700 个)检修实例,用简短的文字叙述,使读者能获得汽车电气系统故障诊断与排除的间接经验。各故障检修实例既有典型性,又有普遍性和实用性,读者可以从中得到启迪,举一反三。许多实例附有"故障维修总结",是编者的智慧及经验的结晶,能使读者在维修类似故障时借鉴,确实提高故障诊断与分析的能力。

本书内容丰富,实用性强,适于汽车维修人员及广大私家车主查阅解决故障和自学提高之用,也可供大中专院校和技工学校有关专业在校学生学习参阅。

本书由吴政清、许力主编。另外,参加编写工作的还有黄卫东、孙志成、朱会田、李晓华、吴社强、吴文民、王志刚、李俄收、王远、陈兴生、蒋孝华、杨汉林、杨剑、曾柏三、杨治国、孙景义等老师。在编写过程中,得到了蚌埠市红星汽车修理厂的大力支持和帮助。同时,参阅了国内外大量的有关著作、论文及资料,在此,谨向为本书编写和出版付出辛勤劳动的同志以及参考文献的作者表示衷心的感谢。由于编者水平所限,书中差错和不当之处在所难免,竭诚欢迎广大读者批评指正。

编　者

目　　录

第一章　东风系列轿车故障检修实例

一、东风雪铁龙爱丽舍 8V 轿车冷却风扇高速转的故障

故障现象:一辆东风雪铁龙爱丽舍 8V 轿车,搭载自动变速器,行驶里程为 9 万 km。车主反映在前两天的一次长途行驶中突然发现两个冷却风扇高速转动(当时仪表板上显示的发动机温度在正常范围内,并不高),车辆停下来(发动机还在运转)时风扇依然高速运转,当点火开关关闭时两个冷却风扇才停止工作。

故障诊断与排除:①检查给发动机水温控制盒提供发动机温度信号的水温传感器(电器编号 910)及其线路的情况(因为根据对爱丽舍发动机冷却系统进行工作原理分析后得知,当发动机水温传感器损坏或相关线路发生故障时,为了保护发动机机械系统,水温控制盒会强制让两个冷却风扇高速运转以降低发动机温度),结果表明水温传感器及其工作线路符合要求。②用空调加注机检查在发动机运转状态下空调制冷系统的压力值,发现压力值完全符合要求,这样就排除了由于制冷系统压力过高(超过 1700kPa),发动机水温控制盒为保护空调系统而强制性地将发动机冷却风扇处于高速运转状态的可能性。③用诊断仪 PROXIA3 对发动机电喷系统进行参数测量操作,检查在发动机运转且两个冷却风扇高速运转情况下的发动机温度(通过诊断仪进行读取),发现此状态下的发动机温度在 101℃ 以下,这样就完全排除了由于发动机温度高于 101℃,发动机水温控制盒让发动机的两个冷却风扇高速运转而对发动机冷却系统进行保护的可能性。④检查控制两个冷却风扇高速运转的 3 个继电器(编号分别为 813、814、815)及其工作线路的工作状态。将 3 个新的继电器总成换上后进行着车试验,故障现象没有消失,继续用万用表对相关线路插接器上的各个工作脚进行断电状态下的电阻测量和通电状态下的电压测量,并将测量结果与正常情况下的标准值进行比对,也没有发现任何可能导致发动机两个冷却风扇高速运转的问题存在。这样就排除了由于控制两个冷却风扇工作的三个继电器及其相关线路有缺陷造成产生风扇高速运转故障的可能性。⑤用万用表测量发动机水温控制盒的 15N8 脚的电压值,并测量它和其他工作情况正常的搭铁点之间的电阻值,结果分别为 0V 和 ≤1Ω,说明发动机水温控制盒的搭铁脚工作状态是正常的。⑥打开点火开关并使其处于"M"位,检查发动机水温控制盒 15N10、15N1、15N4、15N15、15N11 脚的电压,测量得到的结果都为蓄电池电压。以上检查结果说明发动机水温控制盒的常供电脚和点火开关供电脚等的工作状态是正常的。⑦将故障车上的发动机水温控制盒从车上拆下,将一个冷却系统工作状态良好的其他车(相同装备及类型)上拆下的发动机水温控制盒总成装在故障车上,进行路试,发现这时车辆两个冷却风扇高速运转的故障消失了。

故障维修总结:将故障件(发动机水温控制盒)进行拆检,发现发动机水温控制盒内部与搭铁脚 15N8 有关的工作线路有明显的锈蚀,进一步检查分析认为是其内部进水后腐蚀造成的。经与车主进行沟通,了解到他近期去洗车点多次洗车,并且洗车时水龙头曾经对发动机舱内进行过喷洗,而爱丽舍车的发动机水温控制盒正处在发动机舱内,维修技师判断故障产生的根源正是因为洗车时有水进入到发动机水温控制盒内造成其内部搭铁造成的。

二、东风雪铁龙爱丽舍 8V 轿车空调压缩机频繁起动的故障

故障现象:一辆东风雪铁龙爱丽舍 8V 轿车,搭载手动变速器,行驶里程为 13 万 km。车主反映,最近由于当地气温上升,需要使用空调,在按下仪表板上的空调开关按钮后,空调压缩机能正常运转,但是在工作过程中空调压缩机离合器频繁吸合和分离,造成空调压缩机总成本

身有频繁起动和停机的故障现象发生。

故障诊断与排除:通过对爱丽舍车型冷却和空调系统电路图进行工作原理分析,根据导致产生空调压缩机离合器频繁吸合和分离故障的原因按可能性的大小进行以下顺序的操作:①先检查驾驶员舱内保险丝盒(电器编号52)内 F12 保险丝的情况,此保险丝没有问题;继续用万用表的电压挡测量插接器 13B11A 脚在点火开关打开和关闭两种情况下的电压值,得到的结果分别为蓄电池电压和 0V。接下来检查空调开关插接器 7NA1 脚和空调控制盒 9NA2 脚的电压值(点火开关打开和关闭两种情况),得到的结果分别为蓄电池电压和 0V,以上检查结果表明,蓄电池通过点火开关给空调控制盒(电器编号141)和空调开关(电器编号584)进行供电的工作线路没有问题。②更换一个新的空调开关总成,检查发现故障现象没有消失;再更换一个新的空调控制盒总成,故障现象同样存在,说明故障的产生和这两个元件的状态无关。③用空调系统加注机与故障车的高低管路上的两个加注口进行连接测量,在发动机没有运转和发动机运转(且空调开关打开,空调压缩机运转)两种情况下,高低压管路中系统的空调制冷剂的压力值,测量得到的结果为在静态时(发动机不运转)高低压管路内的压力为 410kPa,而动态时(发动机运转且空调开关打开,压缩机工作时)测量值:高压为 1300kPa,低压为 140kPa。将以上的测量结果与正常情况下的高低压管路的标准值进行比对,测量值完全符合要求,排除由于空调系统内制冷剂过多,造成系统工作时压力过高而为了保护空调压缩机,空调控制盒控制压缩机离合器使其停机的情况(当停机后系统压力降低时压缩机又开始工作,这样周而复始,空调离合器就频繁吸合和分离)。④检查发动机水温控制盒(电器编号53)及其相关线路的状况,先更换一个新的发动机水温控制盒总成进行试验,故障依然存在。接下来检查驾驶员舱内的保险丝盒内的 SH 保险丝和 F15 保险丝没有发现异常情况。继续检查发动机水温控制盒插接器 15N4 和 15N15 脚的电压值,在点火开关打开时都是蓄电池电压,这个测量结果表明给发动机水温控制盒供电的相关线路没有问题。⑤检查发动机水温传感器(电器编号 910,它给发动机水温控制盒提供发动机温度信息)及其线路的工作情况,更换一个新的水温传感器总成,故障依旧,用万用表的电阻挡测量相关线路的电阻值,将测量值和标准值进行比对没有发现异常情况。这样又排除了由于发动机水温控制盒及其相关线路有问题造成空调系统压缩机离合器频繁吸合和分离的故障产生的可能性。⑥检查蒸发器温度传感器(电器编号 912)及其线路的工作情况,更换一个新的蒸发器温度传感器后进行发动机运转和按下空调开关的试验,一切正常,故障彻底排除了。

故障维修总结:将换下来的蒸发器温度传感器用万用表进行其内部阻值测量,发现其内部阻值明显偏小。经仔细分析认为,此故障是由于蒸发器温度传感器内部出现问题后造成其传递给空调控制盒的信号错误(这种状态下空调控制盒错误地认为出风口的温度低于 1℃),这时为了保护空调系统的各个总成,空调控制盒就控制断开其到压缩机离合器和发动机水温控制盒之间的电路。过了一会儿,信号表明出风口的温度又高于 3℃,这种情况下空调控制盒又控制压缩机离合器吸合,这时空调压缩机又恢复正常工作情况,这样周而复始就出现车辆的空调压缩机离合器频繁吸合和分离,从而造成空调压缩机总成本身有频繁起动和停机的故障现象。

三、东风雪铁龙爱丽舍 8V 轿车空调压缩机不能正常工作的故障一例

故障现象:一辆东风雪铁龙爱丽舍 8V 轿车,搭载手动挡变速器,行驶里程为 11 万 km。此车在按下空调控制开关后,空调工作指示灯点亮,同时听到压缩机离合器有吸合动作,但是马上又断开,空调系统根本不能正常工作。

故障诊断与排除：根据爱丽舍 8V 发动机车型空调系统的工作原理，分析认为空调系统压缩机离合器不能正常工作可能由以下几方面造成：空调开关有故障；压缩机离合器或工作线路故障；空调系统压力不正常使系统自动保护；蒸发器温度过低保护；空调调节器工作不良；空调继电器工作不良；发动机控制单元根据转速进行保护双密封继电器的工作状态；发动机温度过高保护等。进行以下顺序的诊断操作：①更换一个新的空调开关总成，故障依然存在。②首先检查压缩机离合器和工作线路状态，更换一个新的压缩机离合器总成，故障还是存在。对其工作线路用万用表进行通断及电阻值状态检查，没有发现任何异常现象。③将空调系统的蒸发器温度传感器拆下，换上一个新的总成，问题没有解决。对其工作线路进行通断及阻值检测，一切正常。④用空调系统制冷剂加注机对此车的空调系统的高低压管路进行压力测量，得到的空调系统高低压管路压力值与正常状态下的标准值相差无几，排除由于空调系统制冷剂过多或过少而造成空调压缩机不能正常工作的可能性。用空调系统专用诊断线束接上水温控制盒对压力开关的状态进行仔细检查，此后更换一个新的压力开关总成，故障还存在。以上检查结果表明压力开关的工作状态良好。⑤检查空调调节器的工作情况，更换一个新的调节器总成，未能排除故障。将其上的插接器断开用万用表检查其各脚的电压值，测量结果完全符合正常情况下各工作脚的要求。⑥在打开点火开关状态下，检查双密封继电器的 15N9 脚的电压情况，测量得到的电压值为蓄电池电压，表明双密封继电器控制与空调压缩机工作有关的线路工作状态是正常的。⑦对空调继电器 805 的工作状态进行检查，发现其给压缩机离合器的供电线路 12V 的供电（正常情况下其线路有 12V 的供电，压缩机离合器才能形成工作回路）线处于断开状态，用短接线将空调继电器 805 的 5N3 和 5N4 脚进行短接，发现此时压缩机离合器正常吸合工作。更换一个新的空调继电器总成，问题还是存在。据此认为故障与空调继电器及其线路无关。⑧更换一个新的发动机控制单元总成，故障依然存在，排除发动机控制单元内部发动机转速信号问题，造成发动机控制单元内部控制继电器 822（ 发动机用空调压缩机切断继电器）5N1 和 5N2 通电，这时 5N3 和 5N4 断开，空调压缩机离合器供电脚断开，基本排除发动机控制单元控制继电器工作的功能出问题的可能性。⑨继续对水温控制盒的各工作脚进行检查，发现 15N11 始终搭铁，而其他各工作脚的电压值符合正常要求。根据这个情况用 PROXIA 诊断仪读取发动机温度信息，发现发动机温度参数显示为 115℃，而仪表板上的水温表此时只显示 80℃ 左右。更换一个新的发动机温度传感器（水温控制盒用），按下空调控制开关，空调压缩机恢复工作，进行一段时间路试后故障现象未再出现。

故障维修总结：对此水温传感器进行拆检，发现内部出现失效状况。结合故障现象分析认为，因为给水温控制盒发送发动机温度信息的传感器（电器编号 910）发生内部失效故障，此时传递给发动机水温控制盒的发动机温度信息高于 112℃（实际发动机温度只有 80℃ 左右），根据发动机水温控制盒的工作特性（空调系统在发动机温度高于 112℃ 情况下进行高温保护），此状态下水温控制盒内部控制系统自动导通 15N11 与 15N8 脚（水温控制盒搭铁脚）。空调继电器 805 的 5N3 和 5N4 断开，导致空调压缩机离合器断开，压缩机此时停止工作，进入这种保护状态的主要目的是避免发动机温度持续过高，导致空调系统出现更严重的问题。

四、东风雪铁龙爱丽舍 8V 轿车后雨刮不能正常工作的故障

故障现象：一辆东风雪铁龙爱丽舍 8V 轿车，搭载自动变速器，行驶里程为 18 万 km。该车在下雨行驶过程中需要使用后雨刮器时，车主发现当将后雨刮器开关打开后，后雨刮器胶条和刮臂不能正常刮动。

故障诊断与排除：①用万用表的电压挡检查发动机舱内保险丝盒（电器编号 52）内插接器

2M1 脚的电压值(点火开关打开和点火开关关闭两种情况),测量的结果为 0V 和蓄电池电压,表明后雨刮器工作线路到发动机舱内保险丝盒是没有问题的。②接下来检查发动机舱内保险丝盒内的 F25 保险丝的状态,将其从保险丝座上拆下,目视检查外观正常。用万用表测量其通断情况,也正常。用万用表检查插接器 130R7A 脚的电压值(点火开关打开和点火开关关闭两种情况),结果为 0V 和蓄电池电压,表明后雨刮器工作线路通过发动机舱内保险丝盒内部后没有问题。③检查后雨刮器延时继电器及其相关线路的工作情况。首先用万用表检查搭铁点 MC30 的状况,测量其接触点的电压值,测量结果为 0V,还检查其与其他工作正常搭铁点的电阻值,结果为≤1Ω。以上结果表明,后雨刮器延时继电器搭铁脚及其工作线路符合要求。④用万用表检查后雨刮器延时继电器插接器 9N8 脚的工作电压,在点火开关打开时测量值为蓄电池电压,表明后雨刮器延时继电器的供电线路正常。⑤更换一个新的后雨刮器延时继电器总成,并打开后雨刮器工作开关观察后雨刮器的工作情况,发现故障现象依然存在,表明故障的产生与后雨刮器延时继电器总成无关。⑥用万用表检查后雨刮器延时继电器插接器 9N7脚(后雨刮器延时继电器工作控制线路),在打开后雨刮器按开关后的电压值,检查结果与正常值比对,符合要求。表明后雨刮器延时继电器总成工作控制线路正常。⑦检查后雨刮器电机及其相关线路的工作情况。首先用万用表检查后雨刮器电机搭铁点(插接器 5B2 脚及其线路)的状况,测量其接触点的电压值,结果为 0V,检查这个脚与其他工作正常搭铁点的电阻值,结果为≤1Ω。以上结果表明,后雨刮器电机搭铁脚及其工作线路符合要求。⑧测量后雨刮器电机插接器 5B3 脚的电压值(在打开点火开关状态下),结果为蓄电池电压,表明后雨刮器电机供电线路的状态正常。⑨测量后雨刮器电机插接器 5B5 脚、5B4 脚、5B1 脚(电机工作控制线路)在打开点火开关且按下后雨刮器工作开关的情况下的电压值,将以上测量结果与正常情况下的标准值进行比对,结果表明后雨刮器电机工作控制线路的工作没有异常情况。⑩更换一个新的后雨刮器电机总成,并按下后雨刮器工作开关,发现雨刮器胶条和刮臂恢复正常刮动状态,至此故障彻底排除。

故障维修总结:将故障件进行拆检分析,发现后雨刮器电机内部存在断路故障,表明问题(后雨刮器胶条和刮臂不能正常刮动)的产生是由于后雨刮器电机内部断路造成的,这种状态下后雨刮器电机不能正常工作,最终形成了后雨刮器胶条和刮臂不能刮动的故障。

五、东风雪铁龙 C2 轿车发动机无法起动的故障

故障现象:一辆东风雪铁龙 C2 轿车,搭载 1.4L 发动机、手动挡变速器,行驶里程为 6 万 km。车主反映在洗车店洗完车后行驶过程中突然熄火,车辆再也无法起动。

故障诊断与排除:①先用万用表检查车辆蓄电池的电压,得到的测量值大于 12V,表明蓄电池的电压可以让发动机进行正常的起动工作。②对车辆的起动系统电路进行检查,发现线路及相关继电器工作正常,并且发现在将点火开关打到起动挡位时起动机有明显的动作,只是发动机无着车迹象。排除由于起动系统故障造成车辆无法正常起动。③对车辆的智能控制盒菜单下的防起动参数用 PROXIA3 诊断仪进行读取,表明防起动系统无故障。④用诊断仪进入到发动机控制系统进行故障码读取,发现以下故障码信息:燃油泵控制故障,本地;喷油器控制故障,本地;1、4 缸点火线圈控制故障,本地;2、3 缸点火线圈控制故障,本地;炭罐排放电磁阀控制故障,本地。怀疑发动机控制单元本身可能有问题,于是更换新的发动机控制单元总成,进行初始化操作并删除故障后进行着车试验,车辆还是无法起动。⑤仔细查看 J34P 发动机控制系统电路图,结合故障信息,认为发动机舱内保险丝盒(PSF1)的工作状况与故障有很大关系。于是对其内部控制上述故障中所涉及的元件的相关保险丝进行状态检查,发现 F2、

F15、MF4 保险丝都无损坏现象。用发动机舱内保险丝盒专用诊断线束和诊断接线盒将插接器上各脚引出,用万用表测量各脚的电压值,将其与标准值进行对比,没有发现任何异常,认为相关线路无问题。这时只有更换新的发动机舱内保险丝盒(PSF1)总成,进行故障删除操作后,进行起动试验,这时车辆能正常着车。

故障维修总结:将故障件进行拆解,发现总成内部集成的 R2 继电器由于进水而出现短路情况,最终损坏继电器使其出现工作脚断路现象,结合车主的反映,认为是车辆在洗车时将水溅到发动机舱内保险丝盒中,在车辆运行时其中控制燃油泵、喷油器、点火线圈工作的 R2 继电器造成了损坏,这种情况下车辆无供油、无供电,所以车辆根本无法正常着车。

六、东风雪铁龙 C2 轿车组合仪表上的安全气囊故障灯突然点亮的故障

故障现象:一辆东风雪铁龙 C2 轿车,搭载 1.6L 发动机,手/自一体变速器,行驶里程为 8 万 km。车主反映车辆在正常行驶过程中,组合仪表上的安全气囊故障灯突然点亮。

故障诊断与排除:用 PROXIA3 诊断仪进入到此车的智能控制盒(BSI)和安全气囊控制单元菜单,对这两个可能导致安全气囊故障灯常亮的控制系统进行故障信息的读取操作,结果在智能控制盒内无任何故障信息,在安全气囊控制单元内显示有故障,故障的具体内容为:乘客侧安全气囊故障,故障性质为永久性故障。

查看 C2 车型安全气囊系统电路图,对乘客侧安全气囊的工作原理进行分析,根据产生此故障可能性的大小,用诊断仪对智能控制盒的控制单元设置菜单进行参数测量,发现乘客侧安全气囊的设置状态是打开的,这一结果就排除了智能控制盒的设置因素。

此时,怀疑是乘客侧安全气囊总成本身存在断路或短路故障,造成故障灯常亮。考虑到安全气囊系统的特殊性,于是将乘客侧安全气囊总成拆下,用专用气囊检测元件(模拟电阻)代替该总成串联在乘客侧安全气囊电路中,在打开点火开关状态下用诊断仪对故障进行读取和删除操作,故障信息依然存在,故障灯还是保持常亮。

将一个新的安全气囊控制单元总成换上,用诊断仪对安全气囊控制单元进行设置和编码,故障依然存在。

接着对安全气囊系统的相关线路进行状态检查,先用 C2 车型智能控制盒专用诊断线束将相关系统的线路并联引出,用万用表测量插接器 16V GR 4(+VAN 网线)脚、40V NR 30(VAN 网线)脚、28 脚(网线)的电压值,并将测量值与正常情况下的标准值进行对比,结果正常,说明故障与 VAN 车身网三根网线的状态无关。

继续测量安全气囊控制单元各工作线路的电压,测量 50V OR 18(乘客侧气囊点火器工作 1 脚)、19(乘客侧气囊点火器工作 2 脚),20(主气囊点火器工作 1 脚)、21(主气囊点火器工作 2 脚)、30(VAN 数据 A 网线)、33(VAN 数据 B 网线)、34(控制单元总成接地脚)、37(+VAN 供电网线)、47(控制单元总成供电脚)脚在点火开关打开和关闭状态下的电压值,无任何异常情况。

用万用表测量安全气囊控制单元上控制乘客侧气囊工作各脚之间线路的电阻值,结果发现安全气囊控制单元 18 脚和 19 脚之间是导通的(测量结果为小于 1Ω),而正常情况下应该是串联一个乘客侧气囊点火器总成,其内部是有一定的阻值的。于是拆开周围的附件对此线路进行仔细检查,发现两线路之间存在短接情况。于是更换一条新的线束,并进行故障删除。最后进行试车操作,组合仪表上的安全气囊故障灯不再点亮。

故障维修总结:对故障点进行仔细认真的状态分析后,维修技师认为,此故障是由于安全气囊控制单元控制乘客侧气囊点火器工作的 18 脚和 19 脚的两条线路之间的绝缘线皮存在着

非正常磨损,最终让两线路造成导通状态(短路),这时安全气囊控制单元总成认为乘客侧气囊点火器存在故障,点亮组合仪表上的安全气囊系统故障灯。

七、东风雪铁龙 C2 轿车发动机不能起动的故障一例

故障现象:一辆东风雪铁龙 C2 轿车,搭载 1.6L 16V 发动机,行驶里程为 16 万 km。车主打救援电话,反映在上午准备出门时,发现车辆的发动机无法正常起动。

故障诊断与排除:对 C2 车型的发动机起动原理进行分析,根据经验对产生发动机不能正常起动的原因按诊断故障的难易程度进行以下顺序的具体操作:①用专用的蓄电池状态检测仪对车辆上蓄电池状态(主要是检查蓄电池的容量及电压值是否正常)进行检查,结果表明,蓄电池的状态是完全符合正常使用要求的。同时对蓄电池正负极接线柱及正负极电缆线的状况进行检查,没有发现异常现象。②用 PROXIA3 诊断仪对发动机控制单元进行故障读取操作,没有得到任何可能导致发动机不能起动的故障信息。③对发动机转速位置传感器及其工作线路进行状态检查,对线路用万用表对其阻值进行测量。并将结果与正常值进行对比,正常。更换一个新的转速位置传感器总成,故障现象还存在。④将 4 个缸的喷油器拆下,用专用超声波喷油器清洗机对 4 个喷油器进行清洗,同时进行喷油状态的检查,结果表明,4 个喷油器的工作十分正常。⑤对发动机供油系统的供油压力用管路压力测量表进行检查,得到的结果为300kPa 左右,符合正常工作状态时的要求。⑥对进气压力传感器及其工作线路进行状态检查,在断开传感器的插接器状态下,对进气压力传感器所处线路的电阻值进行测量,将测量结果与标准值进行对比,符合要求。更换一个新的进气压力传感器总成后进行发动机起动操作,故障没有被排除。⑦将点火线圈从发动机缸盖上拆下,并用专用工具将 4 个缸的火花塞拆下,对火花塞的外观和电极之间的点火间隙进行检查,没有发现任何异常情况,接下来又用专用诊断线束将点火线圈相关工作脚并联引出,检查其在点火开关打开、关闭两种状态下的工作电压,同时将测量值和标准值之间进行对比,没有发现问题。⑧用 PROXIA3 诊断仪对车辆的智能控制盒系统(BSI)进行故障读取操作,发现发动机控制单元处于闭锁状态。于是将一辆无故障的同型号的 C2 车辆上的钥匙(应答器)、智能控制盒总成、发动机控制单元总成一起拆下,与故障车上的 3 个元件互换(同时将组合仪表插接器断开),发现车辆还是无法起动。看来故障和以上 3 个元件本身无关,问题可能是由于转向盘转换模块或防起动系统线路有问题造成的。⑨按确定故障点的难易和方便程度先对转向盘转换模块及其工作线路进行检查。首先更换一个新的转向盘转换模块总成,进行发动机起动试验,故障还存在。于是将转向盘转换模块总成拆下,用万用表检查插接器 6V GR 上各个工作脚的电压(分点火开关关闭、点火开关打开两种状态),将测量的结果与正常情况下的标准值进行对比,发现 5 脚(转向盘下转换模块常供电脚)电压值明显不对,测量结果为 0V,而标准值应该为蓄电池电压(两种状态下都是一样的)。继续查对电路图,对智能控制盒上的 SH 和 F4 保险丝进行状态检查,发现 F4 保险丝熔断,于是更换一个新的 F4 保险丝,而后进行相关发动机的起动操作,发现车辆可以正常起动,这时又用诊断仪进入到智能控制盒系统进行防起动系统的参数测量操作,发动机控制单元处于解锁状态。此时发动车辆立即着车,一切正常,故障彻底排除。

故障维修总结:此故障是由于给转向盘转换模块提供常供电线路(线路编号 BE118B)上的 F4 保险丝出现熔断,导致转向盘下转换模块不能正常工作,这时钥匙(应答器)无法通过转向盘转换模块与智能控制盒之间进行防起动系统相关对话功能的进行,智能控制盒也就无法发出解锁指示,从而让发动机控制单元处于解锁状态,这种情况下发动机始终处于闭锁状态,发动机就无法正常起动。当保险丝更换后,防起动系统工作线路一切恢复正常,防起动系统相

关对话完成后,发动机处于解锁状态,发动机便可以正常起动了。

八、东风雪铁龙 C2 轿车发动机无法正常起动的故障一例

故障现象:一辆东风雪铁龙 C2 轿车,搭载 1.4L 发动机,行驶里程为 10 万 km。车主反映车辆在正常行驶过程中,在通过一段高低不平的路面后发动机突然熄火,此后就一直无法起动。

故障诊断与排除:用诊断仪 PROXIA3 诊断,诊断仪根本无法与发动机控制单元、防抱死控制单元进行诊断对话,而与智能控制盒、发动机舱内保险丝盒,安全气囊控制单元、转向盘下转换模块等控制单元之间是可以正常对话的。

根据上一步检测得到的信息,初步认为故障与发动机控制单元和防抱死控制单元的相关线路有关。于是对发动机控制单元、防抱死控制单元的供电脚、搭铁脚进行电压及通断状态的检查(怀疑有可能是因为这两个控制单元的供电和搭铁线路出问题,造成不能正常工作)。对照发动机控制系统、防抱死控制系统电路图,用万用表测量其工作脚的电压(点火开关打开时),发动机控制单元、防抱死控制单元上的测量值与正常情况下各脚的标准值进行对比,没有发现任何异常情况存在。

接下来检查线路的电阻状况,用万用表测量在这两个控制单元(发动机控制单元、防抱死控制单元)断开情况下 CAN 网的网线之间的电阻值。首先断开防抱死控制单元(ABS)插接器,测量 19、25 脚之间的电阻,结果为 121Ω(正常),测量 21、23 脚之间的电阻,结果为 400Ω(不符合要求,正常值应该为 120Ω 左右)。断开发动机控制单元插接器,测量防抱死控制单元 26V BE 21 脚到发动机控制单元 48V NR A1 脚之间线路的电阻值为 0Ω,防抱死控制单元 26V BE 23 脚到发动机控制单元 48V NR A2 脚之间的电阻为 0Ω,结果表明线路正常。将发动机控制单元连接到线路中,测量防抱死控制单元 21 脚和 23 脚之间的电阻又为 403Ω,在晃动相关元件和线路时,这两个脚之间的测量电阻值有时变为无穷大。

根据上面的测量结果认为,此故障肯定是发动机控制单元与防抱死控制单元之间网线的工作线路存在问题。于是更换一个新的发动机控制单元和防抱死控制单元,并做相应的匹配和设置操作,故障现象依然存在。这时只有仔细将发动机控制单元与防抱死控制单元之间的网线扒开,并分段进行阻值测量,发现在线路即将进入防抱死控制单元内部的插接器 26V BE 23 脚处有不太明显的锈蚀痕迹,于是用工具对锈蚀进行清除并装上,重新测量电阻值,得到 21 脚和 23 脚之间的测量值为 122Ω(恢复正常)。接着用诊断仪进行故障诊断,发现与发动机控制单元和防抱死控制单元的通信正常。对故障码进行了删除操作。最后试车,发动机已经能够正常起动。

故障维修总结:对故障件在系统中的作用原理进行分析后认为,此故障是因为防抱死控制单元内部的插接器 26V BE 23 脚被锈蚀,造成 CAN 网线电阻过大,这时网线上的信息无法正常传递。基于这种状况,相关系统(发动机控制单元和防抱死控制单元)处于降级模式运行状态,发动机控制单元与智能控制盒无法进行防起动系统的对码,发动机始终处于闭锁状态,此时发动机根本无法正常起动,且诊断仪无法与这两个控制单元进行诊断对话。

九、东风雪铁龙 C2 轿车行驶中突然熄火的故障

故障现象:一辆东风雪铁龙 C2 轿车,16V 发动机,手动挡,行驶里程为 2 万 km。车辆在正常着车过程中,有时会加油不畅且突然熄火,重新起动后不久故障现象会再现。

故障诊断与排除:根据能够导致发动机突然熄火的相关总成、零部件可能性,对发动机的电路、气路、油路系统中各组成部分进行以下具体步骤的检查:①先用诊断仪 PROXIA3 进行

故障读取和删除操作,没有发现任何故障记录。②在发动机正常着车的情况下,对发动机转速信号进行参数测量,得到的数据显示正常,更换一个新的发动机转速位置传感器,故障依旧存在。此故障与发动机转速位置传感器及其线路无关。③用专用清洗剂对发动机电子节气门机械构件清洗干净,并用压缩空气吹干。接着用诊断仪 PROXIA3 重新做电子节气门的初始化。然后在点火开关打开到"M"位和发动机急速运转两种情况下,用万用表和诊断线束对其电子节气门 6V MR 插接器上各脚的电压状态进行检查。得到以下结果:6V MR 1 脚——3V,0V,6V MR 2 脚——5V,6V MR 3 脚——3.16V,3.16V,6V MR 4 脚——3.16V,3.16V,6V MR 5 脚——0.42V,1.05V,6V MR 6 脚——5V,5V。测量的电压值与正常情况下的标准值相符合,这样就可以排除由于电子节气门体及其线路故障导致发动机在正常运行过程中熄火的可能性。④对点火线圈及其线路进行检查,将所得的点火线圈工作状态波形与标准波形进行比对,基本相同。说明此故障不是点火线圈及其线路所造成的。⑤更换一个新的发动机进气压力和温度传感器,故障依然没有解决。⑥用 PR0XIA3 诊断仪对炭罐排放电磁阀及其线路进行执行机构的测试检查,工作情况良好。⑦对发动机的进气通道进行检查,也未能发现任何异常情况。⑧将 4 个喷油器拆下用专用清洗机进行清洗和检测,结果表明 4 个喷油器的工作性能良好。⑨将燃油管路压力测量表接到发动机的供油管路上对发动机供油系统的油压进行相关的检查,发现在故障出现的瞬间,供油系统的油压由正常情况下的 350kPa 左右突然下降为 100kPa 左右。这个结果说明,发动机在运行过程中的突然熄火与供油压力的变化有直接关系,此后应进一步对供油系统的机械及电气系统进行故障诊断。⑩用万用表检查汽油泵的工作情况,将汽油泵上的插接器 6V NR 断开,在打开点火开关的状态下测量其 3 脚(供电脚)的电压为 12.5 V 左右,这说明汽油泵供电线路正常。检查 4 脚与车身搭铁点之间的电阻,所得值为 108Ω,与标准值相比明显偏大,这说明汽油泵的搭地线路有故障。将其接地线路进行仔细分段排查,发现是其线路在座舱线束上的 MC20 搭铁点存在虚接情况。将其搭铁点紧固螺栓重新固定好后,进行试车,故障现象消失。

故障维修总结:此故障是典型的由于汽车电气部件的搭铁点接触不良导致的。由于该车辆的汽油泵 MC20 搭铁点存在接触不良的情况,当车辆运行时会突然造成汽油泵不能形成正常的工作回路,致使汽油泵不工作,发动机电喷系统供油压力就会变得明显过低。在这种情况下,电喷系统形成的可燃混合气过稀,发动机不能正常工作而出现突然熄火的现象。

十、东风雪铁龙 C2 轿车组合仪表上的故障灯同时点亮报警的故障

故障现象:一辆东风雪铁龙 C2 轿车,1.4L 发动机,手动变速器,行驶里程为 12 万 km。此车在高速公路行驶过程中,组合仪表上的所有故障灯全部同时点亮,并且没有车速、发动机转速和水温信息显示。熄火后有时不能起动。

故障诊断与排除:先用诊断仪 PROXIA3 对车上所有控制系统进行故障读取操作,得到以下故障信息:智能控制盒与发动机控制单元、安全气囊控制单元、防抱死(ABS)通信联系故障,故障性质为永久性故障。用诊断仪进行故障删除操作,故障信息仍然存在。

认为可能是组合仪表总成本身有问题,于是更换一个新的组合仪表总成,故障没有消失。接下来对组合仪表中各工作线路进行电压及电阻检查,特别是其中的供电脚、搭铁脚和 VAN 网线工作脚(三根网线脚:数据 A、B、+VAN)进行重点检查,没有发现异常情况。

对智能控制盒系统进行参数测量操作,将得到的防起动系统、组合仪表、发动机控制单元、防抱死控制单元、安全气囊控制单元相关的设置参数与正常状态下的设置参数值进行对比,没有发现任何参数值存在异常,这样就排除了由于控制单元内部与组合仪表功能设置有关的选

项存在问题而造成故障灯点亮的可能。

用万用表的电压挡测量各工作脚：发动机控制单元插接器48V NR A1(CAN H网线)、A2(CAN L网线)、L1、L2、M1(搭铁脚)、K3(供电脚)脚，智能控制盒插接器40V NR 2(CAN H网线)、4(CAN L网线)脚，插接器2V NR 1、2脚(点火开关控制供电脚)，插接器2V GR 1、2脚(常供电脚)，在点火开关关闭、打开、发动机怠速运转三种状态下测量电压值，并将结果与正常状态下的标准值对比。结果表明，智能控制盒和发动机控制单元的相关工作线路中没有任何可以导致组合仪表上故障灯点亮的故障点存在。

更换一个新的发动机控制单元总成，并用PROXIA3诊断仪与智能控制盒、应答器的对码操作，而后进行发动机起动试验(能正常起动)，随后用诊断仪读取发动机控制系统和智能控制盒的故障及参数，没有发现异常，并且组合仪表上的故障灯全部熄灭(恢复正常)。

故障维修总结：将故障件(旧的发动机控制单元总成)装到相同型号的另外一辆车上后，故障现象再次出现。拆开故障件进行仔细的功能测试及检查，发现发动机控制单元内部的工作电路状态不良，这种情况下它传递给组合仪表的都是错误的信息，最终导致组合仪表上所有故障灯一起点亮。

十一、东风雪铁龙 C2 轿车冷却风扇只能低速运行的故障

故障现象：一辆东风雪铁龙 C2 轿车，搭载 1.4L 发动机，行驶里程为 4 万 km。车主反映该车发动机温度在长途行驶时明显偏高，进行检查时，发现随着发动机温度的不断升高，车辆的冷却风扇只有低速运行挡，而无高速运行挡。

故障诊断与排除：根据东风雪铁龙 C2 1.4L 车型装备的 TU3AF 发动机采用的 J34P 电喷系统的工作原理及电路图进行分析(此车型的冷却风扇由发动机控制单元根据发动机温度和空调系统压力这两个因素来控制风扇电机工作)，按以下顺序进行相应的故障诊断及排除：①先检查发动机温度传感器及其线路的工作情况。在发动机着车情况下，将发动机温度传感器(1220)从发动机上拆下，正常情况下发动机控制单元在无发动机温度信号的情况下，为了保护发动机会自动控制冷却风扇处于高速运转情况，而此时发动机冷却风扇还是处于低速运转状态。接着将模拟发动机温度信号的可变电阻联接(变化范围为 0~10kΩ)到发动机控制单元(1320)插接器 32V MR 的 A3、A4 脚上，同时接上 PROXIA3 诊断仪，进入发动机诊断菜单进行参数测量。此种情况下，用调节可变电阻的阻值来模拟发动机温度值，发现 PROXIA3 诊断仪上显示发动机温度达到 97℃左右时，发动机冷却风扇开始进行低速运转，当继续调节可变电阻阻值，诊断仪上显示发动机温度已经超过 112℃时，风扇还在低速运行，而正常情况下，发动机温度传感器发送给发动机控制单元此时的温度信号时，它就控制发动机冷却风扇应该进入高速运转状态。在此状态下更换一个新的发动机温度传感器，故障依然没有解决。以上所做一切说明，故障和发动机温度传感器及其线路无关。②继续检查空调系统的线性压力传感器及其线路的工作情况。在发动机着车且空调开关打开情况下，将空调系统的线性压力传感器(8007)从车上拆下，此时将模拟空调系统压力信号的可变电阻连接(变化范围为 0~5kΩ)到发动机控制单元(1320)插接器 48V NR 的 H1、H2、H3 脚上，同时在 H2 脚上并一个万用表来测量传感器的反馈信号。调节可变电阻，发现当线性压力反馈信号显示系统压力很高，冷却风扇应该高速转时，风扇依然处于低速运行。更换一个新的空调系统线性压力传感器后，故障现象依旧。说明此故障与空调系统线性压力传感器无关。③怀疑冷却风扇本身可能有问题，更换一个新的风扇电机总成后，故障现象还与以前一样。④检查控制风扇高速运行的风扇高速继电器及其线路的工作状态。调节发动机温度传感器的阻值，当 PROXIA3 诊断仪上显示的发动机温度高于112℃时,风扇高速继电器(1509)的1、2脚(继电器控制脚)有电流通过,且发动机控制单元插接器48V NR D4脚的电压由12V变为0V,同时风扇高速继电器3、5脚(继电器工作脚)由断路状态变成通路状态。这说明发动机控制单元的温度控制功能和风扇高速继电器的控制脚及工作脚的工作状态没有任何问题。⑤用PROXIA3诊断仪对发动机控制单元进行故障读取和参数测量的操作,没有任何故障记录,发动机运转的各项参数无异常情况。排除由于发动机机械系统和电喷系统有故障间接造成冷却风扇无高速运行的可能。⑥在发动机温度达到112℃时,用万用表测量发动机的风扇工作状态反馈信号线1599(发动机控制单元插接器32V NR A1脚)的电压,正常情况下的电压值应为12V,而此时测量值仅为6V。这说明冷却风扇高速工作的线路中有故障。⑦用万用表对风扇高速继电器到风扇电机之间的线路的通断情况进行检查。发现从高速继电器到铰接点E151之间的线路是正常的,而从铰接点E151线号1511到线号153之间的电阻为无穷大,正常值为小于1Ω,这说明此铰接点有故障。将此铰接点进行清洁和焊接后,重新装车。接着用模拟电阻进行发动机温度状况的模拟,当PROXIA3诊断仪显示发动机温度达到105℃时,冷却风扇开始高速运转。故障完全排除。

十二、东风雪铁龙爱丽舍轿车因双密封继电器故障而不能起动的故障

故障现象:一辆2003年产爱丽舍1.6L自动挡轿车,搭载TU5JP型8气门电喷发动机。用户在早上起动车辆时无法着车,于是拨打了服务站的救援电话。

故障诊断与排除:询问车主后得知,该车在新车时就出现过这种无法起动的故障,车辆停放一夜后再起动就全车没电,用其他蓄电池辅助起动可以顺利着车,着车后充好电就一切正常,再过几天或几个月又会出现隔夜全车没电的情况。此故障曾在其他服务站检修过,但没有找到故障点。该车4年内行驶了3万km,这样的故障已经至少出现过5次,用户很苦恼,曾经还因此更换了蓄电池和起动机。

根据车主反映的情况,维修技师认为应该是间歇性漏电故障。打开发动机舱盖,测量蓄电池的电压很低,蓄电池已经严重亏电。用服务车的蓄电池对该车进行辅助起动,发动机可以顺利起动着车。将发动机熄火,观察该车的用电设备是否有未关闭的,车灯、室内灯、杂物箱灯等灯光均熄灭,该车也没有加装任何用电设备。维修技师站在车辆的左前方,突然听到有轻微的"嘶、嘶"声,声音极小。顺着声音寻找来源,发现声音来自喷油器的供油轨,是供油的声音。打开车门,掀起后座椅,撬开黑色盖板,发现燃油泵确实在工作。关好车门,走到车辆前方仍然能够听见"嘶、嘶"声,该声音过一会就停止了,前后持续约40s。拆下该车蓄电池负极桩的线束,将万用表串联在线束与负极柱之间,测量此时的电流为0.2A,这个电流是正常的,主要是给各种模块提供常用电的,不能算作漏电(对于爱丽舍车型,休眠电流高于0.3A可视为漏电)。

那么汽油泵工作几十秒是什么原因呢?利用服务车的蓄电池将故障车起动,对故障车的蓄电池充电一段时间,蓄电池电压升至12.5V。将发动机熄火,拔出钥匙并关好车门,等待一会儿供油轨又有供油的声音,同时变速器电磁阀也有通电工作的声音,时间持续了大概3s后,这两种声音都没有了。

用万用表测量所有用电设备都关闭时的电流,仍然是0.2A。将钥匙拔出,关上车门等待一会儿,又有汽油泵和变速器电磁阀通电工作的声音,但这一次声音的持续时间很长。从电路图上可以看出,汽油泵和变速器电磁阀都是由双密封继电器供电的,怀疑双密封继电器触点粘连。用手轻敲双密封继电器,汽油泵和变速器电磁阀立刻停止工作。

更换双密封继电器,着车后再熄火,汽油泵和变速器电磁阀也有工作的声音,但时间很短,反复试了几次都是持续3s就停止了,车辆恢复正常。

故障维修总结:故障原因是双密封继电器内部触点粘连,导致汽油泵和变速器电磁阀一直工作,从而耗尽了蓄电池的电量,导致次日全车没电。用户离开后,维修技师无意中摇晃换下来的双密封继电器,内部似乎有脱落的螺钉滚动的声音。用锯条将双密封继电器的外壳锯开,发现继电器上的一个动触点的拉簧脱落了。至此,维修技师对该车的故障过程彻底清楚了。正常情况下,在用户拔掉钥匙锁车后的一个很短的时间里,发动机控制单元会指令双密封继电器吸合 3s,目的是对供油系统内汽油加压以便下次容易起动发动机,同时也激活变速器的电磁阀以防卡滞。而该车由于双密封继电器中的拉簧脱落,导致动触点有时弹不起来,于是蓄电池一直对汽油泵和变速器电磁阀供电,而这两个用电设备功率不小,所以一夜之间耗尽了蓄电池的电量。而这两个用电设备工作时的声音很小,仪表上也不显示,所以用户一般不会觉察到。

此类故障在雪铁龙车系中比较典型。如果双密封继电器出现故障,还可能出现凉车打不着车、无规则间歇性打不着车、着车后不能熄火以及加速瞬间发闯等故障。

十三、东风雪铁龙爱丽舍轿车起动机能工作,但发动机不着车的故障

故障现象:爱丽舍轿车无法起动。起动机能工作,但发动机不着车。

故障诊断与排除:由故障现象判断,可能是保险丝损坏造成该故障。经检查,F25 保险丝烧损。更换 F25 保险丝,但打开点火开关 2 挡,F25 保险丝就烧,这说明 F25 保险所控制的电器电路中有接地短路的地方。

查电路图,F25 保险控制的电器如下:通过 13G 插接器的 6A 脚给电子钟供电;通过 13BI 插接器的 7B 脚给收音机供电;通过 130r 插接器的 5B 脚给防盗控制盒、组合仪表供电;通过 130r 插接器的 6B 脚给顶灯供电;通过 9J 插接器的 2B 脚给 16 路诊断插头供电。

搞清楚 F25 保险丝的电路原理后,接下来检查范围就缩小了。关掉点火开关,换上好的 F25 保险丝,把 13G 插接器、13BI 插接器、130r 插接器、9J 插接器全部拔掉,打开点火开关 2 挡后再一个一个插上,当插到 130r 插接器时,F25 保险丝烧掉。说明故障在防盗控制盒、组合仪表、顶灯。把通往顶灯的线拔掉,再换上新的 F25 保险后一切正常了,说明故障在顶灯线上。检查顶灯线,发现顶灯供电线搭铁。由于后顶灯供电线短路引起 F25 保险丝烧损,从而引起共用同一保险的防盗控制盒无供电,造成车辆抛锚无法起动着车。

将破的后顶灯线束包好装复后试车,一切正常,故障彻底排除。

十四、东风雪铁龙爱丽舍 16V 发动机故障灯一直点亮的故障一例

故障现象:一辆东风雪铁龙爱丽舍 16V 手动挡轿车,行驶里程为 7 万 km。出现发动机故障灯一直点亮,同时感觉到发动机转速明显不稳定的故障。

故障诊断与排除:①用诊断仪 PROXIA3 进入发动机控制单元内部进行故障读取,得到以下有关发动机工作状况时的故障信息:第 1 缸点火失败,永久性故障。②先对发动机供油系统进行检查和清洗,重点检查的项目是利用专用喷油器清洗及检测设备,检查第 1 缸喷油器的工作是否正常,检测结果表明这些零部件没有出现异常情况。通过这项操作基本上可以排除是因为喷油系统堵塞造成各缸喷油量不均匀导致第 1 缸点火失败的可能性。③将 4 个缸的火花塞拆下,仔细检查各缸火花塞的状态,发现第 1 缸的火花塞有轻微异常烧损的现象存在,其他 3 个缸的火花塞基本正常,此时首先怀疑到这辆车发动机的点火线圈是否有问题,这时更换一个新的点火线圈总成,并进行了试车,发动机工作情况基本正常,但是几天后故障现象又出现了。说明故障与点火线圈无关。④接着怀疑是因为发动机控制单元总成本身出现问题造成发动机第 1 缸的火花塞点火失败,更换一个新的发动机控制单元总成并进行初始化操作,故障现象并没有出现好转。⑤用示波器结合诊断仪 PROXIA3 对前氧传感器进行发动机运转工作状况下混合气浓度反馈信号波形的检查,发现测量得到的前氧传感器波形及用万用表测量得到的直流电压信号值是在 0.1~0.9V 的正常范围内波动,说明前氧传感器及其线路工作是正常的,这样就又排除了由于前氧传感器失效造成第 1 缸的混合气浓度失调,造成第 1 缸内形成的可燃气体点火工况失败。⑥对发动机第 1 缸的进气管路进行仔细的拆检,发现第 1 缸进气门存在着严重积炭的现象,接下来又拆开汽缸盖进行检查,发现该缸进气门有磨损严重的情况,于是进一步检查与之工作相关结构件,发现此缸进气门的气门油封存在脱落的情况。用专用装配工具更换新的进气门和气门油封,将发动机修复后进行了一段时间的路试,并用诊断仪进行故障删除,故障现象消失。

故障维修总结:此车第 1 缸点火失败的故障具体原因是因为其进气门上的气门油封已经脱落了,造成第 1 缸进气门不能关严,且有发动机机油等窜入第 1 缸,这样的结果就引起该缸的可燃混合气浓度失调,火花塞不能对第 1 缸的混合气进行有效的点火工作,发动机运转出现抖动现象,这时发动机控制单元检测到点火失败的故障信息后就点亮故障灯对驾驶员进行提示。

十五、东风雪铁龙爱丽舍空调压缩机不能正常工作的故障一例

故障现象:一辆东风雪铁龙爱丽舍(16V)自动挡轿车,行驶里程为 4 万 km。发动机运转时,打开空调,空调压缩机离合器不吸合,风扇不转。

故障诊断与排除:①检查控制空调电路的保险丝 F2 和 F12,正常。②用万用表对风扇电路进行检测,两个风扇电机、三个风扇继电器、线路通断、电阻值均正常。③发动机工作时将发动机水温传感器人为拔掉,风扇可以正常进行高速运转,符合爱丽舍(16V)风扇电路的特性,据此断定风扇电路不存在故障。④对蒸发器传感器进行检测,线路通断正常,人工模拟温度变化,其阻值也正常变化,能反馈正常的蒸发器环境温度值。⑤对空调调节器及信号脚的工作情况进行检测,打开点火开关,发动机运转,测量打开空调开关时 4 脚(空调开关信号脚)的电压为 12V,3 脚(工作电源)也为 12V,5 脚(蒸发器传感器信号脚)电压正常,2 脚(接地脚)电压为 0V。1 脚、2 脚(电喷发动机控制单元给空调调节器的信号脚)的电压分别为 12V 和 0V,6 脚(压缩机离合器供电脚)电压为 0V。以上参数和正常情况比较只有 2 脚、6 脚电压异常(空调工作正常值为 12V,当发动机控制单元在发动机急加速、怠速、超速时控制 2 脚接地,给空调调节器一个 0V 的信号,当空调调节器收到这个信号后,就控制 6 脚切断空调压缩机的供电电路,起到对系统的保护)。从这找到了空调不工作的原因是因为 6 脚电压始终为 0V。6 脚电压为 0V 的原因有两个:一个是空调调节器本身故障,另一个是发动机控制单元与空调调节器的连线或发动机控制单元有故障。更换新的空调调节器,测量各脚电压没有变化,空调不能正常工作,排除空调调节器发生故障的可能性。对发动机控制单元进行检测,用 126 路接线盒与发动机控制单元进行并联,打开点火开关,让发动机运转,测量 48MD3 脚和 48MC3 脚的电压分别为 12V 和 0V,正常值都应该为 12V。这进一步增加了发动机控制单元有故障的可能性。更换新的发动机控制单元,打开点火开关,按下空调开关,空调能正常工作;急加速、超速时空调能正常停机,故障排除。

故障维修总结:此故障原因是,当发动机运转并打开空调开关时,由于发动机控制单元内部的故障,使其给空调调节器的信号不正常(6 脚电压一直为 0V),空调调节器收到此错误信号后,始终切断空调压缩机离合器电源,使其不能正常工作。

十六、东风雪铁龙爱丽舍 8V 空调有时不能制冷的故障

故障现象:一辆东风雪铁龙爱丽舍 8V 发动机手动挡轿车,行驶里程为 6 万 km。出现空

调有时不能制冷,有时又可以正常工作,下雨天情况特别严重,晴天时也有发生,但频率较低的故障。

　　故障诊断与排除:维修技师接车后,首先进行了路试,得到以下信息:在下雨天,打开空调10min后空调压缩机仍不进行制冷工作,冷却风扇也都不工作。此后又进行了如下操作:①检查与空调工作有关的驾驶室内保险丝盒内的 F2、F12、F15、SH 四根保险丝的工作状况,没有发现问题。②用空调系统制冷剂加注机对系统内高低压管路的制冷剂压力进行检查以判断是否因为缺少制冷剂而出现故障,结果所测量的高、低压管路制冷剂压力值与正常工作情况下管路的标准值相比较都正常,排除了由于制冷剂系统压力过低,水温控制盒认为缺少制冷剂而断开空调压缩机离合器的供电,对空调系统进行保护,避免对系统造成损坏而造成空调系统不能正常工作的可能情况。③用爱丽舍空调系统专用故障诊断盒及连接线束与发动机水温控制盒相连接,对空调控制系统的各个部件及线路进行分段检测,以判断故障的具体原因。先用万用表测量诊断盒的 8 脚(水温控制盒的搭铁脚)。电压为 0V,与其他搭铁点之间电阻几乎为 0Ω,说明发动机水温控制盒搭铁点及线路状态是正常的。④检查冷却电动风扇工作线路,打开点火开关置于 M 位,用短接线束短接诊断盒上 15N1 脚和 15N8 脚,这时车辆的两个冷却风扇同时低速转,继续短接 15N10 脚和 15N8 脚,车辆的两个冷却风扇同时高速转,检查 813、814、815 三个风扇控制继电器(其功能分别是实现风扇的低速控制、高速控制、转换控制)的工作状态也都正常。这些检测结果说明故障与冷却风扇工作线路无关。⑤检查与空调系统工作有关的发动机水温控制盒的供电及信号线路工作状态,打开点火开关,检查 15N10、15N1、15N4、15N15、15N11,电压值都为蓄电池电压,说明供电及信号线路的工作状态都是正常的。⑥检查发动机温度传感器 910 的状态,这时要断开诊断线束与水温控制盒的连接,用万用表通过诊断盒的 15N7、15N14 脚测量出温度传感器在不同水温情况下的电阻与正常值对比,判断认为发动机温度传感器无异常。⑦接着对空调系统和冷却风扇系统实施控制的关键部件——发动机水温控制盒进行检查,在前几步的基础下,直接给发动机水温控制盒的 15N5 脚一个电信号,风扇开始低速转,接着又直接给 15N13 脚一个电信号,风扇高速转。打开点火开关,断开 910(发动机温度传感器)的连接,在 15N7 和 15N14 之间串入一个可变电阻进行发动机温度的模拟,将阻值调至 3250Ω,这时 805(继电器)的 5N3 脚有电压,且继电器 805 能正常工作,此时空调系统压力开关 775 的 4M1 脚无电压。以上测试结果说明发动机水温控制盒本身无问题。⑧检查空调系统压力开关的状态,检查压力开关 4M1 和 4M2 的通断情况,发现两脚之间电阻无穷大,不符合正常要求(正常情况下应该是导通的)。更换一个新的制冷系统压力开关,接着进行路试,故障现象消失。

　　故障维修总结:结合爱丽舍车型空调系统工作的电路图以及对故障件拆检分析认为,此故障是由于空调系统的压力开关内部接触不良,在这种故障模式下有时会造成它内部通过 4M1 脚到 4M2 脚之间线路有断路情况发生,这时就会造成空调系统压缩机电磁离合器供电的线路中断,造成空调压缩机无法工作。而有时压力开关内部的此条线路又是连通的,这时有工作电压提供给空调电磁离合器,空调压缩机还是能够正常工作的。

十七、东风雪铁龙爱丽舍 ABS 系统故障一例

　　故障现象:车主反映,当车辆行驶到 5 万 km 左右时,ABS 系统故障灯突然亮了。维修试车时急踩制动踏板,ABS 系统不工作。询问车主得知,前一段时间 ABS 系统故障灯亮后曾在一服务站进行过维修,更换过两次左前车轮转速传感器,每次更换后 ABS 系统均能正常工作,但过了几天后,ABS 故障灯又亮且踩制动时 ABS 系统失效。

故障诊断与排除:①将专用诊断仪 PROXIA 与该车的 16 通道诊断接口连接进行 ABS 系统故障码读取,诊断故障显示为未收到左前车轮转速信号。②进行路试并开始用专用诊断仪 PROXIA 进行 ABS 系统参数测量,左前轮转速显示为 0km/h。③拔下左前车轮转速传感器,用万用表测量传感器,电阻为无穷大。显然该传感器因断路故障而损坏。但此车已经更换过两次左前车轮转速传感器,通过查看爱丽舍 ABS 系统电路图。分析认为,故障真正原因可能是该传感器线路和 ABS 控制单元损坏。④拔下 ABS 控制单元插头。检测左前车轮转速传感器线路,结果正常。并无短路、断路,排除该线路损坏导致故障。

通过以上诊断,导致该故障的原因已基本认定:ABS 系统控制单元损坏,引起频繁烧坏左前车轮转速传感器。更换控制单元和左前车轮转速传感器后试车正常。为了进一步确定故障真正的原因,进行了三天的试车,ABS 系统依然正常工作,车主接车后使用半个月,回访车主,一切正常。据此判断故障原因是,ABS 系统控制单元故障导致左前车轮转速传感器损坏,因而出现系统故障灯亮,使得系统不能正常工作。

十八、东风雪铁龙新爱丽舍组合仪表板上的水温报警灯和 STOP 灯时亮时灭的故障

故障现象:一辆新爱丽舍自动挡 1.6L,行驶里程为 13 万 km。用户反映车辆在行驶过程中突然出现组合仪表上的水温报警灯和 STOP 灯一会儿点亮一会儿又熄灭的故障。

故障诊断与排除:试车操作验证故障现象,正如用户所描述。维修技师根据对新爱丽舍车型的组合仪表系统中的 STOP 灯和水温报警灯的工作原理进行分析认为,故障的产生有以下三个方面的主要原因:组合仪表总成(电器编号 0004)本身,发动机水温传感器总成及其工作线路,发动机控制单元总成及其工作线路。于是按产生故障的可能性及排除故障的方便性进行了以下顺序的操作。①首先将发动机水温传感器(电器编号 4005)拆下,用万用表检查其内部阻值(插接器 3V BE 的 1、3 脚之间的阻值),并将测量结果与正常情况下的标准值进行对比,没有发现异常情况。继续用万用表检查插接器 3V BE 1 脚和发动机控制单元(电器编号 1320)之间的通断情况,同时检查了插接器 3V BE 3 脚和组合仪表插接器 26V BE 20 脚之间的通断情况,没有发现任何异常情况。更换一个新的发动机水温传感器总成并进行试车操作,故障现象还存在。可认为故障的产生与发动机水温传感器及其工作线路无关。②继续检查发动机控制单元以及它给组合仪表提供发动机水温信息的线路(电器线路编号 1560)的状态。先检查从发动机控制单元插接器 48V MR K3 脚到组合仪表插接器 26V BE 10 脚的通断,并用示波器给出诊断仪 PROXIA3 测量线路的信息波形(此线路为发动机水温信息线),结果表明,此线路及线路上传递的信号都正常。接着更换了一个新的发动机控制单元并进行了初始化操作,进行路试,发现故障现象还存在。故障的形成与发动机控制单元以及它给组合仪表提供发动机水温信息的线路无关。③首先更换了一个新的组合仪表总成,发现故障仍然存在,于是对组合仪表的工作线路进行检查,先检查组合仪表供电线路中的 SH、F25、F12 三个保险丝的状态,均为完好。又将组合仪表插接器 26V BE 拆下,在点火开关打开、关闭两种情况下用万用表电压挡测量 25 脚(常供电)、12 脚(点火开关供电)的电压值,并将测量得到的结果与正常情况下的标准值进行对比,发现没有问题。对组合仪表的搭铁线进行检查,发现组合仪表插接器 26V BE 10 脚(搭铁线)与线束之间的接触点有接触不良的情况,特别是故障再现时,此搭铁点与车身其他搭铁点之间的电阻值用万用表电阻挡测量时为无穷大,说明此搭铁点工作状态不正常。于是对此脚进行了相关专业的处理,重新接上并用诊断仪进行故障读取和故障删除操作,最后进行试车操作,经过反复路试后确认故障现象完全消失。

故障维修总结:此故障是由于此车的组合仪表搭铁线与组合仪表之间接触不良(有时接触

正常,有时不正常),造成发动机水温报警灯和 STOP 故障灯时有时无。将接触点进行相关专业的处理后,接触不良的现象消失,故障灯就不再点亮。

十九、东风雪铁龙新爱丽舍无法正常起动的故障一例

故障现象:一辆新爱丽舍 1.6L 轿车,手动挡,行驶 6 万 km。车主反映车辆在行驶过程中,突然出现发动机熄火的情况,此后车辆无法起动。

故障诊断与排除:维修技师首先用诊断仪 PROXIA3 对车辆的发动机控制单元和防起动系统(防盗控制盒)进行故障诊断及相关参数测量操作,没有任何与发动机不能起动有关的故障信息存在,同时得到的相关参数结果也没有发现特别值得注意的情况。

根据以往对新爱丽舍车型无法起动故障的维修经验,初步认为产生此故障的几个方面是:发动机的电路、油路、气路、防起动系统。于是对以上四个方面,按产生故障可能性的大小和检查故障点的方便程度进行以下步骤的操作。①用专用蓄电池状态检测仪对车辆上的蓄电池进行状态检测,测量的结果表明,蓄电池状态正常。②用专用诊断线束和接线盒将发动机控制单元的工作脚并联引出,用万用表检查发动机控制单元的供电脚和搭铁脚在点火开关打开及点火开关关闭状态下的电压值,将得到的结果与正常值进行对比。没有发现异常。③对点火线圈、火花塞及其相关线路进行相关运行状态的检查,得到的检测结果表明,它们的工作状态正常。④对发动机转速位置传感器及其工作线路进行检测,没有发现任何问题,对发动机飞轮上的发动机转速位置信号齿进行外观及功能检查,结果正常。⑤对发动机进气压力传感器及其相关线路进行状态检查,没有发现问题。⑥将发动机上 4 个缸的喷油器拆下,用专用喷油器清洗和检测设备对喷油器进行超声波清洗和喷油器喷油量及工作状态的检查,没有发现 4 个喷油器存在可能导致发动机无法正常着车的因素存在。⑦对发动机防撞开关及其线路的状态进行检查,结果正常,排除了由于防撞开关在外力作用下跳起,切断燃油泵的供电,造成发动机的燃油泵无法正常工作,最终结果导致发动机的供油管路无法供油形成发动机不能起动的可能性。⑧将燃油管路压力检测仪接入发动机的供油管路,测量管路内部在发动机点火开关打开情况下的供油压力值,将其与正常进行对比,看是否正常来判断供油系统的状况,测量的结果为 300kPa 左右,符合系统正常时的油压要求。⑨故障诊断操作到这里,基本上可认为发动机不能起动的故障与发动机的电路、油路、气路无关,产生故障的具体原因应该就在发动机的防起动系统内部,为了确认是防起动的相关元件还是其工作线路有问题导致发动机无法起动,于是用整体移植法进行检查(将故障车上的发动机控制单元、防盗控制盒,应答器与相同型号工作正常车的发动机控制单元、防盗控制盒、应答器进行整体互换),结果故障现象消失了,这时维修技师认为故障产生的具体原因在这 3 个元件(发动机控制单元、防盗控制盒、应答器)中,而防起动系统的相关线路肯定是没有问题的。分别用新件进行逐个更换,最终确定防盗控制盒有问题。

故障维修总结:此故障是因为发动机防起动系统的重要部件防盗控制盒内部出现故障,造成发动机控制单元无法和防盗控制盒进行信息交流,这样在发动机始终处于闭锁状态下,虽然钥匙(应答器)的状态和发动机控制单元的状态是正常的,但发动机也无法传递正常的 ECM 码给防盗控制盒,在这种情况下,发动机控制单元始终不能从闭锁状态变为解锁状态,在这种状态下发动机控制单元无法进行正常的供油和点火计算及控制,发动机也就无法正常起动。

二十、东风雪铁龙新爱丽舍空调系统制冷功能失效的故障

故障现象:一辆新爱丽舍手动挡 1.6L,16V 发动机,刚行驶 7 万 km。车主反映此车在前些时与其他车发生了追尾事故后,车辆到保险公司指定的修理厂(非东风雪铁龙 4S 店)更换了被撞坏的前保险杠。将车接回后几天内就发现当按下空调开关时,空调系统不制冷。

故障诊断与排除:①首先在空调系统不工作时(发动机起动,空调开关没有按下的情况下),用空调加注机中的空调管路高低压力测量表测量高低压管路的压力值,并将测量得到的结果与正常情况下的标准值进行对比,发现高低压管路的压力值是正常的(初步说明系统不存在泄漏及缺制冷剂的情况)。②对空调控制面板上的空调开关(电气编号8025)及其工作线路进行状态检查,更换一个新的空调开关总成,进行空调功能检查,发现故障现象还存在,继续用万用表检查与开关相关各线路的电阻值(断电情况下)、电压值(正常情况),并将检测得到的结果与正常情况下的标准值进行对比,没有发现异常情况。这时排除由于空调开关及其工作线路存在问题造成空调调节器没有接收到让空调系统工作的指令,从而形成空调压缩机不能正常工作的可能性。③在空调系统工作(发动机起动,空调开关按下,压缩机离合器吸合)时,测量此状态下高低压管路的压力值,发现高压管路的压力是正常的,而低压管路的压力明显偏低(测量值为15kPa)。④用手触摸空调高低压管路的外表面,感受高低压管路外表温度情况,发现高压管路温度是比较正常的,而低压管路的温度明显过低。根据此情况,结合新爱丽舍车型的空调系统工作原理进行仔细分析认为,此情况的产生极有可能与空调系统管路内部堵塞有关。于是进行相关检查及操作。⑤按产生堵塞可能性的大小依次拆开相关空调管路,并用高压氮气进行清洗,发现所有管路都是完全畅通的。于是又检查蒸发器、膨胀阀、干燥罐、冷凝器等是否有堵塞,并用高压氮气进行清洗。将以上部件装复并用空调加注机重新加注制冷剂后进行试车检查,发现故障现象依然存在。⑥操作到这一步,维修人员确定问题还是出在管路上的可能性最大。于是又重新对所有管路特别是低压管路进行仔细检查,发现低压管有一段内部胶层已经脱落,空调系统工作时,在真空度的作用下,将管路吸扁,这时管路低压端被堵塞。更换一根新的低压管路进行相关操作,最后进行空调系统试车操作,发现系统的制冷功能恢复正常。为了保险起见,又用空调系统加注机的压力表对高低压管路进行工作状态下的高低压管路的压力测量,一切恢复正常。

故障维修总结:维修人员对拆下来的低压管路进行解体后的内部结构分析,大家一致认为此故障的产生是由于车辆在发生追尾事故时低压管路的某段受较大冲击力撞过后造成内部结构破坏,形成内层胶皮与外部脱落。空调系统开始工作后,在系统内部形成的真空作用下,低压管路此段被吸扁,造成管路堵塞,最终造成空调系统制冷剂的工作循环过程无法形成,在这种情况下空调系统的制冷工作就无法正常进行。

二十一、东风雪铁龙新爱丽舍驾驶员侧前风窗玻璃电动升降功能失效的故障

故障现象:一辆新爱丽舍自动挡1.6L,16V发动机,行驶里程为11万km。车主反映在按下驾驶员侧玻璃升降器对左前风窗玻璃进行上下升降控制时,发现车辆的驾驶员侧前风窗玻璃电动升降功能失效。

故障诊断与排除:①先检查驾驶员侧玻璃升降电机(电器编号6040)的工作状况,将其拆下用万用表测量其内部阻值,并将测量结果与正常情况下的标准值进行对比,结果表明没有问题。继续用万用表测量电机供电脚及搭铁脚(电器线路编号6011、6021)的通断状态,也没有发现问题。以上检测结果表明,故障的产生与驾驶员侧玻璃升降电机总成及其工作线路无关。②继续检查玻璃升降继电器(电器编号6021)及其工作线路的状况,先检查继电器的1、2脚在点火开关打开和关闭两种情况下的电压值,分别为蓄电池电压和0V,正常;继续测量3、5脚在点火开关打开和关闭两种情况下的电压值,分别为蓄电池电压和0V,也是正常的。更换一个新的玻璃升降继电器,并进行操作,发现故障还存在,表明故障的产生与玻璃升降继电器及其工作线路无关。③检查给驾驶员侧玻璃升降电机、玻璃升降继电器、驾驶员侧玻璃升降器开关

总成等供电线路上的发动机舱内保险丝盒的保险丝 SH、F13、F20、F27 的状况,将这 4 个保险丝分别拆下,先目视检查有无熔断情况,接下来又用万用表进行保险丝的通断检查,没有发现异常情况。④检查驾驶员侧玻璃升降器开关总成及其线路的工作情况,先测量其供电线路及搭铁线路的情况,先用万用表测量在点火开关打开和关闭两种情况下插接器 7V VE 3A 脚(开关总成的供电脚)的电压值,测量得到的结果分别为蓄电池电压和 0V,与正常情况下的标准值对比一致。这说明此开关总成的供电线路无故障,继续用万用表测量在点火开关打开和关闭两种情况插接器 7V NR 3A 脚(开关总成的搭铁脚)的电压,测量得到的结果为 0V,结果表明搭铁线路也是没有问题的。这时只有更换一个新的驾驶员侧玻璃升降器开关总成进行操作试验,故障现象完全消失。

　　故障维修总结:将拆下来的驾驶员侧玻璃升降器开关总成进行拆解,发现其内部控制左前侧玻璃升降器的分开关内部明显有锈蚀的情况。后经与车主沟通了解到,用户有在下雨天打开左前侧玻璃进行透气的习惯。进一步分析认为,故障的产生是由于下雨天有雨水流入到开关总成的前部,时间一长造成其内部控制左前侧玻璃升降器的分开关内部被腐蚀,造成开关工作不良,前玻璃升降器电机没有供电回路形成,最终造成左前侧玻璃无法进行正常升降。

二十二、东风雪铁龙新爱丽舍发动机在运行过程中经常突然熄火的故障

　　故障现象:一辆配置自动变速器的新爱丽舍舒适型轿车,在行驶过程中,发动机突然熄火。重新起动后能正常着车,但是没过多久又发生熄火故障,并且熄火的间隔时间变短了。

　　故障诊断与排除:①用 PROXIA3 诊断仪对该车的发动机控制系统进行故障读取,没有得到任何与发动机不能正常着车的有关故障信息。②用 ME7.4.4 电喷系统专用诊断线束对发动机电喷系统各元件和线路进行状态检查。检查发动机转速位置传感器的电阻,正常。继续检查发动机转速位置传感器的反馈波形,没有异常情况,排除发动机转速位置传感器故障的可能性。检查发动机控制单元的供电脚和搭铁脚的电压值,测量结果分别为蓄电池电压和 0V,符合正常标准。检查发动机 4 个缸的喷油器的工作状态,对 4 个喷油器进行清洗和检测。并对燃油泵和燃油管路进行检查,也没有发现任何不良情况。以上检查结果表明,此车发动机供油系统工作正常。③检查发动机进气压力传感器及其线路的状态,一切正常。检查发动机控制系统中控制进气的电子节气门体的工作情况,在发动机运转时和发动机熄火时(点火开关打到 M 位)用万用表测量电子节气门电机的供电脚、搭铁脚、节气门位置传感器的供电脚、搭铁脚、1 号信号反馈脚、2 号信号反馈脚的电压值,结果没有任何问题。继续用诊断仪内的示波器功能对反馈信号进行波形读取,结果也正常。这样也就排除了电子节气门体和其相关线路。④检查炭罐及排放电磁阀、相关线路的工作是否符合要求,用诊断仪的执行机构测试功能对电磁阀进行激活检测,它能正常反馈工作信息,同时用万用表测量相关线路的通断,该系统工作正常。检查火花塞和点火线圈及其线路的好坏,用诊断仪进行 1、4 缸和 2、3 缸在发动机正常工作时点火波形的检查,符合正常情况。⑤由于是自动变速器车型,而其发动机控制单元和自动变速器控制单元之间存在信息联系,可以相互影响各自系统的正常工作,于是检查自动变速器控制单元及其相关线路。用诊断仪读取自动变速器控制单元内的故障,无任何故障信息。对自动变速器各传感器和自动变速器控制单元的各个工作脚进行电压及电阻检测,一切正常。以上检查结果排除了自动变速器存在问题的可能性。⑥对发动机防起动系统进行相关情况的检查。首先在发动机运转情况下,用 PROXIA3 诊断仪对发动机防起动系统进行参数测量操作,所得的结果符合要求。在发动机发生熄火故障时继续进行参数测量,发现钥匙密码没有收到。根据此信息,认为可能是防起动控制盒、发动机控制单元、钥匙和线圈及其线路有问题。

对以上几个部件和相关线路进行检查,先将一个没有故障的相同型号车上的防起动控制盒、发动机控制单元、钥匙与故障车上的这 3 个元件进行整体更换操作,故障依然存在,表明故障与防起动系统的线路有关。继续对线路进行检查,用万用表测量线圈的阻值,发现线圈内部存在正常值和断路两种情况,于是更换一个新的线圈,故障彻底消失。

故障维修总结:对故障件进行拆检发现,线圈有一段存在虚接情况,导致线圈不能正常工作(线圈内部回路,时而正常时而断路)。当线圈断路时,钥匙内应答器就不能将信息通过线圈传递给防起动控制盒,发动机控制单元此时就处于闭锁状态,发动机会突然熄火。而有时线圈内部线路又是正常的,此状态下发动机控制单元与钥匙和防起动控制盒之间的信息传递处于正常状态。当应答器与防起动控制盒以及防起动控制盒和发动机控制单元之间对码成功后,发动机控制单元处于解锁状态,这时发动机又能够正常着车。

二十三、东风雪铁龙新爱丽舍的 ABS 系统故障灯常亮的故障

故障现象:一辆新爱丽舍 1.6L 轿车,手动挡,行驶 11 万 km,车主反映车辆在路边的洗车点进行车辆清洗后,发现在车辆行驶过程中组合仪表上的 ABS 故障灯就一直点亮。

故障诊断与排除:①首先用诊断仪 PROXIA3 对车辆的 ABS 控制单元进行故障读取和故障删除操作,以确定故障的大概位置,结果发现诊断仪根本无法与 ABS 控制单元进行诊断对话,也就是说,诊断仪无法进入 ABS 控制单元内部进行信息交流。②用诊断仪对发动机控制单元进行诊断操作,诊断仪对发动机控制单元系统的各诊断工作状态是完全正常的。③上述情况表明,故障原因基本可以锁定在与 ABS 控制单元总成本身或其工作线路上。于是以此(ABS 控制单元总成及其工作线路)为突破口进行进一步的故障诊断操作,从而确定具体的故障点。④用 ABS 专用诊断线束和诊断接线盒将故障车的 ABS 控制单元的工作脚并联引出,用万用表测量在点火开关打开、关闭两种状态下各有关工作脚的电压值。得到以下结果:点火开关关闭时,插接器 38V GR13、38 脚(ABS 控制单元搭铁脚)电压值为 0,38V GR32 脚(ABS 控制单元工作状态供电脚)的电压值为 0,38V GR30 脚(制动灯开关信息脚)在踩制动踏板及不踩制动踏板时均为 0。打开点火开关到 M 位或 D 位时,插接器 38V GR13、38 脚(ABS 控制单元搭铁脚)电压值为 0,38V GR32 脚(ABS 控制单元工作状态供电脚)的电压值为 12.5V (蓄电池电压),38V GR30 脚(制动灯开关信息脚)电压值为 0(不踩制动踏板时)、12.5V(蓄电池电压值,踩下制动踏板时)。以上测量结果表明,ABS 控制单元各条工作线路的状态是正常的,排除由于控制单元的工作线路有问题造成 ABS 故障灯点亮的可能性。⑤更换一个新的 ABS 控制单元总成,然后进行路试操作,发现组合仪表上的 ABS 故障灯在发动机运转后不久就熄灭,这时维修人员又发现用诊断仪 PROXIA3 进入 ABS 控制单元系统进行故障诊断操作的功能也恢复了正常。此后进行系统故障读取操作,无任何故障信息存在控制单元内部,继续进行相关系统的参数测量操作,得到的相关参数结果完全符合要求。至此 ABS 系统故障灯常亮的故障已被彻底排除。

故障维修总结:将拆下的故障件进行仔细的拆解分析后,发现故障的 ABS 控制单元内部有明显的进水,造成内部工作线路被腐蚀的现象,结合车主的经历,维修人员认为此车的 ABS 故障灯常亮是由于用户在洗车过程中(特别是对发动机舱内用高压水枪进行了清洗)有水进入到 ABS 控制单元(它位置正好处在发动机舱内)内部造成工作线路被腐蚀,从而导致 ABS 控制单元不能正常工作,致使故障灯常亮。

二十四、东风雪铁龙新爱丽舍倒车雷达无法正常工作的故障一例

故障现象:一辆东风雪铁龙新爱丽舍豪华型轿车,配置手动变速器,行驶里程为 5 万 km。

车主反映,车辆的倒车雷达不能正常工作。

故障诊断与排除:检查发现当车辆挂入倒挡后无法听到蜂鸣器发出的系统自检声,同时当后部有障碍物时蜂鸣器也不能进行正常的报警提示。根据新爱丽舍车型倒车雷达系统的工作原理仔细查看该系统的电路图(原理图、位置图、接线图共三种)。①先用万用表检查从点火开关到驾驶舱内保险丝盒线号为 CC2 线路(通断)的状态,没有异常情况。继续检查给倒车雷达系统控制单元供电的工作线路上驾驶舱内保险丝盒中的 F12 保险丝的状况,正常。以上检查工作,可以完全排除 F12 保险丝及其线路故障造成系统无工作电源的可能性。②检查 2200(制动灯开关)的工作状态,当踩下制动踏板后,用万用表检测制动灯开关,工作正常。继续踩下制动踏板,检查两个后制动灯和第三制动灯的工作状态,它们能够正常点亮。结果说明,此车的倒车雷达系统控制单元的供电线路到制动灯开关这一段是正常的。③检查 7514(倒车雷达系统蜂鸣器)的工作状态,更换一个新的蜂鸣器总成,故障依然存在。当踩下制动踏板后,用万用表检查蜂鸣器插接器 2V NR 1 脚的电压值,得到的结果为蓄电池电压,此时插接器 2V NR 2 脚电压为 0V。这样就排除了蜂鸣器总成或其工作线路有故障的可能性。④当制动踏板踩下时,检查 7500(倒车雷达系统控制单元)的供电脚和搭铁脚的电压值,测量值分别为蓄电池电压和 0V。表明控制单元的供电及搭铁脚相关线路的工作状态是正常的。⑤检查倒车雷达系统 4 个传感器的工作状态,结果这 4 个传感器的供电和搭铁脚线路从传感器到控制单元接线脚是正常的。⑥此时只有怀疑倒车雷达系统控制单元本身存在硬件或软件方面的故障,从而造成系统不能正常工作。于是更换一个新的控制单元总成,故障消失,系统恢复正常。

故障维修总结:对故障件进行拆检,发现倒车雷达系统控制单元内部进入一些水,造成其内部线路发生短路,从而导致倒车雷达系统不工作。

二十五、东风雪铁龙赛纳轿车发动机不能起动的特殊故障一例

故障现象:一辆 2003 年款东风雪铁龙赛纳 2.0L 手动挡轿车,行驶里程 11 万 km。据用车主反映,该车因为发动机不能起动在其他修理厂进行过检修,但故障一直没有排除。

故障诊断与排除:维修技师接车后,首先询问之前的维修人员。维修人员反映该车起动机运转正常,但是发动机不能着车,起动时无高压电,燃油泵也不工作。为了验证故障,维修技师打开点火开关,发现仪表上的防盗指示灯点亮,约 10s 后自动熄灭,而仪表上的各指示灯以及燃油表和水温表在约 30s 后全部停止工作,行车电脑也无显示,这说明各控制单元已经进入休眠状态。于是维修技师连接故障诊断仪 PROXIA3 进行整体测试,发现诊断仪不能与发动机控制单元进行通信,而可以与 BSI 智能控制盒进行通信。BSI 内储存有"与发动机控制单元不能进行通信"的故障码,而且不能清除,于是维修技师决定把检查的重点放在发动机控制单元上。

参考发动机控制单元电路图(图 1-1),打开点火开关,拔掉冷却液温度传感器 1220 的插头,测量插头处的 1 脚和 2 脚有 5V 电压存在,这说明发动机控制单元的电源和地线都正常,由此看来问题应该出在数据通信线方面。测量 BSI 的 26V JN 插头的 14 脚和 2 脚与发动机控制单元的 32V NR 插头的 A3 脚和 A4 脚的导通情况,结果 2 根 CAN 线都导通,且不搭铁,诊断接头 C001 插头的第 7 脚也和发动机控制单元的 32V NR 的 B4 脚导通。看来发动机控制单元损坏的可能性最大了。于是拆下发动机控制单元,这时突然发现位于发动机控制单元外壳上的一个塑料密封塞已经不见了,试着把密封塞孔向下,发现有水从孔中流出,看来发动机控制单元已经进水损坏了。

拆开发动机控制单元的外壳，发现有几个集成块的引脚已经长满了绿色水锈。试着清洗整个电路板，烘干后再装上，用PROXIA3进行测试，发现此时已经可以与发动机控制单元进行通信了。并显示发动机控制单元内存储有3个故障码：计算机内部故障/本地；电控单元内部故障/本地；爆震传感器信号故障/本地。这些故障码均无法清除，退出发动机控制单元后再起动发动机，发动机仍然无法着车，看来需要更换发动机控制单元了。

由于更换发动机控制单元涉及到防盗系统，而该车的防盗系统又比较复杂，所以必须先了解防盗系统的基本情况，以便下一步进行匹配工作。

该车发动机控制单元的解除防盗的过程分为3个步骤：带应答器的钥匙被识别；带应答器的钥匙被许可；发动机控制单元与BSI必须配对。只有当这3个步骤全部完

图 1-1　发动机控制单元电路图（局部）

成，发动机控制单元才能被解锁，发动机才能起动着车。由此可见，更换新的发动机控制单元必须与BSI智能控制盒进行配对，而配对的必要条件就是需要车辆的防盗密码。于是维修技师向车主索要该车的防盗密码卡片，没想到车主说该车是二手车，买过来的时候就没有看见什么卡片。那么没有密码怎么办呢？于是维修技师向特约维修站寻求帮助，维修站告知2004年以前的车辆查询密码必须要车主的行驶证，而且手续比较繁琐，而2004年以后的车辆就不需要了。如果没有行驶证，特约维修站也无法查询防盗密码，就需要更换发动机控制单元、BSI智能控制盒以及防盗钥匙，费用因此也很昂贵，用户也不一定能够答应。

了解上述情况后，维修技师和车主沟通后决定另想其他办法。经仔细研究后认为唯一的办法就是破解BSI的防盗密码。

此车的防盗密码保存在BSI内的95040芯片内，因此只要读取95040的芯片数据就有可能破解防盗密码。拆下BSI智能控制盒，由于该车的BSI外壳不能打开，所以就在95040芯片的上方壳体割出一个小洞，再用恒温电烙铁取下此芯片并焊到编程器的适配座上。此编程器有自动读取95040芯片密码的功能，具体操作步骤如下：选择密码读取→雪铁龙车系→赛纳BSI 95040芯片→本地操作→保存数据。仪器读取数据后自动算出密码，密码为"YFNR"。退出界面后，焊下95040芯片并焊到BSI内，上车装好BSI和发动机控制单元，下面就可以进行发动机控制单元的匹配工作了。

连接PROXIA3进行整体测试，进入发动机控制单元读取故障码，显示发动机控制单元未编制，退出后再进入BSI系统，目的是验证编程器读出的密码是否正确。点击F5进行手工加注，选择防盗钥匙的配置，这时PROXIA3提示输入防盗密码，于是输入"YFNR"，结果显示密码不正确，这是怎么回事呢？于是又输了一遍，结果仍然显示密码错误。由于输入3次错误的密码BSI便会将设置过程锁定15min，所以便没有输第3次，决定好好地研究一下数据再来验

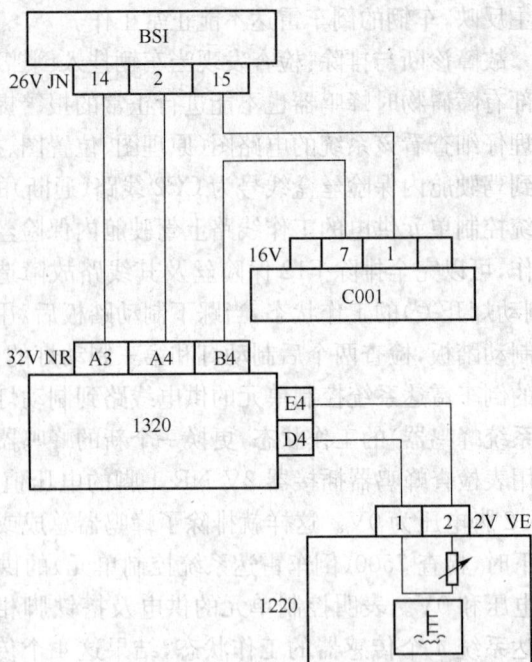

证密码。

　　编程器读出的密码是"YFNR"，而数据里面直接显示的是"RNFY"，在070行的末尾直接显示，不需要换算。由此看来，编程器在读出数据后把密码换了一个位，既然编程器读出的密码输进去不成功，那么密码是否就是数据里面直接显示的这个呢？于是再连接PROXIA3，进入BSI系统进行密码验证，输入"RNFY"，这时PROXIA3显示密码正确，看来这就是此车的密码了。退出BSI系统后，进入发动机系统，选择发动机控制单元程序编制，PROXIA3提示输入密码，输入"RNFY"，确认后和BSI进行配对。等待一会儿后显示配对成功，配对成功后再进行了系统设置和控制单元的初始化，至此新发动机控制单元的编程就结束了。

　　起动发动机可以顺利着车，至此该车的防盗密码破解和匹配工作得以圆满成功，发动机不能起动的故障彻底排除。

二十六、东风雪铁龙赛纳 2.0L 轿车无法正常起动的故障

　　故障现象：一辆东风雪铁龙赛纳2.0L轿车，自动变速器，行驶里程为13万km。车主打电话到服务站要求救援，反映车辆上午在车库内准备出车时，突然出现无法正常起动的故障现象。

　　故障诊断与排除：①先用专用的蓄电池状态检测仪检测车上的蓄电池状态，结果表明蓄电池状态良好。②用PROXIA3诊断仪对车辆的智能控制盒、发动机和自动变速器控制单元进行故障读取操作，没有发现任何可能导致发动机无法起动的故障信息存在。于是用整体移植的方法将同型号工作正常车辆上的智能控制盒、发动机控制单元总成、应答器（钥匙）换到故障车上进行起动试验，车辆无法起动，初步认定故障的产生与以上总成相关工作线路有关的可能性比较大。③对相关工作线路进行故障诊断，用赛纳电喷系统专用诊断线束对发动机转速位置传感器及其工作线路进行状态检查，发现其阻值正常，工作线路的通断也完全符合要求。④将点火开关打到起动挡，发现起动机根本没有起动动作，于是进行以下操作：先用诊断仪PROXIA3进入到车辆的智能控制盒和发动机控制单元对防起动系统进行参数测量操作，发动机控制单元处于解锁状态，在智能控制盒内的应答器（钥匙）收到信息，并且通过验证，这些参数测量的结果表明车辆的防起动系统工作正常。⑤检查起动机及其相关线路的状态。先更换一个新的起动机总成，故障现象还存在，将线束进行通断检查，检测结果一切正常。⑥对发动机控制单元及其工作线路的状态进行检查，用专用MM6LP电喷系统诊断线束将发动机控制单元的各工作脚并联引出，用万用表检查在点火开关关闭和点火开关打开M位两种状态下各主要工作脚的电压值，并将其与正常情况下的标准值进行对比，没有发现异常情况，更换一个新的发动机控制单元总成，并用诊断仪PROXIA3进行与智能控制盒的匹配操作（防起动系统对码），然后进行起动，发现故障现象没有消失，这时维修技师又通过诊断仪中的执行机构测试功能对喷油器、点火线圈、油泵等进行执行机构激活操作，结果表明这些部件工作正常。⑦对自动变速器控制单元及其工作线路进行工作状态的检查，用专用的赛纳车型装备的AL4自动变速器控制单元诊断线束将自动变速器56NR插接器上的56个工作脚并联引出，在点火开关打开、关闭两种状态下，测量各工作脚的电压（特别要注意供电脚、搭铁脚的电压值），随后将测量结果和正常情况下的标准值对比，结果基本正常。于是又更换一个新的自动变速器控制单元总成，进行起动试验，故障依然存在。⑧分析赛纳自动变速器车型的起动工作原理，认为可能与车辆的禁止起动继电器及其相关线路有关，于是更换了一个新的禁止起动继电器总成，故障还是没有排除，对此继电器的控制线路用万用表的通断功能进行相关部件通断状态的检查操作，发现控制此继电器工作的PSF1（发动机舱内保险丝盒）上的F1保险丝熔断。于是更换一个新的保险丝总成,并进行起动试验,这时车辆可以正常起动,故障彻底排除。

故障维修总结:此故障是由于控制自动变速器能否起动的禁止起动继电器的控制线路上的保险丝熔断,导致此继电器的工作脚(3脚和5脚无法正常导通),起动机不能正常工作。

二十七、东风雪铁龙赛纳轿车因漏气引起无法正常起动的故障

故障现象:一辆东风雪铁龙赛纳 2.0L 轿车,手动挡,行驶里程为 2 万 km。车主反映连续几天早上车辆都无法正常起动。

故障诊断与排除:①首先用诊断仪 PROXIA3 对发动机控制单元总成和智能控制盒总成的菜单进行故障读取操作,没有发现任何可能导致发动机无法起动的故障信息储存在这两个控制单元内部,继续用诊断仪 PROXIA3 对智能控制盒总成内的防起动系统进行参数测量操作,发现应答器识别和验证情况正常,智能控制盒与应答器之间的匹配也是正常的。发动机控制单元处于解锁状态,而车辆的组合仪表上的发动机解锁闭锁指示灯处于正常状态,排除由于车辆的防起动系统工作状态有问题,造成此车发动机不能正常起动的可能性。②用专用的蓄电池状态检测仪检查车辆上的蓄电池的电压及工作状态,结果表明此车的蓄电池电压值完全符合发动机起动要求,而且其工作状态是没有问题的(不需要更换或充电)。③检查发动机转速位置传感器及其工作线路的状态(如果此传感器及其线路存在问题,发动机控制单元无法得到转速信息,这时就无法计算出点火时间和喷油时间,车辆也就无法正常起动)。首先用万用表检查线路的电阻值,没有问题。继续测最打开点火开关情况下的线路电压值,也符合要求。更换一个新的发动机转速位置传感器总成,进行发动机起动试验,故障现象还存在。这时维修技师认为故障的产生与发动机转速位置传感器及其工作线路的状态无关。④用物理盒、MM6LP 电喷系统诊断线束和诊断仪 PROXIA3 将点火线圈的工作脚并联引出,检测在点火开关开启状态下的点火线圈工作波形,将测量结果与正常情况下的标准值进行对比,检测得到的波形是正常的。检查 4 个缸的火花塞的状况,将 4 个缸的火花塞全部拆下,进行目视检查,其电极都为灰白色,外表无积炭、烧损现象,这样就可以完全排除由于发动机点火系统有问题造成发动机无法起动的可能性。⑤对车辆的供油系统进行状态检查,用专用喷油器清洗机清洗及检测仪检查 4 个喷油器的工作状态,完全符合要求(可以正常打开并且在单位时间内的喷油量正常)。然后检查油泵状态和供油管路的压力也是没有任何问题的。排除了由于供油系统故障造成故障的可能性。⑥检查进气系统的工作状态,用 PROXIA3 诊断仪进行参数测量操作,发现测量得到的进气压力值与正常值相比存在较大差异,于是对进气系统各相关工作部件进行检查,先检查进气压力传感器及其工作线路,更换一个新的传感器总成,故障现象还存在。于是又对供电及搭铁线路的电阻进行检查,结果正常。对真空管进行清洗和检查也是符合要求的。接下来又检查节气门体总成,在拆下节气门体总成准备用专用清洗剂对机械部分进行清洗时,意外发现节气门体与进气歧管连接处有明显的漏气状况存在,于是将相关件拆下进行目视检查,发现节气门体与进气歧管连接处的 O 形密封圈存在变形,更换一个新的 O 形密封圈,将节气门体总成重新安排到位,接下来进行试车操作,发现车辆可以正常起动。

故障维修总结:此故障是由于节气门体总成与进气歧管连接处的 O 形密封圈存在变形造成此处漏气,导致进入发动机 4 个缸内的空气有一部分没有被进气压力传感器所检测,这种情况下会导致喷入发动机各个缸的混合气明显过稀,造成发动机点火失败而无法正常起动。

二十八、东风雪铁龙赛纳轿车遥控器只能近距离开门的故障

故障现象:一辆东风雪铁龙赛纳轿车,车主反映该车在一天晚上用遥控器远距离锁车后,次日再用遥控器开门时,只能在左前门近距离才有效。此故障已经在几家专修厂做过遥控器

识别,但问题始终未得到解决。

故障诊断与排除:赛纳车的遥控器在工作时,遥控器发出的信号由位于转向盘下的控制模块接收,控制模块再向BSI(智能控制盒)传送信号,最终由BSI控制中控锁完成开闭门锁功能。根据系统的工作原理,维修技师先用故障诊断仪对车载电脑BSI读取故障码,但没有读取到故障存储。由于遥控器是高频发射装置,需要与BSI进行同步,但做完钥匙识别及遥控器同步后故障依旧。

之后,维修技师用诊断仪读取转向盘下控制模块的遥控器参数,发现原车遥控器在稍远一点的地方操纵按键时参数不变化,判定为遥控器本身的问题。经更换遥控器芯片做钥匙识别、遥控器同步后,新遥控器仍无法正常使用,但旧钥匙还可以使用。

后来经与车主沟通,车主反映此车有时雨刮会自动起动,但动一下开关就能恢复正常。维修技师考虑转向盘下的控制模块可能有故障,于是对其进行了更换。更换控制模块后雨刮自动起动的故障排除,但遥控器遥控距离短的问题依然存在。用新遥控器仍然无法同步,维修技师判定线路存在问题。经用万用表测量转向盘下控制模块到BSI线束连接及控制模块的供电、搭铁线路均无问题。此时维修技师想到记忆遥控器信息的是BSI,也许是BSI的记忆有问题。但替换BSI后,新遥控器仍然无法使用。

故障维修至此陷入困境。经过认真考虑,维修技师担心车内有干扰遥控器工作的装置,于是找了1辆无故障的赛纳车,将故障车的新BSI和新遥控器在这辆车上做钥匙识别、遥控器同步,结果依旧无法使用。又用原车的BSI和原车遥控器在这辆车上做钥匙识别、遥控器同步,旧遥控器可以工作,但和原来一样遥控距离过短。

最后,维修技师找来了1套全车锁做钥匙识别、遥控器同步,结果系统恢复正常。经确认,故障最终还是在遥控器,只是操作时总是在拆卸遥控器芯片,而不是带遥控器的钥匙总成更换试验。

更换带遥控器的钥匙坏,做钥匙和遥控器程序编程和同步后,故障彻底排除。

二十九、东风雪铁龙赛纳轿车发动机故障警告灯常亮的故障

故障现象:一辆东风雪铁龙赛纳轿车,发动机故障警告灯常亮。

故障诊断与排除:连接故障诊断仪PROXIA对发动机电控系统进行检测,读取到了3个故障码:"P1035—上游氧传感器加热故障";"P0170—燃油喷射故障(浓度调节)";"P0131—上游氧传感器信号故障(断路或与接地短路),浓度调节操作失灵"。观察当时相关的数据流为:喷油时间5.9ms,水温90℃,节气门电压566mV,上游氧传感器信号电压0,下游氧传感器896mV,以及点火提前角$-0.5°\sim1°$。

根据上述设备显示的数据看,上游氧传感器信号电压为0显然不对,为此维修技师决定对氧传感器的相关线路进行检查。经查阅相关线路图,得知上游氧传感器1350共有4个接脚:4V1通到PSF-1的16V NR 1脚是氧传感器加热电源,4V2通到控制单元1320的48VMR E2脚,4V3通到控制单元1320的32VGR B3脚,4V4通到控制单元1320的32VGR A3脚,其中4V3和4V4为氧传感器信号输出端子。于是断开发动机控制单元1320,分别测量了从发动机控制单元1320插接器至上游氧传感器1350插接器的线路连接情况,结果线路完全正常。接着维修人员决定检查一下上游氧传感器1350的插接器,经仔细观察,意想不到的情况出现了,维修技师发现插接器中的第4号针脚明显比其他3个针脚要短。在这种情况下,即使连接好插接器,第4脚也不能连通,从而造成上游氧传感器没有信号输出。

由于针脚不好修复,更换上游氧传感器1350并做初始化后试车正常,故障彻底排除。

三十、东风雪铁龙赛纳轿车安全气囊故障灯点亮及喇叭不工作的故障

故障现象：一辆赛纳轿车安全气囊故障灯点亮，同时喇叭不工作。

故障诊断与排除：首先用 PROXIA 专用诊断仪检测安全气囊控制单元，故障有：

P 驾驶员点火器模块 1 故障(本地)，检测类型：断路。

P 驾驶员点火器模块 2 故障(本地)，检测类型：断路。

此处的驾驶员点火器模块即驾驶员安全气囊，故障码无法删除。继续用 PROXIA 诊断仪检测转向盘转换模块 COM2000，无故障，进入转向盘转换模块 COM2000 的"参数测量"中的"喇叭控制"，按动转向盘上与驾驶员安全气囊总成一体的喇叭按钮，发现喇叭状态仍为"不运作"，且喇叭插头处无供电，检查控制喇叭供电的 BSM 发动机控制单元也无供电，其保险丝均完好。根据电路图分析：当驾驶员按下喇叭按钮，转向盘转换模块 COM2000 接收该指令并过滤转向盘转换模块状态，然后通过 VAN 车身 1 网络将开关状态传给智能控制盒 BSI，BSI 通过 VAN 车身 1 网络控制 BSM 给喇叭供电；安全气囊控制单元则是通过转向盘转换模块 COM2000 来监控驾驶员安全气囊。由于两个故障同时出现，而各自的线路均经过转向盘下的转向盘转换模块 COM2000，分析可能为转向盘转换模块 COM2000 故障。拆下驾驶员安全气囊总成，发现它与转向盘转换模块 COM2000 有三个插头连接，分别为安全气囊的两个插头和喇叭按钮的一个插头。由于转向盘转换模块 COM2000 无法拆开，测量无法进行。更换转向盘转换模块 COM2000 后，用 PROXIA 诊断仪删除故障，安全气囊故障灯熄灭，喇叭恢复正常，故障不再出现。

故障维修总结：该故障属多路传输系统 VAN 网络中的控制单元故障，由于转向盘转换模块 COM2000 失效，造成喇叭控制信号和驾驶员安全气囊状态信号无法通过 VAN 车身 1 网络传输，两个看似没有联系的故障同时出现。

三十一、东风雪铁龙赛纳轿车发动机温度过高,冷却风扇频繁运转的故障

故障现象：一辆东风雪铁龙赛纳自动挡轿车，行驶里程为 6 万 km。车主反映此车发动机温度明显偏高，冷却风扇频繁运转。

故障诊断与排除：经过试车，确认了车主的反映，同时还发现冷却风扇只有高速挡运行状态，而无中速挡、低速挡工作状态。①用 PROXIA3 诊断仪进行冷却风扇相关功能机构的测试操作，得到以下结果：无中速、低速工作运行挡，但是有高速运行挡。这样的结果结合赛纳轿车冷却风扇运行原理进行分析，认为此故障与冷却风扇低速、中速工作线路及控制有直接的关系。②更换与冷却风扇低速运行有关的风扇低速、中速控制继电器(1508、1514)，故障没有消失。③更换与冷却风扇低速运行有关的风扇低速运行控制电阻(1506、1519)，故障依然存在。④更换一个新的发动机控制单元，并且进行发动机控制单元的初始化操作，没有解决问题。⑤用 MM6LP 电喷系统诊断接线盒对冷却系统的工作进行模拟检测。用一个可变电阻将其串入到发动机温度传感器所在的发动机插接器 48V MR 的 D4、E4 脚，同时接上 PROXIA3 诊断仪读取此时模拟发动机温度的具体值，发现当模拟电阻模拟的发动机温度达到 97℃ 时(正常状态下，发动机控制单元应控制相应的冷却风扇低速继电器工作，让风扇与相应低速运行电阻串联，进行线路分压后，风扇电机自动进入低速运行状态)，发动机控制单元有明显的控制低速继电器工作的动作，且低速继电器也能正常工作，但是风扇电机并不进入低速运转状态。⑥用另一个可变电阻，将其串入到空调系统线性压力传感器所在的发动机控制单元插接器 32V NR 的 H2、F4、F2 脚，同时对可变电阻进行阻值调节，以这种方式来模拟空调系统管路压力值的变化，发现随着模拟空调系统的压力不断升高，冷却风扇有高速运行挡的动作。但还是没有

中速、低速运行挡状态(在正常情况下,当发动机控制单元得到空调系统线性压力传感器传来的空调系统压力值达到一定值 1000kPa 后,会控制冷却风扇进入低速运行状态,当检测到的空调系统压力值达到 1700kPa 会控制风扇进入到中速运行状态,当检测到的空调系统压力值达到 2200kPa 会控制冷却风扇进入到高速运行状态)。⑦以上分别用发动机温度值、空调系统压力值进行冷却风扇模拟检测的结果进一步说明此故障与低速继电器到风扇之间线路有很大的关系。⑧检查风扇低速继电器 5V NR 到电阻 1506 之间线路的状态,经过认真仔细的检查,发现绞接点 E153 处有断路的情况发生,将其进行重新焊接后,故障现象消失了。

故障维修总结:此故障是由于发动机冷却风扇线束(16GMV)内的绞接点 E153 处有断路,造成发动机冷却风扇的低速、中速运行线路中风扇电机的工作线路不能形成正常电流回路。而其发动机控制单元及其冷却风扇低速控制线路部分工作一切正常。

三十二、东风雪铁龙赛纳轿车空调不工作的故障

故障现象:一辆东风雪铁龙赛纳轿车空调不工作,按下空调开关,压缩机离合器不吸合。

故障诊断与排除:检查 R134a,充足。用 PROXIA 检测 BSI 故障为 P:蒸发器温度传感器故障(本地);无特性显示;故障无法删除。

起动发动机,按下空调开关,打开鼓风机,用 PROXIA 读"空调"参数:VAN 电压:14.0V;内部温度:12.3℃;风扇吹风温度:15.9℃;鼓风机电压:7.8V;脚部风挡温度:18.6℃;设定温度:15.4℃;鼓风机电压:6V;再循环状态:再循环;混合状态:全冷;A/C 要求:不动作;再循环要求:不动作。

BSI 参数:蒸发器温度传感器:制冷压缩机开关:不动作;用起动空调请求:是;允许压缩机工作信息:不。

由于在 BSI 中没有蒸发器温度传感器信号,压缩机被 BSI 断开。拆出蒸发器温度传感器,测量电阻为 225Ω,而新的蒸发器温度传感器其电阻为:8.68kΩ,拔下故障车蒸发器温度传感器,测量 BSI 与蒸发器温度传感器连接两脚电压,有 5V 正常供电,说明 BSI 无故障。故障只有蒸发器温度传感器本身了。

更换蒸发器温度传感器,故障彻底排除。

三十三、东风雪铁龙赛纳轿车空调在使用中冷风突然变成热风的故障

故障现象:一辆东风雪铁龙赛纳轿车,装备自动空调,车主反映该车的空调在使用中冷风突然变成了热风。

故障诊断与排除:经检查确认,该车的空调压缩机根本不工作。由于该车装备了自动空调系统,维修技师先用诊断仪对空调系统进行了检测,发现系统中存有 1 个"蒸发器传感器故障、无特性显示"的故障记录。经查看 BSI 空调参数,发现蒸发器传感器一项是空的,在没有此参数时,BSI 就不发出指令起动空调。根据故障提示,维修技师拆下蒸发器传感器用万用表测量电阻正常。

考虑到该车的空调系统的开启与断开是受 BSI 控制的,加之检查蒸发器传感器未见异常,维修技师决定检测 BSI 到蒸发器传感器之间线路。经用 142 路电路检测盒对线路进行测量,发现 BSI 到蒸发器传感器之间线路正常;BSI 第 10 脚和第 7 脚之间的电阻等于蒸发器传感器的电阻;BSI 第 10 脚和第 7 脚的电压为 0。综合上述检测结果,判定为 BSI 对蒸发器传感器无工作电压输出。这样也就没有反馈信号,故障应出现在 BSI。

在更换 BSI 后,故障彻底排除。

三十四、东风雪铁龙赛纳轿车空调系统鼓风机不能正常工作的故障

故障现象：一辆东风雪铁龙赛纳 2.0L 发动机轿车，自动变速器，行驶里程为 25 万 km。车主描述，该车打开空调开关后，转动鼓风机调节旋钮进行风量调节时，发现鼓风机不能正常工作。

故障诊断与排除：①针对用户的描述进行故障现象的进一步确认，发现当将鼓风机调节旋钮慢慢打开到中间位置时，鼓风机一直停转，继续打到最大开度时鼓风机可以按最大转速运行，当将其又渐渐回调时鼓风机又突然停止运转。②用 PROXIA3 诊断仪对空调系统控制单元进行故障诊断，得到以下故障信息：鼓风机故障（本地），故障性质：永久性故障。车速信息故障（本地），故障性质：永久性故障。③继续用诊断仪 PROXIA3 对空调系统进行系统工作状态下的参数测量操作，得到以下参数信息：鼓风机不工作时，鼓风机电压为 0V，但鼓风机电压为蓄电池电压值（13.6V），测量结果不正常。鼓风机风量最大时，鼓风机电压为蓄电池电压值（13.6V），但鼓风机电压为（0～3V），测量结果不正常。④根据故障现象及诊断仪的诊断结果，维修技师对照赛纳轿车空调系统电路图进行鼓风机工作原理分析后，用万用表测量鼓风机转速调节开关及其工作线路的情况，线路的电阻（断电状态下）、线路的电压（工作状态下）的测量结果与正常值对比没有异常。又更换了一个新的鼓风机转速调节开关，故障没有排除，说明故障与鼓风机转速调节开关及其工作线路无关。⑤接下来更换新的鼓风机总成和空调控制面板总成，进行鼓风机工作状态测试，发现故障现象依然存在。进一步检查相关工作线路的电压值也是正常的，表明故障与鼓风机总成和空调控制面板总成及其工作线路无关。⑥检查鼓风机控制单元（电气编号 8045）及其相关线路的工作的状态，在发动机运转且空调系统工作的状态下测量鼓风机控制单元插接器 4V MR 2 脚（搭铁脚）、4 脚（供电脚）的电压，测量结果分别为 0V 和蓄电池电压，此测量值与正常值进行对比，没有问题。接下来测量插接器 4V MR 1 脚、3 脚（控制脚）的电压值，并与正常对比也没有异常情况存在。于是更换一个新的鼓风机控制单元总成，并进行试车操作，故障还存在，说明故障的产生与鼓风机控制单元及其相关线路的工作状态无关。⑦检查空调控制单元总成（电气编号 8080）及其工作线路的状态，在点火开关打开、关闭、发动机起动 3 种情况下，测量控制单元插接器 32V NR 12、13、14 脚的电压（VAN 舒适网 3 根网线）值，测量控制单元插接器 32V NR 25 脚（搭铁脚）的电压值，将测量结果与正常情况下的标准值进行对比没有发现问题。于是更换新的空调控制单元总成，而后进行相关空调系统各功能的测试，发现鼓风机调节旋钮进行风量调节时，鼓风机恢复正常工作，并且其他功能也正常。到这时可以确定故障已经被排除。

故障维修总结：此故障是由于赛纳轿车空调系统的核心功能部件空调控制单元总成出现问题，造成对鼓风机功能的控制失效。更换一个新的空调控制单元总成后，它对鼓风机功能的控制恢复正常，鼓风机调节旋钮进行风量调节时，鼓风机就能按要求进行正常工作。

三十五、东风雪铁龙赛纳轿车发动机舱内保险丝盒故障引起车辆无法起动的故障

故障现象：一辆东风雪铁龙赛纳自动挡轿车，行驶里程为 1.3 万 km。出现无法起动，但起动机工作正常的故障。

故障诊断与排除：由于起动机能正常工作，可以排除一些导致发动机不能起动的原因：如蓄电池电压过低，自动变速器多功能开关故障及自动变速器控制单元本身故障。直接进行以下与发动机无法起动的诊断操作。

①先用 PROXIA3 诊断仪进入动力总成进行故障读取，得到以下详细的故障信息。

废气再循环电磁阀故障，本地故障，永久性故障。故障类型：电磁阀卡在关闭位置。

废气再循环电磁阀控制故障,本地故障,永久性故障。故障类型:与接地短路。

炭罐排放电磁阀故障,本地故障,临时性故障。故障类型:接蓄电池正极短路与接地短路。

1~4号喷油器故障,本地故障,永久性故障。故障类型:与接地短路。

废气再循环电磁阀位置故障,本地故障。

②进行故障码删除操作,并再次进行故障读取,只有以下一个故障码还存在:废气再循环电磁阀故障,本地故障,永久性故障。故障类型:电磁阀卡在关闭位置。

接着打开点火开关到起动挡,让起动机工作几次,刚才出现的所有故障又都重新出现了。

③用PROXIA3诊断仪进行相关元件的执行机构测试工作,废气再循环电磁阀无法正常工作。拆下废气再循环电磁阀进行检查,非常脏,用专用清洗剂进行彻底清洗后,故障依然存在,更换一个新的废气再循环电磁阀总成,故障依旧。说明故障与废气再循环电磁阀无关。检查相关线路的通断也没有发现异常问题。

④更换一个新的发动机控制单元,进行初始化操作后,故障也没有排除。

⑤更换一个新的发动机转速位置传感器后,故障现象还存在。

⑥更换一个新的燃油泵后,还是不行,接着用供油管路压力检测表检查发动机供油管路的压力,在打开点火开关到起动挡时得到的管路压力测量值始终保持在300kPa左右,符合正常情况下的供油管路压力要求。说明油泵及管路工作正常,将4个喷油器也全部更换成新的,故障现象还是依然如故。以上检测结果说明,此故障与车辆的供油系统无关系。

⑦对进气压力和温度传感器的信号用物理测量盒结合诊断线束进行工作状态下波形检测(应用示波器功能),与正常波形完全相符。

⑧将炭罐排放电磁阀用诊断仪进行执行元件机构测试,工作状态正常,进一步检查相关电气线路和供气管路也没发现异常。

⑨利用发动机控制单元系统诊断检查此车发动机控制单元各工作脚电压情况(分别在关闭点火开关,打开点火开关两种状态下进行检测),发现测量所得各脚的电压值基本正常,换上一个新的发动机控制单元并进行初始化操作后故障还没解决。这样也就排除了由于控制单元本身及相关线路有问题而引发此故障的可能。

⑩检查发动机舱内保险丝盒的工作状态,用专用诊断线束和诊断检测盒将其上所有插接器的各工作脚引出进行线路状态的检测,用万用表测量在打开点火开关和关闭点火开关两种状态下的各工作脚电压值。与正常情况下测量得到的标准值进行比对,这时发现16V NR 1脚的电压为0V,不符合正常状态下的电压值要求,进一步检查控制这个脚工作的F15保险丝,其状态正常。检查其他与发动机内保险丝盒正常工作有关的保险丝:MF2、MF5、MF6、MF7、F8、F4、F2、F5等,也没有发现任何问题。继续检查其内部搭铁点的状况,也正常。这时只好更换一个新发动机舱内保险丝盒进行实验,发现这时测量16V NR1脚的电压恢复到了正常值,接着对发动机控制单元进行故障码删除和读取后,诊断仪再没有显示任何故障了。这时又进行发动机起动操作,发动机已经可以正常着车,此后进行路试,并用诊断仪进行参数测量和故障码读取操作,一直没有任何异常现象存在。

故障维修总结:将此车的故障件(发动机舱内保险丝盒)进行拆解,发现内部与其16V NR 1脚连接的线路有故障。结合电路图进一步分析,认为正是由于这条线路有问题造成车辆不能起动,因为16V NR 1脚的线路有以下功能:给4个喷油器供正极电、给炭罐排放电磁阀供正极电、给废气再循环电磁阀供正极电。当此脚有故障时,发动机电喷系统的4个喷油器不能工作(因为无正极电),车辆肯定无法起动,同时通过诊断仪可以读取到有关炭罐排放电磁阀、废气再循环电磁阀,喷油器的几个故障码。

三十六、东风雪铁龙赛纳轿车前雨刮器不能正常工作的故障

故障现象:一辆东风雪铁龙赛纳手动挡轿车,行驶里程为19万km。车主在下雨天行车时发现前雨刮器不能工作。

故障诊断与排除:①先检查其他与前雨刮器相关的功能,发现后雨刮可以正常工作,且前后雨刮器洗涤泵的喷水功能工作正常。用PROXIA3诊断仪进入智能控制盒菜单进行前雨刮器参数测量功能,当打开右组合开关前雨刮器工作挡时,发现诊断仪上的相关参数显示为:由前雨刮器控制不运作(右组合开关未打时)改变为前雨刮器控制运作(右组合开关打开时),但是前雨刮器并不能工作。此后用PROX1A3诊断仪进行执行机构功能测试,同样前雨刮器功能电机不工作。更换一个新的智能控制盒总成,故障依然存在。这些说明此故障现象与智能控制盒总成本身状态无关。②继续更换控制前雨刮工作的右组合开关总成、转向盘下转换模块总成,问题还未能解决。根据以上结果,进一步认为故障与前雨刮器的工作线路有关系的可能性较大,接下来继续检查与前雨刮器有关的工作线路。③检查发动机舱内保险丝盒控制前雨刮器继电器工作的F17保险的好坏,没发现任何问题;进一步检查保险丝盒内与其工作有关的其他几路保险丝,也一切正常。④此后更换了一个新的发动机舱内保险丝盒总成进行检查,发现问题与此件无关。⑤更换一个新的前雨刮器电机总成(电器编号:5015),故障还存在。⑥最后,对雨刮器电机工作线路进行详细检测。将前雨刮器电机的4V MR插接器断开,在打开点火开关的状态下测量其各脚的电压值,其测量值都表明正常。接着测量1脚(前雨刮器电机搭铁脚)与其他接地点的电阻值,发现所得结果为无穷大,这说明此线路有问题。对相关线路进一步仔细检查,发现前雨刮器电机工作的MC13搭铁点存在接触不良的状况。将此搭铁点重新进行连接后,继续前雨刮器工作的操作,一切恢复正常状态。

故障维修总结:此故障是由于控制前雨刮器工作的电机搭铁点接触不良导致的,这种情况下,前雨刮器电机不能形成正常的电流回路,没有电流通过前雨刮器电机,这样它就不能进行任何具体的动作。

三十七、东风雪铁龙2003款赛纳轿车鼓风机工作不正常的故障

故障现象:一辆2003款赛纳(XSARA)轿车,行驶1900km。车主反映空调不制冷,鼓风机不工作。

故障诊断与排除:维修技师接车后检查,鼓风机手动旋钮至中小位置,鼓风机不运转,风口不出风;手动旋钮至最大位置,鼓风机运转。而按下自动按钮,鼓风机不运转。用PROXIA诊断仪检测,检测结果如下:①空调参数:鼓风机旋钮最大位置时U=0～3V(正常应为13V);最小位置U=13V(正常应为0V)。②空调控制面板接触情况:AC要求,不动作;再循环要求,不动作。③读取故障:车速信息故障;鼓风机故障。

更换空调控制面板和鼓风机,试车,故障依旧。

用数字万用表检查鼓风机和空调控制面板相关电路和保险,均良好。经有关人员会诊后认为,因此车为新车,只有空调电控单元发生故障才会致使多个部件显示故障,空调失效。于是决定更换空调电控单元(8080),装用后试车,鼓风机运转,空调系统正常,故障彻底排除。

故障维修总结:空调电控单元是鼓风机的主控元件,它根据设定的温度,通过调控设在空调面板内的电阻电路(通断方式)以改变鼓风机(直流电机)转速,以尽快使舱内温度达到设定温度。如空调电控单元发生故障将使调控鼓风机电机转速的功能失效造成空调面板和鼓风机同时出现故障显示。

三十八、东风雪铁龙 2003 款赛纳轿车发动机电控单元损坏引起加速迟滞的故障

故障现象：一辆 2003 款赛纳(XSARA)，行驶 3300km。车主反映轿车动力性差，起动后踩加速踏板发动机加速迟滞，行驶中难以超车。

故障诊断与排除：维修人员试车验证故障，确如车主所言，加速迟滞，低速挡位加速迟滞现象尤为突出，但发动机故障灯并未点亮。

运用诊断仪检测，无故障显示；进行数据流测量，发动机进气压力、节气门电压等参数均在正常范围内。但在急加速时，点火提前角频繁出现−20°(正常值应为−5°)，由此诊断为发动机电控单元故障，于是更换电控单元。更换后进行电控单元与 BSI(智能盒)、防盗钥匙、遥控器、组合仪表、收放机匹配操作。经路试证明故障彻底排除。

故障维修总结：发动机电控单元储存最佳点火提前角数值，它接受冷却液温度、进气压力、转速、节气门开度、混合气浓度等多种信息，对基本点火提前角予以修正，向执行器传达最佳点火时刻指令。而修正值在低挡位急加速时达最大。该车故障表明，点火提前角偏离正常值甚远，且发生频繁。由于该车型点火提前角仅由电控单元控制，不能进行人工机械调整。再考虑到单一电子元件损坏，不可能造成点火提前角如此大的偏离，所以推断只有电控单元发生故障才会引发这种严重后果，维修实践也证明了这种推断的正确性。

三十九、东风雪铁龙凯旋轿车无法起动的故障

故障现象：一辆东风雪铁龙凯旋轿车，配置手自一体变速器，行驶里程为 11 万 km。车主一天前在非东风雪铁龙指定服务站进行 GPS(全球定位系统)改装，回到家后第二天早上用车时，发动机无法正常起动。

故障诊断与排除：详细询问车主最近使用的有关情况，得知做过与 GPS 系统有关的改装作业，初步分析故障现象与此项改装有一定关系，于是进行以下检查及维修工作。①怀疑故障可能是由于外接了相关的电气设备(主要是 GPS 系统的各相关元件)，导致蓄电池耗电量过大，蓄电池的电压过低使得发动机无法正常起动(低于 12V)。用蓄电池专用检测仪对此车的蓄电池进行电压值和状态的检查，蓄电池电压过低，但是状态正常，结果是蓄电池需要重新进行充电。先更换一只状态良好的蓄电池来试一下能否正常起动车辆，发现这时车辆还是不能正常起动。②怀疑发动机防起动系统存在问题，用 PROXIA3 诊断仪对车辆的防起动系统进行参数测量，防起动系统各项参数，如应答器、智能控制盒、发动机控制单元都处于正常状态。排除了由于防起动系统工作不良造成发动机无法正常起动的可能性。③继续用 PROXIA3 诊断仪在发动机和智能控制盒菜单下进行相关系统的故障读取，得到以下故障信息：与 ESP(电子稳定程序)控制单元无法对话故障，永久性故障；发动机冷却液温度传感器故障，临时性故障。进行故障码删除操作，发现第一个故障根本无法删除。于是用诊断接线盒接到 ESP 控制单元上，将相关线路并联出来，用万用表检查 ESP 控制单元的线路，发现各工作脚电压和电阻测量值都正常。更换一个新的 ESP 控制单元总成，故障现象还存在。说明故障不是因为 ESP 控制单元本身或线路有问题造成的。④此时发现原本正常工作的组合仪表出现黑屏现象，于是检查驾驶舱内保险丝盒中的保险丝的状态，发现 F8 保险丝熔断。此保险丝是对收音机、转向盘控制键、显示屏、报警器的相关线路进行保护。⑤同时还发现 F4 保险丝也已被熔断，更换一新的 10A 保险丝后，不一会又熔断，认为此线路肯定存在不正常现象。根据电路图可知，此保险是诊断插头、制动踏板开关、前大灯、ESP 控制单元、动力转向控制单元、离合器踏板开关等相关功能的线路。⑥对相关线路用万用表电流挡进行线路负荷的检查，发现与收音机相关的线路负荷明显偏大。对相关线路进行检查，发现 GPS 改装时在此进行了并线操作，认为

保险丝熔断与此项操作有关,于是将与 GPS 改装系统有关的元件全部拆下,同时还将被破坏的线路重新进行绝缘处理。此后,F4 和 F8 保险丝不再被熔断。但是发动机还是无法正常着车。⑦根据电路图进行工作原理分析,感觉故障可能与发动机舱内保险丝盒(PSF1)的状态有关。检查上述的保险丝是否熔断,结果一切正常。更换一个新的发动机舱内保险丝盒总成,故障现象依然存在。检查相关线路,一切正常。这样就排除了由于发动机舱内保险丝盒内部问题或线路有故障造成发动机无法正常起动的可能性。⑧检查发动机转速位置传感器及其相关线路的状态,结果正常。⑨用万用表检查 CV00(转向盘下转换控制单元总成)的供电、搭铁、网线等工作脚的电压,结果正常。⑩将一辆正常车辆上的 BSI(智能控制盒)、发动机控制单元、应答器(钥匙)与故障车的这三个总成进行整体更换操作,此时车辆能够正常起动,这个结果说明,原车装配的 BSI、发动机控制单元、应答器三个总成中有一个有故障。把原车上的这三个总成分别依次换到一辆良好的车辆上进行功能检测,发现发动机控制单元存在故障。最后,更换了一个新的发动机控制单元总成,并用 PROXIA3 诊断仪进行了初始化操作,发动机立即可以正常起动了。进行了一段时间的试车工作,故障现象一直没有再现,确定故障已彻底排除。

故障维修总结:将换下的发动机控制单元总成进行拆检,发现其内部电路板存在烧损现象。对烧损部分进行分析认为,此故障是由于安装 GPS 系统时,没有根据凯旋车型的电路图进行系统工作原理分析,随便进行相关总成供电、搭铁等线路的连接操作,最后导致发动机控制单元过载而损坏。

四十、东风雪铁龙凯旋轿车经常熄火的故障

故障现象:一辆东风雪铁龙凯旋轿车,配置手动变速器,行驶里程为 16 万 km。出现行驶过程中突然熄火的故障现象,过一会又可以正常起动,近期发生熄火故障的间隔时间越来越短。

故障诊断与排除:此故障极有可能与发动机系统的油路、气路、电路以及控制单元的工作状态有关。对这些方面进行了以下具体的故障诊断操作。①检查燃油品质及供油管路的情况。由于车主一直在中国石化加油站加注燃油,且故障是最近才出现,基本排除了由于油品问题造成发动机频繁熄火的可能性。检查燃油泵的工作情况,正常。用燃油压力检测表对系统供油压力进行检查,系统供油压力正常(始终保持在 300kPa 左右)。将 4 个喷油器拆下用喷油器清洗机进行超声波清洗,并进行状态检测,结果一切正常。以上检查结果表明,发动机熄火故障与供油系统各部件及燃油品质无关。②检查发动机进气系统。先检查进气管的状态,正常。接着检查空气滤清器及空气进气管路的状况,将其拆下并用压缩空气进行清洁。最后检查进气压力传感器的线路及工作状况,这些检查结果证实进气系统工作也是正常的。③用 PROXIA3 诊断仪对控制单元进行故障读取,没有发现任何可能与发动机熄火有关的故障信息。接着进行发动机控制系统的参数测量操作,测量值显示都比较正常。④检查发动机转速位置传感器的工作状态,用物理测量盒和 MM6LPB 电喷系统专用诊断接线盒与发动机控制单元进行连接,检查在发动机运转状态下工作波形,将测量的波形与正常情况下该传感器的标准波形进行比较,无任何异常;检查发动机飞轮上的转速信号齿的外观及机械状态也符合要求,这样就完全排除了由于发动机转速位置传感器及其信号线路故障的可能性。⑤将发动机 4 个缸的火花塞全部拆下来,检查火花塞和点火线圈的工作状态,检查结果排除了它们存在问题的可能性。⑥检查炭罐及炭罐排放电磁阀的工作状态,结果是正常的。⑦用诊断接线盒与发动机控制单元连接,将控制单元各工作脚并联引出,用万用表检查点火开关打开状态下各主

要工作脚的电压状态,首先检查 CAN 高速网的两根网线的电压(48VNR A1 和 A2 脚),测量值表明 CAN 网的网线工作正常。⑧在故障再现状态下,用万用表测量发动机控制单元的搭铁脚(48VNR L2、L1、M1 脚)的电压,测量值为 0V,表明控制单元的搭铁线路工作正常。⑨检查电子节气门各脚的工作状况。电子节气门的传感器供电脚、搭铁脚,电机供电脚、搭铁脚,传感器 1 号、2 号信号脚的电压值都是正常的。表明该元件及其线路的工作状态良好,不是造成此故障的原因。⑩检查从 BSI(智能控制盒)到发动机控制单元的 RCD 信号线的工作状态是否正常,用万用表测量插接器 48VNR K3 脚的电压,测量值有时为 0V。有时为 12V 左右,而正常情况下标准值应该为蓄电池电压(12V 左右),说明这条线路存在问题。测量发动机控制单元 RCD 信号工作脚到智能控制盒(BSI)所在线路(线号 7842)的通断情况,发现线路与发动机控制单元 48VNR K3 脚之间存在虚接现象。于是对锈蚀点进行清洁和整理,确认清理好后,进行重新连接,然后用万用表进行该接线脚的电压测量操作,测得的电压值一直稳定,且与蓄电池电压相同,说明线路已恢复正常。将所有插接器还原并进行试车,发动机经常熄火的故障现象完全消失。

故障维修总结:此故障是由于 BSI(智能控制盒)到发动机控制单元的 RCD 信号线锈蚀而造成的(凯旋车型的发动机控制单元只有得到此信号后才能被唤醒,这种状态下发动机控制单元才可能进行工作,控制单元才可能控制电喷系统各执行元件进行供油系统和点火系统的正常工作,发动机才能正常工作)。当发动机控制单元没有收到 RCD 信号,此时正在运转的发动机就会出现熄火现象。

四十一、东风雪铁龙凯旋轿车前挡风玻璃洗涤液喷嘴不能正常喷出清洗液的故障

故障现象:一辆东风雪铁龙凯旋轿车,手动挡变速器,行驶里程为 4 万 km。操作转向盘上的右组合开关,朝驾驶员方向拉组合开关手柄,前雨刮臂工作正常,但前挡风玻璃洗涤液喷嘴有时能喷出清洗液,有时不能。

故障诊断与排除:根据此故障的具体现象,结合凯旋轿车的雨刮系统电路图进行故障分析,按故障产生原因的可能性大小,进行如下操作:①先打开发动机罩盖,检查挡风玻璃洗涤液罐内洗涤液的容量是否满足要求,发现缺少较多,随后将其加至标准高度,接着操作右组合开关,进行前挡风玻璃清洗的操作,两个喷嘴仍不能正常工作。②检查前挡风玻璃清洗液的两个喷嘴是否被堵塞,更换两个喷嘴后,故障依然存在。③检查从前挡风玻璃清洗液泵到喷嘴之间的洗涤液供给管路是否有供应清洗液不畅的问题,发现该管路工作状态一切正常。④检查转向盘下转换模块(CV00)的工作状态,检查智能控制盒(BSI)上的 F8、SH 保险丝和发动机舱保险丝盒(PSF1)上的 MF5、F12 保险丝,结果这 4 个保险丝的功能及通断都正常。用万用表检查,当打开点火开关后同时断开转向盘下转换模块(CV00),对插接器 4V GR 上的 1、2、3、4 脚的电压值进行测量,得到的这 4 脚电压值分别为 2.4V、2.6V、12.8V、0V。所得到的电压值说明,转向盘下转换模块(CV00)的搭铁、供电、CANH、CANL 的线路都是正常的。接着检查给 CV00 提供搭铁的 MC50 搭铁点的状态(与蓄电池负极间的电阻),阻值为 0Ω,表明其工作正常。更换一个新的转向盘下转换模块(CV00),故障现象依然存在。排除由于 CV00 故障产生此故障。⑤通过右组合开关和 PROXIA 进行前挡风玻璃洗涤泵工作的激活测试,发现给智能控制盒(BSI)的洗涤泵工作信号线路是没有故障的。继续操作右组合开关,检查前雨刮各挡位的工作情况,发现快速、正常、间歇、单步等各项功能都正常。通过这项功能的检查,说明前雨刮臂工作的控制、工作回路都是正常的。⑥最后检查前挡风玻璃洗涤泵电机的工作线路,先检查发动机舱保险丝盒(PSF1)上的 F3 保险丝,其状态完好。将前挡风玻璃洗涤泵电机

(5015)的插接器断开,检查从发动机舱保险丝盒(PSF1)到插接器 2V NR 1、2 脚的电压值,在点火开关打开未操作右组合开关时前挡风玻璃洗涤泵工作的情况下,其两个脚的电压都为 0V,在操作右组合开关进行挡风玻璃洗涤功能激活状态时,1 脚电压变为 12.8V(蓄电池电压),2 脚电压还是为 0V。继续检查 2 脚(电机搭铁脚)与蓄电池负极之间的通断状态,测量得到阻值为 0Ω,电压值也为 0V。说明由发动机舱保险丝盒(PSF1)提供的前挡风玻璃洗涤泵电机的供电、搭铁线路工作正常。因为怀疑是前挡风玻璃洗涤泵电机插接器接触不良导致此故障,所以将该插接器用工具进行清理后重新插上,故障依然存在。⑦更换一个新的前挡风玻璃洗涤泵电机总成(5015),进行前雨刮的各项功能操作,所有功能(包括前挡风玻璃清洗液喷水功能)恢复正常,至此故障得到彻底排除。

故障维修总结:将拆下的前挡风玻璃洗涤泵电机总成(5015)进行两个脚之间的电阻值的测量,以判断其好坏,发现其阻值有时正常,有时不正常。解体拆检时发现,前挡风玻璃洗涤泵电机内部有一根连接线有虚接现象,将此虚接点重新焊接后,进行阻值的重新测量,发现其值变正常了。此时将其又装到车上进行检查,洗涤泵喷水功能工作恢复正常状态。综上所述,此故障是由于前挡风玻璃洗涤泵电机总成内部线路发生虚接,导致洗涤泵工作状态时而正常,时而不正常。

四十二、东风雪铁龙凯旋轿车驾驶员侧电动座椅高低方向调节功能失效的故障

故障现象:一辆东风雪铁龙凯旋手自一体轿车,行驶里程为 2 万 km。车主反映此车的驾驶员侧电动座椅高低方向调节功能突然失效,但此电动座椅的前后水平调节、靠背高低调节、腰部支撑调节等其他功能正常,同时乘客侧电动座椅的各项调节功能也都正常。

故障诊断与排除:根据故障现象只对驾驶员侧电动座椅有关的工作线路进行检查,而乘客侧电动座椅及其线路通过检查认为没有任何故障。用万用表检查发动机舱内保险丝盒 8V NR 插接器 6 脚的电压,测量值为常有 12.8V 蓄电池电压,说明驾驶员侧座椅常供电线路从蓄电池到发动机舱内保险丝盒这一段是正常的。

继续检查驾驶舱内保险丝盒 5V NR 插接器 3 脚的电压,测量值也为 12.8V 的蓄电池电压,此保险丝盒内部 F37 保险和相关线路也没有问题。接下来检查驾驶员侧座椅调节继电器(6360)的工作线路和控制线路的状态是否正常。先检查此继电器的控制脚,即插接器 5V NR 1 脚和 2 脚之间的电阻,其测量所得阻值小于 10Ω,符合要求。接着在打开点火开关时测量调整继电器 3 脚和 5 脚之间的电阻,其阻值由未打开点火开关前的无穷大变为阻值几乎为 0。又检查了智能控制盒(BSI)控制继电器工作的线路电压和阻值,其线路工作正常。这一切说明驾驶员侧座椅调整继电器的工作和控制线路功能是正常的。同时检查给电动座椅提供搭铁的搭铁点 MC46 及其线路的状态,利用万用表检查这个搭铁点和蓄电池负极间的电压和电阻,其测量值分别为 12V 和 0Ω。结果排除了此搭铁点及线路出问题的可能性。

此后,利用驾驶员侧电动座椅专用诊断线束和 126 路诊断接线盒将相关原件进行连接后进行以下操作:检查电动座椅前后水平调节的线路和电机工作状态,先检查座椅前后调节电机(6320)的电阻,其阻值正常。检查座椅前后水平调节按钮的状态,按动按钮将座椅进行向前、向后水平调节时,用万用表测量座椅前后调节按钮插接器 16 VNR 6 脚和 7 脚之间的通断状态和电流的流向,其结果为两种情况下都有电流通过,且电流方向正好相反。座椅也能进行正常的前后水平高低调节,由此证明座椅的前后水平调整线路是正常的。检查电动座椅的靠背高低调节线路,调节电机的状态,此时检查座椅靠背高低调节电机(6350)的电阻,其阻值正常。在按动靠背座椅高低调节按钮的情况下进行靠背变高、变低调节时,用万用表测量座椅高低调

节按钮插接器 16V NR 11 脚和 10 脚之间的通断情况和电流的流向。其通断情况正常。两种情况下电流方向也正好相反,且驾驶员侧的座椅也能进行正常的靠背高低调节,因此维修技师认为座椅靠背高低调节线路和电机的工作是没有问题的。检查电动座椅的腰部支撑调节线路的状态,用万用表检查腰部支撑电机(6358)的阻值,其测量值和正常情况下的阻值相同,在按动腰部支撑调节按钮的同时,测量腰部支撑按钮插接器 16V NR 12 脚、13 脚之间的通断情况及电流方向,其两脚之间的阻值为 0Ω,电流方向也正好相反,当坐到座椅上时明显感觉到驾驶员侧座椅腰部支撑功能工作也是正常的,这一切说明此功能的线路和电机工作正常。检查电动座椅的前部、后部高低调节线路的状态,用万用表检查座椅前部、后部调节电机的阻值,其测量值是正常的,在按动前部、后部调节按钮的同时,测量前、后部调节按钮插接器 16V NR 1、2、6、7 脚之间的通断情况及电流方向,发现 1、2 之间的电阻正常且电流方向在两种状态下正好相反,且座椅前部调节功能正常,而 6、7 之间的电阻此时为无穷大,根本无电流通过。更换一个新的驾驶员侧座椅调节开关总成后,座椅的前、后、上、下、腰部支撑调节等所有功能都恢复正常,故障彻底排除。

　　故障维修总结:将故障件进行解体后发现,此故障是由于驾驶员侧座椅调节开关总成中控制座椅前部调节功能工作的内部触点在工作过程中由于工作时间过长而产生了高温烧蚀的现象,从而使这个触点开关发生断路问题,最终造成开关功能失效。而所有与驾驶员侧座椅工作有关的五个电机和其工作线路工作均正常。此故障的发生提醒我们,在按下此按钮开关时一定要注意,时间不要过长,否则容易造成开关内部触点烧蚀的故障。

四十三、东风雪铁龙凯旋轿车后备箱盖无法正常打开的故障

　　故障现象:一辆东风雪铁龙凯旋豪华型手动变速器轿车,来到服务站后对后备箱的开启进行检查,发现此车的后备箱盖无法进行手动功能的开启,但是用遥控器和仪表板上的中控门锁开关能够进行后备箱的正常开启。

　　故障诊断与排除:①首先用诊断仪 PROXIA3 对车辆的智能控制盒(BS1)内部进行诊断操作,没有发现可能导致后备箱无法正常开启的故障因素存在。②接下来用诊断仪检查智能控制盒内的控制单元设置菜单,后备箱开启项目的设置是正常的。于是又用诊断仪进入到多功能显示屏内进行控制单元设置菜单的读取,表明后备箱项目的设置为 5 门联动,符合要求,以上检查结果排除了由于智能控制盒和多功能显示屏内有关后备箱开启项目的设置处于错误状态,最终造成后备箱不能进行手动开启的可能性。③在检查时发现后备箱的开启能够通过遥控器和仪表板上的中控门锁开关进行控制,说明后备箱锁的开启功能本身是没有任何问题的。后备箱不能进行手动开启的问题出在后备箱锁实现开启功能以外的其他元件上。④查看凯旋车型的中控门锁电路图,并对后备箱的开启进行工作原理分析,认为后备箱门锁总成(电气编号 6260)可能存在问题,于是用万用表测量该元件插接器 3V NR 1(后备箱门锁电机供电脚)、2(后备箱门锁电机搭铁脚)、3(开关状态信号脚)脚的电压状况。测量结果表明,此 3 个脚所在线路的工作是没有问题的。更换一个新的后备箱门锁总成,故障现象依然存在。以上结果表明,后备箱不能手动开启与后备箱门锁总成及其工作线路无关。⑤用诊断仪 PROXIA3 对智能控制盒内的后备箱门锁项目进行参数测量操作,发现故障发生时后备箱开启开关的状态为未能被激活状态,而正常情况下此项目的状态应该为被激活状态,后备箱状态为关闭,而正常情况下此项目的测量值应该为开启状态,按下后备箱门开启开关(电器编号为 6282),诊断仪未能显示出后备箱门开启项目状态有变化(正常情况下,此参数在开关按下后由关闭状态变为开启状态),用万用表测量此开关插接器 2V NR 2 脚的电压值,测量结果为 8V 左右(符合

要求),按下后备箱门开启开关后测量 2 脚的电压,发现此时电压值仍为 8V(不符合要求,正常情况下此开关被按下后,2 脚通过 1 脚搭铁,给智能控制盒一个搭铁的信号,智能控制盒得到此信号后按指令给 6260 的 1 脚一个工作电压,这时后备箱电机开始工作,后备箱门被打开)。初步判断此开关(6282)有问题,于时更换一个新的后备箱开启开关总成(电器编号 6282),此后进行后备箱的手动开启操作,后备箱门已经能被正常打开,故障被彻底排除。

故障维修总结:将拆下来的故障件(后备箱开启开关,电器编号 6282)进行拆检,发现其内部 1、2 脚之间的机械触点开关失效,在按下开关按钮后不能正常导通。这种状态下此开关不能给智能控制盒一个正常的开启信号(1、2 脚内部通过机械触点开关导通,给智能控制盒一个搭铁信号),后备箱门锁电机不能被智能控制盒控制通电而执行打开后备箱机械锁打开的动作。

四十四、东风雪铁龙凯旋豪华型轿车无定速巡航功能的故障

故障现象:一辆东风雪铁龙凯旋豪华型手自一体变速轿车,行驶里程为 6 万 km。在车辆超过 40km/h 后,准备设置定速巡航功能时发现组合仪表上的显示区不显示定速巡航功能工作时速度设置的信息,且此信息栏有三个横杠在闪烁。

故障诊断与排除:①首先用诊断仪 PROXIA3 对车辆进行与定速巡航工作有关的各系统(智能控制盒、自动变速器控制单元,发动机电喷系统控制单元,组合仪表控制单元等)进行故障读取操作,没有发现任何与定速巡航功能不能正常工作有关的故障信息存在。②继续用诊断仪对智能控制盒、发动机控制单元,组合仪表控制单元、自动变速器控制单元进行相关参数和设置进行测量操作,并将测量值与正常工作情况下的标准状态值进行对比,没有发现任何异常情况。③结合凯旋轿车定速巡航功能的工作原理进行分析,由于凯旋轿车的定速巡航系统的工作条件是车速高于 40km/h,自动变速器传动比处于 2 挡以上。于是对产生以上两个工作条件的系统进行检查(ESP 电子稳定程序系统、自动变速器系统),用诊断仪对以上系统进行重新的故障读取,无问题,又对以上系统进行相关参数测量操作,车速信息是正常的,自动变速器的工作也是正常的,且挡位状态显示也是没有问题的。④接着检查集控式转向盘总成到智能控制盒之间的有关定速巡航信息线路的工作状态,用诊断仪进入有固定式中控开关的转向盘菜单下查看以下参数信息:速度调节或限制的状态、速度指令的增加/减少,并将测量结果与正常情况下的标准值进行对比,以上参数都是正常的,表明集控式转向盘总成到智能控制盒和组合仪表控制单元之间的线路是没有任何问题的。⑤检查制动开关(电器编号 2120)信号的状态,用万用表测量没有踩下制动踏板和踩下制动踏板后两个制动开关信号的情况,结果是正好相反的,符合要求,排除由于制动开关出现问题造成定速巡航系统不能正常工作的可能性。⑥用万用表检查离合器开关的状态(在正常情况下此开关应该是常通的),发现此车离合器开关的状态是断路,当踩下离合器踏板后才导通,这种情况表明离合器开关是存在问题的,于是更换一个新的离合器开关总成,进行路试操作,定速巡航系统的工作完全恢复正常。

故障维修总结:将故障件进行拆检分析,认为此故障是由于离合器开关内部线路出现问题导致其传递给发动机控制单元的状态信息出现错误,在这种状态下定速巡航系统处于不能正常工作的降级模式状态,通过集控式转向盘上的设置按钮不能进行定速巡航功能的速度设置,且组合仪表上定速巡航速度显示区出现 3 个横杠并闪烁。

四十五、东风雪铁龙凯旋 2.0L 车前大灯自动点亮、前雨刮器不规则运动的故障

故障现象:一辆东风雪铁龙凯旋 2.0L 手自一体变速器轿车,行驶里程为 12 万 km。车主反映车辆在正常行驶过程中突然出现前大灯自动点亮,且前雨刮器不规则运动的故障现象,此

时发动机、自动变速器工作正常。

故障诊断与排除:①首先对前大灯开关和雨刮开关的状态进行检查,没有发现异常情况,于是又对转向盘下转换模块及其相关线路的状态进行仔细检查,更换一个新的转向盘下转换模块总成,没有排除故障,于是又用万用表测量此插接器上常供电脚、搭铁脚、CAN 网网线、+CAN 网网线等的电压值(打开点火开关、关闭点火开关两种状态),结果与正常值相比较,表明相关线路的工作状态符合要求。②用诊断仪对车上的相关控制单元进行故障读取操作,在智能控制盒内读到的故障为:与大灯控制单元通信故障、故障性质、永久性故障。在发动机控制单元内没有得到任何故障信息,在转向盘下转换模块内没有读到任何故障。③根据以上故障现象,首先怀疑与转向盘下转换模块及其相关线路有关,于是用专用凯旋转向盘下转换模块诊断线束及诊断接线盒将其工作脚并联引出,在点火开关打开、关闭、发动机怠速运转三种情况下,测量各工作脚的工作电压值。在点火开关从关闭位置到打开状态时,插接器 4V GR 1 (接地脚)、2(CAN 车身网网线)、3(常供电脚)、4 脚(CAN 车身网网线)的状态下的电压值依次分别为 0V、蓄电池电压、蓄电池电压、0V。在点火开关打开、发动机怠速运转时的电压值完全一致,插接器 4V GR 1、2、3、4 脚的测量电压值依次分别为 0.5V、4.5V、蓄电池电压、0V。将以上测量结果与正常情况下的标准值进行对比,发现完全符合要求。④对发动机舱内保险丝盒及其相关工作线路进行状态检查,将专用诊断接线盒和线束与车上的发动机舱内保险丝盒进行相关插接器的连接。用万用表的电压挡测量在打开点火开关的情况下,插接器 28VGR 11(CAN 车身网网线)、12 (CAN 车身网网线)、23(+CAN 网线)脚的电压,测量得到的结果分别为 0V、0V、蓄电池电压,与正常情况下的标准值进行对比,发现 11、12 脚电压值有问题(正常为 0.5V 和 4.5V)。为了保险起见,又接上物理测量盒,运用示波器功能对 11、12 两脚上的信号波形进行测量,发现没有正常的多路传输信息帧在传递。以上结果表明,发动机舱内保险丝盒的两根 CAN 车身网网线(11、12 脚)存在与接地短路问题,于是对相关线路进行状态检查,发现其中有一段的网线破损并且绞接在一起。对相关线路进行更换,并用诊断仪进行故障删除,试车,故障现象消失。

故障维修总结:此故障是由于发动机舱内保险丝盒的两根 CAN 车身网的网线存在短路情况,这种状态下车辆的整个 CAN 车身网处于降级模式,网络上不能正常传递信息帧,相关各系统不能正常工作。此时车辆采取以下工作策略:智能控制盒自动将前大灯自动点亮、前雨刮器处于不规则刮动状态,以提醒用户尽快到服务站进相关系统的维修。

四十六、东风雪铁龙凯旋 2.0L 轿车收放机不工作的故障

故障现象:一辆东风雪铁龙凯旋 2.0L 轿车,手自一体变速器,行驶里程为 10 万 km。该车的收放机及 CD 换碟机不能开机工作。

故障诊断与排除:①先用 PROXIA3 诊断仪对收放机控制单元进行故障诊断操作,发现诊断仪根本无法与收放机控制单元进行诊断对话,这种情况初步说明收放机控制单元存在问题(控制单元本身、供电或搭铁线路可能有问题)。②根据凯旋收放机系统的电路图进行工作原理分析,对收放机总成及其工作线路进行检查,先更换一个新的收放机总成,故障现象没有消失,说明故障不是由于收放机总成本身造成的。③对收放机的供电线路进行检查。检查发动机舱内保险丝盒内的 MF5 保险丝的通断,结果正常,又检查智能控制盒内的保险丝 SH 和 F8,检测结果表明这两个收放机供电线路上的保险丝也是处于正常工作状态。④对收放机总成的搭铁线路进行状态检查。先用万用表测最插接器 8VNR 16 脚的电压值,为 0V,又测量它和车身之间的电阻值,发现测量结果为无穷大,于是对此线路进行仔细目视检查,结果发现此

搭铁点存在接触不良情况,于是将搭铁点重新按规定力矩拧紧。然后进行收放机的开机,收放机和CD换碟机开始正常工作。

故障维修总结:此故障的产生是由于收放机控制单元的搭铁线MC50在车身上的连接固定点存在松脱现象,造成收放机控制单元总成不能正常接地,在这种情况下收放机控制单元总成根本无法正常工作,这种状态下收放机一方面不能有正常地收听电台及播放CD碟的功能,另一方面诊断仪也无法通过控制单元上的诊断线与之进行正常的诊断对话。

四十七、东风雪铁龙新萨拉毕加索在低速行驶过程中容易出现发动机熄火的故障

故障现象:一辆东风雪铁龙新萨拉毕加索,搭载手自一体变速器,2.0L发动机,行驶里程为5万km。车主反映车辆在低速行驶过程中容易熄火。

故障诊断与排除:①先用PROXIA诊断仪读取发动机控制单元内储存的故障信息,得到以下故障参数:3缸参考传感器故障,永久性故障,本地故障,故障类型:电路断路。与正极短路或接地短路。根据以上故障信息对凸轮轴位置传感器及其线路进行故障排查。②更换一个新的凸轮轴位置传感器进行路试,故障现象还存在,在蓄电池断电情况下对其线路进行检测,线路和传感器的电阻值正常,此后打开点火开关。在此情况下用万用表测量传感器上插接器1号脚和3号脚的电压值,其结果显示为5V,说明凸轮轴传感器的供电及搭铁正常。测量2号脚的电压则在6.8~8.1V之间变化。这些检查结果说明凸轮轴位置传感器及其线路工作正常。③此时怀疑由于与凸轮轴位置传感器相关插接器接触存在不良的状况,从而导致发动机突然熄火。检查其接触的状态,发现无异常现象。④检查发动机控制单元的工作状态,用专用诊断接线盒将其3个插接器上各工作脚并联引出,在点火开关关闭和打开以及发动机运转状态下测量以下各脚的(32V NR G4、H4、C3,48V MR M4)电压值,以判断直接影响控制单元工作的供电及搭铁脚的工作状态好坏。得到结果分别是0V、0V、0V、0V、0V、0V、12.3V、0V、0V、0V、12.6V、0V。经过与正常情况下的标准值对比分析,认为控制单元的供电、搭铁工作脚可工作正常,排除由于这些脚工作不正常造成控制单元工作异常从而使得车辆发动机产生熄火故障。⑤更换一个新的发动机控制单元并进行初始化操作,进行故障删除后试车检验效果,发现故障还是存在。⑥此后将发动机第3缸的点火线圈高压线断开,拆下火花塞,对其外观状态进行检查,没有发现异常现象。更换一个新的火化塞总成后故障还是没有解决。⑦将发动机第3缸的喷油器拆下来,用喷油器清洗机进行清洗和喷油量及喷油状态检测,结果显示一切工作正常。⑧用物理测量盒与诊断仪相结合,测量发动机转速位置传感器的波形,用以检查发动机转速位置传感器及其线路是否存在故障,接着检查发动机飞轮上的转速位置传感器信号齿的状态,检测结果表明故障与它们无关。⑨继续用诊断仪读取智能控制盒内防起动系统的相关参数,结果表明防起动系统工作是正常的,排除由于发动机控制单元防起动系统故障造成控制单元偶尔闭锁导致发动机突然熄火的可能性。⑩检查自动变速器多功能开关和控制单元的状态,正常,排除由于自动变速器挡位状态及控制单元供电的问题造成发动机无法正常起动。⑪用万用表检查发动机控制单元CAN网两根网线的电压及电阻值,结果正常。排除由于网络通信故障造成发动机控制单元与智能控制盒无法进行对话,导致防起动系统让发动机控制单元处于闭锁状态,车辆无法起动的可能性。⑫回过头来检查与3缸参考传感器故障有关的凸轮轴机械部分的状态。将凸轮轴盖拆下,检查装配在缸盖上凸轮轴外观状态,无异常,接着检查信号齿的状态,发现凸轮轴在1缸位置附近的信号发生齿机械部分有变形的状态。更换一个新的凸轮轴总成后,用诊断仪进行故障码删除并进行路试,车辆运转情况恢复正常。

故障维修总结:对故障件进行认真检查后认为,此故障是由于安装在凸轮轴上的给凸轮轴位置传感器提供信号的信号齿存在变形情况,导致其传递给发动机控制单元的信号有时会是错误的,最终造成发动机在运行过程中某一时刻凸轮轴位置信号失真,从而造成发动机突然熄火。

四十八、东风雪铁龙新萨拉毕加索车辆不能正常起动的故障

故障现象:一辆新萨拉毕加索 1.6L,16V 发动机,手动变速器,行驶里程为 9 万 km。车主反映上午车辆无法起动。

故障诊断与排除:①先用万用表对蓄电池进行电压值的检查,电压为 11.4V(正常情况下蓄电池电压要高于 12V,发动机控制单元才能正常工作,发动机才能正常起动),更换一个新的蓄电池后,车辆还是不能起动。这样就排除了蓄电池电压过低导致车辆不能起动的可能性。②此时结合多功能显示屏上的信息对燃油箱内的燃油量进行检查,燃油箱内实际存油大约有 20L,表明不是因为缺少燃油导致车辆无法起动。③经过以上两个方面的检查后,根据维修技师以往的维修经验和新萨拉毕加索与发动机起动运转有关各系统的工作特点,进行了初步分析,认为应该对车辆的发动机油路、气路、电路等几方面着手进行详细的检查和分析。同时借助 PROXIA3 诊断仪和万用表对相关系统进行逐步的测量以确定具体的故障点。④首先检查发动机防起动系统的工作状态,用诊断仪 PROXIA3 对车辆的智能控制盒、发动机控制系统进行故障读取,发现在智能控制盒(BSI)、发动机控制系统菜单内均无故障信息读出。对智能控制盒中防起动部分的内容进行相关参数的测量,得到以下有关信息:

应答器标签未识别:否。

钥匙 1 已同步化:是。

钥匙 2 已同步化:否。

钥匙 3 已同步化:否。

钥匙 4 已同步化:否。

钥匙 5 已同步化:否。

高频遥控器电池用尽:否。

发动机控制单元已锁定:否。

BSI 与发动机控制单元对码:是。

预备对码的 BSI:否。

不扫描的有效应答器:否。

将故障车防起动系统的参数和正常车的防起动系统参数进行仔细对比,认为该车的防起动系统是正常的,无任何故障。同时参数的信息还表明发动机控制单元处于解锁状态,发动机不能正常起动与防起动系统无关。⑤于是进行发动机电路方面的检查:更换一个新的点火线圈总成,故障现象没有得到解决。将发动机的 4 个火花塞拆下进行间隙和状态的检查,没有发现任何可能导致发动机不能正常起动的因素。同时检查火花塞的型号,符合厂家的要求。将发动机控制单元用诊断接线盒和诊断线束进行连接,把各工作脚引出,用万用表在点火开关打开、关闭、起动三种不同的工作状态下进行各工作脚电压值的测量,并将测量的结果与正常值进行对比,没有发现异常情况。更换一个新的发动机控制单元并进行控制单元的匹配操作,故障还是没有排除。综合以上的操作,说明故障与发动机控制单元和线路无关。⑥接着进行发动机气路方面(进气、排气)的检查,检查发动机进气压力和温度传感器的工作状态,用 PROX-IA3 诊断仪进行发动机进气压力值和发动机进气温度值的测量,并结合万用表在接线盒上检

查其电阻值的大小,与正常值进行比较,结果表明其线路及元件总成一切正常。将排气管和三元催化器总成拆下进行状态检查,排除了由于排气系统堵塞造成发动机不能正常着车的可能性。检查4个缸的工作压力,测量值正常。将发动机的4个喷油器拆下,用专用清洗机进行超声波清洗和功能检测。结果表明这4个喷油器的工作状态基本正常。用专用发动机供油管路压力测量表对发动机供油管路进行压力检查,在工作状态下系统管路油压测量值基本保持在300kPa左右。检查炭罐排放电磁阀和炭罐的工作状态。用诊断仪PROXIA3中的执行元件测试功能对其进行激活检测,其工作一切正常。⑦进行起动时发动机相关参数的测量操作。发现发动机转速信号不正常,正常情况下在起动机作用时,飞轮转速超过20r/min时,诊断仪上有转速信号显示,而这辆故障车此状态下无任何转速信号。于是怀疑发动机转速传感器有故障,但是刚才对其进行电阻测量时无故障,这时只好更换一个新的传感器总成,故障现象依然存在。拆检发动机飞轮,发现飞轮的发动机转速信号齿存在缺齿现象。更换一个新的发动机飞轮后,发动机能够正常起动了。

故障维修总结:故障被排除后经过与车主交流了解到,前些时候车辆在修理厂(非东风雪铁龙4S店)更换了离合器片,维修后不久就出现了发动机不能正常起动的故障。将故障件进行检查,发现缺齿的根部有明显的受冲击痕迹。此故障是由于车辆在不正规的修理厂更换离合器片操作时,发动机飞轮信号齿受较大的外力冲击而受损。在这种情况下发动机起动时,由于没有准确的发动机转速信号信息,发动机控制单元无法计算出准确的基本喷射和点火时间,最终造成车辆无法正常起动。

四十九、东风雪铁龙新毕加索2.0L发动机无法正常起动的故障

故障现象:一辆东风雪铁龙新毕加索2.0L手自一体变速器轿车,行驶里程为6万km。车主反映车辆在停车场内,发动机突然无法正常起动,同时前大灯点亮、前雨刮器不规则刮动。

故障诊断与排除:对车辆进行运行状态检查,确认了用户对车辆故障的描述,同时还发现车辆的组合仪表显示屏无法显示,而且车辆的遥控器、仪表台上的车门锁止按钮都无法对车辆进行控制(开锁、闭锁),但可以用钥匙对5个车门开启和关闭操作。

用PROXIA3诊断仪对车辆进行整体测试操作,发现诊断仪与组合仪表控制单元,转向盘下转换控制单元两者之间无法进行对话,但是它和车辆的智能控制盒有对话。进入到智能控制盒的诊断菜单,诊断仪显示智能控制盒控制单元内有故障存在,于是对其进行故障读取和故障码删除操作。

得到以下故障信息:

①与转向盘下转换控制单元的通信故障:本地,永久性故障。

②与组合仪表控制单元通信故障:本地,永久性故障。

③与多功能显示屏控制单元的通信故障:本地,永久性故障。

以上3个故障性质都为无特性显示故障。进行故障删除操作,诊断仪上显示不可能删除以上3个故障信息。

进入到发动机控制单元内进行故障读取操作,无任何故障信息,进行相关参数测量,发现发动机控制单元处于锁定状态。打开点火开关进行起动操作(同时进行发动机相关参数测量),发现转速信号可以显示,但是发动机无法起动,同时无喷油、点火等参数显示。说明发动机无法起动不是因为发动机的转速位置传感器及其线路出现故障造成的。

又进入到智能控制盒进行参数测量操作,发现应答器信号不能被智能控制盒接收到,而且发动机控制单元无法解锁,一直处于闭锁状态(这种情况下发动机控制单元肯定无法控制点火

和喷油系统工作,发动机就根本无法起动)。

根据以上检查得到的信息认为,故障很有可能是防起动系统有问题导致的,于是从一个相同车型(运行完全正常)上拆下智能控制盒总成、发动机控制单元、应答器,与此故障车的以上3个部件进行互换操作。打开点火开关进行起动,车辆还是无法着车,说明此车的故障与防起动系统的以上3个部件无关。继续检查防起动系统相关线路的电压和电阻值,没有发现异常情况。

用智能控制盒专用诊断线束将智能控制盒上10个插接器的工作脚并联引出,在点火开关打开的情况下,用万用表进行相关线路参数的测量。先测量智能控制盒40V NR插接器2、4脚之间的阻值为61Ω,测量2、4、6、8的电压分别为2.3V、2.6V、3.58V、1.28V,表明车辆的CAN网线路无问题。6脚和8脚之间电阻值为2.02kΩ;又测量40V BA插接器28、30脚之间的阻值,为2.01kΩ,电压值分别为1.25V、3.6V。继续测量16V NR插接器3脚的电压值为0V。又测量10V NR插接器的6、8、10脚电压分别为0V、3.8V、1.2V,8脚和10脚之间阻值为4.04kΩ。以上测量结果表明,VAN车身网和VAN舒适网的数据线和数据B线工作是正常的,且相关网上的各个控制单元也是没有问题的,但是其+VAN供电线是有问题的(正常时该线路的电压值应该为蓄电池电压)。

查看毕加索车型的相关电路图,发现与+VAN供电线有关的保险丝为智能控制盒内的SH、F14、F15三个保险丝以及发动机舱内保险丝盒内的大保险丝MF4、MF5有关,于是对以上五个保险丝用万用表检查,发现F15保险丝已被熔断,而其他保险丝状态正常。更换一个新的F15保险丝。接下来用诊断仪对智能控制盒故障读取和删除操作。打开点火开关到起动挡,此时发动机可以正常起动,车辆状态恢复正常。

故障维修总结:此故障是因为给转向盘下转换控制单元和组合仪表的+VAN线提供保护的智能控制盒内的F15保险丝熔断,造成+VAN线的电压为0V,而此线路是给以上两个控制单元提供工作电源的。在这种情况下这两个控制单元处于不能工作状态。这时应答器(钥匙)不能通过转向盘下转换控制单元与智能控制盒进行对话,智能控制盒不能识别和验证此应答器内的ID码,也不能进行用户密码的计算和验证,这种情况下发动机控制单元始终处于闭锁状态,发动机控制单元无法进行喷油和点火,发动机也就无法进行起动工作。同时,由于组合仪表无+VAN供电,组合仪表处于黑屏不工作状态,无任何信息显示。因转向盘下转换控制单元是遥控器、仪表台上中控按钮、智能控制盒进行信息交换的平台,这时遥控器及仪表台上的中控按钮无法将信息有效传递给智能控制盒,车辆的遥控器及仪表台上中控按钮无法控制5个车门开启和关闭。且由于无+VAN供电,VAN网始终处于降级模式,前大灯点亮,前雨刮器不规则刮动(这个现象起到提醒用户要到服务站进行维修的作用)。

五十、东风雪铁龙新毕加索2.0L轿车发动机温度过高,且冷却风扇高速运转的故障

故障现象:一辆东风雪铁龙新毕加索2.0L手自一体变速器轿车,行驶里程为10万km。车主反映该车组合仪表上的发动机水温表指示水温过高,且发动机水温警报灯点亮,STOP灯也点亮。

故障诊断与排除:①将故障车辆拖到服务站,进行试车操作,当发动机起动运转5min左右时,发现组合仪表(电气编号0004)上的发动机水温表指示到最高点,发动机水温警报灯点亮,电动冷却风扇开始高速运转,经过几分钟的散热后,水温指示降低到正常值(90℃左右),电动风扇开始停止运转。②用诊断仪PROXIA3对发动机控制单元进行故障读取操作,得到以下信息:水温表指示灯故障,临时性故障;4缸点火失败故障,永久性故障;电动风扇高速运转故障,永久性故障。进行故障码删除操作,无任何作用。③根据故障现象和故障信息,维修技师对该车发动机的冷却系统工作原理进行了具体的分析,当发动机温度到97℃时,发动机控制单元控制冷却风扇开始低速运转进行散热,当发动机温度达到101℃时,发动机控制单元控制冷却风扇开始中速运转进行散热,当发动机温度达到105℃时,发动机控制单元控制冷却风扇开始高速运转进行散热,节温器在发动机温度89℃时开启,发动机温度达到101℃时完全打开。④将车辆发动机冷却液全部放掉,检查节温器(主要是排查是否由于节温器不能正常开启,冷却系统不能进行大循环冷却而造成发动机温度过高的可能性)及散热器总成(主要是排查是否由于散热器内部存在水垢,冷却液循环通道不畅,造成发动机温度过高的可能性)的状态,没有发现异常情况。然后更换新的冷却液,并用专用工具对冷却系统进行冷却液的排气操作(排除由于冷却系统中存在空气,造成冷却效果不佳,系统温度过高的可能性),发现故障现象依然存在。⑤检查发动机冷却风扇控制电路,继电器(电气编号1508、1509、1514)都是正常的。⑥将发动机水温传感器(电气编号1220)拆下,对其内部阻值进行测量并将测量结果和正常情况下的标准值进行对比,发现存在较大差异,怀疑此传感器存在故障,更换一个新的发动机水温传感器总成,而后进行故障读取和故障码删除操作,最后进行试车操作,故障彻底排除。

故障维修总结:此故障是由于给发动机控制单元提供发动机水温信息的发动机温度传感器出现工作不良的情况,在发动机工作一段时间后,发动机控制单元接收到它发来的错误信息后,就控制相关继电器工作让冷却风扇进行高速运转,同时将发动机水温警报灯点亮且 STOP 灯也点亮,告诫用户必须立即进行停车维修(这种状态是毕加索车型发动机电喷系统的一种自我保护功能,避免由于发动机温度传感器失效,造成发动机水温过高对发动机机械部分造成损坏。发动机温度过高会冲坏汽缸垫、烧坏轴瓦而发生机械事故;还会造成充气量下降,功率降低;同时会使发动机各部件配合间隙减小,磨损加剧,发动机寿命降低)。更换一个新的发动机温度传感器并进行故障码删除操作,故障现象就消失了。

五十一、东风雪铁龙萨拉毕加索冷车起动后发动机怠速不稳的故障

故障现象:一辆东风雪铁龙萨拉毕加索 2.0L 手动变速器轿车,电喷系统版本:MM48P,行驶里程为 11 万 km。该车冷车起动后怠速转速值明显偏高,此后出现怠速转速值忽高忽低的状况。

故障诊断与排除:①根据故障现象,决定先用诊断仪 PROXIA3 进行发动机控制单元的故障读取,得到以下故障信息:怠速调节步进电机故障,检测类型为与接地短路或断路。环境参数:转速 1263r/min,发动机温度 82℃,车速 0km/h,进气管压力 54kPa。②接着进行发动机怠速工作状态下的参数测量检查,得到以下测量值:发动机转速始终在 786~1354r/min 之间不停的波动(正常情况下怠速时发动机转速应在 850±50r/min 波动)。根据以上相关信息,首先对怠速调节步进电机或节气门体总成及相关线路进行检测和清洗(认为可能是由于步进电机或节气门体被可燃混合气污染发卡导致发动机不能正常工作)。③将上述元件从车上拆下,用专用清洗剂对怠速调节步进电机机械部分和节气门体总成清洗,并对工作及控制线路用万用表进行通断检测,一切正常。④用诊断仪对发动机控制单元进行初始化操作,保证其电控部分处于良好的工作状态,这样就可以排除由于发动机控制单元未作初始化而造成发动机怠速不稳的可能性。⑤更换一个新的怠速调节步进电机总成后,进行故障码删除和试车操作,故障现象依然出现。⑥用专用 MM48P 电喷系统诊断线束及 126 路诊断接线盒与发动机控制单元进行并联后,对相关线路和接线脚的状态进行电压及电阻的检测,先测量 32VGR 插接器 B1、B2 脚的电压信号及电阻,结果表明正常,说明发动机转速位置传感器及其线路工作无问题。接下

来用示波器检查插接器 32V GR H2、G3、G2、H3 脚工作时的波形,运用诊断仪上的应用示波器功能将所测量的喷油器工作波形与正常工作情况下的标准波形进行对比,一切正常,此后用诊断仪进行执行机构测试的操作,检测结果表明,4 个喷油器及其工作线路工作的状态符合要求。⑦接着检测发动机插接器 32VNR G3、H3 脚的波形(点火线圈工作脚),检测结果表明,点火线圈工作正常,将 4 个缸的火花塞都拆下进行外观及电极间隙的检查,结果表明无问题。⑧用诊断仪进行发动机运行参数读取的操作,重点测量发动机怠速运行工况下进气压力和进气温度值的变化情况,并用万用表结合诊断接线盒检测进气压力和进气温度传感器及其线路的通断等工作状态,没有发现能影响并导致车辆发动机运行出现不稳定的因素。⑨用专用发动机电喷系统燃油压力表连接到该台发动机油压专用检测管接头上,在发动机怠速运转情况下对发动机供油系统管路里的油压进行检查,检测值始终在 300kPa 左右波动,基本符合正常工作时的燃油压力要求。排除由于供油系统压力存在波动造成发动机怠速工况运行不稳定。⑩最后只有检查发动机控制单元的工作状态了,结合诊断线束及诊断接线盒测量插接器 32VGR D3 脚、E3、D2、F3(怠速步进电机控制脚)的工作状态,用万用表测得 D3 脚的电压值一直为 0V,且不变化,与正常值相比很不正常(正常值应该是在 0~12V 之间不停的波动)。接下来为了判断是发动机控制单元总成本身控制有问题,还是相关工作及控制线路有问题,利用整体移植的方法将故障车的发动机控制单元,应答器、智能控制盒和组合仪表总成拆下与一辆能正常工作的车辆对换,这时发现原先有故障的车故障现象消失了。而原先正常的车辆出现了怠速不稳的状态,最后经确认是发动机控制单元损坏,造成了发动机怠速运转不稳。更换一个新的发动机控制单元总成,用 PROXIA 诊断仪进行初始化操作,进行故障码删除和路试,故障现象消失。

故障维修总结:对更换下来的发动机控制单元总成进行具体功能和电气结构性能测试分析后认为,该车辆的发动机怠速不稳故障的形成原因是由于发动机控制单元总成内部控制怠速步进电机工作的线路发生故障,造成其对怠速调节步进电机的控制方式出现失灵,这种情况下发动机在怠速运转时,发动机的进气系统不能提供在合理范围内的空气进气量,这样就使可燃混合气的质量失去控制单元的精确控制,从而造成发动机出现怠速不稳现象。

五十二、东风雪铁龙老款毕加索 2.0L 轿车空调系统不能正常工作的故障

故障现象:一辆东风雪铁龙老款毕加索 2.0L 发动机手动挡轿车,行驶里程为 13 万 km。试车时确认按下空调开关后,空调压缩机不能工作(压缩机电磁离合器根本不吸合),前后鼓风机也不能正常工作。

故障诊断与排除:①先用 PROXIA3 诊断仪对空调控制单元进行故障读取和故障删除操作,得到的故障信息为:座舱气温传感器转子发卡故障(本地故障),故障性质为永久性故障。②根据故障信息更换一个新的座舱气温传感器总成,进行试车操作,空调依然不能正常工作,用诊断仪进行故障读取,仍显示为座舱气温传感器转子发卡故障,继续对该传感器所处线路进行通断及阻值测量,发现线路的通断是正常的,测量得到的线路阻值与正常值相比也是正常的。③用 PROXIA3 诊断仪对空调系统各相关元件进行执行机构测试功能操作,发现当诊断仪通过智能控制盒对鼓风机、空调压缩机发出工作指令后,这两个元件根本无法起动。这个结果说明系统中的鼓风机(电器编号 8050)、空调压缩机(电器编号 8020)、座舱气温传感器(电器编号 8030)的供电或搭铁线路存在问题。④合老款毕加索车型空调系统电路图,对以上几个部件进行电路运行原理分析,按照分析结果进行了后续的诊断操作。⑤先对空调压缩机离合器的工作线路进行检查,打开点火开关到 M 位,用万用表测量智能控制盒插接器 16V VE 7

脚的电压值,测量得到的结果为蓄电池电压,这个结果与正常情况下的标准相同,接下来又测量发动机舱内保险丝盒插接器 16V NK 7 脚和插接器 16V GR 13 脚的电压值,得到的结果也为蓄电池电压,没有任何问题。这时对空调压缩机离合器插接器 2 VBA 上的 1 脚(供电脚)、2 脚(搭铁脚)进行电压值的测量,也没有问题,又对此搭铁脚(MM01)与车身其他搭铁点之间的阻值进行了测量,结果为≤1Ω,表明此搭铁点及其线路也是没有问题的。排除了由于空调压缩机离合器的工作线路存在问题造成此车空调系统无法正常工作的可能性。⑥对鼓风机控制单元、鼓风机本身及其工作线路进行状态检查,先检查发动机舱内保险丝盒 BH12 内的 F40 保险丝的通断情况,结果为正常,又在点火开关打开的情况下测量鼓风机控制单元插接器 6V NR 上 1 脚(鼓风机控制单元供电脚)的电压值,结果为蓄电池电压与正常值相符合,又继续测量 3 脚(鼓风机控制单元搭铁脚)的电压值,测量结果为 0V,同时还测量此脚与车身其他搭铁点之间的电阻值,结果表明此搭铁点是没有问题的,还测量了 2 脚(空调控制面板与鼓风机控制单元信息交流信号线)的情况,结果也没有问题。更换一个新的鼓风机控制单元和鼓风机后进行试车操作,故障还是没有排除。⑦最后对座舱气温传感器的供电脚和搭铁脚及其线路进行状态检查。用万用表测量得到的供电脚和搭铁脚(点火开关打到 M 位时)的电压是十分正常的。于是决定再次更换了一个新的座舱气温传感器总成进行空调系统工作试验,发现按下空调开关后,空调压缩机迅速恢复正常工作,用诊断仪进行故障码删除后,又进行了一段时间试车操作后进行故障读取,没有得到任何故障信息,且空调系统工作状态一切正常。

故障维修总结:此故障是由于空调系统(自动空调)的座舱气温传感器内部出现缺陷(包括第一次新换的),造成无法将座舱气温信息通过空调控制面板传递给智能控制盒总成(BSI)。这种情况下智能控制盒就无法控制空调压缩机离合器进行吸合动作,这种状态最终导致空调系统无法正常工作。

五十三、东风雪铁龙老款毕加索 2.0L 轿车发动机不能正常起动的故障一例

故障现象:一辆东风雪铁龙老款毕加索 2.0L 发动机轿车,自动挡,行驶里程为 26 万 km。车主发现此车突然出现无规律的发动机不能起动的现象。

故障诊断与排除:①先用诊断仪 PROXIA3 对车辆的发动机控制系统进行故障读取操作,得到以下故障信息:3 缸点火失败故障,永久性故障;4 缸点火失败故障,永久性故障;曲轴位置传感器故障,临时性故障;发动机 ECU 通信故障,临时性故障;转向信号灯故障,临时性故障。然后进行故障码删除操作,故障码根本不能被删除。②在发动机不能正常工作的状态下,用供油压力检测表对供油管路进行压力测量,得到的结果为:打开点火开关,管路油压测量值为298kPa,将点火开关打到起动挡的情况下,管路油压测量值为 290kPa,且油压在此后的 20s 左右时间内压力没有明显的变化。以上测量结果与正常情况下的标准状态值进行对比,表明供油管路系统是没有问题的。于是将 4 个缸的喷油器拆下,用专用的超声波喷油器清洗机对四个喷油器进行清洗和状态检测,结果表明 4 个喷油器的工作完全正常。③根据诊断仪读出有点火失败故障信息,对发动机的点火系统进行状态检查,更换一个新的点火线圈总成,故障现象仍存在;对相关的点火线束进行通断及电阻值的测量,没有发现异常情况。④此时只有将物理测量盒和专用老毕加索 MM48P 电喷系统诊断线束,对喷油器及点火线圈的工作状态下的工作波形用诊断仪中的应用示波器功能进行检测,发现喷油器和点火线圈没有正常工作。这时认为故障的产生是由于发动机控制单元没有控制发动机喷油和点火。⑤对车辆的防起动系统进行故障读取,没有发现任何故障信息,同时对发动机控制单元进行参数测量操作,表明发动机此时处于解锁状态,排除由于车辆的防起动系统不正常造成发动机控制单元处于闭锁状

态从而造成车辆无法起动的可能性。⑥将发动机控制单元的各个工作脚用诊断线束并联引出，在打开点火开关、关闭点火开关、发动机起动三种状态下测量各个脚的工作电压并将测量得到的结果与正常情况下的标准值进行对比，没有发现任何异常情况。于是更换了一个新的发动机控制单元总成，并用诊断仪进行防起动系统的初始化操作，然后进行试车操作，故障现象依然存在。表明故障的产生与发动机控制单元总成本身无关。⑦对发动机转速位置传感器及其工作线路进行检查，线路通断正常，更换传感器后故障依旧。对发动机飞轮上的转速位置传感器信号齿进行目视检查，没有发现问题存在。以上检查结果表明，故障的产生不是由于发动机转速位置传感器及其工作线路、信号齿存在问题造成传递给发动机控制单元的发动机转速信号有问题，最终导致发动机控制单元无法进行供油及点火而使发动机无法正常起动的可能性（MM48P 电喷系统的工作原理是发动机控制单元根据发动机转速和进气压力信号进行基本喷射及点火时间的计算和确定，如果这两个信号中的任何一个有问题，发动机控制单元都不能进行点火和供油控制，这种状态下发动机也就无法起动，而其他传感器有故障，发动机控制单元会根据存储在控制单元内部的后备值进行相关计算和工作，不会出现发动机不能起动的情况，如发动机温度传感器、进气温度传感器、氧传感器等）。⑧拆下智能控制盒（BSI）对其外观进行目视检查，发现智能控制盒外部壳体处有少量的黏稠状液体附着。将智能控制盒的各工作脚用老毕加索车型专用诊断线束并联引出，然后用万用表电压挡测量点火开关打开、关闭、发动机起动等状态下的各工作脚的电压，发现不少工作脚的电压测量值与正常值相比都存在问题，于是更换一个新的智能控制盒（BSI），并用诊断仪进行相关系统的初始化操作和相关运行参数的配置操作，进行发动机起动操作后，故障现象消失，路试操作，故障没有再现。

故障维修总结：将故障件（智能控制盒）内部解体进行完全的拆检分析，发现其内部有部分线路板上有明显的被腐蚀现象。经与车主交流了解到，前些时车主的小孩曾经将饮料瓶打翻在车辆的仪表台左侧。至此维修技师认为故障产生的根源被发现了，是由于饮料通过仪表台上的通风口流入到智能控制盒内部（智能控制盒位于仪表台的左下部），经过一段时间后，造成智能控制盒内部线路板被腐蚀，最终形成线路短路。这种情况下智能控制盒控制发动机控制单元工作的功能失效，车辆的发动机出现不能起动的现象（无规律，有时线路的接触又是正常的，这种状态下发动机又是可以正常起动的）。

五十四、东风雪铁龙毕加索空调系统无法正常工作的故障一例

故障现象：一辆东风雪铁龙毕加索 2.0L 发动机，手自一体变速器轿车。车主反映，空调的制冷功能不能正常工作，但是暖风系统的工作是正常的。

故障诊断与排除：根据车主的描述，维修技师对车辆的空调系统的制冷功能、暖风功能、鼓风机的工作状态进行了检查，车主的反映完全真实。根据毕加索车型空调系统的工作原理，先检查机械部分，再检查电气部分。

用专用制冷剂测漏仪对空调系统的管路以及各部件连接部位进行查漏工作，没有发现制冷剂泄漏的问题存在。

用空调系统加注机与空调系统的高低压管路进行连接，然后测量静态情况下的高低压管路内制冷剂的压力值，经与正常值对比，此车的制冷管路压力正常。同时检查其他相关元件（冷凝器、膨胀阀、蒸发器）的状况，排除了由于空调管路系统内制冷剂压力过低或过高，系统处于保护状态而不让压缩机进行工作的可能性。

检查空调压缩机离合器的工作情况，用诊断仪进入智能控制盒（BSI）执行直接给压缩机离合器一个工作信号，发现离合器可以正常吸合，说明空调压缩机离合器及其工作线路没有

问题。

　　这时维修技师怀疑是空调开关及其线路有问题,于是按下空调开关,发现表示开关处于工作状态的指示灯能够点亮。用万用表对空调面板的相关线路进行检查,测量 5V GR、6V BA 两个插接器上的 10 条工作线路的电压值和与相关连接系统之间各段线路的阻值,结果表明线路是正常的。更换一个新的空调控制面板总成,进行空调系统工作状态检查,故障还存在。

　　检查空调系统线性压力传感器及其线路的工作状况(因为如果此传感器及其线路出现问题,它提供给发动机控制单元的空调系统压力信号过高或过低,智能控制盒会禁止空调压缩机工作)。用万用表测量线性压力传感器 3V NR 的 1、2、3 脚的电压值,结果表明线路一切正常,更换一个新的线性压力传感器总成,空调系统没有恢复正常状态。

　　检查发动机温度传感器及其线路的工作状况(因为如果此传感器及其线路出现问题,它提供给发动机控制单元的温度信号过高,为了保护空调系统的主要部件,智能控制盒会禁止空调压缩机工作)。用万用表测量其插接器上 1、2 脚的阻值,没有发现异常。同时又更换一个新的发动机温度传感器总成,故障依然存在。

　　检查蒸发器温度传感器及其线路的工作情况(因为如果此传感器及其线路出现工作不正常状态,它提供给智能控制盒出风口的温度过低,为了保护空调系统相关部件,智能控制盒会让空调压缩机不工作)。用万用表检查线路电阻值,结果为正常,更换一个新的传感器总成,故障依旧。

　　用 PROXIA3 诊断仪对智能控制盒进行诊断操作,进入到智能控制盒系统参数测量菜单时,没有得到空调开关发出的空调起动的工作命令。由于此前已经检查过空调开关及其线路的状态是正常的,认为可能是空调开关的工作信号没有传递给智能控制盒。于是对此信号线进行状态检查,没有发现任何问题。继续检查智能控制盒有关空调系统的设置是否正确,发现此车智能控制盒菜单的配置栏目下的空调类型选项显示为自动空调,而正常情况下此选项应该选择为手动空调。将其改为手动空调模式,并进行确认。在发动机运转状态下,按下空调工作开关,发现此时空调压缩机可以正常吸合,进行一段时间路试操作,系统工作完全正常,同时用诊断仪读取故障,没有任何故障信息。表明该车空调不能工作的问题已经解决。

　　故障维修总结:此故障是由于该车的智能控制盒内空调类型的设置存在问题(正常应选择手动空调模式,而此车的选择为自动空调模式),这种情况下智能控制盒不能控制空调系统的空调压缩机进入到工作状态(而暖风系统的供热来自发动机冷却管路,不受影响,能够正常工作)。设置修改后,一切恢复正常。

五十五、东风雪铁龙毕加索可以正常起动但是前照灯自动常亮的故障

　　故障现象:一辆东风雪铁龙毕加索手自一体变速器轿车,行驶里程为 7 万 km。该车的前照灯自动点亮、前雨刮电机没有规律的自动刮动,安全气囊故障指示灯常亮,但该车能正常起动,其他系统的故障指示灯无异常。

　　故障诊断与排除:

　　①用 PROXIA 诊断仪到智能控制盒内进行故障读取,得到以下故障信息:与转向盘下转换模块通信故障(本地故障)(P,永久性故障)。而用 PROXIA 诊断仪在进行故障诊断时无法进入到转向盘下转换模块这一诊断菜单中去。这说明诊断仪无法通过诊断接头与该车的转向盘下转换模块进行诊断通信。由于前照灯自动点亮且雨刮电机无规则自动运动,这些动作是典型的 VAN 车身网出现故障后的降级模式的表现,又从诊断仪上读取了有关转向盘下模块的故障,所以可以判断是有关 VAN 车身网的相关故障。②换上一个新的转向盘下转换模块

总成,故障现象没有消失,用 PROXIA 诊断仪进行故障码读取,故障依然存在,进行故障码删除也无效果。这说明转向盘下转换模块本身无故障。③继续检查智能控制盒内与转向盘下转换模块供电有关的 F4 保险的状态,发现其已经熔断。换上一个新的 20A 保险,故障现象未能解决,说明还有其他问题。④将智能控制盒的诊断线束与 126 路诊断接线盒相连接,检查与转向盘下转换模块相关的各脚在点火开关打开状态下的电压值,其中 16VNR 插接器的 3 脚的电压为 12V,16VGR 插接器的 2 脚的电压为 12V,40VBA 插接器的 28、30 脚的电压值分别为 3.7V 和 1.2V。这表明从智能控制盒提供出来的与转向盘下转换模块的各脚相关的工作端的状态是正常的。⑤测量智能控制盒 40VBA 插接器的 28、30 两个脚之间的电阻值,为 2.07kΩ,在正常范围内,这说明 VAN 车身网的各个并联控制模块的 DADA 和 DATA/网络之间的连接是没有问题的。⑥由以上相关信息可以得到以下结果:该故障的问题是在从智能控制盒到转向盘下转换模块之间的这段线路上。⑦将转向盘下转换模块的 6VGR 插接器拔下,测量各脚的连接线束的通断情况,发现本应是提供转向盘下转换模块搭铁脚的 4 脚与车身搭铁点之间的电阻值为无穷大,而正常值应该为 0Ω 左右,说明此线路上有断路情况发生,而其他各脚相关连接线测量的电阻值的情况是符合正常状态的。继续检查与此搭铁脚相关的线路:从转向盘下转换模块到 MC3 搭铁点的 MCV00 这根线的状态,发现其到搭铁点的线路上有断路的故障发生,将其用电烙铁焊接好并进行绝缘处理后,用诊断仪 PROXIA 进行故障码读取和故障码删除,发现故障码已经消除。将点火开关打开后,该车一切正常,故障彻底排除。

故障维修总结:此故障是由于转向盘下转换模块的搭铁线发生断路故障,转向盘下转换模块由于无搭铁而失效,车辆进入 VAN 车身网降级模式运行状态,该车表现为以下降级工作模式运行:前照灯自动点亮、前雨刮电机没有规律的自动刮动,安全气囊故障指示灯常亮。将搭铁点的故障排除后问题得到解决。

五十六、东风雪铁龙毕加索 1.6L 轿车开小灯时后雨刮器工作的故障

故障现象:1.6L 毕加索车开小灯时后雨刮器工作。

故障诊断与排除:上述故障现象肯定是小灯线路与后雨刮器线路搭铁处接触不良或有元件损坏。查相关资料,其有两处共同点,一处是后部接地点 MC78,一处是 BSI。若是共同接地点 MC78 接触不良,开小灯时,后雨刮器是会工作的,但由于有其他电器串入,工作电流要减小,那么雨刮器工作速度肯定比正常挡位速度要慢。根据这一点可以排除 MC78 接触不良的可能,故障可能由 BSI 内部损坏引起。后雨刮器的供电脚由 BSI 供给,而开小灯时,灯光开关也提供给 BSI 一个信号。于是拔掉 BSI 中的 16V(VE)插接器,再开小灯,后雨刮器不工作了,由此可以断定是 BSI 内部短路。

更换 BSI 并重新编程后,故障彻底排除。

五十七、东风雪铁龙毕加索轿车燃油表显示不正常的故障

故障现象:车主反映,他的毕加索轿车、汽油液面显示在行驶中有时 6 格、5 格、4 格不稳定,并且车外温度显示时有时无。

故障诊断与排除:开始怀疑组合仪表有问题,用诊断仪检测无故障。看参数时,当出现不同液面显示时诊断仪显示是 35L 燃油,由此可以排除不是油位传感器故障。偶然打一下右前车门时温度显示有了。该车曾右前门漏水(向车主询问得知),检查右前门线束,发现插接器有进水痕迹。清洗吹干后,故障依旧。把右前门线束拆出,发现右后视镜插接器的一条线与车门搭铁并且快要断裂。把该线重新连接后,试车,温度表和燃油表都显示正常了。

故障维修总结:因为外部温度传感器线路搭铁,给仪表一个错误的搭铁信号,使仪表显示不正常。

五十八、东风雪铁龙 2002 款毕加索轿车点火钥匙拔不出来的故障

故障现象：一辆 2002 款毕加索（Picasso 2.0L），行驶里程为 1.1 万 km。车主反映点火钥匙无法拧动也拔不出来，导致发动机无法熄火。

故障诊断与排除：拆除蓄电池负极线缆，拔下点火锁接插线束（或拔下 BM34 的 F12、BH28 的 F27 也可），发动机即可熄火。但点火钥匙仍拔不出来，只好拆除点火锁，换上新的点火钥匙副，并进行新配点火钥匙和发动机电控单元、智能盒密码匹配（须用诊断仪进行旧码清除，新码输入）。经试车验证故障排除。

故障维修总结：维修人员在同一夏季维修了几例同类故障，此故障排除过程并不复杂，但同类故障发生在几辆毕加索车上。什么原因呢？原来是时值夏季，驾驶员长时间开空调，致使大电流长时间通过点火钥匙输往空调压缩机和鼓风机，造成点火锁固定塑胶熔化，渗入点火锁内。在此提醒广大毕加索轿车用户，在厂家未解决点火锁抗热性能前，勿在炎夏长时间不停歇地开空调，以防同类故障发生。

五十九、东风雪铁龙富康轿车发动机不能正常起动的故障一例

故障现象：一辆东风雪铁龙富康 1.4L 8V 发动机，手动挡轿车，行驶里程为 10 万 km。车主说前一天晚上车辆使用情况还是正常的，今天早上出车时发现车辆无法起动。

故障诊断与排除：将车辆拖到服务站后进行车辆检查，发现将点火开关打到起动挡时有起动的动作，但是却不能正常着车。①首先认为可能是由于蓄电池的问题产生了发动机不能起动的故障。于是用万用表电压挡检查蓄电池的电压值，测量结果为 12.6V。接着又用专用蓄电池状态检测仪检查蓄电池的具体状态，检查结果符合正常的使用要求。②由于当时是冬季且服务站地处北方，于是又怀疑是否在发动机排气管内部结冰导致发动时尾气无法正常排出而造成发动机无法起动。拆下排气管后进行车辆的起动，还是不能着车，检查排气管，没有发现有结冰的情况。③由于富康车没有装备发动机防起动系统，排除了因为防起动系统发挥作用导致发动机无法正常起动的可能性。④用诊断仪 PROXIA3 对发动机电喷系统进行故障读取和相关参数的测量，没有发现任何故障信息，并且测得的发动机系统基本参数（发动机不运转时）也完全符合正常情况下的要求。⑤用 MP5.2 电喷系统专用诊断线束和诊断接线盒，将发动机上所有工作脚并联引出，用万用表测量其电压值（分点火开关打开、点火开关关闭两种情况），将测量值与正常情况下的标准值进行比对，没有发现相关工作脚的电压值存在异常的情况，更换了一个新的发动机控制模块总成进行起动，还是不能着车。⑥用专用清洗剂对进气压力传感器真空管及怠速控制阀拆下进行清洗，重新安装到车上后进行试车操作，故障依然存在。⑦检查发动机转速位置传感器及其工作线路的情况，线路在通电状态下的电压值及断电状态下的电阻值都没有问题，更换一个新的发动机转速位置传感器总成，还是不能着车，这样就排除了由于发动机转速位置传感器及其工作线路工作不良，造成发动机控制模块无法进行喷油时间和点火时间计算，最终造成发动机无法起动的可能性。⑧将 4 个缸的火花塞全部从发动机上拆下进行目视检查，发现每个火花塞本体上都明显有被汽油打湿的情况，于是更换了 4 个新的此车型专用火花塞，起动发动机，发动机的工作立即恢复正常。

故障维修总结：维修技师分析，此故障的产生有很大的偶然性，由于车辆在北方的冬天，经过前一天晚间极低的气温及过低的气压的特殊情况下，发动机起动时喷油量虽然是正常的，但由于空气温度太低且空气中氧气含量过低（当天气压过低），发动机的混合气相对较浓且温度过低，会造成火花塞被混合气打湿，火花塞无法正常点火，可燃混合气无法被正常点燃，最终导

致发动机无法正常起动。

六十、东风雪铁龙富康轿车电压调节器损坏导致 ABS 故障灯间歇点亮的故障

故障现象:富康轿车行驶途中发现 ABS 故障灯间歇点亮。

故障诊断:用 PROXIA 检测 ABS 控制单元故障:F 蓄电池电压故障;检测类型:无因果关系;同时对发动机控制单元检测故障为:F 蓄电池电压故障;检测类型:超过上限;发动机转速 2240r/min;水温 88℃。

分析可能为供电电压故障,查蓄电池、正负极电缆均无问题。空挡时将发动机反复加速到 3000r/min,用万用表检测发电机输出电压,发现有时充电电压过高,最高可达 18.5V。

更换发电机电压调节器,装复试车,故障彻底排除。

故障维修总结:该车发电机充电电压偶尔过高,因而在发动机和 ABS 控制单元中均反映蓄电池电压故障。

六十一、东风雪铁龙富康轿车组合仪表板上的充电指示灯偶尔点亮的故障

故障现象:一辆东风雪铁龙富康 1.4L 发动机,手动挡轿车,行驶里程为 12 万 km。当车辆停驶且关闭点火开关后,组合仪表板上的发电机充电指示灯会偶尔点亮(正常情况下,点火开关关闭后此灯应该熄灭),发动机运转时发电机充电指示灯会立即熄灭(这种状态是正常的)。

故障诊断与排除:根据对富康车型发电及起动系统电路图的仔细分析,对产生此故障的原因,按其可能性大小的顺序进行诊断操作。①检查发电机总成及其相关线路的状况。先更换一个新的发电机总成,故障现象依然存在,继续将发电机到组合仪表板的输出线进行更换,故障仍然存在,说明故障的产生与此线路无关。②怀疑组合仪表上的发电机充电指示灯有问题。于是更换了一个新的组合仪表总成,故障现象没有消失,说明原件完好。③检查车辆的点火升关总成及其工作线路是否符合要求。更换一个新的点火开关总成,还是没有解决发电机充电指示灯亮的问题。继续对点火开关的相关线路进行检查,将点火开关上的 3 个插接器(2G、2N、2M)一起拆下,故障现象依然存在。这时维修技师认为发电机的充电指示灯工作线路存在串线情况(因为在正常情况下,当将点火开关上的 2G 插接器拆下后,发电机充电指示灯工作的供电线路就被切断了,组合仪表上的充电指示灯不应该亮)④同时发现在点火开关关闭的情况下车辆的电动玻璃电机、收放机、前后雨刮电机也能工作,这种不正常的情况又进一步证明了故障的产生与发电机的充电指示灯工作线路的串线有关,于是查看各相关系统的电路图,找到这几个元件工作线路中的共同点,发现这几个元件的正常工作都离不开驾驶舱内保险盒(电气编号 52)的 F6 和 F9 保险丝,于是对这两个保险丝的状态用万用表进行检查,没有发现异常情况,继续对 F6 和 F9 保险丝所在线路进行逐段的检查,发现线路的电阻及通断是没有问题的,但是线路的电压值(点火开关关闭时)始终为蓄电池电压(正常情况下为 0V,只有在点火开关打到 A、M 位时才会有蓄电池供电产生),说明此线路存在串线的状况。⑤用万用表逐段检查到底是何处出现串线情况,最终发现危险警报灯开关(电气编号 589)的插接器上的 8N3 和 8N2 内部是导通的(正常情况下应该是断开的)。更换一个新的危险警报灯开关总成后进行试验,故障现象彻底消失。

故障维修总结:经过仔细分析,维修技师认为此故障的产生是由于危险警报灯开关的插接器上的 8N3 和 8N2 的内部始终是导通的,这种情况下发电机充电指示灯的工作线路在点火开关关闭时也有蓄电池电压存在,组合仪表板上的发电机充电指示灯会通过发电机内部搭铁点亮,而发动机起动后,由于发电机发电处于高电位,这时发电机充电指示灯两端电位相同而会

熄灭。

六十二、东风雪铁龙富康轿车水温报警指示灯点亮的故障

故障现象:一辆 2007 款东风雪铁龙富康 1.6L 8V 发动机轿车,自动变速器,行驶里程为 12 万 km。车主反映,当车辆在 80km/h 的状态下行驶时,组合仪表上的发动机水温报警指示灯点亮,冷却风扇同时进入高速运转情况,车速低于 50km/h 后不久,发动机水温就开始处于正常值范围内,冷却风扇停止工作;同时还发现车辆的暖风系统工作不太正常。

故障诊断与排除:先检查发动机冷却液温度传感器(组合仪表用)的状态,更换一个新的发动机冷却液温度传感器总成(组合仪表用),故障现象依然存在。在车辆行驶过程中,当车速在 80km/h、70km/h、60km/h、50km/h 四种情况下,用 PROXIA3 诊断仪对发动机控制单元内的发动机温度信号进行参数测量操作,将得到的发动机温度值与组合仪表上的发动机温度显示值进行对比,发现无明显差异。

用万用表对发动机水温控制盒进行相关线路的状态检查操作(主要检查供电脚、搭铁脚、控制脚的状态),结果一切正常。随后又更换一个新的发动机水温控制盒总成,故障依旧,说明与发动机水温控制盒及其相关线路没有关系。

对发动机冷却风扇及其相关线路的保险丝、继电器、搭铁点等进行状态检查,结果表明这些元件及其线路都处于正常状态。

对自动变速器油液面(如果自动变速器的油量过多会导致自动变速器油温过高,会通过与发动机冷却系统进行冷热交换的热交换器总成的运行造成发动机水温过高)、自动变速器的热交换器总成进行状态检查,检测的结果排除了此故障是因为自动变速器相关部件有问题导致发动机水温过高的可能性。

对此车的空调系统中的压力开关及其线路进行功能检查,发现此故障的原因不是因为压力开关失效或空调系统管路压力过高,水温控制盒让发动机冷却风扇进行高速运转状态。

对该车发动机的冷却液进行排气操作:将专用工具 4520T(注水桶)放在散热器的加水口上替换散热器盖,将散热器、出水室、暖风管上的 3 个排气螺钉打开,缓慢的加注一定量的冷却液。当 3 个排气螺钉处流出的冷却液无气泡时,按以下顺序拧紧排气螺钉:散热器→出水室→暖风管(按具体位置的水位状态由低到高)。起动发动机,使其空转并保持转速在 1500～2000r/min 的状态下,等候两个冷却风扇起动(完成 3 次通断循环,其目的是让冷却管路中的节温器能够达到初开温度的状态,这样才可以让全部冷却管路内的空气彻底排空)。拆下专用工具 4520T(注水桶),盖上散热器盖,关闭发动机,让冷却液温度降下来。这时又继续检查冷却系统内冷却液的液面情况,发现液面明显过低,补充新的冷却液到 MIN(最低)和 MAX(最高)之间。

经以上操作发现,此车的发动机冷却系统内存在空气,同时也发现缺少冷却液,这两个问题与此故障有一定的关系。

之后进行试车操作,故障现象有所缓解,但是没有得到根本解决,这时认为车辆还存在其他与冷却系统工作有关的问题。

用专用检测设备对发动机冷却系统内的冷却液进行浓度方面的检查,基本排除是因为冷却液的配比不对造成冷却液的冷却效果不佳的可能性。

此时怀疑可能是暖风水管堵塞导致发动机温度过高,于是就拆下储水室上的暖风管用压缩空气进行吹气操作,阻力不大,又排除此故障的可能性。

更换一个新的节温器总成后又进行试车操作,发动机温度还处在偏高的情况,此结果表明

故障与它无关。

再对水泵外观进行检查,没有发现有渗漏的痕迹,然后拆下水泵总成,接下来对水泵和发动机缸体之间的密封圈进行状态检查,无问题。又更换一个水泵总成,进行路试操作,发现故障彻底排除。

故障维修总结:与车主进行沟通,车主反映前段时间此车在非东风雪铁龙指定服务站进行了发动机汽缸垫、暖风管、水泵的更换。由此得到启发,将更换下来的水泵进行仔细的检查,并和正厂件进行比较,发现与正厂件相比尺寸上有明显的差别,由此说明换上的水泵是非正厂件,在工作中存在工作不良(冷却液的循环能力达不到设计要求),最终造成该车的冷却系统在高速时发动机冷却液的温度过高,组合仪表上的水温指示灯点亮,同时基于此种状况要对冷却系统进行相应的保护,发动机水温控制盒通过内部控制线路让车辆的两个冷却风扇处于高速运转。

第二章　桑塔纳系列轿车故障检修实例

一、2001 款桑塔纳 2000 型轿车(时代骄子) 怠速不稳及加速不良的故障

故障现象:一辆桑塔纳 2000 型轿车(时代骄子),手动变速器。怠速不稳,加速不良。

故障诊断与排除:维修技师接车后试车检查,该车发动机在起动后怠速运转明显抖动;上路行驶,加速无力。行驶中将加速踏板迅速踩到底,发动机转速不能及时上升,急加速反应迟钝,其间伴有进气管回火现象。

使用诊断仪 V.A.G1552 查询发动机控制单元内的故障存储情况,显示存有一个故障内容:00553(空气流量传感器 G70 对地断路/短路),且为永久性故障,清除以后立即会被再次存储。查看发动机数据流(01—08—002 组)第四区,怠速时进气空气质量为 3.5~4.9g/s,超出标准数值(2.0~4.09/s)。拔下空气流量传感器插头测量:起动发动机时,2 号插脚与接地线之间电压为 12V,连接发光二极管亮,说明空气流量传感器的供电电压正常。打开点火开关,用万用表测量 4 号插脚与接地线之间电压约为 5V,说明发动机控制单元供给空气流量传感器的电压正常。因为一般空气流量传感器如果内部损坏后也会相应存储类似故障,而使混合气失调产生怠速不稳的现象。故更换了新的空气流量传感器。但是更换后情况并未好转,故障内容依然存在。查看数据流也没多大变化。拔下空气流量传感器插头后起动发动机,查看数据流,结果发动机控制单元的替代数值仍在 4g/s 左右波动,远大于以往维修的经验数值2.9~3.0g/s。于是拆下蓄电池负极线,拔下发动机控制单元插头,测量空气流量传感器插头上触点与发动机控制单元上相关触点间的线路。结果测量后并未发现有线路短/断路的现象。那么既然空气流量传感器的四根线都没有短/断路的现象,装上新空气流量传感器怎么还会有故障呢? 难道是发动机控制单元内部有问题吗? 于是决定更换新的发动机控制单元,并进行发动机控制单元与电子防盗器(25—100—00)的匹配操作,起动发动机。发动机仍然怠速不稳。发动机控制单元内存储的故障依然不能清除。问题到底出在哪里呢? 就在陷入困惑时,无意间,触碰了一下空气流量传感器的插头,发动机随之抖动了一下。维修技师立刻想到会不会是这个插头有问题呢? 拔下插头查看,没有明显损坏。用专用工具将插头内四个插脚取出,也没发现有脱焊的现象。只是轻微有些氧化,用砂纸打磨各个插头触点后装好。起动着车,故障存储内容居然消失了。

再次查看发动机的数据流:怠速时进气空气质量为 3.0g/s,在正常值范围内。原来是空气流量传感器的插头触点接触不良导致的发动机控制单元混合气控制失调,并出现故障内容存储。

虽然发动机控制系统再没有检测出新的故障,而查看发动机的各个数据流也都在正常范围内。但是发动机怠速不稳的现象依然存在,加速仍迟缓。检查点火系统,火花塞火花正常,高压线也无错乱或漏电现象,更换火花塞后没有明显变化。拆下各喷油器清洗检测,也属正常。检查进气系统,也无漏气部位。后来怀疑配气相位可能有问题,抱着试试看的想法,决定检查发动机的配气相位,结果发现配气相位的上下记号不能同时对正,凸轮轴上的正时记号相对于曲轴皮带轮上的正时记号提早了 4 个齿。重新调整配气相位,安装正时皮带。起动发动机,怠速平稳。路试加速有力,发动机动力充沛。故障彻底排除。

故障维修总结:该车表现出的怠速不稳,进气管回火,加速无力的表面现象,实为两个故障共同所致:一是空气流量传感器插头上触点接触不良,导致空气流量传感器不能正常工作,并使发动机控制单元认为线路有故障。二是发动机的配气相位不准，导致气门不能正确地按时开/闭，使发动机工作不良，怠速不稳，加速无力。因为发动机控制单元有应急运行功能，所以配气相位不准是导致该车工作不正常的主要原因。

二、2002 款桑塔纳 2000 型轿车水温表指示异常的故障

故障现象：一辆 2002 款桑塔纳 2000，手动变速器，行驶里程为 14 万 km。因水温表指示过高进厂修理。据车主反映该车有时水温表指针到底，水温警告灯点亮，同时有报警声。

故障诊断与排除：维修技师接车后路试，故障现象确实如车主所描述。查看膨胀箱水壶不缺水，打开膨胀箱盖后也无冷却液溢出，检查上下水管温差也正常，刚打开点火开关时，水温指示正常。起动发动机后指针就会慢慢移至红色警告区且下面的水温警告灯点亮，同时发出报警声，若连续踩制动踏板，指针又会突然回到正常指示区。

利用 VAS5051B 进行检测，读取数据流，查看此时发动机真实水温数据为 98.5℃，水温正常。加速至 2500r/min 运转一段时间，冷却风扇也运转，发动机也无开锅现象。根据故障症状分析，故障点应该在传感器线束或指示仪表上，根据电路图对水温传感器上 4 根线束进行测量，其中一根棕/蓝色线与一根蓝色线为控制单元信号线，测量为+5V 电压；另外两根线为水温表线束，通过测量为 12V 电源线和接地线，但是接地线利用万用表电压挡测量居然有微弱电压出现，测量至此故障找到了，一定是搭铁点松动引起的。

于是对水温表传感器搭铁点（离合器壳上线束支架搭铁点）进行仔细检查，发现此处线束搭铁支架与离合器壳有松动现象，紧固螺栓后试车，一切正常，故障彻底排除。

三、桑塔纳 2000GLi 不能着车的故障

故障现象：一辆桑塔纳 2000GLi 轿车，采用 D 型多点燃油喷射发动机，起动机运转正常，但不能着车。

故障诊断与排除：维修技师接车后，首先用故障诊断仪调取故障码，无故障码存储，而且打开点火开关也能听到油泵转的声音，且有喷油电压。接着，拔下中央高压线试火，无高压火，看来这是不着车的原因。此车型的点火由电脑控制，于是对点火线圈插接件进行了检测与测量，也都没有问题。因此怀疑电脑内部损坏。找了一个同样的车型，将电脑板换上，试车，故障依旧，仍然没有高压火。在一愁莫展之时，维修技师突然想起此车发动机转速表信号在点火线圈信号线上所取通往电脑。如果此线搭铁也会造成无火现象。接着将仪表盘拆下，检查发动机转速表，转速表已烧坏短路。

换上一个新的转速表试车，车顺利打着了，而且加速有力，故障彻底排除。

四、桑塔纳 2000GLi 轿车不能起动的故障一例

故障现象：一辆桑塔纳 2000GLi 轿车，在居住的小区内停放了一夜，第二天早上起来无论如何也起动不着车，遂打电话请修理人员到现场维修。修理工从车主口中得知，昨晚小区内曾长时间燃放礼炮，致使该车的电子防盗系统长鸣不已。

故障诊断与排除：听了车主的介绍后，修理工稍加思索，先将防盗系统的断电保护装置拆除，恢复车辆原始的接线状态，但依然不能着车。接着拔下高压总线进行跳火试验，未见火花出现。无奈之下，修理工只好将车子拖到修理厂进行检测维修。

进厂后，首先打开点火开关，用万用表分别测试点火线圈"15"号端子和"1"号端子的电压，数值正常；再测试霍尔信号发生器的电源输入线也正常。因无高压火，修理工怀疑霍尔信号发生器有故障，遂更换了一个分电器。更换后起动试验，偶尔有高压火。由于该车两个月前曾更换过点火线圈，故不考虑它。

最后,修理工请维修技师用"车博仕"故障诊断仪进行故障码查询,结果仪器显示"系统正常"。随后,维修技师仔细地检查各连接线插接是否牢固,发现蓄电池极桩严重锈蚀。用开水冲洗极桩,连接线清晰裸露,可看到正极桩上的一根黑/黄色线连接松动,用手轻轻一拽便掉了下来。将该线重新接好,起动发动机,车辆运转正常。

经查证,这根松脱的导线是接在 ECU 的第 18 号插脚处,为 ECU 的常火线。该车采用 AFE 型发动机,其点火线圈的工作电路如图 2-1 所示。当点火开关接通时,蓄电池电压经点火开关加在点火线圈初级绕组"15"号端子上,初级绕组的"1"号端子与 ECU 连接。初级绕组中初级电流的通/断由 ECU 控制,次级绕组(高压端)用高压总线与分电器盖中央插座相连,产生高压电,经分电器分配到各缸火花塞。

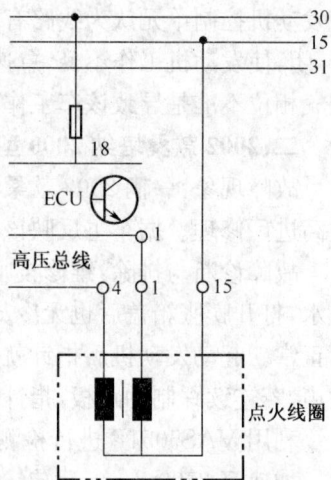

图 2-1　点火线圈电路

当 ECU 的常火线松脱后,ECU 内部无法控制初级电流的通/断,致使无高压电,表象为点火线圈故障,故障诊断仪不能查出此故障信息。由于修理工在排除故障时采用传统思路,被"经验"所误导,致使走了很多弯路(拆除电子防盗系统、更换分电器),而最终故障原因却仅是一个线头松脱。在此提醒广大驾修人员,在遇到车辆不能起动故障时,首先应检查蓄电池存电及其连接情况,只有当电源系统一切正常后再进行其他操作才有意义。

五、桑塔纳 2000GLi 型轿车加速无力及回火冒黑烟的故障

故障现象:一辆 2000 型 GLi 车,配备 D 型喷射系统的 AFE 发动机。加速无力,回火、冒黑烟。

故障诊断与排除:据车主反映,在来 4S 店以前在别处已经更换过火花塞、分电器、汽油泵,清洗了喷油器、节气门,但故障还是没有排除。维修技师接车后,试车感觉不像车主所说的那样加速无力、回火,而是一切正常,只是尾气略有些呛人。连接修车王 2000,读取故障码,显示系统正常。读取数据流,发现氧传感器信号电压停留在 0.455V 不动,表明氧传感器或其线路有问题,经检查线路正常,于是更换氧传感器,至此维修结束,将车交给车主。没想到第二天,车主又回来了,说车子没有修好,和没修以前是一模一样。接过车试了一下,感觉还是一切正常。这时车主说,这辆车故障不经常出现,只是在晚上发生的频繁。对车主的话细细想来,既然晚上容易出现故障,晚上也就是开大灯,想到这里眼前忽然一亮,难道有漏电的地方使控制单元供电不足,造成控制单元程序紊乱。接上修车王,查询控制单元的电源电压为 13.80V,正常;打开大灯,电压下降为 11.2V,在正常的范围内,没有发现可疑之处。正在百思不解时,就听到"嗡"的一声,原来电子扇转了,这时发现电压值急据下降到了 10.00V 左右,车也开始抖动,故障原因终于找到了。原来,白天行驶,电子扇、转向灯、喇叭这几个用电量较大的电器很难同时工作,但到了晚上,打开了前灯,这时,电子扇在参加工作,造成了控制单元供电不足。能造成控制单元供电不足不外乎以下三点原因:

①蓄电池亏电严重。

②发电机性能不良。

③控制单元电源线或搭铁线接触不良。

经测试,发电机端电压为 14V。询问车主,车主说每天早晨起动着车正常,不像是蓄电池

亏电。那么只有是控制单元的连线了,经查在保险丝座的左边一个搭铁座已经生锈,处理后故障彻底排除。

六、桑塔纳 2000GLi 型轿车怠速抖动的故障

故障现象:一辆桑塔纳 2000GLi 型轿车,里程 20 万 km,出现怠速抖动,但加速有力。

故障诊断与排除:维修技师接车后,先断缸试验,各缸工作均匀,没有缺缸现象。用一套正常的缸线、分电器、火花塞试验,故障依旧,难道是怠速阀犯卡,清洗怠速阀无变化,于是拔掉怠速阀插头,断开怠速进气管,用手堵上怠速进气管,人为地控制进气量,将转速控制在800r/min 时观察发动机,这时怠速平稳,原来怠速抖动确实是怠速电机在无规律的变化,是什么原因造成的?难道是电机本身吗?于是连接修车王,读取数据流,发现节气门角度在 4°～12°之间变化,正常值是固定不变的且角度小于 6°,换上一个新的节气门位置传感器,故障彻底排除。

七、桑塔纳 2000GLi 型轿车怠速过高的故障

故障现象:一辆桑塔纳 2000GLi 型轿车,经正常保养(换三滤、机油、火花塞)后,清洗了节气门、喷油器,发现怠速过高,达到 1500r/min。

故障诊断与排除:此现象为该车型车的一种通病,4S 店的维修技师经常遇到。经过多名维修技师的不断总结,探索出了一套行之有效的方法。发动着车,发动机运转,调整分电器,使怠速下降至最低不灭车为止,运转 10min,再调整至怠速最高点,反复几次,一般在 6 次左右,如效果不理想,在怠速最低时,使车行驶 5～8km,就可以解决。

八、桑塔纳 2000GLi 型轿车怠速有时过高有时又正常的故障

故障现象:一辆 2000GLi 型车,据车主反映,此车怠速有时能达到 1500r/min,多数情况下是正常的。

故障诊断与排除:连接修车王,读取数据流,无不正常发现。只好等待故障出现,大约运转了 40min,怠速突然上升了,和车主所述的一样达到 1500r/min,这时观察数据流,节气门角度还是 4°,水温信号却变成了 29℃。原来是水温信号不对,控制单元认为是冷车高怠速。更换水温传感器,故障彻底排除。

九、桑塔纳 2000GLi 型轿车灯光暗淡的故障

故障现象:一辆桑塔纳 2000GLi 型轿车,累计行驶约 6 万 km。将点火钥匙旋至 ON,充电指示灯亮。起动发动机怠速运转或提高转速后,充电指示灯微亮。夜间灯光暗淡。起动时,起动机运转无力,有时无法起动。

故障诊断与排除:由故障现象可知,该车故障是由充电系统存在不充电故障引起的蓄电池电压过低造成的。为此,首先检查发电机的输出电压,起动发动机后,将转速提高到 3000r/min,用万用表测量发电机输出电压只有 9.8V,说明发电机输出电压低,是造成不充电的根本原因。检查发电机皮带紧度正常,说明发电机转速足够。测量发电机励磁电路的外电路电压,为蓄电池端电压,说明励磁电路的外电路基本正常。通过以上检查,判断故障点应在交流发电机内部。

拆下发电机并进行分解检查,结果发现发电机电刷已严重磨损,由于电刷弹簧的弹力是有限的,不能使磨损严重的电刷与转子集电环压紧,从而造成励磁电流过小而使输出电压低。换用新电刷,并对蓄电池进行快速充电后装车试验,所有故障现象均没有重现,证明故障彻底排除。

十、桑塔纳 2000GLi 型轿车因搭铁不良引起的怠速不稳的故障

故障现象:一辆 1996 年上海大众生产的桑塔纳 2000GLi,发动机型号 AFE,已行驶 22 万 km,因

出现怠速不稳送修。

故障诊断与排除：维修技师接车后，先验证故障，确如车主所述。经初步观察，发动机怠速时而正常，时而高达到2000r/min左右，将怠速滑阀卸下检查，旋转阀体动作自如，清洗并安装，故障依旧。检测过程 通过OBDⅡ接口连接远征431解码仪，解码仪因OBDⅡ接口无电源而不能起动，经检查，OBDⅡ接口有12V供电，但搭铁线不搭铁，因不知道搭铁线在何处搭铁且也急于解决主要故障，将搭铁线就近引线搭铁。起动431解码仪，调故障代码显示无故障。起动发动机，调用数据流001组观察。随着发动机工作时间延长，水温逐渐升高，发动机转速正常。接下来转速突然升高，此时数据流水温显示会从90℃左右下降到50℃左右，此后发动机转速忽高忽低，波动与水温显示有对应性。故障原因已经很明显。是水温传感器提供错误信息所致，检测水温传感器阻值在几百欧姆（热态），属正常范围。检测水温传感器插接器，开路状态5V供电正常，但搭铁阻值较高，万用表欧姆档读数显示在40～50Ω之间变化。顺发动机ECU线束查找。ECU线束集中搭铁点在发动机舱电源架附近。经检查搭铁线固定螺杆附着漆层，此处不应该是原车搭铁点，将搭铁线改换在电源架上螺栓，此搭铁点因与电源负桩头连接，搭铁效果会更好。同时也观察到工作台仪表下方有2个搭铁点。OBDⅡ接口搭铁线恰在此处，经简单清理插头锈蚀物，OBDⅡ接口电源故障也顺利排除。

故障维修总结：因搭载AFE发动机的在用桑塔纳2000GLI车辆仍然相当多，很多修理工都有修理此车的经历，维修技师曾与多名修理工交流过，多数修理工遇怠速不良故障只是简单换掉怠速空气滑阀，结果怠速也未必好转。怠速不良故障的表现形式多种多样，如果发动机转速是小范围波动，可能与怠速滑阀动作不良有关。但本例故障是大范围游车，转速的大范围波动也恰恰说明滑阀有较大的调节能力，维修技师在诊断该车故障时，最初清洗检查过量空气滑阀的行为存在盲目性。对老旧车或重新做漆的车辆应认真处理搭铁点，本例2次遇到搭铁故障就说明这一点。

十一、桑塔纳2000轿车冷车起动困难故障一例

故障现象：一辆桑塔纳2000轿车，装备AFE 4缸电喷发动机，由于交通事故，车主把车拉到4S店进行修理。检修后更换了机油及冷却液，试车时发现发动机冷车起动困难，并且排气管冒黑烟。

故障诊断与排除：用V.A.G1552读取发动机故障码，无故障码显示。根据故障现象分析，排气管冒黑烟，可能是混合气过浓或是个别缸缺火。检查进气压力传感器真空软管及其他真空管，无漏气现象。检查汽油压力为0.25MPa，正常。对喷油器进行检查，结果也符合要求。对点火系统进行测试，次级点火电压均为15kV以上，火花为蓝色，检查火花塞时，发现有潮湿（淹缸）现象。更换火花塞，起动发动机，故障依然存在，说明故障原因不在燃油和点火系统，而在发动机电脑，但用V.A.GC1552检测无故障码输出。

于是决定用V.A.G1552对发动机进行数据流检测，结果发现水温传感器显示发动机水温为-20℃，而实际发动机水温已有20℃。对水温传感器进行检查，拔下插头，发现插头与插脚严重生锈。更换水温传感器，清理插头，再次起动发动机，读取数据流，发动机水温与实际水温相符，发动机运转正常，故障彻底排除。

故障维修总结：桑塔纳2000型轿车采用怠速控制阀来控制怠速，可实现自动怠速。ECU根据检测到的水温信号，输出相应的控制电压给怠速控制阀。当水温较低时，输出电压低，怠速控制阀中的转阀转过角度小，怠速旁通气道截面大，通过的空气量多，ECU使喷油脉宽加大，喷油量增多；当水温逐渐升高时，ECU输出电压逐渐升高，转阀转过角度逐渐增大，旁通空气逐渐减少,ECU 使喷油脉宽减小,喷油量减少。此车故障是由于水温传感器输给电脑的信号错误,电脑按照错误的信号控制喷油,因水温传感器阻值极大(因插头严重生锈造成),所以发动机混合气过浓,造成淹缸和冒黑烟现象。

十二、桑塔纳 2000 型轿车起动着车后立即熄火的故障

故障现象:一辆已行驶了 15 万 km 的桑塔纳 2000 型轿车,盛夏季节因起动不着被拖到 4S 店。车主反映车能着火,但 1～2s 就熄火了,每次都是如此。

故障诊断与排除:用诊断仪检查有一个故障码:17978,发动机控制单元锁上。该车有一个奇怪的现象,仪表板上 K117 防盗灯在点火开关接通期间,始终没亮过。先换了一只防盗控制单元,与发动机控制单元和钥匙作了匹配,发动机轻松起动了。一个月后该车又来了,旧病重犯。故障码还是 17978。又换了一只新的,匹配后又成功了。第三个月发动机又不着车了。

用诊断仪再查,还是故障码 17978。决定把防盗控制单元拆下来看个究竟。从外表上看,没有任何损坏和受污痕迹。打开外壳盖一看,印刷电路板已绿迹斑斑,有些线路已被锈断。罪魁祸首是侵入到内部的水溶液。它来自何方? 经过水淋试验,防盗控制单元周围车身无任何缝隙,也没有发现因漏水渗水的任何水迹。于是决定发动车辆,开启空调,经仔细观察发现,防盗控制单元所在位置在仪表板左下侧,与其最相邻的部位有空调通风管。在空调开启的情况下,通风管上有一股股窜出的冷空气,离防盗控制单元并不远。空调通风管和仪表板左出风接口之间有不贴合的装配,使不少冷气从管口外溢,这使得周围的热空气在快速降温时产生水雾,依附在物体表面,身处这样的环境中,防盗控制单元内温度变化情况也绝不会例外。有了这样的水源,绿斑和锈断电就在所难免。接下来做的工作就是在新的防盗控制单元盖座之间作了密封处理,并使其离出风管道远一些。最后又把空调出风管牢固地安在左出风口接口上。装车后半年内,起动时再没有发生过一次不着火情况,证明故障彻底排除。

十三、桑塔纳 2000 型轿车起动机不工作源于蓄电池通气孔堵塞的故障

故障现象:一辆桑塔纳 2000 型轿车,已行驶了 11 万 km。起动发动机时,只听到起动电磁开关吸合的声音,而起动机无反应。

故障诊断与排除:采用挂挡推车的方法试验,发动机很容易起动,怀疑可能是蓄电池接线柱连接不牢靠。于是清洁、紧定接线柱,此后发动机能够顺利起动。但在高速公路上行驶了 80 多 km 后,故障重现。采用同样方法再次处理后,欲重新起动发动机,但就在打开点火开关旋至起动挡的瞬间,蓄电池开裂,电解液四溢。对蓄电池进行检查,发现各单格的通气孔均有堵塞现象,个别通气孔已堵死。

更换新的蓄电池后,发动机起动困难的现象消失,故障彻底排除。

故障维修总结:蓄电池在充、放电过程中,内部的电化学反应非常激烈,并产生一定的热量。加之夏季高温,所以蓄电池内的硫酸挥发严重,由水分蒸发产生的气体也较多。同时,部分水被电解,产生大量氢气和氧气。当通气孔堵塞后,这些气体无法正常逸出,在蓄电池内部蓄积,形成了巨大压力,致使蓄电池壳体胀破,电解液溢出。在此提醒广大驾驶员朋友,在平时保养车辆时,要注意检查蓄电池加液孔塞的通气孔,必须保持清洁和通畅。

十四、桑塔纳 2000 型轿车因电路多处损坏引起不能着车的故障

故障现象:一辆 2000 年产桑塔纳 2000 型轿车,行驶里程为 21 万 km。由于打不着车,拖至 4S 店检修。车主反映,该车起初在行驶过程中,常常是发动机突然熄火且熄火后不能起动,但过一段不确定的时间后又能起动行驶。但是到后期逐渐发展到发动机起动困难,即使着车怠速也不稳定,甚至再次熄火,须踩住加速踏板才能运转。该车已到很多修理厂检修过,均未

能找到原因,现在该车已完全不能起动。

故障诊断与排除:维修技师接车后先试车,发动机已不能起动。首先使用故障诊断仪VAS5052读取故障码,显示共有3个故障代码:①节气门怠速开关断路。②空气流量计断路/SP(偶然)。③空燃比超过上限。根据系统的工作原理可知道,如果是节气门怠速开关断路,那么在踩下加速踏板后,发动机应该能够正常起动。但该车在这样操作后仍不能起动,根据用户的叙述我们知道这可能就是初期起动困难、怠速不稳的原因。而其余的2个故障不会造成发动机无法起动。但为了方便后面的维修检查工作,维修技师首先检查怠速开关线路。发现发动机控制单元与怠速开关的连接线(白线)磨断,连接好后,删除故障,再次查询故障码,无故障。然后维修技师通过分析按以下步骤来查找故障原因。

首先是燃油供给系统的检查。拆下进油管,接上燃油压力表,打开点火开关,燃油压力很快建立并保持在270kPa,证明燃油供给系统工作正常。

接下来是点火系统的检查。拔下1缸高压线,插上火花塞,进行接地跳火试验,无高压火。在检修相关线路后,发现发动机控制单元与点火线圈连接线路断路。由于该车使用时间较长,线路老化,再经一些修理厂不正规的破线检修,造成许多线路裸露,极易造成线路短路、断路且隐患较多,于是建议车主更换发动机线束。

至此,维修技师以为故障已经找到,于是在更换发动机线束后起动发动机,但起动几秒后发动机再次熄火。此时用VAS5052检查,竟然发现不能进入发动机控制单元地址栏01,但可进入防盗系统控制单元地址栏25和ABS地址栏03。再结合故障现象,分析故障原因很可能是发动机控制单元已经损坏或发动机线束断路。但发动机线束已更换,于是更换发动机控制单元,可VAS5052仍不能进入发动机控制单元。

维修技师根据电路原理图(图2-2)认真分析查找,发现发动机自诊断K线与防盗控制单元相连,通过防盗单元从防盗单元自诊断线出来连接到诊断线插座上,再到自诊断16针插座上。检查发现连接线路均完好。此时可怀疑的对象仅限于防盗系统控制单元和诊断插座。经检查诊断插座无故障,那么就只有防盗系统控制单元了。虽然前面曾使用VAS5052检查过防盗系统控制单元无故障,但此时已没有其他办法,只能更换一个新的防盗系统控制单元试试,匹配后起动,发动机运转正常,故障居然解决了,同时也可对发动机控制单元使用VAS5052进行故障查询。原来造成该车莫明其妙熄火或者有时发动机不能正常运转的罪魁祸首就是防盗系统控制单元。

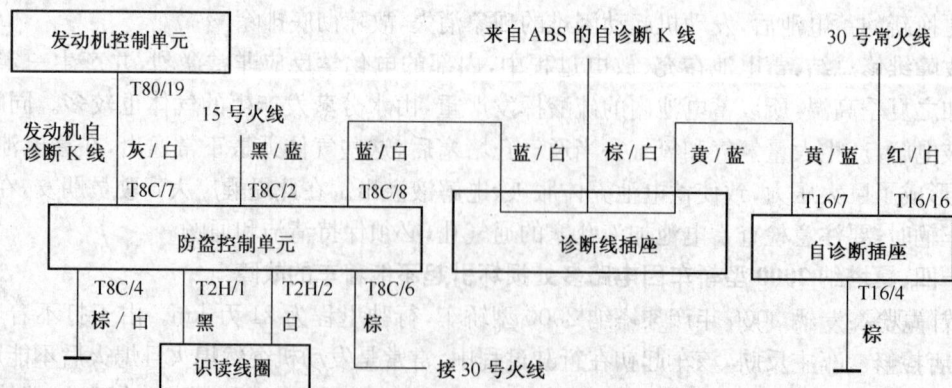

图2-2 诊断K线连接电路简图

通常情况下,防盗系统控制单元故障均可通过防盗报警灯报警,或者通过查询故障码确诊,但类似本案例现象较为少见。为什么会出现无故障码的防盗系统控制单元故障呢? 这还得从防盗系统控制单元的工作原理说起。防盗系统控制单元有 2 个工作过程:①首先打开点火开关,防盗系统控制单元开始工作,防盗系统控制单元通过识读线圈把能量感应传送给脉冲转发器,转发器被激活,通过识读线圈把它的程控代码传送至防盗系统控制单元,在防盗系统控制单元里,输入的程控代码与先前存储在防盗器内的钥匙代码进行比较(图 2-3a)。②防盗系统控制单元再核对发动机控制单元的代码是否正确。该代码是由发动机控制单元存储在防盗器中(图 2-3b)。每次起动发动机时,控制单元的随机代码发生器都会发生一个可变的代码。如果核对后代码不一致,发动机在发动 2s 之内熄火。该车在打开点火开关后,防盗系统控制单元程序代码与钥匙代码一致,故防盗报警灯熄灭,不存在故障。但起动后,防盗系统进入第 2 步核对过程。由于该防盗系统控制单元内有故障,因此防盗系统控制单元不能接收发动机随机代码,同时也没有反馈信号,故发动机控制单元发出指令熄火。通过对防盗系统控制单元理论的分析,就不难理解发动机熄火的原因了。

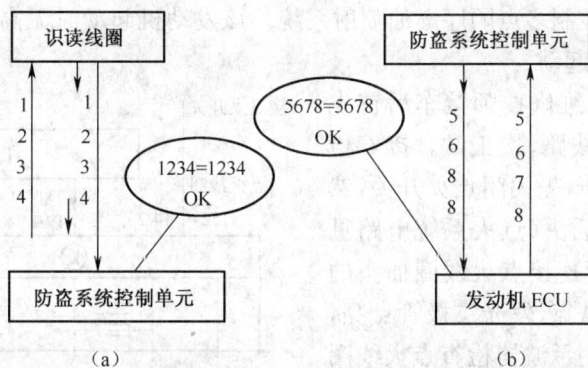

图 2-3 防盗系统控制单元工作原理图

十五、桑塔纳 2000GSi 轿车蓄电池经常亏电的故障

故障现象:一辆桑塔纳 2000GSi 轿车,行驶里程 15 万 km,蓄电池充电后,车辆行驶三四天后,蓄电池就亏电,起动机运转无力,车辆无法起动。

故障诊断与排除:根据发动机的故障现象,维修技师凭修车经验分析,出现此种故障的原因通常为蓄电池电量不足或起动机故障。用万用表检查蓄电池的电压,电压为 9V 左右,说明蓄电池亏电。对蓄电池进行充电。充电完毕后,起动机运转正常,驾驶员把车开走了。但 3 天后,驾驶员又把车开回来了,故障还是起动机运转无力。维修技师仍怀疑蓄电池可能有问题。但经对蓄电池进行测量,除电压为 9V 外,其余值都在蓄电池的允许值范围内。既然蓄电池本身没问题,故障现象应该是充电系统引起的。该车的充电系统由整体式交流发电机、充电指示灯、蓄电池、点火开关及其连线组成。

根据其结构原理,进行了以下检测。

①首先检查发动机及蓄电池周围的连接线,未发现异常。

②用备用蓄电池起动发动机,观察充电指示灯,指示灯未亮。

③用万用表电压挡在发电机 B+接柱与发电机外壳之间测量发电机的输出电压,慢慢加速,结果为 13.5~13.9V,表明发电机及充电系统正常。更换一只新的蓄电池。但 5 天后,驾

驶员又把车开回来,故障和上次一样。

　　根据蓄电池亏电现象,全车又没有漏电的电器设备存在,维修技师怀疑发动机在工作时,发电机不给蓄电池充电。重新起动发动机,慢慢给车加速,再用万用表电压挡在蓄电池正、负极柱之间测量,发现电压表指示为蓄电池电压。猛然加速,电压表则在蓄电池电压与发电机输出电压之间波动。用一根导线连接发动机与蓄电池负极接柱,电压表显示却为14V左右。终于明确了故障点,即发电机与蓄电池之间搭铁不良。把车举起来检查,发现发动机与车身之间的过桥线车身端已严重锈蚀,用手轻轻一拉,即掉了下来。更换过桥线并使其固定好,起动试车,一切正常,故障彻底排除。一个月后,电话回访车主,故障再没有出现。

　　故障维修总结:由于桑塔纳2000GSi轿车车身到发动机之间的过桥线位于车身内侧,车主常用高压洗车机冲洗底盘,长期积水与潮湿,加快了过桥线的锈蚀,因此造成充电系统无法构成正常的回路,使蓄电池无法得到补充充电,因而亏电。在此,要提醒同行:由于该过桥(搭铁)线位于车身内侧,不容易看见,在进行充电线路检查时不要疏忽了对它的检查。

十六、桑塔纳2000GSi(时代超人)轿车AJR型发动机不能起动的故障

　　故障现象:一辆桑塔纳2000GSi(时代超人)轿车,装备AJR型发动机,采用德国波许公司Motronic 3.8.2电子控制多点顺序燃油喷射系统。该发动机起动时无高压火花产生,喷油器也不喷油,发动机不能起动。

　　故障诊断与排除:维修技师接车后首先用万用表检查了有关线路,均正常。接着检查点火线圈的供电电压,先关闭点火开关,然后拔下点火线圈上的插头(点火系统电路见图2-4),用发光二极管连接点火线圈插头的端子2和发动机的搭铁点,发光二极管点亮,说明供电电压正常。用示波器检查点火线圈的输入信号,无信号波形产生,说明发动机ECU没有输出点火信号。

　　该车采用电控点火系统,无分电器,为双火花点火,其点火和喷油信号都是由发动机ECU根据曲轴位置传感器和凸轮轴位置传感器的信号控制的。凸轮轴位置传感器为霍尔式,安装在气缸盖前端凸轮轴带轮之后,曲轴每旋转2周产生1个信号,这个信号确定了第一缸上止点的位置,凸轮轴位置传感器有故障时,发动机仍能运转或起动。

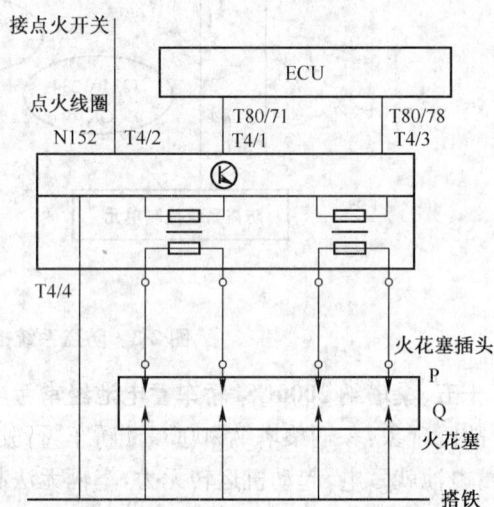

图2-4　点火系统电路

　　当发动机不能起动时,如果无高压火,应首先检查曲轴位置传感器有无信号输出,因为若曲轴位置传感器无信号,高压肯定无火。对曲轴位置传感器进行检查,发现曲轴位置传感器导线破损,有短路现象,但更换了曲轴位置传感器后故障依旧。再用示波器测量点火线圈的输入信号,还是无波形产生,说明发动机ECU仍然没有输出点火信号。

　　测量曲轴位置传感器至发动机ECU之间的连线,没有发现问题。起动发动机,检查曲轴位置传感器是否有信号输出,用数字万用表测量,有交流电压产生;用示波器测量,输出波形正常;再在发动机ECU导线侧连接器的有关端子处测量,结果与上面一样。

　　为了排除发动机ECU连接器接触不良的可能性,拆开ECU外壳,插上其导线侧连接器,在该侧输入端子处测量,曲轴位置传感器的输入信号波形也正常,至此可以断定发动机 ECU 不工作。

导致发动机 ECU 不工作的主要原因,一是发动机 ECU 损坏;二是其供电电压有问题;三是其搭铁不良。

为了判定发动机 ECU 和曲轴位置传感器是否正常,将该车的发动机 ECU 和曲轴位置传感器装到另外一辆工作正常的同型号车上,结果都能正常工作,说明该车的发动机 ECU 和曲轴位置传感器是好的。

再次对相关供电线路进行分析,从电路图(见图 2-5)来看,所有执行元件均是通过继电器提供电源电压(12V)的,继电器受点火开关控制。经检查,执行元件在接通点火开关时均有蓄电池电压,说明对执行元件的供电正常。

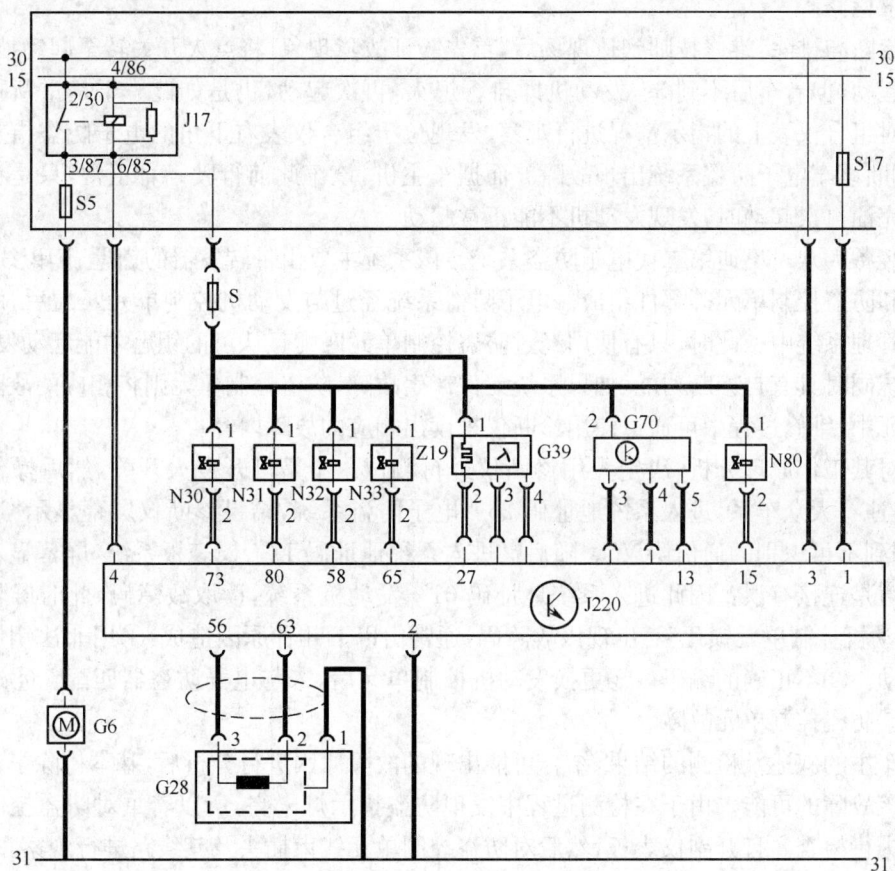

图 2-5　燃油泵控制电路

J17. 燃油泵继电器　S5、S17. 熔断器　N30、N31、N32、N33. 喷油器　Z19. 氧传感器加热器　G39. 氧传感器
N80. 活性炭罐电磁阀　J220. 发动机 ECU　G6. 燃油泵　G28. 发动机转速传感器　G70. 空气流量计

发动机 ECU 有 3 个电源端子(T80/1、T80/4、T80/3),其中端子 1 由点火开关控制,经熔丝 S17 供电,接通点火开关后,在 ECU 插头的端子 1 处能测到蓄电池电压;端子 4 也由点火开关控制,经燃油泵继电器向 ECU 供电,接通点火开关后,在 ECU 插头的端子 4 处也能测到蓄电池电压;端子 3 由蓄电池直接供电,在发动机 ECU 插头的端子 3 处也能测到蓄电池电压。上述检测结果说明,发动机 ECU 的供电是正常的。关闭点火开关,用万用表检测 ECU 插头

的端子 2 与搭铁之间电阻,在正常范围内。说明 ECU 的电源和搭铁线均是正常的。

维修技师经过反复思考,怀疑是在起动发动机时蓄电池电压下降太多而引起的故障,因为发动机 ECU 工作时的电源电压低于 10V 时,发动机 ECU 是不会不工作的。于是,测量发动机 ECU 工作时的电源电压。结果发现,在起动机未起动时,发动机 ECU 的电源端子处能测到 12.4V 的电压,但起动机一工作,该处的电压就下降至 8V,说明起动机可能有损坏。

为了证实上述判断,采用推车的方法起动发动机,结果发动机立即成功起动。问题的根源终于找到了,原来就是起动机有故障。经拆检起动机,证实其内部磁场绕组绝缘不良,有搭铁短路处。更换起动机后,故障彻底排除。

十七、桑塔纳 2000GSi 不能起动的故障一例

故障现象:一辆 2001 年 1 月出厂的上海桑塔纳 2000GSi(时代超人)轿车,因发动机不能起动而要求检修。

故障诊断与排除:维修技师到达现场后,首先验证故障现象,将点火开关转至起动挡,发动机即顺利起动,但着车后不到 3s,发动机即自行熄火,再次起动,仍是如此。于是重新打开点火开关后对组合仪表上的指示情况进行观察,发现位于组合仪表右下角的电子防盗指示灯未亮,由此判断该车电子防盗系统出现故障。而据车主讲,该车此前行驶一直正常,只是在加油站停车加完油再次起动时,发现发动机不能正常起动。

该车装备大众—奥迪第二代电子防盗系统。该系统主要由带转发器的钥匙、读识线圈、防盗指示灯和防盗控制单元等部件组成。电子防盗系统经过与发动机控制单元匹配后,即嵌入到发动机管理系统中。此时,只有使用经过防盗控制单元匹配且认可的钥匙才能起动发动机,该防盗系统同时具有自诊断功能,如果系统元件产生故障,防盗控制单元则将相应的故障存储到控制单元中,维修过程中可通过使用诊断仪来读出相应的故障内容。

通过对其工作原理分析,决定先用诊断仪进行测试。于是打开点火开关,然后操作诊断仪,选择奥迪—大众车系,进入系统地址码 25—电子防盗系统,结果诊断仪屏幕显示"通信中断,可能遇到不可识别的通信协议"。随后又进入系统地址码 17—仪表板系统,屏幕显示同样内容。难道是连接有误?因此进入系统地址码 01—发动机系统,读取故障码,此时屏幕显示"17978 发动机控制单元锁死"。出现该故障码,通常由以下几种原因造成:①用非法钥匙对车辆进行起动。②不正确的编码。③更换发动机控制单元后,未与电子防盗器匹配。④通信线路短路。⑤防盗控制单元故障。

根据车主的叙述及检测的结果,结合可能出现的故障原因进行分析后,基本排除了前三种原因造成该故障的可能。由于在检测过程中发现防盗指示灯未亮,所以着重对防盗控制单元及其线路进行检查。打开副仪表板,然后对防盗控制单元线束插头及其线路进行观察,未发现异常。随后便打开点火开关,用万用表电压挡对防盗控制单元的电源电压进行测量,结果没有一根导线是电源线,而根据防盗系统的工作原理,该防盗控制单元应有一个点火开关打开后的电源。会不会是保险丝熔断了呢?于是参照保险盒盖上的保险丝说明,结果未发现有与其相关的保险丝,由于当时手中没有相应的技术资料,因此检测工作陷入了一时的困境。就在重新考虑维修思路的过程中,突然意识到防盗系统可能与其他的某一系统共用一个保险丝,而这个系统肯定是只有点火开关打开后才能工作的系统。因此开始对雨刮、倒车灯及转向信号灯等系统保险丝进行检查,结果发现位于中央继电器盒上的第 19 号保险丝(转向信号灯)已经熔断。见此情况,更换熔断的保险丝,然后打开点火开关,防盗指示灯点亮,清除故障码后试车,发动机顺利起动,故障彻底排除。

十八、桑塔纳 2000GSi 轿车不易起动的故障

故障现象：一辆桑塔纳 2000GSi 轿车，来到 4S 店检修，车主反映，该车冷起动困难，并且怠速不稳，热车后加速不良。并且车速超过 130km/h 后提速困难。

故障诊断与排除：先试车，故障确如车主所述，车主反应不久前该车还做过保养，换过三滤及火花塞。根据电喷车诊断原则。维修技师首先用检测电脑进行检测。连接诊断插座，打开点火开关。显示故障为：00561—015—混合气自述应值超过调节界限下限/sp；00561—021—混合气自述应值超过调节界限上限/sp。清除故障码，起动发动机，怠速运转 2min 左右，输入功能码 008 进入 007 显示组。检查氧传感器 G39 的反馈信号电压，其能够在 0.1～1.0V 之间波动。氧传感器正常。接着对燃油压力进行检测。把燃油压力表连接到燃油管道中。将点火开关反复开关，能够听到燃油起动声。油管内能够马上建立油压。压力表显示 0.28MPa。起动发动机后，油压保持常值(0.25MPa)，起动后加油门读数增大到 0.32MPa，关闭点开关 10 秒后，压力下降到 0.17MPa，由此总判定电动燃油泵工作正常。未果，后将喷油嘴拆下检查，发现其有少量积炭结焦。随后对喷油器及其系统进行了彻底清洁，试车后故障有所减轻。随后化油器清洗剂对其节流阀体。空气流量计进行了清洗。试车后故障仍没有排除。基于上面的检查排除了最有可能出现在燃油喷射系统的问题，故障出在点火系统上，检查火花塞。缸线正常。插下分缸线试火。当检查到 2、3 缸时发现火花有点弱，因为 2、3 缸共用一个点火线圈，判断极有可能是该点火线圈的问题。更换一个新的后，试车故障彻底消除。

故障维修总结：由于点火线圈工作不良导致 2、3 缸跳火能量不足，致使气缸内混合气燃烧状况变差。从而导致车辆的起动困难，动力不稳定及提速不良。

十九、桑塔纳 2000GSi 轿车发动机无法起动的故障一例

故障现象：一辆因事故修复的桑塔纳 2000GSi 型轿车，装用 AJR 型电喷发动机，修复后试车时，接通起动开关，起动机能带动发动机转动，但发动机不能起动，反复起动都一样。

故障诊断与排除：维修工用 K81 解码仪读取发动机存储的故障码，显示发动机控制单元锁死，节气门控制单元基本设置错误。发动机控制单元锁死一般为电子防盗系统问题。用 K81 解码仪读取电子防盗系统故障码，显示发动机控制单元锁死。怀疑为钥匙不匹配，清除故障码后登录匹配钥匙，然后再次起动，故障仍未排除。再次读取电子防盗系统故障码仍显示发动机控制单元锁死。连续匹配几次点火钥匙，故障仍无法排除。

维修工向 4S 店维修技师求援，维修技师先用 K81 解码仪先进入电子防盗系统读取故障码，如前所述为发动机控制单元锁死。于是一起仔细分析电路图(图 2-6)，一致认为发动机控制单元锁死有可能是以下几个原因造成：①转发器损坏。②钥匙不匹配。③识读线圈损坏。④线路断路。

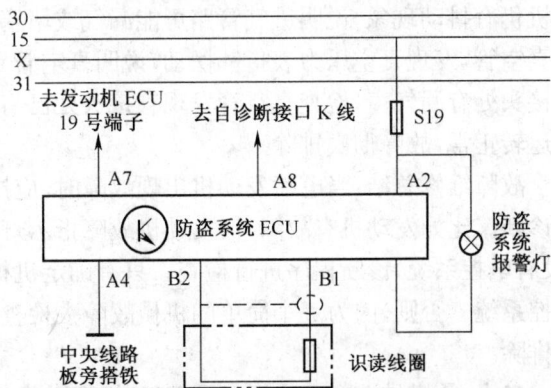

图 2-6 桑塔纳 2000GSi 轿车防盗系统电路图

当点火开关钥匙被盗配、打砸损坏才会造成转发器损坏这种故障，与车主交流后，确认排除转发器损坏的可能性。维修工连续对点火钥匙匹配几次，故障仍无法排除，钥匙不匹配也不可能。拔下识读线圈接头，用数字万用表测量其阻值为 27.8Ω，在正常范围内，排除识读线圈

损坏的可能性。用数字万用表测量各导线,发现有好几根不通。仔细分析,几根导线一起断的可能性不大,估计是维修工装复时人为地将线头插错。经仔细检查,发现确有导线的连接错误。于是,维修技师根据电路图将各导线恢复原位,再次登录重新匹配钥匙,再次起动有轻微着车现象,故障仍未彻底排除。再一次用 K81 解码仪进入电子防盗系统读取故障码,显示系统正常。说明发动机控制单元锁死故障已经排除。

重新读取发动机存储的故障码,显示节气门控制单元基本设置错误。因发动机控制单元被切断电源后,必须进行基本设定。将发动机点火钥匙接通,对发动机控制单元和节气门控制部件进行匹配,但一直匹配不成功。根据以往的维修经验,认为使节气门控制组件基本设定产生问题有如下几点原因:①节气门转动不灵活,如因油泥沉积。②节气门控制组件线束或插接器不良。③蓄电池电压过低。④节气门拉索调整不当。检查发现节气门拉索过紧,调松节气门拉索重新匹配,匹配成功。再次起动发动机仍只有轻微着车现象,但读取发动机存储的故障码显示系统正常。

仔细分析,现在显示系统正常,说明电控单元没有问题。应该从油、电、火等机械部分进行排查的思路往下排查。先查油路:拆下进油管末端,用手堵住出口,然后起动发动机,有油压冲击喷出;再检查喷油器,工作正常,说明油路(包括电动燃油泵)没有问题。起动发动机,故障现象依旧。再逐一检查熔断丝、连接线路均正常,说明电路也没有问题。检查火:将曲轴转至 1 缸上止点,检查点火正时,点火正时各校对点均正常;拆下 1 缸火花塞,发现火花塞表面有潮湿的汽油,插上该缸分缸线,将火花塞头部外侧金属部分搭铁,观察其跳火情况,火花正常。装上后重新起动,仍无法起动。有油、有电、有火应该能够起动发动机,但现在仍无法起动,说明刚才检查发现表面潮湿的火花塞,虽然跳火正常,但在气缸压力和喷油器不停的喷油状态下它点不着火。于是更换 4 只新火花塞,重新起动发动机,发动机正常起动,但怠速运转有轻微抖动。维修技师认为可能是刚换的新火花塞原因,就没在意。

一天后,车主和维修工又来找维修技师,说又不能起动了。接车后重新起动试车,故障现象重新出现,但能着车 10 几秒,然后发动机抖动而熄火。再一次起动加大油门一段时间,发动机虽然不熄火但有抖动现象。经过前一天的排查,油、火、电、控制单元应该都没有问题,但发动机仍有抖动现象,说明进气管路可能漏气或堵塞。在发动机怠速运转状态下,维修技师用手捏真空管,发现真空压力表指针摆动,说明真空管路有漏气。仔细聆听,发现在真空压力表的管接头处有漏气声,检查真空管发现管接头处已有裂纹。更换真空管,重新起动发动机,发动机运转正常,故障彻底排除。

故障维修总结:当电喷发动机出现故障时,应按照发动机电控系统故障诊断的基本原则进行诊断。比如发动机有故障,但发动机故障指示灯未亮,一般为机械故障,应按照传统发动机(没有电控系统)诊断程序进行检查。只有确定机械部分所有故障现象均排除以后,才能检查电控系统。否则,因为一个简单的机械故障去检查电控系统,不仅费时费工,而且故障可能无法排除。

二十、桑塔纳 2000GSi 轿车因 ECU 损坏引起起动后就熄火的故障

故障现象:一辆桑塔纳 2000GSi 轿车,配备 AJR 型发动机,波许 M3.8.2 电控燃油喷射系统。该车发动机能顺利起动,但起动后很快就熄火,熄火后能重新起动,起动后症状相同。

故障诊断与排除:维修技师接到求援请求后,只带了一些简单的维修工具就前往现场,首先对发动机控制系统进行初步检查,蓄电池技术状态良好,电缆连接牢固,各传感器、执行器、ECU 连接器均插接可靠,空气滤清器良好,真空管完好,无漏气现象。由于当时手边没有

V. A. G1551 故障阅读器等汽车故障诊断仪,因而无法对发动机电脑进行故障自诊断。

对故障症状进行分析,认为发动机 ECU 出现故障的可能性不大,故障原因可能有两方面,一是点火开关及其线路有故障,即点火开关的 15 接线柱仅在起动时有电压输出,弹回到 ON 位置时无电源电压,使 ECU 的供电中断;二是系统油压过低,因起动时实施加浓控制,所以能够起动,起动后因混合气过稀而熄火。

检查点火开关,在 ON 位置时 15 接线柱与车身搭铁之间为蓄电池电压,给 ECU 供电的 S17 熔丝完好,电压为 12.4V。检查燃油泵 S5 熔丝完好。短接中央线路板 2 号位燃油泵继电器 30、87 插口,在油箱附近能听到燃油泵运转的声音。关闭点火开关后,拔下 ECU 插接器,测得 ECU 插接器 3 号常火线端子供电正常。打开点火开关,插接器 1 号、4 号端子供电也正常。检测 ECU 插接器 2、67 端子与车身搭铁之间的电阻小于 0.5Ω。测试燃油泵继电器也正常。

为进一步排除点火开关及其线路故障,将点火开关置于 ON 位置,用一根导线跨接蓄电池正极与起动机 50 接线柱,起动后发动机仍立即熄火,于是认为可能是油压太低或混合气过稀。当然也有一些疑虑,因为混合气过稀时应有"回火"现象。因手边没有三通接头,无法进行油压测试,于是拆下燃油压力调节器的回油管,另接一根软管通到一容器内。跨接燃油泵继电器插座的 30、87 插口,油泵运转时回油很少,估计油泵有问题。更换一个新油泵后,回油量虽明显增大,但发动机起动后还是立即熄火。为排除燃油压力调节器不良的可能性,将回油管夹住后起动发动机,故障症状依旧。接下来将一只 $12.3k\Omega$ 的电阻接在水温传感器插头的 1、3 端子之间,模拟一个低水温信号(相当于水温为 $-10℃$ 左右,当时实际水温为 $25℃$ 左右)。同时,拆下燃油压力传感器的真空软管,并将真空软管端堵塞。起动发动机,故障症状没有改善,看来不存在燃油压力过低或混合气过稀的问题。

再接下来,逐一对水温传感器、曲轴转速传感器、空气流量计、进气温度传感器、霍尔传感器、节气门控制器、活性炭罐电磁阀及其线路进行检查,其电气参数、ECU 提供的基准电压均正常,与 ECU 的连接也正常。在检查点火电路及各组成部件的状况时,发现二缸火花塞不跳火,测试其电极电阻仅为 $2k\Omega$,其他没有发现异常。更换一只新火花塞,起动试验还是老样子。

最后,只能怀疑发动机 ECU 有故障了。维修技师分析,可能是 ECU 能控制起动时的点火和喷油,但起动后不能发出控制点火和喷油的指令。拔下一个缸的火花塞和喷油器插头,分别接上火花塞(火花塞外壳搭铁)和 LED 试灯。经仔细观察,发现起动后发动机熄火时(尚未完全停止运转)LED 试灯不闪亮,火花塞也不跳火,情况与分析结果吻合。更换 ECU 后,虽未进行系统匹配与自适应,起动后发动机运转正常,加速良好,故障症状消失。

故障维修总结:在对该车故障诊断过程中,虽然发现了油泵及一个缸火花塞不跳火的问题,但均不是导致该故障的根本原因所在。起动时能着车,一般会认为点火、喷油控制电路均正常,所以没有怀疑到发动机 ECU。一般来说,即使控制系统中的相关传感器、信号线路,甚至于 ECU 内部的中央处理器(CPU)、输入/输出(I/O)和存储器发生故障时,ECU 还可以启用应急程序,控制发动机维持基本的运转功能,所以本例故障实属一个特例。

此外,本例故障的诊断过程表明,在没有专用故障诊断仪等测试仪器的情况下,应用系统的机理,分析产生故障的可能原因,是诊断排除发动机控制系统故障的重要途径。

二十一、桑塔纳 2000GSi 轿车冷车起动困难的故障

故障现象:一辆桑塔纳 2000GSi 轿车冷车起动困难,须连续起动多次,但起动后工作正常。

故障诊断与排除:影响汽车起动困难的原因很多,主要有:燃油泵压力低;发动机气缸压力低;燃油滤清器堵塞;燃油压力调节器故障;喷油器故障;火花塞工作不良;点火系统点火能量

过弱;点火系统有漏电处;进气系统有漏气处;怠速控制装置故障;空气流量计故障;冷却液温度传感器故障;凸轮轴位置传感器故障;发动机 ECU 故障。该车只是冷起动困难,而起动后工作正常,因此可将发动机气缸压力、油泵、燃油滤清器、怠速控制装置、空气流量计、凸轮轴位置传感器及漏气的因素排除在外。

再询问车主得知,起动后转速约为 900r/min,说明冷车时没有高怠速。发动机冷车没有高怠速的原因有:冷却液温度传感器故障;线路故障;ECU 故障。对冷却液温度传感器线路进行检查,冷却液温度传感器上的插接件连接正常。拆下冷却液温度传感器,将其放在盛水的容器内加热,并测量其端子 1、3 间的阻值,始终约 600Ω 左右,说明冷却液温度传感器损坏。冷却液温度传感器失效,ECU 得到错误信号,喷油器喷出的喷油量满足不了冷起动时需要,造成冷车起动困难。更换冷却液温度传感器后,故障彻底排除。

二十二、桑塔纳 2000GSi 轿车热车起动困难的故障

故障现象:该车冷车起动正常,热车起动困难,起动后工作正常。

故障诊断与排除:冷车起动正常,热车起动困难的主要原因有:点火系统某部件过热,使点火能量不足;混合气过浓。该车点火系统由点火线圈、高压分电器、火花塞、高压线等组成,没有点火器,由 ECU 内的大功率三极管直接控制点火线圈,使火花塞产生火花。

影响点火能量的原因有:点火线圈性能欠佳;高压分电器内部故障;ECU 故障。为了判断故障,在发动机冷、热状态下,拆下各缸火花塞,做跳火试验,火花塞跳火能量没有大的差别,说明故障不在点火系统。

混合气过浓的主要原因有:冷却液温度传感器和进气温度传感器传给 ECU 信号不准确,控制喷油器喷油过多;燃油喷射系统故障。燃油喷射系统包括燃油泵、燃油压力调节器、燃油滤清器、喷油器等。由于起动后发动机工作正常,只有发动机熄火后喷油器滴漏才能造成起动时混合气过浓。就车测量冷却液温度传感器和进气温度传感器阻值,冷车时(温度约 10℃)冷却液温度传感器阻值约 4kΩ,进气温度传感器阻值约 4kΩ;起动发动机使其达到正常工作温度,冷却液温度传感器阻值约 200Ω,进气温度传感器阻值约 400Ω。传感器基本正常,这样故障原因就集中到喷油器上。

起动发动机,当其达到正常工作温度后熄火,等待 3～5s,快速拆下各缸的火花塞,发现 1、2 缸火花塞上有汽油味,说明 1、2 缸喷油器滴漏,增加了混合气的浓度,使热车起动困难。拆下各缸喷油器做加压试验,3、4 缸喷油器正常,1、2 缸喷油器加压至 200kPa 时开始滴漏。更换 1、2 缸喷油器后,故障彻底排除。

二十三、桑塔纳 2000GSi 轿车因点火开关损坏引起不能起动的故障

故障现象:一辆桑塔纳 2000GSi(时代超人)轿车,装用 AJR 型发动机,行驶里程 12 万 km。据车主反映,该车最近几天发动机不易起动,有时连续起动好几次,偶尔能起动成功一次,后来就无法起动了。

故障诊断与排除:维修技师接车后,首先将点火开关打至 ST 挡位置起动发动机,结果起动机没有反应,将点火开关回到 ON 挡,用一导线直接给起动机电磁开关供电,发动机一次起动成功且怠速平稳,于是初步判定为点火开关故障。再次将点火开关置于 ST 挡,用试灯测试点火开关 50 号接柱至起动机的红/黑色线,试灯不亮,从而证实了上述判断结果。

更换点火开关,起动试车,发动机起动后却又立刻熄火,仪表板上的防盗指示灯闪亮。根据起初的检查推断,怀疑是车辆的防盗系统出现了新的故障。于是,将诊断仪 V.A.G1551 连接在诊断插座上,打开点火开关至 ON 挡,进入车辆防盗控制系统,查出了 3 个故障码:

01128—防盗器读写线圈;01176—钥匙信号太弱;01179—配钥匙程序错误。因为在更换点火开关时一定要拆下防盗系统的读写线圈,于是怀疑是在将其装复时出现了问题,所以才会有故障码01128。拆下转向组合开关,发现防盗器读写线圈与点火锁芯之间没有装到位,还有一定距离。用力推一下读写线圈,只听"咔"的一声,读写线圈便紧紧地卡在点火锁芯上了。用诊断仪清除故障码,执行钥匙匹配程序。匹配钥匙过程为:1(模式代码:快速数据传递)→25(地址代码:防盗器)→11(功能代码:输入防盗器密码)→10(功能代码:匹配)→21(频道代码:匹配钥匙)。起动试车,发动机顺利起动,防盗系统指示灯熄灭,反复操作几次均是如此,故障彻底排除。

　　故障维修总结:该车更换点火开关后,出现防盗系统故障,这纯属人为操作错误所致,因此在维修过程中一定要认真仔细,以避免带来不必要的麻烦。

二十四、桑塔纳 2000GSi 型轿车发动机冷起动困难的故障

　　故障现象:一辆桑塔纳 2000GSi 型(时代超人)轿车,发动机冷起动困难,特别是在冬天,起动非常困难,热车时起动良好。

　　故障诊断与排除:首先用大众公司提供的 V. A. G1552 诊断仪进行检测,无故障码显示。检查起动时的燃油压力,其值为 265kPa 左右,正常。由于该车是冷机时不易起动,所以在第二天早晨第一次起动之前再次进行检查。用 V. A. G1552 诊断仪检测,冷却液温度为 40℃左右,进气温度为 3℃左右,而当时的环境温度只有 0℃左右。一般来说,冷却液温度和进气温度应与环境温度接近,而该机却相差甚大,说明冷却液温度传感器可能损坏。冷却液温度传感器中的负温度系数热敏电阻的电位反映冷却液温度,所以决定对冷却液温度传感器的电阻进行测量,发现它与标准电阻不符(20℃时电阻值为 2.5kΩ 左右),这进一步说明冷却液温度传感器有问题。更换了 1 只冷却液温度传感器,发动机顺利起动了,故障排除。然后再用 V. A. G1552 诊断仪测量,此时读取的冷却液温度为 4℃,说明故障的分析和排除方法是正确的。由于冷却液温度传感器错误地感知冷却液温度,致使 ECU 把冷机起动当作热机起动,没有提供浓混合气,所以起动就很困难。

二十五、桑塔纳 2000GSi 型轿车水温传感器损坏引起发动机冷机起动困难的故障

　　故障现象:一辆桑塔纳 2000GSi 型轿车,发动机冷起动时较困难,当温度正常后,熄灭发动机,再次起动发动机,起动容易,工作又都恢复正常。

　　故障诊断与排除:维修技师接车后首先用"修车王"掌上检测电脑对其进行检测,显示无故障码。又对其水温传感器、进气温度传感器进行检测,结果分别为 50℃和 30℃,一切正常。因是冷车时出现的故障,于是在第二天早晨冷车时,又对该车进行了一次检测,当检测到水温时,发现读数仍为 50℃,说明水温传感器损坏。

　　更换新的水温传感器后试车,原故障彻底排除。

　　故障维修总结:装配电控多点燃油喷射系统的发动机,在起动时,电脑会根据预先存储的固定起动模式给出起动加浓信号,而此时起动模式又受发动机温度和进气温度信号的修正。冷机起动时,发动机温度低,其固定起动模式提供相对较浓的混合气,即加大起动喷油量;反之,提供浓度相对较稀的混合气,以利于发动机起动。本车由于水温传感器损坏,导致在冷车时 ECU 即检测到水温已达 50℃的信息,便给喷油器发出了少喷油的指令,使冷车时可燃混合气过稀,所以出现了冷车发动机起动困难的故障。

二十六、桑塔纳 2000GSi 型轿车发动机不着车的故障一例

　　故障现象:一辆桑塔纳 2000GSi 型轿车,因油底壳撞瘪,更换发动机油底壳和集滤器后,发

动机能够顺利着车。但随后又发生了接通点火开关强冷风扇立即旋转的故障。在排除了强冷风扇故障后。再起动发动机时不能着车。

故障诊断与排除：首先用解码器调取故障码。调出 3 个故障码 01165、00530 和 00518，其中故障码 01165 表示节气门控制单元（J338）基本设置错误，但这是一个偶发故障；故障码 00530 表示节气门电位计（G88）开路或短路到正极；故障码 00518 表示节气门传感器（G69）开路或短路到正极。用解码器消掉原故障码，点火后再调故障码，原有的 3 个故障码依然出现。再对该车的油、电路和机械等方面做常规检查。确认燃油泵运转正常、供油正常、各驱动器的驱动电压正常。从任一火花塞上拔下高压线做对地跳火试验，点火时，高压线对缸体跳火频率低且时而断火。将 4 只火花塞从发动机上拆下来，发现其电极均潮湿现象，表明喷油器工作正常，故障应在点火系统。将 4 只火花塞均插到高压线上。其外壳都和发动机缸体接触良好，点火观察火花塞电极处跳火情况。试验结果显示 4 只火花塞跳火，但无规律，中间出现断火现象。因高压跳火无规律与点火正时有密切关系，于是仔细检查该车正时机构，未见异常。根据故障码提示，对节气门控制单元做重点检查。脱开节气门控制单元上的连接器，接通点火开关，用数字万用表直流电压挡测量节气门控制单元线束侧的连接器内的端子 4（控制模块＋5 伏基准电压端子）和端子 7（控制模块中各传感器公共接地端子）之间的电压为 0 伏、端子 4 对地电压为 4.95V、端子 7 对地电压为 4.85V。根据技术要求，端子 4 和端子 7 之间的电压约为 5V。而该车端子 7 上的高电位显然是不正常的，于是确定故障在节气门控制单元线束侧连接器内 7 号端子上。

将控制模块解体。当打开上盖时。闻到一股轻微的焦糊味。再把下盖打开，取出印刷线路板仔细观察，发现有一处线路已变成棕色，用细钢针拨动此处，发现该处铜箔已断路。用细导线将此处连接焊好，把控制模块的印刷线路板装好，接通点火开关。用万用表直流电压挡测量节气门控制单元线束侧连接器内端子 4 和端子 7 之间的电压值为 4.95V。表明该电压已恢复正常值。把拆下来的零部件装好后，接通点火开关。发动机顺利着车。用解码器消去原来的故障码，故障彻底排除。

故障维修总结：据了解，该车在先期检修强冷风扇故障时没有脱开蓄电池搭铁线，也没有关闭点火开关，从而导致该车控制模块的印刷电路板断路，致使该车发动机不能着车。正常情况下，在检修电喷发动机的电控部分时。一定要关闭点火开关，必要时切断蓄电池搭铁线。如须测量各部位电压时，要按维修资料要求进行操作，避免人为故障发生。

二十七、桑塔纳 2000GSi 轿车怠速不稳冷车起动困难的故障

故障现象：一辆 2000 年 7 月出厂的上海桑塔纳 2000GSi（时代超人）轿车，行驶里程为 12 万 km，进厂时车主报修怠速不稳、冷车起动困难且组合仪表内的水温表指针不动。

故障诊断与排除：维修技师接车后首先进行试车。接通点火开关至 ON 位置，看到组合仪表内的水温表指针微微一动，随后起动发动机让其怠速运转，发现发动机偶然会出现怠速突然升高又回落（即游车）现象，经对发动机转速表进行观察，发现发动机转速表指针在 1000～2000r/min 之间摆动，随后又将发动机转速提高至 2500r/min 左右保持 2～3min，同时对水温表指针进行观察，发现水温表指针不动。

根据试车结果，对该发动机所出现的故障现象进行综合分析。该车装备 AJR 型电子控制多点燃油喷射发动机，组合仪表内的水温表指针不动，通常情况下为水温表传感器失效所致，而该车的水温表传感器由装在发动机缸盖后端出水口连接接头上、采用负温度系数（NTC）型热敏电阻式、且与发动机控制系统所用的冷却液温度传感器组装在一个金属壳体内。在电喷

发动机中,发动机电子控制器根据冷却液温度传感器所输入的信号,适时地对发动机喷油量、喷油时间和点火提前角进行修正,从而使发动机在最佳状态下运行。将其工作原理与该车所出现的故障结合起来,判断该发动机冷却液温度传感器可能损坏。另外,该车急速控制阀与节气门组装在一起,发动机怠速时的进气量通过怠速控制阀直接操纵节气门来进行控制。由于节气门体或怠速控制阀过脏或卡滞,造成电子控制器无法进行正常的控制,从而使发动机的进气量增大,发动机的转速因此而升高,所以便出现了偶尔的游车现象,同时,据车主讲,该车已行驶 12.4 万余 km,而节气门体从未动过,由此,维修技师决定对节气门体进行拆检。

将节气门体从发动机进气歧管上拆下后检查,发现节气门体内壁上积着厚厚的灰尘。于是用化油器清洗剂对其进行彻底冲洗,同时又根据诊断的结果,更换冷却液温度传感器,装复后试车,一切正常,故障彻底排除。

二十八、桑塔纳 2000Gsi 轿车车钥匙损坏的故障

故障现象:起动不着车,且防盗器指示灯亮。

故障诊断与排除:维修技师接车后,首先用 V. A. G1552 检测读取故障码,显示故障有两个,一个是钥匙信号错误,另一个是钥匙编程错误。将故障码清除后,再用 V. A. G1552 输入防盗系统的密码后,车能顺利起动,防盗器指示灯不亮。但当用 V. A. G1552 进行检测时,第二个故障依然存在,而且将发动机熄火后,再起动还是不着车,防盗器指示灯亮。按以上程序又操作了一遍,情形与上次一致,于是重新换了一把钥匙,输入正确的密码,发动机起动正常,用 V. A. G1552 检测,无故障信息。反复熄火,起动均正常,确认故障排除。经询问车主,车主说此钥匙曾经掉到地上摔过,再起动时,就出现了此故障,因钥匙内有脉冲转发器,所以可能是脉冲转发器受到强烈震动而出现故障,使防盗器控制单元接收不到起动信号而造成发动机不能起动。所以对于此类装有防盗系统的车,车主应该妥善保管好自己的车钥匙,不要让其受到强烈的震动。

二十九、桑塔纳 2000 型轿车发动机水温升高后就熄火的故障

故障现象:一辆桑塔纳 2000 型轿车,当水温升到 80℃时,发动机出现抖动,转速也跟着下降,并渐渐自行熄火。立即再起动时,难以起动。但冷却一段时间后,发动机又能起动。

故障诊断与排除:根据故障现象,初步判断为油路故障。将点火开关置于 ON 挡,燃油表指示为满油箱。查看燃油供给系统各管路,无漏渗现象。拆下汽油滤清器检查,滤清器内清洁,此时打起动机时,油泵泵油正常。用故障诊断仪打开自诊断系统,无故障码输出。检查控制燃油泵的热起动继电器,拆下热起动节流器线束插头,并使此插头搭铁,然后对中央集线盒的继电器线束插头进行测量。检测结果为:冷机电阻值正常,热机电阻值为无穷大,表明继电器有断路故障。

更换热起动继电器后,发动机无论在冷、热机的任何情况下均能顺利起动,各工况工作正常,故障彻底排除。

三十、桑塔纳 2000 型轿车发动机无规律熄火故障一例

故障现象:一辆桑塔纳 2000 型轿车,发动机经常出现无规律熄火现象,但是每次熄火后过几分钟又能起动。

故障诊断与排除:首先用 V. A. G1552 故障诊断仪查询故障,无故障码输出。检查总保险丝,接触良好。测量发动机至蓄电池搭铁线的电压降为 0.6V,也正常。检查并清洁霍尔传感器,并未发现异常。检查并更换点火线圈,故障也未排除。于是怀疑是控制单元可能出现故障,遂进行了更换,试车,没过多久又出现同样故障。经分析,故障可能出现在油泵继电器上,于是拆检该继电器,拆开后发现线路有虚焊现象。

更换油泵继电器后,发动机未再出现无规律熄火现象,故障彻底排除。

故障维修总结:出现此种故障多为电子元件接触不良所致。而且多出现在保险丝、霍尔传感器、点火线圈、油泵继电器、发动机控制单元、保险丝盒、相关线路等部位。本例通过检查是油泵继电器问题,由于油泵继电器内线路有虚焊现象,冷机时,继电器工作正常,可工作一段时间后,虚焊部位因电阻较大而发热,进而变形,造成导电不良,油泵就不能正常工作。出现发动机因供油不足而熄火,所以导致发动机无规律熄火故障。

三十一、桑塔纳 2000 轿车发动机怠速不稳故障一例

故障现象:一辆桑塔纳 2000 轿车,装备 AFE 4 缸电喷发动机,冷车时发动机怠速有轻微抖动现象,热车时发动机怠速严重不稳,并伴有喘振现象。

故障诊断与排除:接车后维修技师首先用故障诊断仪 V. A. G1552 读取发动机故障码,无故障码显示。拔下怠速控制阀插头,测量插头上两接脚间的阻值,阻值为 17.7～20.2Ω。打开点火开关,测量插头上两接脚间的电压值,电压值为 12V 左右,说明怠速控制阀没有问题。使发动机怠速运转,检测节气门的信号电压,为 0.10V 左右,电压偏低。按以往的经验调整节气门限位螺钉,并把节气门信号电压调整到 0.70V 左右(该车发动机控制系统要求:只要节气门信号电压低于 0.90V,即确认发动机处在怠速工况)。此时发动机怠速状况明显改善,但喘振现象仍时有发生。进行尾气测试,发现发动机怠速运转时 HC 的排放量明显偏高,CO 含量基本正常,因此初步判定发动机有失火现象。遂重点检查点火系统,点火正时、火花塞、高压线、分火头及分电器盖均正常,配气正时也正常。于是又认为燃油系统可能有问题,但测量系统工作压力正常,汽油泵流量也符合标准。拆下喷油器进行清洗,装复后故障依然存在。于是又怀疑加注的汽油中可能有水和其他杂质,于是把油箱取下,放掉剩余汽油,彻底清洗了油箱,更换了新的汽油滤清器,再次试车,故障仍然存在。

由于故障是断断续续发生的,于是维修技师认为可能有某条线束存在瞬间开路或短路的地方。用手晃动各个接头试验,当晃动到怠速控制阀线束时,发动机转速有明显提升现象,这样基本确定故障与此线束有关。检查怠速控制阀线束,发现与怠速控制阀相连的黑/白线已被车身磨破,露出铜线。至此证明该车故障是由于线束破损后与车身短路,引起怠速失控而造成的。在对其进行修理后重新试车,故障彻底排除。

故障维修总结:此车怠速不良的主要原因是节气门限位螺钉调整不当及怠速控制阀的导线有时对地短路。当怠速控制阀的黑/白导线与地短路时,怠速控制阀中的转阀就不受 ECU 控制,从而导致发动机怠速不稳。虽然故障最终排除了,但从整个检修过程看,还是走了一些弯路。

此例故障告诉我们,在排除电喷发动机故障之前,应首先了解故障车的结构、控制原理及各传感器、执行器的作用和相互关系,这样才能根据故障症状较快地确定故障区域,再选择适当的方法,并合理地利用诊断仪器设备迅速确定故障点。由理论指导实践,维修工作就会顺利快捷。

三十二、桑塔纳 2000 轿车因点火正时不正确导致发动机无怠速的故障

故障现象:一辆桑塔纳 2000 轿车,当踩下加速踏板起动发动机,发动机便能顺利起动,一旦松开加速踏板,发动机便出现严重抖动,几秒钟后自动熄火;当不踩加速踏板起动发动机时,发动机有短暂着火现象。车主将轿车开到 4S 店进行检修。

故障诊断与排除:维修技师根据发动机的结构和工作原理对该故障进行了检修。拆下怠

速电动机并加以清洗,测量怠速电动机的控制线电压,正常,起动发动机,故障依旧。堵住所有的真空管,起动发动机,故障依旧。利用 V.A.G1552 故障阅读仪对发动机电控系统进行故障查询,也无故障代码存储。检修点火系统和油路,并对怠速电动机、发动机 ECU 进行换件试验,故障仍未排除。

维修技师再次仔细分析发动机的工作原理。该车发动机的怠速控制方式为步进怠速电动机控制方式,即发动机 ECU 控制怠速步进电动机的转子轴移动,改变阀门与阀座间的距离,调节流经旁通空气道的空气流量,使发动机达到所要求的怠速转速(800 ± 50r/min)。电喷发动机怠速出现异常,其故障部位可能有:怠速控制部分、火花塞、高压线、分电器盖、分火头、点火正时、真空管漏气等。于是维修技师决定做如下工作:拆下火花塞、高压线、分电器盖和分火头,发现火花塞已到了使用极限,间隙太大,便将其进行了更换;测量高压点火线电阻,正常;分电器盖无破损,分火头绝缘良好,将它们加以清洁。装配完毕后试车,情况略有好转。对点火正时进行调整,而发动机转速无明显变化,初步证明点火正时可能有问题。拆下正时带罩盖,发现正时带松弛,转动曲轴到 1 缸上止点时,正时带恰好向点火延迟的方向错了 1 齿。排除正时带松弛故障,并调整好点火正时后再起动发动机,发动机立即着机,并且怠速平稳,加速有力,发动机工作一切正常,故障彻底排除。

三十三、桑塔纳 2000 型轿车怠速抖动加速不良及速度低的故障

故障现象:一辆 1996 年款桑塔纳 2000 型轿车搭载 AFE 发动机。该车怠速抖动,加速不良,原地加速发动机也只能达到 1500~2000r/min,行驶时速度不超过 30km/h。

故障诊断与排除:根据故障现象,维修技师决定先从油路入手。起动发动机检查燃油压力,怠速时油压为 250~300kPa,发动机加速到 2000r/min 时,油压反而下降,检查喷油器无滴漏,更换汽油滤清器和汽油泵,问题仍然没有解决。拔下节气门位置传感器插头,在转动节气门时测量传感器电阻值,发现电阻值在 0~4.7kΩ 之间变化且有间断的现象。更换节气门位置传感器后进行路试,发现车辆仍然加速不顺畅,有前后窜动的感觉。但是高速已经能达 80km/h 了。使用故障诊断仪阅读数据流,喷油时间正常,进气压力传感器信号在 0.77~0.81V 之间变化,氧传感器信号在 0.11~0.70V 之间变化,怠速控制阀也能正常动作,看来传感器部分没问题。因为车辆有前后窜动的现象,就像高速断火的感觉,所以检查点火系统。检查火花塞工作良好,拔下高压线,用万用表测量其电阻,发现中央高压线电阻为 82kΩ,偏高。

更换中央高压线后试车,在 40km/h 时使用 5 挡行驶也能加速顺畅,车辆没有前后窜动现象,但是怠速却高达 1300r/min。重新调整点火正时,怠速可以降至 800r/min。

故障维修总结:车辆在加速时,因为节气门位置传感器内部的滑线变阻器有断点,所以不能提供准确的节气门位置信号给发动机电脑,致使车辆加速时反而被电脑识别为减速,使车辆加速困难。中央高压线电阻过大造成高压电强度减弱或断火,导致发动机功率不足,车辆前后窜动。

三十四、桑塔纳 2000GSi 型轿车发动机怠速抖动的故障一例

故障现象:一辆桑塔纳 2000GSi 型轿车,发动机怠速抖动,行驶中出现无力和耸车的现象。

故障诊断与排除:用故障诊断仪检测,没有发现故障码。检查燃油供给系统,发现燃油特别脏。于是更换了汽油滤清器、空气滤清器,也清洗了喷油器。装复后,起动发动机,故障现象依旧。接着又清洗了怠速电机,用油压表检查,油压正常;检查发动机点火正时,发现点火时间稍微早了点。起动发动机,把分电器往后调整,发动机怠速运转变得平稳,但加速后怠速居高不下。经检查,怠速电机已坏。更换一新品怠速电机后怠速正常,但车辆再次出现加速无力和

闯车现象。试车发现,加速无力和闯车现象在打开空调时更为严重。把点火时间往早调之后,加速无力和闯车现象没有发生,可怠速不稳现象又发生了。拆掉分电器后检查,发现分电器驱动轴轴向间隙很大。

更换一新品分电器并调整好点火正时后试车,怠速不稳、加速无力和闯车现象再也没有发生,故障彻底排除。

三十五、桑塔纳 2000GSi 轿车因高压线漏电引起怠速抖动的故障

故障现象:桑塔纳 2000GSi 轿车,已行驶 11 万 km,行驶过程中有加速闯车。怠速时发动机抖动现象。

故障诊断与排除:用故障诊断仪检测,发动机无故障码输出,观察数据流正常,排除发动机电控系统故障。测量高压线电阻值,符合标准。拆下火花塞检查,发现四缸火花塞电极周围有积炭,初步判断是四缸火花塞不良引起,更换火花塞,插入高压线试车,故障消失,但不久故障又出现了,拆下四缸火花塞检查,无异常现象。倒换三四缸火花塞验证其状况好坏,发动机工作正常,但一会儿又出现抖动现象。准备做断缸实验,摇动四缸高压线时,察觉四缸高压线漏电。拔下四缸高压线检查,发现高压线在靠近火花塞端处有一裂口,更换高压线后,故障彻底排除。

故障维修总结:桑塔纳 2000GSi 轿车的高压线安装位置较特殊,由于高温、胶皮老化等原因,插在火花塞上时间过长时,高压线不易从火花塞上拔下。有时插拔方法不对,也会出现高压线损坏情况。此例中,由于高压线上有一裂口,当裂口与缸盖正对时,高压火花能从高压线跳至缸盖,引起发动机闯车,工作不稳,而当裂口远离汽缸时,发动机又恢复正常工作。

三十六、桑塔纳 2000GSi 型轿车动力不足的故障

故障现象:一辆桑塔纳 2000GSi 型轿车,发动机动力不足,最高车速达不到 100km/h,挂入五挡后,有明显的发"撞"现象,加速不畅,有类似化油器发动机的回火现象。

故障诊断与排除:经检查,该车发动机怠速很平稳,急加速时有轻微的"扑扑"声,变速时这种声音更频繁。用 V. A. G1552 诊断仪检测,无故障码显示。检查电路,高压跳火正常;检查油路,压力正常;检查气缸压力,也在规定范围内。那么,是何原因引起发动机回火呢?从发动机的基本工作原理分析,发动机回火,可能是混合气过稀造成的。从电喷发动机的工作原理分析,影响混合气过稀的部件有氧传感器、冷却液温度传感器和空气流量计。

检查冷却液温度传感器,其电阻值符合要求,冷态时为 $1080 \sim 2750\Omega$,热态时为 $50 \sim 500\Omega$。

检查氧传感器,拆下氧传感器,观察传感器顶尖颜色为浅灰色,说明氧传感器正常。

检查空气流量计,发现其电阻值不符合要求(标准值为 8、5 端子间的电阻为 $340 \sim 450\Omega$,9、8 端子间的电阻为 $160 \sim 300\Omega$),说明空气流量计有问题。更换新的空气流量计,发动机无力故障排除。

故障维修总结:由于该车空气流量计所测的空气流量数据不准(从新、旧空气流量计的对比试验可看出,每秒钟的空气流量虽不成正比增加,但转速越高,差距越大),导致空气流量过大,混合气过稀,从而使发动机动力不足。

三十七、桑塔纳 2000GSi 型轿车发动机水温过高故障一例

故障现象:一辆桑塔纳 2000GSi 型轿车,行驶中出现水温报警、发动机温度过高现象。

故障诊断与排除:用手分别触摸发动机上、下水管,发现二者温度基本一致,说明节温器是打开的。进一步检查后,发现发动机散热风扇没有正常转动。而后检查散热风扇的保险和温

控开关,发现散热风扇的保险已经烧坏。更换同型号的保险片后试机,发动机的散热风扇可以正常运转,但1周后,同样的故障现象再次出现。但这次更换同型号的保险片后,发动机散热风扇却不能正常运转。进一步检查,分别转动散热风扇的主动风扇和被动风扇叶片,手感阻力都很大,而且有发卡的现象,证明散热风扇的主、被动风扇都已经损坏。

更换同规格、型号的散热风扇后,发动机水温高的现象再没有出现。

故障维修总结:因为散热风扇有卡滞问题,造成转动阻力较大,风扇工作的电流负荷加大,从而导致发动机散热风扇的保险烧坏,出现发动机温度过高现象。更换保险后又能正常运转,是因为散热风扇还能够克服风扇的卡滞阻力。但经过1周的运转,使发动机散热风扇的卡滞现象更加严重,致使风扇电机不能转动,所以再次更换保险后散热风扇不能正常运转,使发动机的温度过高。

三十八、桑塔纳2000GSi型轿车关钥匙难熄火的故障

故障现象:一辆桑塔纳2000GSi型轿车,常出现关闭点火开关后,发动机还能运转几下,难以熄火,严重时要挂挡松离合器才能熄火的故障。

故障诊断与排除:询问车主,得知此车已行驶17万km。此车是城市出租车,经常在中速以下区域行驶,而且使用燃油标号相对控制不严格。长时间在低转速行驶后极易在进气门,进气歧管,活塞顶部形成厚重积炭,此积炭层影响进气流量,极易产生高温,虽然点火开关OFF,但缸壁内、燃烧室处积炭炽热,如喷油器工作不良泄漏,仍能点然废气造成活塞位移,曲轴运转。起动发动机,让发动机运转至3000r/min左右,时间至少15min。用瓶装积炭清洗剂由进气歧管真空管吸入,不停变换转速,以利清洗效果,这时排气管会排出大量含黑炭的烟雾及黑水。清洗完毕后,再运行100km左右,此故障就能排除。如用此方法无法解除,那只有将发动机机械部分解体,清除积炭,视情按技术要求进行修理。对那些"怠速发抖"、"加速后坐",电控系统及燃油系统、配气正时,机械部分检查无问题的车辆,行驶里程长的城市区间运行车辆(特别是出租车),定期清洗,或每月上一两次高速公路高速运转(时间约为1小时),是排除气门及缸壁内积炭形成加厚的一个良策。

三十九、桑塔纳2000轿车加速时前后窜动的故障

故障现象:一辆桑塔纳2000轿车,装备AFE 4缸电喷发动机,加速时汽车前后窜动,颠簸时故障现象更为严重,停车时怠速正常,但在平坦路面上行驶或爬坡时十分吃力。此故障时有时无,不定期出现。

故障诊断与排除:维修技师首先分析了产生故障可能原因:①空气滤清器滤芯堵塞。②进气管漏气。③爆震传感器和点火器工作不良。④燃油喷射系统故障导致油压过低。⑤节气门位置传感器送给电脑错误信号。⑥点火时间过晚。⑦与燃油喷射有关的元件损坏等。

用V.A.G1552读取发动机故障码,无故障码显示。由于发动机在怠速时工作良好,所以进气管漏气的可能性不大。使发动机怠速运转,用V.A.G1552读取数据流,检测结果都符合要求。检查汽油压力,怠速时汽油压力为0.25MPa,正常;加速时汽油压力在0.10~0.18MPa之间波动,说明汽油泵泵油不连续。

怀疑是汽油泵磨损导致加速时汽油压力偏低,更换一个新的汽油泵,重新试车,故障依旧。用钳子夹住回油管,再加速,测量汽油压力,还是在0.10~0.18MPa之间波动,说明故障不是由油压调节器引起的。

考虑到汽车在加速和颠簸时才表现出泵油不连续,于是怀疑燃油系统线路接头存在虚接情况。用万用表测量汽油泵插头上的棕色线头与发动机机体之间的电阻为80kΩ,用手拉一下

插头后,电阻值又变为0Ω。原来该车故障是由于汽油泵的搭铁线搭铁不良引起的。重新紧固汽油泵的搭铁线,起动发动机试车,一切正常,故障彻底排除。

故障维修总结:本例故障的直接原因是汽油泵搭铁线的紧固螺丝松动。在怠速情况下,由于发动机运转平稳,机体振动不剧烈,汽油泵搭铁线能与发动机机体接触,所以汽油泵能正常工作;当汽车加速或在不平路面上行驶时,发动机机体振动剧烈,汽油泵搭铁线与发动机机体就会出现时而接触,时而不接触现象,使汽油泵时而工作时而不工作,从而导致汽油压力偏低。此例故障告诉我们,在排除汽车故障时,各器件的搭铁线千万不可忽视。

四十、桑塔纳2000GSi型轿车空调系统制冷不足的故障

故障现象:一辆桑塔纳2000GSi型轿车,早晨汽车刚起动时空调工作很好,但当车工作大约两小时以后,发现空调制冷效果不佳,尤其是当中午开车外出时,车内温度始终降不下来。

故障诊断与排除:由故障现象可判断是由于空调系统制冷不佳造成的。再根据平时维修空调的经验,初步估计空调系统控制电路及制冷剂循环系统是正常的。很有可能是空气循环系统工作状态不佳,而造成空气循环系统工作状态不佳的常见故障是冷凝器散热不良所致。于是决定先检查冷凝器散热片,通过观察发现,此车的冷凝器散热片之间充满了污物,对冷凝器进行清污工作后试车,空调制冷效果正常,故障彻底排除。

四十一、桑塔纳2000GSi轿车因轮速传感器未安装到位引起ABS指示灯不熄灭的故障

故障现象:一辆桑塔纳2000GSi轿车,在对车辆进行保养后,ABS指示灯不熄灭。

故障诊断与排除:车主反映,该车此前一直正常,只是更换了右前轮轴承后,才出现ABS指示灯不熄灭现象。根据这一情况,对右前轮轮速传感器进行检查,结果发现右前轮轮速传感器因倾斜而未安装到位,以致传感器与信号发生轮之间的间隙过大(正常情况下传感器与信号发生轮之间的间隙为:前轮1.10~1.97mm,后轮0.42~0.80mm)。

将右前轮轮速传感器拆下重新固定,然后起动发动机,以高于20km/h的车速行驶并进行紧急制动,ABS指示灯熄灭,ABS工作恢复正常,故障彻底排除。

四十二、桑塔纳2000GSi轿车ABS不工作故障一例

故障现象:一辆上海桑塔纳2000GSi时代超人轿车,发生交通事故后在一修理厂维修,更换了ABS总泵及ABS控制单元总成,但路试时发现ABS故障指示灯常亮,且紧急制动时四只车轮全部抱死。

故障诊断与排除:首先检查插头和线路,没有虚接和破损之处。用V.A.G1552故障诊断仪对ABS系统进行检测,发现有很多故障码,但大多数故障码用仪器清除后不再显示,只有故障码"00283"(左前轮轮速传感器G47故障)不能消除。

举升车辆,拆下左前轮轮速传感器,发现其表面很脏,传感器触发叶轮上也有很多泥垢。判断是由于传感器过脏,使触发信号不能正确传送给ABS控制单元,从而使控制单元记录了故障码。清理干净并装复传感器后,该故障码不再出现,ABS故障指示灯也不再点亮,但试车时发现ABS系统仍然不工作,紧急制动时四个车轮都有拖滞现象。

再次连接仪器,没有发现故障码。怀疑是制动系统的液压管路中有空气没有排干净,遂按规定方法进行排气,但故障依旧。

经维修人员仔细分析,认为可能是新换的ABS控制单元有问题,遂连接仪器并进入"读取控制单元版本号"功能,以查看控制单元版本号是否正确。经查看发现该ABS控制单元内部的编码为"00000",显然是更换控制单元后未进行编码。找来一辆工作正常的时代超人轿车,查看其ABS控制单元内部的编码为"04505"。利用仪器的"控制单元编码"功能,对该车的

ABS控制单元进行正确的编码,再试车,一切正常,故障彻底排除。

故障维修总结:现代汽车电控系统的故障排除对专用仪器的依赖性很高,对于有些车型的电控系统,其维修不是简单地更换新件就能解决问题的,很多时候需要用专用的设备进行设定或编码,这是每个汽车维修人员都必须掌握的内容之一。

四十三、桑塔纳2000GSi轿车ABS故障警告灯常亮的故障

故障现象:一辆2003产桑塔纳2000GSi轿车,ABS故障警告灯常亮。

故障诊断与排除:打开点火开关发现ABS故障警告灯确实常亮。连接故障诊断仪VAS5051B对ABS系统进行检测发现,ABS控制单元不能进入。利用故障诊断仪试着进入发动机控制单元,能进入,因此说明K线和诊断接口正常。根据以往的维修经验,这种情况一般为控制单元没有供电或控制单元自身出了问题。根据电路图(图2-7),维修技师先检查了ABS控制单元(J104)的供电。结果发现ABS控制单元的熔丝S12(15A)熔断,看来ABS故障警告灯常亮的原因是ABS控制单元没有供电造成的。既然熔丝熔断,表明电源线

图 2-7　ABS控制单元控制电路图

路可能存在短路的地方,故决定继续检查线路。在检查时还发现,当ABS故障警告灯点亮后,前照灯、雾灯等用电器也不工作。在该车上,它们之间存在一定的内在联系,即共用中央电器盒里的X线供电。维修技师还发现,该车加装了防盗器,当打开点火开关防盗器内的继电器吸合后,ABS故障警告灯便点亮了。会不会是加装的防盗器存在故障呢?为此维修技师断开了防盗器控制单元的主电源线,之后试车故障消失,因此可以判定故障就是防盗器引起的。

在更换防盗器后,试车证明故障彻底排除。

故障维修总结:该车的故障是因防盗器控制单元损坏后导致X线没电,从而造成ABS控制单元没有供电。在维修该车故障的过程中,由于维修技师思路比较清晰,直接分析出了故障原因,进而迅速排除了故障。

四十四、桑塔纳2000GSi型轿车ABS工作异常的故障

故障现象:一辆行驶了14万km的98款桑塔纳2000GSi(时代超人)轿车ABS工作异常,轿车在行驶时,轻踩制动踏板ABS工作,且ABS工作时制动踏板剧烈振动。

故障诊断与排除:根据车辆的故障现象分析,可能原因主要有以下几种:①ABS ECU损坏。②传感器线束有问题。③传感器损坏。④传感器齿圈损坏。⑤传感器粘附异物。⑥ABS液压单元N55损坏。⑦车轮轴承损坏。⑧传感器安装不当。

使用V.A.G1552解码器对ABS系统进行检测,连接V.A.G1552,闭合点火开关,输入地址词03—Q—02→Q之后读取故障代码,结果显示无故障代码。再输入06结束读取故障码。重新输入地址词03→03进入ABS最终控制诊断,未发现异常现象。于是,用举升机将车辆升起,按上面分析的原因逐步进行检查,观察四轮传感器安装情况,安装是正常的;再用万用表测量四轮传感器的输出电压(测量方法如下:举起车辆,点火开关断开,让汽车车轮以1r/s的速度转动,测量其交流电压),经检测发现右后轮交流电压为1500mV(额定电压值为190～1140mV),超出了额定范围。于是进一步检查右后轮传感器G44的电阻,点火开关断开,经测

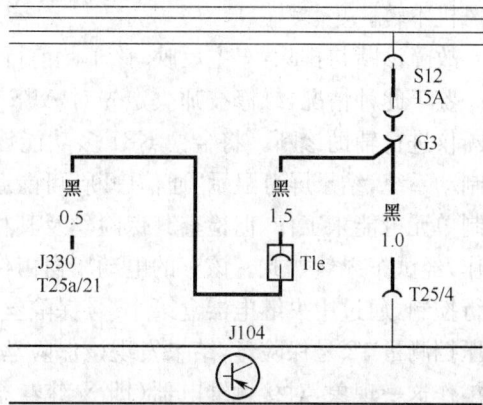

量它的电阻为 1.2kΩ,符合要求;再进一步检测右后轮传感器齿圈、车轮轴承间隙,都符合技术要求;检查 ABS ECU 的插座及中间插接器也很正常。最后怀疑 ABS ECU 有问题,更换了一只同型号的 ABS ECU,输入 03→07→04505 进行编码,排完空气后,再进行试车,故障现象消失,一切正常,故障彻底排除。

四十五、桑塔纳 2000GSi 轿车因点火开关损坏引起 ABS 指示灯点亮的故障

故障现象:一辆 2002 年款桑塔纳 2000GSi 轿车,行驶里程 96820km,ABS 指示灯点亮且鼓风机不转。

故障诊断与排除:车主反映,该车此前行驶一直正常,只是借别人开了一会后便出现了故障。鉴于此种情况,维修技师决定先对 ABS 系统进行诊断。在进行了简单的外观检查后,用诊断仪进行辅助诊断。将金德 K81 多功能诊断仪与诊断插头连接,打开点火开关,进入防抱死制动系统,结果屏幕显示"通信中断,可能遇到不可识别的通信协议"。通过分析,判断 ABS 控制单元可能未工作,但检查其保险丝及其相关电路均完好。此时,车主又告知电动车窗也不工作,经试车果然如此。该车的电动车窗由位于杂物箱上方的集控锁/电动摇窗机控制器对其进行控制,通过中央继电器盒第 12 号保险丝向其供电。在打开点火开关的情况下,用万用表电压挡测量 12 号保险丝,结果发现该保险丝上无电压,说明线路中有断路现象。结合鼓风机不工作这一现象,对接触继电器(即 X 继电器,在中央继电器盒 8 号位置)进行检查。因为根据以往的检修经验及电路图,这几个系统均由点火开关控制的 X 继电器对其供电,如今同时不工作,很有可能是继电器损坏。将继电器从中央继电器盒上取下,用万用表电阻挡对线圈进行测量,未发现问题,进行通电试验后证明触点接触良好,于是装复。在打开点火开关的同时用手触摸继电器,以确定是否有继电器工作的振动感,结果继电器毫无反应。通过分析,维修技师判断点火开关已经损坏。因为此车以前一直行驶正常,偶然间出现断路的机率比较小。更换一个新的点火开关后,经试车,鼓风机及电动车窗都能正常工作,ABS 指示灯点亮 3s 后熄灭,一切正常,故障彻底排除。

四十六、桑塔纳 2000GSi 型轿车(时代超人)ABS 故障灯点亮的故障一例

故障现象:一辆桑塔纳 2000GSi 型轿车(时代超人)进厂维修,故障是仪表板上的 ABS 故障灯亮。

故障诊断与排除:维修技师首先利用修车王诊断仪读故障码,显示故障码 1,内容为前轮电磁阀线路不良及电磁阀故障。经查,未发现问题。后又脱开微机连接器接头,检查相关信号,均无故障。该车行驶才接近 4 万 km,微机出故障的可能性不大,于是又按常规进行了全面检查,还是没发现故障。在分析过程中,车主反映此车是修完两前轮的异响故障后才发现 ABS 故障灯亮的。于是维修技师考虑此车在维修前轮异响时,很有可能被悬空并空转过,因为该型车为前轮驱动,所以当两后轮静止不动,则微机检测不到后轮转速传感器信号,导致记忆故障码,ABS 故障灯亮报警。于是参照大众系列车型清码方式清码,试车行驶 40km,ABS 灯熄灭,故障彻底排除。

四十七、桑塔纳 2000 时代骄子轿车 ABS 系统故障一例

故障现象:一辆 2003 款桑塔纳 2000 时代骄子轿车,当车速达到 100km/h 以上时,仪表板上的 ABS 指示灯点亮;当车速低于 100km/h 后,ABS 指示灯自动熄灭。

故障诊断与排除:接车后,首先用 VAS5052 诊断仪进入 ABS 系统读取故障码,显示有一个故障码:"00290—左后轮速传感器信号值过大"。桑塔纳 2000 时代骄子轿车采用 MK20—I 型 ABS 系统,其轮速传感器为电磁式。根据 ABS 自诊断系统的工作原理可知,当轮速传感

器没有信号输入时,ECU 监测各轮速传感器及其线路阻值是否在规定范围内,若超过 ECU 设定的门限值,则点亮故障指示灯。当轮速传感器有信号输入时,ECU 关闭各轮速传感器及其线路阻值监测电路,监测轮速传感器信号的频率和幅值。查阅 MK20—Ⅰ型 ABS 系统维修手册,当 ECU 监测到 2 个前轮速传感器的数值差<6km/h 时,认为 2 个前轮速传感器正常;当 ECU 监测到 2 个后轮速传感器的数值差<2km/h 时,认为 2 个后轮速传感器正常。由车速低于 100km/h 时 ABS 指示灯自动熄灭以及检测结果,可以推断该车的 4 个轮速传感器及其线路良好。由车速超过 100km/h 时 ABS 指示灯点亮以及检测结果,可以推断车速超过 100km/h 时左后轮速传感器的信号幅值超过其他 3 个轮速传感器的信号幅值,所以 ECU 点亮 ABS 指示灯。由电磁式轮速传感器的工作原理可知,轮速传感器的信号幅值取决于 $d\phi/dt$、$d\phi/dt$ 的影响因素有轮速传感器脏污、车轮轴承间隙过大、轮速传感器与齿圈的安装间隙过大等。结合故障现象和检测结果分析,故障只在车速超过 100km/h 后出现,很可能是车轮轴承轻微松旷,或者是触发盘存在故障。将左后制动鼓卸下,经检查发现左后轮速传感器触发盘上有一道轻微的裂痕。询问车主得知,前两天曾在一修理小店更换了左后轮制动鼓。至此真相大白,由于小店修理工在更换左后轮制动鼓过程中,安装轮速传感器触发盘时违规操作,造成触发盘产生裂痕,引起触发盘的导磁率发生突变,进而使轮速传感器的信号幅值过大。更换左后轮速传感器触发盘后,故障彻底排除。

四十八、桑塔纳 2000GSi 轿车因电源线接触不良引起 ABS 系统故障

故障现象:一辆桑塔纳 2000GSi 轿车,行驶里程 14 万 km。该车 ABS 指示灯点亮,紧急制动时车轮全部抱死。

故障诊断与排除:首先调取故障码。将金德 K81 多功能诊断仪连接在位于换挡杆护套下方的诊断插座上,打开点火开关,操作诊断仪进入“防抱死制动系统”,选择“读取故障码”功能,按下确认键后,诊断仪屏幕显示“01276—液压泵 V64 信号超过容限”。记录故障码后选择“清除故障码”功能,发现该故障码不能被清除。选择“控制元件测试”功能。发现该功能同样不能执行,即选择“控制元件测试”功能,按下确认键后,诊断仪屏幕显示“测试结束”,ABS 指示灯不闪烁,也听不到液压泵工作的声音,连续几次均是如此。根据故障码的提示对该故障进行分析,如果单纯地出现 ABS 液压泵损坏的情况,用诊断仪应能进行控制元件测试,也就是诊断仪与指示灯应有变化。会不会是电路接触不良呢?查阅电路图得知,位于中央继电器盒顶部的 29 号保险丝即为液压泵保险丝(30A)。在关闭点火开关的情况下对其进行检查,结果发现保险丝完好。随后又对其旁边的保险丝(30 号),即 ABS 电磁阀保险丝(30A)进行检查,也无熔断现象。为了确定其连接是否良好,将这 2 个保险丝互换,然后打开点火开关,仪表盘上的 ABS 指示灯点亮约 3s 后熄灭。试着用仪器清除故障码并执行“控制元件测试”功能,故障码能被清除,执行测试时 ABS 指示灯不停地闪烁,且能听到液压泵运转的声音,说明其控制系统正常。

检查蓄电池连接线(ABS 液压泵和电磁阀的电源由蓄电池直接供给),发现蓄电池负极接线因卡子损坏而有松动迹象,将其重新紧固后试车,ABS 系统恢复正常。

四十九、桑塔纳 2000GSi 轿车因换件后未进行编码匹配引起 ABS 系统故障一例

故障现象:一辆桑塔纳 2000GSi 轿车,ABS 指示灯与制动系统警告灯交替闪亮,进行紧急制动时车轮抱死。

故障诊断与排除:车主反映,该车此前曾因事故而更换了 ABS 控制单元总成,之后便出现上述现象。结合故障现象及维修经验分析,初步判断可能是更换 ABS 控制单元后没有对其进

行编码匹配。ABS控制单元(ABS ECU)在车辆出厂时均进行了编码,如果更换ABS ECU,则必须借助仪器对其进行编码匹配,这样ABS控制系统才能正常工作。

在换挡杆护套下找到16针的OBD-Ⅱ诊断插座,与检测仪器连接好后,打开点火开关,进入"防抱死制动系统"。通过查询版本号,果然发现屏幕显示的控制单元的coding和wcs均为"00000",而MK20-Ⅰ型系统的coding为"04505"。选择"控制单元编码"功能。待屏幕显示"输入编码"后,按数字键输入"04505",确认后控制单元的编码即可完成。通过操作仪器重新选择"查询电脑版本号"功能,看到屏幕显示的coding号与输入的编码一致。关闭点火开关,然后再打开,ABS指示灯点亮约3s后熄灭。进行路试,ABS恢复正常功能,故障彻底排除。

五十、桑塔纳2000GSi轿车因线束插头上的锁片损坏引起ABS指示灯偶尔点亮的故障

故障现象:一辆桑塔纳2000GSi轿车,行驶中偶尔出现ABS指示灯点亮的现象。

故障诊断与排除:用诊断仪读取故障码,结果显示为"左前轮速度传感器信号不良/SP"。将车辆举起,然后对左前轮速传感器及其线路进行检查,发现该传感器线束插头上的锁片已经断裂,用手轻轻一拉插头即掉了下来。将该插头插好后用绝缘胶布对其紧固,并进行清除故障码操作后试车,一切正常,故障彻底排除。

五十一、桑塔纳2000GSi型轿车(时代超人)加速回火放炮的故障

故障现象:试车中发现发动机怠速稳定,中低速较正常,高速有回火放炮现象,特别是急加速时,放炮频繁且振动很大。

故障诊断与排除:一般情况回火放炮的原因为点火过早,点火顺序错乱,混合气过稀。而此车为双点火控制,看来不存在点火顺序错乱问题,应着重检测点火过早和混合气过稀的原因。读故障码,无故障码。读数据流,怠速下点火提前角为12°,加速时可达到20°;喷油脉宽2ms,加速时可达5ms以上;λ控制在正常范围内,氧传感器信号在0.2~0.8V之间变化。查看其他数据也未发现问题,单从数据流的数值分析也没有问题,于是继续检测油压和真空度,正常。拆下火花塞试火,火花均好,检测高压线也正常。检查工作碰到了难题,通过仔细观察发现了一个细节,它与一般的回火现象不同,一般回火放炮动静都不是很大,而此车的回火特别强烈,就好像混合气在进气道中点燃。为什么会出现这种情况呢?是否有可能某缸在压缩时没有点燃而在排气时(也是进气门将要打开时)才点燃呢?双点火不正是也在排气时点一次火吗?如果是这样,问题一定在火花塞或高压线上,于是换了一组火花塞,无效,又更换了一组高压线,故障消失。

故障维修总结:时代超人为双点火控制,一个点火线圈同时控制两个缸的火花塞,一个为有效点火(压缩上止点),一个为无效点火(排气上止点)。当发动机高速、急加速时汽缸内压力过大,混合气较浓,需要更高的有效点火,而在排气时汽缸内压力较低不需要太强的火花。由于某种原因高压线阻值过大,高压线绝缘不好漏电或是火花塞间隙过大,火花塞内部绝缘质量等问题,将会出现火花弱或是在缸压较大时可能不跳火。经常用示波器观察二次高压波形时发现,在大气压下,火花塞击穿电压很低,而在正常的高压下火花塞的击穿电压却很高。如若高压线,火花塞不良时,击穿电压会上万伏,如若空甩一个高压线时,它的积累电压会几万伏,长期有一高压线断路时将对点火线圈损害极大。

此车的根本原因是某高压线的绝缘不好,中低速时缸压不太大,跳火还可以,当急加速成高速时缸压较大,跳火困难。如果绝缘不好,此时将产生漏电,此缸无火没作功,当行程至排气上止点时,无效点火却成了有效点火,而此时正是进气门开启时刻,从而形成回火放炮的严重现象。

五十二、桑塔纳 2000GSi 轿车 AJR 发动机点火系故障一例

故障现象：一辆 2002 款桑塔纳 2000GSi 轿车，装载 1.8L、AJR 电喷发动机，已行驶 15 万 km。该车在一次行驶中，经过不平路面时，发动机突然熄火，再次起动，起动机运转正常，而发动机无法起动，用高压线试火，发现高压线均无火。

故障诊断与排除：由于高压线均无高压火，维修技师先对点火系统进行检查。该轿车的点火系是采用微机控制的同时点火系，该点火系由电源、点火开关、ECU-J220（电控单元）、点火控制组件 N152（包括 2 个点火线圈和一个点火模块）、转速传感器 G28、爆震传感器 G61/G66、相位（霍尔）传感器 G40 及其他相关传感器、分缸高压线和火花塞等组成。

①先检查点火控制组件 N152 电源线路及搭铁线路，N152 控制电路的检测方法如图 2-8 所示。断开点火开关，拔下 N152 上的 T4 电插，再接通点火开关，把发光二极管试灯连接在 N152 的 2 与 4 端子之间，试灯亮，说明点火控制组件 N152 供电线路及搭铁线路正常。然后又更换了点火控制组件 N152，故障依旧。②AJR 发动机点火系的电路原理图如图 2-9 所示。拔下 N152 的 4 端子电插，把二极管试灯分别连接在 N152 线束连接器插头的 1（1、4 缸点火正时信号）与 4 端子、3（2、3 缸点火正时信号）与 4 端子之间，起动发动机，试灯接在两信号线处均不闪亮，说明电控单元未把信号传至 N152。再检查点火

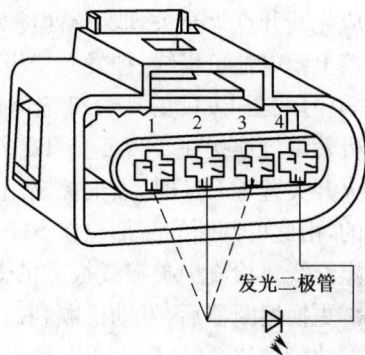

图 2-8　N152 控制电路的检测

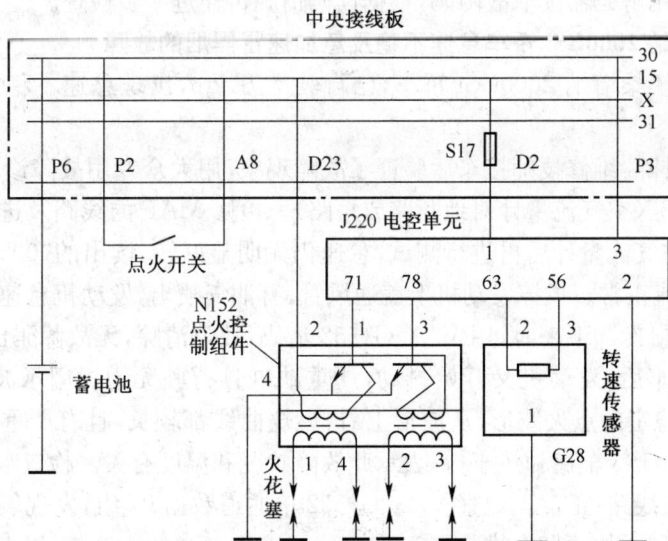

图 2-9　AJR 发动机点火系的电路原理图

控制组件 N152 的 1 端子与电控单元 J220 的 T80/71、3 端子与 T80/78 之间的连接导线，导线的电阻值均小于 1Ω，在规定范围内，且两导线绝缘性良好。由此说明故障可能在 ECU 或其供电线路、搭铁线路、转速传感器 G28。③拔下转速传感器 G28 的电插，用万用表检查转速传感器 G28/2 与 G28/3 端子之间的电阻，阻值为 960Ω，在规定范围内。又测试了该传感器插头 G28/1 与发动机搭铁点、G28/2 与 ECU 的 T80/63、G28/3 与 T80/56 之间的线路，导线的电

阻值均小于 1Ω,说明转速传感器正常。④断开点火开关,拔下水温及进气温度传感器电插,再接通点火开关,用万用表检测两传感器的工作电压,均无 5 V 左右的电压,因两传感器的工作电压均由 ECU 提供,故说明发动机 ECU 有故障或其电源线路、搭铁线路有故障。该发动机 ECU 有 2 个火线端子:分别是 T80/1 与 T80/3,T80/1 是受点火开关控制的火线,其电路为:蓄电池→中央接线板 P6→中央接线板 30 号线→中央接线板 P2→点火开关→中央接线板 A8→中央接线板 15 号线→中央接线板上 17(S17)号熔断器(从左至右数第 17 个)→中央接线板 D2→T80/1;T80/3 是由中央接线板 30 号线经 P3 用一根红色线至 ECU-J220 的常火线;有一个搭铁端子 T80/2,该端子通过一根棕红线在发动机 ECU 旁边的车身上搭铁。检查时,注意应先断开点火开关,取下蓄电池负极搭铁线,而后才能拔下 ECU 电插,以免损坏电子元件,再接上蓄电池负极线,把发光二极管试灯连接在 T80/3 与 T80/2 之间,试灯亮,说明中央接线板 30 号线至 ECU 的 T80/3 之间的常火线及 ECU 的搭铁线均正常;接通点火开关,又把发光二极管试灯连接在 T80/1 与 T80/2 之间,试灯不亮,说明故障应在 T80/1 之前的火线电路,因点火开关置于 ON 时,点火控制组件 N152 的供电线路有电,说明中央接线板上 15 号线是有电的,由此可判断故障部位在 S17 熔断器、或中央接线板内部、或中央接线板 D2→T80/1 之间的黑红线。检查中央接线板上的 S17 熔断器,发现该熔断器松脱,且插头处有少许氧化锈蚀物。更换熔断器后,发动机顺利起动,故障彻底排除。

故障维修总结:①由于车辆经过不平路面时,发动机突然熄火,往往是偶发性接触不良故障造成的。若熄火后再起动时无起动征兆,应重点检查点火系主要部件的电插或线束连接器、转速传感器的电插、ECU 的电插或线束连接器及其熔断器等。②在维修微机控制点火系统的车辆时,应优先使用解码器读取故障码,根据读码情况再作进一步检查。

五十三、桑塔纳 2000GSi 轿车怠速不稳及急加速冒黑烟的故障

故障现象:一辆桑塔纳 2000GSi 轿车,已行驶 7 万 km,出现怠速不稳,急加速冒黑烟的现象。

故障诊断与排除:维修技师接车后验证了故障现象,用大众专用故障诊断 V. A. G1552 测得故障码为“00553”(空气流量计对地断路或短路)。检修 MAF 的线路及进气系统是否漏气,均无异常。更换空气流量计后再进行测试,怠速仍无明显好转,读出的“00553”故障码也消不掉,但 MAF 数据流正常。拔掉发动机上盖通风管,有油气喷出,发动机怠速稍趋稳定,待熄火一段时间后,发动机冷却下来时,用 V. A. G1552 清码,故障清除,无故障码出现。冷车时发动机怠速稳定,但热车后,发动机又开始抖动,严重缺缸且行驶无力。用示波器测点火波形,1 缸、4 缸有时有不稳定的点火波形,从波形上看,燃烧曲线都较长,且有严重杂波,显示点火缺缸、混合气过浓,由于冷车稳和热车抖,表示此故障状况和温度有关。检查水温传感器、进气温度传感器的阻值及线路,正常。观察 V. A. G1552 单通道数据 07 组,发现氧传感器发黑,更换氧传感器后一切正常,故障彻底排除。

五十四、桑塔纳 2000GSi 型轿车车门不能上锁的故障

故障现象:一辆 2002 款上海桑塔纳 2000GSi(时代骄子)轿车,车主用遥控器无法将车门上锁。

故障诊断与排除:维修技师接车后,首先试车,当按下遥控器加装的“铁将军”上的上锁按键后,各车门都能正常上锁,但随即又会自动打开,连续几次,均是如此。随后又关上车门,再用钥匙从左前门和右前门对车门进行上锁操作,其反应跟按下遥控器上锁按键的结果相同,即上锁后立即打开。根据试车结果,判断该车的中控门锁开关或与之相关的线路有接触不良或

搭铁的现象。该车的中控门锁系统由位于杂物箱上方的中控锁/电动玻璃升降器控制器进行控制,主要由控制器、门锁开关(在闭锁器内)、闭锁器和相关的机械联动机构组成。控制器通过接收左前门和右前门的中控锁开关信号,同时控制4个车门中控锁电机的正转与反转,再由机械联动机构完成4个车门的同时上锁和打开。根据其工作原理,结合平时的检修经验,决定先对左前门门锁开关及其线路进行检查。拆开左前门饰板并拆下闭锁器,拔掉其线束插头后观察,未发现有锈蚀及氧化的现象。随后检查线路,无破损之处。于是在拔掉线束插头的情况下,试着从右前门用钥匙对车门进行上锁,故障依旧。由此判断故障可能出在右前门门锁开关中。将右前门饰板拆下并拔下闭锁器线束插头,然后将左前门闭锁器插头装复,关上车门后试车,发现无论是用钥匙或遥控器,除右前门外,其他车门都能正常上锁和打开,看来故障就在右前门闭锁器内。

拆开闭锁器上的几个螺栓,将其打开后,看到开关上的一根导线已锈蚀折断,经重新焊接并装复后试车,一切正常,故障彻底排除。

五十五、桑塔纳2000GSi轿车两后门玻璃升降器无法工作的故障

故障现象:一辆2002年产桑塔纳2000GSi轿车,据车主反映,该车的左右2个前车门玻璃升降器工作正常,但是左右2个后车门玻璃升降器无法工作,既不能上升也不能下降。这个故障最初只是偶尔出现,后来玻璃升降器就彻底不能工作了。该车已经在其他修理厂更换过玻璃升降器开关、玻璃升降器以及舒适系统控制单元等部件,但故障始终无法排除。

故障诊断与排除:维修技师接车后通过检查发现,该车属于改款后的桑塔纳2000GSi轿车,在控制方面已经将玻璃升降器归入了舒适系统,玻璃升降器的相关控制都需要经过舒适系统控制单元。既然之前更换了相关部件仍无法排除故障,那么该车的故障点很可能在相关线路上。查阅维修手册,找到了玻璃升降器电路图,原厂维修手册上的电路图比较复杂,维修技师为检查方便,便绘制出了简化电路图(图2-10)。为了检查相关线路,有必要先分析一下玻璃升降器的线路连接和控制过程。①电源由30号常正电源线引出,连接2条红色导线。1条导线经过热保护器S128,到达位于中央控制台上的左后玻璃升降器开关E52的蓝色多孔插头的4号插脚;另一条导线经过熔丝S204,到达舒适系统控制单元J330。②从舒适系统控制单元J330引出1条红棕色导线,这条导线分成2条棕/白色导线,分别与左后玻璃升降器开关E52的3号插脚和5号插脚相连。当打开点火开关时,电流通过热保护器S128、开关E52上的4号插脚导线、开关E52上的指示灯,然后通过棕/白色线,回到控制单元J330搭铁,开关E52上的指示灯点亮。③当按下开关E52右按钮时,

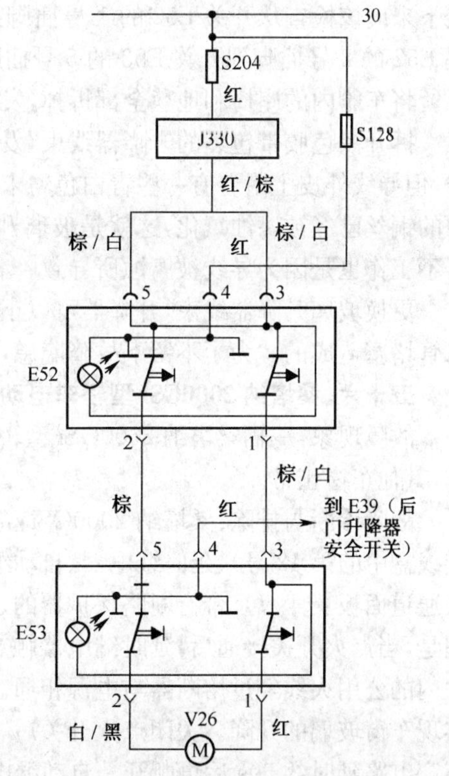

图2-10　左后玻璃升降器电路图

E52. 左后玻璃升降器开关(位于中央控制台)
E53. 左后玻璃升降器开关(位于左后车门)
J330. 舒适系统控制单元　V26. 左后玻璃升降器电机

开关 E52 上的 1 号棕/白色导线则与 3 号棕/白色导线断开,电流通过开关 E52 上的 4 号导线到达 1 号棕/白色导线,然后到达位于左后门上的玻璃升降器开关 E53 的 3 号插脚,再通过开关 E53 的 1 号红色导线到达左后门玻璃升降器电机 V26。电流经过电机 V26,并通过与电机 V26 相连的 1 条白/黑色导线到达开关 E53 的 2 号插脚,再到达 5 号插脚,并通过与之相连的棕色导线回到开关 E52 的 2 号插脚,最后到达开关 E52 的 5 号棕/白色导线,并回到控制单元 J330 搭铁,于是电机 V26 开始工作。

这里只介绍了左后车门玻璃升降器电路的工作过程,对于其他车门玻璃升降器电路,也是类似的工作过程。玻璃上升和下降时,玻璃升降器电机通过的电流是反相的。清楚了玻璃升降器电路的工作过程后,维修技师开始了线路检查。首先打开点火开关,发现中央控制台上的前、后玻璃升降器开关的指示灯都点亮了,这说明有电源到升降器开关。拆下左后车门玻璃升降器开关 E52,按下右按钮,用万用表可以测出有电流从 1 号棕/白色导线经过。按下左按钮,测出有电流从 2 号棕色导线出来,这说明 J330、熔丝 S204 以及开关 E52 都正常。拆下位于左后门上的玻璃升降器开关 E53,按下右按钮,有电流从 1 号红色导线出来,而另一端白/黑色导线经过测量可以搭铁,但是电机 V26 就是不动作。维修技师认为,只要电机有了电源和搭铁就一定能够工作,除非电机损坏。于是决定将开关 E52 上的 4 号红色电源线直接与开关 E53 上的 1 号红色电源线相连,开关 E53 上的 2 号白/黑色导线直接与车身搭铁。此时电机 V26 开始转动,这说明是电机 V26 的搭铁线出现了问题。从电路图和上面的检查过程可以看出,接下来应该检查从开关 E52 的 1 号插脚到开关 E53 的 3 号插脚之间的棕/白色导线,以及开关 E52 的 2 号插脚到开关 E53 的 5 号插脚之间的棕色导线,这些导线布置在驾驶舱内的地毯下。将车舱内的座椅和地毯全部拆掉,发现车舱地板上有很多积水,升降器的线束都被泡在水里。拆开黑色胶带包裹的升降器线束,发现需要检查的棕色、棕/白色以及红色导线外表都正常,但导线外皮上附着有一些青白色粉末,这是铜丝被腐蚀留下的痕迹。剪开导线外皮,导线内的铜丝已经被腐蚀氧化,这就是玻璃升降器电机 V26 搭铁不良的原因了,右后门玻璃升降器不工作也是因为导线被腐蚀所导致。

更换玻璃升降器线束,升降器可以正常工作。检查车舱地板上积水的原因,发现是空调排水管堵塞造成的。为了不留下故障隐患,更换了空调排水管,该车的故障彻底排除。

五十六、桑塔纳 2000GSi 型轿车电动车窗不能自动升降的故障

故障现象:一辆桑塔纳 2000GSi 型轿车,左前电动车窗玻璃不能自动下降,点动时亦无动作,其他车窗正常。

故障诊断与排除:桑塔纳 2000GSi 型轿车采用的电动车窗装置由点火开关、熔断器(中央接线盒中的第 12 号)、延时继电器、自动继电器、安全开关、6 只车窗开关(两后门上各 1 只,中央通道面板上 4 只)、带有断路保护器的永磁电动机、传动机构、升降器等组成。其基本工作原理是,当点火开关接通后,延时继电器触点闭合,车窗开关内公共搭铁线与搭铁点接通,车窗开关内的公用火线经过熔断器与电源相通。只要按动车窗开关,电动机便可转动(正转或反转),实现车窗玻璃的升降。关闭点火开关后,延时继电器由不受点火开关控制的常用火线供电,使车窗电路延时约 50s 后再断开。自动继电器只用于控制左前门车窗电动机,以实现点动控制。按下安全开关后,便切断了两后车窗开关的电源,使左右后车窗开关失去对各自车窗电机的控制,从而起到安全保护作用。在不按下安全开关的情况下,后车窗由安装在中央通道面板上的开关和后车门上的开关控制。当两只开关被同时按下时,不能对电机起控制作用,只有当其中的一只开关按下时,才能对电机起控制作用。右前车窗由中央通道面板上的开关控制。左前

门车窗玻璃的升降由中央通道面板上的开关和自动继电器控制。当车窗玻璃升降过程中阻力过大时,电动机中的断路器将电路断开,以防烧坏电机。

该车其他车窗玻璃升降正常,只是左前车窗玻璃不能升降,其原因多是左前车窗传动钢绳折断或从滑轮中脱落、车窗玻璃卡滞、电机损坏或断路器不能闭合、左前车窗开关损坏、自动继电器损坏、线路中有断路故障等。做了以上的分析后,确定如下诊断思路:先查自动继电器,再查左前车窗电机是否能转动,最后检查开关控制器。

打开中央接线盒盖,拔下 ZBC959753A 号自动继电器,用试灯测试 8 号插孔,结果试灯亮,说明常用火线正常。将点火钥匙旋至 ON 挡,使延时继电器的触点闭合,按下左前车窗玻璃开关的下降键,用一根导线跨接自动继电器的 8 号和 2 号插孔,结果左前车窗玻璃自动下降。按下左前车窗玻璃开关的上升键,将 2 号和 4 号插孔用一根导线跨接,结果左前车窗玻璃又能自动上升。通过以上的检查说明自动继电器损坏。换用一只新的自动继电器后,左前车窗玻璃升降自如,故障彻底排除。

五十七、桑塔纳 2000GSi 型轿车中控锁故障一例

故障现象:一辆 2002 年产的上海桑塔纳 2000GSi 轿车,车辆在正常行驶时,中控门锁会不停地弹跳,若遇颠簸路面,则会自动上锁。

故障诊断与排除:该车的中控门锁系统由位于杂物箱上方的中控锁/电动玻璃升降器控制器来控制,控制器通过接收左前门和右前门的中控锁开关信号,同时控制 4 个车门中控锁电机的正转与反转,再由机械联动机构完成各车门的上锁和打开。根据故障现象,初步判断为门锁开关或与之相关的线路出现短路故障。于是首先对左前门锁开关及其线路进行检查。拆开左前门饰板,经检查发现,位于左前门内的闭锁器线束中,有 1 根红色导线的塑料表皮已被磨损,此导线为中控锁开关信号线。试着将其搭铁,4 个车门同时上锁。于是将破损处修复,然后试车。本以为故障能够排除,但是故障依旧。难道是位于闭锁器内的门锁开关有松动现象? 将闭锁器线束插头拔下,同时试车,故障依然出现。维修技师又对右前门锁开关及其线束进行检查,将右前门饰板拆下后,发现右前门内只装有一个普通的闭锁器,并不带有门锁开关。检查线路,未见异常,检修工作一时陷入困境。而就在这时,车主反映,有时车打转向盘时,同样会出现故障。根据车主所述,试着将转向盘来回转动,故障却没有出现。会不会是仪表台后部的中控锁线束中有短路的现象呢? 带着疑问,试着将仪表台向前一推,发现仪表台很松旷。就在推动仪表台时,发现 4 个车门同时上锁,看来问题就出在仪表台端部。后经检查,发现仪表台的几个固定螺栓都已松动。将组合仪表拆下,然后仔细地对其后面的线束进行检查,结果发现中控锁/电动玻璃升降器的线束中有 2 根(红色、棕色)导线紧贴在组合仪表右支架下方,并且已经露出铜芯,经过测量,这 2 根线正是中控门锁开关的导线。

将磨破的导线包扎并将线束重新紧固,同时将仪表台进行固定,装复后试车,故障彻底排除。

故障维修总结:由于仪表台固定螺栓松动,造成车辆在行驶过程中,仪表台经常活动,使得组合仪表台支架与其下方穿过的线束产生摩擦。时间一长,使得线束绝缘皮磨破。当在转动转向盘或车辆行驶时仪表台稍有窜动,仪表台支架便与磨破的导线接触,此时中控锁控制器便会收到门锁开关的搭铁信号,从而发出车门上锁指令。然而,由于这种搭铁只是瞬间的轻微接触,所以车门闭锁器只是跳动一下。若为颠簸路面,仪表台支架便可与磨破的导线贴在一起,中控锁控制器便将车门全部上锁。此时,门锁开关同时处于上锁位置,所以车门上锁后,闭锁器将不再跳动。

五十八、桑塔纳 2000GSi 型轿车电子风扇不转的故障

故障现象：一辆桑塔纳 2000GSi 轿车，车主反映起动后怠速和加速性良好，但若怠速时间过长，则会出现发动机冷却液温度过高，同时仪表板中的冷却液温度报警灯点亮，冷却液从储液罐的上盖中溢出，冷却风扇不转。

故障诊断与排除：接车后首先进行基本检查：对冷却系统进行直观检查，观察冷却液运行是否畅通、风扇皮带是否过松而打滑、叶片有无变形和散热器通风是否良好、系统压力是否有损失、张紧轮是否正常工作并且张紧力是否适度、冷却系统管道是否因锈蚀或水垢堵塞、冷却液软管是否扭结等，检查结果为正常。

接着对进行线路检查：由于问题可能出现在冷却风扇及其控制电路上，于是对冷却风扇及其控制电路进行检查。桑塔纳 2000GSi 轿车冷却风扇电路图见图 2-11。首先检查风扇至冷却风扇温控开关 F18 的导线，发现连接可靠。接着拔下冷却风扇温控开关 F18 上的线束插头，直接在冷却风扇温控开关 F18 的火线端子 3 与风扇低速挡端子 2 连接一根 30A 的熔断跨接线，施加蓄电池电压，左、右侧冷却风扇均能低速运转，说明熔断丝 S1、风扇电动机正常。再将冷却风扇温控开关 F18 的火线端子 9 与风扇高速挡端子 1 连接一根 30A 的熔断跨接线，发现左、右冷却风扇均不能高速运转，很显然，引起该车故障的原因应该是冷却风扇高速控制电路。

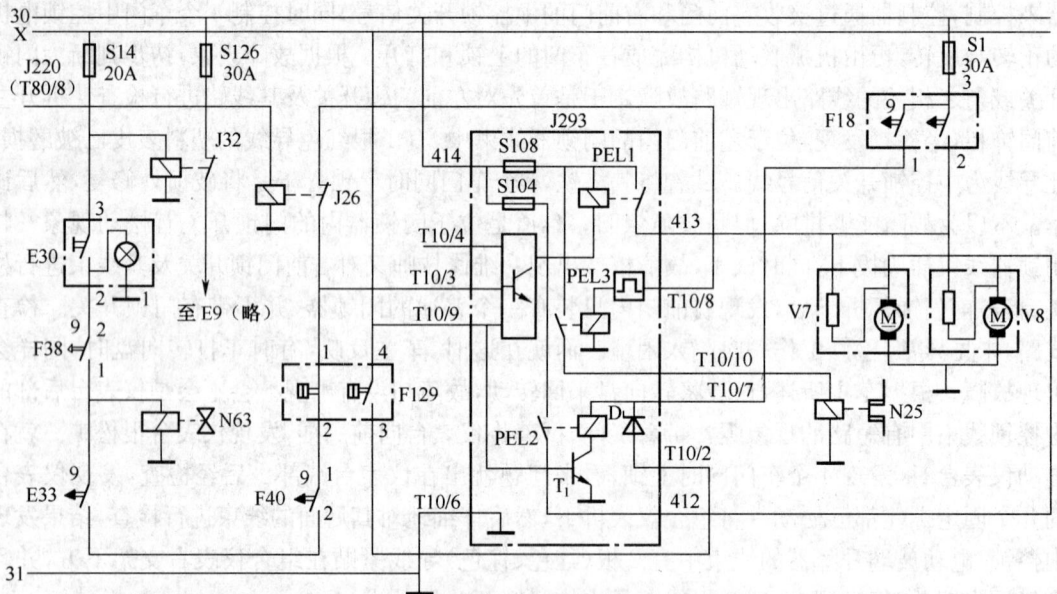

图 2-11　桑塔纳 2000GSi 冷却风扇电路图

F18. 冷却风扇温控开关　　F129. 高低压开关　　J293. 冷却风扇控制器（PEL1 低速继电器，PEL2 高速继电器）

S1. 冷却风扇熔断丝　　S104. 冷却风扇熔断丝（高速挡，30A）

S108. 冷却风扇熔断丝（低速挡，20A）　　V7、V8. 左右冷却风扇

于是维修技师对冷却风扇电路进行了详细分析：

发动机冷却风扇系统由冷却风扇熔断丝 S1、冷却风扇温控开关 F18、冷却风扇控制器 J293 及 2 个电动冷却风扇组成。冷却风扇控制器 J293 内部由低速挡冷却风扇熔断丝 S108、低速继电器 PEL1、高速挡冷却风扇熔断丝 S104、高速继电器 PEL2 等组成。冷却风扇的运转由冷却风扇温控开关 F18 和冷却风扇控制器 J293 控制。

在发动机温度为92～97℃时,冷却风扇温控开关F18接通低速挡,冷却风扇电动机串联2个电阻以低速运转。当温度在98～105℃时,冷却风扇温控开关F18接通高速挡,冷却风扇电动机直接由冷却风扇控制器J293控制以高速运转。

风扇低速运行时,直接通过冷却风扇熔断丝S1、冷却风扇温控开关F18控制电路为冷却风扇电动机提供搭铁通路。当发动机温度为92～97℃时,冷却风扇温控开关F18低速挡开关(3和2)闭合通电,并通过电阻串联左、右冷却风扇电动机供电电压电路。左冷却风扇的搭铁通路与右冷却风扇的搭铁通路形成一个并联电路,使2个风扇都以低速运转。其电流回路是:电源30(+)→冷却风扇熔断丝S1(30A)→冷却风扇温控开关F18触点3、2→左侧冷却风扇电动机(串联电阻)和右侧冷却风扇电动机(串联电阻)→搭铁。

另外,在断开点火开关情况下,如果发动机温度为92～97℃时,冷却风扇控制器J293控制左、右冷却风扇电动机,使2个风扇都以低速运转。其电流回路是:电源30(+)→冷却风扇熔断丝S108(20A)→低速继电器PEL1线圈→晶体管T_1→搭铁,低速继电器PEL1线圈得电吸合。通过蓄电池电源30(+)→冷却风扇熔断丝S108(20A)→低速继电器PEL1常开触点闭合→左侧冷却风扇电动机(串联电阻)和右侧冷却风扇电动机(串联电阻)→搭铁。

风扇高速运行时,通过冷却风扇熔断丝S1、冷却风扇温控开关F18、冷却风扇控制器J293控制电路为冷却风扇电动机提供搭铁通路。当发动机温度为98～105℃时,冷却风扇温控开关F18高速挡开关(9和1)闭合通电,并通过冷却风扇控制器J293中的高速继电器PEL2接通冷却风扇电动机供电电压电路,形成一个并联电路,使2个风扇都以高速运转。其电流回路是:电源30(+)→冷却风扇熔断丝S1(30A)→冷却风扇温控开关F18触点9、1→冷却风扇控制器J293内的高速继电器PEL2线圈→晶体管T_1→搭铁,高速继电器PEL2线圈得电吸合。通过电源30(+)→冷却风扇熔断丝S104(30 A)→高速继电器PEL2常开触点闭合→左、右侧冷却风扇电动机→搭铁。

另外,当系统压力高于1.45MPa时,高低压开关F129(3、4端子)闭合,2个风扇都以高速运转。其电流回路是:X电源线→高低压开关F129触点3、4→二极管D_1→冷却风扇控制器J293内的高速继电器PEL2线圈→晶体管T_1→搭铁,高速继电器PEL2线圈得电吸合。通过电源30(+)→冷却风扇熔断丝S104(30A)→高速继电器PEL2常开触点闭合→左、右侧冷却风扇电动机→搭铁。

由于前面已经判断出冷却风扇熔断丝S1、冷却风扇温控开关F18、左右冷却风扇电动机都没有问题,但就是没有高速运转。通过分析发动机冷却风扇的控制电路可知:冷却风扇熔断丝S104、高速继电器PEL2、晶体管T_1及其连接线路损坏就会导致左、右侧的冷却风扇没有高速,不能运转的现象。用万用表电阻挡测量冷却风扇熔断丝S104和晶体管T_1,均是好的。再用万能表电阻挡测量高速继电器PEL2线圈的阻值,线圈无开路现象,将高速继电器PEL2线圈通电,发现触点有闭合声,但触点两端电阻为无穷大,说明触点严重烧蚀。拆开高速继电器PEL2时,发现常开触点表面发黑成麻点状。在继电器触点闭合时重新校正两触点的接触面,然后用细砂纸重新打磨平整并擦拭干净后,试机,左、右风扇都有高低速,故障彻底排除。

五十九、桑塔纳2000型轿车风扇高速运转的故障

故障现象:一辆桑塔纳2000型轿车,当水温升高后,风扇始终以高速挡旋转,在其他修理厂更换了温控开关、高速继电器,故障依旧,来到4S店请求检修。

故障诊断与排除:维修技师接后,先验证了故障。然后对照电路原理图分析了风扇的控制过程。此车风扇为电动风扇,共有低挡和高挡两个挡位,当水温达到95℃时风扇以低挡运转,

当水温达到 105℃时风扇以高速挡运转。由于该风扇直接由温控开关控制,所以首先对温控开关作了检查,将其放在水中加热,并同时测量端子的通断情况,发现触点的闭合温度完全符合标准值,所以排除了温控开关的故障。又将该温控开关插头拔下,直接将其短接,发现了这样的现象:无论用供电端短接哪一条线路,风扇都只有高速,而且将短接线拔掉,风扇仍然以高速挡旋转,只有拔下风扇插头或是拔下高速继电器才能使风扇停转。于是又查看电路原理图(图 2-12)得知,此风扇高速挡共有两条供电电路一条由温控开关直接控制,另一条由空调电路控制。当空调高压侧压力高于 1520kPa 时,高压开关接通使继电器动作,先前拔下继电器风扇能停转,所以问题一定在这条电路上,随即测量了继电器,动作能正常无故障。最后检查到了高压开关,发现其在常压下电阻为 0Ω,而它的闭合压力是 1500kPa 以上,看来问题就在这。原来当风扇低挡接通时电流经过高压开关使继电器动作接通高速电路,当拔下温控开关插头时,图中 A 点仍有电,此电压是经继电器触点、电阻过来的,A 点电压

保险丝　S_1

温控开关 →　F_{18}　$t°$ 95℃　$t°$ 105℃　　F_{23} P 空调高压开关

　　　　　　　A

风扇减速电阻 →　　　J26 高速继电器

风扇电机 →　M

V_7

图 2-12　桑塔纳 2000 型轿车风扇控制电路

仍能保持继电器始终闭合,所以才会出现上述奇特现象,更换高压开关,故障彻底排除。

故障维修总结:虽然该车风扇电路较为简单,而且就高压开关而言,它出现的故障机会很少,但此现象的确不易被理解,所以在排除一些特殊故障时最好能先对照电路原理图分析一下工作原理,这样不仅能有效的节省时间,而且也能提高排除故障的准确性。

六十、桑塔纳 2000GSi 型轿车空调不工作特殊故障一例

故障现象:一辆桑塔纳 2000GSi 型轿车(装备自动变速器),空调不工作(空调压缩机电磁离合器不吸合)。修理厂维修人员首先检查了制冷剂量是否充足,接下来检查了空调系统熔丝、空调继电器、空调开关、风量开关及冷却液温度传感器,与空调系统有关的部位似乎都检查过了,但是仍然没有发现可疑的地方。空调压缩机电磁离合器不能吸合的原因不明,后来只好将车开到另一规模大、更为正规的修理厂请求维修。

故障诊断与排除:维修技师接车之后,仔细询问了检查过程,得知维修人员并没有使用故障检测仪对发动机电控单元进行诊断,决定先使用 BOSCH 740 对发动机电控系统做进一步的故障和数据查询。

接上 BOSCH 740 中的 KTS,发现有 1 个故障代码存储,其含义为"节气门定位电位计(节气门位置传感器)损坏",并且该故障不是偶发性故障,其故障代码无法清除,初步判断与节气门相关的部分存在故障。将节气门体解体后,发现节气门定位电位计的滑片电阻已经呈黑色。

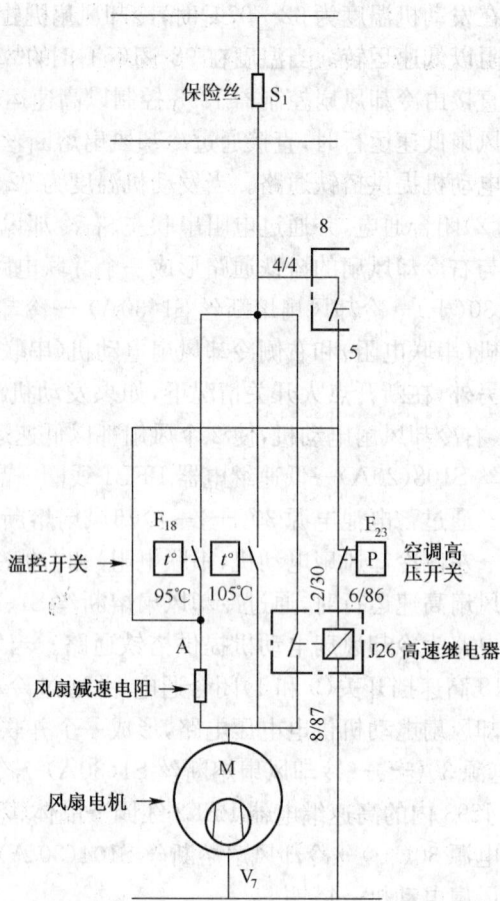

当节气门定位电位计出现故障后,发动机处于紧急运行模式,空调压缩机信号便被发动机电控单元切断,从而出现所述的空调不工作的故障。更换节气门控制单元,并对节气门体进行基本设定(组号 098),接通空调开关,空调压缩机电磁离合器吸合了,空调开始工作,用 KTS清除故障代码之后重新查询故障,无故障代码显示,试车一切都正常了。就在其他同事都认为可以交车结束维修任务时,维修技师确主张不要忙着交车,分析一下节气门定位电位计为什么会烧坏,是不是还有其他问题? 于是决定根据电路图对节气门体(J338)端子电压进行测量,发现搭铁线与发动机电控单元送过来的电源线之间的电压为 9V,而标准电压应为 5V。看来发动机电控单元内部有损坏的地方,导致通向节气门体的输出电压超过规定值,所以才导致节气门定位电位计被烧坏。建议车主更换发动机电控单元,否则节气门定位电位计用不了多长时间又会被烧坏。

换上新的发动机电控单元和节气门体,并进行匹配后,空调系统工作恢复正常。一个月后电话回访,一切正常。

故障维修总结:整个维修过程在车主看来不可思议,检修空调不工作的故障,最终以更换节气门体和发动机电控单元 2 大部件的方法来排除故障。实际上,该车故障的症结在于发动机电控单元有部分损坏,输出电压过高,造成节气门定位电位计信号超差,长期处于过压状态,进而导致节气门体损坏,发动机电控单元发出指令使发动机进入紧急运行状态。由于在紧急运行状态下发动机动力下降,为了优先保证发动机的行驶动力,发动机电控单元就会切断非主要动力系统的工作,空调系统属于舒适系统,在被切断动力来源之后,该车空调压缩机电磁离合器就无法吸合。

六十一、桑塔纳 2000GSi 轿车空调时好时坏的故障一例

故障现象:一辆桑塔纳 2000GSi 轿车,冷车或刚打开空调时,制冷正常;热车或空调在连续工作一段时间以后,出风口吹出的风慢慢的就不凉了,如同自然风,但有时又能恢复正常工作,时好时坏,没有明显规律可循。

故障诊断与排除:导致空调间歇性不制冷的原因主要有:①蒸发器结霜。②系统内有水分、有脏堵现象或冷凝器散热不良。③系统控制电路故障。通过检查发现,在故障出现时,压缩机不工作,测量空调压缩机电磁离合器线圈处无 12V 电压,拔下离合器插头,用跨接线单独给压缩机电磁离合器线圈供电,离合器吸合运转。此时,空调出风口能吹出凉风。看来故障原因是由于压缩机的控制线路有问题。接着检查压缩机的控制线路,如图 2-13 所示。接通空调开关 E30,12V 电压从卸荷线 X→第 14 号熔断丝→空调开关 E30→外界温度开关 F38,之后分为两路。其中一路进入发动机电控单元 J220 的第 10 号脚,作为空调请求信号。另外一路到恒温开关 E33→120℃温度开关 F40→双重压力开关 F129。之后又分为两路,一路进入空调风扇控制器 J293 的 T 脚;另外一路则经过空调切断继电器 J26,进入空调风扇控制器 J293 的 T4脚。空调风扇控制器 J293 的 T 脚和 T4 脚同时得到 12V 电压信号,其内部电路工作,通过MK 脚供给压缩机电磁离合器 12V 电压,压缩机正常运转作功。同时通过 1 脚给散热电子扇低速挡供电,电子扇低速运转。

根据以往的维修经验,认为影响压缩机正常工作的主要元件(故障率比较高的)有如下几点:①蒸发器恒温开关 E33。②120℃温度开关 F40。当水温高于 120℃时断开,使压缩机停止工作,减小发动机负荷,防止发动机温度过高。③双重压力开关 F129。当系统压力低于210kPa 或高于 3200kPa 时断开,使压缩机停止工作,防止系统压力过低或过高时继续工作而损坏压缩机。④空调切断继电器 J26。该继电器第 4 脚与发动机控制单元 J220 的第 8 脚相

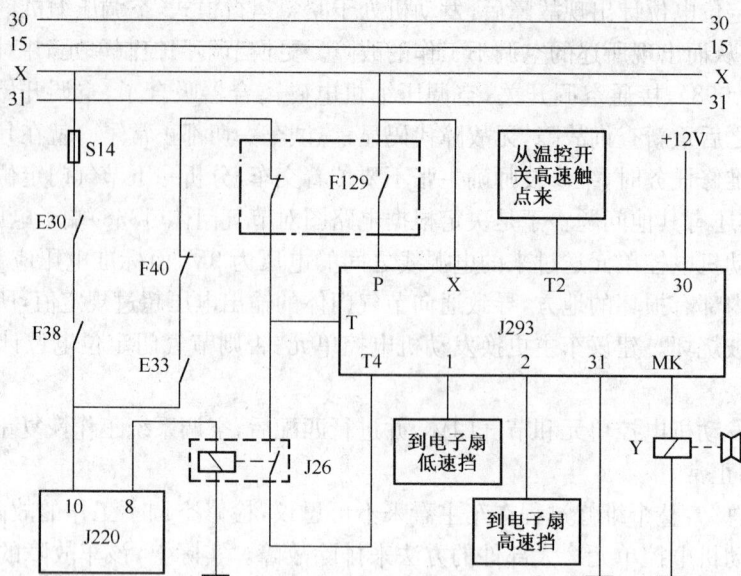

图 2-13 桑塔纳 2000GSi 空调电路图(仅供参考)

E30. 空调开关 E33. 恒温开关 F38. 外界温度开关 F40. 温度保护开关

F129. 双重压力保护开关 J26. 空调切断继电器 J220. 发动机电控单元

J293. 空调风扇控制器 Y. 压缩机电磁离合器

连,受 J220 的控制。当发动机电控单元 J220 的第 10 脚收到空调开关的请求信号后,而又检测到有下列情况:①发动机处于全负荷状态时。②发动机处于应急运转状态时。发动机控制单元 J220 将控制空调切断继电器 J26 切断到空调风扇控制器 J293 的 T4 脚的电压信号,压缩机将停止工作。当发动机控制单元 J220 对空调压缩机的切断控制出现故障时,可利用 V. A. G1552 故障诊断仪的读取测量数据块功能,对空调切断控制进行检测诊断。具体方法是:调出 020 显示组,观察各显示区显示情况。断开空调时,显示区 3 应显示为 A/C—L0W,显示区 4 应显示为 KOMPR、AUS,接通空调,压缩机运转,显示区 3 应显示为 A/C—High,显示区 4 应显示为 KOMPR、EIN。如果显示内容不正确,应对空调切断继电器 J26、发动机控制单元 J220 及有关线路进行检查。⑤空调风扇控制器 J293。该控制器内封装有 3 个继电器,分别控制散热风扇低速挡、高速挡和空调压缩机。其内还有一块双面走线的电路板,上面焊有集成电路等一些电子元件。在控制器 J293 的 X 和 30 脚供电正常、31 脚搭铁良好的情况下,如果 T、T4 脚同时得到 12V 电压信号,其内部电路便会控制继电器作功,通过 MK 脚给压缩机供电,使压缩机正常工作。同时也会根据具体情况通过其 1 或 2 脚使散热器风扇以低速挡或高速挡运转。

在检查中发现,在压缩机停止工作时,断开空调开关,再接通,有时又有正常吸合,但一会又断开,不再吸合。根据上述分析,连接 V. A. G1552 故障诊断仪进入发动机控制系统,利用读取数据块功能,调出 020 显示组,接通空调开关观察发现,在故障发生时第 3 显示区为 A/C—High,第 4 显示区为 KOMPR、EIN,说明压缩机不工作时,发动机电控单元 J220 并没有对空调压缩机进行切断控制。接着检查空调风扇控制器 J293 时发现,J293 的 30、X 脚供电正常,31 脚搭铁良好,接通空调开关时,T 与 T4 脚都有 12V 电压,而 MK 脚却无电压输出。

更换空调风扇控制器后,故障不再出现。拆检换下来的空调风扇控制器,并没有发现有触点烧蚀、线路烧损的情况。分析故障原因可能是由于控制器内电子元件失效或线路虚接所致。

六十二、桑塔纳 2000GSi 轿车因电子节气门故障导致空调不工作的故障

故障现象：一辆上海大众桑塔纳 2000GSi（时代超人），出厂日期是 2006 年 5 月，已行驶 12 万 km。接通点火开关，按下空调开关，不发动车，空调电磁离合器吸合，但发动着车后按下空调开关，空调电磁离合器不吸合。

故障诊断与排除：此车在其他修理厂维修，修理人员认为是空调电路有问题，就顺着电磁离合器的线往前找，发动机室找完又到驾驶室找，把仪表台也拆掉，始终没找到问题，之后将车开到 4S 店请求维修。

维修技师接车后查阅了原车电路图（图 2-14）。大众车系电路图识别方法：电路图最下方紧靠搭铁线的编码称电路接点编号或电路接点地址码，图中带小方框的编号为电路接点标识码，地址码和标识码用于查找电路接点。如要找带方框的标识码 47 对接点，首先找到不带方框的地址码 47，与地址码 47 对应的带方框标识码 28 就是标识码 47 的对接点。对电路图进行分析，便可得知此空调控制原理。

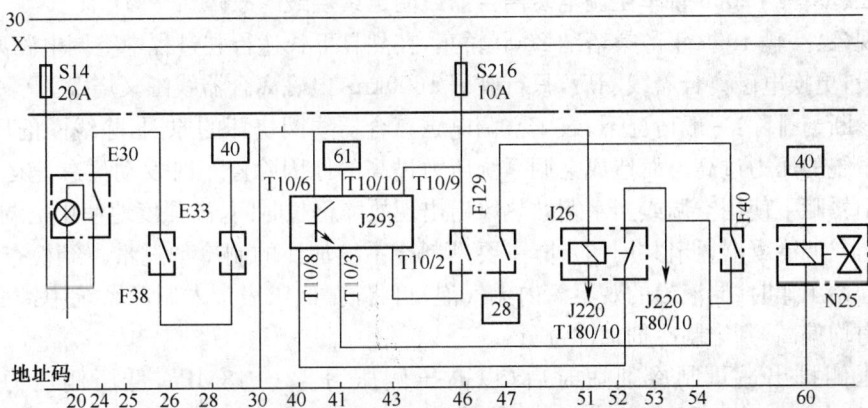

图 2-14　桑塔纳 2000GSi 空调控制基本电路
E30. 空调 A/C 开关　E33. 室外温度开关　F38. 室内温度开关　F40. 空调水温控制开关
F129. 空调组合开关　J26. 压缩机切断继电器　J220. 发动机控制单元
J293. 散热风扇控制器　N25. 空调电磁离合器

空调电磁离合器要工作，必须满足以下条件：①室内温度条件要高于 1.5℃（温度低于 1.5℃，F38 断开）。②室外温度要大于 0℃以上，室外温度开关 E33 才闭合接通。③冷媒要加够量以获得足够的压力，才能满足空调组合压力开关 F129 内低压开关闭合（压力大于 0.196MPa，低压开关闭合）。④发动机温度在正常工作范围（温度高于 115℃，F40 断开），保证空调水温控制开关 F40 闭合。⑤要确保发动机负荷信号传感器（节气门位置传感器）正常，否则压缩机切断继电器 J26 会处在切断状态，这是一种发动机故障时的保护模式。以上这些都满足，散热风扇控制器 J293 的 T10/8 脚才能获得空调请求信号，然后散热风扇控制器 J293 的 T10/10 脚才能给空调电磁离合器 N25 供电。空调电磁离合器 N25 供电具体路径是：空调 A/C 开关 E30→室内温度开关 F38→室外温度开关 E33→空调组合开关 F129（中低压开关）→空调水温控制开关 F40。经空调水温控制开关 F40 的电源信号出来后分两路：一路到发动机控制单元 J220，发动机控制单元得到开空调的请求信号后，在没有异常的情况下，提升发动机转速以满足压缩机及其控制单元正常工作；另一路去散热风扇控制器 J293 的 T10/3 脚，散热风扇控制器 J293 得此信号后,散热风扇低速转。

根据以上控制原理,起动着车,打开空调,用检测仪进入发动机控制单元,看是否收到开空调的请求信号。如果没收到,检测空调水温控制开关 F40 之前的线路;如果发动机控制单元收到开空调请求信号,而散热风扇控制器 J293 的 T10/8 脚无信号电源输入,空调电磁离合器 N25 没电的原因,只能是压缩机切断继电器 J26 本身故障或发动机故障模式起动。经实际检查,符合第 2 种情况,发动机切断继电器 J26 本身无问题,接下来调取发动机故障码,发现无故障码,经仔细检查节气门开度,发现怠速开度为 $4.7° \sim 6°$,且不定时变化(正常开度不能超过 $5°$)。用 X—431 检测仪进发动机系统,选基本设定功能,输入设定值 098,按确定键,设定成功。节气门基本设定后,怠速时的开度还是 $4.7° \sim 6°$,且不定时变化,节气门故障的可能性很大。更换一新的节气门体总成后,空调正常工作,故障彻底排除。

故障维修总结:前面修理厂的修理工是因为在空调系统内找原因,认为空调故障而和其他系统无关,才没找到故障源。其实汽车各系统之间既有独立性又有关联性,判断故障时要特别注意各系统之间相互影响的因素,才不至于把故障点遗漏。

六十三、桑塔纳 2000 轿车空调电磁离合器线圈连续烧毁的故障

故障现象:一辆 1999 年产桑塔纳 2000 轿车,在烈日下长途行驶过程中空调电磁离合器线圈突然烧毁,更换电磁离合器线圈后,只行驶了 1600km,电磁离合器线圈又烧毁。

故障诊断与排除:一般情况下,汽车空调电磁离合器线圈烧坏的原因,除线圈的质量外主要是空调系统的压力过高。而造成空调系统压力过高的原因除停车时发动机怠速运转,且长时间在太阳暴晒下使用空调或当水箱散热风扇出现故障仍长时间、高强度地使用空调(水箱散热风扇是与空调冷凝器风扇共用的)外,主要是制冷系统加注的制冷剂过量。经检查,该车空调压缩机开始工作时,储液罐的观察窗内无气泡;再将高、低压表接入制冷系统中,发现高、低压侧的压力均偏高,判定制冷剂加注过量。

从低压侧排出适量制冷剂适时后(以高压侧压力 $12 \sim 18MPa$,低压侧压力 $0.15 \sim 0.30MPa$ 为适宜),空调系统恢复正常,且使用中不再烧毁电磁离合器线圈,故障彻底排除。

故障维修总结:由于空调系统压力过高,致使电磁离合器带动压缩机运转时所受的阻力过大,超过了该电磁线圈的电磁吸力,使离合器、被动盘产生相对滑移摩擦,导致过热,因而线圈被烧毁。为避免此类故障的发生,一是制冷剂加注量要适当。检查的方法是:在压缩机开始工作时,储液罐观察窗内无气泡为制冷剂过多,气泡太多为制冷剂太少。二是水箱散热风扇发生故障停止运转时,应立即停止使用空调。三是停车时,发动机怠速运转情况下不要长时间开空调。另外,空调不能长时间不使用。由于压缩机长期不工作会使轴封、衬垫之类零件变干发硬,很容易开裂,导致制冷剂泄漏。因此,要经常让空调系统工作,无须空调的季节也要每周开几分钟空调。确保有关零件不变干发硬。

六十四、桑塔纳 2000 型轿车鼓风机不转的故障

故障现象:一辆桑塔纳 2000 型轿车使用空调时出风口无冷风吹出,但空调压缩机工作正常。

故障诊断与排除:维修技师接车后,验证了故障情况,确实无冷风吹出,查听鼓风机无旋转声音,即鼓风机不旋转。产生这种故障的原因有:①鼓风机损坏。②线路故障。③调速控制器损坏。④调速功率三极管损坏。脱开鼓风机线束连接器,用车上电源直接给鼓风机通电,旋转正常。将点火开关置于 ON 挡,用试灯检查线束上的鼓风机连接器,发现电源线无电,搭铁线正常。检查熔断器发现易熔片与插座之间接触不良。处理后将鼓风机连接器插好试验,鼓

风机只能高速旋转,调整开关不能控制其转速。拆开调速功率三极管的基极插座,用万用表电压挡测量,拧动调速控制器,其电压有变化,这说明调速器工作正常。故障可能发生在调速功率三极管上,将该三极管拆下来测量已短路。换装一只新的调速功率三极管后,鼓风机旋转正常,调速器能平滑地控制其转速的快慢。起动发动机,开启空调,出风口吹出冷风,故障彻底排除。

六十五、桑塔纳 2000GSi 轿车高速时里程表指示不准的故障

故障现象:一辆桑塔纳 2000GSi(时代超人),发动机型号:AJR,M3.8.2 系统。里程表最大仅指示 80km/h,车速正常。

故障诊断与排除:从故障现象分析认为里程表指示不正常。首先拔下传感器插头,用自制脉冲信号发生器向线束侧插头信号端输送一个脉冲信号,当调节脉冲频率为 0～300Hz 时,里程表指针可以从 0 升到最大量程。由此证明,里程表工作正常,问题出在传感器。此车车速传感器为霍尔脉冲式传感器。之后将车升起,挂挡运转,用万用表测量信号频率,当车轮转速达最大时其频率信号只有 100Hz 左右。车速较低时里程表指示基本正常,为什么高速时会失真呢?于是取下传感器,传输齿轮完好,看来问题在传感器内部。为了弄清故障原因,维修技师撬开传感器上盖,检查没发现问题。是否为电路元件性能变差引起的失真呢?经再仔细检查,发现霍尔元件安装位置不正,没有完全放入贴近磁环的凹槽内。重新焊接霍尔引脚,将其完全放入凹槽内,安装完毕后,再试车,里程表恢复正常。

故障维修总结:霍尔元件是一个自身可以产生 mV 级电压的元件,产生霍尔电压的条件是有电流通过,还要有磁场力的作用。当车轮转动时带动磁片转动,霍尔元件便在磁场的转动变化下产生一个连续的电脉冲信号,经放大后输入里程表指示车速状况。此车传感器的霍尔元件离磁片较远,磁场作用力减弱,低速时信号基本可以,高速时信号过弱,推不动表针正常指示,这便是故障的根本所在。

六十六、桑塔纳 2000GSi 轿车里程表无指示的故障

故障现象:一辆桑塔纳 2000GSi(时代超人),发动机型号:AJR,M3.8.2 系统。里程表无指示。

故障诊断与排除:将车升起,接通点火开关,用自制脉冲信号发生器向传感器插头信号端(线束侧)输入一个 0～200Hz 脉冲信号电压,表针可以从 0 升至最大,说明问题一定在传感器。取下传感器检查,发现圆形电路板的 3 根引脚处全部脱焊,用手触插插头时,引脚焊点处一张一合,可能是人为扳动导致焊点开裂。重新焊好 3 根引脚,装复后试车,里程表工作正常。

故障维修总结:此种因脱焊引起里程表无指示故障为多发故障,在汽车维修中能经常遇到。

六十七、桑塔纳 2000 燃油表总是指示最低刻度的故障

故障现象:一辆桑塔纳 2000 型轿车,无论油箱中有多少燃油,燃油表指针都指示最低刻度,此车曾在其他修理厂检查过,厂方说需要更换仪表总成,价值 2000 元左右。

故障诊断与排除:桑塔纳 2000 型轿车的燃油表电路图如图 2-15 所示。

电流经过蓄电池正极、点火开关、三端稳压器、燃油表、燃油表传感器和搭铁流回蓄电池负极。因为燃油表与水温表共用一个稳压电源,仪表工作电压为 9.5～10.5 V,而该车的水温表工作一切正常,因此可以断定故障出现在稳压器之后的电路中。为准确确定故障点,按照先简后繁的原则,首先接通点火开关至 ON 挡,然后测量燃油表传感器的连接插头两端,没有电压,于是拆下中央接线盒测量 B3 插脚,仍没有电压,接着又测量 A8 插脚,有 12V 电压。显然故障

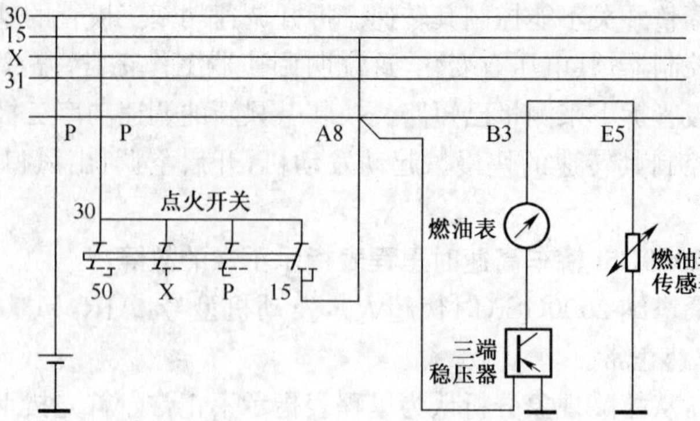

图 2-15　桑塔纳 2000 型轿车燃油表电路图

出现在燃油表本身或是燃油传感器部分。经查燃油传感器正常。于是将仪表拆下,经检测是燃油表电阻丝断路造成的故障。

桑塔纳 2000 型轿车使用的是电热式燃油表,燃油表传感器为滑动电阻式,其结构如图 2-16 所示。

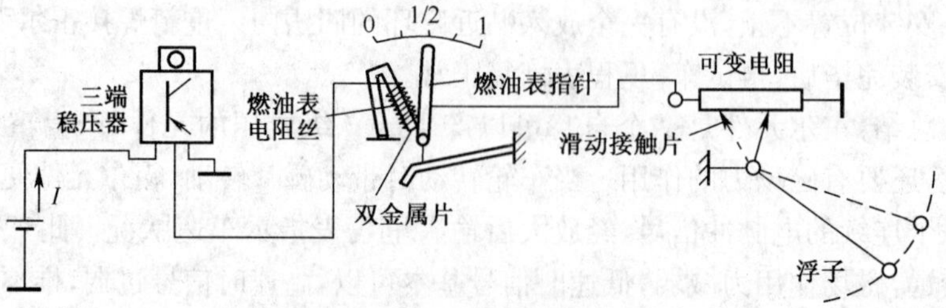

图 2-16　燃油表结构示意图

当燃油箱中的油面高度和浮子处于最低位置时,滑动接触片位于可变电阻的右端,此时电阻最大而电流最小,燃油表电阻丝散发的热量也最少,使得双金属片产生较小的变形,指针处于"0"位;反之,当燃油箱中的油加满时,滑动接触片位于可变电阻的左端,此时电阻最小而电流最大,指针移至燃油表最右端的"1"位。

将燃油表电阻丝拆下,由于没有桑塔纳轿车仪表,维修技师找了一只废弃的北京 212 汽车燃油表,拆下其电阻丝。电阻丝阻值的数据无处可查,经测量两电阻丝的长度是等长的,估计能用。于是把电阻丝重新缠绕在桑塔纳轿车燃油表的双金属片上,安装完毕后,试车,指针指向油表中央位置,因为此时油箱中的燃油约有一半。经回访,车主反映燃油表指针指示比较准确,证明故障彻底排除。

故障维修总结:我们提倡汽车维修人员多学一些汽车电器方面的理论知识,多了解一些汽车电器方面的电路原理,这样就能避免因为一部分损坏而要更换总成的高成本维修方法。不仅可为广大车主节省开支,也能显示出汽车维修人员的技术水平。

六十八、桑塔纳 2000GSi 轿车行驶中前照灯自动点亮故障

故障现象:一辆桑塔纳 2000GSi 轿车(带 ABS 功能),以前在行驶过程中前照灯偶尔会自动点亮,后来又自动恢复正常了,但最近这种现象每天都会发生多次。

故障诊断与排除:首先试车验证故障现象。大约行驶了 40min,仪表盘上的前照灯指示灯亮了,于是慢慢减速,让轿车靠路边停车,发现两前照灯均点亮,而此时前照灯开关是处于断开

状态的。于是准备将车开到修理厂检修,但在路上仪表盘上前照灯指示灯又自动熄灭了。

　　车主还决定将该车开到修理厂进行全面检查。维修技师接车后先检查前照灯熔丝、前照灯开关、前照灯开关线束、前照灯灯泡和前照灯灯泡导线侧连接器等均正常,前照灯也密封良好,没找到故障原因。只得再次将该车开出去路试,当行驶了1km经过一段有深坑的路面时,轿车车身颠簸了几下,前照灯又自动点亮,一会后又自动熄灭了。在返程的路上前照灯再次自动点亮,停车后对相关部位进行检查,也未见异常。拔下前照灯增光器控制器导线侧连接器后,前照灯熄灭,将该连接器插上,前照灯依旧点亮。就这样反复拔下、插上前照灯增光器控制器导线侧连接器,终于发现有时插上前照灯增光器控制器导线侧连接器时,前照灯会不点亮。于是断定故障部位在前照灯增光器控制器内。更换了前照灯增光器控制器后,特地找一段十分颠簸的路面试车,上述故障现象没有再出现,故障彻底排除。

　　事后为了彻底弄清楚故障原因,将前照灯增光器控制器拆开检查,故障原因一目了然。取出前照灯增光器控制器线路板,线路板下部流出了泥浆水,控制器线路板上有2只继电器,其中一只锈迹斑斑,而且其线圈旁的固定触点臂已经断裂脱落下来了,卡在两个触点臂的下座槽中,只要稍用点力摆动,动触点和固定触点就会连通,导致前照灯点亮,而随着轿车车身的抖动,脱落的固定触点臂会移动,使固定触点和动触点分开,切断前照灯电路,使得自动点亮的前照灯又自动熄灭。

六十九、桑塔纳2000GSi型轿车冷却液温度警告灯点亮的故障

　　故障现象:一辆2000年生产的桑塔纳2000GSi型轿车,怠速时间一长就会出现冷却液温度过高的现象,仪表板上的冷却液温度警告灯点亮,冷却液沸腾,并从储液罐溢出。

　　故障诊断与排除:车主反映,该车已行驶9万km,冬季一直使用冷却液,夏季换用自来水。该车出现水温过高现象已有很长时间,进行过多次维修,并多次更换过温控开关。更换温控开关后短时间内冷却风扇能正常运转,但不久发动机又出现冷却液温度过高,冷却风扇不转的故障现象。为了解决这一问题,根据冷却风扇的工作原理,维修技师在电动冷却风扇上连接了临时控制火线,进行人工控制。首先拔下温控开关的插头,用连接线分别连接温控开关端子1—3和1—2。打开点火开关(ON挡),发现冷却风扇仅有高速没有低速,说明冷却风扇低速电路有故障。用万用表检查低速电路,发现低速串联电阻断路。该元件安装在左前翼子板内衬板下部,拆下玻璃清洗储液罐,卸下两个紧固螺钉,再拆开左前挡泥衬板,从下部取出该元件,更换后装复。在温控开关插头处再用连线方式进行试验,电动冷却风扇运转正常,说明电动冷却风扇电路已正常。重新插好温控开关进行试车,发动机怠速运转40min后,又出现冷却液温度过高,冷却风扇不转的现象。用手触摸进、出水管,感觉温度基本一致,表明发动机冷却系统是正常的。由于发动机怠速运转40min才出现故障,说明冷却系统的冷却效果良好,由此判断发动机冷却液温度过高可能是由于温控开关不起作用,致使电动冷却风扇不能正常工作造成的。根据该车更换温控开关后故障可短暂消失的现象,怀疑所换的温控开关质量不好。重新更换了一个温控开关后试车,开始时故障消失,但正常运行一段时间后,故障重新出现,说明故障根源仍未找到。停车检查,用手触摸温控开关周围的水箱壁,感觉烫手,而触摸温控开关并不太热,说明温控开关接触的温度与冷却液本身的温度不同,不能正确反映发动机冷却液的温度。因此当发动机冷却液温度过高时,电路无法接通,冷却风扇不转。

　　通过分析,维修技师怀疑温控开关传感器周围可能存有异物,导致温控开关与冷却液接触不良。再次拆下温控开关,发现安装孔处仅有少量的冷却液流出。查看冷却液液面处于膨胀水箱标线的低和高标志之间,说明液面高度正常。用螺丝刀疏通安装孔,突然有冷却液流出,

并掺有少量水垢碎片,故障原因终于找到。对温控开关安装孔内部周围进行清洁,并用弱碱清洗了水箱。装上原来的温控开关,重新加注冷却液后试车,一切正常,故障彻底排除。

温控开关的底座多为铜质,容易结垢,而该车在夏季又使用自来水作为冷却液,因此在温控开关周围慢慢形成了一层水垢层,使冷却液与温控开关隔绝。由于水垢的导热能力差,所以温控开关感受的温度总是比冷却液实际温度低。当发动机冷却液温度已超过 98℃ 时,温控开关的低速触点仍不能闭合,致使电动冷却风扇不能正常工作。

七十、桑塔纳 2000GSi 型轿车前、后左转向灯不亮的故障

故障现象:一辆桑塔纳 2000GSi 型轿车,接通转向灯开关,右转向时,仪表指示灯和车外转向信号灯正常;左转向时,仪表灯和车外转向信号灯均不亮;接通危险警报灯开关,仪表指示灯和车外转向信号灯正常;行车转弯后,转向操作手柄均不能自动复位。

故障诊断与排除:根据以往的维修经验和故障现象分析,该车故障是转向灯开关损坏造成的。脱开仪表板下转向信号灯线束连接器,用试灯跨接线束侧插孔,左、右转向时仪表指示灯和车外转向信号灯均能正常点亮,证明转向灯开关损坏。换用一只新开关总成后,故障彻底排除。

七十一、桑塔纳 2000GSi 型轿车雾灯不工作的故障

故障现象:一辆桑塔纳 2000GSi 型轿车,行驶中打开灯光开关后,前、后雾灯都不亮,但其他灯均工作正常。

故障诊断与排除:根据桑塔纳 2000GSi 型轿车雾灯电路图(图 2-17),按如下步骤进行检查:

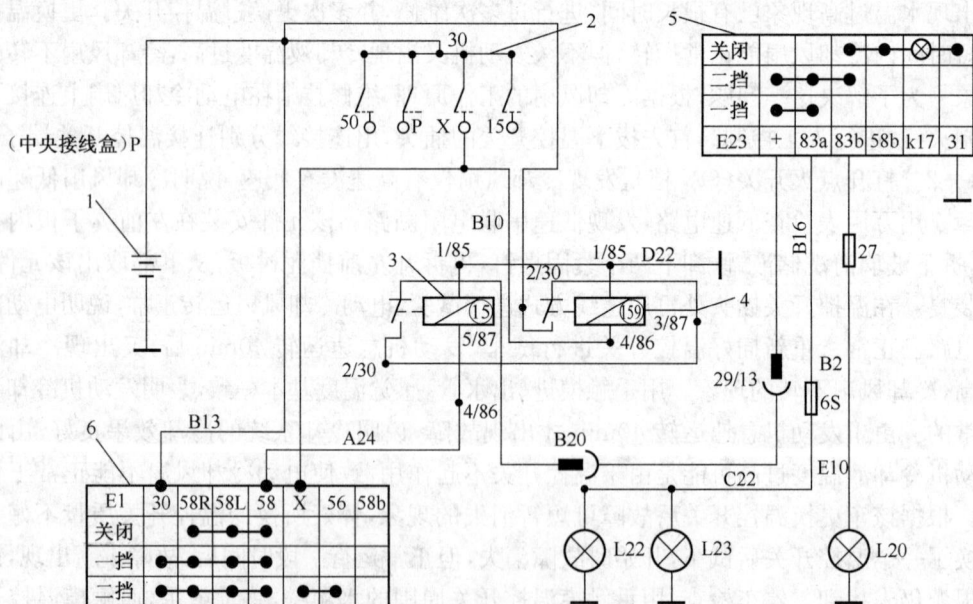

图 2-17　桑塔纳 2000GSi 型轿车雾灯电路图
1. 蓄电池　2. 点火开关　3. 雾灯继电器(J5)　4. X 接触继电器(J59)　5. 雾灯开关
6. 灯光开关　B20. 后雾灯灯泡　L22、L23. 前雾灯灯泡　K17. 雾灯指示灯

首先检查熔断丝:前雾灯的熔断丝是保险丝盒 6 号位置的 15A 保险丝,后雾灯的熔断丝

是保险丝盒 27 号位置的 10A 保险丝,取下这两个保险丝,经检查未发现熔断现象,用万用表检测也均良好。

再检查前、后雾灯灯泡的好坏:取下雾灯灯泡,经检查灯丝未熔断,将灯泡接到蓄电池电源上,灯泡均能正常点亮。

接下来检查线路:先检查一些控制电器,包括雾灯继电器、接触继电器、灯光开关、雾灯开关等,分别用导线进行短路试验,若灯点亮,说明该控制电器损坏,应更换新件,若灯仍不亮,则说明线路有断路之处。经检测,上述控制电器均没有问题。接着用万用表检测线路中是否有断路现象。当检测到中央接线盒 B20 的插头时,万用表显示有电压,而雾灯开关"＋"接线柱显示无电压,表明 B20 到雾灯开关"＋"接线柱这段电路中有断路。于是检查 B20 的插头和插座接口,发现该接口严重烧蚀,说明故障就在此。更换该接口后,雾灯恢复正常,故障彻底排除。

根据维修技师多年的维修经验,该型轿车雾灯电路除了 B20 的插头和插座之间容易烧蚀外,还有接插件 29/13 的接口处也容易出现烧蚀现象,造成线路断路,原因是由于 L22、L23 两只前雾灯各为 100W,并联在电路中,每只雾灯的电流约为 8A,总电路中的电流约为 16A,此电流易使接插件 29/13 处烧蚀,引起接触不良。

七十二、桑塔纳 2000GSi 型轿车小灯、尾灯均不亮的故障

故障现象:一辆桑塔纳 2000GSi 型轿车,接通灯光开关至 1 挡时,小灯、尾灯和仪表灯均不亮。灯光开关至 2 挡时,前照灯正常,小灯、尾灯和仪表灯仍不亮。转向和制动灯正常。

故障诊断与排除:小灯和尾灯又称"示位灯"、"示宽灯"或"位置灯",安装在汽车的前面(俗称小灯)、后面(俗称尾灯)和侧面,车灯开关位于 1 挡时,与仪表灯和牌照灯同时点亮。车灯开关位于 2 挡时,1 挡接通的灯仍发亮的同时,前照灯发亮。2000GSi 型轿车左侧小灯和尾灯受中央接线盒中第 7 号熔断器保护,右侧的小灯和尾灯受第 8 号熔断器保护,小灯的棕色搭铁线通过前照灯线束内的导线至蓄电池负极搭铁,尾灯的棕色搭铁线与后转向、制动灯一起在左后侧组合灯处的车身上。从以上的分析可知,灯泡同时损坏、小灯和尾灯搭铁线断路的可能性都比较小,组合式车灯开关损坏的可能性较大。拆下组合式车灯开关,经检查确认是车灯开关接触不良,换用一只新的组合开关后故障彻底排除。

七十三、桑塔纳 2000GSi 型轿车右侧远光灯不亮的故障

故障现象:一辆桑塔纳 2000GSi 型轿车,将车灯开关接至 2 挡时,右侧远光灯不亮,近光灯正常。

故障诊断与排除:维修技师接车后与车主交流时得知:该车曾在雨中进行过长途行驶,因车辆较脏,在路边的洗车场进行过清洗,这故障是在打开车灯后突然出现的,之前前照灯一直正常。

根据故障现象和以往的维修经验,初步推断该车故障为右侧远光灯电路断路。脱开右侧前照灯的线束连接器,发现线束侧插孔塑料有烧损现象,并有异常气味,估计可能是进水造成了短路故障。接通远光灯开关,用试灯检查线束侧插孔,试灯不亮,检查中央接线盒中的第 9 号熔断器,发现该熔断器已熔断。更换了右侧前照灯线束连接器和 10A 的熔断器后,接通远光灯开关,重新用试灯检查线束侧插孔,试灯亮。将右侧线束连接器与前照灯的插头插牢后,再开灯试验,右侧远光灯仍不亮,这说明右侧前照灯已损坏,更换右侧前照灯灯泡后故障彻底排除。

七十四、桑塔纳 2000GSi 型轿车远、近光灯均不亮的故障

故障现象：一辆桑塔纳 2000GSi 型轿车，累计行驶了近 11 万 km。接通车灯开关至 2 挡时，其他照明灯正常。左、右侧的远、近光灯均不亮，仪表板上的近光指示灯也不亮。

故障诊断与排除：汽车前照灯不亮的常见原因有灯泡烧损、线束连接器插接不牢造成的线路断路、变光器或开关损坏、熔断器插接不牢或烧损等。在桑塔纳 2000GSi 型轿车前照灯电路中，中央接线盒内的第 9 号、第 10 号和第 21 号、第 22 号熔断器连接在远、近光灯电路中，其中第 9 号熔断器还对远光指示灯起保护作用，车灯开关和变光器组合成一体，安装在转向盘下。外观检查线路及线束连接器无异常。检查中央接线盒内的第 9、10、21、22 号熔断器也正常。将车灯开关接至 2 挡，用试灯检查第 9 号熔断器插孔，试灯不亮。检查其他的 3 个熔断器插孔，试灯仍不亮。通过以上检查，说明变光器和超车组合开关有故障。换用一只新的组合开关后，故障彻底排除。

七十五、桑塔纳 2000GSi 型轿车前照灯偏暗故障一例

故障现象：一辆桑塔纳 2000GSi 轿车，行驶总路程 12.5 万 km，在怠速或行驶中，在使用前照灯时光线偏暗，而且冷却液温度表指示值由正常指示转变为偏高指示。

故障诊断与排除：维修技师接车后，首先让车辆呈现故障现象，在冷却液温度表显示较高温度时，触摸上、下水管，并未感到温度异常，并且加液口处也无蒸气冒出，可以判断发动机冷却系统工作正常，故障可能是由于电气系统引起。

从故障本身出发，出现了前照灯光线偏暗和冷却液温度指示值偏高，而且是开大灯时才会引第二个故障出现。

于是维修技师从以下几方面进行了推断：引起前照灯光线偏暗的故障原因可能有：电源、灯光开关、灯关控制元件及导线接触不良等。引起冷却液温度表指示值偏高的原因可能有：冷却液温度传感器损坏、仪表稳压器 J6 输出电压偏高、连接导线接触不良等。综合上述故障原因，这两个故障的共同点只有连接导线接触不良。于是决定先从电路原理图仔细查找前照灯和冷却液温度表之间的联系，发现前照灯与给冷却液温度表供电的仪表稳压器 J6 两者的搭铁端处有联系。在实车上，前照灯的负极线是与仪表稳压器 J6 负极搭铁线在该车前围线束中相交于一点后集中引出的，在蓄电池负极桩处搭铁构成回路。此连接点松动，拧紧后灯光增强，冷却液温度表显示正常，故障现象消失。

七十六、桑塔纳 2000GSi 型轿车制动灯不亮的故障

故障现象：一辆桑塔纳 2000GSi 型轿车，踩下制动踏板，两侧制动灯均不亮。

故障诊断与排除：桑塔纳 2000GSi 型轿车的制动灯电路由中央接线盒中的第 2 号熔断器、制动灯开关、灯泡等组成。制动灯与尾灯和转向信号灯共用一个搭铁点。打开车灯开关至 1 挡，尾灯亮，接通转向灯开关，后左、右转向信号灯均亮，说明制动灯搭铁线正常。首先，取下制动灯开关防尘套，脱开制动灯开关线束连接器，用试灯检查线束侧红/黑导线，试灯亮，说明第 2 号熔断器至制动灯开关线路正常；将线束侧红/黑导线插孔与红/黄导线插孔用试灯跨接，查看制动灯，制动灯亮，说明为制动灯开关损坏。更换该开关后，故障彻底排除。

七十七、桑塔纳 2000GSi 型轿车转向灯全不亮的故障

故障现象：一辆桑塔纳 2000GSi 型轿车，分别接通左、右转向灯开关，车外转向灯全不亮。打开危险警报灯开关，车外转向灯仍不亮。

故障诊断与排除：桑塔纳 2000GSi 型轿车转向灯光信号系统主要是由中央接线盒中的第 19 熔断器、危险警报灯开关、闪光继电器和转向灯开关及灯泡等组成，转向信号灯和危险警报

灯合用一组灯泡。当危险警报灯开关在空挡位时,电流由转向开关控制转向信号灯,电流回路为由电源正极、点火开关接柱、第 19 号熔断器、危险警报灯开关接柱(15 号进、49 号出)、闪光继电器、转向灯开关、转向灯、搭铁至电源负极。当危险警报灯开关打开时,电流回路是由电源正极、第 4 号熔断器、危险警报灯开关接柱(30 号)、闪光继电器、危险警报灯开关接柱(49a、L、R)、转向信号灯、搭铁至电源负极。第 19 号熔断器除对转向信号灯起保护作用外,同时还对收放机和防盗电控单元 ECU 起保护作用。打开收放机,收放机正常,说明故障点应在熔断器至电源负极之间。由于前左、右转向灯与前小灯和前照灯共用一个搭铁点,后左、右转向灯与尾灯及制动灯共用一个搭铁点,所以将车灯开关接通 1 挡,观察到小灯和尾灯均能点亮,这说明转向信号灯的搭铁线正常,故障点应在熔断器至灯泡的火线电路上。由于车外的转向信号灯全不亮,而灯泡同时烧损的可能性较小,加之接通危险警报灯开关时,故障现象依旧,所以闪光继电器损坏的可能性就比较大,于是对闪光继电器进行检查。打开中央接线盒盖,拔下闪光继电器(壳体顶端认识号为 21),用一试灯跨接 1 号与 3 号插孔,接着接通转向信号灯开关,此时,试灯亮,车外转向信号灯亮而不闪,从而证明是闪光继电器损坏。换用一只新闪光继电器后,故障彻底排除。

七十八、桑塔纳 2000GSi 型轿车组合仪表显示异常的故障

故障现象:该车为一辆事故修复车。打开点火开关,组合仪表各种指示灯、指针都显示正常,起动发动机后仪表显示也正常,可当点火开关关闭后,仪表上的各种指示灯便开始以间隔大约 1s 的时间不停的快速闪烁,各种表的指针也开始上下不停的跳动,而且指针的跳动频率是和各种指示灯的闪烁是同步的。拆掉蓄电池负极接线柱再装上,仪表恢复正常,当点火开关打开一下又关闭后上述现象又会重现。

故障诊断与排除:维修技师首先拆下组合仪表,拔下仪表后方的 26 针插头,测量仪表的两根电源线 11 脚、24 脚和两根搭铁线 5 脚、18 脚(如图 2-18 所示),结果都正常,那到底是什么原因呢?似乎想不出有什么东西损坏可以造成这种现象。再看指示灯的闪烁情况,这种闪烁的时间间隔大约为 1s,很像是数字时钟的内部正在运行计时的样子,那会不会是仪表内的数字时钟坏掉了产生这种现象,于是先替换了另一辆车上的仪表总成,可故障依旧,证明了此车的组合仪表还是没有损坏。仔细分析电路图,发现仪表上只有第 19 脚接的是常火线,是给数字时钟提供电源的接脚,因为故障只在关闭点火开关时才出现,因此 19 脚的嫌疑最大。于是

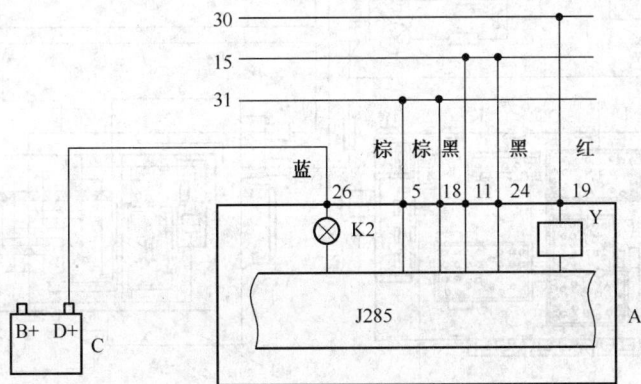

图 2-18　仪表电路示意图

A. 组合仪表　J285. 组合仪表控制器　Y. 数字时钟　K2. 充电指示灯　C. 发电机

拔掉 S3 号保险片，再测量 19 脚，已经没有电源电压了，插好插头再试，结果故障依旧。此时似乎陷入绝境，组合仪表上的三根电源线都断开，为什么还会有电源呢？看来只有找到此时电源的来路，才能将故障排除。于是拔掉仪表后方的 26 针插头，用试灯一个脚一个脚的查找，当测试到第 26 脚时试灯点亮了，对照电路图发现，26 脚是给发电机提供激磁电流的输出脚，但是这一脚在点火开关关闭后还存在有电源这是不对的，仔细查找线路，结果发现在发电机后端的蓝色激磁线有一部分已经被夹到了发电机的电枢接线柱里，而且线的外皮已经破损，造成了和电枢线始终相通的现象，分析可能是维修人员在装发电机的时候不小心所致。

　　整理好此线后再试，仪表完全恢复正常，故障彻底排除。由此可见，此问题正是由于激磁线不正常，在点火开关关闭后，由于组合仪表控制器 J285 已经没有在工作状态，仪表的 26 脚电源经 K2 指示灯进入 J285，造成 J285 内部程序混乱，就出现了这种奇怪的故障现象。

七十九、桑塔纳 2000 车充电指示灯常亮的故障

　　故障现象：一辆行程为 12.5 万 km 的桑塔纳 2000 轿车，充电指示灯常亮。

　　故障诊断与排除：桑塔纳 2000 轿车充电系统电路如图 2-19 所示。首先检查发电机传动带的挠度，属正常；然后检查各导线的连接部位，无破损及松脱现象。用万用表测量发电机 B＋接线柱与壳体间的电压为 12V，说明蓄电池至发电机之间的线路正常。起动发动机并保持中速运转，用万用表测量发电机 B＋接线柱与壳体间的电压，仍为 12V（正常电压为 13.5～14.5V），说明发电机的未发电。拆下发电机 D＋接线柱上的蓝色导线，接通点火开关，测量该线对地的电压，正常。怀疑发电机内部有故障，于是更换新的发电机后试车，发现充电指示灯依旧常亮。充电指示灯常亮，说明充电指示灯两端有电位差。根据发电机的工作原理分析，应该是蓄电池供给发电机励磁绕组的电流及 D＋接线柱的电流有问题。测量 D＋接线柱的电流，发现只有 58mA，正常的桑塔纳 2000 轿车该电流应该在 170mA 左右，说明该电流的供给有问题。经过检查发现充电指示灯并联电路上的电阻 R1 断路。更换电阻 R1 后试车，充电指

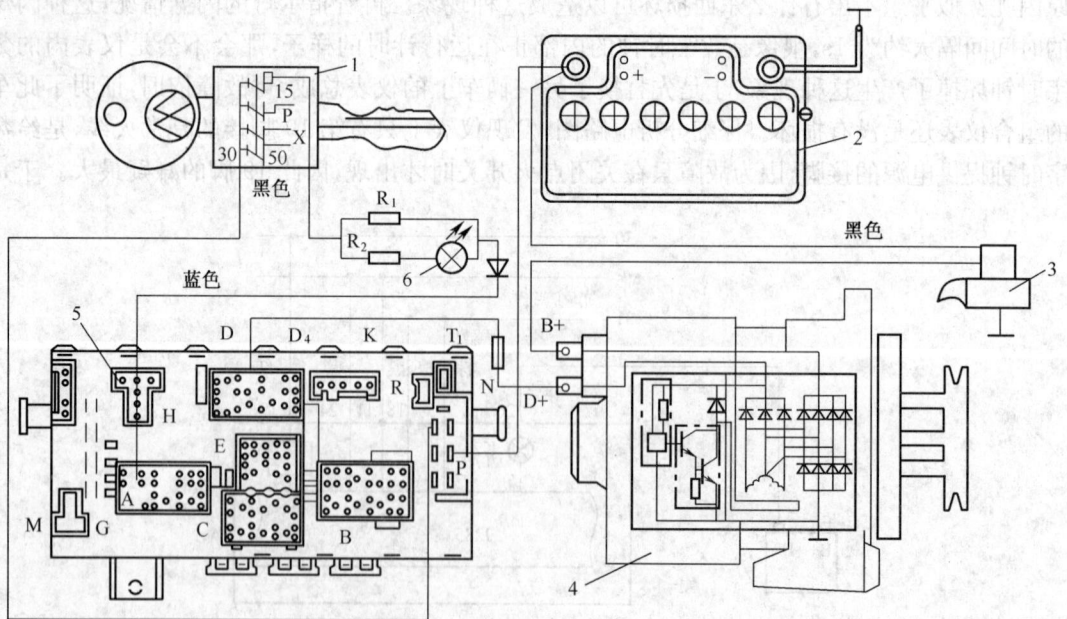

图 2-19　桑塔纳 2000 轿车充电系统电路
1. 点火开关　2. 蓄电池　3. 起动机　4. 整体式交流发电机　5. 中央线路板　6. 充电指示灯

示灯恢复正常,故障彻底排除。

故障维修总结:由于 R_1 断路,15 号线提供给励磁绕组的电流只能通过 R_2 和发光二极管,故励磁电流减小,磁场减弱,使发电机不能建立电压,导致充电指示灯常亮。

八十、桑塔纳 2000 型轿车充电指示灯忽明忽暗的故障

故障现象:一辆桑塔纳 2000 型轿车,出现充电指示灯忽明忽暗、开大灯时灯光暗淡、发动机起动困难等现象。

故障诊断与排除:针对此现象,将完全充足电的蓄电池与车上蓄电池并联,发动机能顺利起动,开大灯也亮,说明原车灯光、起动电路均无故障,问题可能是发电机发电不稳。拆下发电机"B"端子,将试灯一端接发电机 B 端子上,另一端接发动机缸体,发动机起动后,试灯亮,但忽明忽暗,初步判定发电机内部有接触不良故障。于是拆下发电机并分解检查:电刷高度、电刷弹簧弹力均符合标准;IC 调节器也完好无损;用万用表对定子绕组和转子的断路、搭铁情况分别进行检测,均没有问题;整流器各二极管固定牢靠,正、负极管均完好。只好重新装复,但在安装风扇皮带时,偶然发现传动皮带的一段上有机油。

更换传动皮带后,发动机一次起动成功。充电指示灯不再忽明忽暗。开大灯时,灯光正常。

故障维修总结:桑塔纳 2000 型轿车采用的是整体式交流发电机。该车由于传动皮带上有机油,发动机带动发电机时出现了打滑现象,导致发电机的转速提不起来,出现失转且时快时慢现象,造成发电机不能稳定地发电,所以充电指示灯忽明忽暗,时间一长就出现了蓄电池亏电,不能满足用电设备需要,也就不能顺利起动发动机了。

八十一、桑塔纳 2000GSi 型轿车雨刮器不工作的故障

故障现象:一辆桑塔纳 2000GSi 型轿车,当点火开关位于 ON 位置时,将雨刮器控制开关拨在任意一个挡位上,雨刮器电动机都不转动,除此之外其他一切正常。

故障诊断与排除:根据除雨刮器外其他电气设备一切均正常的故障现象,可以确定点火开关和蓄电池没有问题,所以在检查时可以排除这两部分。此外,在雨刮器正常工作时,雨刮器控制开关位于快速挡时,其工作电流不经过 19 号间歇继电器,由于该车雨刮器控制开关拨到任意一个挡位上时雨刮器电动机都不转动,所以可以排除 19 号间歇继电器有故障的可能性。

为了提高工作效率,维修技师对照雨刮器控制电路图(图 2-20),决定以中央保险丝盒第 11 号保险丝(S11)为分界点,分两部分电路(即 S11 以前的电路和 S11 以后的电路)来查故障。S11 以前的电路包括:17 号 X 继电器、中央接线盒及各导线接插件。S11 以后的电路包括:雨刮器控制开关、中央接线盒、雨刮器电动机及各导线接插件。

首先检查中央保险丝盒第 11 号保险丝(S11),用万用表测量 S11 两端的电阻为 0Ω,说明保险丝良好。

接着测量 S11 上脚处的电压值,结果为 0V,说明无电。根据以上分析,故障应在 S11 下脚之前的电路。

按照以上方法在故障车上检测 S11 下脚处与中央接线盒 17 号 X 继电器的 3 号插座是否导通,结果是通的,说明中央接线盒内部的这条线路是导通的。当检测到 X 继电器 2 号插座时,发现没有电。用万用表检测 2 号插座与中央接线盒 P 区内部的线路不导通。于是更换中央接线盒后,雨刮器正常运行,故障彻底排除。

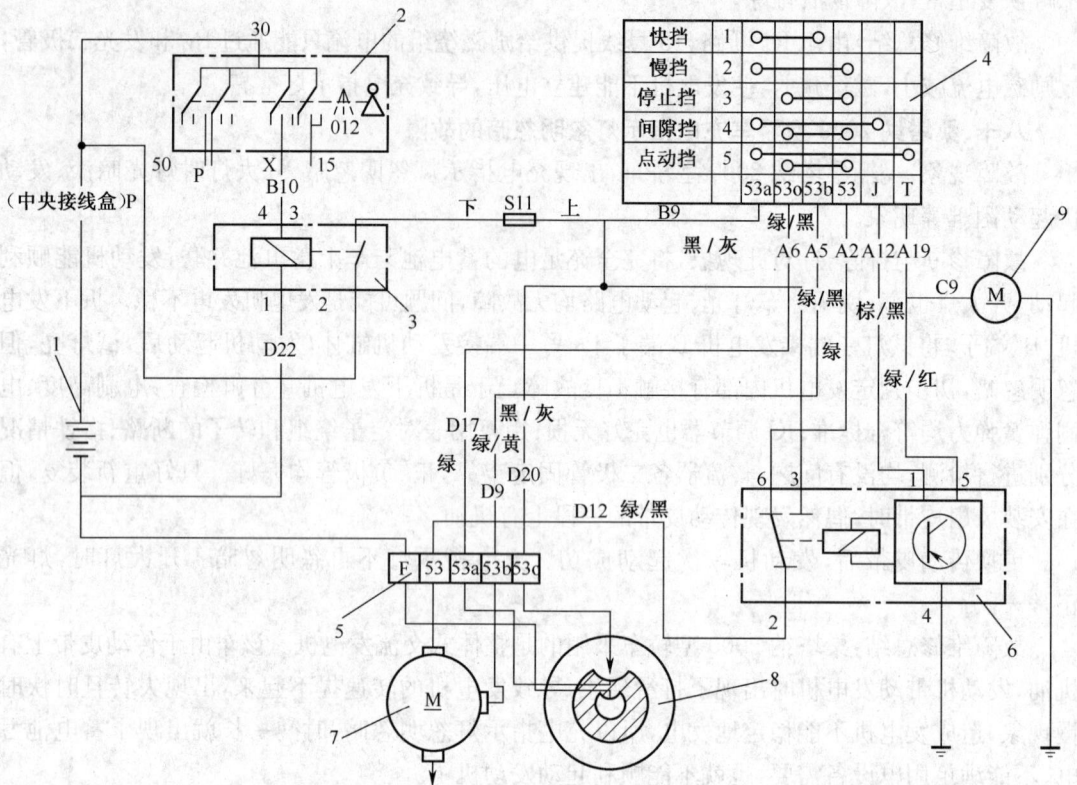

		53a	53o	53b	53	J	T
快挡	1						
慢挡	2						
停止挡	3						
间隙挡	4						
点动挡	5						

图 2-20　雨刮器控制电路

1. 蓄电池　2. 点火开关　3. 17 号 X 继电器　4. 雨刮器控制开关　5. 雨刮器电动机接线柱
6. 19 号间歇继电器　7. 雨刮器电动机　8. 复位装置　9. 洗涤泵

八十二、桑塔纳 2000GSi 轿车车载音响故障一例

故障现象：一辆桑塔纳 2000GSi 轿车(1999 年产,已行驶了 14 万 km),出现按收放机开机键后收放机无屏显,且 4 路扬声器均出现无声音的故障。

故障诊断与排除：先从车上拆下该收放机,用万用表测得收放机供电的电源插头有正常的 12V 电压。检查收放机的各熔断器,发现一根黄色电源线上的熔断器已熔断,因此确定收放机故障由此引起。拆开该收放机,直观检查发现印刷电路板上有两处搭铁的铜皮已被烧断,电路板及其他元件直观无明显异常。初步认为此收放机是因过流而损坏。将印刷板上两处断了的铜皮用导线焊接上,再更换一只与熔断的熔断器相同规格的熔断器(2A)。用万用表测收放机电路板上 B+ 处与搭铁端阻值约为 $10k\Omega$,基本正常。将收放机各电源线和维修电源连接好,通电后按开机键仍无屏显。按开机键测电源开关管 T_4,e 极有 12V 电压,而 c 极无电压输出。再测 T_4 b 极电位,在按开机键时也无变化。相关电路如图 2-21 所示,在路测 T_4 各极阻值也正常,而 T_{602} b 极在开机时无电压,测 CPU 57 脚,POWON 端在开机时无信号输出。显然,不能开机是因为 CPU 没有发出开机指令。接着检查使 CPU 正常工作的几个必要条件：①测 CPU 12 脚,有 +5 V 电压,正常。②测 CPU 14、15 脚,外接晶振 X_{702} 正常,但 14、15 脚无振荡波形。③测 CPU 19 脚,能正常复位。④测该机各按键及相关电路也基本正常。⑤查 CPU 外围元件无明显异常。怀疑 CPU(SM-2100)已损坏,更换该 IC 后,故障排除。将该收放机装复原车,开机一切恢复正常。

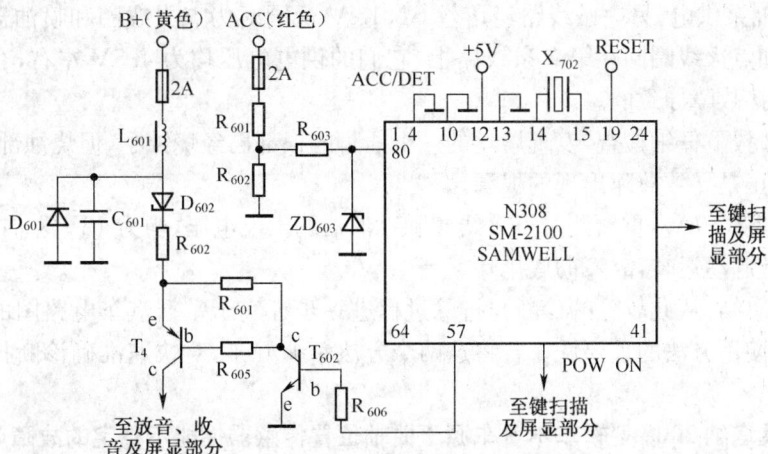

图 2-21 SOLING 收放机电路图

八十三、桑塔纳 3000 轿车不能起动的故障一例

故障现象：一辆 2008 年产桑塔纳 3000 1.8L 轿车，行驶里程 5 万 km。车主反映该车在行驶中突然熄火，然后再也无法起动。

故障诊断与排除：询问车主得知，上述故障是在行驶速度很慢的情况下突然出现的，车辆在其他方面没有异常的表现。由于维修技师是去现地进行抢修，只带了数字式万用表等简单工具。基于故障现象，维修技师决定首先从油路和电路入手对故障进行检查。

首先检查油路部分：打开点火开关，能清晰地听到电动燃油泵预工作的声音，这说明油路的控制线路以及燃油泵继电器无故障。将燃油压力表连到油路中，起动发动机使起动机运转，测得的燃油压力为 250kPa，并且燃油压力保持良好。此数据表明，从燃油泵到喷油器处的油路系统没有故障。根据以上对油路的检查推断，如果未喷油，4 支喷油器不会同时出现不喷油的机械故障。因此，对 4 支喷油器的检查要从控制线路入手。拔下喷油器的插头，打开点火开关，用万用表分别测量每支喷油器插头 1 号脚的对地电压均为 4.5V 左右。而正常情况下，喷油器的供电电压应为 12V。

根据测量的数据推断，喷油器的供电线路中存在虚接现象。经测量，喷油器的线束正常，因为该线路是从燃油泵继电器上引出的，于是将检查方向转向燃油泵继电器。通过查看电路图得知，燃油泵继电器有 30、85、86 和 87 号 4 个插脚，其中 30 号插脚是提供蓄电池电压的常电源插脚，87 号插脚连接燃油泵、喷油器和点火线圈。当打开点火开关时，继电器触点闭合，30 号插脚和 87 号插脚接通，燃油泵、喷油器和点火线圈就应该得到 12V 左右的蓄电池电压。此时，用万用表测得 30 号插脚的供电电压为 12V 左右，说明燃油泵继电器输入线路无故障，于是将检查重点放在输出线路上。

将继电器拔下，拆下继电器后面的塑料壳，检查触点，未发现烧蚀。将继电器装回原位，打开点火开关，测得喷油器插头上的 1 号脚的对地电压仍为 4.5V 左右。由于燃油泵继电器同时控制燃油泵、点火线圈和 4 支喷油器，于是对燃油泵和点火线圈的供电电源进行测量，测得的数据为：燃油泵插头 1 号脚和 4 号脚的电压为 12V 左右，点火线圈插头上 2 号脚和 4 号脚的电压为 4.5V 左右。根据所测数据来看，完全可以断定燃油泵继电器功能有效，故障应该在燃油泵继电器的输出线路上。

维修技师再次查看电路图，发现燃油泵继电器的输出线路分为 2 条：一条线路经熔丝 S1

(10A)后为燃油泵供电,另一条线路经熔丝 S2(10A)后同时为点火线圈和喷油器供电。由此可见,喷油器和点火线圈同在第 2 条线路上,它们的供电电压均为 4.5V 左右,有可能是此条线路中存在虚接故障导致的。

将熔丝 S2 拔下仔细检查,发现熔丝的一个插脚的根部已经烧蚀了,但烧蚀部位藕断丝连,这种虚接现象正是导致故障出现的根源。

更换熔丝 S2(10A),重新测量点火线圈和喷油器的供电电压,均为 12V 左右,此时起动车辆,发动机正常起动运转,故障彻底排除。

故障维修总结:从此故障的诊断与排除过程进一步证实了掌握汽车电路图的识读方法和万用表的正确使用方法的重要性。若将这两个方法掌握好了,对快速准确诊断排除故障是极其有利的。

八十四、桑塔纳 3000 型轿车不着车源于曲轴位置传感器性能不稳定的故障

故障现象:一辆桑塔纳 3000 型汽车,已行驶了 5300km,在一次长途行驶返回停车后,再次起动发动机时,发动机不着车。但停车数小时后,发动机又能顺利起动。此故障断续出现了几次。

故障诊断与排除:当发动机起动不着时,检查高压线无高压火,且电动燃油泵也不供油;当发动机偶尔能够起动后,用检测仪检测电脑,电脑工作正常,无故障码记录。检查点火线圈及电动燃油泵工作均正常。对节气门位置传感器、进气压力和排气管氧传感器等作了检查,也未发现故障。检查曲轴位置传感器,发现曲轴位置传感器工作时好时坏、性能不够稳定。更换曲轴位置传感器后,发动机各工况工作良好,再也没有出现起动困难的现象。

故障维修总结:发动机正常运转中曲轴位置传感器出现故障时,因电脑具有失效保护功能,能够识别出曲轴位置传感器的故障信号,并将其忽略,而用模式信号代替故障信号,使发动机能够继续正常运转。当熄火后再起动发动机时,若曲轴位置传感器处于性能欠佳状态,此时该传感器便始终输入错误信号,至使发动机无法起动。

八十五、桑塔纳 3000 型轿车加速时熄火的故障

故障现象:一辆桑塔纳 3000 型轿车,在行驶中发动机突然熄火。据车主陈述,当时车速并不快,发动机转速在 2000r/min 左右,而且先前没有任何预兆。发动机熄火后又起动了几次,但每次都是一加油就熄火。

故障诊断与排除:维修技师接车后,首先从油路入手检查。连接油压表测量燃油压力,怠速时的油压在 1.4MPa 左右,轻轻加了一下油,发动机立即熄火,但燃油压力在熄火的一瞬间迅速增加到 1.7MPa,这表明燃油泵没有问题。

既然油路没有问题,接下来用检测设备检测发动机 ECU 工作是否正常,以及数据流是不是在规定的范围内。首先查看节气门位置传感器的数据流,打开点火开关,在检测设备上选择节气门位置传感器,慢慢踩动加速踏板,结果数据显示正常,说明节气门位置传感器没有问题。

发动机能怠速运转,说明点火系统也没有问题。加速时要增加进气量,需要空气流量传感器的反馈信号。空气流量传感器有翼片式、热线式、卡门旋涡式和热膜式四种形式,目前现代汽车上广泛应用的是热膜式空气流量传感器。它具有测量线路简单,测量的加热电流无须修正,起动速度快,测量误差小(仅为 2%)等优点。

热膜式空气流量传感器的工作原理是,在进气通道中设置一个发热体,依靠电流加热的热膜由于其热量被流动的空气吸收,发热体本身变冷,发热体周围的空气越多,被带走的热量就越多,即利用发热体与空气的热传递现象进行空气流量测量。空气流量传感器测量发动机吸

入的空气量,并将其转化为电信号传给 ECU,作为燃油喷射和点火控制的主要控制信号。空气流量传感器的输出电压在 1~5V 之间变化,周围空气流量小时输出电压变低,周围空气流量大时输出电压变高,没有空气流动时输出电压为 1V。

在发动机怠速运转的情况下,测量该车空气流量传感器的输出电压,结果没有任何电压输出。为了更准确地证明故障点,又测量了空气流量传感器的电阻,结果为无穷大,说明传感器内部断路。更换新的空气流量传感器后试车,一切正常,故障彻底排除。

故障维修总结:通过此故障的诊断与排除过程来看,在判断汽车故障时,理论是最好的工具,借助汽车电子装置和各部分零件的工作原理来判断故障点所在,可以让我们节省时间,提高诊断故障的准确率及工作效率。

八十六、桑塔纳 3000 怠速抖动的故障

故障现象:一辆上海大众桑塔纳 3000 轿车,车主报修发动机怠速不稳。

故障诊断与排除:4S 店维修技师接车后,试车发现车辆起动后发动机抖动得比较厉害。连接故障诊断仪 VAS5051 对发动机控制系统进行检测,设备显示发动机控制系统无故障。随后利用故障诊断仪读取发动机控制系统数据流,几个主要参数见表 2-1。

表 2-1　主要参数

发动机转速/(r/min)	空气流量计/(g/s)	氧传感器/V	喷油时间/ms
760~840	3.5	0.7~0.9	3.8

根据该车的故障症状,维修技师怀疑发动机个别气缸工作不良。于是依次断开喷油器的插头做断缸试验,发现第 2、3 缸工作不良。拆下火花塞检查,可以看出第 2、3 缸的火花塞颜色很黑。根据火花塞颜色和数据流可以看出,发动机目前的状态是混合气偏浓,且第 2、3 缸工作不良,混合气燃烧不完全。询问前面承修人员做了哪些工作,承修人员反映已经尝试更换了点火线圈、火花塞及高压线,并对喷油器进行了对调,但故障症状没有得到任何改善。

会不会是喷油器本身的问题呢? 为了快速确定喷油器及相关线路是否存在故障,维修技师决定连接故障诊断仪 VAS5051 利用其示波器功能分析喷油器的信号波形。经观察喷油器的信号波形,笔者发现第 2、3 缸的波形与第 1、4 缸波形有很大区别。第 2 缸的喷油次数比第 1 缸次数多,而且恰好是第 1 缸的 2 倍。怀疑发动机控制单元或线路存在问题。鉴于发动机控制单元损坏的可能性不大,且手头没有配件,故决定先检查线路是否有问题。根据电路图(如图 2-22 所示),经利用万用表测量 4 个喷油器线束,维修技师发现第 2 缸喷油器 N31 与第 3 缸喷油器 N32 的控制单元控制的控制线(紫绿和紫红)相互之间短路。继续检查线路,最终发现有一段发动机线束被挤在了排气管附近且已经破损,经确认第 2、3 缸喷油器的 2 根喷油

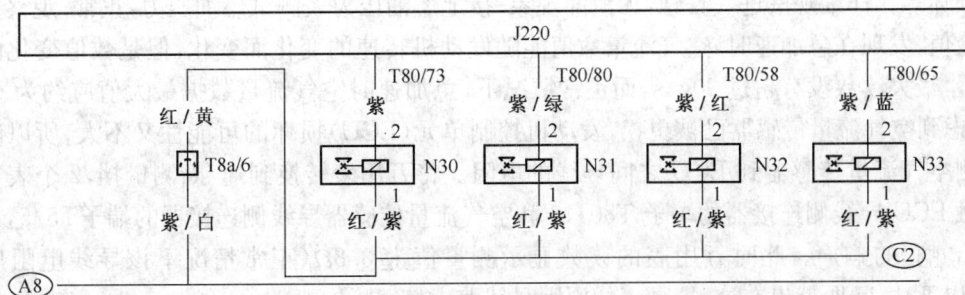

图 2-22　喷油器线路电路图

器线束被挤在了一起。

在将损坏的线束修复后,试车故障排除。

故障维修总结:车辆因为发动机抖动来 4S 店维修,经过简单拆检,发现第 2、3 缸火花塞积炭严重,加之氧传感器的信号电压偏高,故初步判定混合气偏浓。一般来说混合气浓有如下原因:①点火系统工作不良、点火火花弱,导致混合气不能完全燃烧。②燃油供给系统有问题,如喷油器滴漏、油压偏高或控制单元接收到了错误的信号,延长了喷油时间。③气缸压力不足,导致混合气不能完全燃烧。

桑塔纳 3000 轿车的点火线圈是由 2 个独立的点火线圈集成的,一个线圈为第 1、4 缸提供点火,另一个为第 2、3 缸提供点火。由于是第 2、3 缸工作不良,维修人员怀疑点火线圈出现了问题,甚至更换了火花塞、高压线,但故障并没有得到解决,此时维修陷入了僵局。而示波器的使用则为维修提供了新的方向,从喷油器的信号波形中可以发现第 1、4 缸喷油器喷 1 次油,第 2、3 缸喷油器却会喷 2 次油,从而导致混合气偏浓、发动机抖动及火花塞严重积炭。经进一步检查,发现第 2、3 缸的 2 根控制单元的控制线相互之间短路,导致第 2 缸喷油器在喷油的同时第 3 缸也得到了同样的信号,因此在一次完整的工作循环内,第 2、3 缸喷入了更多的汽油,从而造成混合气浓,发动机工作不稳定。

由此可以看出,如果使用普通的检修方法很难检查到问题所在,正是由于使用了示波器,才使故障原因浮出水面,事半功倍。因此,广大从事汽车维修的人员应该更多掌握设备、工具的使用技巧,从而提高设备的利用率,发挥设备工具的重要作用,使得汽车维修工作更加快捷高效。

八十七、桑塔纳 3000 型轿车怠速不稳及加速无力的故障

故障现象:一辆 2008 年产上海桑塔纳 3000 1.8L 手动挡轿车,行驶里程为 5 万 km。车主反映,该车发动机怠速时发抖,急加速无力,曾经更换过空气流量传感器、火花塞、高压线,并清洗过节气门体,但是故障始终没有排除。

故障诊断与排除:维修技师首先询问了上次维修该车的修理工,反映当时没有故障代码。读取数据流时发现空气流量传感器的数值偏低,检测线路没发现问题,就更换了空气流量传感器,但故障依然存在。接下来又更换了火花塞、高压线,并清洗了节气门体,当时车主着急就交车了。虽然更换了很多部件,但故障依旧,维修技师认为应重新进行检测、诊断。

连接故障检测仪,读取故障代码,无故障代码存储。读取动态数据流,进入 08 功能,选 02 显示组,发现空气流量的数据为 1.3g/s(正常值应为 2.0~4.0g/s),明显偏小;再选 09 显示组,看到氧传感信号电压为 0.1~0.3V,而怠速时 λ 调节值已达 +20% 以上,λ 已超出调节范围,这说明混合气过稀。混合气过稀的原因主要有:进气歧管漏气,燃油压力过低,空气流量传感器损坏等。仔细观察进气歧管,无泄漏现象;接上燃油压力表测试燃油压力,正常;观察空气流量数值,发现在急加速时,空气流量数值能随发动机转速的变化而变化,但是数值变化的响应较慢,最大读数没有超过 20g/s,而正常情况下,急加速时空气流量数据最大值应约为 60g/s。考虑到空气流量传感器已被更换,发动机控制单元(ECU)损坏的可能性又不大,所以决定先检测空气流量传感器到 ECU 之间导线的电阻。将万用表转换到通/断测量挡,2 个表笔分别接触 ECU 导线侧连接器的端子 T80/13 和空气流量传感器导线侧连接器的端子 T5/5,万用表发出"嘀"的响声。此时万用表的读数显示测量值为 3.8Ω(正常情况下该导线电阻应在 0.5Ω 以下)。问题就出在这里,真正的原因是线路虚接。

经对空气流量传感器和 ECU 之间的导线连接器进行清洁处理后试车,故障彻底排除。

　　故障维修总结：现在，电控汽车对线路的电阻要求一般都要小于 0.5Ω，尤其是传输信号导线的电阻。该故障就是修理工对万用表的结构原理缺乏全面了解而出现的判断失误。万用表的通/断测量挡都有蜂鸣功能，一般维修人员认为，只要听到"嘀"的响声即认为线路导通，殊不知，一般万用表在用通/断测试时，导线的电阻值只要小于一定数值都会发出"嘀"的响声，所以提醒广大汽车维修人员在测试线路通/断时不要只听响声，关键还是要看万用表具体显示的数值。作为当代维修人员，不但要熟知汽车技术方面的知识，还应了解一些汽车检测仪器设备的结构原理知识，这样才能更好地使用仪器，提高工作效率。

八十八、桑塔纳 3000 轿车 EPC 灯常亮的故障

　　故障现象：一辆 2007 年生产的上海大众桑塔纳 3000 轿车，搭载 BKT1.8L 发动机和 5 挡手动变速器，行驶里程约为 3 万 km。车主反映，到家时车还好好的，第二天却出现了起动困难的现象，经多次起动着车后，发现 EPC 灯常亮，踩下油门踏板毫无反应。

　　故障诊断与排除：接车后，首先进行基本检查，发现发动机在 1200r/min 左右运转，踩下油门踏板，转速表指针上升到约 1800r/min 后再也不能升高。根据上述现象，初步判断节气门控制单元 J338 处在紧急运行状态。

　　点火开关置于 ON，发动机不运转，连接 VAS5052 故障诊断仪，进入发动机控制单元 J220 查询故障信息，有 3 个当前故障存在，分别是：①17966 P1558 002 节气门控制单元（用于电源控制 EPC）G186 电气故障。②17987 P1579 001 节气门控制单元自适应未开始。③17953 P1545 008 节气门控制单元故障。

　　点击测量值功能选项，查阅 003 显示组 3 区，节气门角度为 0.0%，逐渐踩下油门踏板，观察节气门角度值不变化，始终显示 0.0%。060 组 4 个区域显示：0.0%、0.0%、0 基本设定故障；062 组为：0%、0%、93%、7%。踩下油门时，3 区、4 区加速踏板位置传感器 G79 和 G185 数据连续变化，但 1 区、2 区的节气门角度测量值一直显示 0.0% 不变化，而正常时节气门角度的百分数值应随加速踏板的踩下而随之变化的。

　　记录故障码后试图删除故障记忆，但这 3 个故障码始终存在。用扳手轻轻敲击节气门体，尝试对 J338 重新进行基本设定，VAS5052 屏幕提示基本设定出错和故障。根据 062 组中 2 个节气门电位计 G187、G188 的测量值一直为 0.0%，且踩下油门踏板不变的显示分析，考虑到 G187、G188 一般不会同时损坏，有可能是节气门控制单元内部出现机械故障，使 G186 不能活动所致。

　　拆下节气门控制单元 J338 进行检查，见节气门体上积炭虽较多，但用手拨动节气门阀片很灵活，没有明显卡滞之处。对节气门控制单元 J338 进行单体电气检测，通过研究 BKT 发动机电子节气门 J338 电路图（图 2-23）得知：J338 的 1 号端子为节气门电位计 G187 的信号线；2 号端子为节气门位置传感器的公共搭铁线；4 号端子为节气门电位计 G188 的信号线；6 号端子为节气门位置传感器 5V 电源输入；3、5 号端子为节气门电动机 G186。测得 1—2 端子间的 G187 电阻在怠速位置为 $1.266\text{k}\Omega$，缓慢开启节气门到底，阻值由 $1.266\text{k}\Omega$ 逐渐连续减小到 $0.484\text{k}\Omega$；4—2 端子间的 G188 电阻值在怠速位置为 $0.535\text{k}\Omega$，节气门全开位置时为 $1.250\text{k}\Omega$，整个节气门行程范围内阻值呈连续不断变化；3—5 端子间的 G186 节气门电动机阻值为 1.6Ω。电气检查结果表明节气门控制单元 J338 符合规定要求。测得 J338 线束侧 6 号端子在点火开关置于 ON 时有 5V 电压，3、5 号端子和 2 号搭铁端子之间的电压均为 3.33V（在一辆无故障的帕萨特 1.8T 领驭轿车上，在点火开关置于 ON 时测得线束侧节气门定位电动机 G186 的 3、5 端子和 2 号搭铁端子之间的电压也都为 3.5 V，进行这个对比试验的目的是

验证发动机控制单元 J220 至节气门电动机 G186 的线路是否正常）。

通过上述检查，维修技师把疑点集中在发动机控制单元上。因发动机控制单元不太容易损坏，而且更换时需要进行防盗匹配，为慎重起见，从配件仓库借出一只新的节气门控制单元装上验证，VAS5052 显示的故障码还是"17966"、"17987"和"17953"。进行基本设定时，诊断仪屏幕显示同样的错误和故障，试车故障依旧，这充分证明发动机控制单元 J220 确实存在问题，其内部电路已无法控制节气门定位电动机 G186 驱动节气门阀片的开启和关闭，故节气门控制单元 J338 处于应急状态下以 1500r/min 左右的转速故障运行，电子节气门不再对加速踏板的踩下作出响应。

装回原车的节气门控制单元，更换新的发动机控制单元，对其编码，进行与防盗系统的匹配，进行节气门控制单元 J338 的基本设定，屏幕显示 15%、84%、8 ADP. 0k。起动发动机着车，EPC 灯熄灭，怠速回落到 800r/min，空载急加速响应正常，路试时感觉加速有劲，动力充沛，到此检修结束将车交给车主。

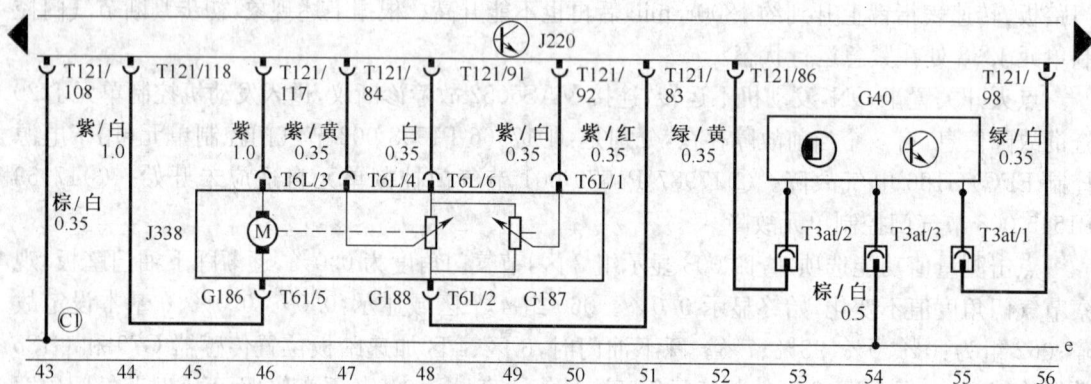

图 2-23　发动机电子节气门 J338 电路图

G40. 凸轮轴位置传感器　G186. 节气门定位电动机　G187. 节气门电位计1　G188. 节气门电位计2　J220. 发动机控制单元　J338. 节气门控制单元　T3at. 凸轮轴位置传感器 G40 的 3 针插接器(黑色)　T6L. 节气门控制单元 J338 的 6 针插接器(黑色)　T121. 发动机控制单元 J220 的插接器(黑色)

八十九、桑塔纳 3000 轿车 EPC 灯报警故障一例

故障现象：一辆桑塔纳 3000 轿车，采用 BKU 发动机，累计行驶 9 万 km。仪表盘上的 EPC 灯报警，发动机怠速转速有时高达 1500r/min，踩加速踏板发动机提速缓慢。

故障诊断与排除：由以往的维修经验判断，EPC 灯报警一般为制动灯开关损坏、节气门脏或相关线路故障等引起。连接 VAS5051B 进行发动机故障查询，在发动机故障存储器中有故障代码：17950—节气门角度传感器 1(G187)信号不可靠(偶发)；17953—节气门控制系统有故障(偶发)。根据此故障代码可以基本确定故障出在电子节气门控制系统中，节气门角度传感器 1(G187)和相关线束出现问题的可能性最大，因为发动机控制单元已经检测到节气门控制系统有故障(偶发)，所以在发动机控制单元的故障存储器中有故障代码 17953，由于此故障时有时无，发动机控制单元就将此故障确定为偶发性故障。又由于此故障的发生频率逐渐升高，发动机控制单元又多次检测到 G187 的故障，所以在发动机控制单元故障存储器中有故障代码 17950。先检查发动机怠速时节气门的开度(发动机符合检查发动机怠速的相关条件)，经检查，怠速时节气门的开度是 2.4%，在标准范围之内。点击 VAS5051B 屏幕上的读取测量数据块功能，进入发动机系统读取测量数据块(01—08—062)。读取 G187 和 G188 的数据，在不起动发动机的情况下,显示 G187 的数据是 14%,G188 的数据是 85%。将加速踏板缓慢踩到底的同时观察节气门角度传感器的数据,G187 的数据逐渐增大,G188 的数据逐渐减小,这是正常的。仔细观察发现,G187 的数据变化比 G188 的数据滞后,分析造成这种故障现象的原因有以下几个方面:一是节气门本身的问题(G187 的滑动触点磨损造成虚接);二是 G187 的信号线虚接,造成 EPC 灯有时报警;三是发动机控制单元的问题。考虑到节气门和发动机控制单元损坏的可能性很小,决定先检查相关线路。

查阅电路图得知,节气门上的 2 个电位计的电源和搭铁线是共用的,可以排除电源和搭铁线路出现问题的可能。因为有关于 G187 的故障代码存在,于是就先检查 G187 的信号线。拔下节气门和发动机控制单元上的导线侧连接器,测量 G187 信号线(紫/白)的电阻,在 0.6～20Ω 反复变化(正常的电阻是 0.2Ω),有时还会变成无穷大。这就意味着这根导线内部铜丝有断路点,为了确定断路的部位,进行分段测量电阻,在测量发动机喷油器的线束时发现其电阻超出正常值,剥开该线束检查,发现有一根线即将被折断,经检查,这根线就是 G187 的信号线。修复这根导线后,清除故障代码,再次读取测量数据块,G187 和 G188 的数据同步变化。对该车进行路试,一切正常,故障彻底排除。

九十、桑塔纳 3000 轿车起动时 ABS 故障指示灯点亮的故障

故障现象:一辆桑塔纳 3000 轿车行驶了 500km 后,有时起动发动机时 ABS 故障指示灯点亮。出现的频率一般是一周 2 次,冷机和热机都曾出现过。

故障诊断与排除:接车后维修技师首先用 V.A.G5052 大众专用故障诊断仪进行检测,ABS ECU 内储存了"ABS 控制单元编码错误"的故障内容,而且是一个偶发故障。但检查 ABS ECU 的编码为"02802",编码正确。清除故障代码后试车,连续起动发动机 20 多次,没有出现 ABS 故障指示灯点亮的现象。接着用蓄电池测试仪检查蓄电池性能和正负极连接情况,也都正常。

经过分析认为,如果 ABS 传感器和齿圈出现问题,包括传感器线束损坏,都不会产生这个故障内容。只有 ABS ECU 及其供电线路,或编程线出现了问题,或受到电磁干扰,才有可能产生这个故障。于是就更换了起动机和发电机等,让用户将该车开回进行试验,第 2 天车主打来电话,反映上述故障现象又出现了。

考虑到 ABS ECU 编程线可能会出现问题,接着检查 T25/14 和 T25/17 之间的线路,没发现有短路和断路的现象,连接器也连接良好。重新静下心来仔细思考过后,还是认为和起动有关系。分析点火开关的结构和工作原理,它有 5 根导线:50 号起动电源线;为大容量电器供电的 X 供电线;为停车灯供电的 P 供电线;点火开关 1 挡控制的 15 号电源线;30 号常电源线。其中 X 供电线是当点火开关处于 2 挡,仪表指示灯亮时,18 号继电器工作,才有电压,向雾灯、鼓风电动机、空调系统、后风窗加热装置、刮水器电动机和 ABS ECU 等大容量用电设备供电。因此和 ABS 有直接关系的就是 X 供电线。

X 供电线在什么情况下会使 ABS ECU 出现该故障呢?综合分析后认为有以下三点:一是起动发动机时 X 供电线不会断开,造成 X 供电线电压不稳;二是点火开关上的 X 触点接触不良,ABS 进行自检时信号丢失;三是起动线路、X 继电器或相关线路出现问题。

首先检查 X 继电器和起动线路,均没问题,故障点最后锁定在点火开关的 X 触点上。于是作了一个试验,接通雾灯开关,起动发动机时雾灯熄灭,说明 X 触点可以断开,多次试验都是如此,ABS 故障指示灯始终没有亮起。尽管这样,维修技师仍旧怀疑点火开关上的 X 触点接触不良,最后决定更换一个点火开关。用户在多天的行驶中上述故障现象一直没有再次出

现,故障彻底排除。

事后经过分析认为,当接通点火开关时,15号供电线上有电压,X继电器接通后X线上也有电压,ABS ECU这时开始自检,由于该车点火开关的X触点有时接触不良,在自检过程中电压不稳定,造成信号丢失,所以产生了"ABS控制单元编码错误"的故障内容,更换点火开关后故障排除。

九十一、桑塔纳3000(超越者)轿车车速表不准的故障

故障现象:一辆2004款上海大众桑塔纳3000(超越者),装配自动变速器。该车只行驶了300km,车速表中指针最大在90km/h位置,无论转速怎样提高,车速都不再上升。

故障诊断与排除:针对以上故障现象,维修技师用V.A.G1552进行检测,读取仪表和发动机故障码,发现该车无故障码存在。发动机起动后,挂入挡位,读取仪表的数据流,发现该车各组数据流正常.说明其传感器是好的。由此.维修技师怀疑为仪表损坏,决定更换仪表。更换新仪表后,用V.A.G1552与发动机控制单元、防盗单元等进行匹配。再试车,故障依旧。该车发动机转速在3500r/min时,车速约为140km/h;3000r/min时,车速应该为120km/h;而现在发动机转速在3500r/min,车速还是在90km/h,这说明仪表是好的。后来维修技师经过反复认真仔细检查,考虑到可能是编码错误。最后安装原车的仪表,重新正确的编码和匹配,再试车,故障彻底排除。

故障维修总结:回顾整个检修过程不难发现,该车故障发生在一辆行驶里程只有300km的桑塔纳3000车上,对于新车出现的故障,检查方法和分析思路不同于旧车。因此,该车出现的故障很可能是"先天性"的,排除故障时要考虑备件在出厂前可能存在缺陷,甚至还要考虑设计问题,所以新车出现的故障往往比旧车难修。该车编码在出厂时编程错误,很可能是用手动变速器车型的代码来编码导致错误。控制单元编码在汽车出厂之前已进行编码,如果更换新的控制单元需要对新的控制单元进行编码,只有这样,各系统才能正常工作。

在此提醒广大维修人员:装备手动变速器的车型.仪表的正确编码为01041;装备自动变速器的车型,仪表的正确编码为01042。

九十二、2009款桑塔纳3000电动车窗不能升降的故障

故障现象:一辆2009款上海大众桑塔纳3000轿车,搭载BKT发动机和5挡手动变速器,行驶里程为3.8万km。车主反映电动车窗不能升降。

故障诊断与排除:接车后,维修技师验证故障现象,打开点火开关,按下左前、右前、左后、右后电动车窗升降器开关(电动车窗升降器开关位于换挡杆前方的中央通道上),发现4个电动车窗都不能升降。按下左后、右后驾驶员车门上的电动车窗升降器开关,左后、右后电动车窗也不能升降,故障确实如客户所述。检查车内外所有灯光及用电器工作是否正常,只有电动车窗不能工作,车内外灯光及用电器都正常工作。如果灯光及用电器和电动车窗同时出现故障,有可能出现故障的灯光及用电器和电动车窗是共用的电源和接地,这样做可以更快、更准确地排除故障。打开点火开关,发现所有电动车窗升降器开关的指示灯都不亮,造成电动车窗升降器开关指示灯不亮的原因可能是保险丝、电源、接地及相关联的线路等。

经过查找桑塔纳3000的电路图得知,电动车窗升降器开关的指示灯是由电动车窗过热保护保险丝S153经过红色导线连接到电动车窗升降器开关指示灯的,再由接地点进行接地。该电源线还是电动车窗升降器的电源线。如果这根电源线出现故障,电动车窗升降器也不能升降。接下来,根据电路图了解电动车窗升降器开关指示灯的工作原理。

30号电源进入中央继电器板内部(中央继电器板安装位置在仪表台左侧下方),由中央继

电器板上的 602 正极螺栓连接点(30)，经过红/黑色导线，通过电动车窗升降器过热保护保险丝 S153 进入车身线束，再由车身线束分别进入中央通道换挡杆前方的左前电动车窗升降器开关 E40、右前电动车窗升降器开关 E41、左后电动车窗升降器开关 E52、右后电动车窗升降器开关 E54、左后和右后电动车窗升降器安全开关 E39(该开关安装位置在仪表板的中部)。点火开关打开，电动车窗升降器开关指示灯常亮，而左后、右后电动车窗保护开关指示灯只有按下时才亮，再按一下指示灯熄灭。当左后、右后电动车窗升降器开关的指示灯不亮时，电流经过红/白色导线(左后、右后电动车窗升降器安全开关 E39 上的 T6ab/1 号针脚)，由开关 E39 的内部连接，电流由 T6ab/2 号针脚流出，经过红/白色导线，通过 10 针插头 T10m/8 进入车身线束内部连接线，再经过红/白色导线通过 T5a1/4 号针脚进入右后电动车窗升降器开关 E55，这根导线还通过左后电动车窗升降器开关 E53 上的 T5ak/4 号针脚进入开关 E53 内部，电流由 T5ak/3 号针脚流出，通过棕/白色导线，经过左后电动车窗升降器开关 E52 的 T5m/1 号针脚进入开关内部，通过 E52 开关内部连接，电流由 T5m/3 号针脚流出，通过棕/白色导线进入车身线束，由车身线束通过舒适系统控制单元上的 T25a/1 号针脚进入舒适系统内部，由舒适系统内部控制接地。舒适控制单元还控制中控门锁，集控门锁能正常工作，可以断定舒适系统控制单元的接地是好的。这就是整个电动车窗升降器开关指示灯的工作电路。是什么原因导致电动车窗升降器开关指示灯不亮呢？拆下右前电动车窗升降器开关插头，万用表检查红色电源导线 T5k/4 号针脚是否有电压，正常情况下应该为蓄电池电压。经过检查，红色导线没有电压。这根红色导线的电源供应是由电动车窗升降器过热保护保险丝提供的，拔下保险丝用万用表检查保险丝的 2 号插针是否有电压，经过检查，电压为 12.7V。造成电动车窗升降器不能升降的原因是由于电动车窗升降器过热保护保险丝导致的，可能是电流过大造成过热保护保险丝断开，起保护作用。关闭点火开关，用万用表电阻挡测量 S153 插座上的 1 号针脚对地的电阻，经过检查电阻为 0.6Ω。那么，是什么原因导致电阻过小呢？有可能是升降器内部短路、线路对地短路。S153 是给电动车窗升降器开关和左后、右后电动车窗升降器安全开关 E39 提供电源的。拔掉电动车窗升降器开关和左后、右后电动车窗升降器安全开关的插头，同时观察电阻是否有变化。当拔掉左后、右后电动车窗升降器安全开关 E39 时电阻为无穷大。由此可见，造成电阻过小的原因是左后、右后电动车窗升降器安全开关 E39 内部对地短路或者该开关相连的线路发生对地短路造成的。由电路图还可看出左后、右后电动车窗升降器开关的指示灯电源供应是经过左后、右后安全开关 E39 的内部连接得到的。如果这根线对地短路会造成此故障的发生。拆下左后、右后电动车窗升降器安全开关并拔掉开关上的六针插头，用万用表电阻挡测量 T6ab/2 号针脚的红/白色导线对接地的电阻，经过测量电阻为 0.6Ω，这根导线有对地短路的地方。是什么部位对地短路呢？由询问车主得知，该车的右后车门出现过事故，换过右后车门。拆下右后车门饰板检查线束，没有发现问题。这样检查只是表明车上的线束，车门内部的线束是看不到的。于是，将车门内部的线束抽出检查，发现红/白色线已经磨破，这根线正是右后电动车窗升降器指示灯和电动车窗升降器的电源线。由于车辆发生事故后，右后车门内部的线束没有按照原车的走向及布置安装，车辆在使用的过程中线束与车身发生摩擦，导致线束表面磨破与车门接地，造成电动车窗过热保护保险丝跳开，发生了电动车窗不能升降的故障。

　　重新修复线束，按照原车的线束走向及布置，试车证明故障彻底排除。

九十三、桑塔纳 3000 轿车大灯故障一例

　　故障现象：一辆 2006 款上海大众桑塔纳 3000 轿车，行驶里程 6 万 km，打开大灯开关时大

灯不亮,随即 ABS 指示灯点亮。操作别的功能开关,空调和电动门窗电机不工作。关闭大灯开关,并将点火开关转到 OFF 位置,等待 3min 左右后,再转到 ON 位置,仪表显示一切正常。再打开大灯开关,故障现象依旧。车主反映,该车以前是大灯有时不亮,但有时又正常,更换点火开关锁芯和大灯开关后,开始正常了几天,但后来就彻底不亮了。

故障诊断与排除:①连接大众 V. A. G1551 解码器,使发动机在怠速工况下运转,打开大灯开关,然后再关闭,以使故障出现。解码器可以进入发动机控制单元(无故障码显示),但不能进入舒适系统控制单元、空调控制单元和 ABS 控制单元。②又试着更换了点火开关锁芯和大灯开关,但均无效。拆下护板,目视检查保险和导线外观均无异常。检测中,发现中央集电板上的 X 电源线接线柱在故障出现时无 12V 电压。更换 X 触点卸荷继电器,但无效果。③分析点火开关、X 触点卸荷继电器、大灯、舒适系统和 ABS 系统等相关电路图,寻找它们之间的联系。依据此款桑塔纳 3000 轿车的相关电路图,维修技师整理出点火开关、X 触点卸荷继电器、大灯、舒适系统和 ABS 系统之间的关系示意图如图 2-24 所示。

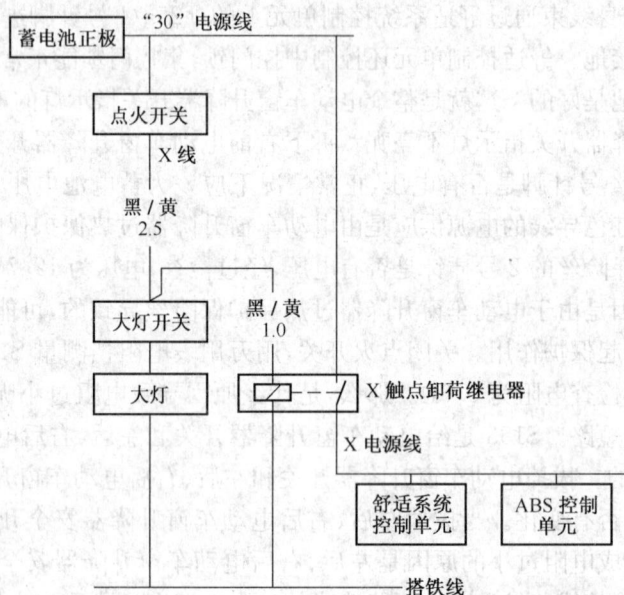

图 2-24   各系统之间的关系示意图

图 2-24 中有两条 X 线,即出自 X 触点卸荷继电器的 X 线和出自点火开关的 X 线。出自 X 触点卸荷继电器的 X 线就是我们通常所说的 X 电源线,它向车上的大负荷用电器供电。出自点火开关的 X 线有两个作用:一是通过控制 X 触点卸荷继电器内部常开触点的闭合和打开控制 X 电源线的得电与断电;二是向大灯开关 E180 供电。④根据故障现象和各系统之间的关系(图 2-24),排除了 X 触点卸荷继电器、舒适系统控制单元、ABS 控制单元及其连接导线、插接器有故障的可能性。因先前试验时已更换了大灯开关和点火开关锁芯,所以下一步把目标转向了连接点火开关的“30”电源线(4mm² 的红色线)和 X 线(2.5mm² 的黑/黄色线)。

拆下方向盘下面的护板,检查与点火开关连接的导线,但是找不到 2.5mm² 的黑/黄色线—X线。将线束外的包裹层向上脱开少许,找到了 X 线,原来其线色已经变暗,线皮硬化。接着往下查,此线的下部有约 10cm 用黑胶布包裹着,并且从中引出了一条红色导线,引向防盗控制单元,原来是加装了防盗器。

试图揭开黑胶布层,发现很硬,只好用刀割开,其内部的铜线已高温氧化变色。完全揭开胶布层后,发现此处的X线被完全剪断后加进去一根防盗器的电源线,然后又绞接起来(剥开线皮也可以接防盗器电源线,完全剪断实在是太不应该了)。将此处重新绞接好,经过试车,一切正常了。

随后维修技师分析了故障原因:从点火开关出来的X线向大灯供电时(根据原厂维修资料,此款车没有大灯继电器),其电流可达15A左右,完全剪断后再绞接起来,绞接处的电阻就要增加,使导电能力下降,这样发热就是必然的。发热又导致绞接处氧化,绞接处的电阻进一步增加,导电能力也进一步下降,发热量就持续增加,最终形成恶性循环,这就是此故障的起因和演变过程。

考虑到故障点处的空间狭小,导线的长度有限,维修技师去掉了此处加接的防盗器电源线,将其合理地改接到"15"电源线上去。把两个已氧化的线头用细砂布擦净,穿上两道热缩管后,把线头绞接牢固,又用焊锡把线头焊好,套好热缩管,最外层再用防水胶布包扎好。再次试车,一切正常,证明故障彻底排除。

故障维修总结:在未打开大灯开关时,从点火开关出来的X线仅向X触点卸荷继电器中的线圈供电,电流仅为0.1A左右,绞接处的电压降很小,所以此时X触点卸荷继电器能正常工作,X电源线有电,舒适系统、ABS系统等也就工作正常;当打开大灯开关时,电流增至15A左右,绞接处很大的电阻必然会增加发热量,使电阻进一步增加,结果使绞接处的电压降太大,供给X触点卸荷继电器中吸拉线圈的电压就会过低(约6V),吸拉线圈产生的磁场就会变弱,当弱到不能把X触点吸合时,X电源线失电,故障就出现了。

车主反映的"更换点火开关锁芯和大灯开关后,正常了几天",可能是由于更换过程中绞接处受到扭曲,使导电能力暂时得到改善。可见,维修汽车电气故障,拥有相关的电路图并能把它看"懂"用"活",对于现代汽车修理工来说实在是太重要了。

九十四、桑塔纳3000轿车空调制冷效果不良的故障

故障现象:桑塔纳3000轿车,采用AYJ 1.8 L发动机和自动空调系统,出现空调制冷效果不良的现象。

故障诊断与排除:维修技师接车后首先验证故障现象。起动发动机,接通空调制冷开关,空调压缩机电磁离合器能吸合,电子风扇能正常运转,用手触摸空调低压管,感觉很凉。把手放到出风口前只能感觉到微微的凉意,制冷效果不良。分析认为空调压缩机工作正常。调节鼓风机挡位开关,有高、低速挡,排除鼓风机有故障的可能。检查空调高低压侧的压力,也正常。考虑到该车使用自动空调系统,使用内循环模式制冷效果要好于外循环模式,用手切换内、外循环模式,屏幕显示能够切换,于是分别在不同模式下检查空调制冷效果,却并无差异,怀疑内外循环电动机或控制线路有故障(内外循环电动机配件号为33D 907 511),但更换内外循环电动机后故障依旧。拆下该电动机后插上导线侧连接器,一人在车内切换模式开关,一人观察电动机,反复切换,发现该电动机不工作。接着查阅该车空调系统电路图。结合电路原理图,首先测量电动机的搭铁线,没有问题;测量表明其6针连接器的5号端子有5V电压;再测量1号端子,无电压(该端子为内外循环电动机电源线,空调压缩机工作后其上的电压应为12V)。将发动机熄火后从蓄电池正极端接一根导线给该连接器1号端子,而后再起动发动机,接通空调制冷开关,观察内外循环电动机,结果工作正常了。遂装好内外循环电动机,将空调切换到内循环模式,用手感觉出风口温度,很凉,用温度计测量出风口温度,约为5.3℃,正常。

更换空调内外循环电动机线束后,上述故障彻底排除。

九十五、桑塔纳 3000 型轿车刮水器不工作的故障

故障现象:一辆桑塔纳 3000 型轿车,将点火钥匙旋至 ON 挡,分别接通刮水器开关的高速、低速、间歇工作挡,刮水器均不工作;接通前风窗洗涤开关,洗涤装置也不工作。

故障诊断与排除:该车刮水器的结构与桑塔纳 2000 型相同。刮水器不工作的故障原因有两大类,一类为机械故障,例如,刮水器传动连接部位卡滞、锈蚀,刮片阻塞等。一类为电器故障,例如,开关、刮水器电机或继电器损坏、线路断路等。

首先对机械部分进行外观检查:查看刮水器各连接部位没有明显变形或锈蚀处,用手来回扳动刮臂,无卡滞现象。经检查,机械部分基本正常。

电器故障检查:①刮水器电机检查。脱开刮水器电动机线束连接器,用两根导线,分别从蓄电池的正、负极引出,将蓄电池负极与电机侧 5 号插头(棕/黄色导线)搭接,正极与 2 号插头(绿/黄色导线)搭接,此时,刮水器高速运转。将蓄电池正极与 4 号插头(绿色导线)搭接,刮水器低速运转。经检查,说明刮水器电机性能基本良好。②用万用表测量电动机线束侧电压。将点火钥匙旋至 ON 挡,刮水器开关接通低挡,测量 4 号(绿色导线)插头上的电压,结果为0V,说明刮水器电动机继电器可能有故障。③检查继电器。打开中央接线盒盖,检查第 11 号熔断器,结果正常;将第 11 号熔断器插回,拔下第 19 号继电器,用一只新继电器替换试验,结果刮水器在各工作挡一切正常,说明原继电器已损坏。

更换继电器,故障彻底排除。

第三章 别克系列轿车故障检修实例

一、99 款上海别克 GL 轿车空调冷风时有时无的故障

故障现象：一辆 99 款上海别克 GL 轿车，高速行驶一段时间后，空调制冷系统出风口处有热风吹出，关闭空调一段时间后，空调系统又恢复正常。

故障诊断与排除：上海通用别克轿车的空调制冷系统采用的是可变排量节流管式控制方式。因此，在维修之前有必要对它的系统有所了解，其主要特点在于采用的压缩机是具有可变排量的，压缩机根据高端和低端压力的不同而改变它的排量，如果压力低，压缩机使用短活塞行程，活塞行程由压缩机内部摆动盘决定，摆动盘的位置由曲轴箱的压力确定，而这个压力受控制阀总成控制。

根据车主提供的现象，维修技师发现空调不制冷时低压管处产生了厚厚一层霜。可见，当不制冷时蒸发器表面也会结霜，产生冰冻现象，内外空气不能循环，从而不能制冷。对于可变排量节流管式系统而言，产生此故障主要有以下几点原因：

①制冷剂不纯。当制冷剂不纯时，它的蒸发温度低，产生的压力低，可变排量压缩机内部的压力调节阀接收到此信号后，使压缩机的排量变大，使制冷能力过剩。

②压力调节阀性能失效，制冷能力过剩。

③高压管路处有堵塞的地方，如二级节流管处等。

因此在维修的过程中，首先用冷媒分析仪检测制冷剂的纯度，经过检测为 R134a 纯度为100%。再根据拆卸的难易程度看，压力调节阀较易拆卸。于是，回收了制冷剂重新更换一个新的压力调节阀，再次试验制冷系统，一切正常，故障彻底排除。

故障维修总结：上述的维修过程几步下来故障就被排除。但是，维修技师在第一次维修此类故障时是采用反复替换很多配件的方法来判断故障，也不能立即解决。从诊断该车的案例看，只有对系统的工作原理掌握之后，才能在工作之中运用自如，少走弯路。

二、99 款上海别克轿车挡位灯不亮的故障

故障现象：一辆 99 款上海别克轿车，车辆行驶中时常出现各仪表归零，挡位灯不亮的情况。

故障诊断与排除：测试故障码，当前故障码没有。历史故障码为 PIC（仪表）：U1016 失去与 PCM 对话。BCM（车身控制模块）：2 级功能失效。检查线路，正常。更换 PCM 及 BCM 均无法解决问题。在路试时偶然发现：故障出现时，用 ADC2000 马上显示无法通讯。断开 PCM 与 BCM 供电，直接从蓄电池给它供电，问题解决。后经检查，原来 PCM 电源线破皮，有时与车身搭铁。重新包扎做好绝缘处理后，故障彻底排除。

三、99 年款上海别克新世纪轿车怠速发抖且行驶时加速无力的故障

故障现象：一辆 99 年款上海别克新世纪轿车，装备 L46 2.98L V6 发动机，SFI 电子顺序多点燃油喷射系统。怠速发抖，行驶时加速无力。

故障诊断与排除：检查燃油系统压力，正常（在发动机停机，跨接继电器时系统压力为 338～380kPa）。根据故障现象，怀疑个别气缸工作不良。检查各缸点火高压线，有两个缸的高压线漏电。更换一组火花塞及一组美国别克轿车的高压线后试车，怠速及加速正常，但行驶一段时间后故障灯点亮。读出故障码为 P0300，含义为"发动机间歇性熄火"。换用上海别克专用的高压线，清除故障码后再试车，故障灯不再点亮，故障彻底排除。

四、2000 年款上海别克 GLX 轿车发动机抖动且有时熄火的故障

故障现象：一辆 2000 年款上海别克 GLX 轿车，装备 L46 2.98L V6 发动机，SFI 电子顺序多点燃油喷射系统。在行驶中停车（如遇交通信号灯）时，发动机抖动，有时熄火。

故障诊断与排除：维修技师根据以往的经验，如果废气再循环阀（EGR）卡住，就会产生这种故障现象。拆下 EGR 阀检查，果然有很多积炭。清除积炭后试车，一切正常，故障彻底排除。

五、2001 款别克 GL8 轿车无法起动故障一例

故障现象：因为此车不经常开，有时在车库里一放就是几天，当行驶里程才 2000km 的时候，发现此车在车库停放两天后再起动时，起动机没有任何动静。

故障诊断与排除：当时维修技师是外出服务的，经判断是由蓄电池亏电导致的，于是将此车与服务车跨线起动，车着一段时间后，再起动车正常，交车完工。但几天后车主反映同样的故障又出现了。结合以前修理别克车的经验，认为是蓄电池内部出现故障了。于是带一只新蓄电池外出将此车的蓄电池换掉，谁想竟出乎意料，几天后该车的这个故障又重新再现，时间间隔还是两天，看来这次靠经验是不灵了，心想问题大了，要是线束有短路的情况可就难查了。经过车主的同意将车放在维修站里进行彻底的检查，因为此车才跑了2000km，又没有加装任何附属装置，车也没有撞过，线束不应该有问题，测量各个保险丝的电流值与其他的 GL8 相比，各个值几乎一样。后来又在拔掉点火钥匙的情况下测量整车的耗电量，测量值为 0.7A 多一点，根据经验这个值有点大，再测量其他的 GL8 也是这个值，问题出在哪里呢？

正当焦头烂额的时候，"睡眠模式"这个词出现在维修技师的脑海里，这个词只是在该车电脑检测仪里见过，后来查阅资料得知，别克 GL8 设有"睡眠模式"，即车在关闭一段时间后，车上某些元件的用电量会进入到一种用电非常少的状态。于是维修技师又对一辆状况良好的GL8 车进行对比测量，在测量整车的耗电量正想拿掉表笔时，万用表上的电流值突然降到了0.002A，又重新测量了几次，结果是一样的，数值从 0.7A 跳到 0.002A 的时间间隔为 20s。然后维修技师又测量故障车的关闭点火后的整车耗电量，发现电流值一直是 0.7A，并没有出现突然降到 0.002A 的现象，也就是说，故障车的"睡眠模式"功能失效，导致汽车停置时间较长时蓄电池因大量放电而亏电。那么是什么原因导致该车不能从 0.7A 降到 0.002A 而进入"睡眠状态"呢？在测量各个保险丝的电流时，音响的为 0.3A 多，而仪表的为 0.4A 多，两者加起来就是 0.7A 多，而且仪表又通过一条二级数据线控制音响。于是维修技师先将音响的 29 号保险丝拔下（机罩下附件接线盒内），再测量整车的耗电量，电流值为 0.4A 多，但是数值一直不变，这表明故障原因不在音响部分。为了进一步确认故障所在，将仪表保险丝 B5-B6 取下（仪表台右边的保险丝盒内），读取整车耗电量，开始时为 0.3A 多，20s 后一下跳为 0.002A了，由此可确定是组合仪表损坏，将车的组合仪表更换后，进行测量，开始时电流值为 0.7A，20s 后降到 0.002A，说明该车"睡眠模式"功能恢复正常，故障彻底排除。此车以后再也没有出现过此故障。

故障维修总结：现代高挡轿车上很多模块与模块之间的联系与控制比较复杂，对于汽车维修人员来说，平时应该多了解一些车的本质性的东西，如电子元件的工作原理和控制理论等，这样工作起来就会事半功倍了。比如维修技师如果对"睡眠模式"非常了解的话，这次的故障可能就能很快排除。如果维修技师不知道"睡眠模式"，也不知道音响与仪表之间有从属关系的话，可能还要更长的时间才能修好，或者根本就无法排除故障。

六、上海别克 GL8 型轿车燃油表指示异常的故障

故障现象：一辆上海产别克 GL8 型轿车，将点火钥匙旋至"ON"挡，燃油表指针从最低点升到高点后，随即降至最低点，此后一直不动。

故障诊断与排除：维修技师接车后，询问车主得知：该车是购买不久的二手车，前两天因起动不着，曾在某个小修理点换过线束。这次在加油站加过油后，燃油指示就不正常。

维修技师首先脱开油箱上的线束连接器，用万用表测量浮子电阻值为 200Ω，在 40～250Ω 的正常范围内。用一滑动电阻值代替浮子，当手动调节电阻值时，燃油表仍无任何反应，说明浮子应是正常的。测量浮子线束侧电压，其中两个插孔的电压均为 12V，测量搭铁线正常。别克系列轿车是由 2 级串行数据线连接动力系统控制模块 PCM 与燃油表的，同时 PCM 向浮子提供 5V 参考电压，而不是日系车辆的 12V 电压。浮子的电阻值改变，电压也随之变化，PCM 根据电压的变化来判断油量的多少，并驱动燃油表指示。由此可知，当 PCM 收到一个 12V 的高电压信号时，认为燃油箱已满，所以让燃油表指针升到最高值。但随之 PCM 又立即检测到电压超过极限值，就会显示系统有故障，而不采用浮子的信号，让燃油表降至最低点并保持不动。由此看来，正常情况下 PCM 应提供 5V 电压，但现在却是 12V 电压，可能是线路有接错的地方。

检查燃油箱至 PCM 的线束，发现是新更换的，仔细观察，离油箱线束连接器约 20cm 处，线束用胶布捆扎，正常情况下线束不应有这种包扎，取下胶布，发现里面的灰色导线与紫色导线人为地连在了一起，灰色导线是 12V 的燃油泵火线，紫色导线为 5V 电压线。重新将紫色导线连接好，将点火钥匙旋至"ON"挡，燃油表指针无反应，用万用表测量紫色导线电压为 0V，说明该导线至 PCM 处仍有断路的地方。查找到 PCM 线束连接器处，发现紫色导线与连接器插孔间断开，重新处理后装复试验，燃油表指示正常，故障彻底排除。

七、2001 款上海别克 GS 轿车鼓风机不转的故障

故障现象：一辆 2001 款上海别克 GS 轿车，空调鼓风机电机不能工作。

故障诊断与排除：①对照鼓风机电路图，首先检查保险丝有无断路烧毁现象，未发现异常。②检查线路中唯一搭铁点 G200，该点无松动现象，用万用表测其对地电阻为 0Ω。③断开鼓风机电机线束接头，打开点火开关，将风速调至最大，测试电机 A、B 之间电压为 12V。④断开鼓风机电机控制模块接头。将除霜按钮按到"ON"位置，用万用表测量 C11 脚灰色/黑色线，然后调节鼓风机的转速从低到高，测得电压值为 0.5～0.7V。可见，鼓风机控制模块供电及接地均正常，故障可能出现在鼓风机控制模块上。⑤更换新的鼓风机模块后，故障彻底排除。

八、2008 款别克凯越轿车遥控功能失效故障一例

故障现象：一辆 2008 年产别克凯越轿车，行驶里程 4 万 km。用户反映该车遥控功能失效。

故障诊断与排除：维修技师接车后用遥控器试车，车辆没有任何响应；遥控解锁，仍无反应，但双闪灯却闪烁两下，这说明防盗控制单元接收到了遥控器的信号，而且也能够控制输出解锁指令。进一步检查发现，在遥控锁车的同时，按下驾驶员侧车门锁提，防盗喇叭鸣响一声，双闪闪烁一次，同时发光二极管指示灯连续闪烁。打开车门，车辆发出声光报警。由此可见，防盗控制单元正常，只是中央门锁功能异常。

找到右 A 柱下的中央门锁控制单元，断开插接器，分别对门锁电机施加正反向电源，车门可以正常落锁/解锁，这说明中央门锁控制单元输出信号缺失。

更换中央门锁控制单元，故障彻底排除。

九、2009 款别克君越轿车"请检修车辆"的警告灯点亮的故障

故障现象：一辆 2009 年产别克君越轿车，搭载 3.0L，V6 发动机，行驶里程 4 万 km。用户反映该车"请检修车辆"的警告灯点亮。

故障诊断与排除：维修技师接车后试车发现，该车制动灯不亮、仪表背景亮度无法调节，显然属于多系统同时失效故障。检测车身控制单元，发现有电流传感器故障的提示。电流传感器是套在蓄电池负极线上的，它将蓄电池输出电流转换为 128Hz 的脉宽调制信号，传输给车身控制单元(图 3-1)。读取车身控制单元的数据，发现光照传感器、制动踏板传感器和电流传感器的 10V 变压电源的电压均为 0V，这正好解释了上述故障现象的原因。

将电流传感器的插接器断开，发现车身控制单元数据显示的 10V 变压电源的电压立即回复正常。测量电流传感器 A 与 B 端子之间的电阻，短路。更换电流传感器，故障彻底排除。

故障维修总结：一般情况下，一个电源都会带多个负载，当其中某个负载出现短路时，会影响其他负载的正常工作。在故障诊断中维修人员恰好可以利用这一点来判断故障的性质，并确定故障点。当断开某一负载时，电源回复正常，正好说明找到了短路点。

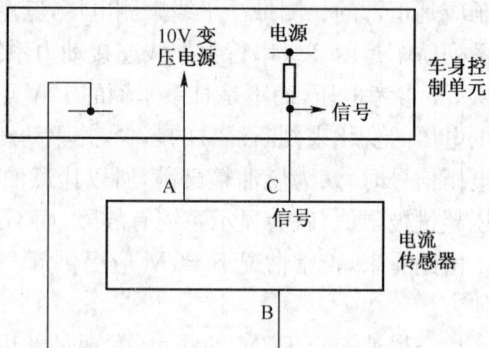

图 3-1　电流传感器电路示意图

十、2009 款别克君越轿车雨刮器只有高速挡的故障一例

故障现象：一辆 2009 年产别克君越轿车，搭载 3.0L，V6 发动机，行驶里程 4 万 km。用户反映该车雨刮器只有高速挡。

故障诊断与排除：维修技师查阅相关电路图得知，该车雨刮器是由车身控制单元通过雨量传感器来控制的。雨量传感器接收来自雨刮器开关的操作信号，结合雨量信号，转换为原始控制数据。该数据通过数据总线传给车身控制单元作为输入数据，车身控制单元处理后，产生输出控制数据，再通过数据总线送回雨量传感器。雨量传感器将控制数据转换成控制信号，驱动雨刮继电器。

维修技师检测车身控制单元的数据，同时操作雨刮器开关，发现所有的输入数据都可以随着雨刮器开关的操作而改变，且数据显示与雨刮器开关的挡位是一致的。但此时输出数据始终显示为关闭雨刮器，这说明问题出在车身控制单元。查看该车维修记录，发现该车刚换过车身控制单元。

对车身控制单元进行初始化设置后，故障彻底排除。

故障维修总结：在对控制系统进行维修时，首先要明确系统的控制单元，它是控制系统的核心。然后要搞清控制单元的输入量和输出量，并掌握它们之间的关系，清楚地了解控制单元所要达到的控制目标。在本故障案例中，车身控制单元作为控制系统的核心部分，它根据雨刮器开关的挡位，并结合雨量的大小，控制雨刮电机的转速及间歇时间。抓住这个核心，明确输入和输出，就能很快确定故障点并将其迅速排除。

十一、别克君威轿车倒车灯不亮的故障

故障现象：一辆别克君威轿车，自动变速器操纵手柄置入 R 挡位时，仪表盘上的 R 挡指示灯亮，后组合灯中的倒车灯不亮。

故障诊断与排除：该车倒车装置电路主要由第 29 号 7.5A 的熔断器、变速器挡位开关、仪表盘上的挡位指示灯、倒车灯等组成。当变速器操纵手柄置入 R 挡时，电流从熔断器到挡位开关，经发动机罩下右减振器上方的接线盒后分成两路，一路经传感器控制模块至仪表盘，另一路至倒车灯。

将变速器操纵手柄分别置入 P、R、N、D、3、2、1 挡位，仪表盘上的挡位指示灯均能点亮，说明熔断器至仪表这一支电流回路正常，故障应在接线盒至倒车灯这一电路中。检查倒车灯灯泡，结果正常，说明故障应在接线盒至倒车灯灯泡的线路中。打开接线盒检查，发现有一根浅绿色导线悬空，而倒车灯的火线也为浅绿色，所以判断该导线应为倒车灯的火线。将该导线搭接在火线上，倒车灯亮，说明判断正确。用试电笔检查后，确认另一根浅绿色导线为挡位指示灯火线，将倒车灯导线与挡位指示灯的导线连接后，做挡位试验，一切正常，故障彻底排除。

十二、别克君威 2.5GL 型轿车空调系统不制冷的故障一例

故障现象：一辆别克君威 2.5GL 型轿车，装备 C56 手动空调系统。车主反映，该车起动发动机和空调系统后，压缩机不工作。车主还反映数月前因其他故障曾检修过发动机舱内线束。

故障诊断与排除：C56 空调系统虽说为手动操作，但动力系统控制模块 PCM 却参与空调控制，当按下控制面板上的空调按钮时，空调控制模块 HVAC 的 C4 端子将会输出一个 5V 电压给 PCM 的 C2-22 端子，作为空调请求信号；PCM 收到该信号后，再根据发动机冷却液温度、节气门开度、环境温度和空调压力等信号，决定压缩机是否工作。所以从 PCM 是否收到空调请求信号进行检查，并借助故障诊断仪 TECH2 进行检测，可迅速缩小故障范围。如果 PCM 数据流中空调请求信号为"NO"，则故障范围在 HVAC 或空调请求信号电路；如果 PCM 数据流中空调请求信号为"YES"，则应观察压缩机控制信号，如果显示"OFF"，应检查冷却液温度、节气门开度、环境温度和空调压力等信号是否正常；如果压缩机控制信号显示为"ON"，则应检查空调断电器、压缩机的熔断器及电磁离合器是否正常。

经 TECH2 检查，空调请求信号为"NO"。空调控制模块 HVAC 在车厢内，动力系统控制模块 PCM 在发动机舱内，二者之间的连接线束穿过一个橡胶护套，通过在发动机舱内左减振器前端有一个线束连接器 C101 相连，检查 C101 连接器，发现插头固定螺母将线束中的白/深绿色导线压破了，从而使空调信号请求线束搭铁。故障部位如图 3-2 所示，松开固定螺母，取出压破的白/深绿色导线并用绝缘胶布包好，插牢 C101 连接器，起动发动机和空调系统，压缩机能正常工作，故障彻底排除。

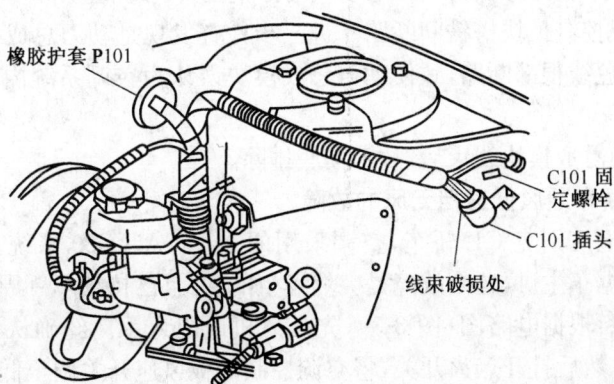

图 3-2　故障部位图

十三、别克 GL8 轿车门锁自动打开的故障

故障现象：一辆上海别克 GL8 轿车，车主反映，用遥控器锁上车门，10～20min 后门锁会自动打开。

故障诊断与排除：维修技师接车后，先进行了初步检查，用遥控器开门和锁门一切正常。锁门后等待故障出现，大约过 30min，门锁果然全部打开，同时车内灯也点亮。再次用遥控器锁门，过了不久，门锁又全部打开了。

该车门锁是由 BCM 直接控制（驾驶侧车门锁除外），而且每次都是经过一段时间后，门锁才会自动打开，应先检查 BCM 的火线和接地情况，没发现异常。便怀疑是 BCM 自身出现故障，更换了一个新的 BCM 后再试，这次时间稍微长了些。但还是出现这种故障。可见原车 BCM 没有问题。那会不会是遥控接收器发生了故障，向 BCM 发送错误的信号呢？于是更换一个新的遥控接收器，重新编程后再试，故障依旧。

既然 BCM 和遥控接收器都没有问题，就只有可能是线路方面的问题了。进行路试，经过不平的路面时门锁会自动打开，锁上门之后，不一会儿又打开了，而且越来越频繁。经过仔细分析认为，与解锁有关的信号除了遥控接收器外，还有 P 信号、车主解锁输入和锁芯车门解锁输入三个方面，分别为浅绿、白色和橙黑色线。试车过程中，通过仪表得知，P 信号未出现异常，所以出现故障的可能性不大，就只剩下左右两个前门了。于是先将驾驶侧车门电线断开，并进行路试，未再出现上述故障现象。拆下门板检查后发现，锁芯门锁线被挤压，有一处轻微的磨损，重新处理后，故障彻底排除。

故障维修总结：这个故障的原因并不复杂，只是被一些表面的现象所迷惑，才导致走了不少弯路。如果当时能和车主详细交流，或者及早试车，解决这个问题根本花不了这么长的时间。因此，在动手维修之前，非常有必要了解故障的全面性，这样就可少走弯路，提高维修效率。

十四、别克 GL8 轿车左右冷却风扇一直高速运转的故障

故障现象：一辆别克 GL8 轿车，发动机运转状态下，左右冷却风扇一直高速运转。

故障诊断与排除：①用 TECH2 检测数据显示：水温正常，A/C 压力显示为 2280kPa，风扇请求 1 接通，风扇请求 2 接通。从以上数据来看，在空调未工作的情况下，A/C 压力显示不正常，使动力总成控制模块收到 A/C 压力传感器传来的压力过高信号后，从而电子风扇高速运转。②尝试拔下 A/C 压力开关插头后，电子风扇停止运转。③检查 A/C 压力开关电路，发现其搭铁线和动力总成控制模块搭铁间断路。进一步检查发现是动力总成控制模块 C1 线束连接的 80 号脚搭铁黑色线根部断路，致使动力总成模块误认为空调系统内部压力过高，使冷却风扇高速运转。

经焊接修理动力总成模块线束后，故障彻底排除。

十五、别克 GL 轿车暖风低速挡无风的故障

故障现象：一辆上海别克 GL 轿车，空调采用的是 HVAC C60 系统，开暖风时低速挡无风，其他挡均正常。据车主讲，这个故障是突然发生的，并且已持续一周。

故障诊断与排除：根据电路图（图 3-3），先从风机电阻入手。经确认，与低速挡对应的线束是黄色的 HB 线。然后打开点火开关，将空调控制面板风速开关调至低速挡，再将风机电阻的插头拔掉，用试灯测量 B 脚，可以确认此处供电没问题。又将风机插头 AB 拔掉，使点火开关处于打开状态，依次从低到高调节风速开关，发现只有低速挡没电。于是拆下风机电阻，打开护盖，看到线路板上的低速电阻连接线的接点处熔断。

更换风机电阻后,暖风恢复正常,故障彻底排除。

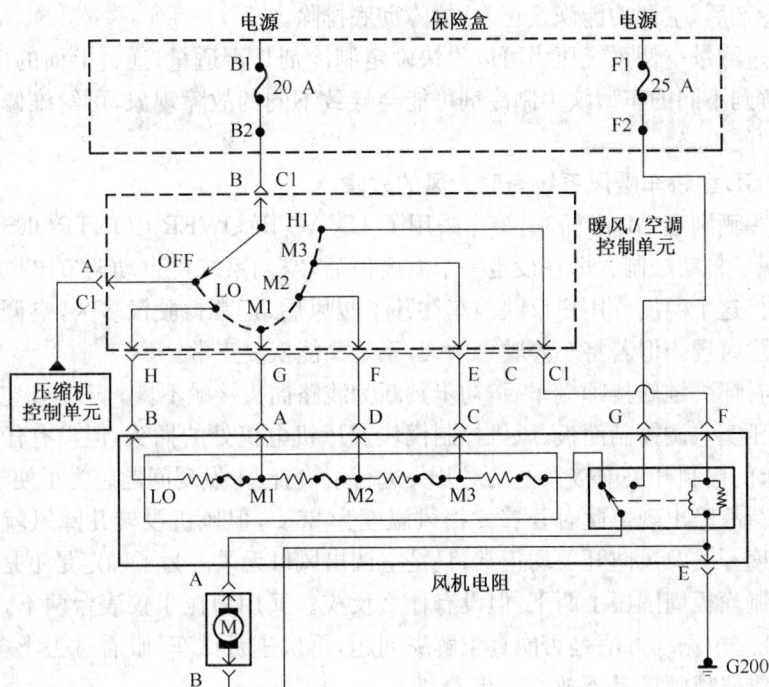

图 3-3　C60 部分电路

十六、别克 GL 轿车仪表板上的左右出风口的温度不一致的故障

故障现象:一辆 2001 年款别克 GL 轿车,空调系统控制方式为 CJ2,行驶里程 9 万 km。开空调时,仪表板上的左、右出风口的温度不一致。

故障诊断与排除:起动发动机并打开空调,用手感觉左右出风口的出风温度,左侧的出风温度接近外界温度,右侧是制冷后的凉风,但是感觉制冷强度不够。观察空调低压管路,发现管路表面凝结了一些水珠,但是管路不是很凉。关闭车窗使用空调内循环,将发动机转速稳定在 2000r/min 运转一段时间后,车内温度接近空调功能正常时的状态,而且左、右出风口温差变小。打开车门后,出风口的温度很快升高,低压管路表面的凝结水变少,很显然,空调蒸发箱内的制冷剂不能随着热负荷的变化而变化。

由于 W-CAR 车系和 D-CAR 车系蒸发器的结构特点,打开空调时,中央仪表板上的 2 个出风口的出风温度不一致,左侧出风温度高,右侧出风温度低,温差会达到 3℃～5℃。而且该车使用的控制系统为 CJ2,即左右双区的自动空调,蒸发器的两侧有左右 2 个温度执行器。当温度执行器或相关线路出现故障后,同样会导致左右出风口温度不一致。所以,当出现左右出风口温度不一致时,首先应该区分出是制冷能力的问题还是电子控制问题,或是风门等机械问题。按照上面的思路进行检修,当发动机水温正常后,将空调系统的温度逐渐调高,出风口的温度会随之逐渐升高,这说明温度控制没有问题,送风模式的控制也没有问题。按照从简到繁的检查方法,用空调支管压力表测量空调系统的工作压力,低压管路的压力为 100kPa,高压管路的压力为 1000kPa。此时的车外温度为 32℃,相对湿度为 60%。在相同的环境下,标准的低压管路压力应为 338kPa,高压管路压力应为 2958kPa,从以上的数据可以看出,空调管路内制冷剂不足。

使用制冷剂回收加注机回收制冷剂,回收量为 600g,而标准加注量为 850g。向空调管路内加注适量制冷剂后,空调功能恢复正常,故障彻底排除。

实际上,通过测量空调系统压力可以很快确定制冷剂是否适量,通过上面的描述,目的是使维修人员了解到不同的车型缺少制冷剂可能会导致不同的故障现象,可给维修人员提供一种解决此类问题的思路。

十七、别克 GL 型轿车暖风系统有时无风的故障

故障现象:一辆别克 GL 型轿车,该车采用了 HVAC BLOWER CONTROLS CJ2 空调系统。该系统实现了自动控制。即在设定一个温度值后,空调系统可自动调节出风口风力大小及冷热度,以维持这个温度。用户反映该车在开了暖风后,正常行驶没多久,空调出风口就没风了,且故障时隐时现。但若将车停驶一两天,系统又能恢复正常。

故障诊断与排除:维修技师接车后,初步判断为线路插头接触不良。于是在空调有风的情况下,用手用力压实空调控制面板、风机控制模块及风机电机处的插头,但没有任何反应。难道是控制面板上的控制开关虚接? 便又对开关进行了检查,未发现问题。为了便于测量,在院中反复试车,等待故障出现。此时开着 3 挡风温度为 26℃,但风机没转几圈风就没了。可调节风速开关、温度开关及风向开关均正常,只是空调出风口无风。为了确定是不是线路虚接的问题,用手在控制面板周围振了两下,但没有什么反应。又用力振了仪表台两下,空调居然出风了。为了验证这个振动方法是否能真正解决问题,再次进行试车,眼看过去十多分钟了,空调都很正常,但维修技师还是不放心。带着半信半疑的顾虑进行试验。当故障再次出现时,这次无论怎么振动仪表台,也不起作用了。倘若将车停放上一两个小时,空调或许又会有风。为了解开这个谜团,维修技师陷入了沉思。既然在空调无风时操作空调控制面板上的按键屏幕都能显示,就证明控制系统接收到了输入信号,故障应该在系统输出的执行机构。至此,判定问题应该出在风机控制模块上。

根据上述的分析,仔细查阅相关电路图(如图 3-4),可知风机控制模块与控制面板相连的那根线为风机速度控制信号线,线色为灰黑色。同时,风机控制模块上的 B 脚与 A 脚分别为供电端和搭铁端。为确认控制模块是否工作正常,先打开点火开关,利用万用表测量 B 脚与 A 脚均工作正常。看来问题的关键是在于 C 脚。于是利用万用表

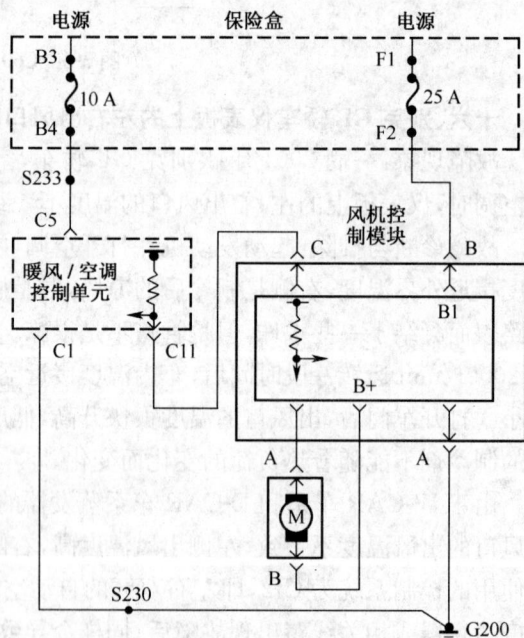

图 3-4　CJ2 部分电路

的电压挡测量其输出电压,发现仅有几毫伏的电压输出。为了得到确切数据,又找了一辆相同型号的车辆进行对比测量。当风速由 1 挡逐级变至 6 挡时,风机控制模块 C 脚电压会由 5mV 递升至 26mV。当再次回到故障车进行测量时,发现输出的结果相同,也是 5~26mV。而当故障出现时,C 脚电压值也始终是 5~26mV,由此可以确定风机控制模块损坏。

在更换了新的风机控制模块后,暖风不断地吹来,长时间试车,一切正常,故障彻底排除。

十八、别克 GS 轿车开空调时发动机会熄火的故障

故障现象：一辆 1999 年款别克 GS 轿车，空调系统控制方式为 CJ4，行驶里程 12 万 km，车主反映开空调时发动机会熄火。

故障诊断与排除：维修技师接车后，首先进行故障现象的验证。起动发动机，打开空调或挂挡时，发动机的转速会上下波动，甚至会出现熄火的现象。踩下油门踏板，使发动机转速保持在 2500r/min，然后迅速提高发动机转速或迅速抬起油门踏板，发动机转速表指针会突然回落到零，即出现失速现象，而且故障诊断仪 TECH2 与动力系统控制单元 PCM 的通讯会中断。

使发动机怠速工作，用 TECH2 检查 PCM 的故障码存储情况，有故障码如下：DTC P1610（与车身控制单元 BCM 失去通讯）、DTC P1602（与制动器/牵引力控制单元 EBTCM 失去通讯）、DTC P1626（防盗/燃油启用信号丢失）。从故障码的含义来看，故障码并未指出是哪个部件出现了问题，但从故障码提示的信息可以看出二级串行数据线（Class 2）可能存在故障，从而影响了连接在数据线上的控制单元，导致了发动机的某些共享数据丢失。

能够影响二级串行数据线的常见原因有控制模块的数据线或与故障诊断仪连接的数据线损坏，或搭铁不良，或受到干扰，或控制单元的电源电压的变化量过大等。当然，造成开空调时发动机熄火的原因也有很多，那么该车的熄火故障与二级串行数据线之间存在必然的联系吗？按照由简到繁的程序进行检查，用 TECH2 观察发动机运行时的数据流，而且重点检查了怠速电机的控制步数，均未见异常。根据维修经验，搭铁不良是引起二级串行数据线故障的常见原因，检查全车的主要搭铁点，发现位于变速器壳体处的 G117/G113 搭铁点固定螺母松动。

妥善处理搭铁线，多次试车后故障再未出现，证明故障彻底排除。

该车的空调压缩机离合器和动力系统控制单元 PCM 通过相同的搭铁点搭铁。当空调压缩机离合器吸合时，通过搭铁点的电流增加，如果搭铁点虚接就会产生较大的电压降，从而干扰了二级串行数据的正常工作。从很多故障案例中可以看出，搭铁不良是很多非正常故障的真正原因，尤其是一些靠壳体搭铁的传感器和控制单元，如果搭铁不良，则很可能会导致控制单元对执行器的错误控制。

十九、别克 GS 轿车空调不制冷的故障一例

故障现象：一辆 2001 年款别克 GS 轿车，空调系统控制方式为 CJ2，行驶里程 16 万 km，客户反映空调不制冷。

故障诊断与排除：打开点火开关，操纵空调控制面板上的开关按钮，空调面板的显示屏上不显示压缩机吸合的图标，且鼓风机不转，操纵其他空调控制按钮也没有反应。用 TECH2 控制压缩机，压缩机能够吸合，用 TECH2 观察空调压力开关的电压值符合标准，用支管压力表检查空调系统的压力也符合标准。通过上面的检查，可以确定空调系统的制冷功能没有问题，下面应检查空调控制面板为何无法操纵。

参照空调控制模块电路图（图 3-5）。拆下空调控制面板，不拔下空调控制线束，打开点火开关，测量控制线束插头中的橙色线 C1(B) 处的电压为 8V，测量仪表板右侧熔丝盒中的 B1-B2 熔丝上的电压为 8V，这是不正常的。拆下空调控制模块，测量控制模块上的线束插头中橙色线 C1(B) 处的电压为 8V。由于 B1-B2 熔丝是由点火开关供电，于是维修技师怀疑点火开关内部的触点虚接。拆下转向柱护套，用万用表测量点火开关后部的橙色线，电压为 8V，至此确定点火开关损坏。

更换点火开关后，B1-B2 熔丝上的电压为 12V，操纵空调控制面板上的开关按钮，各开关工作正常，空调系统工作正常，故障彻底排除。

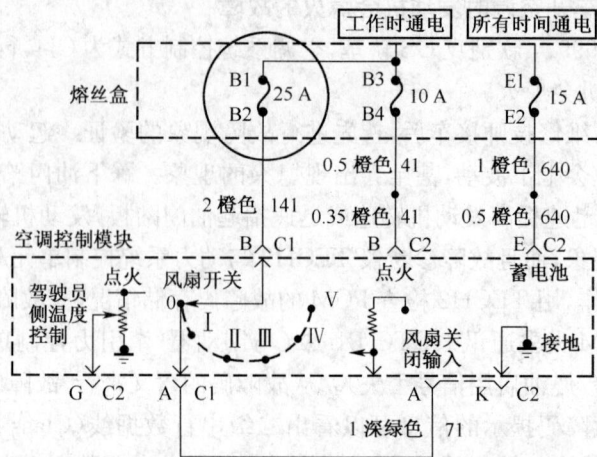

图 3-5　空调控制模块电路图

二十、别克 GS 轿车空调压缩机离合器不吸合的故障

故障现象：一辆 2002 年款别克 GS 轿车，空调系统控制方式为 CJ2，行驶里程 8 万 km。打开空调时，空调压缩机离合器不吸合。

故障诊断与排除：首先进行基本检查。检查空调系统熔丝，没有熔断且安装可靠。用 TECH2 检查动力系统控制单元 PCM 和空调控制模块 HVAC，没有故障码存储。用 TECH2 控制空调压缩机，压缩机离合器能够立即吸合，工作一段时间后，空调出风口的温度也基本正常。从以上检查可以看出，空调系统的制冷功能没有问题，于是维修技师将重点放在了空调压缩机离合器无法吸合的检查上。

空调压缩机离合器吸合需要满足以下条件：节气门开度<90%，发动机转速<4700r/min，发动机水温<124℃，285kPa<空调压力（ACP）<2700kPa，车外温度（OUT-T）>4℃。空调控制模块 HVAC 通过 Class2 数据线发送空调请求信号给动力系统控制单元 PCM，如果连接在 Class2 上的控制单元出现故障，PCM 中均会存储相应的故障码。因为该车的 PCM 中没有存储故障码，所以应该先重点检查空调压力传感器和车外温度传感器。在不起动发动机的情况下，用 TECH2 观察数据流中的空调压力为 510kPa，空调压力传感器信号电压为 1V，连接空调支管压力表，压力表显示的数值与 TECH2 中显示的压力值一致，压力值符合压缩机离合器吸合的条件。用 TECH2 观察数据流中的车外温度数值，显示为−38℃，观察空调面板显示屏上显示的车外温度也是−38℃，这是不正常的。找到车外温度传感器电路图（图 3-6），测量车外温度传感器在 5℃～10℃时的电阻值为 12kΩ，符合标准，测量传感器线束插头的 A 脚和 B 脚，电压为 5V，这些数据均正常。完成上面的检查后，导致车外温度数值异常的可能性只剩下与车外温度传感器相关的线路以及空调控制模块和相关线路。

正常情况下，当车外温度传感器出现短路或断路故障时，将设置故障码，空调控制单元使用 9℃作为车外温度的替代值，允许空调继续工作。当车内温度传感器出现短路或者断路时，空调控制单元使用 24℃作为车外温度的替代值，允许空调继续工作。当空调控制面板显示车外温度为−38℃时，说明车外温度传感器的线路并没有断路，而是阻值过大。断开车外温度传感器的线束插头，按动空调开关，压缩机离合器仍然不吸合。用 TECH2 观察数据流中的室外温度数值，仍然显示−38℃，这说明室外温度传感器插头之前的线路有问题。从车外温度传感器的电路图上可以看出,传感器的线路上带有1个线束插头 C120,该插头位于蓄电池的旁边。拆下蓄电池后,维修技师发现插头 C120(图3-6)已经被从蓄电池流出的电解液腐蚀得"面目全非",看来问题就在于此。插头 C120 损坏后,导致车外温度传感器的线路阻值增大,这相当于车外温度降低,于是 PCM 误认为车外温度过低,禁止空调压缩机工作。

图 3-6　车外温度传感器电路图

更换插头 C120 后,打开空调开关时空调压缩机离合器能够正常吸合和断开,但是空调面板显示屏上显示的车外温度仍然是-38℃。从维修手册中可知,只有在以下条件出现时,空调面板显示屏上显示的温度才会发生变化。

①车辆以 32km/h 的速度行驶约 0.5min 后,显示值刷新一次。

②车辆以 72km/h 的速度行驶约 1min 后,显示值刷新一次。

③如果室外温度下降,则空调面板显示屏上的显示值会即时更新。

④如果车辆使用超过 3h,当车辆起动后,空调面板显示屏上将显示当前环境温度。

⑤如果车辆使用少于 3h,当车辆起动后,空调面板显示屏上将显示以前车辆运行时的温度。

将该车驾驶一段时间后,空调面板显示屏上的显示值恢复正常,故障彻底排除。

二十一、别克 GS 轿车烧保险丝的故障一例

故障现象:一辆 2001 款别克 GS 轿车,仪表盘上的门未全关指示灯常亮,门控灯不亮,手扣箱内的灯也不亮,而且后备箱灯不亮,内后视镜照明灯不亮。

故障诊断与排除:根据该车的故障现象,首先要对其电路图及其工作原理有所了解。门未全关指示灯是由两前门的门锁(半开)开关将其信号输入车身控制模块(BCM),再由车身控制模块通过二级数据通信线与仪表控制模块(IP)相连,从而判断两前门的状态。门控制、手扣灯、后备箱灯、内后视镜照明灯等的控制均是由车身控制模块来控制其亮或灭。

根据电路图,维修技师首先检查 E7~E8 保险丝(位于仪表台右侧),发现其已经熔断,将其更换后,各种灯立即恢复正常,当正要交车时,突然,保险丝又断了,可见该保险丝以下线路部分有短路的地方,于是用万用表测量从保险丝至车身控制模块 C3-B 处导线的导通情况,测试状况良好。当一接上车身控制模块,保险丝立即熔断。可见故障出现在车身控制模块上(有可能内部三极管导通将其搭铁)。由于暂时还没有现货,需要等到下午货到才能维修。当新的车身控制模块到货后,维修技师马上将其安装。由于新的车身控制模块与原车 PCM(车身控制模块)不能匹配。所以需要 30 分钟的手工防盗学习,具体操作方法如下:

①先将点火开关转至"LOCK"位置,然后将点火开关转至"ON"位置。等待至少 10min。

②再将点火开关转至"LOCK"位置 5s,将点火开关转至"ON"位置,等待至少 10min。

③将点火开关转至"LOCK"位置 5s,然后转至"ON"位置,等待至少 10min,最后仪表盘上的 SECURITY(安全防盗)灯熄灭,发动机才能够着车。如果安全防盗指示灯仍然亮,需要重

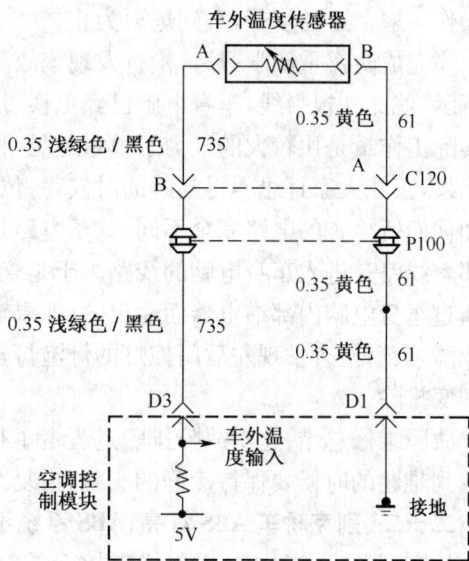

新操作一遍上述的步骤，直到熄灭为止。

当完成防盗重新学习后，检查发现该故障仍然存在。此时的工作陷入了困境。根据线路图所示，就此一根引线，车身电脑已经更换过，剩下只有彻底检查此线束了，虽然是一条引线但其实际工作量是比较大的。为了慎重起见，将厂内的其他技师聚在一起研究，希望大家提出好的建议，正在大家百思不得其解的时候，一位同事说，为何不从后备箱灯不亮查找呢？这个电路和你们所检查的电路完全不同，这条电路是从车身控制模块输出到各个控制灯的，而你们查的那个线路是进入车身电脑的线路。于是查阅了电脑输出部分的电路。原来输入电脑的线路是通过车身电脑内部继电器而输出的，如果输出部分的任何线路有短路的地方都会产生上述的故障，最后检查发现左后门控灯的灯泡灯丝短路产生了上述故障，更换了一个新的灯泡后故障彻底排除。

故障维修总结：这次故障排除过程走了很长的一段弯路，也使维修技师学到了不少知识，当遇到难题的时候要保持冷静的头脑，再复杂的问题，也能用普遍的道理给予解决。

二十二、别克轿车 ABS 灯亮，ABS 系统不工作的故障一例

故障现象：上海别克轿车仪表板上的 ABS 故障指示灯点亮，ABS 系统不起作用，制动抱死。

故障诊断与排除：由于行驶中仪表板上的 ABS 故障指示灯点亮，说明 ABS 电脑记录有故障代码。根据别克维修手册中提供的故障代码读取方法，人工调取故障代码为 41。对照故障代码表可知：故障代码 41 表示右前电磁阀线路开路。

为确认是否电磁阀线路的故障，用万用表测量 ABS 总泵的电磁阀线路，测量时发现有 1根线与其他任何一根线都不相通（正常电磁阀引脚线之间是相通的），由此可以判断这根线便是故障代码 41 所指的开路线。为查出具体开路部位，采取以下方法：拆下 ABS 总泵（位于发动机室左侧前端）。分解 ABS 总泵，从其底部拆开便会看到四个电磁阀（分解时要特别注意不要损伤密封圈）。打开 ABS 总泵后，便看到有一根线端已明显断开，此即故障所在。用 1 根比较小的电线把电线的开路端焊接起来，然后再用万用表的欧姆挡测量原来开路的线与其他各线是否相通，结果相通。然后将 ABS 总泵重新安装好，根据手册给定方法清除故障代码，添加制动液，按照规定顺序对 ABS 系统进行空气排除（注意：一定要按规定放气顺序对各轮进行放气，否则空气无法排除干净，会影响 ABS 系统的工作效果）。试车，ABS 系统功能恢复正常，故障彻底排除。

二十三、别克轿车车窗时而能升降时而不能升降的故障

故障现象：一辆上海通用别克轿车，按下操纵开关，车窗有时能升降，有时不能升降。

故障诊断与排除：通过维修技师的检查，发现车窗玻璃托架在车门框架内垂直升降时，把连接右后车窗开关的一根火线外皮磨破，车辆行驶时，磨破的导线时而搭铁时而不搭铁，造成按下操纵开关时，车窗有时不能升降，有时却又能升降。

图 3-7 为通用别克轿车电动车窗电路原理图。驾驶员主控开关组件由驾驶员控制，右后、左后、右前车窗开关由乘客控制。

图 3-8 为右后车窗下降电流方向，其车窗上升电流与下降电流方向相反。其余车窗的升降原理均是一样的。

当安全开关断开时，乘客就不能操纵右后、左后、右前车窗的升降。当连接右后车窗开关的火线外皮（见图 3-7A 处）因玻璃托架升降而被磨破后，一旦导线搭铁，因电路断路器断开，电路无电，所有车窗将不能升降；而当车辆行驶因颠簸磨破的导线不搭铁时，车窗玻璃又能升

降自如。

将 A 处被磨破的导线绝缘后，故障彻底排除。

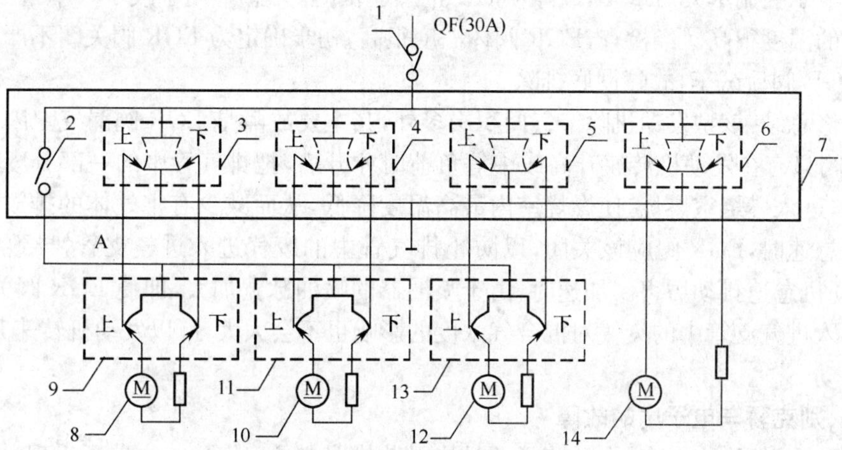

图 3-7　上海别克轿车电动车窗电路原理

1. 电路断路器　2. 安全开关　3. 右后车窗开关　4. 左后车窗开关　5. 右前车窗开关

6. 左前车窗开关　7. 驾驶员主控开关组件开关　8. 右后车窗电机　9. 右后车窗开关

10. 左后车窗电机　11. 左后车窗开关　12. 右前车窗电机

13. 右前车窗开关　14. 左前车窗电机

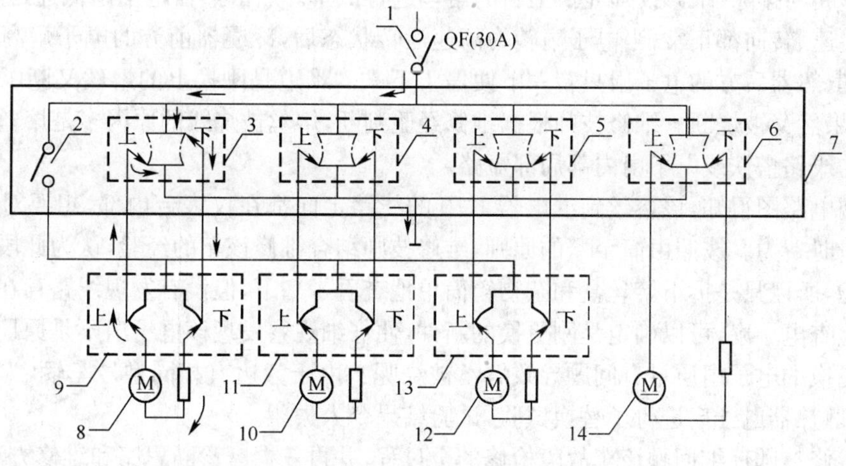

图 3-8　右后车窗下降电流方向（图注与 3-7 相同）

二十四、别克轿车怠速抖动的故障一例

故障现象：一辆 V6 发动机的别克 GS 型轿车，行驶 8.5 万 km 后，出现怠速抖动严重而发动机转速升高后却不抖动的故障。

故障诊断与排除：先用 TECH2 检测仪读取故障码，但无故障码显示。用万用表检测怠速控制阀的电阻值为 50Ω 左右，符合要求；检查怠速控制阀至发动机电子控制单元之间的导线，连接正常；用 TECH2 检测仪重新设定怠速，故障依旧，说明故障原因不在怠速控制阀；检查节气门体，发现其内部积炭很多。对节气门通道进行清洁后试车，怠速虽有好转，但抖动仍很严重。在发动机怠速工况下，向进气系统中的连接管处喷射化油器清洗剂，发动机转速没有变化，说明进气系统不存在漏气现象。在燃油供给管路中连接油压表，起动发动机，检查怠速时，燃油管路中的压力为295kPa左右,符合要求。检查火花塞火花,无异常现象;测量各缸的压力,均在正常范围内。通过以上检查,均未发现问题,于是怀疑发动机电子控制单元出现问题,但更换新的电子控制单元后试车,故障依旧。正感迷茫时,无意中用手摸了一下进气支管,感觉进气支管的温度很高。经检查,EGR阀体温度很高,初步确定为EGR阀关闭不严。

更换EGR阀后试车,故障彻底排除。

故障维修总结:该型发动机除节气门积炭多外,其主要故障是EGR阀漏气。因为正常情况下,EGR阀只有在发动机转速升高或中等负荷时才开启,把排气管中的一部分废气引入新鲜混合气中,进入燃烧室燃烧,使燃烧室内最高温度降低,从而减少有害气体的排放。但发动机大负荷和怠速时,EGR阀应该关闭,以防止排气管中的废气进入进气支管,导致混合气过稀,所以发动机怠速抖动厉害。加速时,由于喷油器的喷油脉宽加大,即使EGR阀关闭不严,从排气管进入进气支管中的废气对混合气浓度的影响也不会太大,所以发动机转速升高后,发动机不会抖动。

二十五、别克轿车电子扇的故障

故障现象:一辆别克轿车,有一阵子总是烧毁散热器电子扇熔丝。之前还出现过冷却液温度过高的故障,当时在外边找了一家路边店进行维修。经过相关维修人员检查,发现仪表板左下方熔丝盒上的散热器电子扇熔丝熔断。更换新的熔丝后试车,当电子扇高速运转时,熔丝再次熔断。维修人员检查线路未见异常,故判定为散热器后方的电子扇电机内部存在短路故障,导致熔丝烧毁,于是又更换了散热器电子扇,但试车故障依旧,只好将车送至服务站请求检修。

故障诊断与排除:维修技师先换上新的熔丝进行试车。当散热器电子扇低速运转时,2个电子扇的转速、转向都正常;当电子扇转为高速运转状态后,冷凝器前方的电子扇高速运转状态良好,而散热器后方的电子扇只转一下便停了下来。难道是刚换上的熔丝又断了?经检查发现,熔丝果然又被烧断。维修技师根据维修经验判断,熔丝被烧毁的原因多是熔丝后部至用电设备前的线路搭铁或电子扇内部局部短路。

经查阅电路图得知,该熔丝到继电器K70的线路走向都在仪表台内部,想要对整条线路进行排查费时费力。按照由简至繁的原则,维修技师结合维修该车的经验,认为此段线路一般不会出问题,所以只是拆下熔丝盒和杂物箱简单地查看了一下,但没有发现线路存在搭铁的情况。继续检查电子扇,可以确定是刚更换的新件,便仔细观察发现该电子扇不是原厂配件。会不会是新更换的电子扇质量有问题导致熔丝被烧呢?由于旁边有相同型号车辆,为了能够快速判断,对散热器电子扇进行了替换试验,试验结果令人失望。

此时维修技师仔细回顾该车故障检修的全过程,并再三揣摩诊断思路和维修方法,并没有想到哪儿有遗漏或不合理的地方。那么会不会是根据维修经验判定没问题的地方出了问题呢?于是拆下杂物箱,对其后部的配电盘进行仔细检查,发现该车原车的继电器K70应该为一个黄色的继电器,而该车却没有那个黄色的继电器,取而代之的是一个普通的4脚黑色继电器。会是这个4脚继电器引发的故障吗?维修技师先检查了此黑色继电器的插脚位置,但没有发现插反的现象。为了确定究竟是不是这个黑色继电器的问题,还是决定替换原厂继电器进行试验。在更换原车继电器后,试车发现故障居然消失了。

为什么该继电器会导致该车发生此故障呢?为探求究竟,维修技师查阅了该车的相关电路图。经查阅相关维修资料并仔细分析电路图可知,该继电器非普通4脚继电器,而是一个延时继电器。当满足电子扇低速运转条件时,2个电子扇M11、M4由起动机控制单元ECM控制继电器K51的触点吸合,经过K52的常闭触点,电子扇M11、M4形成串联电路,2个电子扇同时低速运转;当满足 2 个电子扇高速运转的条件时,除继电器 K51 的触点吸合外,起动机控制单元 ECM 也将控制继电器 K52 的触点吸合。由于继电器 K51、K52 的触点均吸合,电子扇 M11 直接形成单独的搭铁回路,于是实现高速运转。其实起动机控制单元 ECM 此时也已经控制继电器 K70 的触点吸合,但因继电器 K70 内部的延时电路作用,该继电器的触点在 3s 后才会吸合,电子扇 M4 才会高速运转。之所以采用这样的设计电路,是因为这样可以避免电子扇高速运转时起动的瞬间电流过大烧毁熔丝。到此,故障终于水落石出。在更换新继电器后,故障彻底排除。

二十六、别克轿车发动机怠速不稳且加速无力的故障一例

故障现象:一辆别克轿车,发动机达到正常工作温度时,怠速有规律地忽高忽低,排出的废气有较重的汽油味,加速无力,位于仪表板上的发动机电控系统指示灯在中等负荷时发亮,最高车速只能达到 120km/h。

故障诊断与排除:首先利用 WU2000 型故障诊断仪调取故障代码,输出为发动机混合气过稀故障。根据故障现象和电控系统故障诊断仪的提示,故障发生部位可能来自氧传感器、电动节气门体和空气流量计。按照由易到难维修原则,依次对空气流量计、电动节气门体进行检测,检测数据均符合要求。随后在检测氧传感器时,发现在 V 型发动机的两侧排气管汇合处装有 1 个氧传感器,由于离地较近,导线磨破,插头脱落。据此判断发动机的故障是因为 ECU 失去氧传感器信号而造成的混合气过稀故障。检查氧传感器,并没有损坏。于是连接好氧传感器的插接插头,用胶布将插接插头连接处包扎好,再用电控系统故障诊断仪读取故障码,输出数据表明故障已消失。装复后再次试车,却发现该车发动机起动后,达到正常工作温度时,虽加速无力现象消失,故障指示灯也恢复正常,但怠速仍旧有规律地忽高忽低。再次使用故障诊断仪检测,显示系统正常。依据可能引起怠速不稳故障的原因,检查了喷油器、火花塞,结果均正常;检测燃油系统压力,油压也在标准范围内。至此,最可能的原因就是汽油蒸气控制系统故障。于是对汽油蒸气控制系统进行检查,发现该车汽油蒸气控制系统的活性炭罐入口及过滤网均阻塞。

清除炭罐入口的污物,并用化油器清洗剂冲洗滤网使其畅通之后,发动怠速忽高忽低的故障现象消失。

故障维修总结:电控汽油蒸气控制系统的功用是防止汽车油箱内蒸发的汽油蒸气排入大气中,污染环境。汽油蒸气并不是自然地排入大气,而是由该系统将其引入进气管与混合气混合后燃烧。该系统主要由活性炭罐、控制电磁阀及相应的蒸气管道和真空软管等组成。在发动机不工作时,油箱内的汽油蒸气经管道进入活性炭罐,活性炭罐内充满了活性炭颗粒,活性炭可以吸附汽油蒸气中的汽油分子。当油箱内的汽油蒸气经管道进入活性炭罐时,蒸气中的汽油分子被吸附在活性炭表面,剩下的空气则经活性炭罐的出气口排入大气中。活性炭罐上方的一个出口经软管与发动机进气管相通。软管中部有一个电磁阀控制管路的通断。当发动机运转时,如果电磁阀开启,则在进气管内真空吸力的作用下,使吸附在活性炭表面的汽油分子又重新蒸发,随空气一起被吸入发动机气缸燃烧,使燃料得到充分利用,这样可以有效地抑制未燃烧的碳氢化合物的蒸发排放,同时还能使活性炭罐内的活性炭恢复吸附能力。经回收进入进气管的汽油蒸气量必须加以控制,以保持正常的混合气空燃比,这一控制过程由电脑通过操纵控制电磁阀的开闭来实现。在发动机停机时,电脑使电磁阀关闭,这时从油箱蒸发的汽油蒸气被活性炭罐吸收。当发动机正常工作时,电脑使电磁阀开启,储存在活性炭罐内的汽油蒸气经过软管被吸入发动机。该车由于汽油蒸气控制系统中活性炭罐空气的入口阻塞以及过滤网阻塞,导致外界空气不易进入活性炭罐,缺少新鲜空气。在怠速时(发动机达正常温度后),电脑使活性炭罐的控制电磁阀打开,在进气真空吸力作用下,吸附在活性炭罐内的汽油蒸气在无空气稀释的情况下被吸入进气支管燃烧,这样,氧传感器检测到的混合气过浓,于是电脑就要减少喷油器的喷油脉冲宽度。由于喷油脉冲宽度的减小,可燃混合气的浓度随之减小,导致怠速变低。由于喷油量减小,氧传感器在下一循环检测到混合气过稀,于是电脑又增加喷油脉冲宽度,这样怠速又升高。于此循环导致该车起动后发动机达到正常工作温度时,出现怠速有规律地忽高忽低的故障现象。

二十七、别克轿车发动机工作异常的故障

故障现象:一辆上海别克轿车,行驶 11 万 km,在行驶时偶尔有加油"坐车"、怠速不稳的现象,且原地加油时,有时能听到排气管放炮,有时又能听到空气滤清器处回火。

故障诊断与排除:根据车主的反映,维修技师对故障现象进行了验证,发现除了上述故障现象,还有一个特殊的规律:如果起动非常顺利的话,则加速、怠速工况均正常;如果起动困难,则加速、怠速工况也均不好。依据此故障现象,初步认为原因有可能在点火线路上,但为防备油路故障,先对油压系统进行了快速检查:模拟该车出故障时的状态,挂上前进挡,踩住制动踏板,同时另一只脚轻踩油门,类似于失速试验。因为这样做加大了发动机负荷,所以"坐车"现象就容易表现出来。接上油压表,当发动机出现"坐车"的时候测量油压是 300~320kPa,符合技术要求。通过此试验,基本上可以排除燃油泵和油压调节器引发故障的可能性。

据车主反映,该车曾发生过交通事故,在钣金维修时曾拆下过发动机总成,维修后行驶8000km 左右以后才出现怠速不稳、加油"坐车"的现象。为此曾换过火花塞和高压线,问题没有解决。于是维修技师决定用示波器对点火次极电压和波形做检查,检查中发现,无论是哪一个缸,在出现故障时均有断火现象。据此判定,不可能出现 6 个火花塞和高压线同时被击穿的现象,故障应在某一个元件上。该车利用 3 个点火线圈并联的方式直接点火,因此,点火线圈出现故障的可能性也不大。因此考虑,是不是曲轴位置传感器及凸轮轴位置传感器有时丢失信号而使电脑 ECM 无法正常工作呢?而且曲轴位置传感器装在发动机的前部,是不是该车发生交通事故后发动机也维修过呢?若拆过曲轴带轮,换过正时齿罩,那么曲轴位置传感器与齿环之间的间隙是否符合要求呢(二者之间的间隙值应为 0.5mm)?间隙过大或过小均易造成信号的丢失。于是,对曲轴位置传感器进行了重新装配,故障依旧,又更换了曲轴和凸轮轴位置传感器,故障还是依旧。至此,维修技师怀疑电脑有问题。决定利用示波器进行检测,如果出现波形有较大的脉宽,则说明此线路或电脑指令有故障。通过检测,发现当故障出现时其波形脉宽很大,很可能是电脑出现了故障。于是对其进行更换后试车,一切正常,故障彻底排除。

二十八、别克轿车发动机故障灯闪亮的故障

故障现象:一辆上海别克轿车,行驶里程为 6 万 km,当车速超过 100km/h 时,发动机故障指示灯即开始闪亮,而且车身随之轻微抖动。但速度降至 100km/h 以下时,指示灯会自行熄灭,抖动也消失。

故障诊断与排除:维修技师接车后,验证了故障现象。且认为可能是个别缸工作不好,有缺缸现象。上海别克轿车发动机故障指示灯分两种指示方式:一种是常亮,说明发动机控制系统出现故障;另一种是闪烁,说明该故障影响发动机的排放。如果发动机缺缸,故障灯会闪烁而不是常亮。为了验证上述的判断,连接上专用检测仪 TECH2 进行路试,在低速行驶时发动机各主要参数未见异常,也无故障码显示;当车速超过 100km/h 时,故障灯开始闪烁。再调取

故障码,显示为 P0300(发动机缺火)。又进入查阅"缺火图示",显示 6 缸工作较差,故障原因是发动机 6 缸工作不良,排放的尾气超过标准值,很可能引起三元催化器损伤,电脑检测到该信号后,点亮了位于仪表板上的故障指示灯。接下来重点对 6 缸进行检查:拆下 6 缸火花塞做跳火试验,正常。喷油器堵塞的可能性也较大,因为该车对燃油质量要求较高,在以前的修车中曾经几次遇到使用劣质燃油导致发动机缺缸的实例。于是拆下喷油器,果然发现很脏,积炭较多。清洗之后,又在清洗仪上做了检测,一切正常。重新装复试验,怠速时,加速感觉非常好。又加大油门使发动机转速升起来,车不抖,故障指示灯也未亮,于是再次出去试车。当车速刚刚进入 100km/h 时,故障又出现了,当车速从 100km/h 降下来,故障现象又消失了。反复试了几次,都是如此。

为什么故障总出现在 6 缸呢? 先后将 6 缸的火花塞、高压线甚至高压线圈都更换了,路试结果仍令人失望。该车发动机是由曲轴位置传感器和凸轮轴位置传感器向 PCM 传递信号,以确定各缸的工作情况,由此推断,很可能是曲轴位置和凸轮轴位置传感器或 PCM 有偶发故障现象,于是决定先更换曲轴位置传感器进行试验。更换后再次路试,随着车速的提高,超过100km/h 时故障灯没有亮,并且车身也不再抖动,而且随着车速的逐步提高,检查"缺火图示"也完好。经反复路试,一切正常,故障彻底排除。

二十九、别克轿车发动机严重抖动有时还熄火的故障

故障现象:一辆装备 V6 3.0L 发动机的别克,刚过磨合期,行驶中出现发动机严重抖动,甚至熄火的现象。

故障诊断与排除:维修技师接车后,首先准备以路试的方法来判断故障原因。因为出现发动机抖动的故障一般的原因有:

①废气排放系统,EGR 阀出现故障;

②供气系统即空气流量计或节气门部件故障;

③燃油供给系统故障。

但不同系统故障引起发动机抖动的症状特点是不同的。由于该车是新车,磨合期才过不久,车主再三交待车速不能太快。当时不敢以过高的速度行驶,只控制在 60km/h 的时速。路试 20min 后,一个偶然出现的机会把问题暴露了出来:试车员试图以短暂加大油门提速超车,当深踩油门时,故障灯闪了几下、汽车严重抖动,并马上熄火。只好以惯性将车子泊到路边,拿出金德 PC2000-Ⅱ检测仪,打开点火开关,按操作程序提取故障码,但检测仪提取不到故障码,估计是软故障码。于是便再次发动车子路试,以重现故障,让检测仪记录故障码。有了上一次的经历,很快便制造出与上一次一样的故障,检测仪上记录了两个故障码:

P00113。进气温度(IAT)传感器电路电压过高。

P00134。氧传感器信号线路断路。

将车子开回厂,依据检测仪提示的故障码展开检测工作。

(1)进气温度(IAT)传感器的检测

因为故障码 P00113 提示 IAT 电路电压过高,怀疑传感器已经失灵。照 IAT 传感器检测的方法,拔下 IAT 传感器连接器插头,拆下 IAT 传感器,以不同的水温测量其电阻值。检测结果与标准值基本吻合,说明 IAT 传感器是良好的。

(2)氧传感器反馈电压的测量

故障码 P00134 的出现,表明氧传感器线路断路。然而,要证实有故障,还须要对氧传感器的反馈电压进行检测。其步骤如下:

先将发动机热车至正常(保证已在闭环状态下运行)。

以 2500r/min 左右的转速保持运转,用低量程(2V)和高阻抗(内阻大于 10MΩ)的指针型万用表的负表笔插到发动机/变速器电脑端子 C116 上,正表笔插在 C110 上。万用表指针能在 0~1V 之间来回摆动,且摆动的频率也符合要求,说明氧传感器也是良好的。

既然两个怀疑是坏的传感器都是良好的,但故障码却是现场提取到的,车子又确实存在着故障,且故障出现时故障灯都闪亮。在这种没有能以直接的故障码与故障部位相对统一的时候,维修人员便进行讨论,维修技师提出了必须用排查的方法,当然,技巧也是很重要的。最后大家一致认为:①排气系统或 EGR 阀的故障会使发动机抖动,但故障一般应发生在 EGR 阀应该关闭而不能关或不能关紧漏气的情况下。根据车子发生故障现象,不像是这个原因,决定暂时不查排气系统,以节约时间。②很自然便考虑到故障是否发生在供油系统上。因为供油不足最有可能使汽车在提速中出现抖动以至熄火,这点与故障出现时的状况相同。于是,便在燃油压力调节器上接上油压表,以检测供油系统压力。第三次进行路试,发现其油压只有 0.25MPa,资料告知应在 0.284~0.325MPa 之间。现在故障出现时燃油压力只有 0.175MPa,这一发现使维修人员兴奋不已,因为故障应就出现在这一系统上。

回到维修厂后,先拆开汽油滤清器检查,发现滤网仍干净。估计问题不在滤网上,于是决定更换油泵。新泵装上后,燃油压力达到 0.295MPa,路试时故障消失,说明故障点就在燃油系统上。

车子修好了,而这一故障案例给予了我们如下的启示:①按照故障码的提示去查找故障点是必不可少的一步,尽管本例故障码所提示的故障点与真正的故障点不同,但也不能因此而放弃故障码提取这一步。因为很多故障点就与故障码所表示的故障是一致的。②本例故障码与故障的发生点不吻合,这是什么原因? 原来,在汽车电脑控制系统中 ECU 的报警自诊断系统,采用多元化的确认方法将故障信号编为代码。本例是运用 ECU 的逻辑判断功能,即 ECU 对两个与故障现象相关的传感器的工作参数对比分析,当其逻辑因果关系违反设定条件时,自诊断系统即确认有故障。本例的供油系统故障而出现了供油量少,运行在特定的条件下(如突然加速),汽车运行中表现了间歇的混合气过稀,至少与以下这些传感器工作情况是有关的:氧传感器、IAT 或 MAF。所以该车因供油不足而 IAT 和氧传感器正常的情况下,ECU 根据逻辑判定法,将故障判定在这两个传感器上而报警。③在修车的过程中,当出现故障点不是发生在故障码提示的部件上,也应该运用逻辑判定法去分析、查找故障的真实原因。这种方法往往使我们获得快而准的排除故障的效果,本例故障排除过程的思路和方法都比较正确,因而取得快捷的排除故障效果。

三十、别克轿车挂前进挡发动机易熄火的故障

故障现象:一辆通用别克轿车,当自动变速器操纵杆在 P、R 挡时,发动机工作平稳,运转正常。若将操纵杆换至 D 挡,则发动机抖动严重,在行驶过程中易熄火。

故障诊断与排除:维修技师到达现地后,首先利用发动机自诊断系统读取发动机控制电脑中的故障代码,显示无故障码,发动机正常。经分析,自动变速器在 D 挡时,发动机抖动严重,不可能是发动机动力有问题而不能正常行驶。因为自动变速器在 R 挡时,发动机工作正常。难道是自动变速器中的某个部件阻碍发动机工作? 起动发动机,踩下制动踏板并保持住,将自动变速器操纵杆挂至 D 挡,车辆不动,但发动机仍然抖动严重并熄火。在自动变速器输出轴等部件不运动的情况下,发动机工作仍不正常,说明故障原因不在自动变速器上。故障会在哪里呢? 再次起动发动机准备进行仔细检查。当点火开关转至"START"位置时,发动机转动无

力,用手触摸蓄电池,感觉温度很高。用万用表测量蓄电池正、负极两端电压只有 7V 左右。停了一会儿再测量蓄电池电压为 11V,说明蓄电池的电压正在慢慢恢复。经检查,蓄电池没有问题。难道是线路中有搭铁的地方?蓄电池电压降得如此低,应该是线路中有放电的地方。顺着蓄电池正极线检查,发现正极线位于发动机和变速器之间的固定夹掉了下来,正极线的包扎胶带已被磨破。磨破处距发动机机体很近,故障应就在这里。又起动发动机并挂挡观察:该车发动机为横置式,当自动变速器挂入 R 挡时,发动机往后动了一下,发动机机体离开裸露的正极线。当将自动变速器挡位换至 D 挡时,发动机向前动了一下,发动机机体与裸露的正极线接触冒出火花,此时发动机开始严重抖动。将蓄电池正极线缆用绝缘胶带包好并固定后试车,故障彻底排除。

该车故障原因是裸露的正极线在挂入前进挡时搭铁,使蓄电池迅速放电,影响了发动机点火系统、燃油系统及其各传感器的正常工作,从而造成发动机严重抖动并熄火。

三十一、别克轿车后视镜不动作的故障

故障现象:一辆别克轿车在一次电气维修后,出现左右后视镜均不工作的现象。

故障诊断与排除:该车电动后视镜系统,主要由控制开关、后视镜、驱动电机和配线等组成。工作时,操纵控制开关,可分别控制左右两侧后视镜上下或左右运动。将后视镜选择开关左转(逆时针)或右转(顺时针),可选择左右后视镜处于驾驶员的最佳视线范围内。每个电动后视镜总成设有 2 个可正反转的电机,一个用来驱动后视镜上下运动,一个用来驱动后视镜左右运动。每个电机带有一个自动复位电路断路器,当后视镜到达行程极限位置时,自动复位电路断路器便将电路切断,使电机停止转动。根据电动后视镜的结构和工作原理,可推断主要故障原因可能是:电动后视镜保险丝熔断;后视镜控制开关有故障;控制开关至电动后视镜之间有短、断路故障;左右后视镜 2 个电机均损坏或卡死。

先检查电动后视镜保险丝(10A),未熔断。用万用表电压挡(50V)测量保险丝输入和输出端电压,均为 12V(蓄电池电压)。将电动后视镜控制开关至左右视镜的插接器拔出,用万用表电压挡测量控制开关侧的输入和输出电压,点火开关置于"ON"处,将后视镜开关转到左或右的位置,电压为零,即没有输出电压。用短路线将输入电源与电动后视镜电机直接相碰,后视镜电机运转正常,从而说明电动后视镜电机无故障,故障应在电动后视镜控制开关上。由于这种控制开关拆修后不易全部恢复正常状态,所以,买来同型号的控制开关换上,左右后视镜工作恢复正常,故障彻底排除。

三十二、别克轿车空调添加制冷剂后出现间歇性制冷故障一例

故障现象:一辆上海通用别克轿车,装有 R134a 全自动空调。行驶过程中,空调出现间歇性制冷故障。空调出风口的冷风出风量逐渐减少,一段时间后,又恢复正常。

故障诊断与排除:检测时,让空调系统工作,等待一段时间,的确出现车主所述的间歇性制冷故障现象。在制冷能力下降时,观察压缩机的工作情况,发现压缩机能够一直吸合。连接好空调压力表,测试系统内的高、低压端压力,数值正常。利用车辆专用检测仪 TECH2 进行检测,无故障码存储;读取 ECU 内有关空调的数据(主要是空调压力信号),没有发现异常。询问车主得知,该车在别的修理厂充加过制冷剂。于是维修技师怀疑该车制冷剂纯度不够。通过制冷剂纯度分析仪测试制冷剂成分后发现,系统存在 28% 的 R12。因为别克轿车空调系统添加的制冷剂应为 R134a,于是排空系统内的制冷剂,并更换压缩机压力调节阀,用氮气清洗空调管路并抽真空后填充纯正的 R134a 制冷剂,开空调试机,故障排除。

别克轿车装备的是变排量空调压缩机。空调系统工作时,空调控制系统不采集蒸发器出

风口的温度信号,而是根据空调管路内压力的变化信号控制压缩机的压缩比来自动调节出风口温度。在制冷的全过程中,压缩机始终是运转的,制冷强度的调节完全依赖装在压缩机内部的压力调节阀来控制。当空调管路内高压端的压力过高时,压力调节阀缩短压缩机内活塞行程以减小压缩比,这样就会降低制冷强度。当高压端压力下降到一定程度,低压端压力上升到一定程度时,压力调节阀则增大活塞行程以提高制冷强度。由于该车空调系统制冷剂内混入了R12,造成系统内压力控制不良,制冷强度上升。在此状态下工作一段时间后,过低的温度使蒸发器外壁结霜,空调出风口无风,当蒸发器外壁的霜溶化后系统又恢复正常,因此出现间歇性制冷故障。

由于过低的温度已经改变了压力调节阀内部弹簧的弹性系数,所以压力调节阀也应更换。

三十三、别克轿车空调间歇性不制冷的故障

故障现象:一辆上海通用别克轿车,装有R134a自动空调。据车主反映该车空调有间歇性不制冷的现象。该故障多出现在高速,怠速有时也出现。天气越热,故障出现的频率越高。出现一段时间后,空调又自动恢复正常。

故障诊断与排除:根据车主提供的线索,维修技师连接上车辆故障诊断仪与车主路试。在试车过程中空调凉度突然明显减弱,于是马上停车观察空调压缩机的吸合情况,结果发现压缩机没有吸合,但回到维修站时空调系统又恢复了正常。

依据自动空调的控制原理,造成压缩机不吸合的可能原因除压缩机本身外,还有发动机控制模块PCM、空调开关的请求信号、压力传感器信号以及车内/车外温度传感器等因素。

连接空调压力表,测量空调管路压力,结果显示高压为2000kPa,低压为350kPa左右,这说明空调系统压力正常。打开发动机舱内右侧的继电器盒,找到压缩机继电器。检查继电器的吸合线圈,经过反复通电测试未发现异常。

用万用表检测压缩机继电器的控制搭铁线(继电器吸合时为低电位,断开时为高电位),经过反复试验发现,当空调不制冷时从发动机PCM来的控制搭铁线没有搭铁。因而可以认定该车空调系统间歇性不制冷的故障并非由执行部分所引起,故障原因可能是PCM本身故障、空调相关信号或线路故障。

检测PCM到压缩机继电器之间的相关线路,发现故障出现时PCM第39号线没有搭铁信号。接上诊断仪TECH2,监测空调系统空调开关请求信号、压力传感器信号以及车内/车外温度传感器信号,结果发现压力传感器数据在故障出现时异常,而其他传感器数据没有明显变化。

更换压力开关,间歇性不制冷故障消失,系统恢复正常。分析其原因,应该是压力开关出现间歇性卡滞,导致PCM控制压缩机离合器间断吸合。

三十四、别克轿车空调制冷不良一特例

故障现象:一辆上海通用别克轿车,行驶里程近2万km,车主反映空调制冷不良。

故障诊断与排除:将车门窗关闭严密,空气切换开关切换在内循环位置,风道选择正中,鼓风机风量开到最大,检测其出风口温度约为18℃左右(用温度计),温度明显过高。检查其系统外部压缩机电磁离合器工作正常,皮带松紧适中,冷凝器风扇运转正常。用手触摸其高、低压管路,温度也都在正常范围之内。通过空调系统中储液干燥器上的观察窗看,怠速时制冷剂液态流动平稳,无气泡、泡沫和油条产生。改变转速时,短时间内有气泡产生,随后即失,没有出现异常情况。为提高判断的准确性,维修技师用压力计测量系统的压力,低压为235kPa(标准值为245kPa左右),高压为1650kPa(标准值为1471kPa)。低压正常,高压明显偏高。仔细

查看,发现膨胀阀处有轻微结霜现象,说明系统内存在水分堵塞管路,更换储液干燥器,用真空泵反复抽真空,充入适量制冷剂,起动空调系统,故障减轻,温度下降达 12℃左右(正常值为5℃～7℃),说明系统还存在故障。考虑到冷凝器、蒸发箱因长期使用会因污物覆盖而影响散热制冷,于是用压缩空气反复清理其表面,再试空调系统故障依旧。故障排除受阻。仔细分析,此种故障由电路引起的可能性极小,可非电路系统检查已基本结束,未发现问题。坐在车内随手转动空调系统的各控制开关,突然发现空调在空气内外循环系统改变时温度没有变化,经检查发现,空气通风系统中的空气内外循环活门没有动作。经过检查,该活门能够转动,只是没有了控制它的真空源。深入检查发现,是真空电磁阀上的真空管损坏。更换后试车,温度下降到正常范围,故障彻底排除。

故障维修总结:该车的空调制冷系统根本没有任何故障,只是由于空气循环系统没有内循环从而从外界引入了源源不断的新鲜热空气,这导致了汽车空调全负荷运转,也降低不了车内的温度,甚至使制冷能力越来越差,从而造成了汽车空调故障的假象。

三十五、别克轿车空气流量传感器 MAF 信号不良的故障

故障现象:一辆别克 2.5G 轿车,行驶里程为 12 万 km 时,发动机故障灯亮。有"DTC P0171 燃油微调系统过稀"故障码。

故障诊断与排除:此车因发动机故障灯亮来维修站检修,维修技师接车后,使用故障诊断仪 TECH2 检查故障码为"DTC P0171 燃油微调系统过稀"。在闭环控制模式中,动力系统控制模块(PCM)监视氧传感器信号并根据氧传感器电压信号调节喷油量,喷油量的调节可以利用故障诊断仪 TECH2 检测长期和短期燃油微调得到。短期燃油调整是指 PCM 根据当前取样时间内氧传感器的状态进行的短时调整;长期燃油调整是指燃油调整在一段时间内的变化趋势,当短期燃油调整偏离过多时,则启用长期燃油调整。同时短期燃油调整归零。理想的燃油微调值接近 0%。如果氧传感器信号指示混合气过稀,PCM 将增加喷油量,使燃油微调值高于 0%;如果氧传感器信号指示混合气过浓,则燃油微调值将低于 0%。正的燃油调整表明PCM 正在增加喷油量,负的燃油调整表明 PCM 正在减小喷油量。PCM 控制长期燃油微调的最大限度在－25%～+20%;短期燃油微调的限度在－27%～+27%之间。如果 PCM 检测到严重过稀状况,长期燃油调节值达到或接近 19%的最大限度,短期燃油调节值大于 4%时,将设置故障码 P0171。根据以上分析和修理经验,出现故障码 P0171 的原因常常在燃油系统,如喷油器或汽油滤清器堵塞,燃油压力不足等。用 TECH2 测量长、短期燃油调整值,当时都在允许范围之内。检查氧传感器信号及波形均正常,怠速时测量燃油系统压力为 260kPa,加速时达到 290kPa,也正常。根据修理经验,怀疑喷油器堵塞,清洗喷油器后,用 TECH2 测量燃油调整值,长期燃油调整为 4%,短期燃油调整为 0%,车主将车提走。第二天,此车又因故障灯亮来检修,经检测故障码还是 P0171。因此故障是偶发性的,故障发生后用 TECH2 检测数据又一切正常,这次对以下项目进行了全面检查和修理:①检查进、排气系统,没有发现泄漏。②清洗节气门体。③更换汽油滤清器。④检查排气再循环系统和曲轴箱通风系统,没有发现真空泄漏。⑤清洗汽油泵和燃油箱。⑥更换火花塞。

车主提车时。告知再换一个加油站加油试车,且要求加不含有任何添加剂或酒精的汽油。经试车,故障还是未能排除。后来,维修技师又更换了此车的汽油泵和氧传感器,故障还是不能排除。

动力系统控制模块(PCM)计算的燃油调整值(即增加或减少的喷油量)是基于测得的进气量加上其他辅助信号修正后,与氧传感器的反馈信号相比较而计算出的。出现燃油调整故

障码应从以下三个方面考虑：

①燃油系统故障造成喷油量减少，如喷油器堵塞、燃油压力过低、汽油中有杂质等。

②空气计量不准确，造成检测到的进气量和实际进气量不符。如果检测到的进气量比实际进气量低，则 PCM 计算的喷油量会减小，氧传感器反馈的信号会过稀，PCM 控制喷油量增加，正的燃油调整值增大，当超出一定范围时，设置故障码 P0171。

③闭环反馈信号不准确，如氧传感器不良。

根据先前的检修经过，燃油系统相关部件和氧传感器已检查或更换，现在只有空气计量部件没有检查了。用 TECH2 检测电控系统数据流，发现空气流量传感器（MAF）信号为 1861Hz，比正常值偏低，试换一个新空气流量传感器，MAF 信号变为 2006Hz。此车行驶一段时间，没有再出现故障，证明故障彻底排除。

三十六、别克轿车冷却风扇无高速的故障

故障现象：一辆别克 GS 轿车温度指示灯常亮，有时还出现发动机"开锅"现象。

故障诊断与排除：维修技师接车后首先查看了冷却风扇工作情况，发现在温度指示灯点亮时，冷却风扇无高速，仍在低速运转。由此可见，该故障极有可能是因为冷却风扇无高速而导致散热不良，从而导致发动机"开锅"现象。

别克轿车的冷却风扇为直流电机风扇，由发动机动力控制模块 PCM 控制，只有当冷却液温度达到某一特定温度时，PCM 才指令冷却风扇电机进入低、高速运转（由 PCM 插头 6 号和 5 号端子控制），以充分适应发动机的工作需要。如图 3-9 所示，其控制原理如下：

(1) 低速运转情况

当冷却液温度超过 106℃ 或空调开关开启时（环境温度高于 50℃ 或空调管路中制冷剂压力大于 1.31MPa），PCM 将对低速风扇控制电路提供搭铁回路（由 PCM 插头 6 号端子提供搭铁），以使其电路导通（两风扇串联），而使两风扇低速运转。此时 PCM（6 号端子提供搭铁）指令继电器 12 闭合，电流经保险丝 6→继电器 12(闭合)→A2→左侧风扇电机→A10→继电器 9(开路)→F12→右侧风扇电机→G117 接地。两风扇串联导通时，两风扇低速运转。

该车低速冷却风扇正常，则表明上述各部件及线路均正常。

(2) 高速运转情况

当发动机冷却液温度超过 110℃ 时（或空调管路中制冷剂压力大于 1.65MPa），PCM 将指令继电器 9、继电器 10 和继电器 12 同时导通（由 PCM 插头 6 号和 5 号端子提供搭铁），使得左、右侧冷却风扇形成并联电路，(①路和②路并联)在并联电路导通时，电阻变小，电流变大，为串联电路电流的 2 倍，两风扇高速运转。

①路：电流经保险丝 6→继电器 12(闭合)→A2→左侧发动机冷却风扇→A10→继电器 9(闭合)→C11→G117 接地。

②路：电流经保险丝 21→B6→E10→继电器 10(闭合)→F12→右侧发动机冷却风扇→G117 接地。

由于冷却风扇无高速，则表明高速控制电路①或②有故障，经检查得知：保险丝 21 正常，给继电器 10 和继电器 9 通 12V 电压，应可听见有"喀哒"吸合声为正常，而继电器 9 没有"喀哒"声，由此可见继电器 9 不能闭合为常开状态。由图 3-9 可知当继电器 9 常开时，低速运转电路应正常；继电器 10 正常时，右侧冷却风扇电路也应为正常。也就是说，右侧冷却风扇应有高速，而实际上左右两侧冷却风扇均无高速。串、并联共用一个接地点 G117 应该没问题，F12 接点也为串、并联共用也没问题，于是仔细检查 E10 和 B6 接点，才发现 E10 插脚有损伤。

更换继电器 9 并修复 E10 插脚后故障彻底排除。

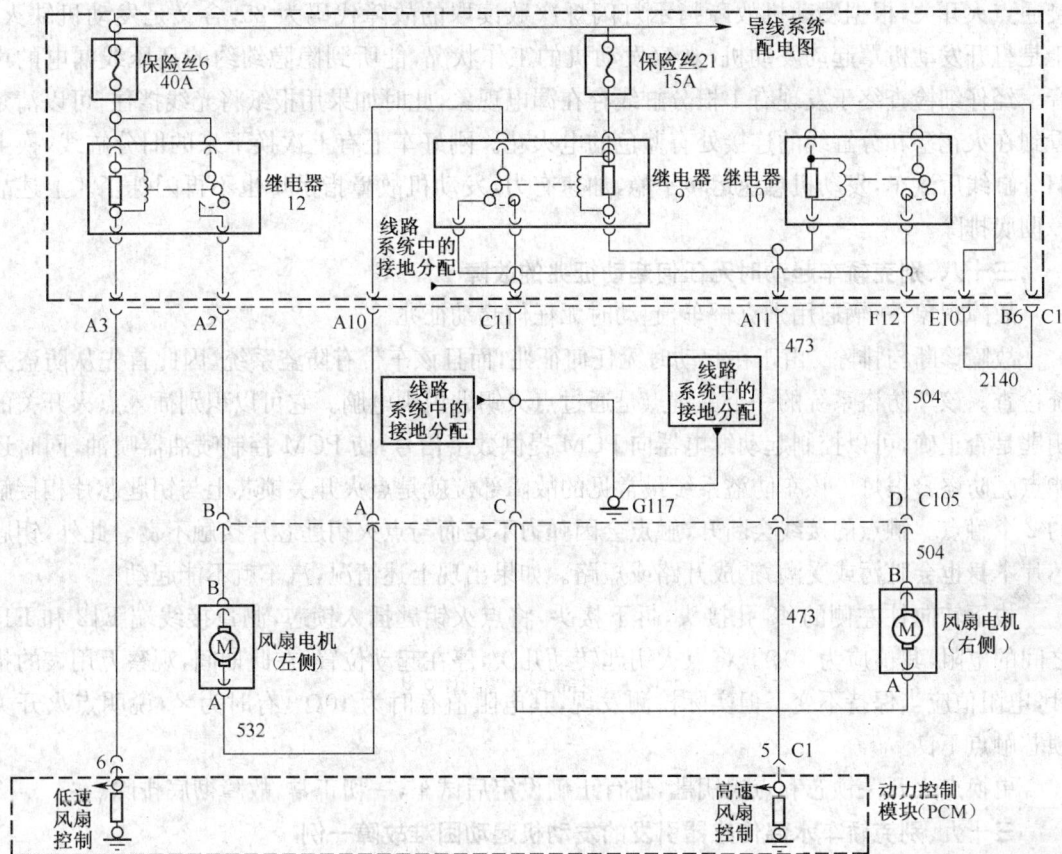

图 3-9　别克轿车发动机冷却风扇控制电路图

三十七、别克轿车发动机无法起动故障一例

故障现象：一辆别克轿车（采用 3.0L V6 发动机），正常行驶途中发动机突然熄火，熄火后发动机无法起动。

故障诊断与排除：维修技师接车后，首先打开发动机罩，拔下 1 根分缸线试火，发现电火花正常，说明点火系统正常。接着检查燃油系统。接通点火开关，在燃油箱附近听不到燃油泵泵油的声音，怀疑燃油泵不工作。检查燃油泵供电熔丝，正常。在发动机室右侧找到燃油泵继电器，用试灯检查，发现其端子 30 上电压正常，端子 87 在接通点火开关的 2s 内电压也正常，说明燃油泵继电器工作良好。将燃油泵导线侧连接器拔下，找到上面灰色的电源线，测量发现该导线只有 5V 电压，正常应有 12V 电压。显然燃油泵继电器至燃油泵间的线路不通，于是顺着燃油泵至燃油泵继电器之间的电源线路进行检查，终于在右前门附近的地毯下发现 1 只后加装的继电器。该继电器的端子 85 和 86 分别接点火开关和防盗控制器，而燃油泵的电源线断开后分别接在端子 87 和 30 上。这样燃油泵电源分别由 2 个继电器控制，如果这 2 个继电器有 1 只工作不良，燃油泵就不工作，发动机就无法起动。怀疑后加装的燃油泵继电器工作不良，直接将该继电器的端子 87 和 30 用导线跨接后起动发动机，发动机一次性起动成功，说明该继电器确实已经损坏，于是将其进行了更换。

发动机起动着后，怠速抖动，排气管有不规则的"突突"声，发动机故障指示灯闪烁，路试发现轿车行驶"发冲"。将轿车停在路边,在前乘员座前找到 12 针诊断连接器,将端子 B 搭铁,接通点火开关,根据发动机故障指示灯闪烁次数读取的故障代码为 25,含义是发动机缺火。于是打开发动机罩起动发动机,观察发动机的工作状况,能听到隐隐约约的高压线漏电的声音。经仔细检查终于发现有 1 根分缸线存在漏电现象,此时如果用报纸将光线挡住,可以清楚看到在火花塞和分缸线的连接处有蓝色的电火花。刚好车上有上次换下来的旧分缸线,换上旧分缸线后试车,发动机怠速运转平稳,加速有力,发动机故障指示灯也不再闪烁了。上述故障彻底排除。

三十八、别克轿车起动时无任何起动征兆的故障

故障现象:一辆通用别克轿车,起动时无任何起动征兆。

故障诊断与排除:由于在起动时无任何征兆,而且该车带有防盗系统,因此首先从防盗系统检查。该车防盗系统的一个关键点是通过点火钥匙识别电脑。它可以识别插入点火开关的钥匙是否正确,可以控制起动继电器向 PCM 提供数字信号,使 PCM 控制喷油器喷油,同时还能点亮防盗警报灯。该车防盗系统最常见的故障部位就是点火开关锁芯上与钥匙芯片相接触的 2 个触点。触点的接线会断开,触点会因弹力不足而与点火钥匙芯片接触不良。此外,钥匙芯片本身也会脏污或受潮,造成开路或短路。如果出现上述情况,汽车就不能起动。

拔下转向柱左侧的 48 孔接头,拆下接头,将点火钥匙插入锁芯,测量接线端 E12 和 E13 之间的电阻,其值应为 10Ω。将点火钥匙转动几次,停在起动位置,在此期间,观察万用表的指针,电阻值应当保持不变。但实际检测发现,其电阻值有时为 10Ω,有时为 ∞,说明点火开关锁芯触点不良。

更换点火开关锁芯和点火钥匙,进行正确设定后试车,一切正常,故障彻底排除。

三十九、别克轿车水温传感器引发的发动机起动困难故障一例

故障现象:一辆上海别克轿车,发动机起动困难,起动后怠速不稳、热车后水温易高、排气管冒黑烟,同时发动机故障指示灯有时还闪亮。

故障诊断与排除:在不踩加速踏板的情况下起动发动机时,几乎没有任何起动征兆,但只要稍踩加速踏板,发动机就可顺利起动,只是起动后不能松加速踏板,一抬脚发动机就熄火。如果起动后一直踏住加速踏板,过一段时间待发动机开始升温后再慢慢松加速踏板,发动机还可以运转。不过只要再踩加速踏板,抬脚后发动机就熄火。热车后故障稍有好转,但故障仍时有发生。用故障诊断仪进行检查,结果查出了"P0117:水温传感器电路电压过低"的故障码。对水温传感器进行检查,在发动机水温约为 30℃ 时,测得其电阻值约为 2400Ω,属于正常值;当发动机水温约为 90℃ 时,测得其电阻值约为 240Ω,也正常,由此说明水温传感器本身无故障。检查该传感器的线束插头,用万用表测量传感器 2 个端子之间有 5V 电压,看来 ECU 对水温传感器的供电电压正常。由此判定该车的故障应该在线路上。测量 ECU 各端子的电压,均正常。用万用表测量水温传感器的线路,发现电脑输出的接地线并没有进入水温传感器,出现了断路现象。从电脑输出处另连接 1 条接地线接到水温传感器后,故障消失。

重新接好水温传感器导线,发动机各工况工作正常,故障彻底排除。

回想整个故障排除的过程,确实费了不少周折。但之所以在先期检查水温传感器线路时没有发现接地线断路,是因为这条线束紧贴在车身边缘上,接线磨断之后尽管断开了,但另一面胶皮未断开,且裸露的线头与车身之间尚有连接(是虚接)。这样一来,这根线在传感器一侧检查有搭铁,在 ECU 一侧检查也有搭铁,所以不易被发现,导致走了一些弯路。

四十、别克轿车因空气流量计损坏引起"回火"故障一例

故障现象:一辆别克轿车,行驶里程 8 万 km。该车慢加速时发动机工作正常,但急加速时发动机"回火"。

故障诊断与排除:用故障诊断仪 431 电眼睛读取故障码,显示发动机系统无故障存在。观察各传感器的数据显示,在怠速状态,冷却液温度传感器、氧传感器、空气流量计等的数据与维修手册上的数据均一致。在这种情况下,判断电控系统无故障存在。

检测汽油泵的压力,正常。检查高压线、火花塞,也正常。拆下喷油嘴,发现喷油嘴处有少量积碳结焦。清洗喷油嘴后,故障仍然存在。最后又检测了气缸压力,也正常。能引起发动机"回火"的相关因素都检查过了,但故障仍没有排除。

回过头来,再对故障进行仔细分析,该车的机械部分正常,发动机"回火"说明混合气过稀。在用故障诊断仪读取的数据中,氧传感器信号和空气流量计信号可以反映混合气的稀浓,但仪器上显示的这两个信号值均正常。

进一步仔细考虑,仪器所反映的数据是怠速时混合气的情况,那么急加速时是否正常呢?由于维修手册上没有急加速时氧传感器的信号数值,只能找一辆工作正常的别克轿车进行比较。经比较后维修技师发现,怠速时的空气流量计信号为 4~6g/s,慢加速时为 13~16g/s 左右,急加速时能达到 40g/s,说明故障在空气流量计。更换空气流量计后,故障彻底排除。

该车的故障是由于空气流量计造成的,急加速时,空气流量计传给发动机电脑的信号显示发动机进气量少,所以发动机电脑控制喷油嘴减少喷油量,引起混合气过稀,发动机产生"回火"。由于发动机控制电脑检测的是怠速时空气流量计的数据,而该车怠速时的数据正常,所以用故障诊断仪检测发动机电控系统无故障码存储。

四十一、别克轿车因起动机故障导致起动困难的故障

故障现象:一辆 2002 年出厂的别克轿车,行驶里程 12 万 km,出现只要一次能够起动成功,这辆车在一天的所有情况下都比较好起动。可是如果出现了一次起动困难,那么在接下来的操作中,发动机会怎么也起动不起来。有时候将蓄电池的能量耗尽也是干转不着车。这种故障时好时坏,有时是几天发生一次,有时又会连续出现。在起动困难的时候,发动机在起动机的拖动下能够以正常的起动转速运转。

故障诊断与排除:车主将车开到维修站检修,维修技师接车后反复起动车辆,结果这辆车整整一个上午都平安无事,在连续不间断的实验中,故障现象都没有出现。起动机运转得十分平稳,加速反应灵敏,声音正常,动力强劲。在这个过程中维修人员对所有能够对冷车起动困难有影响的部位都进行了仔仔细细的检查,没有发现有什么不妥的地方。

准备将车开到一边的时候,故障出现了,和往常基本一样,发动机在起动机的拖动下干转,就是不能着车。因为所有的设备都没有拆下来,所以在起动的过程中维修技师进行了测试,检查燃油压力表的读数为 325kPa,这样的压力可确认为没有问题。TECH2 显示发动机在起动时的喷油脉宽是 2.5ms。TECH2 只是通过计算得到的喷油脉宽数据,怕有问题,于是又用试灯对喷油器的实际工作情况进行了检查,能够清楚地听见喷油器的动作声,结果正常。

接下来对点火系统进行了一系列检查,所有的数据都显示正常。继续检查判断,是不是搭铁线路有问题?因此车 2002 年出厂,搭铁接触不良的情况也是有可能的。对所有的搭铁线路进行了彻底的检查和清理,发现空滤下面的搭铁线因为在事故维修后没有进行防腐处理而且还生了锈,发现这一情况后心里十分兴奋,所有的检查和清理工作完成后,进行起动操作,结果空欢喜一场,还是不着车。

　　维修技师仔细地听着发动机在起动时的运转声音,听不到火花点燃混合气燃烧的爆炸声,是不是还是点火电路的问题呢? 接近排气管的后面用鼻子闻,觉得有一股汽油味,于是将火花塞拆下来进行检查。结果也没有发现什么异常,再一次进行火花试验,火花塞跳火正常。没有办法,于是连接上示波器对二次点火波形进行观察,发现在起动时的峰值电压是 4.5~6kV,并且不是十分稳定,有点偏低,难道是由于蓄电池亏电的原因? 于是换了一只充足电的蓄电池,再试,起动机一下子就起动成功了,又重复了几次,发现起动时的点火波形的峰值电压有所升高,有时候能够达到 8kV,与正常值相比这也有点低,因为以前也没有做过这种车在起动时的次级波形,也不能肯定它是好是坏。有时候因为起动电流过大,也会造成起动困难的。

　　对起动机在起动时的蓄电池电压进行测试,起动机运转时蓄电池的端电压是 9.5V,应该是没什么问题的。因为现在可以起动,这个测试也不能说明什么问题。因为盼着故障的现象早点出现,所以重复进行起动操作,故障终于又发生了,这时在起动时蓄电池的端电压是8.2V,怀疑还是蓄电池电量不足,又换了一只,起动起动机时蓄电池的端电压是 8V,马上用感应式电流表对起动电流进行测试,230A,肯定是起动机有问题。将起动机进行分解检查,发现电刷因为磨损而产生的粉末沾满了整个电刷架,换向器也已经烧蚀,还伴有轻微的扫膛,经过重新处理后装车一切恢复正常。蓄电池的端电压也上升到 9.5V 了,经过实际测试,这辆车的起动电流是 145A,这时的二次点火峰值电压是 12.5kV,经过长时间的试车再也没有出现这个故障,证明故障彻底排除。

四十二、别克轿车因油箱脏污引起发动机起动困难的故障

　　故障现象:一辆别克 GL 轿车,本来发动机都能够顺利起动,一旦突遇震动后,发动机缓慢熄火,待再次起动时,起动机运转正常,但发动机却不着车。

　　故障诊断与排除:维修技师接车后试车,发动机故障灯在点火开关打开时正常点亮,过一会正常熄灭,由此证明可能不会产生故障代码。打开点火开关,结果没有在行李厢附近听到燃油泵的声音,而且起动发动机时也没有听到燃油泵转动的声音。拆开发动机的来油管,没有燃油向外喷出。

　　上述现象基本可以判定故障来自燃油泵的控制电路。经检查发现位于发动机舱的保险盒中 31 号燃油泵保险丝熔断。换上新的保险丝,打开点火开关(不起动发动机),听到燃油泵有运转的声因,但运转几秒钟就停转了,同时,起动发动机时还不着车,出油管也不出油,再看保险丝又熔断了;再换上保险丝,以上现象重复出现。用中间加装保险丝的导线直接把蓄电池与燃油泵正极线连接起来,油泵运转约几秒钟又停转,导线上的保险丝熔断。

　　保险丝易熔断说明燃油泵电路有搭铁现象。而且从油泵可以运转的现象看出,搭铁部位不在燃油泵正极线路,短路位置可能在用电器。用万用表检查,测得燃油泵线圈的电阻非常小,接近短路,拆开油箱,发现油箱里非常脏。原来罪魁祸首就是这些胶状脏物。

　　在更换汽油滤清器和清洗油箱并更换燃油泵后,故障彻底排除。

四十三、别克轿车组合仪表无显示的故障一例

　　故障现象:一辆上海别克 GL 轿车、行驶里程 1.7 万 km。该车冷却风扇持续运转、组合仪表无显示。

　　故障诊断与排除:该车进厂后发动机一直未熄火,维修技师打开发动机罩盖时,看到冷却风扇正在高速运转。观察组合仪表表盘,除发动机故障指示灯点亮外,其他诸如发动机转速表、油量表和发动机水温表等均无显示。据车主反映,该车此前工作一直正常,只是因用高压水枪冲洗发动机后便出现了上述故障。由此判断,可能是某处的线路因渗水而出现了短路或

接触不良的现象。

就在刚要动手检查冷却风扇电路时、冷却风扇却停止了运转。所以,决定先对组合仪表进行检查。由于发动机能正常工作,而组合仪表中的各种指示仪表同时不工作,初步判断故障可能在组合仪表的电源部分。为了确定点火开关在"ON"位置时组合仪表是否有显示,先关闭点火开关使发动机熄火。

再次打开点火开关、同时对组合仪表的工作状况进行观察,结果一打开点火开关起动机即开始运转,随即发动机被起动。在此过程中,组合仪表中仍然只有发动机故障指示灯点亮,而且在松开点火钥匙后,点火钥匙不能自动回位、也就是起动机仍随发动机一直运转。见此情形,维修技师忙将点火开关往回轻微动了,起动机停止运转,发动机则处于正常怠速状态。

接下来又进行了两次试车、均是刚才的情形,似乎点火开关没有挡位。会不会是点火开关出了故障,但仔细想想故障出现的前提,又觉得与此关系不大,所以暂将点火开关搁置一边不予考虑。然后、分别对发动机室和驾驶室保险丝盒中的相关保险丝进行检查,但未发现保险丝有熔断现象。此时,发动机故障指示灯一直亮着,因此决定用诊断仪进行辅助诊断。在驾驶员侧右下方找到 16 针 OBD—Ⅱ诊断插座,连接诊断仪后起动发动机,操作诊断仪进入上海通用别克车系,在主菜单中选择"动力系统控制",本想选择"读取故障码"功能,但由于一时操作失误,误按了清除故障码的确认键,随即看到诊断仪屏幕出现"系统正常"的字样,此时组合仪表中的发动机故障指示灯也熄灭了。之后,又选择"组合仪表"功能并按确认键,结果显示系统正常。由此看来,故障还是出在线路中。

针对故障的起因及上述检查结果,重点对发动机部分的搭铁点和主线路进行检查。在检查到发动机右侧保险丝盒附近的线束时,摇动了一下该线束,结果发现组合仪表的指针有摆动的迹象。看来故障就出在保险丝盒附近的线束中。

将保险丝盒拆开、看到其背部的插头中布满了水珠。用压缩空气将其吹干后装复试车、组合仪表显示正常。起动发动机,点火开关也恢复正常、故障彻底排除。

四十四、别克赛欧轿车起动困难且起动后加速无力的故障

故障现象:一辆排量为 1.6L 的别克赛欧轿车,行驶 12 万 km 后出现起动困难、起动后加速无力并时而熄火的故障现象。

故障诊断与排除:①检查电子控制系统:用检测设备对发动机电子控制系统进行检测,未发现故障。②检查燃油系统:用燃油压力表检测燃油系统压力为 0.26MPa,说明燃油供给系统无故障。对喷油器的工作情况进行检查,经"断缸"试验,各缸喷油均正常,说明喷油器工作情况良好。③检测气缸压力:拆下 4 只火花塞,用气缸压力表检测气缸压力,各缸压力值均在 0.88MPa 以上,说明进气系统不堵塞,气缸不漏气。④检查点火线路:拆下火花塞检查,火花塞干燥并有金属光泽,类似新的,没有积炭。对高压点火线和点火线圈进行更换试验,但故障现象依旧。⑤检测发动机正时机构:拆下发动机前端的正时齿轮室盖,检查发动机正时皮带未见异常,正时标记也未见异常。经上述检修故障未能排除,根据维修经验判断,故障应该是点火正时不正确造成的,故障部位应该在发动机前端的机械传动部分。进一步拆解曲轴皮带轮,经检查发现曲轴与皮带轮连接的键断裂,致使皮带轮与曲轴相互错开一定角度,造成点火不正时。更换皮带轮,起动发动机试验,发动机工作恢复正常,故障彻底排除。

四十五、别克新世纪 3.0 轿车发动机故障灯偶尔闪亮的故障

故障现象:一辆上海别克新世纪 3.0 轿车,搭载 V6 发动机,行驶里程 7 万 km,行驶中发动机故障灯偶尔闪亮。一个月后,发动机故障灯闪亮频繁,怠速时抖动且行驶中加速不良。

故障诊断与排除:维修技师接车后,首先用 ADC2000 综合检测仪调取故障码为 0300,其含义是发动机点火系统缺火。分析产生故障码的原因主要有以下几个方面:点火线圈、高压线或火花塞断火;发动机混合气过浓或过稀引起燃烧状况恶化。

别克新世纪通过曲轴位置传感器检测曲轴转速变化并将信号传给电脑 PCM,由 PCM 来确定发动机是否缺火。如果发动机缺火过多,发动机电脑会设置故障码 0300。

采取逐个断缸的方法检查各缸点火状况,发现 6 缸不工作。测量高压线的阻值,在正常范围内。将 6 缸火花塞和高压线与工作正常缸的对调,故障现象依旧。

别克新世纪点火系统采用 3 个独立的点火线圈,1 缸与 4 缸、2 缸与 5 缸及 3 缸与 6 缸分别共用一个点火线圈,因此可以通过是否是成对气缸出现缺火来判断点火线圈是否损坏。与 6 缸共用一个点火线圈的 3 缸工作正常,且测量其点火线圈次级电阻也在 $5\sim8k\Omega$ 范围内,所以可以基本排除点火线圈的故障。

与故障码相关的点火系统的部件已检查完,故障原因还没有找到。考虑到如果发动机混合气过稀或过浓,也会导致发动机怠速抖动和加速不良,PCM 也会记录到发动机缺火的故障码。能导致混合气不正确的原因主要有燃油系统压力过低以及进气系统漏气等。用真空压力表检测进气支管真空度在规定范围之内,所以进行燃油系统的常规检查。

在喷油器支架上的油压检测口接上燃油压力表,测量怠速时油压为 260kPa,发动机转速 2500r/min 时燃油压力可达到 300kPa。因为正常油压应为 $280\sim320kPa$,所以此燃油压力值偏低。更换燃油滤清器、清洗汽油泵及滤网,装车后试验情况依旧。更换燃油泵故障依旧,看来故障原因与此燃油压力值低并没有直接的关系。拆下喷油器并清洗,装车后试验,怠速发动机不再抖动,加速性能也恢复正常,故障灯不再闪亮,故障彻底排除。

回顾此故障排除过程,故障码内容为发动机缺火,所以最先应从点火系统入手,但同时也要考虑到故障码生成的可能原因以及在什么情况下可以生成此故障码。只有这样才能正确理解故障码的含义,使它对维修工作起到指导性的作用,才能保证在维修工作中少走弯路。

四十六、凯越 1.6LE 轿车燃油表不工作的故障一例

故障现象:一辆凯越 1.6LE 轿车,行驶 1500km,出现燃油表不工作故障。

故障诊断与排除:车主送修时说,此车已加满油,但燃油表指针仍在最低端,一点也不动。车辆到车间后,修理人员认为故障很简单,不外乎三种原因:燃油传感器、燃油表和线路问题。拆下燃油泵后,发现油箱果然已加满。插好燃油泵电气插头,接通点火开关,用手向上抬燃油传感器浮子,发现燃油表指针不动。用导线短接浮子上的端点与滑动臂端,燃油表仍不动作,于是修理工认为是燃油表有问题。更换一块组合仪表后,燃油表仍不动作,这说明是线路问题,需对照电路图检查。

凯越(EXCELLE)1.6LE 燃油表电路如图 3-10 所示,修理工查阅电路图后才发现,燃油传感器信号并不是直接给组合仪表,而是给了发动机控制模块(ECM)。断开燃油泵电气插头,接通点火开关,用万用表测量插座中 1、6 端间的电压为 0V,测量插头 C108 的 19、10 间的电压仍为 0V。修理工又测量了正常车辆的 19、10 间的电压为 5V。由此判断是发动机控制模块(ECM)损坏,更换后,燃油表工作正常,故障彻底排除。

发动机控制模块(ECM)的 K51 脚输出 5V 电压,同时此脚又是燃油信号检测端。5V 电压经传感器电阻后,由 ECM 的 K34 脚提供搭铁。油面高时,电压低;油面低时,电压高。组合仪表 B3 脚向 ECM 的 K30 脚提供频率为 128Hz、幅度为 5V 的方波信号,由 ECM 控制方波的占空比,即控制搭铁时间,也就控制了此端的平均电压。油面高时,平均电压低;油面低时,平

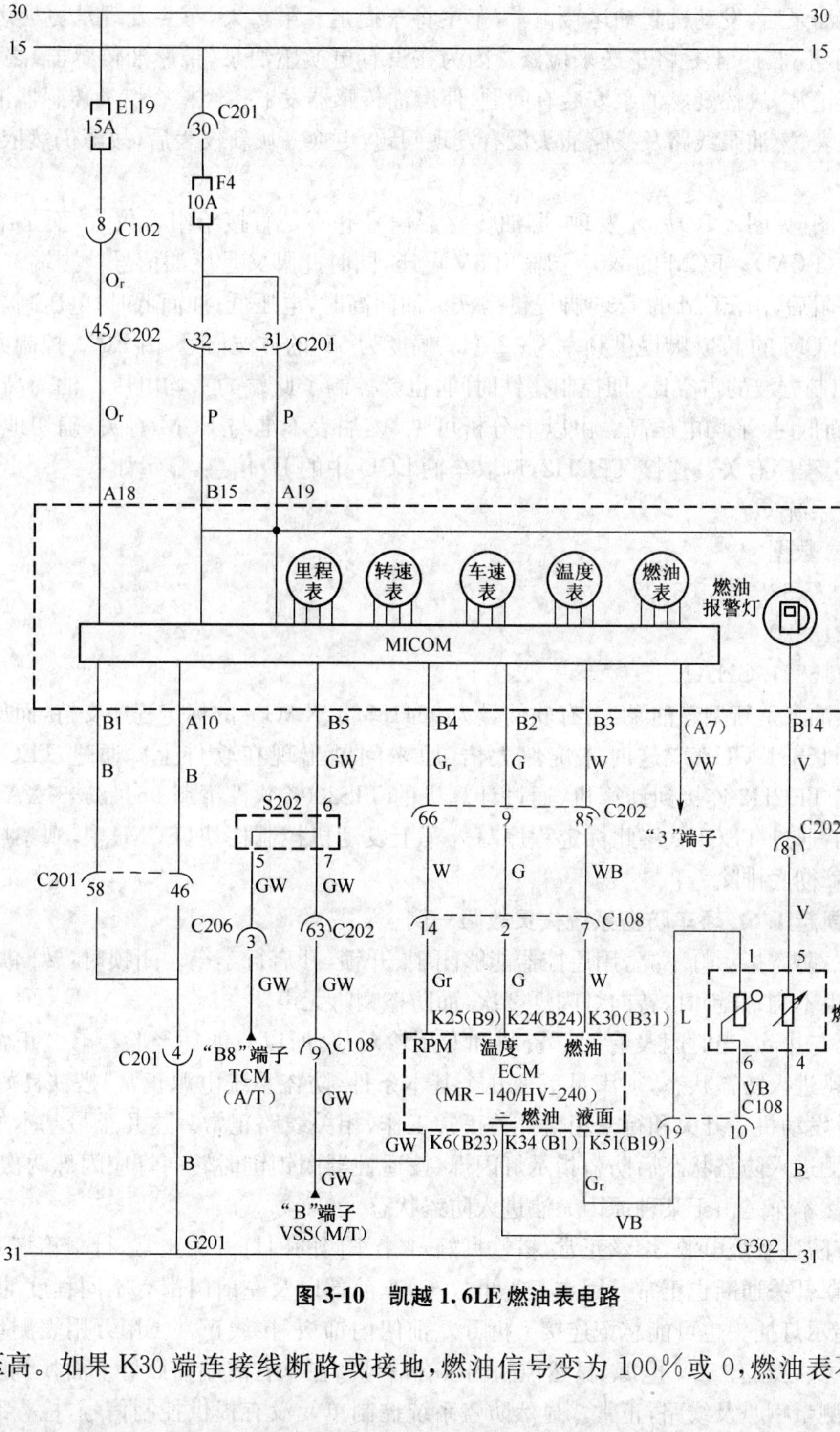

图 3-10　凯越 1.6LE 燃油表电路

均电压高。如果 K30 端连接线断路或接地,燃油信号变为 100％或 0,燃油表不确认,也不动作。

本故障的维修过程告诉我们,对新车型在首次接触、维修时,不能单凭原有的老经验,必需先查阅有关资料,弄清楚工作原理后再动手修理,这样才会少走弯路,提高工作效率。

四十七、凯越 1.6L 轿车燃油表指示不准的故障

故障现象:一辆凯越 1.6L 轿车行驶里程约 2 万 km 时,燃油表指示不准。

故障诊断与排除:此车先是出现发动机不能起动着车的故障,经检查发现是燃油泵损坏,

更换一个新燃油泵后,发动机起动运转正常,车主将车提走。第2天,车主发现从更换燃油泵后,燃油表指示不准了,于是将车送来检修。因为在没有更换燃油泵(带燃油传感器)之前,此车燃油表一直正常,故怀疑燃油泵安装有问题,使燃油传感器发卡。经检查燃油传感器没有问题。经检查仪表、燃油泵线路及线路插头没有发现问题,更换一块新仪表后,故障仍然依旧,维修陷入困境。

查阅电路图(见图3-10)后才发现,燃油传感器信号并不是直接给组合仪表,而是给了发动机控制模块(ECM)。ECM的K51脚输出5V电压,同时此脚又是燃油信号检测端。5V电压经传感器电阻后,由ECM的K34脚提供搭铁。油面高时,电压低;油面低时,电压高。组合仪表B3脚向ECM的K30脚提供频率为128Hz、幅度为5V的方波信号,由ECM控制方波信号,由ECM控制方波的占空比,即控制搭铁时间,也就控制了此端的平均电压。油面高时,平均电压低;油面低时,平均电压高。由以上分析可见,燃油表不准与ECM有关,确切地说,与ECM内的标定程序有关。连接TECH2,调取车辆ECU中的ID信息,显示如下:

维修编程系统

现有ECU数据

VIN:LSGJV52P54S105905

硬件:12213220

软件:96416831.CHA1

更换的燃油泵是新型燃油泵,需有软件号为96418333.XAGY的标定程序支持,而原车标定程序为96416831.CHA1,这时才恍然大悟,原来问题出现在软件上!通过TECH2的RS232接口接TECH2连接到计算机,通过计算机的TIS2000软件下载96418333.XAGY的标定程序,然后通过TECH2将此标定程序写入车上发动机控制模块(ECM)中,观察燃油表指示正确,故障彻底排除。

四十八、凯越1.6L轿车防盗系统失灵故障一例

故障现象:防盗指示灯不亮,用遥控器能够闭锁、开锁,开启行李箱。闭锁时,转向灯不闪烁,防盗喇叭也不响;开锁时,转向灯闪烁2次,而防盗喇叭无声。

故障诊断与排除:当时因没有原厂资料和专用诊断仪,所以只能凭经验检修。正常情况下,要想让车辆进入防盗状态,须满足下列几个基本条件:防盗系统电源正常,搭铁良好,4个车门开关以及发动机盖开关和行李箱盖开关正常工作,相关线路正常。这几个最基本的条件必须满足,车辆进入防盗状态后防盗指示灯闪烁,按遥控器闭锁键时转向灯应闪烁两次,喇叭应响两声,显然本车是由于某种原因无法进入防盗状态。

首先检查防盗系统电源,熔丝正常,搭铁良好,4个车门的门灯开关正常,行李箱灯开关也正常,发动机罩开关通断也正常。因本车是事故车,车前部以及左前门都有不同程度的变形,修复后防盗指示灯插头也可能忘记连接。拆开左前门内饰板,接线正常。用万用表测量指示灯,正常,其插头一端有12V电源,显然控制端没有信号。在车右前端前照灯下面找到防盗喇叭,用万用表测量喇叭及线路,正常。显然防盗系统控制单元没有提供控制信号,检查线路也正常。正在无计可施的时候,忽然想到前部钣金整形更换了前梁,而发动机罩开关正好安装在前梁上。是不是开关安装位置不对,发动机罩盖好后,而开关没动作呢?不妨验证一下,喇叭响了一声,防盗指示灯一闪一闪的;按遥控器的开锁键,转向灯闪两次,喇叭响了两声,一切都正常了。

在发动机罩开关下面垫一个合适厚度的垫子后,发动机罩盖好后开关动作正常,故障彻底

排除。

四十九、凯越轿车空调鼓风机只有高速的故障一例

故障现象：一辆 2004 年的上海别克凯越 1.8L AT 轿车，行驶里程为 3 万 km，空调鼓风机只有高速挡。

故障诊断与排除：将自动空调鼓风机调节到低速挡位时，无论怎样调节风速开关，空调鼓风机都不会动作，只有调到最高速的挡位时，鼓风机高速继电器吸合，空调鼓风机才高速运转。接着，拆下右侧杂物箱，测量空调鼓风机变阻器的端子 3 和端子 4 之间的电阻，为 20Ω 左右，端子 3 对地电阻为 0Ω。打开鼓风机低速开关，调节低速挡位，测量端子 4 对地的电压，一直为 0V，只有高速时显示 0.2V。换上新的鼓风模块后试车故障依旧。拆下空调面板线束，测得自动空调的 B1 线与空调鼓风机变阻器端子 4 之间的电阻为 0.1Ω。对地和对电源线的电阻均为无穷大，这说明线路没有故障。将线束插头重新插上，结果故障消失，空调鼓风机低速居然正常工作。抖动自动空调模块后面的线束，故障又再次出现，从而说明该故障是由于自动空调模块接触不良引起的。

调整自动空调模块线束（端子 B1 所在导线连接器），这时测得空调鼓风机变速器模块上端子 4 的电压在 1.2～1.8V 变化，说明空调鼓风机系统恢复正常，故障彻底排除。

五十、凯越轿车喇叭不响且仪表里面的液晶出现乱码的故障

故障现象：一辆 2003 款上海别克凯越手动挡轿车，由于交通事故原因左前部严重受损，进行维修修复。由于当时蓄电池被撞碎，左前部线路也被撞毁，电路部分只是在外部作了一下检查，就开始了维修工作。当维修工作接近尾声时，起动着车进行测试灯光、空调等电路，正常，在检查中发现喇叭不响，仪表里面的液晶出现乱码故障。具体现象是里程数位置出现类似于英文的字母，在显示挡位的位置出现"PRND"这样的字母重合显示的迹象。

故障诊断与排除：首先检查熔丝是否正常，当检查完后发现没有熔丝烧掉，感觉到这个故障不是由熔丝的问题造成的。仔细想想，此车由于交通事故原因来维修的，当时蓄电池和线路都受到损伤，维修工作只是将外部的电路进行了维修，没有把线路外部的保护层打开进行全面检查和维修，难道是电路还有断路。于是把新蓄电池和当时附近受损线路全部拆下，进行全面的检查维修，在检查中发现靠近蓄电池座后面的位置有 4 根线已经断开了，由于蓄电池座是铁的，电线被它给割断了，只是在电线的保护层外面没有发现。把这 4 根电线修复后，喇叭响了，但是仪表液晶区域还是和以前一样、乱码。问题没有完全解决。由于没有原厂维修资料，只能做外围线路检查了，又把线路检查了一遍，没有发现接错线。为了证实线路是正常的，借了一台 TECH2 诊断仪，进行元件测试功能，来检查左前部的线路是否正常，测试发现风扇的低速、高速和空调压缩机等都正常工作。为了更准确的判断线路是否正常，又检查了前部的各个传感器的数据流的状态，一切正常，说明线路接的是完全正确的。线路正常，熔丝正常，难道是组合仪表坏了？由于仪表的配件过于昂贵，没有 100% 的把握是不可给车主更换组合仪表的。为了证实是组合仪表的问题，分析仪表的电路图，发现仪表外围电路一切正常，最后决定更换组合仪表。更换后组合仪表功能一切正常，其他的仪表区域显示也没有问题，故障彻底排除。

五十一、凯越轿车门锁故障一例

故障现象：2004 款凯越轿车 1.6 型轿车，行驶里程仅 4100km。按动遥控器锁定或开锁键时，遥控器能够正常控制门锁打开与锁止，但是遥控方式出现了异常。正常情况下确认模式是：当按动遥控器锁定键时，左右转向灯会闪烁两下同时报警器鸣响一声；当按动遥控器开锁时，左右转向灯也会闪烁一下而报警器不鸣响。车主抱怨此车的确认现象成了按动遥控器上

锁时警报器不鸣叫,而按动遥控器解锁时报警器鸣叫一次。

故障诊断与排除:根据车主描述,试验故障现象,果然如车主所述,出现防盗蜂鸣器确认方式上的错乱。根据故障现象分析,既然遥控器能够正常控制中央门锁动作,首先应该认定遥控器本身没有问题,而控制报警器鸣叫的防盗模块可能出现输入信号确认反向错误或输出信号反向错误等可能。

因为遥控器控制中央门锁的上锁、开锁是通过防盗模块接受遥控器的信号,然后再传送给中央门锁模块的,所以先检查防盗模块的线路及端子状况。检查熔丝 F13、SB1、F10、E14 都没有烧毁;检查模块的接地线 2 号端子、接地点 G301 没有虚接状况;检查模块的端子针脚也没有异常松动、虚接。

然后接好专用 SGM 诊断仪 TECH2 选择好车系、车型,进入防盗系统。先是检查诊断故障码,没有任何故障码;然后检查数据流时发现:在按动遥控器锁止键时数据上显示正常的上锁信号,同样按动遥控器开锁键时数据上也显示开锁信号,这说明防盗模块信号接收是准确的,并没有混淆上锁和开锁信号。那么是不是在输出控制上防盗器模块会出现错误?

接下来,为了测试防盗器输出信号状况,将试灯一端接到电源正极上,一端接到防盗器的报警器端子 1 号端子上(注意:防盗警报器控制方式为一端连到电源正极上控制端由控制模块控制接地)。当按动遥控器上锁键时试灯并没有闪亮,而按动遥控器开锁键时却发现试灯闪了一下。

根据上述试验怀疑防盗器内部输出部分可能发生混乱,于是决定用一块新的防盗器模块进行替换试验。更换之后的结果还是和旧模块的现象一模一样。难道这个新模块也是坏的?但是不可能连故障现象都一样,那么这就能够认定防盗警报器的线路部分肯定有故障点存在。

接下来再次反复试验所有功能,惊奇发现另外一个奇怪现象:即使不用遥控器控制中央门锁开锁而是用手动或用钥匙开锁,防盗报警器都会鸣叫,也就是说只要开锁警报器就会鸣叫。此时维修技师突然认识到,防盗报警器的叫声不是随着遥控器的控制而鸣叫而是随着开锁这一特定的动作而发出鸣叫的。于是拆下防盗控制模块,此时再进行开锁操作,防盗报警器果然发出鸣叫。

这样可以肯定不是防盗模块损坏,而是防盗报警器的控制线路与中央门锁的开锁线束出现了短路。接着拔下防盗器模块,人为地给防盗器 1 号端子一个接地信号,结果防盗报警器鸣叫一声,同时中央门锁也执行了开锁的动作。这个试验完全证实了防盗报警器的控制线路与开锁的信号短路这一推断。

接下来就是对相关线束进行全面检查。拆下车辆的相关部件,查找短路的故障点。经过一番仔细勘察,发现一处异样线路。原来有人把一个线束插头中的两根黄色线,人为地用一根导线短接起来。这两根黄色线束的作用:一根是接防盗器模块上 1 号端子控制报警器的黄色线束;另一根当然就是接防盗模块 11 号端子控制遥控器开锁功能的黄色线束。凯越防盗锁线路如图 3-11 所示。

于是拆下人为短接的线束,装好各个部件再次试验遥控器功能,又发现无论按动上锁还是开锁键报警器都不会鸣叫的故障。原来人为的短接也有其特定"目的"。此时该车仍然可以利用遥控器进行开锁、上锁的操作,同时也有转向灯的确认模式,就是没有上锁的一声警报声。

根据故障现象与维修手册仔细分析此时的状况,遥控器上锁时虽然遥控器仍然有操作中央门锁的功能,但是此时没有报警器的一声确认也就是说没有进入防盗报警状态。于是按动遥控器上锁,检查左前门上的防盗警告灯却没有闪烁;此时人为拔出车门锁芯打开车门,警报

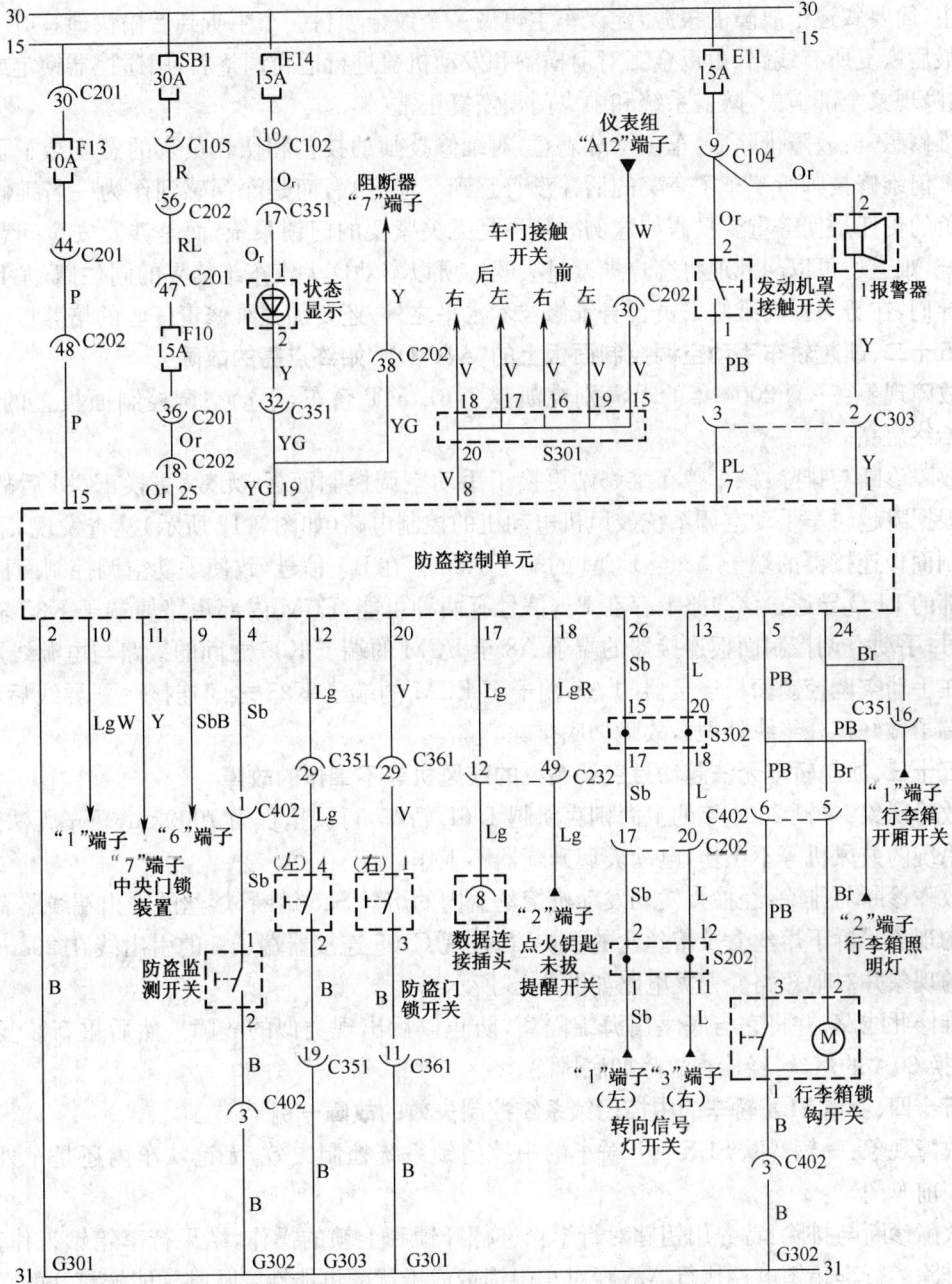

图 3-11　凯越防盗锁线路

器也没有发出连续警报声,说明防盗器确实没有进入防盗状态。

　　进入到防盗状态的先决条件有:点火钥匙是否拔出、前机盖是否关闭、行李箱是否关严、四个车门是否关闭、防盗检测开关是否闭合、防盗门锁是否上锁状态等。接着对照线路图按着上述条件一项一项的试验,最终发现发动机盖开关失效。经过反复试验发现开关并没有失效,而是开关与发动机盖接触不良。用手按住发动机盖开关,所有功能均恢复正常,但是扣下发动机盖却不能进入防盗状态。

　　再次检查发动机盖发现此车原来是事故车,扣上发动机盖后明显看到没有关严。于是找到车主,简要叙述了故障的根源,建议车主再做一个钣金项目。车主听到后愉快地答应了。

最后恢复所有线路,由钣金工对前横梁和发动机盖进行适当调整后,用遥控器锁定或开锁时,故障现象全部消失,防盗系统和中央门锁恢复正常。

维修感言:故障排除后,车主十分满意,对维修技师的技艺和认真负责的态度给予了高度赞扬。但维修技师听了车主夸奖的话并没有感到一丝高兴,而是深深感到作为一名维修人员所担负的责任是何等重要!假如这例故障不是无关紧要的门锁系统,而是涉及安全问题的制动系统,难道还可以胡乱地将客户搪塞过去吗?所以奉劝广大汽车维修界的同仁们,尤其是一些领导们,在努力提高维修人员自身维修技术水平之外,还要加强维修责任心的培养!

五十二、凯越轿车手动空调控制面板上的"A/C ON"始终点亮的故障

故障现象:一辆 2004 年的上海别克凯越 1.6L MT 轿车,手动空调控制面板上的"A/C ON"始终启亮。

故障诊断与排除:该车曾在维修站更换了手动空调控制面板,无效;更换 ECM 后故障依旧。根据凯越轿车手动空调系统鼓风机电动机的控制电路(如图 3-12 所示)检查发现,手动空调控制面板连接器的端子 A8 至 ECM 的端子 K35 存在 B+信号,致使手动空调控制面板连接器内部的 LED 导通。该线路上存在 B+信号有两种可能:ECM 内部短路使端子 K35 输出 B+信号;手动空调控制面板连接器的端子 A8 至 ECM 的端子 K35 之间的线路与电源线短路。

在手动空调控制面板连接器的 A8 端子至 ECM 的端子 K35 之间连接一新导线后(将原导线端子做好包扎绝缘处理),故障彻底排除。

五十三、凯越轿车无法起动且空调系统的鼓风机等不工作的故障

故障现象:一辆 2004 年的上海别克凯越 1.6L 轿车,行驶里程为 7000km,轿车无法起动,空调系统的鼓风机等不工作,电动玻璃升降器不工作。

故障诊断与排除:经检查发现发动机熔丝盒内的熔丝 S85 熔断,熔丝的输出端线路有对地短路的现象。拆下熔丝盒及熔丝盒的下护罩,发现 C105 连接器端子 3 的引出线在 20cm 处有磨破的现象并对地短路。相关电路如图 3-13 所示。

维修此线路,并将它与底座用海绵隔离,防止以后出现类似的故障。然后重新装复熔丝盒,更换 30A 的熔丝,经检查故障彻底排除。

五十四、赛欧 SLX 轿车的中控门锁系统控制失效的故障一例

故障现象:一辆赛欧 SLX AT 轿车的中控门锁系统控制失效,无论从车内还是车外仅能打开左前车门。

故障诊断与排除:首先用钥匙对行李箱进行开锁和上锁的操作,结果行李箱锁工作正常,因而排除了行李箱锁电控执行器故障对车门锁造成干扰的可能性。从唯一能够打开的左前车门进入车厢内,拆下位于右前 A 柱底部发动机控制模块内侧的中控锁模块。根据中央控制门锁系统电路图,将试灯一端接 12V 正极电源,另一端接中控门锁模块上的 5 号端子,当钥匙转动左前门锁芯于开锁位置时试灯点亮,转回时灯熄灭;更换右前车门重复以上测试,结果相同,说明有开锁信号向中控门锁模块传送。

再找到中控门锁上向电控执行器开锁供能的 8 号端子,用试灯测试当有正确的开锁信号输入时,中控门锁模块是否向车门电控执行器供能,结果试灯不亮,说明中控门锁模块并未响应正确的开锁信号输入。考虑到 3 个车门电控执行器同时损坏的概率非常低,因而中控门锁模块由于内部失效造成没有正确响应输出的可能性最大。

更换中控门锁模块,但故障依旧存在。再三思考,所有执行器同时损坏几乎不可能,那么

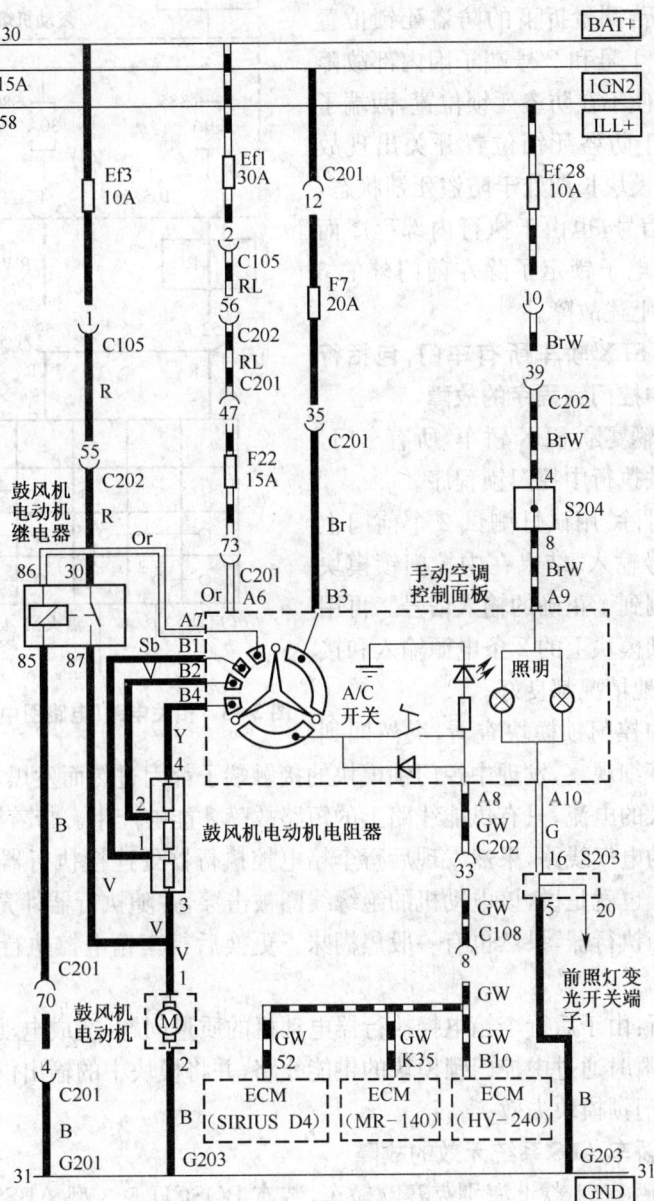

图 3-12 手动空调系统鼓风机电动机的控制电路

是什么原因呢？突然想到这种现象有点类似中控门锁系统进入了防盗模式，即中控门锁模块不对任何输入信号作出反应。因左前门锁是依靠机械锁芯防盗，并未有电子锁定防盗，所以该车门仍可以自由地开启和锁定。

能使中控门锁进入防盗死锁位置开关闭合，只要切断了这条线路，中控门锁的防盗设定就被解除了。

拆下左前门外拉手锁芯总成上的防盗死锁位置信号开关的电气连接插头，然后用钥匙或拉拔车门内饰板上的保险杆开门，只听"砰"地一声，所有车门都打开了，中控门锁系统恢复正常；重新插回防盗死锁位置信号开关的电气插头，中控门锁系统重现先前的故障。于是更换了防盗死锁位置信号开关,故障彻底排除。

故障原因分析:测量拆下的防盗死锁位置开关,发现开关的 1 号和 2 号端子因内部故障而接触在一起,即使不在防盗死锁位置,两端子仍保持导通。由于防盗死锁位置开关出现故障,导致中控门锁模块长期处于防盗死锁状态,即便接收到开锁信号,也由于执行内部程序而将信号忽略,所以电子锁定了除左前门外的 3 个车门,最终导致上述故障。

五十五、赛欧 SLX 轿车所有车门,包括行李箱均无法执行中控门锁程序的故障

故障现象:一辆赛欧 SLX 轿车,所有车门,包括行李箱均无法执行中控门锁程序。

故障诊断与排除:用试灯测试 2 个前门上的开锁和上锁信号输入,结果在中控门锁模块的对应端子上检测到了正确的输入信号。再用试灯检查中控门锁模块上的 2 条电源输入和接地回路,电源和接地情况都良好。

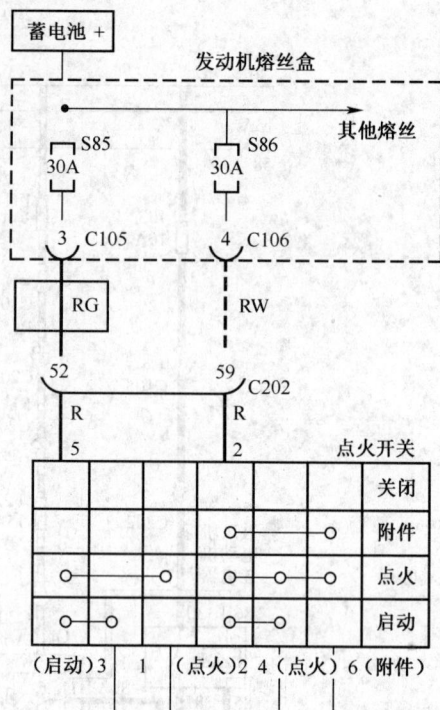

图 3-13　相关电路(电路图中画方块处为故障点)

小心地取出中控门锁模块查看,突然闻到一股焦臭味。经仔细观察,发现中控门锁模块的接触端子都因过热而发黑,显然是中控门锁模块烧毁了。这样大的电流,只有供能线路上的短路故障才能够产生。带着疑问,用万用表检测与供能线路相关的电气线路,果然发现后行李箱电控执行器处连接执行器电动机的 2 根接线的电阻值等于零。也就是说,该电动机的绝缘线圈被击穿,并随执行器外壳连接到车身上搭铁了。拆下后行李箱执行器,果然也有一股焦糊味。更换后行李箱电控执行器和中控门锁模块后,故障彻底排除。

故障原因分析:由于后行李箱电控执行器电动机的质量问题,造成电动机线圈线路和外壳搭铁,使得大电流瞬时通过中控门锁模块的供能线路,并将模块中的输出供能双继电器且触点臂烧毁,造成中控门锁模块失效。

五十六、赛欧轿车 ABS 系统无效的故障

故障现象:一辆 2001 款上海别克赛欧轿车,装有 BOSCH 5.3 型 ABS 系统。该车故障现象为仪表板上 ABS 灯点亮,制动时无 ABS 效果。维修技师接车后,首先利用专用诊断仪 TECH2 进入 ABS 系统,读取故障码为 46,含义为"右后轮速信号失效"。

故障诊断与排除:用举升机升起车辆,用手转动各车轮,同时通过诊断仪观察 ABS 系统数据流中的轮速信号,发现右后轮轮速信号与其他车轮轮速信号基本一致。转动右后车轮,用万用表的交流电压挡测试车速信号,发现该轮速传感器的电压信号与左后轮轮速传感器的数据基本一致,均大于 0.1V;拔下右后轮轮速传感器接头,用万用表测量传感器电阻,数值为 1.02kΩ,在正常范围内,这说明右后轮速传感器应该是正常的。查阅 ABS 系统电路图(图 3-14)得知,在 ABS 电脑接线端子中,右后轮轮速信号的端子信号为 1 和 2。拆下蓄电池负极接线柱,拔下 ABS 电脑的接线端子,检查上述 2 个端子的连接情况,结果并没有发现虚接现象;测量 2 个端子之间的阻值,是 1.02kΩ,看来线束也应该没有问题了。

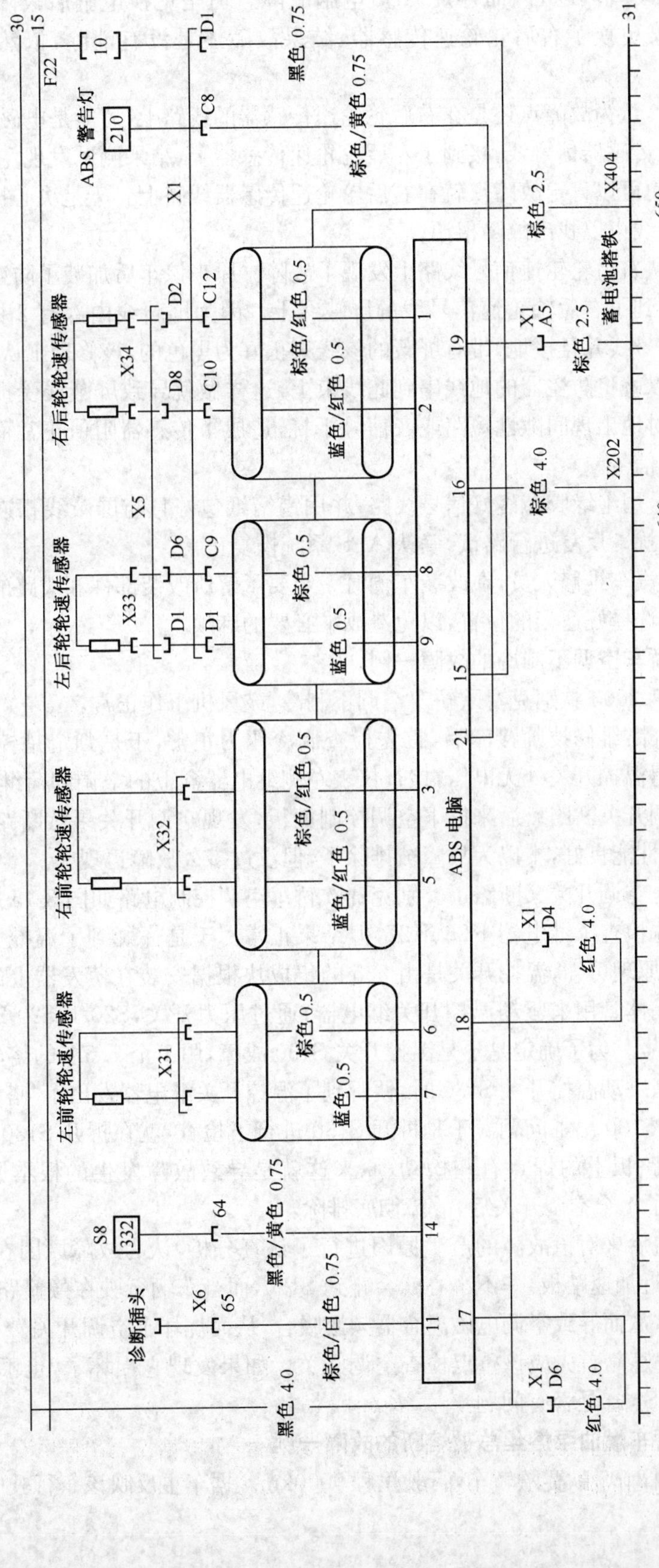

左前轮轮速传感器 X31

右前轮轮速传感器 X32

左后轮轮速传感器 X33 X5

右后轮轮速传感器 X34

ABS 警告灯 F22 210 C8

ABS 电脑

诊断插头 X6

S8 332

图 3-14 ABS 系统电路

于是清除故障码试车,结果发现右后轮轮速信号呈现无规律变化。因为传感器阻值正常,线路也没有发现问题,因而怀疑 ABS 电脑故障。但是更换电脑后故障依旧,无奈报着试试看的态度又更换了右后轮轮速传感器,结果故障还是没有消除,依然存在 46 号故障码。

经过仔细分析,认为故障点还是在右后轮轮速传感器的线路上,可能是电磁干扰所致。于是拆下右后轮轮速传感器信号线,接到了左后轮轮速传感器上,结果测试发现左后轮轮速信号也出现了问题,因而可以肯定故障点就在右后轮轮速传感器线路上。于是决心拆解从 ABS 电脑到右后轮之间的线束以找出故障根源。

最终,果然是从右后轮轮速信号线路上发现了故障。原来该车后加装了防盗器,修理工将防盗器的接地线接到了右后轮轮速信号线的屏蔽线上。因为屏蔽线内部有 2 根信号线,1 根屏蔽线包裹 2 根信号线并且接地,带有屏蔽的该线束正好为黑色的,该修理工认定此黑色的线束就是接地线,所以就将防盗器的地线串到此线束上,这样做就导致屏蔽线受损,并且 1 根信号线同时被穿破,对地出现间隙性短路或者信号干扰,造成了传感器阻值正常而 ABS 电脑却收不到准确的轮速信号。

剥开此段线束,用绝缘胶布裹好信号线路,并用锡箔纸包好且与屏蔽线相连,确保信号线不被其他强信号干扰。反复进行路试,确认 ABS 系统恢复正常。

在此建议广大汽车维修人员,在改装车辆时一定要了解所改装部件和线路的原理,电源和搭铁线的连接一定选择好适当的位置,以免造成不必要的麻烦。

五十七、赛欧轿车空调不制冷的故障一例

故障现象:一辆 2003 款别克赛欧轿车空调不制冷,鼓风机工作正常。

故障诊断与排除:维修技师接车后,首先检查制冷压力正常,于是判定是控制电路故障。打开空调开关,测得温控开关处无电压,检查仪表左侧继电器盒上的空调卸荷继电器 K6 工作正常,便怀疑是空调开关断路。后来拆下空调控制面板,发现空调开关果然断路,遂进行了更换。之后空调制冷性能良好,本以为故障被排除了,但没过多久故障再现。

后经检查发现,空调开关又断路了。别克赛欧轿车空调控制电路如图 3-15 所示。经经细分析线路图后,首先检查了继电器 K26、K27,但结果正常。于是怀疑到了温控开关。根据该车空调系统的工作原理可知,温控开关是由 555 的集成块根据安装在蒸发器上的温控电阻的信号来进行控制;晶体管用来驱动温控开关继电器,通过压力开关,S20-1、S20-2,向发动机电脑发出空调请求信号。为了确定是不是温控开关 S130 故障,用 1 个 7.5A 的熔丝替代空调开关。接通空调后,当一动温控开关 S130 时,便听到了温控开关继电器发出了“嗒嗒”的响声,看来果然是温控开关 S130 出了问题。于是拆开 S130 进行了检查,就在拆开 S130 进行检查时,发现温控电阻在线路板上的焊点有些松动,原来这就是导致故障发生的根本原因。在焊牢 S130 线路,又更换了 1 个空调开关后,故障彻底排除。

故障维修总结:后来对该故障的产生原因进行了认真分析,认为故障原因在于该车 S130 的安装位置比较靠近加速踏板,一不小心就会碰到 S130,而当车辆行驶在颠簸路面上时,也会使两线路偶尔短路,从而导致空调电磁离合器频繁吸合,从而烧坏了空调开关。

所以对于这类故障,首先应该重点检查空调开关。如果发现它损坏了,也不要盲目更换,还应确认温控开关 S130 是否有问题。

五十八、赛欧轿车燃油泵熔丝总被熔断的故障一例

故障现象:一辆 2005 款赛欧轿车,行驶里程 9000km。据车主反映该车行驶中发动机有时

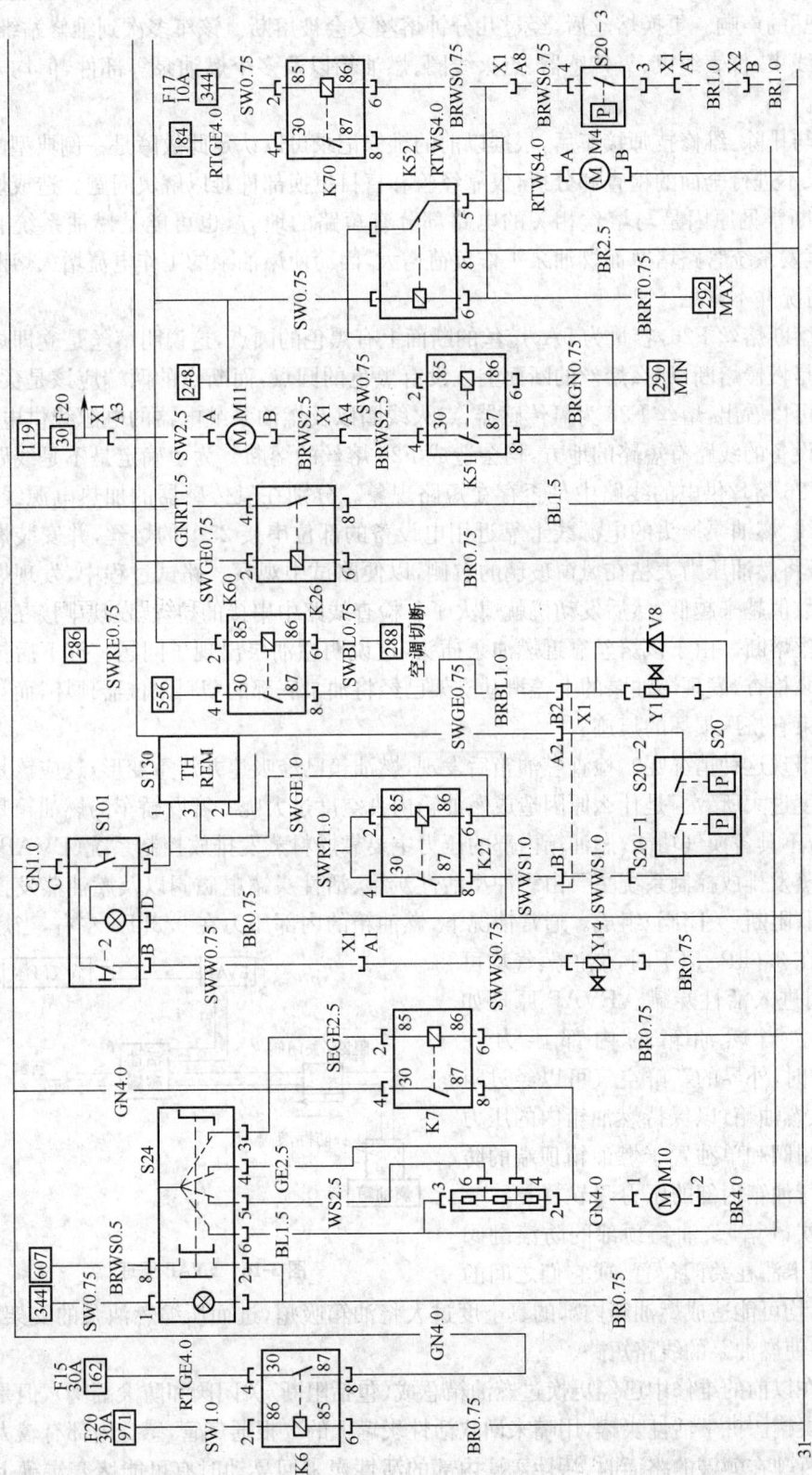

图3-15　赛欧轿车空调控制电路

F15. 熔丝30A　F17. 熔丝10A　F20. 熔丝30A　K6. 空调卸荷继电器　K7. 空调散热器风机继电器　K26、K51、K52、K70. 散热器风扇继电器　K27. 温控开关继电器　K60. 空调压缩机继电器　M4. 散热器风扇电动机　M10. 空调散热器风扇电动机　M11. 冷凝器风扇电动机　S20.1、S20-2、S20-3. 压力开关　S24. 鼓风机挡位开关　S101. 空调开关　S130. 温控开关　V8. 压缩机二极管　Y1. 空调压缩机电磁离合器　Y14. 冷却液电磁阀会熄火,到维修站检查是燃油泵熔丝熔断。熔丝在熔断之前没有任何先兆,熔丝熔断时能够听到比较大的"吧"的声响。更换熔丝后,经过几分钟熔丝又会被熔断。该车多次到维修站维修,更换过发动机线束、仪表线束、氧传感器、点火线圈、燃油箱以及多个燃油泵等部件,但均未将故障彻底排除。

故障诊断与排除:维修技师接车后,根据以前的维修记录可以认定此故障是一例典型的间歇性故障,如果不进行全面的检查和分析,仅靠经验和盲目更换部件难以解决问题。造成燃油泵熔丝 F26 熔断常见原因是与熔丝相关的电路部分有短路的地方,也可能是燃油系统有故障,例如燃油蒸发系统管路堵塞而燃油泵工作负荷增大,因而使燃油泵的工作电流增大熔断熔丝,当然这种情况并不常见。

首先检查熔断熔丝 F26,容量为 5A,熔丝的断面上有黑色的圆点,这说明熔丝是立即熔断的。如果熔丝是慢慢熔断,那么熔丝的断面上就没有黑色的圆点,而断点的两端应该是尖的。从相关电路图可以看出,熔丝 F26 为氧传感器、点火线圈以及燃油泵继电器的电源线供电,如果这 3 个用电设备的线路有短路的地方,均会造成 F26 熔丝的熔断。为了确定是不是线路故障,决定检查 F26 熔丝供电的线路中是否存在短路现象。分别在氧传感器的加热电源线、点火线圈的电源线、燃油泵插头的电源线上靠近用电设备的部位串接 25A 的熔丝,并安装燃油压力表,用胶条将燃油压力表粘在风窗玻璃的右侧,以便路试中观察。路试过程中,发现燃油压力表显示的数值越来越低,然后发动机就熄火了。检查线路中串接的熔丝,发现串接在燃油泵线路中的熔丝熔断。由于该熔丝靠近燃油泵插头,这说明燃油泵出现了问题。拆下后排座椅下面的燃油泵检查,发现燃油泵的上盖滑动支架已经将油泵底部的塑料限位器顶坏,而且燃油泵内部的线束有挤压损坏的痕迹。

为什么会出现这种情况呢? 检查燃油箱后发现,燃油箱已经吸瘪并严重变形,这应该是燃油箱内的真空度过大所致。是什么原因造成燃油箱内真空度过大呢? 赛欧轿车的燃油箱是塑料油箱,油箱盖不具备换气功能,燃油箱内部的压力主要靠燃料蒸发排放控制系统(EVAP)进行调节。燃油蒸发排放控制系统主要由缓冲型活性炭罐、活性炭罐电磁阀以及燃油蒸发控制装置(防滚翻阀、阻断/关闭阀)组成。通常情况下,燃油箱的内部压力在 0.3kPa 左右,当燃油箱的内部压力在 3.6kPa 以下时,燃油蒸气均可由阻断/关闭阀进入活性炭罐。EVAP 原理如图 3-16 所示。当燃油箱的内部压力在 −3.5kPa 左右时,外界的新鲜空气可以经过阻断/关闭阀进入燃油箱,以保持燃油箱内的压力平衡,阻断/关闭阀和单独置于燃油箱顶端的防滚翻阀共同进行油箱内部的压力调节。

如果活性炭罐堵塞、油箱顶部的防滚翻阀或阻断/关闭阀卡滞在关闭位置,或它们之间的

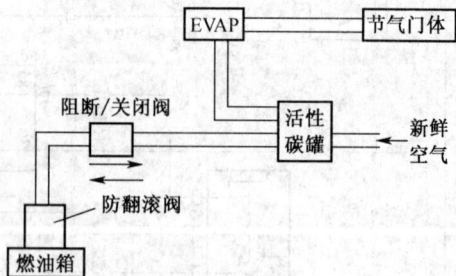

图 3-16　EVAP 原理

连接管路堵塞,均可能造成燃油箱内部的真空度过大将油箱吸瘪,进而压缩燃油泵的支架,使燃油泵损坏,并使燃油泵的线路短路。

因为该车在以前的维修中已经更换过燃油箱总成(包括阻断/关闭阀和防滚翻阀),但是没有更换过活性炭罐。拆下活性炭罐,用嘴来回吹活性炭罐上的 3 根通气管,感觉内部有较大的阻力。当车辆行驶在颠簸的路面时,活性炭罐内部的活性炭来回晃动时有可能堵塞炭罐上的进气孔,造成燃油箱负压。

更换活性炭罐,多次路试并跟踪回访,故障再未出现,说明故障彻底排除。

五十九、别克新世纪轿车因空气流量传感器故障引起动力不足的故障

故障现象:别克新世纪(Century)牌轿车,V6 电控发动机出现动力不足,加速不良、怠速发抖及急加速时排气管"回火"现象。

故障诊断与排除:用 TECH2 进行故障自诊断时,无故障代码显示。鉴于该车里程已超过4 万 km,便更换了空气滤清器、火花塞、机油、机油滤清器和汽油滤清器,故障未排除。由于旧火花塞上有积炭,推测燃油系统有污染,便依次对喷油器、进气支管、节气门体、EGR 阀、燃油管路、燃油泵及燃油箱进行了清洗后,故障仍未排除。用手指堵住节气门阀体的进气口时,发动机怠速平稳,急加速时不再有"回火"现象。这则表明混合气过稀。测量燃油系统压力为正常值 0.22~0.30MPa,由此怀疑空气流量传感器有机械故障而影响空燃比。拆下空气流量传感器进行检查,发现其热线上有污垢,用清洗剂清洗空气流量传感器后,发动机运转恢复正常,故障彻底排除。

故障维修总结:由于故障概述中所述故障现象颇多,应首先进行综合分析,混合气过稀或点火正时错误均会引起上述诸多故障现象,应首先进行点火正时地检查。检查燃油系统压力及燃油系统的清洗是对的,但必须对进气系统也进行必要的检查。热线式空气流量传感器有污垢,这样,该传感器对空气量的感应灵敏度会下降,由此产生错误信号会使 ECU 对喷油器发出相应的错误指令而导致混合气过稀,而混合气过稀就会导致上述的故障现象。

第四章 帕萨特系列轿车故障检修实例

一、帕萨特轿车不能起动的故障一例

故障现象:一辆 2001 年出厂的帕萨特轿车,因发动机不能正常起动而报修。

故障诊断与排除:接到派工单,维修技师首先对车主所述的故障进行验证,将点火开关拧至"ON"位,然后对组合仪表内的各种指示灯进行观察,结果发现除防盗指示灯在不停地闪烁外,其余指示灯均正常。接着对发动机进行起动试验,发现发动机起动后约 3s 即自行熄火。根据检查结果判断,该车电子防盗系统存在故障。

该车装备奥迪/大众第三代电子防盗系统,此防盗系统经过与发动机控制单元匹配后即介入到发动机管理系统中,此时只有用经过与防盗器控制单元匹配且认可的点火钥匙(带转发器)才能正常地起动发动机。同时,该防盗系统具有自诊断功能,如果系统中的某一元件或与其相关的线路出现故障,防盗控制单元就将监测到的故障存储到控制单元记忆装置中,维修过程中使用解码器(或诊断仪)就能读出存储在控制单元中的故障码及其相关的内容。根据其工作原理,在换挡杆后部的中央通道中找到 16 针的诊断插座,并与金德 K81 多功能诊断仪连接。将点火开关拧至"ON"位,然后对诊断仪进行操作。首先进入奥迪/大众车系,在系统地址码中选择 17—仪表板系统(防盗),接着选择功能菜单中的"读取故障码"功能,按下确认键后,诊断仪屏幕显示"01176—钥匙信号太弱"。根据诊断仪的提示,向车主了解情况,结果从车主口中得知,该钥匙曾从桌子上掉到地上,当时把钥匙的后半部摔成了两半。车主并不知道钥匙有转发信号的功能,在维修技师的再三解释下,车主将另一把备用钥匙取来。

由于这把钥匙是原车配带的,因此不需要进行匹配。用该钥匙打开点火开关,看到组合仪表内的防盗指示灯点亮约 5s 后熄灭。于是,清除系统故障码,然后起动试车,发动机顺利起动,故障彻底排除。

二、帕萨特轿车无法起动的故障

故障现象:一辆 1995 年产 2.0L 帕萨特轿车,起动一会儿便突然自动熄火,灭车后不能立即起动,稍等数分钟后又能起动,如此反复。

故障诊断与排除:首先在燃油系统接上油压表,测的燃油压力正常;拔下分缸高压线试火,发现无高压火,初步断定是点火系统故障。检查点火线圈阻值正常,用随车电源给初级线圈通、断电,高压跳火试验结果良好,检查与点火直接有关的霍尔传感器工作电压为 0V(正常值为 5V),该传感器工作电压由发动机控制电脑直接提供,检测电脑端到传感器端的连线导通良好,采用元件替换法更换电脑,故障现象依旧,这说明电脑没问题。当对电脑的接地和供电线路检查时,发现电源线电压为 0V,经测量,最后确定是电脑供电控制继电器有故障。换一个新继电器后试车,故障排除。

事后维修技师对该故障原因进行分析,该车电脑供电控制继电器触点为常开式,当继电器线圈通电后触点闭合,为发动机控制电脑供电。在继电器中与线圈反向并联一个泄放二极管,其作用是消除线圈的感应电动势。刚起动车时温度低,二极管工作正常,工作时间一长,这只有故障的二极管,温度升高到一定值时就击穿短路,继电器线圈中便没有电流通过,因此,继电器触点断开,发动机控制电脑断电,发动机因无高压火而自然熄火,当然也就不能立即起动了。等数分钟后,二极管降温,工作恢复正常,所以出现反复。此故障在这批车中为普遍现象,提请驾修人员注意。

三、帕萨特 B5 轿车冷车起动困难的故障一例

故障现象：一辆行驶里程为 12 万 km，装备有 1.8LAEP 直列四缸电喷发动机的帕萨特 B5 轿车，冷车时起动困难，反复起动几次才能成功，且需要反复的次数越来越多。热车时较容易起动，但偶尔熄火，再次起动后一切正常。

故障诊断与排除：维修技师接车后，先验证了故障现象。首先怀疑是燃油控制系统有故障，用 V.A.G1552 诊断仪读取故障码。连接 V.A.G1552 诊断仪，打开点火开关，输入地址词 01－02，读出故障码为 16500/SP（冷却液温度传感器 G62 信号不可靠，偶发性故障）。输入地址词 01－02－05，清除故障码。之后再次读取故障码，无故障码输出。于是对燃油系统进行泄压：拔下保险丝架上的第 28 号燃油泵保险丝，起动发动机直至发动机熄火，再起动 2～3 次，直至发动机无法起动。拆下喷油器附近的进油管，连接燃油压力表。插上燃油泵保险丝，起动发动机至发动机正常运转，读取燃油压力表上的读数，燃油压力表显示压力为 350kPa。拔下燃油压力调节器的真空管，燃油压力上升至 400kPa，重新插上真空管，压力又下降至 350kPa。逐渐加油，油压在 280～350kPa 之间波动，说明油泵供油量及油压调节器没问题。等待 10min 后，读取燃油压力表数值为 150kPa（标准值应大于 200kPa），说明燃油供给系统有泄漏现象。检查油管的密封性，未发现管路有问题。拆下喷油器，用超声波清洗机检查喷油器的雾化、喷油量及喷油脉中，同时检查喷油器的泄漏情况，但都未发现异常。

根据以上检查分析，怀疑油泵单向阀有问题。更换了一只同型号的新油泵，再进行油压检查，10min 后的油压能保持在 240kPa，试车一切正常。但不久，该车又出现热车熄火，重新起动后又一切正常。再次进行全面检测，分缸线跳火及油泵供油都很正常。再次连接 V.A.G1552 诊断仪读取发动机故障码，仍为"16500"，但这次不带/SP 标记。根据检测结果，更换水温传感器后，再用 V.A.G1552 诊断仪读取数据块功能检测，一切正常。该车再未出现上述故障现象。

四、2002 款上海帕萨特 1.8L 轿车不能起动及仪表无显示的故障

故障现象：一辆 2002 款上海帕萨特 1.8L 轿车。正常行驶后停放了几天，再次起动时就不能起动、仪表无显示、且电动车窗也不工作。

故障诊断与排除：将车拖至 4S 店后，起动发动机，运转几秒钟就熄火，好像是防盗系统在起作用。打开点火开关，仪表上仅有一个蓄电池充电指示灯在亮，其他指示灯均不亮。同时发现各门上的电动车窗开关都不起作用，开小灯后开关上的照明指示灯也都不亮。查看各保险丝均正常。连接诊断仪 V.A.G1552，与仪表系统、舒适系统均不能正常通讯，与其他控制系统却可以正常通讯。

因该车在停放前一切正常，先是怀疑在停放期间因下雨，是否有雨水渗漏进车内，导致电气元件被短路烧坏。取出舒适系统控制单元，并无进水现象，控制单元线束插头连接较好。测量供电线及搭铁线都正常，自诊断 K 线至自诊断插头无短/断路现象。更换新的舒适系统控制单元后 V.A.G1552 仍无法与之通讯，一时不知故障原因所在。

因为仪表也同时出现故障，于是决定从仪表入手进行检修。拆下仪表总成，电气元件没有被烧毁的痕迹。测量供电线及搭铁线也都正常，无短/断路现象。更换了新的仪表总成（因该车所装仪表为帕萨特 1.8T 使用的新式仪表，而当时库房只存有老式帕萨特 1.8 的仪表总成，仪表有所不同）。打开点火开关，各指示灯均能正常指示。匹配仪表与发动机控制单元（17－10－00－06），匹配防盗器点火钥匙（17－11－密码－10－21－钥匙数量－06）。发动机可起动且运转正常。使用 V.A.G1552 查询，与仪表可通讯，并无故障存储。检测发动机各测量值均

显示正常。

发动机不能工作和仪表不能显示的故障排除了。但是电动车窗却还不工作,按动各门电动车窗开关,各门车窗均无反应,各门车窗开关上的照明指示灯也仍然不亮,看来开关上的供电线或搭铁线可能还有问题。但是集控门锁却能正常工作,按动左前门上的(开/锁)按钮,各门锁都能随之工作。从两前门外用钥匙开/锁车门并保持几秒钟,各门车窗玻璃都能自动落下/升起,说明电动车窗本身没有问题,只是开关控制线路有问题。查看电路图,电动车窗开关上的照明是受舒适系统控制单元控制的。打开小灯开关后,测量开关侧线束插头触点,搭铁线正常,但是无电源供给。测量线束也无短/断路现象。难道是新的舒适系统控制单元还有问题吗?因为维修技师以前曾经遇到过类似的故障,是舒适系统线束内一根红/黄色的正极线绝缘外皮被磨破,与车身搭铁短路所致。于是,拆下左前门内衬,检查左前门控制单元与舒适系统控制单元之间的线路,没有发现什么异常。接着又相继检查了其他车门的插头和线路,也没有任何异常。维修一时陷入了困境。

通过静思细想后认为,如没有外界因素影响,应该不会有两个控制系统同时损坏。因为舒适系统控制单元更换后仍不起作用,而线路上也没有什么异常的发现。会不会是因为仪表损坏而影响到舒适系统呢?虽然更换了新仪表后仪表显示正常,发动机也能正常工作,但是所装仪表与旧仪表有所不同,会不会是因此而导致的诊断仪与舒适系统控制单元无法通讯,电动车窗不工作呢?

第二天调用的该车型同型号新仪表总成到货。装上后,打开点火开关,电动车窗功能即刻恢复正常。用 V. A. G1552 连接舒适系统,可以正常通讯。再次匹配发动机与仪表及防盗器,新仪表内输入旧里程表数据及保养提示后,起动发动机,工作正常。查询各控制单元并清除维修时产生的临时故障存储后,各系统功能恢复正常,故障排除。至此,维修工作结束。

故障维修总结:本车出现的三个故障,实质只是仪表系统突然损坏而造成的。但是在更换仪表时,却忽略了不同年份生产的车所装的配件有所不同。而不同型号的配件可能具有不同的功能。开始由于库房没有原车型使用的仪表总成,临时更换了与该车不同年份的仪表而使舒适系统不能正常工作,致使维修工作走了弯路。此案例提示我们,在更换汽车电器电子控制器件时,一定要注意与原车型的匹配问题。

五、帕萨特 B5 难起动的故障

故障现象:一辆上海大众帕萨特 B5 9F83G1 型轿车,装配 ANQ 发动机,已累计行驶 16.3万 km。车主反映,前段时间有起动困难现象,近段时间这一故障越来越频繁,并且已经更换过多种配件,但故障依旧存在。

故障诊断与排除:维修技师接车后,通过对车主的详细询问与了解,并且对车辆实车起动与验证,故障现象与用户所说相符,但此时还发现此车起动时有时还会一点反应都没有。根据故障现象和维修经验判断,此类故障问题应在电路上。于是利用大众 1498 专用蓄电池测试仪对蓄电池进行测量,测得的结果是蓄电池电压正常,证明蓄电池没有问题。接着又利用万用表测量点火开关至起动机起动信号电压,也正常。诊断至此似乎故障都集中在起动机了,但车主反映起动机已更换多次,出现故障不大可能。根据以往维修此类车的情况看,经常会遇到蓄电池或车架搭铁线不良,导致起动不良故障。于是根据蓄电池正极→起动机→发动机缸体→发动机搭铁线→车架→蓄电池负极搭铁线→至蓄电池负极这一思路逐步检查。为了验证这一思路的正确性,首先用一根搭铁线束直接接发动机缸体至蓄电池负极,构成回路,起动发动机,一次成功。当检查到发动机搭铁线至车架处这根线束时,拆下破线检查发现一接头已严重氧化,近似断裂。经过仔细检查分析,此线端在制造中就存在线夹紧固不良,松动的现象。所以每当起动时大电流流经此处便引起较大电压降,久而久之造成氧化、断裂,导致起动困难,严重时就会出现起动无反应。

更换搭铁线束,故障彻底排除。

六、帕萨特 B5 轿车不着车的故障

故障现象:一辆帕萨特 B5 2.0L 手动挡轿车,发动机型号为 AWL,行驶过程中突然出现了转速表归零、机油灯亮的情况。驾驶员将车停至路旁,试图起动车辆未果,于是打电话求援。1 个多小时后,维修技师赶至现场救援,车主反映当时闻到一股糊味。经过仔细检查,未见有电子元件及线路烧蚀的痕迹后,起动发动机,一次成功,连续起动依然没有问题。因为该车是新车,仅行驶了几百 km,驾驶员是新手,维修人员怀疑当时由于驾驶员操作不当而造成行驶熄火,因闻见糊味,起动时间过短而未着车。带车主路试了 30 多 km,发动机未见异常。但维修技师发现,仪表上黄色的安全气囊警告灯始终亮着,因未带能检测仪表的仪器,所以让车主先开着办事,第 2 天来维修站检查。

故障诊断与排除:第 2 天,车主反映不着车,将车拖来检修,发现发动机起动后随即熄火。检查缸压、汽油泵均无异常。接上 V. A. G1552 检测,打开点火开关,发现有 3 个故障码:①发动机控制单元堵塞。②CAN 数据总线来自仪表的信息丢失。③气囊控制单元无信号。

会不会是气囊控制单元有问题,误产生碰撞信号,造成发动机断油熄火呢?因为昨天维修技师就发现气囊报警灯一直亮,经检查未产生碰撞信号。

会不会是发动机控制单元的问题?换上 1 块新的控制单元,匹配后依然不能着车。

CAN 数据总线是否有问题呢?根据电路图 4-1,先将右侧 A 柱下的气囊连接线断开,将 ABS、发动机控制单元和仪表控制单元插头全部断开,这样就可避免因电子元器件内部短路造成测量误差。

先检测 CAN 总线高、低两端电阻,将万用表端子分别接发动机控制单元,测得 121/58CAN 低端与 121/60CAN 高端电阻,电阻为 ∞,证明两线之间无短接处。再依次测量从发动机控制单元到仪表控制单元的 CAN 连线通否。将万用表端子在发动机控制单元的插头 121/58CAN 低端和仪表控制单元插头 T32b/20 之间相接,阻值为 0.6Ω,小于 1Ω,在正常范围内。再测插头 121/60 与 T32b/19 之间阻值,也为 0.6Ω,小于 1Ω,由此看来这两根 CAN 线束没有问题,问题只能是仪表控制单元了。果然,更换仪表控制单元并匹配后,故障彻底排除,原来是因为仪表控制单元中的防盗控制单元损坏而引起车辆不能着车。

防盗控制单元损坏是该车故障的主要原因。帕萨特 B5 采用第 3 代电子防盗系统,其结构如图 4-2 所示。它将防盗控制单元与仪表控制单元集成为防盗仪表控制单元,当打开点火开关后,防盗单元通过识读线圈把能量用感应的方式,传送给脉冲转发器。脉冲转发器发射出程控代码,通过识读线圈把程控代码送给防盗控制单元,在防盗控制单元中,输入的程控代码与先前在储存防盗器控制单元中的代码进行比较。然后,防盗控制单元再核对由发动机控制单元随机代码发生器产生的可变代码是否与存储的代码一致。如果不一致,发动机在 2s 内熄火。

根据防盗器工作原理,再解释该车的故障现象就容易多了。该车由于防盗仪表控制单元中的某元件虚接放电,造成局部过热,防盗仪表控制单元将发动机熄火,同时因元器件过热产生糊味。当车辆停放一段时间,热量散去后,仪表控制单元中的防盗功能正常,发动机又能着车,此时仪表控制单元中的气囊控制部分已损坏,所以气囊报警灯亮。由于运行时间较长后,

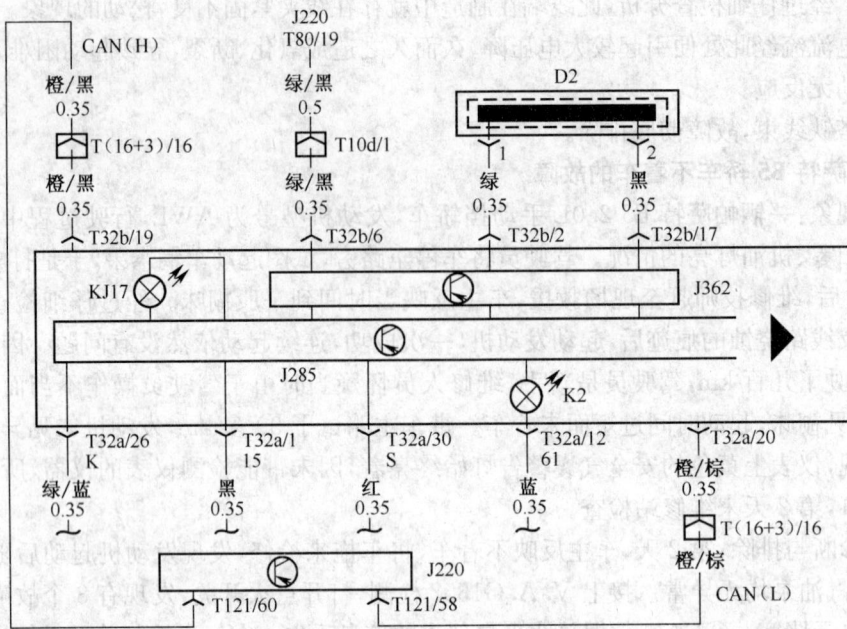

图 4-1   CAN 总线相关线路图

CAN(H). CAN 总线的高位   CAN(L). CAN 总线的低位   D2. 防盗器识读线圈   J220. 发动机控制单元   J285.组合仪表控制单元   J362. 防盗器控制单元   K2. 发电机充电指示灯   K117. 防盗器报警灯   T10d. 10 针插头,棕色,在发动机室控制单元防护内的左侧(2 号位)   T16.16 针插头,在变速杆处,自诊断接口   T(16+3).19 针插头,橙/红色,在发动机室控制单元防护罩内的左侧(3 号位)   T32a. 32 针插头,蓝色,在组合仪表上   T32b. 32 针插头,绿色,在组合仪表上

T80.80 针插头,在发动机控制单元上

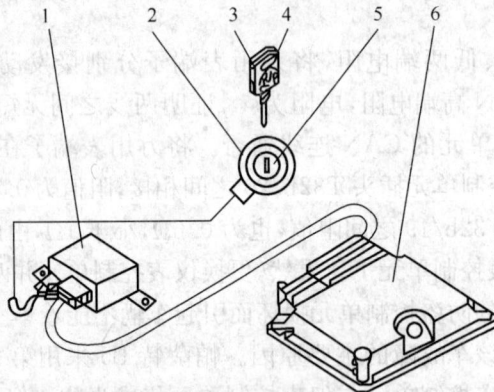

图 4-2   防盗系统结构图

1. 防盗器控制单元   J3622. 识读线圈 D2   3. 汽车钥匙   4. 脉冲转发器
5. 点火锁   6. 发动机控制单元 J220

元器件终因过热而烧毁,造成防盗仪表控制单元烧毁而无法工作,发动机因防盗锁死而出现了不着车故障,所以 V. A. G1552 会显示发动机控制单元堵塞。

因为 CAN 数据总线是连接发动机控制单元与防盗仪表的电路,且 CAN 数据总线本身是 1 条诊断通路,所以 V. A. G1552 也可对其诊断,并显示"CAN 数据总线来自仪表的信息丢失"。

因防盗仪表是由集成电路元件构成,因维修站现有设备无法检测,所以在维修中只好先测量 CAN 导线是否完好,再检查防盗仪表。

其实,在最初的诊断中,"发动机能起动但随即熄火"这一现象非常像防盗系统问题,但是因为以往所碰见的防盗系统故障,在这一熄火故障症状的同时,还伴有防盗指示灯闪亮的故障现象,所以维修中并没有直接从防盗系统入手,因而走了弯路。需要说明的是,防盗器指示灯在防盗控制单元完好的情况下,防盗控制单元会进行自检,如果发现其他防盗系统构成部件的故障(如钥匙脉冲转发器、识读线圈)会闪烁报警。此后,维修技师先后又碰上过几起防盗报警灯不报警的不着车故障案例,均顺利地解决,所以有必要将同类故障维修经验与广大维修人员共享。

七、帕萨特轿车因燃油泵继电器损坏引起难起动的故障

故障现象:一辆上海大众帕萨特 B5 轿车,搭载 1.8L 发动机。该车放置一夜或停车很长时间后起动困难,需要起动多次才能着车,着车后发动机工作一切正常。没有其他不良症状。

故障诊断与排除:维修技师结合以往的经验认为,出现上述故障现象的原因一般有:燃油系统泄压、空气流量计信号误差以及进气温度传感器故障,检查的重点也应该放在这些方面。

首先使用 V.A.G1552 进行了故障查询。调出 4 个喷油器 N30～N33 对地开路的偶然性故障码。喷油器的偶然性故障码可能是在点火开关打开的情况下,拔下了喷油器的插头所造成。将故障码清除,读取发动机各个传感器数据流,空气流量计和进气温度传感器数值正常,不再有故障码出现。

将燃油压力表 V.A.G1318 串接在燃油供给管路上,起动发动机怠速运转,观察燃油压力可以稳定在 350kPa。将车辆熄火进行保压约 45min 后,压力降低很少,可以满足技术要求。拆下燃油压力表并接好油管,起动车辆后,再用 V.A.G1552 检查,发现又出现了 4 个喷油器对地开路的偶然性故障码,看来喷油器的相关电路存在故障。分析喷油器部分电路可知,在发动机起动过程中和起动后,燃油泵继电器在控制单元 J220 的控制下,一组并联触点分别控制燃油泵、活性炭罐电磁阀 N80、可变进气相位电磁阀 N156 等元件的工作,另一组触点给喷油器 N30～N33 提供电源。如果该继电器线圈断路,控制单元会记录下继电器损坏的故障码和继电器控制的所有执行元件开路的故障码。如果继电器的 30—87a 触点之后的线路存在故障,控制单元会记录喷油器对地开路的故障码。

根据上述的分析可知,控制单元记录了喷油器开路故障,所以应该检查燃油泵继电器30—87a 触点和触点以后的线路。因为故障是偶发性的,根据维修经验可知故障原因应该是电路中某点存在接触不良。在发动机运行时,依次用手摇动各个插头、熔丝 S34 插座、组合插头 10e/8 以及燃油泵继电器插座,均没有发现有断线或虚接的情况。在检查线路正常的情况下。从元器件损坏的角度看,燃油泵继电器最有可能存在工作不稳定的情况。装上一个新的燃油泵继电器,然后将车放置一晚。第二天车辆起动正常,由此看来确实是由于该继电器工作不稳定造成了上述故障。

八、帕萨特 B5 轿车不易起动的故障一例

故障现象:一辆帕萨特 B5 轿车,装备的 AEP 直列 4 缸电喷发动机,行驶 11 万 km。该车因不能着车在特约服务站更换过燃油泵,换燃油泵之后发动机工作正常,相隔几天后,该车在路上行驶时突然熄火,等待一会儿,又可以重新起动。

故障诊断与排除:根据车主反映的情况,怀疑是电控元件有故障。连接故障诊断仪 V.A.G1552,进入 01 发动机控制单元系统,但诊断仪显示无法进入。接下来,拆开转向盘下方的熔丝盒盖,用手摸 30 号继电器有点烫手。拆开继电器壳,观察里面的焊接点有轻微烧蚀

的迹象。另外,还有一个焊点有细微的裂纹。更换一只新的继电器后,连接 V.A.G1552,点火开关置"ON",进入 01 发动机控制单元系统,这次顺利进入,选择 02 查询故障码,屏幕显示存在一个发动机临时闭锁的偶发性故障。用功能码 05 清除故障码后,按功能码 06 退出检测系统,起动发动机进行路上试验,熄火现象再也没有发生,一切恢复正常。

故障维修总结:为什么一个继电器出了问题,发动机就不能起动了呢? 这只继电器为发动机控制单元的供电继电器,如图 4-3 所示,当它损坏以后会导致蓄电池不能向控制单元正常供电,由此,发动机出现这个故障也就很好解释了。

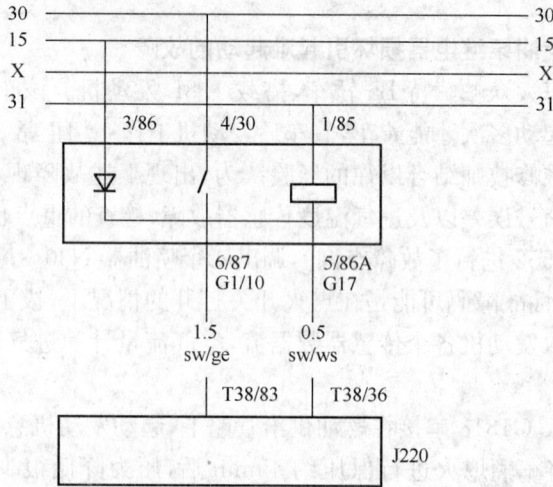

图 4-3 继电器电路

J220. 发动机控制单元 G1. 机油状态传感器 T38.38 脚插头

九、帕萨特 B4 轿车发动机起动后松钥匙就熄火的故障

故障现象:一辆帕萨特 B4 轿车,起动时可以正常将车发动着,但是一松开点火钥匙,发动机就会马上熄火。

故障诊断与排除:用专用诊断仪 V.A.G1552 对发动机进行检测,故障码显示为发动机控制单元受到限制。又对防盗系统进行检测,无故障码显示。之后,利用 V.A.G1552 进行系统自检,故障现象没有变化。因此,初步判定故障不在防盗系统。根据故障现象,排除了供油系统出现故障的可能性,因此重点检查发动机控制电路。用万用表检测在钥匙开启时点火线圈的供电电压为蓄电池电压,搭铁状况良好。当检测喷油嘴的供电电压时,发现只有 9V,明显电压偏低,但检测喷油嘴与 ECU 之间的电路并没有发现什么问题。又检测霍尔传感器、氧传感器及转速传感器的供电电压均偏低,由此怀疑发动机电脑的电源供给可能存在问题。检测点火开关,发现点火开关只有在起动机运转时才向电脑供电,所以造成该车发动机不能正常运转。

更换点火开关后试车,发动机起动顺利,运转正常,故障彻底排除。

十、帕萨特 1.8T 轿车发动机偶发起动困难及自动熄火的故障

故障现象:一辆帕萨特 1.8T 轿车搭载 AWL 发动机,行驶里程 9000km 后,发现发动机偶尔起动困难及自动熄火,曾维修过,但未发现故障点。

故障诊断与排除:初检发动机,起动很顺利,加速正常,路试无任何异常。据了解,该车曾在维修时出现第一次路试途中突然熄火,之后打起动机不着车的问题,最后只能将车拖回修理厂。可是拖回修理厂后一打起动机就着火,之后经过多次试车一切正常。用诊断仪

V.A.G1552 查询故障存储,有 4 个故障代码,分别是 4 个喷油器对正极短路或断路,且为偶发性故障(SP),清除后不再出现。因为是偶发性故障,估计应是线路问题,所以先检查喷油器相关线路。测量喷油器相关线路时,发现电压只有 8.6V,电压过低。因为喷油器线路是电脑控制负极搭铁,正极常通。当蓄电池电压正常时,此电压应该是 12V。于是仔细检查喷油器线路。拆下组合仪表及仪表下饰板,找到喷油器线路的正极接点,原来是正极接点松动。将此接线点固定后,经过很长较差路段试车,再无起动困难或熄火等故障。所以可以肯定,故障就是该线引起。因为正极接点松动后,当车在坑洼路面行驶时,由于颠簸使喷油器断电导致发动机熄火。

十一、帕萨特轿车发动机熄火后再也不能起动的故障一例

故障现象:一辆上海大众帕萨特 B5 轿车,装备 ANQ 发动机,采用博世 M3.8.3 电喷系统,2002 年出厂,行驶里程 9 万 km。故障现象为发动机熄火后,再也不能起动。

故障诊断与排除:根据电喷发动机的控制原理,发动机不能起动与曲轴位置传感器有很大的关系。首先闭合点火开关,起动发动机,用万用表检测 ECU 的 56 与 63 脚,发现无信号电压输出,正常时应有 0.3～5V 的脉冲信号电压。说明曲轴位置传感器已损坏,更换后故障排除。

由于曲轴位置传感器的损坏,ECU 在连续几次接收不到它的信息时,便会中断喷油和点火信号的输出指令,以致发动机无法起动。

十二、2002 款帕萨特轿车间歇性熄火故障一例

故障现象:一辆 2002 年产上海大众帕萨特 B5 轿车,搭载 AWL 型 1.8T 发动机,行驶里程 23 万 km。车主打电话到维修站请求救援,反映车辆正常行驶途中发动机突然熄火,起动多次无法着车,同时仪表上的 EPC 灯点亮。

故障诊断与排除:维修技师接到任务后,带上维修工具驱车前往救援。到达现场后,首先试着起动发动机,起动机能够正常运转,但发动机没有着火的迹象。连接故障诊断仪 V.A.G1552 查询故障码,显示有故障码 17951(节气门角度传感器 1G187 信号太小)和 17580(节气门角度传感器 2G188 信号太小)等一系列与节气门有关的故障码。

打开发动机舱盖,发现节气门体上的线束插头由于锁扣损坏而出现接触不良的现象。由于没有单独的插头配件供应,于是将插头重新插紧并用扎带固定,确保接触良好。清除故障码后,起动发动机可以顺利着车。由于此款车的发动机即使不插节气门体线束插头也可以着车,所以很可能存在其他故障。于是维修技师建议车主回维修站进一步检查,但车主急于用车将车开走。

几天后,再次接到车主的救援电话,反映出现了相同的故障,正常行驶途中发动机突然熄火后无法起动。维修技师只好再次驱车到现场维修,用故障诊断仪 V.A.G1552 查询故障码时,调出了与上次相同的与节气门体有关的故障码。打开发动机舱盖,检查上次处理过的节气门体,线束插头接触良好,清除故障码后又可以顺利着车。

维修技师之前曾遇到过多起由于发动机控制单元主继电器内部触点开焊引起的发动机间歇性熄火故障,但如果是主继电器不良,发动机控制单元内会存储相应的故障码。为了可靠起见,还是将主继电器拆开,但没有发现开焊或接触不良的现象。这就奇怪了,难道是节气门体电机间歇性卡死?

更换节气门体,起动发动机却听到节气门发出"哒、哒"的异响,发动机没有着车的迹象。连接故障诊断仪 V.A.G1552 查询故障码,发现诊断仪与发动机控制单元无法通讯了,看来故障与节气门体无关。重新整理思路,故障诊断仪与发动机控制单元不能通讯主要有以下几方面原因:发动机控制单元故障、K 线故障、发动机控制单元电源线或接地线不良。由于发动机控制单元本身的故障率比较低,所以维修技师对照维修手册对发动机控制单元的线路进行了彻底检查。当检查到发动机控制单元的接地线时,发现位于冷却液膨胀罐下方的接地线固定螺栓严重松动,且螺栓表面有很多锈迹。

重新打磨发动机控制单元接地线并紧固,起动发动机可以顺利着车,发动机原地加速有力但息速轻微抖动。再次调取故障码,存储有故障码 17987,含义为节气门自适应未完成,且故障码不能被清除。于是将蓄电池负极接线拆下,30min 后装回,使用故障诊断仪执行 01(发动机)→04(基本设定)→060(通道号),节气门体成功匹配。起动发动机,息速运转平稳且加速有力,长时间试车以及跟踪回访,确定故障彻底排除。

故障维修总结:此车的故障现象虽然比较常见,但是故障原因却不太常见,以至于维修技师开始时认为是节气门体的故障。从该车的维修中我们也可以看出,虽然很多故障所表现出的现象相同,但是故障原因却不相同。该车由于发动机控制单元的接地线虚接,从而出现了与节气门体损坏等故障原因相同的故障现象。

十三、93 款帕萨特 B4 间歇性熄火的故障

故障现象:车主反映,这辆车不定时的熄火,有时一天几次,有时一个星期都没有事。不分冷车、热车,熄火时非常突然。接着打车,有时能顺利起动,但有时需等几分钟。由于车主每天都要接送单位的重要客人,而这辆车又不知什么时候会坏在路上,因此车主非常苦恼,去了好几家修理厂,故障一直没有排除。

故障诊断与排除:维修技师接车后,询问车主都检修了什么,车主说,该换的都换了,火花塞、高压线、点火线圈、汽油泵全是新的,喷油器和节气门体都洗过好几回了,就差没换台发动机试试了。听完车主的讲述,觉得又可气又好笑,既然没有找到真正的故障原因,换上那么多的新件又有什么用呢?浪费了人力、物力、财力不说,又失去了顾客的信任,真是太不值了。既然该换的都换了,那么所换的相关部件就应该不会有毛病了。从灭车的状态来看,高压断火的可能性最大,所以检修的重点应放在线束的接触状况及点火系统的传感器上。这辆车用的是DIGIFANT 燃油喷射发动机,1993 年出厂,车型较老。首先用 V. A. G1552 检测,显示故障码为 00531,即发动机转速传感器 G28 信号超差,偶发性故障。别无选择,首先根据电脑的提示来检修一下转速传感器(G28),打开机盖,发现传感器居然也是新的。一时间,还真没有思路了。那就查看线束接触状况吧。发动机息速时,摇动所有可能引起故障的线束接头,没有任何征兆。看来,只有让故障重现了。带上解码器、万用表路试,跑了一个多小时,没有灭车,就在返回修理厂的途中,突然熄火了。再打车,不着。打开机盖,试高压火,没有;用万用表检查转速传感器输入电压,0V;检查霍尔传感器插头供电电压,还是 0V。看来灭车真正的原因是传感器没有供电电源引起的。问题的焦点已经找到了,那么首先要看的就是保险盒了。打开保险盒,仔细查看没有故障。保险丝完好无损,无意中敲击了保险盒一下,车子居然可以起动了。故障一定是在保险丝座上!回到修理厂,仔细检查保险盒后面的接线状况,正常。无奈之下,找来此车的电路图分析,发现此车的电脑供电电源是由位于保险丝盒上的 3 号位置的 DIGI-FANT 控制单元继电器控制,它把电源送入电脑,再由电脑送入各个传感器。会不会是这个继电器有故障呢?找到该继电器拔下,将其打开(继电器外壳标号为 30)。仔细观察发现,继电器印刷电路板的焊点好像有裂缝,用放大镜放大后才看清,原来线路板上给电脑供电的焊点上有一个用肉眼几乎分辨不清的小缝,正是这个毛病,才导致电脑供电时有时无,也就是它引起了间歇性熄火。经过焊接处理,装复后试车,一切正常,一周后电话回访,故障从未再出现

过,证明故障彻底排除。

十四、帕萨特 GLi 轿车偶尔熄火的故障一例

故障现象:一辆上海帕萨特 GLi 轿车,行驶里程为 3 万 km,因气门室垫漏油,更换气门室垫后不久,出现在颠簸路面上发闯,偶尔熄火现象。

故障诊断与排除:用 V.A.G1552 检测发现无故障码存在,而在厂时发动机又工作正常,只好带上工具同车主出厂试车。正如车主所说,行驶过一段颠簸路面时,发动机突然熄火。拆下气门室罩,拆下燃油进油管发现,点火开关"ON"时,有燃油喷出。拆下一缸点火线圈用备用火花塞试火,发现无高压火,拆下二、三、四缸点火线圈试火,均无高压火。是什么原因使四个缸点火线圈同时无高压火呢? 发动机控制单元、曲轴位置传感器、霍尔传感器,还是电路有故障? 询问车主得知,在更换气门室垫以前,发动机一切正常。按线路图分析,发现四个气缸的点火线圈的棕/黄色搭铁线均在气门室盖上,由同一个螺母紧固,而更换气门室垫必然要拆装该螺栓,用万用表测量发现,棕/黄色线与蓄电池负极间竟有 16Ω 的电阻,将该螺栓清洁紧固后,故障彻底排除。

十五、帕萨特 B5 轿车行驶时突然熄火故障一例

故障现象:一辆 2000 款帕萨特 B5 1.8T 轿车在正常行驶中发动机突然熄火,熄火后不易起动,需起动几次才能着车。该故障不是经常出现,但故障出现时没有高压火,要等半小时才能起动。

故障诊断与排除:该故障多数是电子元件热稳定性能差引起的,可能的原因是继电器、点火器或燃油泵的问题。用修车王故障检测仪读得的故障代码为 17072,含义为主继电器 J271(ECU 盒旁边的 30 号继电器)负荷电路断路。

更换 30 号继电器后,故障彻底排除。

十六、帕萨特 B5 轿车发动机热车时运转不稳且易熄火的故障

故障现象:一辆帕萨特 B5 GSi 型轿车,该车发动机冷车时运转正常,热车时运转不稳,易熄火。

故障诊断与排除:首先使用故障阅读仪"车博仕"进入发动机电控系统,读取故障码,显示故障码为 16496—发动机进气温度传感器 G42 有故障。观察进气温度传感器的数据,进入 08—003 组的第 4 显示区,发现进气温度传感器数值为 -46℃,这与实际温度明显不符。进行消除故障码操作,发现故障码不能消除。仪器检测完毕,再需要用万用表查找进气温度传感器的故障。拆下进气温度传感器,测量其不同温度下的电阻值,与标准值相等。此时分析故障原因可能有两种:一是线路有故障;二是发动机控制单元有故障。先检查线路。对照线路图,发现进气温度传感器的线色不对。在进气温度传感器附近查找,发现进气支管转换阀的插头线色与线路图上标注的进气温度传感器线色一样,而目前接在进气温度传感器上的导线线色,显然应为进气支管转换阀的。进气温度传感器有故障,进气温度信号传送给发动机控制单元为进气支管转换阀上的温度 1.95℃,根据此温度信号,发动机控制单元控制喷油器喷出较多的油,使混合气过浓,冷车时发动机尚可正常工作,而热车时便造成发动机工作不良,易熄火。将进气温度传感器与进支管转换阀的插头对调,用"车博仕"清除故障码,再试车,发动机工作正常,故障彻底排除。

十七、帕萨特 B4 轿车发动机间歇熄火的故障一例

故障现象:一辆帕萨特 B4 轿车,发动机大修后,车主报修该车有时会自动熄火。前段时间一两周遇到一次,熄火后停几分钟重新起动后,一切正常。近期故障发生的频率较以前高

了,两天内就有一次,有时甚至一天发生好几次。这种间歇性自动熄火故障越来越严重了,已经无法正常行驶。

故障诊断与排除:维修技师接车后在进行检查诊断的过程中,故障现象是:发动机大多数情况下怠速、加速均正常,有时突然间会有发"哽"的现象,发动机转速很不稳,抖动一阵子后自动熄灭,似断火又似断油的征兆。停几分种重新起动,发动机又能顺利起动,运转也很正常,但隔一段时间又会重复发生自动熄灭的现象。针对这一现象,首先用电脑测试仪调取故障码,结果无故障码。再用常规做法排查油、电路。先查油路,因为电喷发动机对油路的清洁度特敏感,而这种现象正有点像油压出了问题或油路脏有堵塞所致。于是更换汽油滤芯、清洗汽油箱、喷油嘴、汽油泵,测试油压,油压也正常,故障依旧。电路方面,清理火花塞,检查高压线、分电头、分电路等,进行遂缸断火试验,仍未发现问题。最后干脆采用换件试验的办法,从另一辆正常的同型号车上拆下点火线圈试验,这一举措才查到了故障发生的真正原因——点火线圈损坏。更换新的点火线圈后,故障彻底排除。

故障维修总结:此次故障为何意想不到,且走了不少弯路呢? 原因在于工作中有疏忽大意,不够仔细彻底。每次试高压火花时均正常,未发现断火,被这一假象迷惑,因而没有怀疑点火线圈有问题。这属于一次经验教训,提供给广大汽车维修人员参考。

十八、帕萨特轿车怠速抖动的故障一例

故障现象:一辆上海帕萨特轿车,发动机怠速时抖动严重,加速无力。

故障诊断与排除:首先用故障诊断仪检测车辆,读得两个故障:一个为第1缸不工作;另一个为空气流量传感器信号不良。对第1缸进行检查,发现是第1缸点火线圈损坏。更换一个新的点火线圈后,清除故障码,起动发动机,发动机怠速工况工作正常,但加速仍然无力。再次读取故障码,发现空气流量传感器信号不良的故障码始终存在,无法清除。在发动机怠速运转时。利用故障检测仪查看空气流量传感器的数据,发现故障检测仪上显示的空气流量传感器的信号为0。踩下加速踏板,使发动机加速,空气流量传感器的信号仍然为0,说明空气流量传感器或其线路出现故障。

更换同型号的空气流量传感器(2个),试车,发动机各工况工作均正常,故障彻底排除。

此车由于一个缸不工作,导致发动机怠速抖动。又由于空气流量传感器损坏,ECU检测不到进气量,导致不能正确供油,引起汽车加速无力,发动机运转不稳。

十九、帕萨特加油后响应慢的故障

故障现象:帕萨特B4轿车,起动正常,空加油尚好,开起来感觉加油后响应慢,总像差一挡,跑起来不痛快,加速无力。

故障诊断与排除:维修技师接车后开出路试,缓缓地在路上跑感觉还好,但是如果想超车,完全跑不起来。回厂用1551专用诊断仪检查,调出00625、00518、00530三个故障码,显示速度传感器、节气门有故障,其中两个故障码指的节气门。为慎重起见,首先对该车油电路进行常规保养,更换了工作失常的火花塞,清洗了节气门,检查了曲轴位置传感器,装复后重新匹配,可是故障码清除不掉,试车不见好转。只好更换新的曲轴位置传感器、新的节气门总成,再次匹配,但仍然清除不掉这三个故障码。由此看来,这三个故障码已经储存在电脑中无法清除,于是对电脑加注程序进行更新,依然无法消除这三个故障码,只能更换电脑。

更换新电脑后,重新学习匹配,三个故障码清除。将旧节气门总成、旧曲轴位置传感器换上车,再次匹配,同样没有出现故障码。试车,加速反应灵敏,故障彻底排除。

由此看来,这例电脑指示其他零件故障,实际是电脑自身的故障。

二十、帕萨特轿车综合故障一例

故障现象：一辆 2002 年产上海帕萨特轿车，装备 1.8L 4 缸 5 气门发动机，累计行驶 8 万km。据车主讲，该车近期急速发动机抖动，排气管冒黑烟，加速不良，并且燃油消耗量增加。

故障诊断与排除：经试车核实该车故障现象，正如车主所述。据车主讲，该车因自己工作繁忙而忽略了正常保养。此前为了排除该故障，曾在一位朋友开的汽修厂内进行过多次修理均未解决。期间曾更换过空气流量计，之后又换了 4 个火花塞、氧传感器以及汽油滤清器，并清洗了节气门体和喷油器。故障曾经有所减轻，但是当车子行驶 3 天后，车辆又恢复原来的状态。

维修技师由于当时没有带故障诊断仪到现地，检修工作只能从基本项目开始。根据车主的叙述，结合该车的故障现象，维修技师初步分析认为该故障应是发动机燃烧不良或混合气过浓所致。经拆检 4 个火花塞，发现其头部呈黑色。测量 4 个气缸的压力，数值均在正常范围内。通过对 4 个点火线圈及火花塞做跳火实验，发现有强烈的蓝色火花输出。通过一系列基本测试证明，该车点火系统及发动机机械部分基本工作正常。

根据以往修理大众车系的经验，当出现上述故障时其原因大部分是由于空气流量计、相关传感器或燃油系统工作不良所致。鉴于该车曾试换过空气流量计并更换了氧传感器，决定先测量一下燃油系统压力。经测量急速时燃油系统压力为 420kPa，明显高于标准数值（急速时标准压力应为 350kPa），而造成压力过大的原因通常为燃油压力调节器、燃油泵及燃油回路等工作不良。经拆检燃油系统发现，燃油压力调节器的筛网已严重堵塞。为了彻底解决油路问题，随后清洗油压调节器、燃油泵滤网和汽油箱，并更换了汽油滤清器。

维修至此，本以为故障已经排除。但是试车发现，发动机急速依然抖动，加速不良，不过发动机冒黑烟现象已彻底排除。虽然冒黑烟现象不存在了，但加速时偶尔却会有回火现象。一般来说，出现这种故障现象为发动机混合气过稀所致。再次测量燃油系统压力，发动机急速运转时其数值为 350kPa，当拔下燃油压力调节器软管时油压上升至 410kPa，均为正常数值。

再次仔细分析，维修技师认为该车发动机机械部分、油路以及点火系统基本工作正常，而可疑之处只有电控系统了。为了进行彻底检查，维修技师从维修站取来故障诊断仪。连接诊断仪读取故障码，电控系统居然有 5 个故障码，分别为：01120，N205 凸轮轴调节阀故障；16486，G70 空气流量计故障；01247，N80 活性炭罐电磁阀故障；16519，G39 氧传感器故障；17924，N156 可变径路进气管控制阀故障。根据经验，电控系统不可能同时有这么多部件产生故障。为了区分真假故障码，用诊断仪将上述故障码清除。经试车后这些故障码依然存在。经过仔细检查传感器导线和传感器插头端子，未发现异常。

查阅电路图得知，以上 5 个传感器的供电电源均通过 29 号熔丝。打开熔丝盒一看，该熔丝已熔断。更换熔丝后重新起动，发动机急速运转稳定，加速性能明显好转，但在急加速时还是有回火现象。

经仔细检查发动机进气系统，未发现漏气现象。连接诊断仪检测，显示无故障码。急速时通过诊断仪读取数据流时发现，氧传感器数值在 0.20～0.45V 之间变化，空气流量计数值为 1.9g/s。通过向进气管内间断地喷入化油器清洗剂并查看氧传感器数据流，发现氧传感器信号电压可以在 0.20～0.90V 之间变化。通过数据的综合分析与试验，维修技师认为导致混合气过稀的主要原因应是空气流量计工作不良所致。经更换空气流量计，故障彻底排除。

从该故障的诊断、分析和维修，维修技师认为盲目的更换部件，并非专业的修理行为。维修中应该根据从简至繁的诊断过程，作出合理的诊断分析，逐步缩小维修范围。

二十一、帕萨特轿车起步困难的故障一例

故障现象：一辆 02 款帕萨特轿车，在起步时出现车身抖动严重，发动机易熄火，好像是制动拖滞的现象。

故障诊断与排除：维修技师试车发现，该车只要挂一挡起步就会出现上述故障，但在车速超过 20km/h 后就行驶正常，并且制动效果良好；发动机怠速稳定，轿车不行驶时加速性能良好。

连接 V. A. G1552 故障阅读仪进行检测，没有出现故障代码。进行路试并对有关数据进行动态跟踪，没有发现问题；检查四轮制动状况，也未发现有制动拖滞现象。

接着对影响发动机动力输出的有关部件(火花塞、喷油器、节气门体、点火线圈、氧传感器、三效催化转化器和离合器等)进行了检查，也未发现问题。根据判断，发动机、变速器和离合器不应该有问题，问题应出在 ABS 中。测量 4 个轮速传感器的电阻，在正常范围内。再次连接 V. A. G1552 故障阅读仪，并对 ABS 进行动态数据分析，终于发现当该车以低于 20km/h 的速度行驶时，左前轮速传感器的信号数值为 0V，当车速超过 20km/h 时，该传感器才能准确反映左前轮的实际速度。拆下左前轮速传感器，发现其顶部有很多脏物；测量其电阻，在正常范围内。将其清洗后装复试车，上述故障现象消失。

故障维修总结：该类车采用的是带有 EDS(电子差速器锁)功能的 ABS，EDS 的功能是通过 ABS 来实现的，其故障也是通过 ABS 指示灯来反映的。EDS 的主要功能是当某一侧驱动轮打滑时，利用电磁阀对该侧车轮施加制动力，使动力有效地传递到另一侧驱动轮，从而使车辆摆脱车轮打滑的困境。该车在起步时左前轮速传感器反映的轮速为 0km/h，所以 ABS ECU 就以为右前轮打滑而对该轮进行了制动。并且，因该轮速传感器并未损坏，因此 ABS 自诊断也未发现故障，ABS 故障指示灯未亮。

二十二、帕萨特轿车车速、发动机转速提升不够的故障

故障现象：一辆上海大众帕萨特轿车装有 AWL1.8T 发动机，手动挡五速变速箱，2003 年 3 月出厂，至今累计行驶里程为 8 万 km。据车主描述，车辆在怠速状态下空加油、车悬空后挂挡前后行驶正常。在高速公路上行驶，发动机转速达到 4000～4250r/min，车辆行驶速度达到 140km/h 后(平坦路面)，发动机转速和车辆行驶速度再也提不上去，而且在最近一段时间比较费油。

故障诊断与排除：根据车主反映，维修技师进一步询问了故障发生时的时间以及故障出现前后车辆运行的变化情况。车主讲，他是偶尔一次爬山时才感觉到的，以前爬这座山用四挡、稍微加点油就可以轻松地过去，可是那次楞是油门踩到底，换了三挡才像以前一样爬过去。

听了车主的上述描述，经过仔细分析，维修技师认为，此故障不是立刻发生，而是缓慢变化行成的。这个故障的发生部位应该在发动机上，是发动机的输出功率不足，而不是底盘(比如离合器打滑)损失了发动机的输出功率，从而出现车辆行驶无高速、发动机无高转速的情况。

为辨清故障是机械故障还是电路故障，维修技师连接检测仪器 V. A. G1551，进入地址代码 01，对发动机电子控制系统进行检测：进入地址代码 02，查阅故障，故障仪显示偶发性故障，故障内容为：17964，即增压压力控制低于控制极限。进入地址代码 08，读取数据。

002 组显示为：

760r/min16.5%2.3ms2.3g/s

003 组显示为：

860r/min2.3g/s2.3%9.7°VOT

033组显示为:

16.5%0.665V

数据总体都在标准范围内,有些个别数据与同类型、同里程的车子比较,有些明显不太稳定,如转速在760~800r/min来回摆动;空气质量计数在2.3~1.9g/s来回由大到小跳动;混合气占空比16.5%偏浓;氧传感器电压0.665V跳动很慢,基本不跳。

维修技师阅完后,作了一个概括性记录。打开引擎盖,对发动机做全面检查发现,发动机怠速有点抖动,排气管烧红异常。根据以上两种现象直观判断,其缸内燃烧不良,残余混合气在三元催化及排气总管处燃烧。同时车主回答,火花塞没更换过。难道是火花塞点火不良、失火引起个别缸工作不稳,而造成发动机发抖、怠速不稳,混合气在缸内没燃烧被排在三元催化器里烧着了,排气管才异常烧红?

随即更换了同型号原车火花塞,起动后故障依旧。再采取断缸分析。当断开二缸时,发动机转速无明显变化,怀疑点火线圈工作不良失火,考虑到若点火线圈有故障可以从发动机电子控制系统查出,然而却未查出故障。进行反复断缸判断实验,最后确定二缸点火线圈工作不良,更换二缸点火线圈,发动机不抖了,怠速正常。又根据偶发性故障内容解读分析,随即检查了与故障有关的全车进排气软管连接处,确认正常。删除故障内容后试车,一切依旧。刚删掉的故障内容又出现。其他数据却一切正常,这时维修人员陷入了无限的迷茫之中。

思维从头开始又回到了读数据流时的几点疑惑:空气流量计为什么从大到小不停地跳?而且随着加油,其数据先从急速时的2.3~2.4g/s倒回1.9g/s后又慢慢增大?氧传感器的输出电压在0.6~0.8V电压偏高,且很少摆动?

经过上述综合考虑,维修技师断定故障为三元催化器中度堵塞所致。当三元催化器堵塞不很严重时,怠速空加油门,由于发动机不带负荷,底盘无阻功率,发动机依靠空转速勉强将废气缓慢排出;当在高速路上行驶时,发动机底盘增加阻力矩,产生功率损失,而此时要保证发动机高速大负荷运行,必须加大油门。此时从发动机气缸内排出的大量废气由于三元催化器堵塞而不能够及时送出,高温度废气在三元催化器里不断增加,故造成排气管异常发红。氧传感器电压高,跳动慢,反映混合气浓。与此同时涡轮增压气里废气叶片由于废气大量堵塞转速降低,在此大负荷时,造成增压压力偏低,故会每次试完车便在ECU里存储这么一个故障!根据这样一个思路,决定拆下三元催化反应器,果然发现里面蜂窝状的催化室小孔通道全被粘成一个整体密封平面。更换了新三元催化反应器后,试车一切正常,故障彻底排除。

二十三、帕萨特 B5 型轿车发动机怠速运转有明显抖动的故障

故障现象:一辆已行驶8万km的帕萨特B5型轿车,使用中发现其发动机怠速运转有明显抖动,提高转速后抖动则有所减轻。

故障诊断与排除:检修时,用V.A.G1551对发动机电控系统进行检查。进入发动机电控单元,查询故障存储器,无故障码显示,说明发动机电控传感器正常。拆下怠速控制阀,用欧姆表测量其电阻值符合要求。检查怠速阀内部,发现有油泥和积炭,但用化油器清洗剂将其洗净后试车,故障依旧。起动发动机逐缸进行断火试验,各缸均有明显变化,说明点火系统工作正常。用V.A.G1551读取发动机电脑的数据流,进入08-07数据块第二区域显示仅0.1V(此为氧传感器电压,正常应在0.3~0.37V之间跳动显示),怀疑氧传感器堵塞,但更换氧传感器后故障仍未排除。阅读数据块08-02第四区域显示2g/s,正常应在2.7g/s左右,更换空气流量计,故障仍未排除。经上述检查均未发现明显问题,而氧传感器电压低,说明进气管路漏气,导致部分空气没有经过空气流量计进入气缸,造成混合气过稀。经检查,进气支管处没有漏

气。当检查活性炭罐真空系统时,发现活性炭罐电磁阀在系统不工作时也不能关闭。为了防止燃油蒸气污染空气,由活性炭罐中的活性炭收集、吸附从汽油箱来的燃油蒸气,再送到发动机缸内燃烧。活性炭罐通过一根软管与进气支管连接,管路上安装一个电磁阀,由发动机电脑控制其开闭。当发动机加速和转速较高时,活性炭罐电磁阀打开,通过进气支管的真空将活性炭收集的燃油蒸气吸入进气道。而发动机转速较低或急速时,活性炭罐电磁阀应关闭,从而切断燃油蒸气的通路。当活性炭罐电磁阀损坏后,电磁阀就会处于常开而不受发动机电脑控制,多余的空气就不通过空气流量计,而直接通过活性炭罐进入进气支管,从而导致混合气过稀。致使发动机功率不足,急速时抖动。更换活性炭罐电磁阀后故障彻底消失。

二十四、帕萨特 B5 轿车急加速时各故障指示灯交替闪烁的故障

故障现象:一辆帕萨特 1.8L 轿车,行驶 9 万 km。此车急加速时仪表的各故障指示灯交替间歇闪烁,同时收音机出现不工作的现象。如果发动机保持在某一转速的情况下,仪表和收音机各系统一切正常。

故障诊断与排除:连接 V.A.G1552 进仪表系统 17,读取故障码 02,无故障码,之后又做了元件测试 03,各指针表和故障指示灯都正常。进入发动机系统 01,读故障码 02,还是无故障码。

这不是一般的故障,开始分析时,认为能造成这种故障的就是发电机非正常的工作和各种信号的干扰。首先检查它的基本工作状况,发动机转速在瞬间升高的同时发电量也有可能在瞬间升高。起动着车,急加速,用数字万用表检查蓄电池的电压为 14.5V,这个数字已超过了各个电子系统的正常工作要求,足可以造成仪表的工作错乱和收音机过压保护电路的起动。更换原厂的发电机,起动着车,急加速,故障依旧。

又转到了另一个有可能发生的故障点,信号干扰。在设备不全的情况下只能用换件法来排除有可能发生故障的部件,更换了霍尔曲轴位置传感器,故障依旧。

这时候维修进入了困境,维修人员仔细地想了一下,如果点火器老化产生电磁干扰,也可以造成该车的故障现象。于是更换 4 个点火器,试车,故障彻底消失。

故障维修总结:在现代专业的汽车维修厂,示波器、诊断仪是必不可少的工具。在电子控制的汽车上有很多超标的波形可以造成各控制系统的不正常工作,如果使用示波器就可以更快更准确的判断故障所在的位置。

二十五、帕萨特 B4 轿车低速及急速不良的故障一例

故障现象:一辆帕萨特 B4 轿车的发动机低速走不好、急加速也不行、缓加速可以、车速跑起来又很好。

故障诊断与排除:维修技师接车后,首先起动发动机,感觉不好起动、起动后急加速转速提不起来、缓慢加速转速可以提起来。凭经验判断应是油压低故障。开出路试、低速行驶中有一顿一顿地、好像供油不畅的感觉;车速加起来以后一切好转、决定回厂检测电动汽油泵油压。

用液压表检查系统油压、正常。再用 1551 专用故障诊断仪对发动机进行检测、检测出节气门故障码,消码后重新匹配,故障码消失,但试车时发动机故障依旧。

由于故障症兆非常明显地表现在油路方面、起动困难、低速不良、急速不良、加之有时又能检测出节气门故障码,于是决定更换一个新节气门总成试试、换上后重新匹配试车,故障依旧。

看来不是油路方面的毛病,只好转过头来检查电路,也没有找出毛病。此时维修技师想起在以前的摩托车修理中出现类似故障时,换个点火线圈就行。经分析判断可能是点火线圈工作不良所致,该车点火线圈与点火模块装配成一整体,在发动机舱内。

更换点火线圈后、发动机立即恢复正常,故障彻底排除。

二十六、帕萨特 1.8L 手动挡轿车综合故障一例

故障现象:一辆 2004 年产上海大众帕萨特 1.8L 手动挡轿车,行驶里程 14 万 km。据车主反映,该车急速时严重抖动,动力很差且油耗高。先后在多家修理厂更换过火花塞、点火线圈以及冷却液温度传感器,清洗过喷油器和节气门,但是故障始终没有排除。

故障诊断与排除:维修技师接车后先进行了路试,发动机急速时和行驶中均明显抖动,急加速无力。虽然车主更换了很多部件仍没有排除故障,但维修技师认为首先还是应进行基本检查,例如读取发动机数据流,还要检查曲轴和双质量飞轮等影响动平衡的部件。因为踩下离合器踏板时发动机仍然抖动,所以首先可以排除变速器出故障的可能性。

使用故障诊断仪 VAS5051 检测发动机系统,无故障码存储。测量急速时燃油压力为 300kPa,拔掉油压调节器上的真空管后为 450kPa,正常。进行断缸试验可以确认每个气缸均工作,测量各气缸压力正常且各缸之间的缸压差别很小,检查正时正常。读取发动机数据流,大多数数据均在正常范围内,急速时空气流量计数值为 2.6g/s,但急加速时(发动机转速为 3000~4500r/min)最高却只有 29g/s,这说明进气量不足,正常值应大于 45g/s。该车在其他维修站刚做过 3 万 km 保养,空气滤芯刚更换过,排除进气阻力大或其他原因,可以确定空气流量计工作不正常。更换空气流量计后,急加速时空气流量数值为 43g/s,发动机加速有力,但是急速时仍然抖动严重。经过上面对发动机工况的检查,可以确定发动机工作正常了,那么为什么发动机抖动得这么厉害呢?

举起车辆,检查底盘传动系统时发现,发动机扭力支架因碰撞移位已经与支撑横管紧贴在一起,随即进行了调整(用户反映该车曾发生过追尾事故),试车时动力明显提升,发动机抖动现象有所减轻,但是与正常车辆比较还是抖动厉害。排除发动机故障和共振问题,什么原因还会造成抖动严重呢? 为了证实先前对曲轴和双质量飞轮动平衡的怀疑,拆下变速器、离合器片以及双质量飞轮后,仔细检查发现了抖动的真正原因:双质量飞轮的主动盘和从动盘已经发生偏心移位,发动机曲轴和双质量飞轮已经不是一个圆心,所以当车辆急速和加速行驶时产生了严重抖动。

更换双质量飞轮、离合器片、离合器压板以及分离轴承后试车,发动机急速和正常行驶时一切正常,抖动故障彻底排除。

故障维修总结:在故障检修过程中遇到问题要注意区别,逐一解决。此车空气流量计故障引发的加速不良现象掩盖了双质量飞轮损坏造成的故障,而在逐步检修的过程中维修技师注意到发动机工作不良引起的抖动不应这么厉害,最后才找到了真正的故障原因。

二十七、帕萨特领驭轿车电动玻璃升降器不受控制的故障

故障现象:一辆帕萨特领驭轿车,累计行驶 2900km,由于电动玻璃升降器不受控制而来维修站维修。

故障诊断与排除:试车发现,位于左前门的开关不能控制其他车门玻璃升降和门锁动作,只能控制左前门;用钥匙在左前门锁门只能控制左前门锁动作。右前门、两后门的电动玻璃升降器只能用本车门的开关才能控制。

连接 V. A. S5052 故障阅读仪,进入舒适系统 46,调得的故障内容有:左前门控制模块没有通信;左后门控制模块没有通信;右前门控制模块没有通信;右后门控制模块没有通信;与 CAN 数据总路线诊断接口 J533 没有通信。

根据以上故障现象和 CAN 数据总线的工作原理分析,4 个车门控制模块和舒适系统中央

控制模块之间的信号是靠两根 CAN 数据总线进行交换和传递的,这 5 个控制模块是通过 CAN 数据总线并联的,如果其中的 CAN 数据总线短路,或某个控制模块有故障,就会导致 CAN 数据总线的信号传递中断,就有可能导致上述故障的发生。为了确定哪个控制模块有故障,用 V. A. S5052 故障阅读仪进入 08-012 观察数据块,4 组数据用"1"或"0"来表示 4 个车门控制模块和舒适系统中央控制模块的通信情况,"1"表示控制模块通信正常,"0"表示该控制模块没有通信。此时的 4 组数据都是"0",表示 4 个车门控制模块和舒适系统中央控制模块都没有通信。为了确定是哪个控制模块有故障,逐个拔下控制模块的导线侧连接器检查,当拔下右后门控制模块导线侧连接器时,故障阅读仪上的数据依旧是 4 个"0";拔下左后门控制模块导线侧连接器时,数据有变化,只剩下一个"0",其余都是"1"。清除故障代码后重新读取故障码,调得的故障内容为"左后门控制模块没有通信"。更换左后门控制模块,清除故障码,上述故障彻底排除了。

二十八、帕萨特轿车急加速时仪表的各故障指示灯交替间歇闪烁的故障

故障现象:一辆帕萨特 1.8L 轿车,行驶里程为 10 万 km,此车急加速时仪表的各故障指示灯交替间歇闪烁,同时收音机出现不工作的现象。如果发动机保持在某一转速的情况下,仪表和收音机各系统一切正常。

故障诊断与排除:连接 V. A. G1552 进仪表系统 17,读故障码 02,没有故障码。之后又做了元件测试 03,各指示表和故障指示灯都正常。进入发动机系统 01,读故障码 02,还是没有故障码。

维修技师认为这不是一般的故障,能造成这种故障的就是发电机非正常的工作和各种信号的干扰。首先检查它的基本工作状况,发动机转速在瞬间升高的同时发电机的电压也有可能在瞬间升高。起动着车,急加速,用数字万用表检查蓄电池的电压为 14.5V,这个数字已经超过了各个电子系统的正常工作要求,足以造成仪表的工作错乱和收音机过压保护电路的起动。更换原厂的发电机,起动着车,急加速,故障依旧。

又转到了另一个有可能发生的故障点,信号干扰。决定用换件法来排除有可能发生故障的部件,更换了霍尔式曲轴位置传感器,故障依旧。

这时候维修进入了困境,维修技师仔细地想了一下,觉得若点火器老化产生电磁干扰,也可以造成该种故障现象。在更换了四个点火器后,试车,一切正常,故障彻底排除。

二十九、帕萨特轿车急加速时 ABS 泵就工作的故障

故障现象:一辆 02 款帕萨特轿车(采用 1.8T 发动机和手动变速器),行驶里程约为 1 万 km 时,出现在起步和正常行驶时急加速 ABS 泵就工作,车轮振动,而后立即恢复正常的现象。

故障诊断与排除:该车装备了 BOSCH 公司生产的 ABS,该系统带有 EDS(电子差速器锁系统),该系统除了具备 ABS 的常规功能外,还具有驱动防滑的功能。首先调取故障代码。连接大众专用故障阅读仪进入 ABS,显示系统正常。根据故障现象分析,故障原因可能有以下几点:一是由于某种原因造成车轮有打滑现象;二是轮速传感器信号有错误;三是 ABS ECU 有故障。

检查 4 只轮胎,全是花纹一致的新胎。将轿车在路上进行急加速试验,没有发现轮胎打滑的现象。由此可以排除第 1 种原因。将该车用举升机升起检查,没有发现底盘有变形的地方。拆下各轮速传感器,用万用表测量其电阻,都在标准范围内,但同时发现左前轮速传感器上有很多铁屑。将其清除后,装复试车,故障现象依旧。读取数据流,各轮速传感器的信号数值均正常。可以排除第 2 点原因。刚好厂内有一辆同型的轿车在维修,征得车主同意后,将其

ABS ECU 拆下装在故障车上,装复后排净系统内的空气(排空气时用专用仪器进行执行元件测试,让 ABS 泵运转,同时注意安全,防止高压油喷出)后试车,结果故障仍未排除。由于该车不带有 ASR 系统,可以不必考虑发动机的因素,那么上面的分析应该是正确的,问题究竟出在什么地方呢? 重新接上大众专用故障阅读仪,仔细观察故障出现时的数据流。发现当故障出现时,ABS ECU 确实控制了 ABS 泵工作。反复让该车在急加速状态下起步,终于发现了问题:尽管左前轮速传感器的信号数值最终与其他 3 个的一致,但信号的出现时间总比其他的要稍慢一点(正常起步加速时不会出现该现象,但是在急加速状态下起步和正常行驶过程中急加速时,都会出现该现象),显然问题找到了,是左前轮速传感器的问题。原来左前轮速传感器在急加速时反应较其他 3 个要慢,由于该车具有 EDS 的功能,就认为此时另一侧车轮打滑,ABS 就对该侧车轮实施了制动,所以造成了上述现象。

更换左前轮速传感器后上述故障彻底排除。

三十、帕萨特 B5 轿车 ABS 出现 01276 故障代码的故障

故障现象:一辆帕萨特 B5 轿车,经常会出现 ABS 故障指示灯亮,ABS 不工作的故障。

故障诊断与排除:用修车王故障检测仪对 ABS 进行检测时出现 01276 故障代码,故障检测仪对其解释为:一是 ABS 液压泵 V64 信号不可靠;二是 ABS 液压泵 V64 损坏或电路有故障。

有时此故障代码可以清除,但是行驶一段时间后又会出现。根据以前实际维修经验判断为 ABS 控制单元 J104 上液压泵 V64 的端子虚焊造成的。如遇到此故障,拆开 ABS 控制单元外壳,将液压泵 V64 端子虚焊部分重新焊接即可排除故障。当然更换 ABS 控制单元也可以解决问题。修复后需排净制动系统中的空气,并将 ABS 控制单元进行重新编码。编码的具体方法如下:连接修车王故障检测仪,接通点火开关,按 0 键和 3 键选择"制动电子"并确认;按 0 键和 7 键,选择给 ABS 控制单元编码;输入 5 位 ABS 控制单元的编码(帕萨特 GLi、GSi 轿车 ABS 控制单元的编码为 03604;帕萨特 1.8T 轿车 ABS 控制单元的编码为 13604)后确认;让轿车以不低于 60km/h 的速度行驶 30s 以上。如果 ABS 控制单元编码错误,ABS 故障指示灯会亮,并且存储有 00623 故障代码。

三十一、帕萨特 B5 轿车 ABS 故障灯点亮的故障

故障现象:一辆帕萨特 B51.8T 自动变速器轿车,行驶 7 万 km,行驶中 ABS 故障灯会间歇性亮起。

故障诊断与排除:用 V.A.G1552 诊断仪读取故障码,有一个故障码为左前轮速传感器故障,于是更换一新的传感器。更换后试车,行驶十几公里后 ABS 故障灯又亮了,怀疑轮速传感器脉冲轮脏,于是拆下来清洗,试车 ABS 灯仍然点亮。重新调整轮速传感器与脉冲轮间的间隙,一般为 0.2~0.3mm,调整完后试车,ABS 灯仍亮。维修技师开始怀疑线路故障,拔下 ABS 总泵上控制单元插头,无意中发现有一个针脚凹了下去,将此针拔出来,重新插上插头,用诊断仪清码试车,ABS 故障灯未再亮起,故障完全排除。翻阅资料查询发现,该凹下的针脚正好是左前轮速传感器的针脚。

三十二、帕萨特轿车怠速时空调工作不正常的故障一例

故障现象:行驶时空调正常制冷,怠速时空调一会儿制冷,一会儿不制冷。该车装备自动空调系统。

故障诊断与排除:试车检查,当调整温度时发现空调面板显示的车外温度高于车外实际温度。查询空调系统故障码,内容为空调高压压力开关故障。根据故障现象,初步判断是因空调

高压压力太高而进行高压保护从而切断压缩机工作。系统压力太高说明系统散热不好,于是检查冷凝器的散热状况,结果发现打开空调时冷凝器的电子扇不转,只有发动机的主动风扇在运转。很明显是因为冷凝器散热不好,不仅使车外温度传感器不能正确显示车外温度,而且使空调系统出现时而制冷。时而不制冷的现象。于是检查风扇,用手转动风扇扇叶,转动灵活。接着检查风扇电路,结果发现风扇插头和插座内的塑料因发热已烤化,致使插头插座接触不上,从而导致风扇不转,当直接给风扇送电时风扇运转正常,看来故障就在插头和插座。

对插头和插座重新进行处理后试车,开空调后风扇能正常运转,制冷恢复正常,此时显示的车外温度也与实际温度相同,故障彻底排除。

三十三、帕萨特 B5 轿车空调系统不工作的故障

故障现象:一辆 2006 年产的帕萨特 B51.8T 轿车,打开空调开关时,空调系统没有任何反应。

故障诊断与排除:由于 V.G.A1551 具备对自动空调系统的检测功能,首先用它检查该系统。结果无法进入,怀疑是诊断仪本身出了问题,但与其他车辆进行连接时一切正常。重新接上 V.G.A1551 后,依然不能进入自动空调系统。关闭点火开关,首先检查熔断器,发现熔断器 S5 的熔丝已经烧断了。换上 1 个新熔断器后,起动发动机并打开空调,但熔丝又烧断了。根据以往诊断维修经验,鉴于以前来修空调的新车绝大多数都是空调控制单元出了问题,因此,直接怀疑到了控制单元(控制单元与显示器为一体)。同往常一样对其进行替换试验,但换了控制单元后仍然烧熔丝。

找来相关的电路图(图 4-4),根据线路连接情况,先对压缩机压力开关 F129 进行替换试验,但故障依旧。由于已经替换过空调系统控制单元 J255,并且没有效果,因此可以判定故障

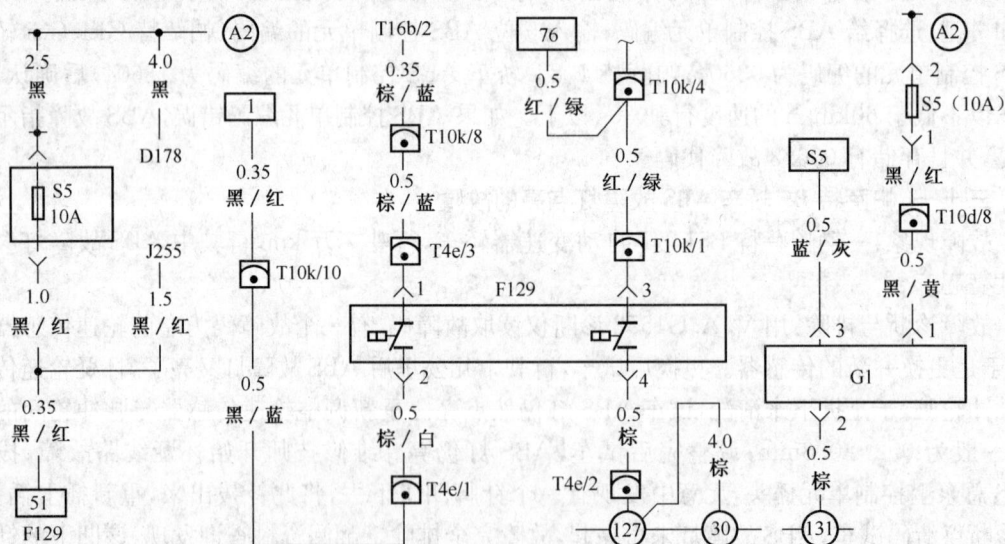

图 4-4　空调部分线路

D178. 点火开关　F129. 压缩机压力开关　J255. 自动空调的控制单元　G1. 机油状态传感器

S5. 熔丝 4,在熔丝架上　A2—正极连接线(15),在仪表板束内,棕色,在仪表板下

T10k. 10 针插头,黑色,在左 A 柱处　T16b. 16 针插头,棕色,在仪表板下

T10d. 10 针插头,棕色,在发动机舱中的控制单元防护罩中的左侧(2 号位)　㉚. 接地点,在继电器板下

⑰. 接地连接点,在压缩机线束内　㉝. 接地连接点,在发动机线束内(由接地点⑫分出)

部位应该不在空调部分。而电路图中的 A2 无疑成为重点检查对象。由图中注解可知，A2 为仪表板线束内的正极连接线，为了确定该线束是否存在问题，拆下仪表总成进行检查。找到了 A2 正极连接线在仪表板线束内的另一端 G1。此线路为机油状态传感器的供电线路，原来自动空调系统和机油状态传感器的供电线路共用 1 个 S5(10A)熔丝(此种车型的熔丝没有文字标注)。经过上述过程的检查和分析，对机油状态传感器线路的检查变成了重点。将该车用举升机升起之后，拆下发动机油底壳护板，这时发现机油状态传感器线束插头与插座已经烧蚀。由于机油状态传感器的线束与发动机控制系统线束相连，于是对它们进行了详细检查，但没有发现其他问题。换上一套新的机油状态传感器及线束后，S5 熔丝恢复了正常，自动空调系统也正常了，故障彻底排除。

故障维修总结：该车故障发生以前，车主洗过 1 次车，洗完车后不久就出现了这个故障。现在故障原因已经很清楚了。原来是洗车时水进入了位于发动机最下端的机油状态传感器的插头内，造成电线遇水后短路，将机油状态传感器与自动空调系统供电线路共用的熔丝 S5 烧断，从而造成了空调系统不能工作。而在维修过程中，查看电路图时又忽略了 A2 处的连接情况，使问题复杂化，导致做了很多无用功。

三十四、帕萨特 B5 轿车空调不凉故障一例

故障现象：一辆上海大众帕萨特 B5 轿车，因空调不凉来维修站修理。

故障诊断与排除：接车后进行试验，打开 A/C 开关，从仪表板出风口出来的风为热风。又调大风量，感觉出风口的温度也随之升高。先检查空调系统的高、低压管路，用手触摸，管路温度正常。之后又检查冷气系统气流通道部分。该系统外界新鲜空气是通过灰尘与花粉过滤器进入进风口，再经鼓风机送至蒸发箱，并在蒸发箱通过热交换变成冷气进入驾驶室内。在空调制冷的工况下，暖风小水箱的风门是关闭的，因此尽管小水箱始终与发动机冷却系通过管路相通，但空调的冷气系统仍能正常工作。小水箱的风门是由空调冷暖调节开关通过拉线控制的，如果风门拉线松脱就会造成小水箱风门关闭不严，导致空调出风口温度升高。经检查，风门拉线工作正常，排除了风门拉线引发故障的可能性。由于该车在空气内、外循环时制冷效果没有什么差别，所以也就排除了尘土与花粉过滤器堵塞的可能性(如果分别在内循环和外循环状态时，制冷效果存在明显的差别，尤其是外循环状态时制冷效果不良，则说明过滤器存在问题)。

帕萨特 B5 的空调制冷系统主要由空调压缩机、冷凝器、节流阀、蒸发箱及气液分离器等几部分组成。由于此前用手触摸空调系统的高、低压管温度正常(高压管温度较高、低压管冰凉)，表明空调压缩机及其管路无故障。接下来又用手触摸节流阀的进、出口端，感觉其进口端发烫，出口端冰凉，说明该阀工作也正常。此后，检查重点便集中在蒸发箱上。通常蒸发箱结霜也是导致制冷能力不足的一个重要原因。空气通过蒸发箱时被冷却，在蒸发箱翅片表面凝水结霜，空气通道被堵塞，蒸发箱的换热阻力增加，致使其制冷能力下降。而该车型的变排量压缩机空调系统随着排量的改变，不会出现明显的系统高压侧压力过高或低压侧压力过低的现象，从而使因蒸发箱堵塞造成的故障不易被检查判断出来。于是拆下暖风空调调节装置面板及右杂物箱，将手伸进去触摸蒸发箱表面，感觉右侧小部分冰凉，由右侧至左侧由凉变温，在节流阀至蒸发箱这段管路上，靠近蒸发箱的部分出现结霜现象。众所周知，蒸发箱是利用低温液态制冷剂蒸发气化来吸收空气中所含热量的热交换装置。因此，对于蒸发箱来讲，制冷剂与空气之间的热交换要尽可能地充分。

更换了该车的蒸发箱进行尝试，空调工作正常，故障彻底排除。

三十五、帕萨特 B5 1.8T 轿车空调不工作且风扇不转的故障一例

故障现象:一辆帕萨特 B51.8T 轿车,空调不工作,风扇不转。

故障诊断与排除:该车装备自动空调系统。由于该车曾经过积水地段,驾驶室内进水,空调控制单元也曾被水淹更换过。车辆到维修站后做初步检查,打开空调发现风扇不转,压缩机电磁离合器不吸合。打开点火开关并起动空调,空调面板显示室外温度为－44℃。说明室外温度传感器或线路有问题。

使用故障诊断仪进行检测,发现有多个风门电机故障记录,随后尝试清除故障记录,结果可以清除。因为此前曾经换过空调控制单元,所以做了一次初始化匹配工作,但是空调还是不工作。随后进入 08－08－001,查看压缩机的切断条件为 12。查询资料得知,是压缩机因为发动机控制单元或变速器控制单元有故障而导致切断输出。因为该车的变速器控制单元也因进水而损坏并更换新件,所以再次用 VAS5051 查询自动变速器控制单元和发动机控制单元是否存在故障,结果发现变速器系统换挡电磁阀 N88 有故障,并且故障可以清除。发动机系统有空气流量计 G70 信号太小的故障码,并且无法清除掉。

根据空调控制原理,空气流量计作为发动机负荷大小的信号元件,对动力有很大影响。如果该信号电压太小,空调很有可能关闭。起动发动机保持怠速运转,查看进气流量数据流,发现数据为 0.03g/s,显然数值不正常。检查空气流量计线路连接正常,因为进水问题该车空气滤芯已经换为新的,由此判断空气流量计 G70 有故障。

更换新的空气流量计后,起动车辆,空调压缩机很快进入工作状态。但是散热风扇还是不转。依据线路图(图 4-5)检查左大灯后面的连接风扇的供电插头,拔下插头,用试灯检测电源线,发现没有电源,风扇调节电阻 N39 正常。然后检查驾驶室内的附加继电器板的相关线路,发现 5A 熔丝 S51 和 40A 熔丝 S42 正常,拔下风扇低速继电器 J279,直接短接触点上的 2 根控制线路,插好外面的风扇插头,结果风扇 V7 马上低速工作。试验风扇继电器,发现风扇高速继电器 J280 线圈通电吸合后,触点两端并不导通。打开继电器,发现继电器内部也是因为进水而使触点氧化烧蚀,压力开关 F18 正常,与继电器相连的仪表线束 75a 也没有任何问题。

随后更换风扇高、低速继电器 J280 和 J279,风扇投入工作,故障彻底排除。

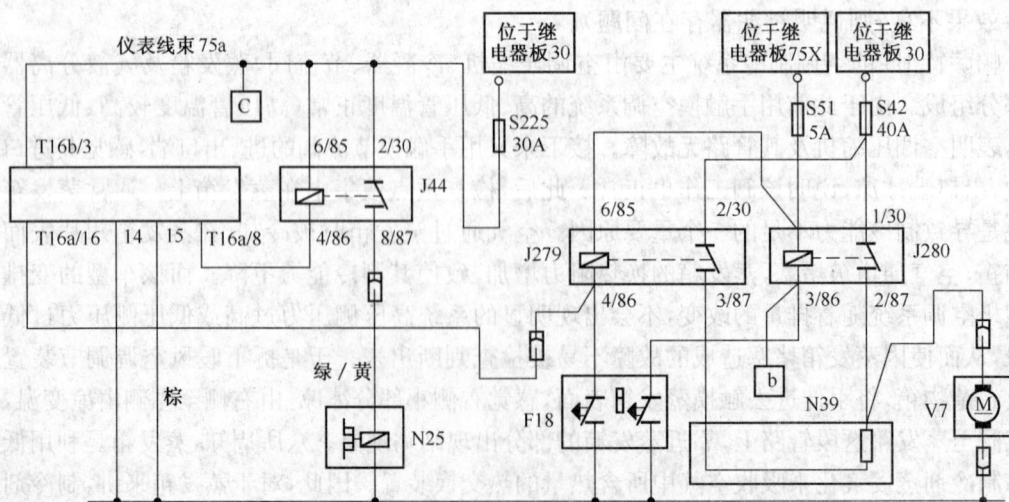

图 4-5　风扇相关线路

三十六、2002 款帕萨特 B5 轿车空调系统不制冷的故障一例

故障现象：一辆 2002 款帕萨特 B51.8T 轿车，空调不制冷。

故障诊断与排除：维修技师接车后，首先连接制冷剂加注机的高、低压表，起动发动机，打开空调系统，让其工作运行，发现空调系统的确如车主所说的没有冷气吹出。用手摸节流阀处的高压管路，感觉发热，低压管路不凉。当询问车主情况时，车主抱怨说，此车从去年购新车后不长时间就出现了空调系统不制冷现象，曾前后更换过四次节流阀，每次换过后空调系统即恢复正常制冷，这次不到一个月又不制冷了。根据此次故障现象和车主反映，这次又是节流阀脏堵。那么，为什么会频繁地造成节流阀脏堵呢？看来集液器已经失效了。车主又反映以前从未更换过集液器，于是决定将节流阀和集液器一同更换。当从高压端放出制冷剂时，系统内竟然没有制冷机油随制冷剂一同流出。联系上述情况，断定造成节流阀频繁发生脏堵的原因是空调系统冷冻机油量不足，造成压缩机润滑不良，磨损量加剧，脏堵了节流阀。又由于每次单独地更换节流阀，没有及时地更换失效的集液器，也不补充足量的冷冻机油，所以造成节流阀频繁地被脏堵的故障发生。更换节流阀、集液器，并向空调系统加注 50mL 冷冻机油，抽真空，加注制冷剂后，高低压正常，系统制冷效果良好。

三十七、帕萨特发动机动力不足且 EPC 灯亮的故障一例

故障现象：一辆帕萨特轿车，装备 BFF2.0 发动机，行驶 2 万 km。经常不定期的出现 EPC 灯亮，怠速不稳，发动机动力不足，行驶无力并有时在运行中熄火，但立即起动又会着车。

故障诊断与排除：维修技师接车后，首先与车主对于该车的故障现象进行了简单的交流。车主反映刚接新车不久，就出现该故障，EPC 灯间歇闪亮，故障的出现没有规律性，先后多次在维修站进行过检查，都未查出原因所在。于是维修技师首先用 VAS5051B 对发动机系统进行检查，显示有 6 个故障代码，分别为：16486（空气质量计－G70－信号太小）；17523（气缸列 1 传感器 1 加热元件电路，对地短路）；17525（气缸列 1 传感器 2 加热元件电路，对地短路）；17606（气缸列 1 传感器 2 加热元件电路，电气故障）；17833（燃油箱通气阀－N80－对地短路）；17923（进气支管转换阀－N156－对地短路）。随后又进入 08 查看数据块，发现在 002 显示组，空气流量计的数值为 0，004 显示组的进气温度显示为－40°。

根据上述检查及发动机同时出现的故障代码，分析这几个元件同时损坏的可能性很小。为了确认故障真正原因，首先从电路上入手，分析上述元件的共同特点，以找到导致该故障的根本原因。查看电路图，发现这些部件在电路上都是由在保险丝架上的 S234 保险丝提供的电源，该线为正极电源线，又由 J17 即位于驾驶侧仪表盘下面的中央继电器板上的 4 号位的 372 燃油泵继电器控制。也就是说电路输出的路线为：由 J17 继电器的 20/87a 端子到保险丝盒的 S3/4 插头，再由一条绿/黑线（线径 2.5）通过 S234 保险丝，经过发动机控制单元防护罩内左侧橙色插头（4 号位）的 T10e/8 端子，转给一条红/绿线（线径 2.5），通过节点 E30 输出到各元件上。

线路已经分析明确，于是就开始着手对线路进行检查。本着先简后难的原则，首先检查保险丝 S234，没有熔断，用万用表测量保险的插脚没有电压，然后沿上级供电线路进行排查，燃油泵继电器 J17 在打开点火开关后有吸合动作，可以肯定继电器的控制线路正常，拔下 J17 继电器，测量插座上的 17 脚有 12V 电压，说明供电正常。然后测量 J17 继电器的 20 号脚至保险 S234 的线路为断路状态，进而将故障范围锁定在保险 S234 到 J17 继电器 20 号脚之间的线路中了。

于是开始查找具体的故障点，首先查看线束的外观，未发现有破损和挤压现象，基本可以

排除线束中断路的可能,拔下位于中央电器板背面的 S3 插头,测量插头侧的 4 号脚与 S234 的状态,为通路,正常。将中央电器板拆下,检查背面的 S3 插座,发现 S3 插座内的 4 号脚竟然比其他针脚短很多,原来就是因为这个针脚过短,造成与插头内的插片接触不良,使得供电时断时续,用尖嘴钳将该插针拔至正常的长度后,连接好 S3 插头,保险 S234 的供电恢复了。将车辆完全装复后,路试试车,故障现象消失,发动机运转平稳。交于用户使用,一周后对用户进行电话回访,用户反映故障再未出现,至此故障彻底排除。

故障维修总结:此次故障比较特殊,故障点比较隐蔽,中央电器板上的插座在出厂时,内部插针未能安装到位,造成了该故障的出现,在早期的维修诊断过程中费了不少力,众多故障代码让人猛一看感到无从下手,但只要静下心来分析研究故障代码的共同点,总会有突破口的,在维修过程中依靠电路图的指引也是必不可少的一个环节。此案例就是利用电路图通过分段的诊断,再加上细心的观察,最终找到问题的所在。所以在实际维修过程中,不但要明确维修思路,更要细心细致,只有这样,才能保证少走弯路,提高维修效率。

三十八、帕萨特轿车 ABS 和 ESP 故障指示灯间歇点亮的故障

故障现象:一辆帕萨特轿车,采用 2.8L 发动机和 01V 自动变速器,出现 ABS、ESP 故障指示灯间歇点亮的现象。

故障诊断与排除:维修技师接车后,试车发现这 2 个故障指示灯确实已经点亮。于是连接 VAS5051B 进行故障查询,得知是制动压力传感器故障(偶发性故障)。将故障代码清除后起动发动机,ABS 故障指示灯随之熄灭。因为是偶发性故障,便准备对该车进行路试。当踩下制动踏板将变速杆挂入 R 位,缓抬制动踏板时。ABS 和 ESP 故障指示灯又点亮了。用 VAS5051B 检测。还是相同的故障代码。考虑到在点火开关接通后 ABS 自检时系统一切正常。所以可以排除 ABS 线路有问题的可能。怀疑是位于 ABS 总泵上的制动压力传感器有故障,于是领出一只配件号相同的传感器,装车后清除故障记录,起动发动机后仪表显示一切正常,当踩下制动踏板将换挡杆挂入 R 位,松开制动踏板倒车时,发现 ABS、ESP 故障指示灯又点亮了。随即将换挡杆推入 P 位并将发动机熄火。怀疑故障现象是搭铁不良所致,将相关的搭铁点用砂纸打磨紧固,故障依旧。怀疑是 ABS 总泵的故障,但又认为该车刚行驶了 7 万多 km,一般情况下该总泵应该不会坏。当维修技师在驾驶座上苦思冥想时,不经意中踩到制动踏板,却发现当制动踏板踩下 2/5 行程时仪表上的制动指示灯才亮起,换挡锁止电磁阀才有动作,也就是说原本是一触即发的制动信号现在是要在踩下制动踏板 2/5 行程时才能发出。怀疑是制动开关存在故障。随即拆下位于转向盘下的装饰板,拔下制动开关的 4 针导线侧连接器,拆下制动开关,换上新的制动开关并插好导线侧连接器。试车发现。接通点火开关后,制动踏板踩下一点点时仪表上的制动指示灯就亮了,同时换挡锁止电磁阀也有了动作。对该车进行了 50km 的路试,ABS、ESP 故障指示灯没再点亮。上述故障彻底排除。

故障维修总结:事后对该故障进行分析认为,该车采用自动变速器,挂挡时需要踩下制动踏板,起步时要缓抬制动踏板,当该踏板抬至 3/5 行程时制动开关就不再给 ABS 控制单元信号了。可制动管路中还有制动压力,就造成了制动压力传感器还向 ABS 控制单元提供制动压力信号,所以造成了 ABS 控制单元取得了相互矛盾的信息,ABS 控制单元误认为制动压力传感器有故障,就点亮了 ABS 和 ESP 故障指示灯。

三十九、帕萨特 B5 轿车安全气囊警告灯常亮故障一例

故障现象:一辆帕萨特 B51.8T 自动挡轿车,车主反映该车安全气囊故障警告灯点亮,并称该车已经在别的维修站维修过,但维修后过不了几天故障又会重现,问题始终未得到彻底

解决。

故障诊断与排除：维修技师接车后，连接故障诊断仪 V. A. G1552 进入安全气囊控制系统进行了检测，设备显示了故障含义为"控制单元阻塞（偶发性）"的故障码。在对故障码进行记录后，清除了故障码，经试车故障码没有再次出现。考虑到该故障出现的时间具有不确定性，且该车在其他维修站维修过，维修人员认为安全气囊系统的故障应该依旧存在。为此，他们对安全气囊系统的相关线路及线路插接器进行了检查，但并没有发现任何问题。根据以往的维修经验，怀疑安全气囊控制单元损坏，使得系统不能正常工作，但他们又不敢下定论。由于车主当时急于用车，维修人员暂时先将安全气囊控制单元进行了更换，并让用户继续观察。

两天后车主返厂，称安全气囊故障警告灯点亮。维修人员连接故障诊断仪进行检查，发现故障码依然是显示控制单元阻塞（偶发性）。看来控制单元本身并没有损坏，故障点应该不在这里。之后维修人员对该车安全气囊系统所有电源线和搭铁线进行了测量，并对各个线路的插脚进行了紧固，并没有发现异常。经与车主协商，决定对车辆进行长时间试车以捕捉故障。为了使故障再现，先清除了故障码，之后进行试车。经过近 2h 不间断试车，车辆在行驶过程中突然出现轻微的犯闯现象。随着试车时间的延长，故障发生得越来越频繁。在返回维修站的路上，伴随着一次较明显的犯闯，安全气囊警告灯随即点亮。维修人员对安全气囊控制系统进行了检测，相同的故障码再次出现。

难道该车安全气囊系统的故障是由自动变速器系统的故障引起的吗？带着这个疑问，维修技师对变速器系统进行了全面检查，没有发现任何故障，也没有在数据流中发现任何不正确的参数。此时考虑到该车装有 CAN 总线系统，其中发动机控制单元、自动变速器控制单元、ABS 控制单元及安全气囊位于同一系统中。这些控制单元间是互相通信的，一旦某个控制单元出现问题，那么很有可能对其他系统进行干扰。为此，维修人员随后对该车的各个控制系统进行了全面的检查，终于在网关系统中发现了 1 个故障码：变速器控制单元没有响应（偶发性）。为了能准确判断出故障点，维修人员将该系统和气囊系统的故障码清除，再次进行了长时间试车。在再次试车过程中，安全气囊故障警告灯再次点亮，且在安全气囊警告灯点亮前确实伴随着一次较为明显的车辆犯闯现象。回到维修站后，再次连接诊断仪对安全气囊、变速器系统进行检测，结果发现气囊系统的故障为控制单元阻塞（偶发性），网关系统的故障仍为变速器控制单元没有响应（偶发性）。

根据以上试车和检查结果，维修人员对变速器控制单元的线路进行了全面检查，但并未发现异常现象，为此决定更换变速器控制单元。在更换控制单元后，进行了长时间的试车，气囊警告灯一直未点亮。一周后电话回访，一切正常，说明故障彻底排除。

至此，维修技师认为该车气囊警告灯点亮的故障是因变速器控制单元在通信过程中发出的信号不可靠，干扰了气囊控制单元的正常通信，所以气囊控制单元误认为气囊控制单元出现故障，从而显示气囊控制单元阻塞故障码并使气囊警告灯点亮。

四十、帕萨特 B5GLi 轿车安全气囊警报灯常亮的故障

故障现象：一辆帕萨特 B5GLi 轿车，仪表板上的安全气囊警报灯常亮。

故障诊断与排除：连接专用的故障诊断仪 V. A. G1552 查询系统故障，但检测仪无法进入 SRS 系统电脑装置。经多次尝试均无效果，由此怀疑 SRS 电脑的供电和接地线路有故障。拆下驾驶舱右侧 A 柱的底部饰板，找到一黄色插头。用万用表测量黄色插头 T10p 上的一根黑色导线，当点火开关打开时，电压为 12.25V，说明此段线路无故障。拆除换挡杆附近的中央罩板，找到 SRS 电脑，在点火开关关闭时拔下电脑插头，在插头的第 26 脚上接好万用表，打开点

火开关,测得电压为 12.20V,说明 SRS 系统供电线路正常。SRS 电脑的接地是通过自身的壳体,经一根棕色的接地线连接到附近的接地点上的,易于检查,但经检查并未发现问题。对照电路图得知,SRS 电脑的插头 T75/54 脚接出绿/棕色线到插头 T10p,T10p 引出绿色线至 T16 自诊断接口(换挡杆后方)。用万用表对此线路进行测试,也未发现问题。通过以上检查,可以认为 SRS 系统电脑已经损坏。更换一新的 SRS 电脑,并对其进行编码,编码后 SRS 系统恢复正常,警报灯不再点亮,故障彻底排除。

四十一、2008 年产帕萨特领驭轿车安全气囊报警灯常亮的故障

故障现象:一辆 2008 年产帕萨特领驭 2.8V6 自动挡轿车,行驶里程为 2 万 km,车主反映仪表板上安全气囊报警灯常亮。

故障诊断与排除:维修技师接车后连接 VAS5052 故障诊断仪查询安全气囊控制单元 J234,发现有一个存储的故障信息 00588,含义为驾驶员侧气囊点火器 N95 阻值太大,偶发。读 15−08−001 组 1 区的测量值为过高(正常值应为正确)。根据维修经验,出现 00588 故障码一般都是安全气囊螺旋电缆组件有接触不良之处,于是决定更换带转向角传感器 G85 的安全气囊螺旋电缆新组件。

操作完成后,当点火开关处于"ON"时,安全气囊报警灯、ABS 报警灯以及 ESP 报警灯同时点亮。使用故障诊断仪进入安全气囊控制单元,清除 00588 的故障码,气囊报警灯熄灭。进入 ABS/ESP 控制单元 J104 查询故障信息,发现有 2 个故障记忆,分别为 00778—转向角传感器 G85 未进行基本设定/设定错误;以及 01044—控制单元错误编码。

根据奥迪、帕萨特 ABS/ESP 控制单元的特点,在更换转向角传感器 G85 或 ABS/ESP 控制单元 J104 后,ABS/ESP 控制单元的编码数自动变为 0,需要重新对 ABS/ESP 控制单元进行编码并对转向角传感器 G85 进行补偿标定。值得注意的是,此时不能直接对控制单元编码和对 G85 进行基本设定,必须执行登录功能成功后方可进行。

将车辆置于水平直行位置,用 VAS5052 故障诊断仪执行操作的具体路径为:进入自诊断功能,点击 ABS 控制单元进入功能选项界面,此时观察屏幕右上方编码栏显示的编码数为 0。选择 10 进入测量值选项,查看数据块 005 组 1 区 G85 的测量值,应在 ±5.0°范围内,若数值绝对值大于 5.0°,微量转动转向盘使数字处于公差范围,然后退回功能选项界面。选择 15 进入访问许可选项,显示屏出现软键盘,键入 9597 登录码,按确认键 Q,屏幕左上方提示成功执行该功能,退回功能选项界面。选择 09 进入编码选项,出现软键盘,输入 ABS/ESP 控制单元的编码数 4297,按确认键 Q,屏幕右上方编码栏显示 4297(0),左上方提示正在执行编码。退回功能选项界面,编码栏显示控制单元的编码为 4297,表明编码成功。再次选择 15 进入访问许可,显示屏出现软键盘,键入 40168 登录码,按确认键 Q,屏幕提示成功执行该功能。退回功能选项界面,选择 06 进行基本设定,出现软键盘,输入通道号 1,按确认键 Q,屏幕出现基本设定的界面,点击基本设定激活按钮,屏幕显示设定成功。重新查询 ABS/ESP 控制单元的故障信息,00778 和 01044 故障码已自动清除,退出自诊断,ABS 与 ESP 灯熄灭,路试后故障不再出现,结束维修,将车交回车主。

故障维修总结:由于转向角传感器集成在安全气囊螺旋电缆组件上,排除安全气囊系统故障与对 ABS/ESP 控制单元的编码和对转向角传感器进行初始点标定的工作联系在一起,表明了现代轿车各电子控制系统之间的关系日趋紧密。若不熟悉上述相应的操作方法,维修就会中途搁浅。如编码后对 G85 补偿标定不成功,应再次检查测量值 005 组 1 区 G85 的数值应处于公差范围内。2009 年上市的新帕萨特领驭 1.8T 轿车装备的 BOSCH8.0ABS 系统也具

有 ESP 功能,该控制单元的编码为 273/263(自动/手动),更换转向角传感器 G85 后,ABS/ESP 灯亮起,查询时只有 00778 的故障记忆,故无需执行编码程序,仅激活 G85 的补偿标定即可,方法如上述。

四十二、2005 款帕萨特 B5 轿车发动机自行熄火且安全气囊故障指示灯点亮的故障

故障现象:一辆 2005 年生产帕萨特 B5 轿车,配置 1.8T 发动机。该车由于交通事故进厂修理,修复后发动机每次起动运转 1s 左右就自行熄火,同时安全气囊故障指示灯点亮。

故障诊断与排除:根据发动机起动后立即自行熄火的现象,维修技师判断故障与防盗系统有关。检查仪表板上的防盗指示灯,没有点亮。用 VAS5051 查询故障码,发现了 2 个故障码,分别为"0588－驾驶员侧安全气囊电阻过大"和"18056－驱动数据总线损坏"。因为驾驶员侧安全气囊还没有安装,所以没有将检查重点放在安全气囊上。驱动数据总线损坏,是指 CAN－H 总线或 CAN－L 总线出现了问题。用 VAS5051 的示波器功能检查 CAN－H 总线和 CAN－L 总线的波形,通过观察波形图,发现 2 条数据总线搭铁短路。考虑到该车刚发生过交通事故,分析造成数据总线搭铁短路最可能的原因是连接在数据总线上的控制单元受撞击后损坏,或者是相关线路出了问题。对于此类故障,快速找到故障点的方法是排除法,即依次拔下连接在数据总线上的各个控制单元,如果拔下某个控制单元后故障现象消失,那么就说明该控制单元有问题。根据这个思路,依次拔下 ABS 控制单元、发动机控制单元、安全气囊控制单元及仪表控制单元的线束插头,故障现象都没有消失。通过上面的检查可以确定,故障点应该在相关线路上,即线路本身存在搭铁故障。

据电路图所示,ABS 控制单元、发动机控制单元、安全气囊控制单元及仪表控制单元是由数据总线按星形方式连接在一起的,因此可以用断线排除法诊断故障。找到仪表板后面的数据总线中心连接点,将各控制单元的线路逐一断开,当断开安全气囊控制单元的连接线路时,故障现象消失,说明问题出在安全气囊控制单元线束上。

顺着安全气囊控制单元线束查找,最后在换挡杆旁发现了外皮有破损的导线。将线束处理好后试车,发动机运转正常,故障彻底排除。

故障维修总结:由于安全气囊控制单元线束损坏,导致数据总线直接搭铁,各控制单元之间的数据无法传输,所以发动机起动后立即自行熄火。

四十三、帕萨特 B5 轿车行车时收音机偶尔不响的故障一例

故障现象:一辆上海帕萨特 B5 V6 轿车,用户反映该车在行车过程中偶尔会出现音响没有声音的故障。由于此故障出现得非常偶然,用户曾在多家修理厂维修,且曾经更换过收音机、扬声器等很多零部件,但均未排除故障。

故障诊断与排除:经长时间试车,收音机果然不响了。经过检查,发现此车在刚打开收音机时会有 2～3s 的声音,然后声音迅速变小直至无声。由此可以确定,收音机、扬声器本身并没有问题。此时不拔掉插头,利用万用表从收音机处测量,发现右后扬声器线对地短路。从 B 柱处断开右后门线束,短路现象依然存在。因此,可以确定短路点在线路上,即可排除扬声器本身短路的可能。接下来检查了车身内部右线束,没有发现短路点。为了进一步检查,只好拆下仪表台,在拆下仪表台后仔细检查线束,终于发现了故障点。由于线束固定不合理,仪表台横梁背面有一只螺钉将右后扬声器线绝缘层顶破,造成短路。

将导线绝缘处理好并固定牢后,故障彻底排除。

故障维修总结:对于这种线路原因造成的偶发性故障,确实不好准确诊断,因为只有故障出现时才能准确测量确定故障点。收音机不响,是因为当线路出现短路时,收音机会自动进入

保护状态,此时扬声器便不会有声音。另外,对于线路上的故障点应该分段排除,尽量缩小故障范围,以便快速准确找到故障点。

四十四、帕萨特 B5 轿车线路氧化断路导致闭锁功能失灵的故障

故障现象:一辆帕萨特 B5 1.8MT 轿车,右后门闭锁器失灵,无法实现开锁和闭锁。

故障诊断与排除:用故障诊断仪 V.A.G1552 进入舒适系统(46),查询故障存储,显示有 2 个故障码:01334—右后控制单元 J389 无通信;00931—右后门锁定装置 F223 无意义信号。在清除故障码时,发现这 2 个故障码均为永久性故障,无法清除。于是检查线路如图 4-6 所示,在测量 T8u/2 插头至 J389 右后门控制单元 T18b/10 处时,发现该线断路。但从外观上看不出有破裂,看来是由于系统内氧化造成。

该 T8u/2 插头处的红线是向右后门控制单元 J389 供电的 30 号火线,由于 T8u/2 插头至 J389 右后门控制单元 T18b/10 的线路断路,导致 J389 断电,从而造成了上述故障码的出现。

在对损坏的线路进行修复后,故障彻底排除。

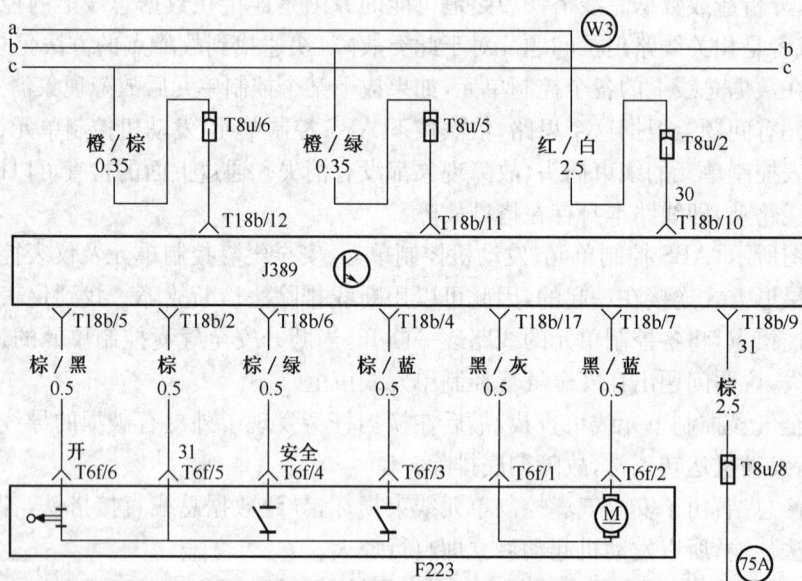

图 4-6 右后门闭锁控制单元线路

F223. 右后闭锁控制单元 J389. 右后车门控制单元 T6f. 6 针插头,在右后闭锁控制单元上
T8u. 8 针插头,黑色,在右 B 柱处 T18b. 18 针插头,在右后车门闭锁单元上

四十五、帕萨特 B5 轿车冷却液温度表指示异常的故障一例

故障现象:一辆帕萨特 B5 轿车,将点火钥匙旋至 1 挡,其他仪表指示正常。发动机起动数分钟后,冷却液温度表指针始终不动,其他仪表指示正常。

故障诊断与排除:发动机冷却液温度指示装置一般由温度表、冷却液温度传感器、冷却液液面位置开关等组成。使用中冷却液温度表不指示,多数原因是线路有断路故障、传感器或液面位置开关损坏、温度表有故障造成的。连接好 V.A.G1551 故障诊断仪,打开点火开关,起动发动机,选择 17—组合仪表,再选择 02—查询故障存储器的内容,无故障码。选择 03—执行元件测试,对冷却液温度表、燃油表、里程表进行测试,结果发现冷却液温度表指针先转到底,然后指示在 90℃,说明仪表盘上的冷却液温度表正常,需要对线路和传感器进行检查。

外观检查线路无异常。重新起动发动机,在 V.A.G1551 故障诊断仪中,选择 01—发动

机,再选择08—阅读数据块,读取发动机冷却液温度传感器的数值,结果发现该数据不随发动机温度的升高而变化,这说明传感器损坏。换用一只新传感器后,故障彻底排除。

四十六、帕萨特 B5 GSi 轿车车速里程表不工作故障一例

故障现象:一辆帕萨特 B5 GSi 轿车在行驶过程中,车速里程表不工作。

故障诊断与排除:车速里程表不工作的可能原因有组合仪表故障、车速传感器损坏及相关线路故障。首先用修车王故障检测仪执行 17—03 功能,能够完成车速里程表的全屏显示,由此可以排除仪表本身出故障的可能性。然后对车速传感器进行检测,拔下该传感器导线侧连接器,通过频繁对地短路来模拟转速信号,发现车速里程表有信号显示,判断车速传感器已损坏。

更换车速传感器,故障彻底排除。

四十七、2003 款帕萨特 1.8T 轿车发动机大修后机油灯偶尔闪烁的故障

故障现象:一辆 2003 款帕萨特轿车,配置 1.8T 发动机,型号为 AWL,行驶里程为 18.2 万 km。来厂时发动机冒蓝烟。

故障诊断与排除:经过拆检发现,活塞与缸壁磨损严重,换环不可能解决问题,只有大修才能恢复到新车状态。经过例行的机械加工和大修必走的程序,装配后发动机运转一切正常,无异响也不冒烟,车主很高兴的把车给提走了,以为这样就结束了。第二天,车主又把车开回来了,说机油灯有时闪亮。检查时,急速和原地加速都不亮,故障不明显,短时间路试也没有试出来,大约行驶 12km 左右机油灯闪亮开始报警,这时加速,机油灯有时熄灭。回厂后检查机油压力传感器,无异常,用气管吹油道,畅通,无堵塞现象,再用机油压力表测量机油压力,热车时急速为 68.95kPa,2000r/min 时为 206.85kPa,与维修手册上给出的数值相比偏低,正常值为热车急速 80~140kPa,2000r/min 为 200~310kPa,怀疑是机油泵泄压,更换机油泵后测量机油压力与原来测量的数值相差不太多,看来与机油泵没有关系了。那么是什么原因导致机油泄压呢? 经过仔细思考后认为,与油压直接相关的只有轴瓦了,当机油泵出来的油经过机油滤清器调压阀直接进入主油道给轴瓦提供润滑。最后决定把油底壳打开拆下连杆瓦,找一个新连杆把瓦夹紧,用千分表测量出连杆瓦与连杆轴之间的间隙为 0.03mm,属正常范围,再用千分尺测量新主轴瓦与原车旧主轴瓦的厚度,结果发现新瓦片比旧瓦片薄了 0.08mm,看来问题出在新主轴瓦上,该瓦片说是原厂件但质量不过关,从而导致主轴瓦泄压,油压处在正常值的底线。重新买了一套与旧瓦片数据一致的纯正原厂瓦,装配后测量机油压力,热车急速时为 124kPa,2000r/min 时为 310kPa,油压明显提高了,这回无论怎样试车机油灯都不亮了,至此故障彻底排除。

故障维修总结:现在汽车配件市场比较混乱,副厂件、劣质件层出不穷,这给汽车维修工作带来了困难和考验。希望同行们以此为鉴,以免日后给车主及维修企业带来一些不必要的浪费和麻烦。

四十八、帕萨特 B5 轿车舒适系统 CAN 总线故障一例

故障现象:一辆帕萨特 B5 1.8T 轿车,因中控锁和电动玻璃升降器不能正常工作来维修站检修。维修技师接车后,对该车进行初步检查,发现点火开关无论开闭,都只有左前门的中控锁和左前门的电动玻璃升降器可以正常工作,其他车窗的电动玻璃升降器都不工作;但是如果按动其他门窗上控制该车窗的开关,各个门窗开关均能正常工作。将车门关闭后,将车钥匙插入左前门的锁孔内,进行开锁和闭锁操作,也只有左前门的门锁能开闭;如果将钥匙在开锁或闭锁位置保持,也只有左前门的电动玻璃升降器可以上下工作。

　　故障诊断与排除：经过以上实际的操作检查，初步认定该车的舒适系统存在一定的故障。接下来，用 VAS5052 车辆诊断仪对舒适系统进行检查。连接好仪器并打开点火开关，进入舒适系统中央控制模块(46)查询故障，仪器屏幕显示查询到如下 7 个故障：①与左前门窗模块没有通信。②与右前门窗模块没有通信。③与左后门窗模块没有通信。④与右后门窗模块没有通信。⑤与 CAN 数据总线诊断接口 J533 没有通信。⑥舒适系统数据总线单线运行模式。⑦控制模块不正确编码。

　　为了查看舒适系统编码值，重新进入舒适系统单元模块，查看该模块的片本信息，发现编码为 00017，确实不正确。接下来使用 VAS5052 对舒适系统进行正确的 00259 编码，并清除所有故障记录，此时控制单元的不正确编码和 CAN 数据总线单线运行模式的故障记录已经清除，但是其他故障仍然无法清除。看来这些无法清除的故障可能就是造成该车电动玻璃升降器和中控锁无法工作的主要原因了。因为帕萨特 B5 轿车的 4 个车门控制模块和中央舒适系统控制模块之间的信号是通过 CAN 数据总线传递，CAN 是控制器局域网的简称，舒适系统 CAN 数据总线通过 2 根相互绞合的信号线同时传递相同数据，一根为 CAN−H(橙/绿色)，一根为 CAN−L(橙/黄色)。舒适系统所有的控制模块都挂接在 2 根线路上进行数据交换和信号传递，如图 4-7 所示；另外，位于组合仪表中的数据总线诊断接口也和数据总线随时保持通信，检测总线的工作状态。如果各个车门控制模块与舒适系统中央控制模块之间 CAN 无法正常通信，就会导致左前车门模块至中控开关的信号无法正常传递到其他 3 个车门控制模块，并且所有的车门控制模块只能接收直接输入到该模块的电动玻璃升降器开关信号。所以，排除该车故障的关键就是查找各个车门控制模块和中央控制模块 CAN 无法通信的原因。

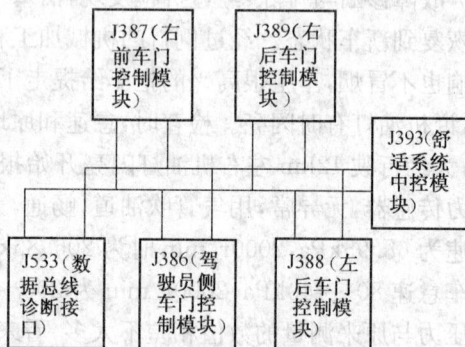

图 4-7　舒适系统相关电路

　　为了确定中央控制模块、各个车门控制模块与数据总线的连接情况，通过 VAS5052 进入 46−08−120，观察数据组测量值，4 组数据用"1"或"0"数值分别代表驾驶员车门、右前车门、左后车门及右后车门模块与舒适系统中央控制模块 CAN 数据总线的连接状态，此时 4 组数据均为"0"，说明各个车门控制模块与总线通信确实有故障，但还是无法确定具体的故障点。

　　为了进一步查找 CAN 无法通信的根源，首先拆卸舒适系统中央控制模块(位于驾驶员侧座位地板下)进行检查，在拆卸该模块时，发现该车是已经修复的事故车，地板下舒适系统和左 A 柱的有关舒适系统的线束曾严重损坏并已修复。对线束进行具体检查，重点对没有双绞的 CAN 总线进行整理。经过检查，发现线路连接上没有任何问题。为了排除中央控制模块中存在问题的可能，又更换了新的控制模块。当连接好新的中央控制模块，打开点火开关，操作中控锁开关和电动玻璃升降器开关，发现中控锁和电动玻璃升降器功能恢复正常，但是左后门玻璃在升降时断断续续地工作。此时再使用 VAS5052 进行故障查询，发现已经只有 2 个故障记录，是"与左后、右后车门控制模块无法通信"。进入 08−012 查看各个模块与 CAN 总线的连接状况数据组，为 4 个"1"，说明总线连接正常。为什么还有 2 个模块无法通信，数据组却都显示正常呢？就在维修技师思索其中的原因时，中控锁和电动玻璃升降器又无法工作，恢复了进站时的故障状态，检查故障内容又是"无法和各个门控模块进行通信"，查询第 12 数据组时，又全部显示为"0"，看来上述故障又出现了。由此证明中央控制模块没有故障，只是在拆装中央控制模块时，故障可以消失。

在上述故障的检查过程中，虽然没有找到具体的故障所在，但至少可以得出这样的结论：①所有的中央控制模块和各个门窗控制模块没有问题。②故障还是在舒适系统总线某个地方，而后门的可能性大。因为各个车门的 CAN 总线从各个车门引出后都在中央控制模块插头后面的线束内相交，最后再引入至中央控制模块。为了确定具体是哪一个车门 CAN 通信线路有问题，结合上述得出的结论，只要分别断掉各个车门的 CAN 数据总线的连接，即可确定哪个车门模块到中央控制模块的数据总线存在问题。由此可以缩小故障的范围，直至找到故障为止。加之该车底盘下的线束此前修过，各个车门的数据线断掉都极有可能。

断掉左后车门控制模块的 2 根数据总线，经过反复操作试验，故障仍然存在。当断掉右后车门模块的数据总线时，其他 3 个门锁突然有锁门动作，此时操作电动玻璃升降器和中控锁开关，除了右后车门不动外，其他车门工作一切正常。查询故障码，也只有右后车门有无法通信的故障记录，反复操作中控开关，其他车门均工作正常。然后又把右后 CAN 总线连接，反复操作中控锁和电动玻璃升降器，多次试验之后，以前的故障重新出现，由此确定是右后车门 CAN 总线某点有问题。

随后将右后门内衬板的门窗单元线束做进一步检查时，发现右后门窗控制模块组合插头后的 CAN－H 线路（橙/绿色）有一处已经接近断点，接触不良，将断点重新连接并且包扎好，再连接事先断掉的 CAN 总线。无论从车外通过车钥匙操作中控锁和电动玻璃升降器使其工作，还是通过车内中控开关操作，以前的故障一直没有再出现。再用 VAS5052 查询故障，也无任何故障记录，至此故障彻底排除。

故障维修总结：由于右后门的车门控制模块到中央控制模块的 CAN Ⅱ 线路接触不良，当右后门电动玻璃升降器或闭锁电动机工作振动时，接触不良的断点会使通信中断或产生不规律的信号脉冲，干扰 CAN 总线的正常通信，中央控制模块无法可靠传递给其他模块，并记录这些故障，最终停止通信，从而出现该车故障现象。

第五章　本田系列轿车故障检修实例

一、广州本田轿车不能起动的故障一例

故障现象:一辆广州本田轿车因发动机不能起动,被拖至维修站检修。维修技师接车后,询问车主了解到的情况是:当时正在高速路上行驶,先是感觉车有点"突突",加不上油,车速只能维持在 60km/h 左右。因早上走的时候刚加过油,油表指示还有多半箱油,故没有考虑油的问题。问题出现前也没有发生任何异常情况。车主打算将车凑合着开到维修站修理。就这样开了大概不到 10km 后车熄火了,再起动时有着车迹象,但一松钥匙马上就熄火了,发动了七八次一直如此,无奈只好将车拖至维修站。

故障诊断与排除:维修技师先试着将车发动。如车主所说,总是似着不着的样子,无论怎样踩油门踏板也无济于事。首先检查高压火,跳火正常。接着检查油压,松开喷油嘴架子上的油管固定螺丝,马上有油喷出,凭经验判断油泵没有问题,发动机故障灯也不亮,用本田专用检测仪检测未发现故障,发动机电控系统各数据也都显示正常。看来问题比较复杂。

将火花塞拆下检查,发现 4 个火花塞全部烧的发黑且有生油味。将 4 个火花塞逐一做跳火实验,发现火比较散,且火花塞烧损也比较严重。换上 4 个新的火花塞后再发动,无任何变化。再将火花塞拆下发现又烧成黑的了。看来混合气太浓,要从这方面着手检查才对。

此车分电器为不可调节式,用检测仪观察点火时间也正常,故不考虑点火方面的问题。

将正时壳拆下检查,发动机配气正时无任何问题,正时皮带也状况良好。检查气门间隙也正常,看来只有怀疑油的问题了。车主说他一直在固定的正规加油站加油,油应该没有问题。为保险起见,还是将油泵拆下,将油箱里剩的油全部抽出,将油路彻底清洗并将汽滤更换。将喷油器拆下用喷油器清洗机彻底清洗并检测喷油量,正常。给油箱加上正规加油站的 95 号汽油,全部装复后起动,依然无着车迹象。无奈,只有测量缸压了。逐一测量各缸压力,均在正常范围内。至此,该检查的都检查了,问题还是没有找到。

将车放到举升机上,让人在车里起动,维修技师在发动机上下部位观察有无异常情况。当转至车下时偶尔听到似发闷的金属撞击声。维修技师顿时想起以前修理过的一辆雪佛莱旅行车的情景。那辆车跟这辆情况差不多,也是折腾了好长时间,最后才发现是三元催化器碎了,堵塞了排气管,引起排气不畅,导致该车无法起动。从现在的情况来看,很有可能也是这问题。拆掉发动机排气歧管与排气管的连接螺栓,将排气管和排气歧管分离。让人发动,果如所料,起动机轻轻一点,排气管发出一声轰鸣,车发动着了。将三元催化器拆下检查,发现里面全碎了。更换新的三元催化器后,车轻易就起动着了。将车开出路试,一切正常。

之后和车主聊起此事,他说想起大概一周前底盘曾撞过一大石头。当时车没有任何异常情况。事后检查也没有发现什么,就没有在意。问题的根源找到了,原来三元催化器是被撞坏的。不过当时没有全撞碎,以后随着车的颠簸才慢慢全碎的。因为此车是新车,只跑了 1 万 km 左右,所以一直没有怀疑是三元催化器的问题,却没有想到偏偏是它坏了。以此告戒汽修的同行们,以后遇到问题时不要只凭经验。应该详细询问车主具体情况,集思广义,相信很快就可以找到问题所在。

二、广州本田雅阁轿车不能起动的故障

故障现象:一辆 2003 年 3 月生产的广州本田雅阁 HG2000(ACCORD2.0EXI)轿车,装备2.0LLF20B1 型发动机。行驶里程为 14 万 km。车主反映该车在跑一次长途后,出现发动机

不能起动故障。

故障诊断与排除:接车后先试车,把点火开关转至"ST"位置,起动机能带动发动机,但发动机不能着车。根据故障现象,维修技师先用自诊断功能读取该车发动机电控系统的故障码。

将点火开关转至"OFF"位置,用 SCS 短路连接器(跨接线)连接维修故障检查连接器(位于杂物箱下方),如图 5-1 所示。

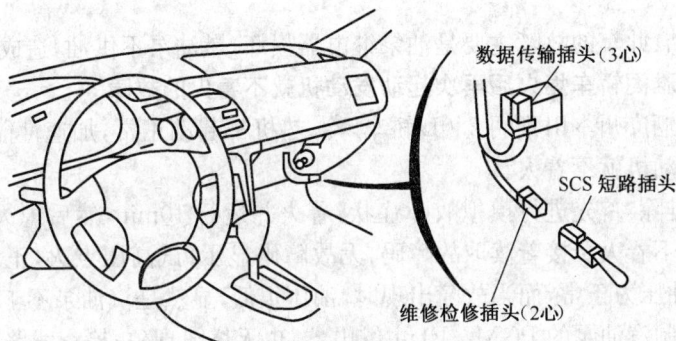

数据传输插头(3心)

SCS 短路插头

维修检修插头(2心)

图 5-1　故障码的读取

将点火开关转至"ON"位置,仪表板上的发动机电控系统故障指示灯开始闪亮,以显示故障码。读取故障码为 43。故障码的含义是燃油泵控制线路故障(或燃油供给系统故障)。

根据故障码的显示,检测燃油压力。连接油压表,起动发动机,发现油压表油压显示为 0。反复将点火开关由"OFF"转至"ON"位置,在油箱加油口处听燃油泵运转声音,结果没有听到声音。这就说明燃油泵没有工作。而导致燃油泵不工作的原因主要有燃油泵损坏、控制燃油泵的线路或燃油泵继电器有问题。

该车的燃油泵继电器与主继电器在一起。其原理图如图 5-2 所示。其工作原理如下:①接通点火开关时,主继电器线圈 L_1 通电,使触点 S_1 闭合,将发动机控制单元(ECM)、喷油器和线圈 L_2 与蓄电池相连接。②在点火开关刚接通但未起动时,ECM 控制燃油泵继电器线圈 L_2 与搭铁接通 2s,S_2 闭合,使燃油泵通电工作 2s,以使供油管路中建立油压,以利于发动机起动。③在发动机运转时,ECM 控制 A16 始终搭铁,使线圈 L_2 保持通电,S_2 保持闭合,使燃油泵持续通电工作。④当发动机熄火后,但点火开关未断开时,ECM 因未接收到发动机的转速信号而立即使燃油泵继电器线圈 L_2 断开,S_2 断开,燃油泵也就立即停止工作,避免了燃油泵在发动机熄火后继续运转。

根据分析主继电器的工作原理和以往修理此例故障的经验,维修技师认为燃油泵损坏的可能性不大,所以,先对燃油泵控制线路

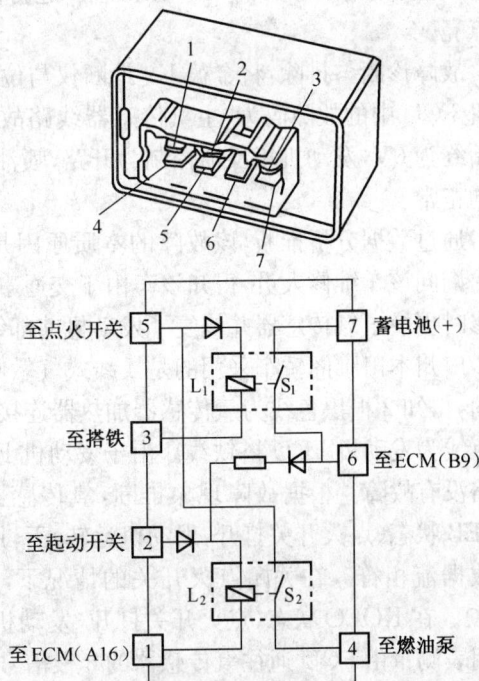

至点火开关 5 —— 7 蓄电池(+)

L_1　S_1

至搭铁 3

6 至ECM(B9)

至起动开关 2

L_2　S_2

至ECM(A16) 1 —— 4 至燃油泵

图 5-2　本田雅阁轿车燃油泵继电器与主继电器结构

进行以下检查：①先拆下燃油泵线插头，测量线束侧，当起动发动机时，没有12V电源电压。②从车上找到主继电器（在驾驶员侧仪表板下），取下主继电器。③将蓄电池的正极与主继电器的2号端子连接，蓄电池负极与继电器的1号端子连接，检查继电器的5号端子与4号端子导通情况。结果不导通。于是怀疑L_2可能有断路，通过用万用表的检查，确定主继电器线圈L_2有断路故障。更换新的主继电器后，重新把主继电器安装到车上，发动机起动顺利，故障彻底排除。

故障维修总结：此车的故障主要是油泵继电器损坏，燃油泵不供油，造成发动机不能起动。

三、广州本田雅阁轿车熄火后再次起动发动机就不着火的故障

故障现象：一辆广州本田雅阁2.0L轿车，冷、热机都起动正常，加速性能良好。但只要熄火后再次起动，发动机就不着火。

故障诊断与排除：首先进行模拟故障症状，着火并运行10min，然后熄火，马上再次起动，发动机又转动，但不着火。接着读取故障码，无故障码显示；试高压点火，正常；接上燃油压力表，冷车起动，燃油压力正常，而当故障出现时，油压很低，显然是汽油泵不工作。检查保险丝，无异常；再检查控制汽油泵的PGM—F1主继电器，也无烧毁现象；检查线路，无断路和短路现象。当点火开关接通时，将PGM—F主继电器1号脚（计算机控制端）搭铁，燃油泵仍无动作；而起动时，测量2号脚（起动开关）有10.5V电压。测量2号与1号脚的电阻为26Ω，这也正常，但4号脚（燃油泵）却无蓄电池电压，显然是主继电器触点有问题。雅阁2.0L轿车发动机主继电器盒上排搭铁脚为3号脚，下排接点火开关的为5号脚，接发动机计算机的为6号脚。接蓄电池正极的为7号脚。更换PGM—F1继电器后，故障排除。

四、本田雅阁轿车因氧传感器接线错误引起怠速较高的故障一例

故障现象：一辆2002年生产的广州本田雅阁2.3L自动挡轿车，由于路面结冰，在紧急制动时发生碰撞事故。该车在一家修理厂进行修复后，试车时发现怠速较高，且发动机故障指示灯点亮。

故障诊断与排除：将金德K9诊断仪与位于仪表板左下方的3针诊断接口相连接，读取发动机ECU中的故障码为"主氧传感器线路故障"。起动发动机读取数据流，主氧传感器的数据始终为0V，发动机氧反馈控制为开路，喷油脉宽为3.5ms，发动机转速为950r/min，其他数据均正常。

通过数据分析推断，该故障的本质原因是由氧传感器故障引起的，这与故障码内容相吻合。询问该车维修人员，得知该车由于交通事故将氧传感器撞坏，发动机前部线束也损坏了，维修时更换了氧传感器并修复了发动机前部线束，之后便出现上述故障现象。

广州本田雅阁轿车采用的是4线式气敏电池型二氧化锆氧传感器。查阅维修手册中的电路图，得知2根黑色线为氧传感器加热器连接线，另外2根线中白色线为氧传感器信号线，黑/白色线为发动机ECU搭铁线。由于发动机ECU没有输出加热器线路的故障码，说明加热器线路没有故障。根据故障现象推断，氧传感器没有信号输出是产生故障码的根本原因。在KOEB状态（点火开关打开，发动机运转）下，用万用表测量氧传感器的信号电压为0V，与读到的数据流相符。在关闭点火开关的情况下，检测氧传感器与ECU之间线路的阻值均小于0.5Ω。在KOEO状态（点火开关打开，发动机不运转）下，将氧传感器的2根信号线断路，用万用表测量由ECU通往氧传感器的2根信号线的电压，结果是：白色线连接的为0V；黑/白色线连接的为0.45V左右，与正常情况正好相反。显然，该故障的根本原因是维修人员在修复线束时将氧传感器的2根信号线接错了。

正确连接氧传感器线路,读取氧传感器数据流,信号电压在0.1~0.9V之间变化,发动机故障指示灯熄灭,故障彻底排除。

故障维修总结:通过该故障实例可以看出,现代汽车的维修要求维修人员不但要熟练掌握各传感器、执行器的工作原理与工作特性,还要熟练掌握各传感器、执行器与ECU的接口电路,以及一定的电工和电子学知识,这样才能准确判断并成功排除故障。

五、广州本田雅阁2.4轿车玻璃升降器的故障一例

故障现象:一辆2005年产广州本田雅阁2.4轿车,行驶里程为6万km,车主反映驾驶员侧玻璃升降器不工作。

故障诊断与排除:经检查,确定为驾驶员侧玻璃升降器电机故障。但经咨询车主,得知此车在不同的4S店已经更换过4个驾驶员侧玻璃升降器电机,在更换驾驶员侧玻璃升降器电机的同时还更换过玻璃密封条,也调整过玻璃导向槽的间隙,还对密封条进行了润滑。但每次更换完之后没多久故障就会重现。车主还反映此次换完玻璃升降器才一天故障就出现了。不过幸好每次都坏在上升的位置。为了保险起见,维修技师又对玻璃升降器电机进行了进一步检查,结果发现是电机的碳刷烧蚀使玻璃升降器不工作。之后对此车的玻璃作了检查,发现驾驶员侧的玻璃贴了防爆膜,且由于玻璃的升降运动使膜划的都是竖沟。为此维修人员对此车的密封条的间隙做了调整,但没有任何改善。另外,考虑到玻璃升降器具备防夹功能,维修技师怀疑可能是由于升降时的阻力过大将玻璃升降器电机烧坏。为此,维修技师用故障诊断仪对玻璃升降器的工作过程做了"快摄",信息表明驾驶员侧车窗向上的开关打开时控制单元也向驾驶员侧电动车窗电机发出了向上的指令。由于此时的玻璃已经到达了最顶端的位置,但玻璃升降器的开关还一直保持在上升的位置。至此,维修技师怀疑玻璃升降器开关损坏,向控制单元发出了错误信号。通过对玻璃升降器开关进行检查,发现驾驶员侧的开关内部断裂。最后,在更换玻璃升降器开关和玻璃升降器电机后。故障彻底排除。

故障维修总结:这个故障告诉我们,产生任何故障都有其根本原因。只有经过认真分析和检查才能避免做治标不治本的汽车维修工作。

六、广州本田雅阁因发电机损坏引起发动机故障灯亮的故障

故障现象:一辆2.3L本田雅阁轿车,行驶里程为4万km,冷车起动后行驶30~35km后发动机故障灯亮,加速无力,怠速不稳,有时熄火。热车起动后,开暖气行驶15~20km后发动机故障灯亮。热车起动后开空调(A/C),若把出风口调向下方出风,行驶35~40km后发动机故障灯亮。PGM读故障码为分电器内信号转子信号不良。

故障诊断与排除:维修技师接车后试车,证实故障如车主所述。维修技师分析了故障可能原因:传感器、线束、控制单元、外来电磁干扰。

①进行线路检查,结果良好。

②检查接地线及分电器输出信号,正常。

③怀疑分电器受热后性能不稳定,更换了分电器总成,清除DTC试车,行驶40km后故障重现。怀疑发动机控制单元有故障。便更换了控制单元,行车试验,至30km后故障再现。

④更换了一新线束进行试车,故障依旧。

⑤更换了一台发电机后,故障消除。分解发现:发电机整流二极管有一组损坏,发电机输出的波形发生了畸变,造成峰值电压及电流产生严重脉动,使蓄电池两端电压产生脉动干扰,控制单元接地(蓄电池负极)电位也随之产生脉动干扰。当这个干扰脉冲幅值大于±0.7V时,控制单元误认为分电器信号丢失,点亮故障灯,记忆故障码,进入备用程序工作,造成故障。

故障维修总结：分电器信号不良故障原因的分析不能仅凭故障码而定，应采用波形分析，找出真正的信号波形(最好取自控制单元输入端子处)及故障发生时的波形变化。常常认为信号不良单指传感器好坏，而往往忽略一些与信号同步关系的干扰信号，如高压点火故障及发电机故障。将控制单元故障误判为随温度变化，经冷气直吹后降温，此车故障发生里程加长。正时齿带故障能造成信号不同步，但不会随控制单元温度而变化故障再现时间。

七、广州本田雅阁轿车散热风扇长期运转的故障

故障现象：一辆广州本田雅阁 3.0L 轿车，用户反映该车散热风扇长期运转。

故障诊断与排除：接车后经试车确认，此车的散热风扇在发动机运转期间常转不停。这里我们必须对该车的散热风扇的控制原理(图 5-3)有所了解。广州本田雅阁 CG1 车型的散热风扇系统由散热器风扇电动机及继电器，冷凝器风扇电动机及继电器，2 个发动机冷却液温度(ECT)开关 A、B(开关 B 用于延时控制)，以及散热风扇控制单元组成。散热风扇控制单元根据 ECT 开关提供的信号对 2 个散热风扇进行控制，以防止发动机过热。当发动机冷却液温度超过预定温度时，即使空调系统不处于工作状态，散热风扇控制单元仍然会激活冷凝器散热风扇运转。另外，即使点火开关断开，如果冷却液温度过高，散热风扇控制单元仍然会指令散热器散热风扇保持运转状态，直到冷却液温度降低到预定温度。

在了解了该车散热风扇控制系统的工作原理后，维修技师着手对该车的故障进行检修。经观察发现，此时散热器、冷凝器风扇均在运转，但此时空调开关并未打开。在该车散热风扇常转时，维修技师先将 ECT 开关 A 的插头断开，但此时散热风扇依然运转，可以确定此故障不是因 ECT 开关 A 有问题而引起。由于 ECT 开关 B 用于散热风扇延时功能，且当该开关接通后应该只有散热器散热风扇运转，加之该开关插头安装在发动机的正时齿带侧不易拆装，故暂时未对它进行检查。根据该车散热风扇系统的控制原理可知，除了 ECT 开关 A 闭合后 2 个散热风扇会同时运转外，只有空调打开时才会出现 2 个散热风扇同时运转的情况。而此时可以确定空调处于关闭状态，那么会不会是系统得到了错误的空调开启信号呢？

之后，维修技师连接故障诊断仪进行检测。经多次观察发现，只要散热风扇常转不停，发动机控制系统数据流中的"风扇控制"项就变为打开状态；一旦散热风扇工作正常，"风扇控制"项就显示为关闭状态。正常情况下，发动机控制系统数据流中的"风扇控制"项只有在开闭空调开关时才会变化，因为它是发动机控制单元用来控制散热风扇运转的。此时空调开关并没有打开，但发动机控制单元却控制散热风扇运转，那么故障原因只有两个：发动机控制单元本身出现故障，或发动机控制单元接收到了错误的空调开启信号。通过进一步检查，空调开关正常，排除了控制单元接收错误信号的可能性，问题应该就出在发动机控制单元上。之后维修技师对该车发动机控制单元的供电、搭铁线路进行了检查，线路完全正常。然后，找来相同车型的发动机控制单元进行替换，试车故障排除。

最后，在更换新的发动机控制单元后，故障彻底排除。后经电话回访，车辆一直正常。

八、广州本田雅阁空调不制冷的故障一例

故障现象：一辆广州本田雅阁 2.2L 轿车，发动机型号为 F22B1，1999 年车型。空调不制冷，压缩机不工作。

故障检查与排除：从原车电路图(如图 5-4 所示)中可以看出，压缩机离合器工作的条件是发动机 ECU 的 A_{15} 端子搭铁，而 A_{15} 端子又受控于 B_5 端子输入电路。B_5 端子与搭铁之间串有 4 个开关：压力开关、温控开关、空调开关、鼓风机负荷换挡开关，其中任何一个开关有故障，均不能使 B_5 端子搭铁，也就不能使压缩机离合器吸合工作。

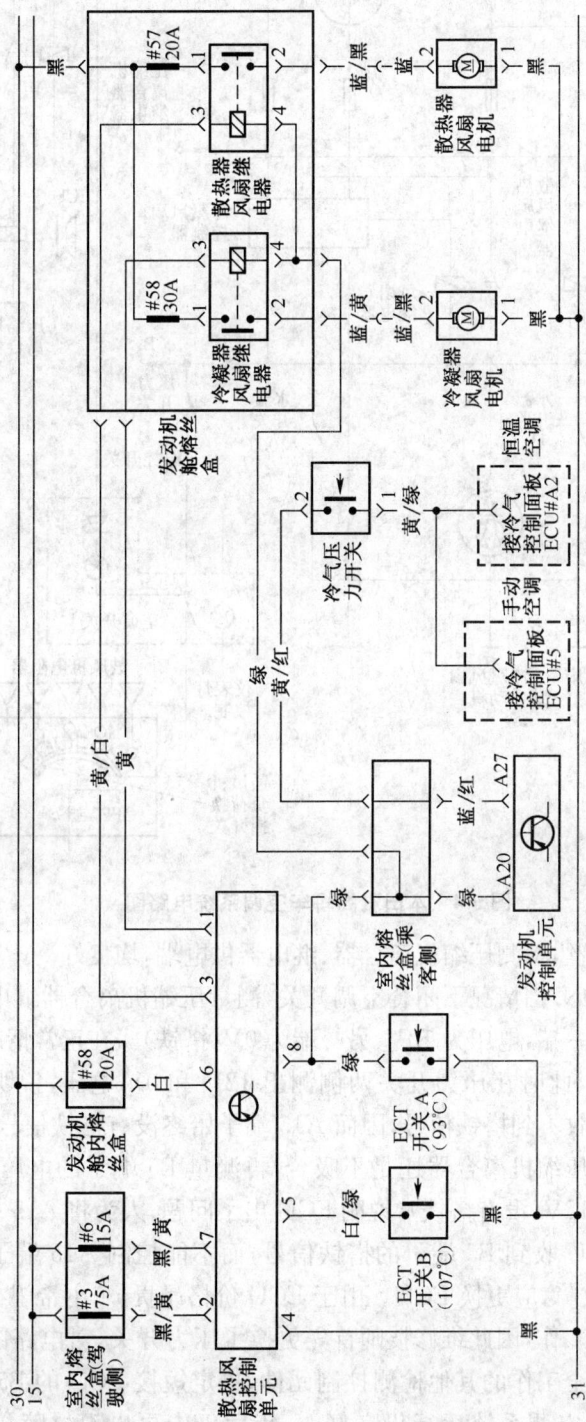

图 5-3　散热器、冷凝器风扇控制系统电路图

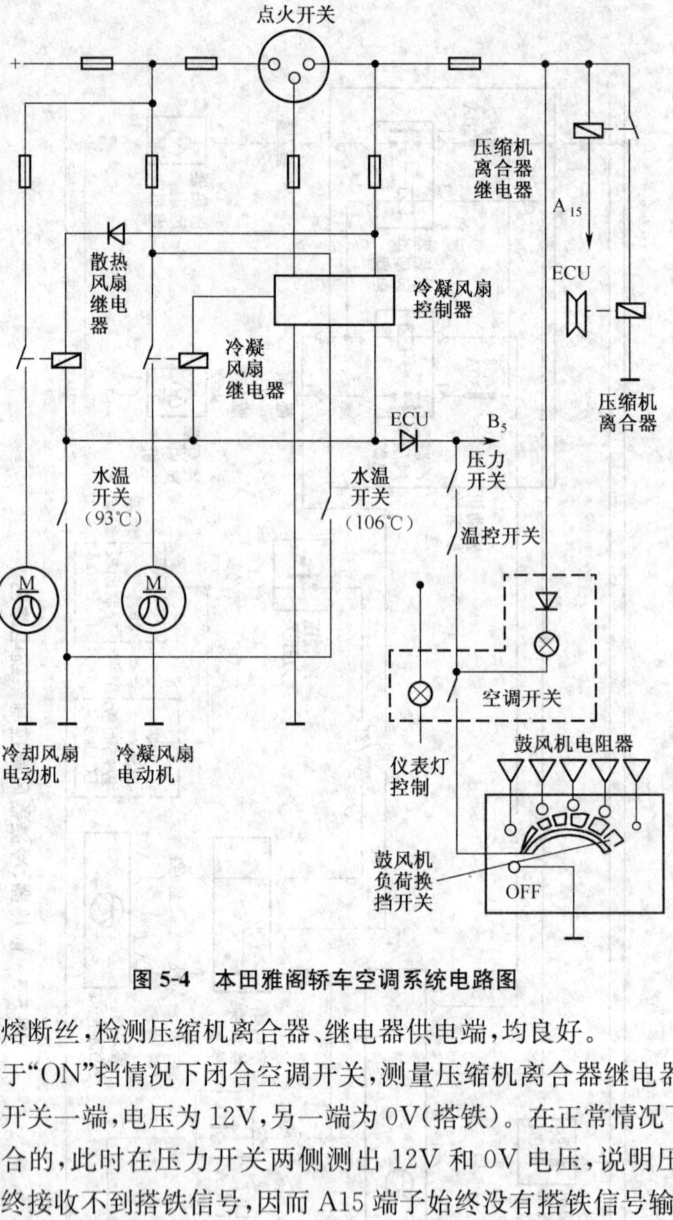

图 5-4　本田雅阁轿车空调系统电路图

首先检查空调熔断丝,检测压缩机离合器、继电器供电端,均良好。

在点火开关置于"ON"挡情况下闭合空调开关,测量压缩机离合器继电器 A15 端子电压,为 12V。测量压力开关一端,电压为 12V,另一端为 0V(搭铁)。在正常情况下,制冷系统中制冷剂低压开关是闭合的,此时在压力开关两侧测出 12V 和 0V 电压,说明压力开关开路,使 ECU 的 B5 端子始终接收不到搭铁信号,因而 A15 端子始终没有搭铁信号输出。暂时人为将压力开关插头短路。但压缩机离合器还是不吸合,再测量 B5 端子的电压,为 0V(搭铁)。测量 A15 端子电压,仍为 12V(没有搭铁),说明 ECU 出了问题,人为将 A15 端子搭铁,压缩机工作正常,进一步证明 ECU 收到 B5 端子的搭铁信号,而不能控制 A15 端子输出搭铁信号,即 ECU 输出控制电路有故障,应更换 ECU。由于 ECU 价格昂贵,车主希望在不更换 ECU 的情况下让空调系统能正常工作,因此维修技师首先更换了压力开关,对电路图作了仔细研究,没有发现能影响压缩机安全工作的其他检测控制元件,决定短接 ECU 的 B5 端子与 A15 端子,试车一切正常。半月后空调系统运行仍良好,一年后仍未再出现故障,看来改造方法是可行的。

维修启示:各车型空调控制原理及设计不尽相同,特别是独立 ECU 控制体系的空调系统,其电路复杂,控制器件较多,安全控制设施完善,不宜乱改线路。这类车型压缩机离合器的控制受很多传感器信号的影响,如阳光传感器、室外温度传感器、室内温度传感器、水温过热传感器、水位传感器、压缩机转速传感器、高低压力开关等,改动后易造成各种保护措施失去应有的作用。在改动线路时,应首先考虑是否会影响其他正常功能,在改动后,应反复实验观察。除非是特殊情况,否则不应对原车进行随意改动。

九、本田雅阁轿车冷却风扇不工作的故障

故障现象:一辆广州本田雅阁 2.2L 轿车,发动机型号为 F22B1,1999 年车型,开空调后冷却风扇不工作。

故障诊断与排除:为了缩小故障范围,首先从冷却电路入手,闭合点火开关,拔下水温开关插头并人为短接其插头,此时冷却风扇运转正常,由此排除了冷却风扇电路及冷却控制器发生故障的可能性,故障应出在空调控制电路。正常情况下开空调只要压缩机工作,冷却风扇应同步运转。随后将空调开关闭合,将鼓风机开关拨至低速挡,空调压缩机开始有节奏地工作,空调控制系统一切正常,为什么冷却风扇与压缩机不同步呢?下面分析冷却风扇的工作条件。

①冷却系统。当水温高于 93℃ 时,低温开关闭合,散热风扇继电器工作,此时只有一个散热风扇工作,冷凝器风扇不工作,这是由于冷凝器风扇继电器线圈无电源。当水温高于 106℃ 时,高温开关闭合,冷却风扇控制器接收到此信号后,向冷凝器继电器线圈提供电源,此时冷凝器工作,两冷却风扇同时运转,加强冷却效果。

②空调系统。当闭合空调开关和鼓风机负荷开关时,ECU 的 B5 端子(如图 5-4 所示)搭铁(正常时,压力开关、温控开关是闭合的),此时 ECU 收到 B5 端子搭铁信号后即控制 A15 端子搭铁,使压缩机离合器继电器工作,同时 B5 端子的搭铁信号使 2 个风扇继电器和风扇控制器搭铁,当风扇控制器搭铁的同时,又将电源提供给冷凝风扇继电器,这样 2 台风扇与压缩机离合器同步运转。通过线路分析,造成 B5 端子搭铁而风扇继电器控制端不搭铁的原因只有线路中的二极管或线路故障。

顺着风扇继电器控制搭铁端,在发动机左侧壁上有一个固定的黑色方盒,此件即为单向二极管,测量其导通情况,电阻为无穷大,说明已被烧断,更换二极管后,故障彻底排除。

故障维修总结:由于二极管具有单向导通的特性,此二极管在线路中的作用是:当水温开关闭合对搭铁短路时,冷却风扇工作,由于二极管单向导通,此时 B5 端子不会搭铁,压缩机离合器也不会由于水温开关闭合而工作。如果二极管开路,就会出现以上故障;如果二极管短路,将会出现压缩机随水温开关工作的故障。

十、广州本田雅阁轿车座椅加热器人为故障一例

故障现象:一辆 2005 年产广州本田雅阁 2.4L 轿车,该车因事故前部严重受损,维修过程中拆下了发动机、仪表台、前后座椅及地毯。车辆修复后试车时发现,前排乘客侧座椅加热器在开关未打开的情况下就会自动长期加热,且车辆在停放一夜后蓄电池电量会被耗光。

故障诊断与排除:根据座椅加热器电路图(图 5-5),维修技师首先从仪表板下熔丝/继电器盒上拆下了 N0.15(20A)和 N0.30(7.5A)2 个控制座椅加热器继电器的熔丝,然后又分别断开了前排乘客侧座椅加热器开关和座椅加热器的 4 针插接器。之后测量座椅加热器开关 6 针插头的 5 号棕色线接地电压为 0,正常。再测量座椅加热器插头一侧(我们当时测量的是前排乘客侧座椅总线束),4 针插头的 3 号绿线与 2 号黑线无电压,却发现 4 针插头的 4 号绿黄线与 2 号黑线电压为 12V,且长期有电。看来,就是此原因造成了前排乘客侧座椅加热器长期加热。

那么车辆蓄电池异常放电是否也是此原因造成的呢?为此维修技师测量了加热器开关 6

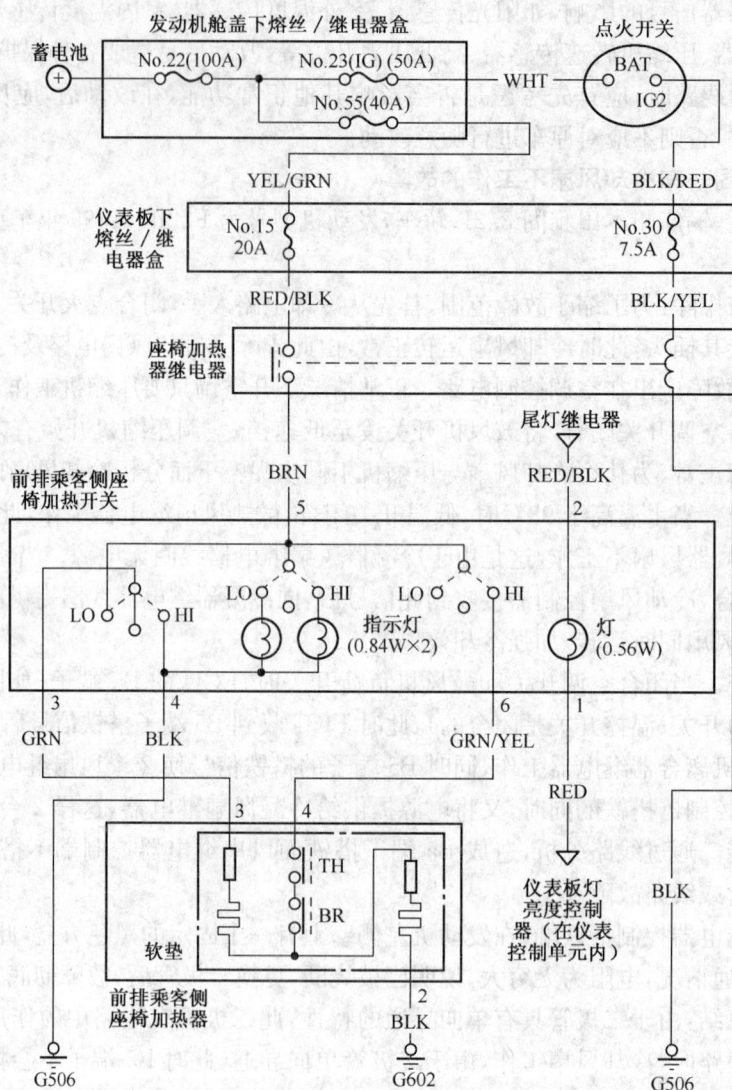

图 5-5　加热器电路图

TH—节温器　BR—断路器　HI—高　LO—低

针插头的 6 号绿黄线与前排乘客侧座椅加热器 4 针插头的 4 号绿黄线的导通情况，发现不导通。根据电路图分析，该线应该是导通的，因此上述检测结果显然是不正常的。那么前排乘客侧座椅加热器 4 针插头的 4 号绿黄线的 12V 常电压是从哪里串过来的呢？由于此车在维修过程中拆装过仪表台和地毯，于是便把问题的焦点集中在了是否有相关线路绝缘层损坏导致线路间短路造成串电或是线束插头接错了。

通过对维修手册线束布置图进行分析可知，加热器线束与仪表台线束一体，左侧到达仪表台最左侧多路集成控制系统（MICS）处，右侧到达仪表台最右侧，中间通过地毯到达前排乘客侧座椅下。为此维修人员又将中控台扶手箱和前排乘客侧座椅拆下，检查了线束间是否有彼此短路的情况，但未发现异常。后来当检拆到仪表台左侧的多路集成控制系统（MICS）时，发现了问题，有一个线束插头的位置插错了。这个插头本应与 MICS 上部一个转接器相连，而该车却被错插到了 MICS 的一个原本应闲置的插座上。仔细观察发现，这个线束插头的长度恰好与这 2 个插座距离相近且插头形状相同。

在将插头位置重新调换后,再测量加热器开关 6 针插头的 6 号绿黄线与座椅加热器的绿黄线相通了。当加热器开关断开后,再次测量前排乘客侧座椅加热器的绿黄线,不再有电压,说明原来的电压就是因插头错接从 MICS 上串过来的。

在将车辆完全恢复后,关好车门,用遥控器锁车,断开蓄电池负极串入电流表测量全车自放电电流,测试结果为 16mA,完全正常。

故障维修总结:此故障是由于以前的维修人员在安装仪表台过程中错接一个插头,导致前排乘客侧座椅加热器长期加热,使蓄电池异常放电。通过对该车故障的维修,我们认为除了维修人员在操作时存在问题外,也有厂方设计方面的问题,即厂家在设计线路时,在同一位置应尽量避免相同形状的插头,或通过两两不同颜色来进行插头插座的匹配,以尽量避免线路插接器相互插错,造成不必要的人为故障发生。

十一、广州本田雅阁轿车左侧无暖风的故障

故障现象:一辆 2003 年款广州本田雅阁 2.4L 轿车,车主反映驾驶侧暖风不热,前排乘客侧正常的故障。

故障诊断与排除:2003 年款广州本田雅阁轿车采用双区独立控制的冷暖自动控制空调系统,即驾驶侧与前排乘客侧的温度可以分别独立控制。空调系统在执行暖风和冷风状态指令时,是通过模式电机控制暖风水阀开关的开度大小,同时通过不同状态的调整来实现冷暖控制。当风板把暖风通道完全或部分关闭的情况下,气流就会完全或部分经蒸发器而出,若此时暖风散热器水阀开关也处于全关或开度很小时,就会出冷风;当风板把暖风通道完全打开的情况下,流经蒸发器的气流通道就会被完全关闭,此时气流只流经暖风散热器,若暖风水阀全开,冷却液循环最大限度地流经暖风散热器,于是就出热风。双区域控制空调系统是采用两套模式控制电机实现对左右的独立控制,即两套独立的电机、两套独立的风板。

在遇到该车的故障后,维修人员首先分别对暖风水阀的开关动作及当时风板的状态进行了检查,均正常。该车左侧不热出凉风,右侧热度正常。经分析认为,可能是蒸发器箱体内部的风板脱落。如果是这情况,外部看起来虽然正常,而实际内部风板将不按要求动作。于是决定拆下蒸发器箱体进行检查。结果拆开后发现风板无异常,能够按要求动作,因此只得拆开暖风散热器箱体部分进行检查。当拆开暖风散热器箱体部分后发现,左右两侧的独立控制是通过隔板把蒸发器箱体一分为二,隔成左右两个相对独立的部分。当气流吹过蒸发器和暖风散热器的左半部分和右半部分时,通过风板状态的适当调整,即实现了左右两侧的独立控制。

当维修人员把暖风散热器注满热水后,故障原因终于被发现。原来暖风散热器左半部分不热,右半部分热度正常,可以确定是暖风散热器内部堵塞。由于暖风散热器与发动机散热器冷却系统相通,发动机散热器是否也存在问题呢? 于是维修人员又对发动机散热器进行检查。结果发现散热器水槽里积满了胶状水垢,且附着得很牢固。维修人员分析,正是由于发动机冷却系统内的这些水垢造成了暖风散热器内部堵塞,暖风散热器的冷却液循环方式又造成了冷却液在暖风散热器内左侧通道的流速比右侧慢。那么冷却液在流经左侧时水垢就滞留在了水道里,久而久之,左侧水道就堵塞不通了,从而导致蒸发器箱体左侧热源丧失,左侧暖风自然不会热。

经询问车主得知,该车前部曾经发生过碰撞,被换加过防冻液,但维修工作没在特约维修站进行。众所周知,防冻液的作用不仅是低温防冻,还有润滑、防腐及防垢的作用,因此必须加注合格的防冻液。长期使用劣质防冻液或不同品牌防冻液混合使用,都会导致水道内金属严

重腐蚀及产生大量水垢,从而造成水道堵塞影响冷却液的循环。

维修技师先为该车发动机冷却系统添加了清洗剂,试图借助清洗剂来溶解水垢,但效果不佳,最后只好更换发动机散热器及暖风散热器。重新装复后,试车证实故障彻底排除。

故障维修总结:该车的暖风故障为双区域自动空调系统暖风故障,根本原因是加注了劣质的防冻液使暖风散热器内部堵塞。建议广大车主朋友,维修车辆一定要选择在正规的维修店。所换用的配件一定要选用正规厂家生产的配件。

十二、广州本田雅阁轿车转向/危险报警装置故障诊断实例

广州本田雅阁轿车的转向/危险报警装置由转向信号/危险报警装置继电器、转向开关和危险报警开关进行控制,其电路如图 5-6 所示。

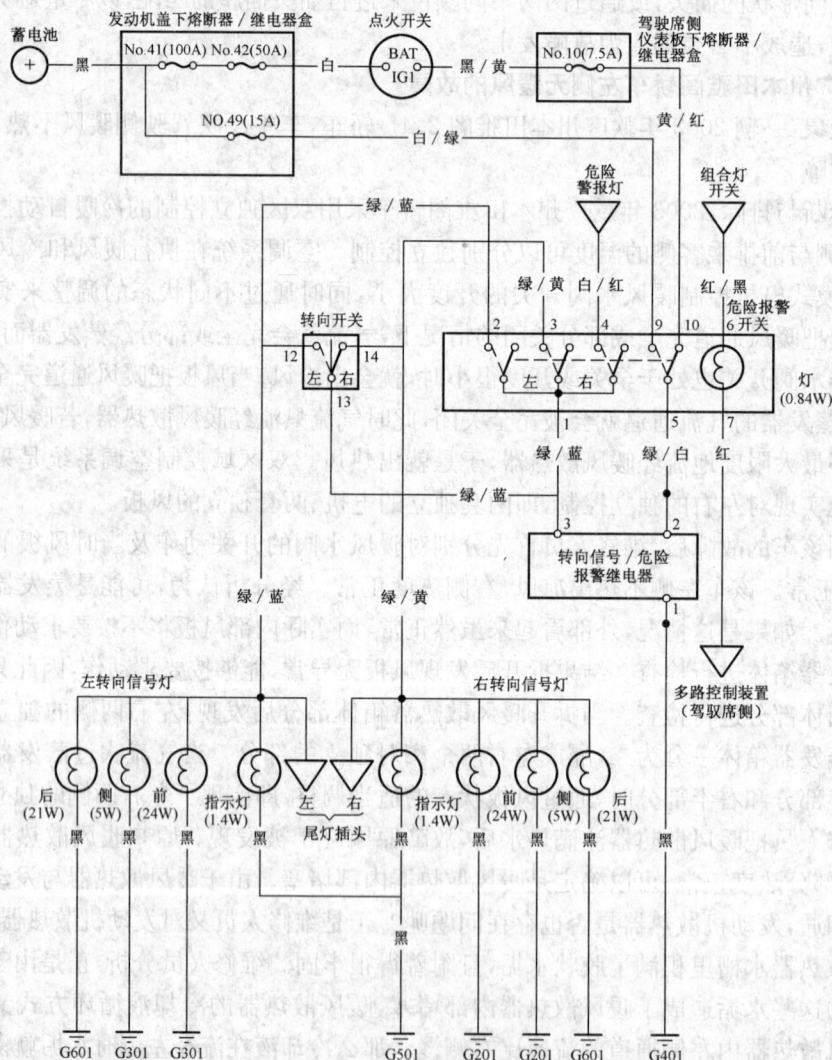

图 5-6　转向/危险报警装置电路

①电路组成。任何一个完整的汽车电路都是由电源、控制器件、过载保护器件、用电器和导线几部分组成的。

广州本田雅阁轿车的转向/危险报警装置电路的电源是指蓄电池和发电机;控制器件是指

转向/危险报警装置继电器,另外还有点火开关、转向开关和危险报警开关;过载保护器件是指位于发动机盖下熔断器/继电器盒内的 No.41、No.42、No.49 保险丝,以及位于驾驶席侧仪表板下熔断器/继电器盒内的 No.10 保险丝;用电器是指左、右转向灯及左、右转向信号指示灯;导线是指各种不同颜色、不同线径的单色线和双色线以及车体。

②电路分析。要想快速准确排除广州本田雅阁轿车的转向/危险报警装置的故障,就必须清楚该装置的电路工作原理。

a. 汽车左转向。当汽车需要左转向时,驾驶员将转向开关拨到"左"的位置,左转向灯电路接通,其电流走向为:蓄电池正极→黑色线→发动机盖下熔断器/继电器盒内的 No.41、No.42 保险丝→点火开关(BAT→IGl)→黑/黄色线→驾驶席侧仪表板下熔断器/继电器盒内的 No.10 保险丝→黄/红色线→危险报警开关(10 号插脚→5 号插脚)→绿/白色线→转向信号/危险报警装置继电器(2 号插脚→3 号插脚)→绿/蓝色线→转向开关(13 号插脚→12 号插脚)→绿/蓝色线→左转向信号灯(前、后及侧面)和左转向指示灯→搭铁。此时,只有左侧的转向灯及相应的指示灯点亮。

该车的前左转向信号灯为 24W,通过一根黑色线在 G301 搭铁;侧面左转向信号灯为 5W,通过一根黑色线在 G301 搭铁;后左转向信号灯为 21W,通过一根黑色线在 G601 搭铁;左转向信号指示灯为 1.4W,通过一根黑色线在 G501 搭铁。

b. 汽车右转向。当汽车需要右转向时,驾驶员将转向开关拨到"右"的位置,右转向灯电路接通,其电流走向为:蓄电池正极→黑色线→发动机盖下熔断器/继电器盒内的 No.41、No.42 保险丝→点火开关(BAT→IGl)→黑/黄色线→驾驶席侧仪表板下熔断器/继电器盒内的 No.10 保险丝→黄/红色线→危险报警开关(10 号插脚→5 号插脚)→绿/白色线→转向信号/危险报警装置继电器(2 号插脚→3 号插脚)→绿/蓝色线→转向开关(13 号插脚→14 号插脚)→绿/蓝色线→右转向信号灯(前、后及侧面)和右转向指示灯→搭铁。此时,只有右侧的转向灯及相应的指示灯点亮。

c. 危险报警。按下危险报警开关时,可以接通危险报警(即"双闪")电路,其电流走向为:蓄电池正极→黑色线→发动机盖下熔断器/继电器盒内的 No.49 保险丝→白/绿色线→危险报警开关(9 号插脚→5 号插脚)→绿/白色线→转向信号/危险报警装置继电器(2 号插脚→3 号插脚)→绿/蓝色线→危险报警开关(1 号插脚→2、3、4 号插脚),通过绿/蓝色线点亮左侧转向信号灯和指示灯,同时通过绿/黄色线点亮右侧转向信号灯和指示灯。此时,左、右两侧转向信号灯及指示灯同时点亮,发出报警信号,以警示其它车辆和行人。

注意:当汽车接通"双闪"电路时,电流不经过点火开关,而是直接由蓄电池供电。

③故障诊断。

a. 左侧转向灯不亮。根据上述电路分析可知,若驾驶员将转向开关拨到"左"的位置时,该侧的转向灯不亮,则可能是由以下原因中的一个或多个引起的:该侧的灯泡烧坏;转向开关的 12、13 号插脚接触不良;No.41、No.42、No.10 保险丝有断路现象;转向信号/危险报警装置继电器的 2 号插脚和 3 号插脚之间接触不良;某段导线存在断路现象;G601、G301、G501 搭铁不良。

出现这种故障时,可先用螺丝刀短接转向开关的 12 号、13 号插脚,若此时转向灯点亮,则说明是转向开关内部接触不良或不能正常接触;如果短接后转向灯仍然不亮,则应检查连接导线、灯丝及各保险丝是否正常。

右转向灯的故障诊断与左转向灯方法相同,不再重复。

b. 两侧转向灯都不亮。当驾驶员按下危险报警开关时,如果左、右两侧的转向灯都不亮,则有可能是由以下原因中的一个或多个引起的:No. 41、No. 49 保险丝烧断;危险报警开关的 9 号插脚和 5 号插脚之间接触不良。危险报警开关的 1 号插脚与 2、3、4 号插脚不能正常接通;某段导线有断路现象;G601、G201、G301、G501 搭铁不良。

出现这种故障时,可先检查各保险丝是否熔断,如果保险丝熔断应进行更换。如果各保险丝均正常,用螺丝刀短接危险报警开关的 9 号插脚和 5 号插脚,此时如果灯亮,说明是危险报警开关的 9 号插脚和 5 号插脚之间接触不良。如果灯仍然不亮,再用螺丝刀短接危险报警开关的 1 号插脚和 2、3、4 号插脚,此时如果灯亮,说明是危险报警开关的 1 号插脚与 2、3、4 号插脚之间接触不良。如果灯仍然不亮,则有可能是某段导线有断路现象,或 G601、G201、G301、G501 搭铁不良。

本田雅阁轿车的转向/危险报警装置电路是比较简单的,只要掌握其工作原理,弄清其电流走向,然后根据故障现象分段判断,就能找出故障点,进而快速准确地将排除故障。

十三、广州本田雅阁轿车中控门锁失灵的故障一例

故障现象:一辆 96 款本田雅阁,发动机型号为 F22B2,排量为 2.2L,4 个门锁失去控制,只能用手动方法开闭各自门锁。

故障诊断与排除:本田雅阁轿车为电子集中控制门锁系统,在驾驶员侧下方找到中控锁控制装置,为 6 线插头,如图 5-7 所示。一对为火线和搭铁线,一对为负触发信号输入线,一对为负载电动机控制线。

它是一个较基本、较简易的电子控制装置。

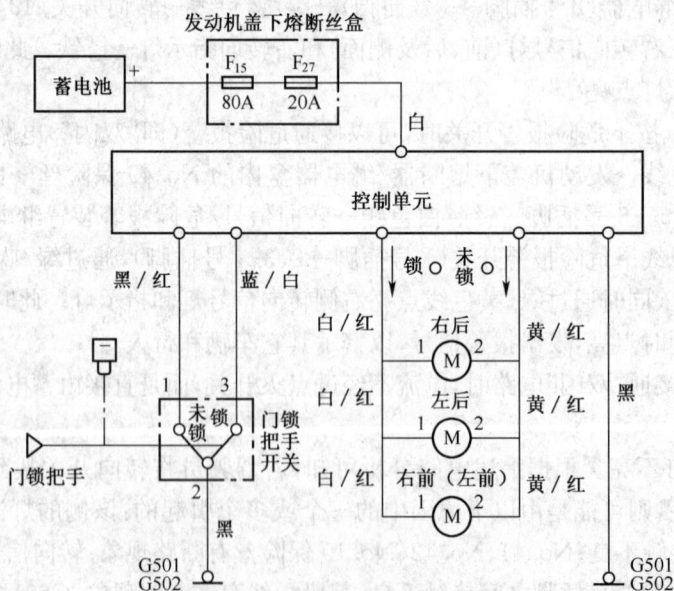

图 5-7　电动门锁电路图

首先对此控制装置进行基本测试,接通点火开关,测量火线(白色)和搭铁线(黑色)均正常,说明供电回路一切正常。再测一对信号输入线(黑/红,蓝/白),人为手动主门锁拉杆开关或主门锁按钮开关,无论开锁和闭锁,各门锁无反应。用万用表测 2 线电压信号时,均正常。2线的控制有效信号为搭铁信号,一线接搭铁时为开锁控制,另一线接搭铁时为闭锁控制,此二线随开关的动作均可测到各自的搭铁信号,然而门锁无反应,维修技师再手动各门锁开关时,各门锁均工作正常,由此判定,中控锁装置有故障。为了确认判断的对否,又做了一个中控装置的输入输出试验,用一试灯接入中控装置的输出线端(白/红,黄/红),人为在中控装置的输入端(黑/红,蓝/白)各搭铁一次,试灯不亮,说明有信号输入却无信号输出。通过检测和试验,确认中控装置内部控制失控。

随后取下控制装置打开盒盖,内部是一搭铁电路板,加有 2 个小型继电器,此 2 个继电器正是在输入信号的控制下分别动作,不工作时继电器输出为搭铁,也就是说各门锁电动机此时两端均为搭铁,若有一信号输入时,有一继电器随之工作,将输出线由搭铁转换为火线,即完成了电动机可以工作的条件,不同的信号线输入,即完成了电动机的正反向转动,从而达到开锁或闭锁的目的。

当重新在输入端分别输入搭铁信号时,2 个继电器分别动作,说明控制电路无问题,问题应在输出部位。经仔细检测后,发现电路印刷线有烧损痕迹,重新焊接修复后试机,一切正常,故障彻底排除。

十四、本田雅阁轿车在行驶中 ABS 报警灯偶尔点亮的故障

故障现象:一辆广州本田雅阁轿车在行驶中 ABS 报警灯偶尔点亮,但不多久就熄灭了。当 ABS 报警灯点亮时,防抱死制动系统完全失效。

故障诊断与排除:修理工接车时,ABS 是正常的,试车行驶一段距离,也没有发现故障。用红盒子 MT2500 检测仪没有提出故障码(对于广州本田轿车的 ABS,在没有故障的情况下,当车速以 35km/h 行驶时,会自动清除故障码,所以当 ABS 报警灯不亮时,也就调不出故障码)。又作常规检查,也没有发现故障,只好把车交还车主使用。

过了两天此车又开来了,现象是发动机起动后,ABS 报警灯不亮,踩制动踏板也不亮,但只要一起步 ABS 报警灯就亮,就好像是转速传感器故障一样。检查转速传感器一切正常,最后按常规又全面检查了一遍,还是没有发现故障。最后无奈之际请来了一位修车多年的维修技师,他询问一些情况之后,就直接拔开 ABS 电磁阀插头检查,发现里面有很多绿色的氧化物,清除氧化物,涂以凡士林,故障彻底排除。

十五、本田雅阁 2.0 轿车无法起动的故障一例

故障现象:一辆 98 款广州本田雅阁 2.0 轿车,其发动机不能起动。由于车主无法描述该车的故障症状,于是维修技师就带了一只新蓄电池和一些常用工具前往救援。

故障诊断与排除:到达现场后询问车主得知,昨天就感觉该车加速有些不顺畅。起动发动机试车,好像蓄电池电容量不足,起动机转速很慢;测量蓄电池静态电压,为 12.35V,基本正常,同时发现防盗指示灯闪烁,说明该车已进入了防盗状态。怀疑该车的点火钥匙因受到强磁场或其他外力因素而损伤,但车主反映没有。用该车的两把副钥匙起动试车,结果还是一样。

因感觉蓄电池电容量不足,所以就准备换上带来的新蓄电池试车。断开点火开关,拔下点火钥匙,拆卸蓄电池接线,发现还有用电器在工作,有火花产生和电磁阀工作的声音。对此感觉有些奇怪,顺着声音查找,发现竟是喷油器工作发出来的声音,怎么喷油器在没有接通点火开关的情况下会工作呢? 难道是 PCM 出了问题? 在换好蓄电池后起动发动机试车,竟然发现起动机无法转动了,只好将该车拖回修理厂作进一步检查。

连接 HDS 本田专用检测仪检查,发现检测仪不能进入 PCM,出现通信故障。于是只好将PCM 拆下检查,拆下后发现 PCM 里竟然有水蒸气,而且 PCM 线路板上有铜锈。问题已经找到了,但为什么电路板上会出现水分呢? PCM 上方只有空调风道和暖风装置,而且检查散热

器内冷却液,并没有短缺,那只有空调系统了。空调蒸发器在驾驶室右侧,如果空调排水管堵塞,就有可能使空调水被鼓风机的风力吹向风道。举升起该车检查空调排水管,结果证实了推测,空调排水管被人为对折后放回上端,造成空调水排不出去。经过询问车主得知,该车 20 天前曾在外面换过机油,估计是那里的修理人员在换机油时由于淌出的空调排水影响了他们的作业,就把水管对折放置起来,换过机油后忘了放下该排水管,以致造成了这种严重后果。

但问题并没有在更换 PCM 后完全得到解决,因起动机在更换蓄电池后无法转动了,估计气缸里已经充满了汽油。因为 PCM 被水浸泡后,其中控制喷油器的三极管已经损坏,在接通点火开关时燃油泵工作,喷油器就开始喷油,导致气缸里全是汽油,起动机无法转动。

接着将气缸里的汽油清理后试车,发动机还是无法起动。根据声音感觉好像气缸压力不足。测量 4 个气缸的压力,只有 500kPa~600kPa,这样低的气缸压力发动机无法起动着,因担心连杆受力后已经弯曲变形,于是解体发动机检查,发现由于经过汽油的浸泡后气门、进气歧管上的积炭脱落附着在气门周围和活塞环上,造成上述部位密封不严。检查发现连杆没有弯曲,清洗发动机内的积炭并装复后试车,发动机顺利着机。

十六、本田雅阁轿车加速无力,随后出现发动机无法起动的故障

故障现象:一辆本田雅阁 2.3L 轿车,行驶里程为 3 万 km。发动机刚开始出现动力下降,加速无力,随后出现发动机无法起动。

故障诊断与排除:故障可能原因:①燃油系统故障。②点火系统故障。③进排气系统堵塞。④电子控制系统故障。

故障排除过程:

a. 拆中心高压线,起动发动机,检查点火,出现强烈稳定的火花。

b. 用油压表检测燃油压力,320kPa 左右,正常。

c. 拆卸火花塞检查,发现 4 只火花塞全部潮湿(上面全是汽油),将 4 只火花塞分别接在中央高压线上起动检查,火花正常。

d. 将分电器装好,把火花塞插入分缸线上,起动,火花很弱。

e. 拆开分电器盖检查,分电器里面积满了发动机机油,更换分电器内油封,故障彻底排除。

故障维修总结:分电器油封损坏,机油从磨损的油封中渗出,进入分电器内,导致分电器内的分火头无法正常工作,最终造成发动机无法起动。

十七、EGR 电磁阀引起的起动困难的故障一例

故障现象:一辆本田雅阁车,起动困难、怠速不稳、加速发抖,冷车时故障现象较为严重。其发动机故障指示灯有时常亮。

故障诊断与排除:经检查发现,在不踩油门踏板的时候起动较为困难,踩下一点油门后比较容易起动,但是起动后一抬脚发动机就熄火。如果起动后一直踏住油门踏板,过一段时间后再慢松油门踏板,发动机还可以运转,但怠速不稳定,在 450~650r/min 之间来回游动,真空度在 47~55kPa 变动,加速到 2500r/min 以上一切正常。

这类故障在其他车上发生得也很多,大多数是因为节气门体过脏或者怠速控制阀积炭严重造成的。而故障点主要在于进气量受到限制,因为冷车起动时,进气量相对较多,尽管电脑会控制怠速控制阀进行修正,但这需要一个过程。所以很多时候都会因为节气门体过脏或者怠速控制阀积炭严重造成出现此类故障。但这种故障很少会导致故障灯常亮。

首先对进气系统进行了检查和清洗。检查结果为进气系统各管路连接完好,无泄漏、堵塞现象,节气门位置传感器和怠速控制阀工作良好。用故障诊断仪对发动机电控系统进行了检查。读取的故障码为 P0131—氧传感器电路电压过低。拆下氧传感器,表面并无积碳,测各导线连接可靠,说明氧传感器正常。但氧传感器反馈电压始终小于 0.45V,说明混合气过稀。拔下水温传感器线束接头,接上一个变阻器调到 4~8kΩ(因水温传感器的一个喷油量控制修正信号,温度高喷油量减少,温度低喷油量增多,加一个 4~8kΩ,相当于 0℃时增加喷油量),再一次测试发现氧传感器反馈电压接近 0.9V,进一步说明氧传感器正常,只是混合气过稀。

测得的燃油压力为 285kPa,正常。拆下喷油器清洗后故障依旧,故障码也只有 P0131。拔下其他传感器测试,能够读取到相应故障码,说明 ECU 没问题,肯定是漏气引起。对进气系统及相连接的真空管逐一检查还是未发现异常。又对 EVAP、EGR 系统进行排查(该车 EGR 系统如图 5-8 所示),当拔下 EGR 阀上的真空管后,发动机怠速上升到 1000r/min,真空度也上升并稳定在 68kPa。

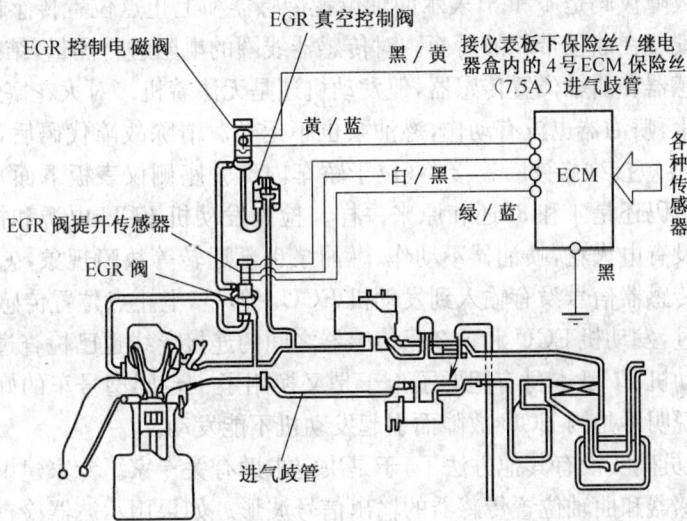

图 5-8　EGR 控制系统

EGR 阀通过管道将排气管与进气管连通,其真空气室上方的真空度受 EGR 控制电磁阀控制,EGR 控制电磁阀受 ECU 控制。ECU 根据发动机转速、空气流量、进气压力、温度等信号控制 EGP,控制电磁线圈通电时间的长短来控制进入 EGR 阀的真空气室上方的真空度,从而控制 EGR 阀的开度来改变参与再循环的废气量。在 EGR 阀上部还有一个位置传感器,其功用是检测 EGR 阀的开度位置,并利用电位计将其位置变为相应的电压信号,反馈给 ECU,作为控制废气再循环的参考信号。EGR 系统在怠速工况下不工作。

起动后拔下 EGR 阀上的真空管,用手堵住该管发现感到有真空吸力,在正常情况下此时是没有真空的。正因为有真空吸力导致废气在怠速工况下循环,从而导致混合气太稀,怠速不稳。于是拔下 EGR 控制电磁阀线束插头,发现上述真空管依然有真空(在不通电的情况下 EGR 控制电磁阀切断 EGR 阀到 EGR 真空控制阀的管路的),充分说明 EGR 控制电磁阀有故障。进一步检查发现该阀比较脏,于是用化油器清洗剂清洗并滴入两滴干净的机油,装复后试车,一切正常,故障彻底排除。

故障维修总结：

有些故障码并非是传感器本身的故障，本车故障中的氧传感器出现故障可能是混合气过浓或过稀所致。

相信自己、理论联系实际、合理的推理是解决问题的关键，提醒我们平时要不断地加强理论学习，只有熟悉每一个系统工作原理、结构特点，在处理问题时才能少走弯路。

日常的维修工作中，不应盲目换件，其实很多换下的零件并非"坏件"（如本车故障中的氧传感器，很多修理工可能会把它换掉），知道其结构特点的情况下稍加处理，很多零件可重复利用。

十八、本田雅阁轿车因曲轴带轮安装不到位引起发动机不能发动的故障

故障现象：一辆2.3L广州本田雅阁轿车，发动机型号为F23A3。该车因发生交通事故，发动机室受到很大程度的损坏而进厂维修。为了整形和喷漆作业需要，发动机被整体拆下。事故部分修复后装复发动机试车，发动机却不能起动。

故障诊断与排除：维修技师接车后检查发现没高压火，为此更换了分电器总成（内部装有气缸识别CYP传感器）和点火线圈，但试车发现发动机还是不能起动着。利用电控系统自诊断的方法调得的故障代码是4和8，表示曲轴位置传感器和上止点位置传感器或其线路故障。这2只传感器均安装在曲轴带轮的后面。对传感器线圈的电阻进行测量，结果为∞，因此更换了上止点位置传感器和曲轴位置传感器，但发动机还是无法着机。对火花塞进行跳火试验，还是没有电火花产生，喷油器也没有动作，燃油泵也不运转。清除故障代码后，再次调取故障代码。将SCS短接线短接维修诊断连接器（位于轿车内驾驶座侧仪表板下面），接通点火开关，结果调得的故障代码还是4和8，还和原来一样。检查发动机ECU电源和接地情况，没发现异常情况。对于没有电火花，喷油器不动作，燃油泵也不运转等故障现象，怎么判断都应该是发动机曲轴位置传感器信号没有输入到发动机ECU。但是，上止点位置传感器和曲轴位置传感器都已经更换过，发动机ECU和这2只传感器之间的连接导线也已检查过，没有什么问题，那么只可能是发动机ECU本身有问题了。于是又换用了一台同型号车的好的ECU，试着发动时故障依旧。说明不是因ECU故障而引起发动机不能发动。

此时，维修人员确实没有其他方法了，于是决定求助有关专家。专家建议可借助示波器检查上止点位置传感器和曲轴位置传感器的输出信号波形。如果用示波器检查不到传感器的输出信号波形，则需要检查这2只传感器的安装情况，以及曲轴带轮位置是否偏移、正时带是否从带轮中心向后移动等情况。

按照上述提示，将示波器打至正常电压刻度，检查上止点位置传感器和曲轴位置传感器的信号波形。用起动机带动发动机运转，看不到传感器的输出信号波形。接着把示波器的电压刻度放大再试，示波器上出现的信号波形显示传感器信号电压最大只有0.2V左右，说明上止点位置传感器和曲轴位置传感器输出的信号电压过低，这样发动机ECU是不能识别发动机旋转信号和活塞位置信号的。因为传感器是新换的，应无问题，但还是测量了传感器的电阻，均在正常范围内。检查这2只传感器的安装状态，也没有松动。后又觉得可能传感器的气隙过大。根据维修经验，曲轴位置传感器通常的气隙应在0.2mm～0.5mm，否则难以引起磁力线的变化，当然就不会输出信号电压。更换曲轴位置传感器和上止点位置传感器，最基本的操作就是要拆卸曲轴带轮，但对于传感器的安装，只要将其固定螺栓拧紧即可。发动机转动时使其产生磁力线变化，而不是靠移动传感器的位置来改变其气隙的。既然传感器的位置不能移动，只能认为是曲轴带轮位置偏移或是正时带从带轮中心向后移动了。用手锤轻轻敲击曲轴

带轮,发现曲轴带轮能向里移动。原来是曲轴带轮的固定螺栓没有拧紧。

用胶锤将曲轴带轮轻轻敲击回位,并按标准拧紧力矩重新拧紧了曲轴带轮固定螺栓后,起动发动机试车,发动机立即着机,上述故障排除。

故障维修总结:车辆在碰撞事故或拆卸发动机时损伤了曲轴位置传感器,在更换传感器后故障本应该已经排除,可惜在装配曲轴带轮时没有将它安装到位,也没有按照规定的拧紧力矩拧紧螺栓。在以后调整正时位置和发动机起动时。曲轴带轮偏移到外侧,此时传感器磁极与齿圈间的空气隙远远超过正常值,产生的信号微弱,导致 ECU 无点火信号输出,发动机火花塞不点火,喷油器不动作,发动机无法起动。

十九、本田雅阁轿车维修后故障指示灯点亮的故障

故障现象:一辆广州本田雅阁轿车,维修拆装发动机后,出现起动后故障指示灯不熄灭,急速运转不稳,打开空调开关后发动机转速下降的故障现象。

故障诊断与排除:由于故障指示灯点亮,因此利用电脑自诊断系统查询故障码。先找出自诊断短接插头(仪表板右下方数据链路连接器中一个单独的双脚插头),将其两个插脚用导线短接,然后将点火开关转至"ON"位置(不起动发动机),这时故障指示灯开始闪烁,输出一个故障码为"10"。经查阅资料,该故障码的含义为"进气温度传感器故障"。打开发动机舱盖,找到进气温度传感器(在进气歧管中部),发现进气温度传感器插头的两根导线拉得很紧,因此怀疑故障是由于布线不良造成的,但整理导线后,故障现象仍没有消除。把进气温度传感器从进气歧管上拆下来,发现进气温度传感器已被烧成黑色。进气温度传感器是在低温环境条件下工作的,且没有大电流经过,为何会被烧成这样? 进一步检查,发现怠速控制阀就在进气温度传感器的附近,且两者的插头一模一样,但怠速控制阀插头的导线明显比进气温度传感器插头的导线长很多,因而估计是装配发动机时把两个插头插错了。

调换两个插头,并用一只 600Ω 的电阻代替已烧坏的进气温度传感器进行起动试验,故障现象消失。由于进气温度传感器被接通电源而烧坏,所以故障指示灯不能熄灭。更换一只进气温度传感器后试车,一切正常,故障彻底排除。

二十、本田雅阁轿车天窗打不开的故障

故障现象:一辆 98 款广州本田雅阁 HG7230(ACCORD2.3VTI)轿车,行驶里程 12 万km。出现天窗打不开故障。

故障诊断与排除:图 5-9 为广州本田雅阁轿车天窗的电路图。按下天窗开关,天窗不动作,而且也听不到天窗电动机转动声响。从仪表板熔断丝盒中拔下天窗继电器的熔断丝,经检查天窗继电器的熔断丝完好。拔下天窗开关的插头,用电压表测量天窗开关的插头 A、B 端子与搭铁之间的电压,均有 12V 电压。测量 C 端子与搭铁之间电压,为 0V。人为将天窗开关的插头 A、B 端子轮换搭铁,可以听到继电器和天窗电动机动作声,且天窗能开启和关闭。这说明问题出现在天窗开关上或天窗开关至搭铁之间的导线上。

拆开天窗开关,检查天窗开关的触片、触点,都很正常,闭合天窗开关,再用欧姆表测量天窗开关的插座 A 端子(接欧姆表正极)与插座 C 端子(接欧姆表负极)、插座 B 端子(接欧姆表正极)与插座 C 端子(接欧姆表负极)之间的电阻,均为无穷大。这说明插座 A 端子与插座 C 端子、插座 B 端子与插座 C 端子之间存在断路情况。在检查天窗开关电路时,发现有一个二极管 D 串在天窗开关与搭铁之间,看来问题出现在二极管 D 上。用欧姆表测量二极管的电阻值,正、反向均为无穷大,这说明二极管已断路。更换一个型号为 1N4004 的二极管后,故障彻底排除。

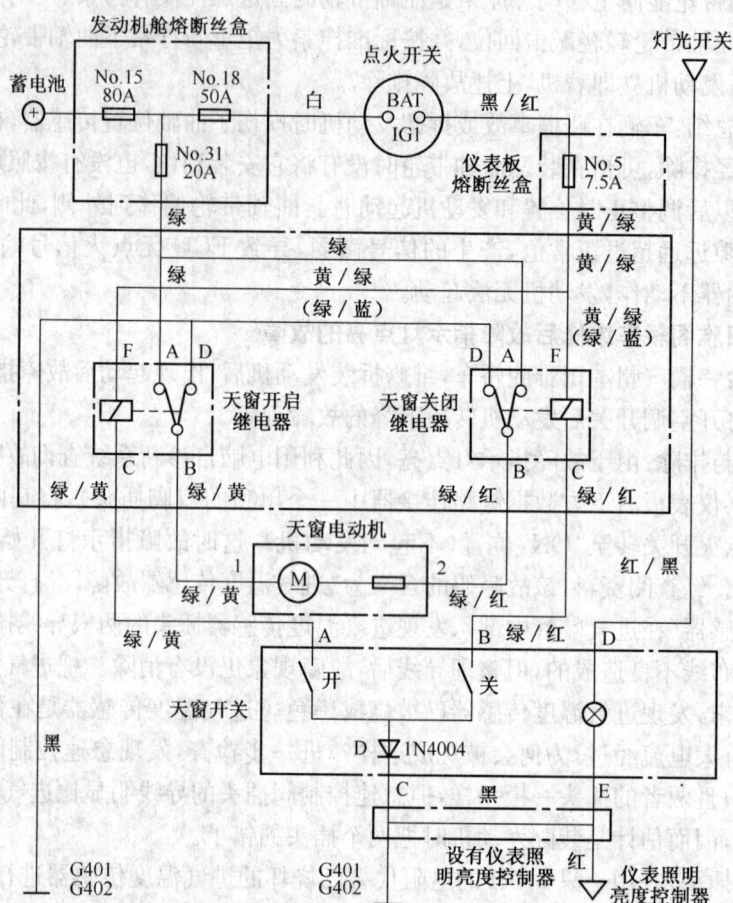

图 5-9　本田雅阁轿车天窗电路图

二十一、本田雅阁轿车气囊系统 SRS 故障灯亮的故障

故障现象：一辆广州本田 2.3L 雅阁轿车，安全气囊系统 SRS 故障灯亮，听车主介绍：雅阁的气囊已经连续两次"投入他的怀抱"了。第一次后到一家修理厂去更换了两个气囊，之后发现 SRS 故障灯亮，经维修技师多次消码，故障灯熄了。但行驶不到一个星期，该车撞到小石头上，安全气囊再次爆炸，驾驶员面部还受点轻伤。回到修理厂再次更换了两个气囊，故障灯又亮了，怎么也消不掉，于是驾驶员将车转到特约维修站修理。

故障诊断与排除：首先读取故障码。将 SRS 短路插头与仪表板左侧维修插头相连接，SRS 指示灯不显示任何故障码，故障灯常亮不熄。

广州本田雅阁轿车 2.3LSRS 系统故障灯常亮不熄，往往是因为仪表总成中 SRS 指示灯电路故障、或者插头之间线路断路或短路、熔丝熔断。另外，结合该车症状，SRS 装置本身或其电源电路装置出现故障，导致故障灯常亮不熄的可能性也有。

试着清除故障码，接通点火开关，如果 SRS 指示灯亮并在 6s 后熄灭，说明只是间歇性故障，结果灯不熄灭。关闭点火开关，检查驾驶员侧仪表板下熔丝/继电器盒内 2 号熔丝（10A）是否熔断，结果也没问题。

于是断开蓄电池负极电缆并等候 3min，断开驾驶员侧气囊 2 芯插头 Dlo、前乘客侧气囊 2 芯插头 Plo 和 SRS 主线束 18 芯插头 Uo。重新连接蓄电池负极电缆。

接通点火开关,测量 Uo 插头 3 号端子与搭铁线之间的电压值为 12V,说明主线束没有断路。接下来检查 SRS 装置。用一根跨接线连接 SRS 主线束 18 芯插头 Uo 的 6 号端子与 3 号端子,此时 SRS 指示灯熄灭,说明 SRS 装置出现故障或 Uo 插头接触不良。经查,Uo 插头完好无损,端子没有锈蚀、弯曲现象,看来 SRS 装置有故障。后经查证,该车在两次气囊爆炸后,维修人员错误地认为 SRS 装置没受到任何损伤,不必浪费,于是就只更换了气囊组件,而没有更换 SRS 装置。

与一般汽车 SRS 系统不同的是,该车碰撞传感器安装在 SRS 装置的内部。当车辆发生碰撞时,碰撞传感器和安全传感器将检测出汽车碰撞的强度信号,并将强度信号输入 SRS 装置的微处理器,一旦冲击力超过设定极限值,安全气囊就会被引爆。

该车因 SRS 系统事故后只换气囊没换 SRS 装置,新的气囊组件与原来的 SRS 装置在程序设定上不相匹配,从而导致该车在不该引爆时,气囊引爆伤人。

不换 SRS 装置有时可能会侥幸消掉故障码,但这样具有极大的安全隐患,经更换相匹配的 SRS 装置,故障灯熄灭,SRS 系统恢复正常。

二十二、本田雅阁电动车窗故障一例

故障现象:2003 款本田雅阁出现左后、右前和右后三车窗均不能上下工作,而左前车窗工作正常。

故障诊断与排除:2003 款本田雅阁的电动车窗的电路简图如图 5-10 所示。由故障现象分析,造成 3 个车窗同时不工作的原因主要有以下几点:①车窗继电器内触点接触不良或继电器工作失效。②驾驶员左侧熔断丝盒内部出现故障。③由车窗继电器电磁线圈到车门多路控制装置的白/绿控制线出现断路现象。④车门多路控制装置内部出现故障。

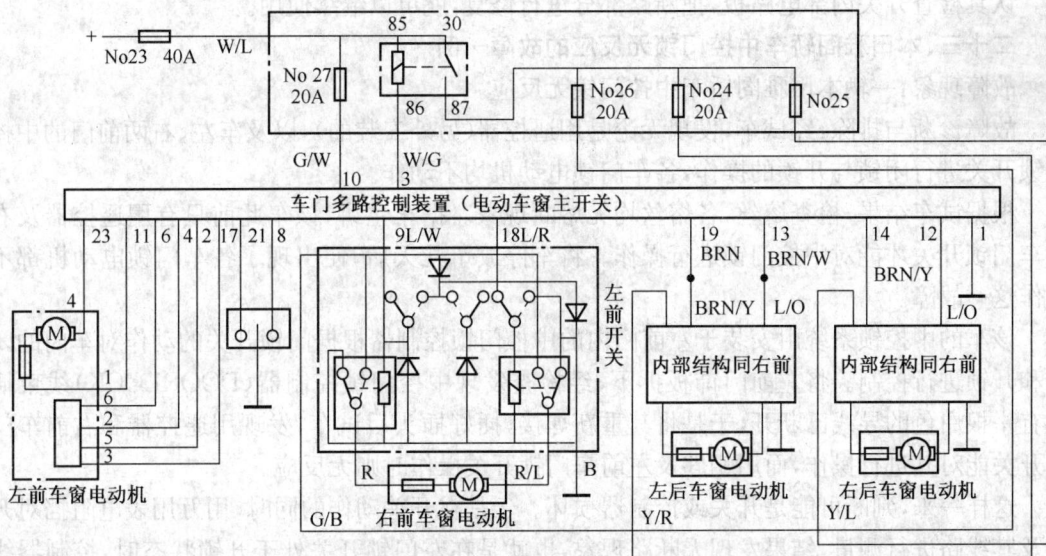

图 5-10　电动车窗原理简图

首先用 20W 试灯在点火开关"ON"挡时检测 No24、No25 和 No26 这 3 个车窗熔断丝,均无电。用一带熔断丝的短接线短接一根 30 常火线和 No24、No25、No26 熔断丝,用开关操作 3 个车窗均能正常工作。由此可以看出问题出在车窗继电器或车窗继电器的控制上。拔下位于熔断丝盒下部的第 2 个继电器(2003 款本田轿车的继电器盒各继电器说明如图 5-11 所示),用试灯测量 30 端子和 85 端子均能使 20W 的试灯点亮。而短接 30 和 87 端子,车窗工作正常,故障点被缩小到了86端子到车门多路控制装置之间。用万用表测量电动车窗继电器86端子到车门多路控制装置之间的白/绿线,没有出现断路情况,导线良好。插回车窗继电器,把位于车门多路控制装置插头上的3号端子白/绿线搭铁,车窗工作正常,故障点确定在车门多路控制装置上。把车门多路控制装置解体进行检查,沿着3号端子往里检查,3号端子是由一个三极管进行控制,发现电路板有一处断路,而断路的线路正是控制该三极管的。把断路部分重新进行焊接,装配后试车,一切正常,故障彻底排除。

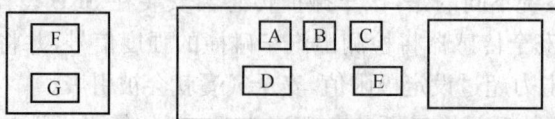

A—鼓风机电动机继电器　B—A/C 压缩机继电器　C—后车窗除雾器继电器
D—冷凝器风扇继电器　E—散热器风扇继电器　F—风扇控制器（6 缸用）
G—前雾灯继电器

(a) 2003 款本田雅阁发动机舱继电器示意图

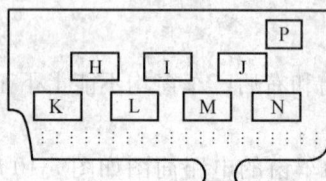

H—点火线圈继电器　I—ECM 主
继电器　J—附件电源继电器
K—燃油泵继电器　L—电动车
窗继电器　M—氧传感器继电器
N—起动继电器　P—闪光器

(b) 仪表板左侧继电器示意图

图 5-11　本田雅阁熔断丝盒内继电器说明

2003 款雅阁电动窗故障频率较高,只要故障现象和以上相同,基本上都是主控开关的故障。认真检查开关内部电路板,把断路部分进行修复,就可以继续使用。

二十三、本田雅阁轿车中控门锁无反应的故障一例

故障现象:一辆本田雅阁轿车中控门锁无反应。

故障诊断与排除:经试车,发现无论是用遥控器(另外安装的),以及车左、右两前门的中控门锁开关进行闭锁与开锁的操作,各车门锁电动机均不动作。

根据试车结果,检查熔丝,各熔丝均无熔断现象。据车主讲,该车此前只有用遥控器及右前车门锁开关才能对中控门锁进行操作。将车停放了几天后,便出现了各车门锁电动机都不工作这一故障。

该车的中控锁系统由安装于左前门内的中控门锁控制器根据门锁开关的动作对车门的闭锁和开锁进行控制。将左前门饰板拆下,经检查发现中控门锁控制器(DOORLOCK)线束插头有一根白色的导线已断开,于是将其重新焊接,插好插头后试车,发现用遥控器和右前车门锁开关能对其进行操作,而用钥匙及左前车门锁开关操作时则无反应。

这样一来,判断可能是开关或控制器损坏。于是在开关动作的同时,用万用表电阻挡对开关及其线路进行测量,结果发现无断路现象,也就是在左门锁开关处于开锁状态时,控制器线束插头上的绿/红导线与黑色导线接通;而当开关处于闭锁状态时,则是绿/白导线与黑色导线接通。通过进一步检查,其他开关工作及其线路良好。由此判断,该中控锁控制器存在故障。

考虑到车主的方便,通过与车主商议,将左前门锁开关与右前门锁开关的接线连为一体,也就是左前门开关和右前门开关共用一个开关信号,即把左前门开关的绿/红、绿/白导线分别与右前门开关的黑/红、黑/白导线连接,经过试车,左、右车门门锁开关及遥控器都能正常地将车门闭锁和开锁。

二十四、本田雅阁轿车因发电机损坏引起故障灯点亮且加速无力怠速不稳的故障

故障现象:一辆本田雅阁 7230 型轿车,行驶里程近 7000km。车主在一次长途行车中发现,当车辆行驶 40km 左右时,故障指示灯点亮,发动机加速无力,怠速不稳,严重时甚至熄火。如果是在热车情况下,当车辆行驶 15km 左右时该故障就会出现,如果此时打开空调,并把出风口调向下方(该车的 ECU 在此位置),故障出现的时间又会推迟一些(行驶 30km 左右)。

故障诊断与排除:该故障出现后,驾驶员立即将车开至维修站进行检修。维修技师接车后先对蓄电池电压进行了测量,发动机怠速运转时电压为 12.8~13.0V,中速运转时电压为 13.3~13.7V,维修技师认为电压值在标准范围内,就没有进行发电机全负荷试验。用金德 K81 读码仪读取故障码,仪器指示为"分电器内信号不良",对线路和分电器输出信号进行检查,未发现任何故障。在征得车主同意后,对分电器总成进行了更换。消除故障码后进行试车,车辆运行 40km 后又出现上述故障。这时维修技师开始怀疑发动机 ECU 出了问题,但由于 ECU 价格昂贵,维修人员不敢盲目更换,便用另一型号电脑代替,但再次试车,故障依旧。

维修技师尝试各种方法均无效后,只好请其他同事协助解决问题。在对该车进行仔细研究后,一致认为可能的原因无外乎分电器故障、ECU 故障或线路不良。前两项通过上面的检查已经排除,于是决定更换发动机线束。在更换线束前,先逐段进行检查,没有发现任何破损处,各接头也无任何松动现象。但为了保险起见,还是对线束进行了更换。更换线束后再次试车,故障现象仍未消除。

万般无奈之下,只好求助于本田的专业技术人员。对于这种故障,他们也是第一次碰到。在对维修技师所做的工作进行分析后,他们认为可能是发动机机械故障,于是对点火正时和机械配合进行了检查,但是仍无任何异常。最后,他们决定更换发电机总成。更换发电机后,试车一切正常,故障彻底排除了。

故障维修总结:故障排除后,维修技师和本田的专业人员一起总结这次故障的诊断过程。大家一致认为,这次维修的失误在于维修人员对汽车微机局域网络系统认识不足。造成误判的原因有 3 条:首先,不应该仅从故障码判断故障原因,而应结合波形分析,了解故障发生时的动态波形变化。其次,定势思维对维修人员影响严重,因而单纯地认为信号不良就是由传感器引起的,从而忽略了一些与信号同步的干扰信号,如这一次的发电机故障。最后,对故障的判断还仅停留在表面现象上,如因为故障的发生时间随温度的变化而变化,就错误地认为电脑有故障。另外,对一些相关问题的理解还较为肤浅,以至于走了很多弯路。例如,在维修中如果维修技师认真思考一下,就不会对点火正时和机械配合进行检查,因为这种故障不会随温度的变化而改变故障出现的时间。

其实大家不难发现,造成这次故障误判的直接原因是维修人员没有对发电机进行全负荷试验,就是在各用电设备都使用的状态下检查发电机的电压。事后,维修技师在对换下来的发电机进行拆检时发现,有一组整流二极管损坏,造成发电机的输出波形发生变化,电压和电流产生严重脉动,蓄电池电压受到干扰,发动机 ECU 也受到严重干扰,使得电脑的部分数据丢失,由于丢失的恰好是分电器信号,从而产生上述故障现象。

二十五、本田雅阁轿车发动机警告灯常亮的故障

故障现象:一辆 2004 款广州本田雅阁轿车,配置 K20A7 型发动机,排量为 2.0L,行驶里程约为 12 万 km。该车的故障现象为起动车辆后,发动机工作基本正常,只是仪表板上的发动机警告灯一直点亮。

故障诊断与排除:经试车后确认故障。该车配置 OBD Ⅱ 诊断座,使用故障诊断仪进行自

诊断,结果发现了一个故障码"45-1",内容为"A/F 传感器 S1 加热器故障"。查阅相关资料,得知 A/F 传感器也就是氧传感器。该发动机配置有 2 个氧传感器,一个是氧传感器 S1,另一个是氧传感器 S2。清除故障码,再次试车,故障依旧。

举起车辆,检查上述 2 个氧传感器,其外观状况和线束都没有异常现象。沿着线路进行查找,在前排乘客座椅下方找到了线束插头,氧传感器 S1 有一个 4 针线束插头,氧传感器 S2 有一个 6 针线束插头。为了检查氧传感器加热器的工作状态,使用故障诊断仪查看数据流,结果发现氧传感器 S1 加热器处于关闭状态,氧传感器 S2 加热器处于工作状态。检查全车保险丝,没有熔断或接触不良的现象。

对氧传感器 S1 加热器线路进行检查,经核实,该传感器一侧的蓝色线和蓝/白色线是加热器的导线,经过线束插头后,线色发生变化,变为 2 根黑色线。拔下线束插头,用 3W 试灯跨接在加热器针脚上,起动发动机,3W 试灯闪烁几秒钟后便熄灭了。试灯闪烁,说明氧传感器加热器的工作电压是脉冲电压,这种电压通常是由发动机控制模块直接提供的。难道是发动机控制模块性能不良?

于是,使用 50W 试灯进行试验,结果 50W 试灯闪烁的时间较长,但此后亮度逐渐亮暗,50W 试灯完全熄灭后,发动机警告灯立即点亮,这说明发动机控制模块根据控制回路的阻值对加热器进行监控。实际测量氧传感器 S1 加热器的电阻值,结果为∞,又对氧传感器 S2 加热器进行检查,其电阻值约为 8Ω,证明氧传感器 S1 加热器确实损坏。更换氧传感器 S1 加热器,故障彻底排除。

故障维修总结:广州本田雅阁轿车新款发动机均采用加热型氧传感器,发动机控制模块直接向氧传感器的加热器提供脉冲工作电压。在本例检修过程中使用了两种试灯,由于 3W 试灯的阻值偏大,发动机控制模块判断氧传感器加热器存在断路故障,因此只提供短暂的工作电压便中断了。50W 试灯的阻值与氧传感器加热器的阻值相当,但是点亮后阻值会逐渐变大,当超过极限值后工作电压也被中断了,只是持续的时间较长。提醒维修人员不要误认为控制回路或发动机性能不良,实际上是发动机控制模块的监控功能在起作用,只要加热器的阻值不正确,发动机控制模块就会中断工作电压。我们可以利用发动机控制模块的这种工作特性来查找故障原因,准确地排除故障。

二十六、本田车因线路接触不良使发动机故障灯偶尔点亮的故障

故障现象:一辆 2003 年产广州本田雅阁 2.4L 轿车,出现发动机怠速不稳,而且发动机故障灯偶尔会点亮的现象。

故障诊断与排除:维修人员检查发现,发动机怠速转速在 700r/min～1000r/min 不断变化,而且仪表盘上的发动机故障灯点亮。对该车进行原地加速试验,踩下加速踏板后,发动机转速在升高到 1800r/min 前都保持游车状态,发动机转速超过 1800r/min 后继续加速,发动机转速可以顺利升高。

用 HDS 诊断仪调取发动机系统故障代码,调得的故障代码为 P0511—怠速空气控制(IAC)阀电路故障和 P0219—后空燃比(A/F)传感器信号偏稀。清除故障代码并进行怠速学习后进行路试,很长时间也没有出现怠速不稳和发动机故障灯点亮的现象,维修人员认为原来的故障只是偶发性故障,于是交车。

第 2 天,该车又因为同样故障再次进厂。检查发现发动机怠速不稳现象更加严重,发动机故障灯再次点亮。用 HDS 诊断仪检查,还是上述那 2 个故障代码。查看数据流,发现有 4 个数据异常:节气门位置传感器信号数值在 9%～15%变化;怠速空气控制阀的数值在 9%～

18%变化；喷油脉宽在4.67ms～10ms变化，但会无规律地出现0ms，即喷油器不喷油的现象；点火提前角在7°～14°变化，但会无规律地出现－2°和－10°。

根据数据流分析，异常的数据都与故障代码P0511有关，按照维修手册上介绍的P0511检修流程检查，线路连接没有问题，更换怠速空气控制阀，清除故障代码进行了怠速学习后再次查看数据流，各数据正常，但经过一段路试后，发动机又出现了怠速不稳的故障。维修人员先后更换了节气门体、发动机电控单元和汽油泵总成，但是故障还是不能排除。

维修技师对前面的检修工作进行了总结，结合故障现象认为：故障原因还是在发动机的电控部分，应该是某个传感器提供的信号失准，导致发动机电控单元不能发出正确的执行信号。

根据故障代码分析，怠速控制系统出现问题的可能性比较大，但是已经检查过相关线路，也更换过怠速空气控制阀，都没有发现问题，为什么在路试一段时间就会出现故障呢？分析认为，可能该车在行驶过程中由于振动导致线路接触不良而引起的。找到该车怠速控制系统电路图，用跨接线将怠速空气控制阀上3线连接器中的黑/红色信号线与发动机电控单元上导线侧连接器上的A12（黑/红色）信号线直接相连，然后进行路试，试车很长时间都没有出现故障。拆除跨接线，将A12信号线与车身搭铁之间接入万用表，观察电压情况，发现静态电压为12.8V，为蓄电池电压，但上路行驶一段时间后，该电压会突然变为0V，然后就出现发动机故障灯点亮和怠速抖动的现象。通过以上检查可以断定，发动机电控单元A12信号线与怠速空气控制阀信号线之间存在接触不良的情况。

再次对怠速空气控制阀线路进行全面检查，当将发动机线束与发动机电控单元线束之间的33P连接器拔下时，发现该连接器中的1个端子已经被向后顶了一段距离，造成了与导线接触不良。

查阅维修手册，发现被顶的那个端子正是与怠速空气控制阀信号线相通的端子。将该端子重新固定和将连接器安装到位后试车，上述故障彻底排除。

得知故障原因后车主反映，该车在行驶里程为3万km时，因为车身前部发生了碰撞事故而在某修理厂拆装过发动机，分析认为可能是当时插拔该连接器时操作不当留下的隐患。

二十七、本田雅阁轿车充电指示灯异常点亮的故障

故障现象：一辆2003款广州本田雅阁轿车，累计行驶12万km，出现高速时发动机温度过高，空调制冷效果不好，充电指示灯在中高速行驶时闪亮的现象。

故障诊断与排除：接车后首先试车。起动发动机，充电指示灯不亮。将汽车升起，缓慢加速时发现充电指示灯有闪亮的现象，但减速后，该指示灯却指示正常。发动机怠速时接通空调开关，充电指示灯也出现较暗的闪亮现象。从试车情况初步判断，故障应是由于发电机在负荷增加时发电量不足而引起的。检查充电电路，正常。针对故障现象，首先检查发电机。在发动机怠速状态下测量蓄电池电压，最高达到12.1V。让发动机加速，从发电机的电枢端测量，只有11.6V，与以往的测量数据比较，电压要低2V左右。检查发电机传动带，发现较松，而且已有断续的纵向裂纹。但换上新的发电机传动带后试车，故障依旧。于是决定拆检发电机。拆下发电机后对各个易损零件都进行检查，发现发电机电刷磨损严重，电刷弹簧弹力不足，更换电刷及电刷弹簧后，对发电机进行全面检查，确认一切正常后装复试车，发电量有所上升，但接通前照灯及空调开关时，充电指示灯又开始闪亮。于是决定更换一个发电机试车，但更换后故障并未改观。难道是发电机电枢绕组电阻过大，电压降过高导致的？但测量发电机电枢绕组的电阻，结果正常。

从以上检修结果分析，故障原因并不在充电系统。因为发电机是新的，且发电机传动带挠度正常。既然不是充电系统本身的故障,那么问题就可能在发动机了。由此突然想起,曲轴带盘中的缓振平衡器的橡胶与带盘内圈有可能脱离。经检查后发现带盘内圈没有明显的脱离,但在结合面处有一圆形的裂纹。为进一步确定,用粉笔在平衡器内交界处画一条直线,起动发动机,缓慢地提高发动机转速,再迅速释放加速踏板,经过反复试验发现所画的直线错开,说明曲轴带盘中的缓振平衡器确已损坏,故障原因找到了。

换上新的曲轴带轮后,试车,一切正常,故障彻底排除。

缓振平衡器外部打滑足以引起发电机出现比较明显的发电量不足的现象。雅阁系列轿车上破碎了的缓振平衡器前端被动力转向泵带磨出光亮的印记就是最好的证据。在本田序曲轿车上,如果缓振平衡器外部裂开,同样会引起发电机不发电或充电不足的问题。但是更明显的症状是空调失效和转向警告灯闪亮。在该车型上,曲轴带轮同时驱动发电机和空调压缩机。为防止空调压缩机"咬死"损坏传动带,轿车上设有空调失效保护装置。仪表板左侧的空调控制单元,通过轿车传统的转速表的终端监控发动机的转速(点火线圈中蓝色导线的信号),还通过空调压缩机转速传感器检查空调压缩机的转速,一旦该控制单元检测到曲轴和压缩机之间存在转速差,它就会关断空调压缩机并通过红色有 LED 灯发出警告,空调失效保护装置动作而使空调关断,该 LED 灯就安装在空调控制开关内。对于本田序曲轿车,在空调压缩机并没有工作的情况下,空调开关上的红色 LED 灯也会亮起。因此遇到此类情况,首先应检查较常见的能引起空调带等打滑的因素,如空调带过度磨损、空调压缩机轴油封泄漏等。如果没有发现什么明显的故障征兆,就用上面所述的画线方法检查是否是缓振平衡器损坏了。

值得一提的是在维修本田系统轿车时,很少遇到因发电机或充电电路因素而引起充电指示灯异常亮起的故障。一旦遇到充电不足或发电机不发电的情况,不能忽视对曲轴带盘中的缓振平衡器的检查。

二十八、本田雅阁轿车发动机因发电机损坏而使转速无法提高的故障

故障现象:一辆 99 款广州本田雅阁 2.3L 轿车,出现发动机转速达到 1500r/min 就无法进一步提升的故障。

故障诊断与排除:本着先简后繁的原则对该车进行检查。首先检查燃油供给系统。测量燃油系统的压力,为 275kPa,正常。然后用故障检测仪检查节气门位置传感器,也正常。接着检查点火情况,也未发现问题。测量各气缸的压力,均为 1.25MPa 左右。拔下 EGR 系统传感器导线侧连接器,测得电源线(黄/黑线)上有 5V 电源,搭铁线(绿/蓝线)搭铁良好,怠速时的信号电压为 1.2V。检查 EGR 电磁阀、EGR 真空阀及其真空管路,也均正常。用真空吸动 EGR 阀膜片,没发现漏气和卡滞的现象。因没有其他检测仪器,只好先后更换了进气歧管绝对压力传感器、氧传感器和冷却液温度传感器等,但故障依旧。在无奈的情况下,只好换上一只同型号的发动机 ECU,但故障征兆没丝毫好转。车主建议将该车发动机解体进行彻底检查。由于该车在出现这个故障前动力性和经济性均良好。发动机解体后通过对各项数据的测量,只更换了曲轴主轴承和活塞环,并对发动机其他部件进行了彻底清洗,装复发动机试车,发现发动机可以顺利加速到 6000r/min,似乎上述故障莫名其妙地消失了,但此时发现仪表盘上的充电指示灯常亮,经检查发现发电机的励磁线因疏忽忘记连接而被摆在旁边了,当发电机励磁线被连接上以后,仪表盘上的充电指示灯熄灭,而发动机最高转速也只能停滞在 1500r/min而无法继续上升了。对此现象大惑不解,为了验证发电机是否就是该车的故障源,就再次拆下发电机的励磁线,发现当发电机不发电时故障现象确实消失了。更换了发电机,故障排除。

事后解体原车发电机检查,发现其整流器和滤波电容均有一定程度的损坏,导致发电机在

工作时发出了不正常的脉动信号。通过查阅资料得知,该型号发动机的分电器内装有气缸判别(CYP)传感器,发电机的不正常工作导致发动 ECU 接收到气缸判别信号不可信,从而导致了上述故障的发生。

二十九、本田雅阁轿车多处电器元件损坏引起发动机自动熄火的故障

故障现象:一辆 1999 年款的广州本田雅阁轿车(F22B1 型电控发动机),因发动机无法起动到维修厂进行维修。据车主反映,该车发动机怠速时严重抖动,排气有轻微黑烟,但发动机提速正常,动力性、经济性良好;运行十几分钟后,发动机自动熄火,随后发动机无法起动。

故障诊断与排除:维修技师接车后首先试车,情况如车主所述,发动机无法起动,但故障指示灯未点亮。用金德 K81 故障诊断仪进行检测,无法进入电控系统,因此初步判断是电脑或电脑的电源线路有问题。首先对线路进行检测,结果线路正常。接下来,拆下电脑进行检查测试,发现电源供电的一个三极管被击穿。更换损坏的元件后装车试验,此时车辆可以正常起动,但怠速抖动严重,排气有轻微黑烟,发动机提速正常。在仪表板右侧杂物箱下找出两端子的故障检测插座,用诊断跨接线将两端子跨接,将点火开关置于"ON"位置,在发动机不运转的条件下调取故障代码,结果无故障代码输出。接下来起动发动机,并踩下加速踏板维持发动机运转,同时进行单缸断火试验,在分别拔下 2 缸、3 缸高压线时,发动机转速均有所下降,但在分别拔下 1 缸、4 缸高压线时,发动机转速均无明显变化,因此确定 1 缸和 4 缸工作不良。拆下各缸火花塞检查,发现 1 缸和 4 缸的火花塞中心电极均有部分烧蚀。更换全部火花塞,再次起动发动机试验,车辆运转状况略有好转。在进行路试时发现,在挂入 D 挡行驶一段时间后,一旦松开加速踏板,发动机便抖动,然后自行熄火,发动机抖动时,故障指示灯也未点亮。对 1 缸和 4 缸的喷油器进行检测,结果均正常。测量气缸压力,4 个气缸的压力均为 1.2MPa,符合要求。再次进行单缸断火试验,发现 1 缸已接近正常,但 4 缸仍然工作不良。既然油、电路均正常,气缸压力也正常,那么故障原因只可能是怠速时混合气不良。从怠速时排气有轻微黑烟,且拆下的第 4 缸火花塞有较严重积碳的现象看,与混合气过稀导致压缩后燃烧不完全类似。维修技师在以往的维修中,曾遇到过因真空管漏气引发单缸怠速不良的情况,但经检查所有真空管均密封良好,进气管接合部也无漏气现象。那么,会不会是废气漏入进气管,使第 4 缸的混合气质量下降,导致工作不良呢?从结构上观察,废气再循环(EGR)阀靠近第 4 缸的进气管,于是怀疑废气再循环系统有问题。在发动机怠速运转时,拔下废气再循环控制阀上的真空管,发动机运转变为正常,再将其插回,也无任何异常。踩下加速踏板然后松开,故障重现,发动机熄火。将该真空管拔下,感觉其内仍有瞬间真空,将其堵死再插回,此时发动机无论加速、减速、行驶、怠速均无异常现象。拆下 EGR 电磁阀,经检查发现其内部严重积碳。清洗 EGR 电磁阀,并清洁该电磁阀至废气再循环阀的真空软管,故障排除。

故障维修总结:废气再循环系统是将一部分废气引入进气管中与新鲜空气混合,以抑制发动机生成的有害物质 NOx。该系统能根据发动机的工况,适时地调节排气再循环的流量。在该系统中,通过一个特殊的通道将排气管道与进气歧管连通。在该通道上装有废气再循环(EGR)阀,其膜片上方真空室的真空度受 EGR 电磁阀控制,EGR 电磁阀由发动机电脑(ECU)控制。废气再循环系统的工作原理是:当发动机工作时,发动机 ECU 根据各传感器信号,如曲轴位置传感器、节气门位置传感器、水温传感器、点火开关、蓄电池电压、发动机转速、进气歧管压力、车速等信号,确定发动机目前处于哪一种工况下工作,以输出控制指令,给废气再循环控制电磁阀提供不同的脉冲电压,以控制其开闭时间,控制进入 EGR 阀真空气室上方

的真空度,从而控制 EGR 阀的开度,以此来改变参与再循环的废气量。脉冲电压越大,则废气再循环控制电磁阀打开的时间越长,参与再循环的废气量越多,过量的废气参与再循环,将会影响发动机的正常运行,明显降低发动机的性能。正常情况下,在发动机温度正常,转速达2000r/min 以上且非怠速或大负荷工作时,废气再循环装置投入工作,引入部分废气,以达到降低排放的目的。该车由于废气再循环阀使用时间过长,积碳严重,使阀密封不良,发动机工作时,在排气压力的作用下,少部分废气"挤"入进气管,怠速时大部分被结构上靠近它的第 4 缸所"利用",导致怠速时第 4 缸工作不良,产生抖动。在其它工况时,由于进气气流流速加快,废气分配比较均匀,且发动机工作达到一定条件时,废气再循环系统进入正常工作状态,故对发动机的动力性、经济性影响不大。

三十、本田雅阁轿车电脑故障一例

故障现象:一辆 2003 年产广州本田雅阁 2.2L 轿车,搭载 F22B1 发动机。该车怠速不稳,发动机转速有时会突然升到 1200r/min 以上。而且当空调系统关闭时,空调压缩机电磁离合器会不断交替吸合和断开,此时观察仪表板上的故障指示灯(MIL)不亮。

故障诊断与排除:维修技师接车后,首先读取故障码,用跨接线短接位于前排乘客侧杂物箱下面的 2 孔检测插头(SCS),打开点火开关,经检测无故障码存储。根据故障现象,查阅电路图后认为,空调压缩机的电磁离合器是由发动机电脑(ECM)的 A15 脚和自动变速器电脑(TCM)的 A22 脚控制动作的,当外部电路出现短路或断路故障时,是不会导致空调压缩机电磁离合器交替工作的,因此初步判断故障与电脑有关。空调控制部分电路如图 5-12 所示。

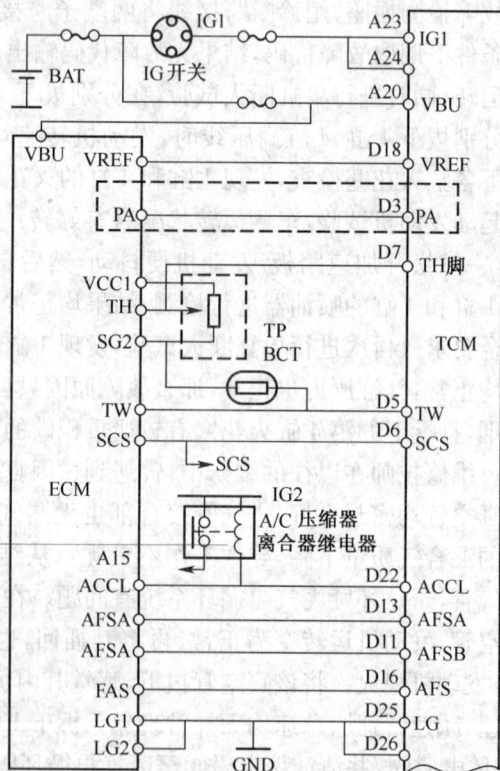

图 5-12　空调控制部分电路

询问车主后得知,前一段下暴雨的时候,该车停在地下车库内,造成了车辆内部进水。综合上述信息,决定拆开 ECM 和 TCM 进行检查。打开电脑盒后,发现两个电脑内部均有水迹,还有不同程度的化学腐蚀物存在,其中 ECM 电路板上的稳压管 D2、电阻 R15 以及 C10 腐蚀的特别严重。看到这些,就不难理解该车的故障现象了。

维修人员都知道,造成电脑损坏的常见原因有:大电流、静电高电压、高温以及水。当电脑中进入水后,可以按照下面的方法试着修理:①首先用软毛刷清除电路板上所有腐蚀物,并查看电子元件有无损坏和虚接情况。②使用专用小功率电烙铁将虚接处焊好,或将元件焊下后按照上面的标识购买替代品,注意焊接时要迅速,以免电烙铁的高温造成元件损坏。③用无水酒精清洗电路板。④将电路板烘干,可以使用家用电吹风机,注意加热温度不可过高,应使风在电路板表面来回移动,以达到均匀加热的目的。

将电脑拆下,按照上面方法进行处理后,试车一切正常,故障彻底排除。

三十一、广州本田雅阁 2.4L 轿车多个故障指示灯被点亮的故障

故障现象：驾驶员参与某汽车修理厂开展的免费检测活动，把原来行驶正常的 2.4L 广州本田雅阁轿车送到修理厂来进行检测。维修人员用元征 X－431 故障检测仪对该车进行检测，接着又用万用表测量了一些传感器的信号数值，检测结果"一切正常"。可是当车主起动轿车准备离开时，却发现仪表板上发动机故障指示灯、ABS 故障指示灯、充电指示灯都亮了。

故障诊断与排除：维修人员急忙连接故障检测仪对该车进行再次检测，然而刚才还检测正常的发动机控制系统、ABSECU 却无法和故障检测仪通信了。于是维修人员得出结论：发动机 ECU、ABSECU 损坏了。车主因有急事，要求修理厂立即予以解决。维修技师分析认为，故障检测仪不能和发动机 ECU、ABSECU 通信的可能原因有：

①故障检测仪不能测试这种车型，或检测方法错误。车辆进厂时该故障检测仪已经对各系统检测过，所以不存在这种可能。

②轿车的诊断连接器不良。但经过检查，也排除了这种可能性。

③控制单元损坏。但发动机 ECU 和 ABSECU 同时损坏的可能性很小。

因此故障应该出现在两者的供电电源上。从仪表板上充电指示灯亮，可以认为发电机不发电，充电系统存在故障，于是决定从充电指示灯亮入手检查。测量交流发电机的 4 针连接器，没有 12V 电源。根据充电系统电路图得知，该电源是从蓄电池经 18 号熔丝而到发电机的。18 号熔丝位于驾驶室仪表板下左侧熔丝盒内。检查 18 号熔丝，已熔断，将其更换后，发动机故障指示灯、ABS 故障指示灯、充电指示灯都熄灭了，上述故障排除。

故障维修总结：整个检修过程很简单，不到 10min 就排除了故障，18 号熔丝应该是维修人员在测量电子元件时不小心短路造成的。发电机没有 12V 电源，于是就点亮仪表板上的充电指示灯，同时也造成发动机 ECU 和 ABSECU 供电不正常，所以这两者的故障指示灯也亮了。故障"制造"出来后，维修人员也检查了熔丝盒内的熔丝。然因为对该车型不熟悉，就先检查了发动机室内熔丝盒内的熔丝，然后在检查驾驶室仪表板下左侧的熔丝时，看到盒盖上的标注都是电动车窗、电动座椅、阅读灯等，认为这些熔丝与发动机 ECU 和 ABSECU 无关，就没有继续检查，结果故障偏偏出在这里。

三十二、本田雅阁 2.4 轿车仪表熔丝常熔断的故障

故障现象：一辆 2004 年产广州本田雅阁 2.4 轿车，车主反映该车打开车门后，自发光仪表黑屏。车辆起动后，仪表依然没有背景灯光和任何指示，而且换挡杆只能在 P 挡位置，不能换到其他挡位。

故障诊断与排除：根据车主的叙述，这是第一次出现仪表黑屏的故障。维修人员首先查寻仪表熔丝，发现驾驶员侧多路控制盒中 21 号仪表的 7.5A 熔丝熔断，将其更换后，仪表指示恢复正常，换挡杆也能挂到相应的挡位。不过维修人员知道，正常的情况下该熔丝是不会轻易烧毁的，只有仪表相关电路中存在短路或用电设备电流过大，才会发生熔丝烧毁的故障。因此维修人员检查了和仪表有关的所有用电设备，并用本田故障检测仪 HDS 检查仪表控制单元，一切正常，认为这是偶发故障，而且车主着急用车，就此交车。

3 个月后，此车再次来到店内检修该故障。车主介绍说，一个月以前和两天前，21 号熔丝又烧了 2 次，由于和第一次的情况一样，车主就自己找了一家修理厂把烧毁的熔丝换掉，解了燃眉之急。不过相同的故障发生 3 次后，车主决心要将故障彻底解决。维修人员再次询问故障发生时的情况，车主回忆起了一个重要细节，即在挂挡时发生的故障。

根据这一线索，维修人员分析挂 D 挡时要经过 R 挡和 N 挡位，会不会是挡位开关的问题？

试更换挡位开关,然后试车走颠簸路并来回拨动换挡杆,一切正常。

　　第二天再试车,挂 D 挡时只听见"啪"的声音,故障重现。因为在挂挡时换挡杆移动缓慢,明显感觉故障是在 R 挡位时发生。不移动车辆,再换上一个好的熔丝,车辆又一切正常了,看来问题就出在与 R 挡相关的线路和元件上。维修人员正要检查与 R 挡相关的线路和元件时,一位同事说了一句"是不是倒车雷达坏了",一语惊醒。该款车型原配并没有倒车雷达,而此车现在的倒车雷达是车主后加装的。因为加装的倒车雷达是一套独立的系统,而且线路并不复杂,本着先简后繁的原则,先检查了它的线路,果然发现了问题所在。

　　原来加装的倒车雷达供电线路是从倒车灯供电线路中连接的(加装倒车雷达一般都从此取电),但是由于连接的电线过长,有部分线缠到了行李舱盖的弹起和支撑机构中。随着行李舱盖的经常起落,连接线路有的地方已经挤破了线皮,造成车辆倒车灯线路与车身之间的短路。而挂挡过程中,换挡杆经过 R 挡,倒车灯电路供电,由于短路,使得与之相关的仪表线路中的 21 号仪表熔丝烧断。不过,由于倒车雷达取电线路的磨损并不严重,因此该处的短路偶尔才会发生。这也给检修工作带来了很大的困难。

　　将倒车雷达的取电线在不会受到行李舱盖起落影响的前提下,截去一段后,恢复连接,并将磨损处包好,并将线路妥善处理,确定不会再受到行李舱盖弹起和支撑机构的挤压后,故障彻底排除。后回访车主,该故障再未出现过。

　　故障维修总结:本次故障的根本原因是车主加装倒车雷达时,当时的维修人员安装后,对于线路处理比较随意,造成了本次故障的发生。由于故障是偶发的,排除过程中如果不是在试车时碰巧发生,而检修时没有那句意外的提醒,虽然最终也能找到故障点,但无疑会花费很大的精力。因此,再遇到类似疑难的或不常见的线路故障,要首先考虑是不是该车附加的电器造成的(尤其是新车),像车辆加装报警器、防盗器和倒车雷达,或者改装的音响系统等。因为一些不正规的安装作业、维修工艺,会引起令人难以想象的故障现象。在此也告诫那些相对粗心的维修人员,车辆维修一定要按正规的维修方法作业,尤其是在加装一些电器设备时,一定要把原理弄明白,再进行安装,安装后要理清车身线路。不要盲目根据个人经验进行作业,以免造成不必要的麻烦。

三十三、广州本田雅阁 2.3L 轿车 ABS 故障灯常亮且后视镜调节器不工作的故障

　　故障现象:一辆广州本田雅阁 2.3L 轿车,ABS 故障灯常亮且后视镜调节器不工作。

　　故障诊断与排除:维修人员先分析了故障可能原因:ABS 故障灯搭铁不良;后视镜调节器线路故障。

　　①ABS 故障灯常亮,调取故障码,没有故障码。如果控制单元的 CPU 不能起动或者损坏,则会发生此故障。考虑更换 ABS 控制单元,但是考虑到后视镜调节器也不工作,先确定一下是否两个故障有相关性。

　　②查阅相关资料发现驾驶侧仪表板下 4 号保险丝控制 ABS 控制装置和后视镜调节器两个电路,应先检查此保险丝。

　　③检查发现此保险丝接触不良,修理后故障排除。

　　故障维修总结:在电路维修时,查阅相关资料往往会收到事半功倍的效果。

三十四、本田雅阁轿车空调不制冷的故障一例

　　故障现象:一辆广州本田雅阁轿车,车主反映该车的空调不制冷,并称前几日才因压缩机损坏而更换了压缩机总成。

　　故障诊断与排除:首先连接空调压力表测量制冷系统压力,证明确实没有多少制冷剂了。

重新保压使保持压力达到 2.0MPa,保持时间 30min,结果系统无泄漏。这就奇怪了,既然系统无泄漏,那么制冷剂是从哪儿漏掉的呢? 在保压状态下,拆掉了压力表接头,检查了高、低压管气门芯的密封情况,但未见异常。为排除出现此种问题的可能性,还是更换了 2 个气门芯。另外,考虑到压缩机有时在静止保压状态下不漏,但在离合器工作时会出现泄漏的情况,于是拆下压缩机取下了电磁离合器。经检查,发现上次加的压缩机油不够且颜色发黑,同时离合器主动盘与从动盘之间存在烧损痕迹,可以证明离合器打滑。于是重新更换了压缩机离合器,并清洗了整个空调系统(包括冷凝器、蒸发器、膨胀阀及高低压管路),并更换了 1 个储液干燥罐。之后加注了压缩机油约 60mL,装复系统试压正常。

本以为这下应该没问题了,但起动发动机开始加注制冷剂时出现了异常现象,加完第 1 瓶制冷剂时,低压表显示无问题,压力约 0.1MPa,高压表显示为 0.3MPa;在加完第 2 瓶时,压缩机突然发出了很大的排气声,随之发动机开始严重抖动,压缩机胶带也开始打滑。观察压力表,此时低压约为 0.15MPa,高压表显示为 0.5~0.6MPa,同时发动机熄火。经仔细观察,可以看到制冷剂是从压缩机上盖的泄压阀排出的。维修人员怀疑压缩机可能存在问题,于是拆下压缩机上盖进行检查,但没有发现异常现象。随后进行了分析,泄压阀之所以开启,说明压缩机的压力过高,而设计泄压阀也是出于此种目的。可这里又有个问题,既然系统压力过高,那么在压力表上应该有所体现,但当时高压表的读数并不高,因此维修人员怀疑泄压阀存在安全隐患。

为了消除这个隐患,维修人员重新更换了压缩机上盖。经装车试压正常,于是又加注了压缩机润滑油,之后重新起动发动机加注制冷剂,结果又重现了上次的一幕。此时的情况让维修人员有些不解,该换的都换了,系统也反复清洗了 2 次了,怎么还会出现同样的问题呢? 经过认真考虑,怀疑冷凝器存在偶发性堵塞的情况,从而导致压缩机出现了压力过高的情况。于是拆下冷凝器用压缩空气向其内部吹气,居然从冷凝器里的出口处吹出了 1 块黑色的小塑料片。心中暗喜,问题终于找到了,于是与车主商量更换压缩机至冷凝器间的高压管。车主得知此种情况后,称上次修完后他跑了一次长途,在路上空调也出现了不制冷的情况,在当地检修时也从冷凝器中吹出了 1 块黑色的小塑料片并保留着,经比较与这次的相同。至此故障原因终于找到,原来一直是这根高压管在作怪。

经向车主了解得知,此车前部曾在几年前的一次车祸中严重受损,当时更换过这根空调高压管。由于这根管质量不合格,在经过几年的使用后,其内部已经难以承受空调系统的高温高压冲击,出现了内层脱落的现象。而当高压管的内层脱落后,首先就会进入冷凝器,虽然维修人员先后清洗了 3 次冷凝器,但清洗时是通的,并且当时是在冷态环境下的。而当压缩机开始工作后,吸附在冷凝器内壁上的杂质在高温高压下开始流动,最终造成系统堵塞,但又不至于堵死。当加注制冷剂一定时间后,压缩机至冷凝器之间的压力实际上已经很高,但由于高压表的接口位于冷凝器至干燥罐之间铝管上,所以,这时的高压表读数并不是真实的高压值。因为在高压表接口前就已经堵塞了,所以造成了冷凝器内一端压力特高,一端压力显示不高的假象。当压力达到一定值时,泄压阀就开始泄压了,由于压力太高,离合器开始打滑,空调胶带也开始打滑,发动机由于负荷过大而熄火。

最后,在更换了高压管、清洗冷凝器后,重新加注压缩机油,并添加了 700g 制冷剂后,低压表显示为 0.25MPa,高压表显示为 1.4MPa,经试机,一切正常,故障彻底排除。

三十五、本田雅阁轿车大灯常亮的故障

故障现象:一辆 2003 年产广州本田雅阁 2.4 轿车,车主反映此车在放置一夜后,着车时蓄

电池亏电。随后找来维修人员更换了蓄电池,起动后发现远光灯常亮,开关几次大灯之后便恢复正常。接车之后发现,反复切换远近光时,偶尔会出现远光灯常亮,不受变光开关控制的现象。

故障诊断与排除:维修技师首先向车主详细了解了该车最近的使用和维修情况,并仔细检查了外围线路和灯光开关。发现左右两侧远近光灯泡曾改动过,均换成了100W的灯泡(原车为60W)。维修技师认为是由于灯泡功率过大而烧坏了灯光开关。随后更换了灯光开关总成以及原厂的标准60W灯泡,经过几次试验之后发现一切正常,于是交付车主使用。

几天后车主电话反映故障重现。随后维修技师携带备用蓄电池将事故车开回4S店。据车主描述,该车还是偶尔会出现远光灯常亮的现象。经过仔细分析相关线路图(见图5-13)发现,灯光信号经过组合灯开关1号脚传送到继电器控制模块,继电器控制模块将来自22号熔丝的电流通过内部继电器传送到1号和6号熔丝(左右两侧近光灯),变光信号从组合灯开关4号脚通过CAN总线传送到MICU(多路集成控制装置)的27号脚,再由MICU通过CAN送到继电器控制模块执行整个变光过程和行车灯控制。由此推测该车的远光灯常亮可能与继电器控制模块损坏有直接关系。随后发现在远光灯常亮时轻敲一下继电器控制模块之后,灯光便会熄灭。经过反复试验确定,故障现象是由于继电器控制模块内部开关不顺畅或粘连所造成的。由于雅阁2.4轿车有一个灯光延时控制功能,所以车主习惯于停车之后不关大灯,才造成了远光灯常亮时将蓄电池电量耗尽。

由于远光灯继电器不可以单独更换,所以更换了整个继电器控制模块,之后故障排除。

故障维修总结:经过对故障部件进行拆解后发现,远光灯继电器由于电流过大造成触点烧蚀。在此提醒各位维修同行,在对灯光系统进行改装时,切忌在原车线束上加装大功率灯泡,以免造成线路和开关触点过热,甚至起火的严重后果。

三十六、本田雅阁轿车喇叭故障一例

故障现象:一辆广州本田雅阁2.3L轿车,喇叭出了问题:变音,且时响时不响,后来按喇叭突然不响了,而且还伴有制动时制动灯不亮和发动机起动后挂不上挡的现象。

故障诊断与排除:经检查,是行车喇叭出了问题。由于喇叭与制动灯、排挡锁共用1个电源电路,而且都通过保险盒中的47号熔丝(20A)。当喇叭电路出现短路故障时,由于通过电流过大,将47号熔丝熔断。这样通过此熔丝共用电源的部分必然不能正常工作,也就出现了上述故障。将损坏的喇叭更换后,故障彻底排除。

三十七、2004款本田雅阁2.4轿车空调出风口不出风的故障

故障现象:一辆2004年产广州本田雅阁2.4轿车,行驶里程6万km,车主反映空调出风口不出风。

故障诊断与排除:经检查,发现鼓风机不能运转。进一步进行检查,确定为鼓风机调速器电阻烧毁。出现这种故障时,多数用户不能及时更换花粉过滤器,导致空调系统进气量过小。由于鼓风机自身是靠吸入的空气进行冷却的,空调系统若长时间进气不足,便会烧毁鼓风机调速器电阻。

在更换鼓风机及花粉过滤器后故障彻底排除。

三十八、2004款本田新雅阁轿车发动机故障灯点亮且感到动力不充足的故障

故障现象:一辆2004年产广州本田新雅阁轿车行驶里租8万km,车主反映仪表板上的发动机故障警告灯点亮,对行驶影响不大,只是有时感到动力没以前充足。

故障诊断与排除:连接故障诊断仪对发动机电控系统进行检测,系统中存有氧传感器损坏

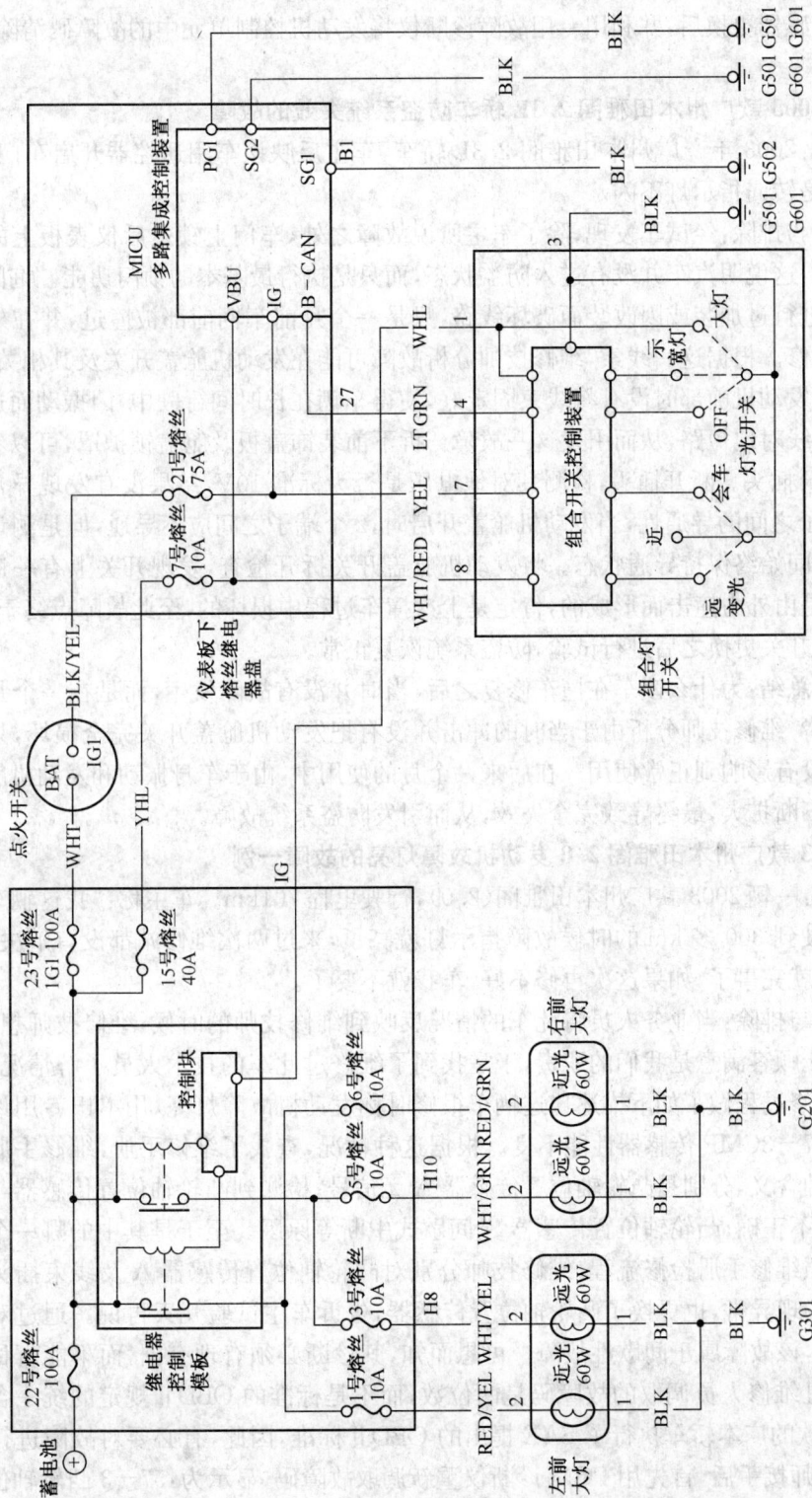

图 5-13　雅阁轿车大灯控制电路图

的故障码。该款车在使用一段时间后,有些车会出现氧传感器损坏的情况,但该传感器损坏后不会对发动机的性能产生明显影响,但仪表板上的发动机故障警告灯会被点亮。

在将氧传感器更换后,并利用专用故障诊断仪将发动机控制单元中的故障码清除后,故障彻底排除。

三十九、2003 款广州本田雅阁 2.3L 轿车防盗系统失效的故障

故障现象:2003 年产广州本田雅阁 2.3L 轿车,车主反映该车用遥控器开启车门时,车门可以上锁,但是转向指示灯不闪。

故障诊断与排除:经试车发现,除了车主所说故障之外,车门上锁之后仪表板上的红色防盗指示灯不闪,这说明汽车并没有进入防盗状态,而只是执行最基本的锁门功能。询问车主得知,该车从未进行过加装或因改装而破坏线路,只是一个月前车辆前部被撞过,并在外边的修理厂进行过维修。根据这一线索,维修技师分析故障可能在发动机舱盖开关及其相关线路上,或者是在维修发动机前部时没有将线束固定好,使得车辆在长时间行驶中,因振动而造成发动机舱盖开关导线对地短路,从而引发这一故障。拆下前装饰盖板及舱盖锁护罩,可以看见舱盖锁开关及其 2P 插头。断开插头,检测其对地电压是否为标准 10V,结果没有发现异常。再测量 2P 插头端子之间的导通性,当发动机舱盖开启时,2 个端子之间应不导通,但是测量结果显示 2 个端子之间始终保持导通状态。将发动机舱盖开关拆开检查,发现开关上有一道很长的裂纹,此裂纹是由外力撞击而形成的,肯定是上次撞车过程中损坏的,至此故障点终于明确了。将发动机舱盖开关更换之后进行试验,防盗系统恢复正常。

故障维修总结:为什么该车在撞车修复之后,当时并没有故障发生,而是在一个月之后才会出现故障呢?维修技师分析由于当时的冲击并没有把发动机舱盖开关完全损坏,只是撞裂了一小块,并没有影响到正常使用。在后来一个月的使用中,由于车身振动和发动机舱盖的反复开关,裂纹不断扩大,最终导致完全失效,从而引发防盗系统故障。

四十、2003 款广州本田雅阁 2.0 发动机故障灯亮的故障一例

故障现象:一辆 2003 款广州本田雅阁(2.0),行驶里程 701km。车主称:"我这辆车刚刚买到手,大约行驶到 300 多 km 的时候故障指示灯就亮了,来过两次维修站都没有解决好,只把故障码给清除就完事了,如果这次再修不好,车我就不要了。"

故障诊断与排除:当业务人员将此车的情况反映到维修技师的时候,维修技师想,作为售后服务人员,让顾客满意是我们的职责,于是找到了维修过此车的技术人员了解情况,他们就此车的原始维修过程做了如下描述:"这辆车报修时称发动机故障灯亮,用本田专用诊断仪调取故障码为:57－3CMP 传感器性能不良。根据这种情况,查找了维修手册,维修手册指出故障码 57 有三种含义,分别是凸轮轴位置传感器 A 无信号;检测到凸轮轴位置传感器与曲轴位置传感器相位不正确;凸轮轴位置传感器 A 间歇式中断等原因。至于是其中的哪一个故障还不能确定,按照维修手册检修流程,维修技师分别对凸轮轴位置传感器 A 及线束插头等做了检查,并没有发现异常,也更换了凸轮轴位置传感器,告诉车主试验几天再说。"通过对上次诊断情况的了解,该故障属于间歇性故障。可想而知,其诊断必须有理有据,而不能盲目的凭想象去做事,况且维修人员调取的故障码是两位数,而不是标准的 OBD Ⅱ 规定的统一含义的故障代码,2003 款的广本轿车执行了 SAE 提出的 OBD Ⅱ 标准,因此,有必要对故障进行再一次复检。维修技师接手后,首先用 PGM 诊断仪重新调取故障码,显示为:57－3 凸轮轴位置传感器性能不良。如上述维修人员调取的故障码一样,而在维修手册中查找故障原因时,发现维修手册指示的不是很明确,因为它包括三种故障原因。维修人员在看到上述原因后,开始围绕凸

轮轴位置传感器查找故障原因，但是在维修手册中的故障码全部是以 SAE 的标准使用的，在这个大前提下涵盖了本田的故障码，所以必须将现在看到的故障码转换到 SAE 标准。具体操作是：在系统菜单中选择设置菜单，从设置菜单中选择故障码类型菜单，再从故障码类型菜单中选择 SAE 标准。这样 PGM 系统内部就自动将故障码类型转换了。再次重新调取故障码，显示为 P0341，检测到凸轮轴位置传感器与曲轴位置传感器相位不正确。根据该故障码指示的内容再次查找维修手册，从中发现该故障产生的主要原因是 VTC（可变气门正时连续调整装置）执行部件中的某一环节出现了故障，造成 VTC 工作失效，产生上述故障码。为了能够解决此车故障，立即决定用替换的方法将此车的 VTC 机油控制电磁阀更换，而且该部件比较容易更换，它的主要功能是打开或切断向 VTC 作动器输送机油，从而达到改变进气凸轮轴位置的目的。更换之后以时速 30～60km/h 的速度路试，大约行驶了 4km 左右，故障指示灯又被点亮了，而且仍然是同一故障码，可见该故障仍然没有解决。如果执行部件中控制输油的电磁阀没有故障，那么凸轮轴的正时链及凸轮轴和 VTC 作动器的可能性就比较大了。由于拆卸这些部件较麻烦，因此，在反复确定其他外围部件正常之后，决定拆下正时盖，检查上述部件。大约拆卸了 2h 左右，将进气凸轮轴与其连接的 VTC 作动器分开后，故障原因便一目了然，即为凸轮轴和作动器的配合表面出现了较严重的"咬伤"。这样必然会导致泄油，从而 VTC 作动器不能正常工作，也就点亮了发动机的故障指示灯。重新更换了凸轮轴和相配合的作动器后，再次以时速 30～60km/h 路试，故障一直没有出现。用 PGM 诊断仪在数据菜单中显示 VTC 状态为通过，故障彻底排除。通过上述故障的解决过程，有必要让大家对 VTC 系统有所了解。VTC（可变气门正时连续调整装置）系统主要是由 VTC 作动器、VTC 机油压力阀、各种传感器以及 ECU 构成。为了能够提供最合适的气门正时，ECU 对 VTC 机油压力电磁阀进行负荷控制，向 VTC 作动器内的点火提前角油压室或点火延迟角油压室供给油压，VTC 作动器根据油压来改变进气凸轮轴的相位，使进气门正时连续变化，发动机停机时，通过锁销固定在点火延迟角最慢的位置，以备下次起动，冷机或者怠速的时候也是停在最慢的位置，以保证良好的运转性能。

四十一、广州本田 2.3L 轿车发动机故障指示灯常亮的故障一例

故障现象：一辆 98 款广州本田 2.3L 轿车，在正常行驶中出现发动机故障指示灯常亮，发动机发抖和加速无力的现象。

故障诊断与排除：首先用 HDS 渎取故障代码，故障代码的含义为 CKP（曲轴位置）传感器故障。清除故障代码后起动发动机，故障依旧，说明该故障为永久性故障。拔下 CKP 传感器导线侧连接器，测量 CKP 传感器的电阻，符合维修手册中的标准数据，排除了 CKP 传感器线圈部分出现故障的可能性。接着按照维修手册中的方法测量 CKP 传感器线束与发动机 ECU 线束间的导通性，以及对地、对电源的短路性，结果也均符合维修手册中的标准数值。检查有关线路连接器，没有发现连接松动和端子腐蚀的现象。接着拆下 CKP 传感器进行检查，发现齿轮间隙正常。从仓库取出新的传感器进行替换试验，故障依旧。于是就询问车主，有无在外面进行加装或改装线路。车主反映在外面加装了防盗开关，已经加装了 1 个月多了，最近才出现上述故障。按常理分析，一般加装此类开关只是进行断油或断电控制，并不会造成 CKP 传感器信号异常。

怀疑发动机 ECU 损坏，为此再次对相关传感器的电源和发动机 ECU 的有关端子进行检测，尽管没有发现问题，但无奈之际还是更换了发动机 ECU 进行试验，可更换后发动机的状态无任何好转。至此故障排除陷入了困境。为此用金德 K81 故障检测仪对 CKP 传感器的信

号波形进行分析,发现它与正常车的信号波形有点差异,但不明显。于是再次对 CKP 传感器线束电阻和导通性进行检测,还是符合维修手册中的标准数据,说明该传感器没有问题。这时抱着试试看的态度拆开防盗开关进行检查,结果发现防盗开关线束与发动机 ECU 线束相通,只是连接点离发动机 ECU 较远而不易发现,难怪在此开关工作正常的状态下,测得发动机 ECU 线束到 CKP 传感器之间的阻值正常。由于此开关把 CKP 传感器的 1 条导线和 TDC(上止点)位置传感器中的 1 条导线短接,破坏了 CKP 传感器的信号,而且在安装此开关时把 CKP 传感器和 TDC 位置传感器线束外屏蔽线剪断了,使 CKP 传感器的信号遭到外部电磁波的干扰,导致发动机故障指示灯亮。

拆除加装的防盗开关,恢复原车线路,上述故障彻底排除。

四十二、广州本田思迪轿车发动机故障警告灯有时会点亮的故障

故障现象:一辆广州本田 2008 年款思迪轿车,行驶 4 万 km。车主反映该车发动机故障警告灯有时会点亮。

故障诊断与排除:首先连接故障诊断仪 HDS 对发动机控制系统进行检测,设备显示"P1259—VTEC(电子控制可变进气正时及升程系统)系统故障"。在对故障码进行记录后,执行清除操作,发动机故障警告灯熄灭,与用户一起路试正常。之后用户将车提走,但下午该车因相同故障返厂。再次利用故障诊断仪对发动机控制系统进行检测,设备显示了相同的故障码 P1259。由于该车装备了本田 VTEC(可变气门升程控制)系统,根据以往的经验,当发动机机油液位偏低时会产生该故障码,于是维修技师检查了发动机机油液位,但机油液位完全正常。

后来询问了车主出现故障的时机,但车主也说不清楚,只是说该车的故障在其他店修过几次也没能修好。根据 VTEC 系统的工作原理并结合维修经验,维修技师认为一般导致 VTEC 故障警告灯点亮的原因包括:①VTEC 电磁阀故障。②VTEC 压力开关故障。③线路断路或短路故障。④机械故障。首先对 VTEC 系统的电磁阀和压力开关进行了检查,电磁阀的动作灵活自如,压力开关在发动机怠速运转或加速时的工作状态均正常,压力开关的电阻值也在规定的范围内,因此可以确定上述元件均正常。之后利用本田专用故障诊断仪对 VTEC 系统进行功能测试,均正常,这就证明 VTEC 系统的线路也是正常的。考虑到电子元件的工作不稳定性,又对此车的 VTEC 电磁阀及压力开关做了替换试验。之后对车辆进行路试,故障依然存在。

通过以上的检测,维修技师将故障基本锁定在机械方面。后来对此车发动机的机油压力进行检测,发现怠速时的机油压力为 0.08MPa,在发动机转速为 3000r/min 时的机油压力为 0.3MPa。而正常的车辆在发动机怠速运转时的机油压力约为 0.18MPa,在发动机转速为 3000r/min 时的机油压力约为 0.45MPa。此车的机油压力要明显低于正常值。于是再次询问车主有没有进行过有关方面的维修时,用户称前一段时间在外地拖过底并更换过油底壳。根据车主反映的情况,维修技师怀疑该车的故障很有可能与更换油底壳有关,于是决定拆解发动机油底壳进行检查。在将发动机油底壳拆下后,经仔细观察发现,在位于油底壳的底部有很大的金属颗粒。根据油底壳中发现的金属颗粒,可以判定该车发动机内部元件有一定程度的损伤。于是对该车的发动机下部进行拆解,发现曲轴与其主轴瓦严重磨损,已经有脱落的现象。

至此,可以确定该车在发动机油底壳拖底后,导致发动机机油泄漏,但用户并没有察觉,当时的维修人员也没有进行仔细检查,只是简单地更换了发动机油底壳。这样,当发动机继续行驶一段距离后,由于曲轴与轴瓦之间的配合缺乏足够的润滑,导致曲轴轴瓦严重磨损。磨损的

加剧,导致发动机机油压力偏低,而 VTEC 系统又要依靠机油压力工作,从而导致 VTEC 系统工作异常,最终点亮发动机故障警告灯。

四十三、93 款本田雅阁轿车制动系统指示灯点亮的故障

故障现象:一辆 93 款本田雅阁轿车,当车速在 20km/h 以上时仪表板上的 ABS 指示灯点亮,而在此速度以下时,ABS 指示灯熄灭,但同时仪表板上的制动系统指示灯点亮。

故障诊断与排除:由于没带故障诊断仪到现场,维修技师首先跨接乘客侧杂物箱下方的 2 脚诊断插头人工读码,读出故障码为 21,为右前轮速传感器故障。便用万用表测量右前轮速传感器的电阻为 937Ω,正常,而且传感器间隙也正常。接着测量传感器到发动机电脑之间的相关线路也正常。由于没有设备在试车时读取动态数据流分析,只好仔细分析故障现象逐步检查。由于制动系统指示灯会点亮,故检查一下制动液,结果正常。但在检查制动灯泡时发现其已经损坏。

更换制动灯泡后试车,制动系统指示灯恢复正常,ABS 指示灯也正常,故障现象消失。

故障维修总结:通常在处理 ABS 故障之前,应先注意制动系统基本元件是否存在故障,然后在基本元件正常的情况下再检查 ABS。若制动系统指示灯和 ABS 指示灯同时点亮,则应先检查制动系统指示灯亮的原因,包括制动灯和制动液。检查完毕后,再考虑 ABS 电控系统的元件故障。本案例中故障码为右前轮速传感器故障,但实际为制动灯故障,故 21 故障码为假的故障码。

四十四、广州本田轿车因怠速电机脏污引起发动机怠速不稳的故障

故障现象:故障表现为冷车时怠速不稳,无冷车怠速,热车后,怠速下打开空调,怠速低于正常转速,且在夏季空调压缩机离合器频繁的吸合、分离,发出"啪啪"声,误使人怀疑空调有故障,而在打方向时怠速下降。

故障诊断与排除:维修技师根据维修经验,判断故障部件就是怠速电机。部分车行驶了五六万 km,因行驶路况灰尘多,使得灰尘在怠速电机内堆积,而怠速电机属于线性电磁阀式的,当灰尘堆积较多时,怠速阀受到较大阻力,而运动不灵活。这时车辆在怠速情况下,受到大负荷时,如开空调,预热发动机等,便无法自动调节,而此时开空调发出"啪啪"声,正是发动机电脑检测到怠速不稳时自动控制压缩机的开闭信号。

对怠速电机进行清洗。而在拆下来清洗时,要清洁干净且不要残留清洗剂,否则装配后,会出现"呼呼"的怠速跳动现象,且严重时会损坏怠速阀,所以建议车主们应每三万或四万 km,进行进气系统的免拆清洗,既避免了怠速故障的发生又减少了进气系统的灰尘和积炭。

四十五、广州本田轿车蓄电池亏电故障诊断

维修技师多次遇到广州本田车发动机因蓄电池亏电而不能起动的问题。电器的漏电是目前蓄电池亏电的主要原因之一,但是要彻底排除这种故障需要做大量的工作。针对这种故障,维修技师总结出了如下故障诊断流程,供广大汽车维修同行们参考。

①问诊及确认故障现象。在车辆检查维修前,必须向车主了解车辆的使用情况、故障症状和故障规律(包括是否为偶发性故障)等,然后进行试车,以确认故障的准确及全面性,避免因车主对故障现象描述不准确而发生诊断思路的错误。

②检查蓄电池是否能正常供电。检查蓄电池的外观是否完好(有无变形和电解液泄漏,以及正负极桩头有无松动、氧化等)。检查蓄电池的容量是否充足,检查方法有以下 3 种。一是观察蓄电池观察孔内显示的颜色。绿色代表蓄电池存电量充足,可以继续使用;透明代表蓄电池存电量不足而需要充电;黑色代表蓄电池已经损坏而需要更换。二是用蓄电池检测仪检测

蓄电池容量,应在绿色(正常)范围内,否则建议更换蓄电池。三是用电压表测量起动发动机时蓄电池的电压,9.6V 以上为正常,9.6V 以下为容量不足(起动机负荷过大或起动机内部有故障也会导致电压过低)。

③检查起动机运转(工作电流)是否正常。将点火开关转至起动位时,如果起动机不运转,则应检查起动机电磁开关接线柱上的电压。如电压正常,说明起动机电磁开关的电源电路正常,起动机内部有故障,例如起动机电磁开关、电刷或单向离合器等失常(当然,起动机的主电源线及发动机搭铁点也应注意检查);如电压不正常,则要检查起动机电磁开关的电源电路,包括点火开关电路熔丝与熔丝座、点火开关、起动继电器、线路和自动变速器挡位开关等。

④检查充电系统是否能正常给蓄电池充电。起动发动机,观察仪表盘上充电指示灯工作是否正常。然后在发动机热机状态下检查发电机机体是否发烫,发电机传动带挠度是否过大,带轮及发电机轴承有无明显异响,并用万用表(直流电压挡)测量蓄电池正负两极桩上的电压。接着重新起动发动机并接通全部电器后再测量蓄电池正负两极桩上的电压。如两次测得的电压都在 12V 至 14V 之间,则说明充电系统正常,能给蓄电池正常充电。

⑤检查电器是否漏电(测量漏电电流)。在维修工作中,该项检查往往是维修思路的重要转折点,关系到是否能彻底排除故障。测量漏电电流应在下列条件下进行:车上无加装的电器,或者所有加装的电器都已拆除;断开车上的所有电器,包括点火开关和车门开关等;确保多路传输系统和防盗系统进入休眠状态;测量时间不低于10s。在轿车停放条件下,本田各车型蓄电池的正常放电电流各有不同,如 2007 款雅阁 2.4L 车蓄电池的正常放电电流为 0.02A,只要用电流表测得的蓄电池放电电流大于 0.02A,均为蓄电池放电电流过大,说明有漏电现象。将电流表所测得的电流减去正常放电电流即为漏电电流值。

⑥判断漏电的电器。在确认电器漏电后,就要对所有电器进行排查,查出漏电的电器,然后予以检修或更换。主要排查方法有以下 3 个。

a. 公式换算法。根据所测得的漏电电流值,按公式 P＝IU 算出漏电电器的功率,然后在维修手册中查出相应功率的电器,即可知道漏电(短路)或者在断开点火开关后仍然工作的电器(导致蓄电池亏电的电器)。例如:一辆 2008 款雅阁 2.4L 车,在停放 2 天后发动机起动不着;换上 1 只新蓄电池后发动机起动正常,但几天后故障重现。用上述(2)至(4)的方法检查表明蓄电池、起动机和充电系统均正常后,断开车上所有电器,用电流表测量蓄电池的放电电流,为 0.42A(过大),这说明存在漏电现象。将测得的电流(0.42A)减去该蓄电池的正常放电电流(0.02A),即得漏电电流(0.4A),按照计算公式得出车上漏电电器的功率约为 4.8W。在维修手册中查到后备箱照明灯灯泡功率为 5W(接近计算值)。仔细检查后备箱照明灯,发现在后备箱关闭状态下后备箱照明灯还亮,说明后备箱照明灯开关有故障(不能断开)。更换后备箱照明灯开关后,再次测量蓄电池放电电流,为 0.02A,故障排除。

b. 逐个拔去熔丝法。将电流表串联于蓄电池极桩端,然后将主熔丝盒内的熔丝逐个拔去,如将某一个熔丝拔去后电流表显示的蓄电池放电电流即由原来的过大变为正常,则该熔丝控制的电器电路有短路故障。也可以采用相反的方法进行检查,即先拔去全部熔丝,连接电流表,然后逐个插上熔丝,当插上某一个熔丝后电流表显示的蓄电池放电电流即由正常变为过大时,该熔丝所控制的电路有短路故障。例如:一辆仅行驶了 3000km 的 2007 款奥德赛 2.4L 车,刚做过车内装潢,停放几个小时后其发动机就起动不着,换用新蓄电池后发动机起动正常。检查表明,蓄电池、起动机和充电系统均正常。在断开车上所有电器后测量蓄电池的放电电流,高达 8A,初步判断该车电器有漏电故障。用逐个拔去熔丝法检查蓄电池的放电电流,发现当拔下车内电动座椅主电源熔丝后,蓄电池的放电电流就变为正常了(0.02A)。对车内电动座椅逐个进行检查,发现乘客侧座椅前后移动电动机发烫。继续检查发现座椅前后移动开关被加装的座椅垫绑带勒住,以致该座椅前后移动电动机一直处于通电状态。由于广州本田车系电动座椅电源不受点火开关控制而直接由蓄电池经熔丝盒内的熔丝供电,所以在轿车停驶时蓄电池仍然向乘客侧座椅前后移动电动机供电,以致蓄电池的电能很快耗完。处理好座椅垫绑带后,再次测量蓄电池放电电流,为0.02A,故障排除。

c. 逐个检查电器法。将电流表串联于蓄电池极桩端,断开所有电器开关,然后逐个拆下车内电器(或其连接器),如拆下某个电器后电流表显示的蓄电池放电电流由原来的过大变为正常,则该电器电路有短路故障。此方法需要拆装大量电器,在实际维修中比较麻烦,所以一般不提倡使用此法,仅供参考。

四十六、广州本田飞度轿车不能起动的故障一例

故障现象:一辆07款广州本田飞度轿车,出现发动机不能起动着机的故障。

故障诊断与排除:首先做常规检查,冷却液、机油和蓄电池电量均正常。用HDS调取故障代码,HDS却显示无法和发动机电控单元通讯。接通点火开关,仪表盘上的发动机故障指示灯不亮。将点火开关转至起动挡,起动机运转正常,但发动机无法着机,同时在仪表台下方的多路控制器处有"嗒嗒"的响声。更换发动机电控单元、多路控制器和点火开关总成后,故障依旧。结合故障现象进行分析,认为发动机电控单元有两路电源,一路是为发动机电控单元提供记忆的常电源。另一路是点火开关控制的电源。用万用表进行检查,这两路电源都正常,但检查其搭铁线时发现,摇晃一下电控单元线束,搭铁线就会搭铁不良,于是顺着该搭铁线的走向进行检查,结果发现在空气滤清器外壳的下方,气缸盖后方的发动机电控单元搭铁线没有固定牢。

将发动机电控单元搭铁线固定牢后,起动发动机,一切正常,故障彻底排除。

四十七、广州本田飞度轿车开空调时怠速不稳的故障

故障现象:一辆广州本田飞度轿车,车主反映该车原地空负荷怠速运转时一切正常,但当打开空调时发动机怠速不稳,车辆在行驶过程中加速无力。

故障诊断与排除:根据该车的故障症状,先对车辆进行了常规检查,发现该车的节气门、怠速控制阀过脏,喷油器堵塞。在对节气门、怠速控制阀及喷油器进行清洗并利用故障诊断仪对节气门进行重新设置后故障排除。

故障维修总结:这是由于该车的用户未能对车辆进行正常保养致使上述部位的零件脏污,从而影响发动机控制单元对发动机电控系统的控制。这里要提醒广大车主及维修人员注意,此款车发动机节气门体在进行重置后,需要将发动机怠速运转10min。

四十八、广州本田飞度转向灯不亮的故障

故障现象:一辆广州本田三厢飞度(手动挡),行驶里程6万km。转向灯不工作。

故障诊断与排除:经检查,此车在打开转向灯开关时转向灯不亮,但打开危险警告开关时,系统能正常工作。

根据线路图(见图5-14)可知,转向灯用的是15号熔丝,危险警告灯开关用的是14号熔丝。经检查左右转向灯泡均良好,熔丝也正常。通过仔细分析线路图和车辆的实际故障症状,维修技师判定故障出在危险警告灯开关到蓄电池之间的线路上。在用数字万用表测量危险警告灯开关处的几个端子时,发现1号端子在打开点火开关时没电,正常情况下此端子应有12V电压。但检查位于仪表板下的熔丝盒内的15号熔丝正常,用数字万用表测量熔丝处也有12V

的电压,根据以上的检测结果,可以判定故障出在仪表板下熔丝盒到危险警告灯开关1号端子的黄色导线上。通过对此线进行检查,确定此线为断路故障。

接实断路处,故障彻底排除。

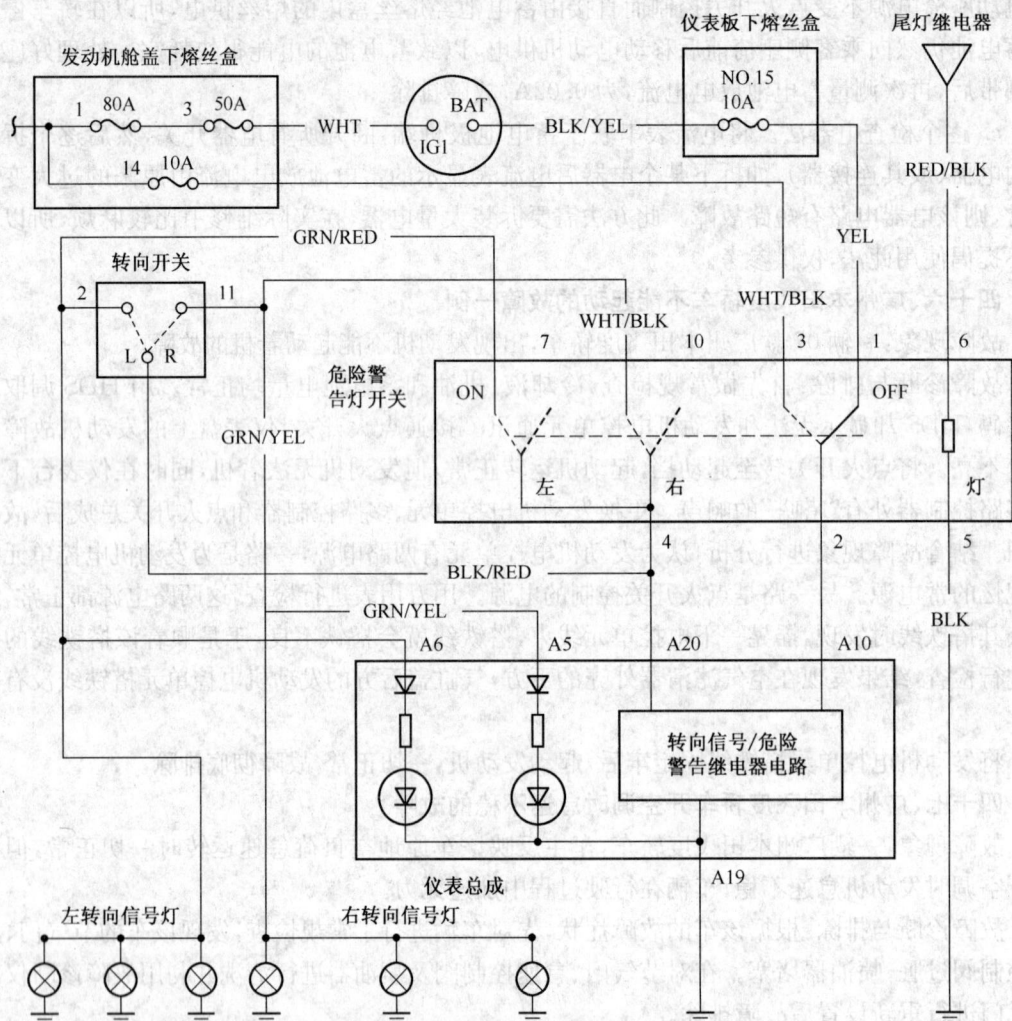

图5-14 转向灯相关电路

四十九、广州本田飞度轿车安全气囊故障警告灯突然点亮的故障

故障现象:一辆广州本田飞度轿车用户反映该车的安全气囊故障警告灯突然点亮。

故障诊断与排除:连接故障诊断仪对安全气囊控制系统进行检测,结果发现了右前碰撞传感器相关的故障码。在将传感器更换后,当时安全气囊故障警告灯熄灭。但车辆使用两天后安全气囊故障警告灯重新点亮。连接故障诊断仪读取故障码同前。修理技师怀疑是相关的线束存在问题。于是对线束进行了仔细检查,但没有发现任何问题。由于安全气囊系统结构相对比较简单,既然已经确定碰撞传感器没有问题,而且线路也正常,因此怀疑问题出在安全气囊电脑上。

最后在更换安全气囊电脑后故障彻底排除。

五十、广州本田飞度安全气囊故障指示灯常亮的故障

故障现象:一辆广州本田飞度三厢轿车排量1.5L、手排挡双安全气囊,仪表板上的安全气囊系统故障指示灯常亮不熄。

故障诊断与排除：此车安全气囊系统由 SRS 控制单元、驾驶员安全气囊、前排乘客安全气囊、左前撞击传感器、右前撞击传感器、左侧张紧安全带装置、右侧张紧安全带装置、转向线盘等组成。该车具有自诊断功能，有故障代码输出功能。

维修技师接修该车后，首先用测试仪消除故障码。因为不消除控制单元内的历史故障码，即使排除了故障，故障指示灯也不会熄灭。确认点火开关关闭，该车诊断插头 16P 位于驾驶员侧仪表台装饰板下方，把测试仪与 16P 插头连接，打开点火开关，消除故障码，然后关点火开关，等待 20s，把点火开关打开。如果系统正常情况下仪表板上的故障指示灯变亮，等待 6s 后，此时熄灭说明系统正常，如果常亮或开车时亮，证明有故障。6s 后故障灯还亮，看来不是间歇故障。这时需要读故障码，开点火开关用测试仪读故障码，读取故障码为 9－7（故障码为右前撞击传感器故障）。

检测或拆除安全气囊 SRS 装置系统前应注意：安全气囊系统线路只能使用高阻抗数字万用表检测，要求将万用表拨到欧姆挡的最低值时，确认它的输出电流为 10mA 或更低，具有太高输出值的万用表可能会损坏安全气囊电路，甚至引爆安全气囊造成伤害。而且在测量之前要把自己身上的静电放掉。确认将点火开关关掉，从电瓶上断开负极，操作前至少等待 3min 以上。因为安全气囊系统配有备用电源，如果电瓶负极断开时间不到 3min 以上就开始维修检测，安全气囊可能会意外打开。断开驾驶员安全气囊插头（从方向盘上拆下检查口面板然后将 2P 黄色插头断开），然后断开乘客安全气囊插头（拆除杂物箱断开前排乘客安全气囊 2P 黄色插头）。

根据故障代码的含义，对相关内容进行检测。检查右前撞击传感器的插头和 SRS 装置的插头连接正常，从右前撞击传感器上取下插头，然后取下安全气囊电脑的插头（SRS 电脑安装在驾驶室变速杆前面的装饰板内）。检测 23 号端子和 28 号端子之间的电阻，电阻应为 1MΩ 或更大。

测量电阻为 3.9MΩ，这时重新连接电瓶负极电缆，将点火开关打开，检测 28 号端子与车身接地之间的电压为 1V 或更低，结果为 0，将点火开关关掉。然后将 2Ω 的一个专用工具连接到右前撞击传感器的 2P 插头上，检查 23 号和 28 号端子之间的电阻应为 2～3Ω，检查结果为 0，换一个新的右前撞击传感器试用，发现安全气囊故障指示灯还是常亮。

于是用万用表测量右前撞击传感器与电脑之间的线路通断（一条颜色是蓝线小白点，另一条颜色是蓝线大白点），发现都不通。于是顺着线找发现右前撞击传感器线路有维修过的痕迹，仔细观察不是原来完整的线路，是和空调压力开关的两条线路互相接错，空调压力开关的两条线路也是蓝线白点。经询问车主才知道"此车是一辆事故车，在保险公司刚修好时间不长"。由于维修工人大意把右前撞击传感器线路和空调压力开关的线路接错了，导致上述故障。

把线路重新接好，并消除故障码，试车一切正常。在此特别提醒汽车维修同行们，千万不要用万用表测量安全气囊充气机或安全带张紧装置的电阻。

五十一、从数据流的异常找到本田奥德赛轿车发动机警告灯亮的故障原因

故障现象：一辆 2001 年产广州本田奥德赛，车主反映仪表上的发动机警告灯亮，车辆动力不足。

故障诊断与排除：接车后，在仪表板下方找到诊断座，连接车博仕 V－30 故障诊断仪，读取故障码，仪器显示"P0108—进气压力传感器输入电压过高"的永久性故障码。

出现这种情况,可能原因有进气压力传感器出现故障或相关线路异常,或进排气系统存在故障。利用车博仕 V—30 故障诊断仪在凉车时读取数据流,系统显示检测结果正常。起动发动机到暖车状态,在关闭空调和车身电器的情况下再次读取数据流,屏幕显示的数据与维修手册对比发现有 4 项数据异常,特别是进气压力传感器和进气温度传感器的数据偏大。什么原因造成进气歧管内压力和温度偏高呢?何来的高温气体?究竟是排气门关闭不严,还是 EGR 废气再循环阀漏气?接下来需要进行仔细检查。

检查 EGR 废气再循环阀,发现 EGR 阀与阀座之间密封不严,导致高温废气流入进气歧管,使得进气压力传感器和进气温度传感器数据异常。当这些异常数据被报告给发动机控制单元之后,控制单元又会控制喷油器进行错误地供油,引起发动机动力不足。另外,由于凉车时 EGR 系统不工作,在热车后才会有高温废气进入进气系统,这也使得凉车时数据流没有反映出问题,而在热车时则可以从数据流中发现故障原因。更换 EGR 阀,故障彻底排除。

故障维修总结:从上述故障案例可以看出,维修中要善于分析数据流,从数据流中往往能发现蛛丝马迹,为找到故障原因提供重要参考信息,使排除故障少走弯路。

五十二、广州本田奥德赛雨刮器系统的故障一例

故障现象:一辆 2005 年款广州本田奥德赛 MPV,行驶里程为 8 万 km。车主反映车辆停驶一夜后,早晨发现前挡风玻璃洗涤器不喷水,雨刮器也不工作。

故障诊断与排除:首先确认故障。按下前挡风玻璃洗涤器开关,洗涤器不喷水且无电机工作声音,正常情况应该是在喷水的同时雨刮器来回动作。操纵雨刮器开关,发现前雨刮器无间歇挡和除霜挡,而中高速挡工作正常。询问车主确定该车最近没有在其他修理厂维修过,检查车身外观,前保险杠左内侧喷水壶及喷水电机无碰撞痕迹,清洗液量正常。

在继续检修故障之前,有必要先了解该车雨刮系统的控制过程。该车车身电气采用了多路集成控制系统 MICS,雨刮器系统的开关控制模块、多路集成控制模块 MICU 以及继电器控制模块由一条单线的通信回路进行数据的发送和接收。组合开关控制模块监视着雨刮器开关,例如当雨刮器开关接通低速挡时,组合开关控制模块就会将此信息发送到通讯回路,继电器控制模块接收到此信息后,为继电器提供接地信号,从而接通雨刮电机的电路,前风挡玻璃洗涤器的工作回路与此类似。

首先使用本田专用故障诊断仪 HDS 检测多路集成控制系统 MICS,调出故障码 B1080,含义为继电器控制模块和多路集成控制模块 MICU 的供电电路 IG1 输入错误,且故障码无法清除。根据上面介绍的雨刮器系统控制过程进行分析,初步确定前风挡玻璃洗涤器不喷水及雨刮器工作不良可能由故障码提示的原因引起,首先应该对此故障码进行排查。导致此故障码存储的常见原因包括:仪表板下继电器盒内的 NO.21 熔丝熔断;MICU 故障;继电器控制模块故障;相关供电及搭铁线路故障。

根据雨刮器控制电路图(图 5-15),首先检查仪表板下继电器盒内为 MICU 供电的 NO.21 号熔丝(7.5A),供电正常。利用 HDS 对执行器进行功能测试,结果喷水电机工作正常,且雨刮器各挡位工作正常。既然能够用故障诊断仪 HDS 进行功能测试,则说明 MICU 及继电器控制模块功能正常,网络通信回路也没问题。接下来查看数据列表,检测组合开关相关控制信号有没有输出到通信回路,检查结果正常,那么组合开关控制模块也是正常的,问题应该在线路上。

先检查各控制模块的电源及搭铁回路。关闭点火开关,拆下发动机舱内继电器控制模块,

断开继电器控制模块的 10 线线束插头 K,检查该模块的电源及搭铁情况,结果插头 K 中的 10 号端子与车身搭铁正常。打开点火开关,测量插头 K 中的 8 号端子与搭铁之间的电压为零,而正常应为蓄电池电压。人为给插头 K 中的 8 号端子供电,结果雨刮器可以正常工作,该端子电压是由继电器盒内的 NO.21 熔丝通过插头 C 的 3 号端子提供,那么问题就是继电器模块到仪表板下熔丝盒之间的导线断路。拆开转向盘侧仪表板下熔丝盒,检查 C3 端子电压正常,继电器控制模块插头 K8 号端子与仪表板

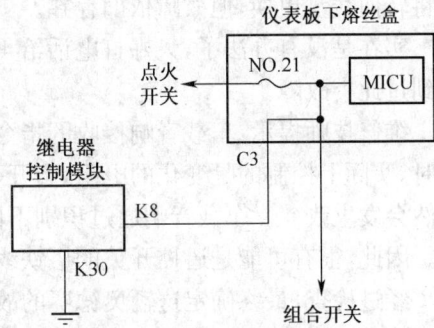

图 5-15　雨刮器控制示意图

下熔丝盒 C3 号端子之间断开。仔细检查发现,左前减振器座通往防火墙之间的线束被老鼠咬断。

修复 K8 到 C3 之间断路的线路,清除故障码后,前挡风玻璃洗涤器及雨刮器工作正常,故障彻底排除。

故障维修总结:现代汽车大多都应用了车身网络控制系统,那么在排除故障时不能只注重传统的思路,应该对其系统原理有充分的了解,才能着手进行维修。该车由于老鼠咬断线路,造成继电器控制模块供电不良,从而无法接收到开关控制模块发送到网络通讯回路上的前挡风玻璃洗涤器开关信号,继电器控制模块就没有为其继电器提供接地信号,从而无法接通雨刮器及喷水电机的电路,才导致了该故障的出现。那么,为什么雨刮器存在该故障时中高速挡还能正常工作呢? 这是因为,为了保证行车安全,在车身控制局域网络上的前照灯和雨刮器回路上增设了一个备用回路,以防止网络线路或控制模块故障时影响系统的运行,所以有该故障时雨刮器的中高速挡还能正常工作,以保证雨天行车安全。

五十三、广州本田奥德赛汽车转向盘上的音响功能键控制紊乱的故障

故障现象:一辆 2002 年产广州本田奥德赛汽车,车主反映该车的转向盘在转到某个角度时音响控制键会出现异常,使得音响相应地会在收音机选台、波段变换、CD 换盘及音量大小等功能控制紊乱的症状。

故障诊断与排除:由于该车此系统的组成较为简单,音响摇控开关的相关电路如图 5-16 所示。维修人员首先将音响主机更换,但故障症状却丝毫没有改善。由于更换主机未能奏效,于是又将转向盘上的控制开关进行了更换,但故障依然存在。故障排除至此,维修人员怀疑问题只能是出在二者之间的线路上了。于是对此段线路进行了测量,但也没有发现问题。之后维修人员重新整理了思路,忽然想起这个故障是在转向盘转到某个角度时才会出现,那么问题应该与主安全气囊的转向线盘有关,于是检测了转向线盘的导线,但并未发现异常。不过考虑到几个主要元件都进行了更换均未排除故障,后最还

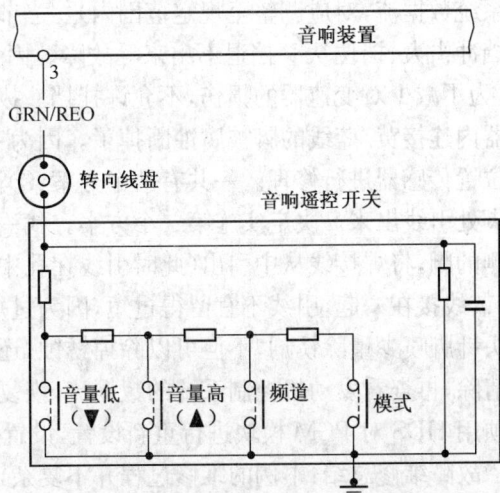

图 5-16　音响遥控开关相关线路

是将转向线盘更换,但故障依旧存在。

实在是没有办法了,只好打电话给4S店的维修技师求助。维修技师在以前的维修中也曾遇到过此类故障。

维修技师提示:车载音响接收的指令信号是电压信号,而操作转向盘音响遥控开关上的按键时,实际上控制的是变化的电阻,当开关上的电阻发生变化时,车载音响接收到的信号电压自然会发生改变。车载音响通过识别不同的信号电压,来判断驾驶员遥控开关发出的不同指令。因此,很有可能是遥控开关的搭铁线路接触不良,最终导致遥控开关各按键功能紊乱。

经过检查,最终确定这辆奥德赛的故障原因是转向盘上的音响遥控开关搭铁线路接触不良。在经过处理后,该车的故障得以排除。

最后提示一点,如果转向盘中心转向轴内定位轴承滚珠与转向柱外壳接触不良时,也会导致此类故障,这时就得更换转向立柱总成,才能排除故障。

五十四、2006款广州本田奥德赛发动机故障灯亮的故障

故障现象:一辆2006款广州本田奥德赛汽车,行驶里程为12万km。发动机故障灯亮,换挡有时有冲击。

故障诊断与排除:车主描述昨天行驶过程中发动机故障灯突然亮起,并且偶尔伴有换挡冲击的现象。用本田专用诊断仪HDS读取发动机控制系统的故障码,故障码为:P0122,TP传感器(A)电压过低。故障原因可能有:①信号线断路。②信号线短路。③电源线断路。④传感器故障。用HDS清除故障码之后,没过几分钟故障灯又亮了。重新读取故障码,还是TP传感器(A)电压过低。看来故障确实存在,并不是偶发性故障。查看发动机控制系统数据流,TP(节气门位置)和相对TP,熄火踩加速踏板时数据流没有任何变化,看来节气门位置传感器损坏的可能性比较大。节气门位置传感器实际上是一个电位计,与节气门轴相连接,随着节气门位置的改变,节气门位置传感器发送到PCM的电压信号也发生变化,连接传感器的有红/黑、黄/蓝、绿/黄三条线,其中黄/蓝线提供5V传感器电源电压,绿/黄接地,红/黑输出0.5~4.8V信号电压。广州本田车系的节气门和节气门位置传感器在出厂时已调整好,传感器固定螺丝也是不可拆卸的断头螺丝,是不允许调节的,也没有单独更换的组件(后期有部分车型配备了可以进行拆卸调整的节气门位置传感器螺丝,但调整时一定要用HDS读取发动机控制系统数据流,对应调整至规定范围内)。当节气门位置传感器出现异常时,会出现怠速过高、换挡冲击大、挡位从P挡退不出来等故障。因为PCM判断节气门开度过大,发动机的转速过高,为了减少对变速器的损伤,不允许挂挡。拔掉节气门位置传感器插头,发现节气门位置传感器内连接黄/蓝线的脚被腐蚀断掉了。因为节气门位置传感器不能单独更换,尝试着对节气门位置传感器进行修理。一共有两个方案:①将断掉的脚焊接回去。②从节气门位置传感器断脚处引线出来。决定实施第二个方案。找一条细线,从断脚处焊接出来以后,挑出传感器插头侧的脚,将焊接线从中引出(此时引线在孔中应活动自如),插上插头,再将引线与挑出来的黄/蓝线接在一起,引线不宜留得过短,因为过短会在拔插头时被扯脱(对节气门位置传感器和插头针脚喷少量除锈剂,不但可以除掉锈蚀,还可以起到抗氧化的作用),包扎好以后,将故障码清除,再查看发动机控制系统的数据流,恢复了正常值。为了防止再发生挂不了挡的故障,必须用HDS对PCM模块进行重新设置,设置完后试车,一切正常,故障彻底排除。

故障维修总结:本例的维修过程并不复杂,只是我们现在的维修企业都非常重视客户满意度,为了降低返修率,维修人员也不愿意冒风险去修理那些可以修理的部件,所以大多数都是采用更换新件为主。其实只要和客户充分沟通,做到真正为客户着想,才能取得客户的信任和

理解。如在本案例中，对节气门位置传感器进行维修，适当多收取一些工时费，对车主而言省掉了一大笔配件费用，也会欣然接受的，同时也能增强维修人员的成就感。对车主、维修企业、维修人员都是一件可以得到实惠的事情。所以，在汽车维修行业真正"修理"的风气还是应该提倡的。

第六章　现代系列轿车故障检修实例

一、索纳塔着车后熄火的故障

故障现象：一辆北京现代索纳塔 2.0 轿车，行驶里程 5 万 km，车主反映该车着车后就熄火。以前被水淹后拖进维修厂，因为发动机控制单元进水，线路板已腐蚀，更换新件后就出现了该故障。据该厂的维修人员讲，他们用故障诊断仪金德 K61 测试发动机电控系统无故障码，测量燃油系统油压为 350kPa，对喷油器进行了流量测试未见异常，花了两天时间也未找出故障原因。

故障诊断与排除：维修技师接车后，利用专用诊断仪检测发动机电控系统，没有故障码。点火开关位于"ON"位置时观察数据流未发现异常。考虑到是进水的故障车，虽然更换了发动机控制单元，但线束插头会不会有问题呢？于是维修技师拔下发动机控制单元插头，并将其分解，经仔细观察，发现最下排的插接器已经氧化变色。在用除锈剂和无水酒精清洗了所有已经氧化的插接器，并处理控制单元的搭铁线后，装复并起动车辆，故障依旧。

经向以前承修人员了解，得知该车的发动机控制单元是从外面买的，维修技师怀疑其不是原厂配件。于是将该发动机控制单元装到其他正常车辆上试验，发现能正常着车，着车后无异常现象，可见不是该发动机控制单元的问题。根据该车的故障症状分析，能引起该车故障现象的原因有：①喷油器不正常。②点火系本身故障。③发动机点火正时不对。④油压调节器。⑤怠速执行器。⑥进气压力传感器等。

对喷油器做流量测试，结果正常，发动机控制单元出问题的可能性也可以排除。用示波器测试曲轴位置传感器与凸轮轴位置传感器的同步波形也正常。用测试仪强制驱动怠速电机，阀门能够正常开启（该车的怠速电机采用占空比的控制方式）。用示波器记录点火系统次级的工作波形，检测着车后到熄火时的点火波形，发现点火击穿电压高于正常值，可以确定点火系统本身没有问题。点火电压高的原因主要是混合气过稀，所需要的点火能量就高，所以击穿电压也会高于正常值。看来问题还是出在燃油系统。维修技师用示波器观察了喷油时间，发现在着车时喷油时间起初为 2.8ms，后来却逐渐消失了，看来发动机控制单元并没有发出喷油信号。有点火信号而没有喷油信号，如果人为从进气口喷入可燃气体应该能着车。于是维修技师将化油器清洗剂从进气口喷入，发动机能够起动。既然发动机在人为喷入助燃剂后可以着车，而喷油量的测试已经做过，那么证明问题在于发动机控制单元对喷油信号的控制方面。

此时，维修技师决定再仔细分析一下数据流，希望从中能够找到一些线索，于是将点火开关置于"ON"状态，利用故障诊断仪观察了发动机电控系统的相关数据，发现进气压力等于大气压力，电压正常。

通过数据流似乎找不出什么异常。之后维修技师又起动发动机并读取了当时数据流，通过观察数据流，维修技师突然发现这个时候的进气压力传感器信号没有变化，还是等于大气压力，由此可以确定进气压力传感器损坏。更换此传感器会不会解决问题呢？结果在更换进气压力传感器后试车，发动机运转正常，故障排除。

那么为什么进气压力传感器损坏后发动机就不能着车呢？根据发动机电控系统的工作原理，可知电控发动机在起动瞬间的喷油量是由发动机控制单元根据发动机转速、水温、进气温度及进气压力等信号综合计算出来的。此时发动机控制单元采集的进气压力信号是默认值。

发动机起动后，进气压力信号将作为必要的负荷信号，即我们说的基本信号，发动机控制单元将以此来确定燃油系统的基本喷油量，然后以水温信号等其他信号作为修正信号来控制喷油时间。此时若没有进气压力信号，发动机控制单元将无法确定基本喷油量。

通过对该车的维修，让维修技师深深感受到，作为一名合格的现代汽车维修人员，在学习汽车上各系统的工作原理时，必须对所述的每一句话都认真领悟，这样才能在实际工作中少走弯路，解决实际问题。

二、索纳塔轿车不能起动的故障一例

故障现象：一辆现代索纳塔轿车，停放一夜后，因发动机不能正常起动而拖至维修站进行检修。

故障诊断与排除：此车曾在一家修理厂做了一番检修，初步的检查结果是有高压电、有油，发动机就是不能顺利起动。当拆检火花塞时，发现火花塞全部被"淹死"。更换一组新的火花塞后试车，发动机依然不能被起动。

通过试车，证实了故障正如车主所述。于是拔掉一根高压线进行试火，跳火正常，根据车主所提供的情况，决定对火花塞进行拆检。结果将火花塞逐一拆下后检查发现，火花塞无一例外地被"淹死"，看来是喷油量过多。怀疑气缸内可能积存有大量的燃油，所以在拆掉火花塞的情况下将发动机进行起动，以使气缸内的燃油顺着火花塞口排出。接着将火花塞装复，将加速踏板踩到底后，对发动机进行起动，结果在刚起动时，发动机有爆燃现象，紧接着又没有了反应。连续起动两三次后，便闻到排气管排出很浓的油味，判断火花塞还是被"淹死"。

该车所装备的发动机采用空气流量型进气系统。在该发动机电控系统中，喷油量是由发动机控制单元根据空气流量和节气门位置以及发动机转速等传感器信号并采集发动机冷却液温度传感器信号后，通过计算和判断，确定出喷油量的多少，然后向喷油器发出喷油指令，通过控制喷油器通电时间的长短来控制喷油量的多少。所以，结合故障现象及检查结果进行分析后，开始怀疑某个传感器或与之相关的线路可能存在故障。

本着由简到繁的维修思路，先对发动机各线路进行检查，但未发现异常。据以往的维修经验，如果发动机冷却液温度传感器损坏，极易发生起动困难现象，该车所出现的故障与冷却液温度传感器有没有关系呢？带着疑问，决定对冷却液温度传感器进行检测。

在发动机右后部的冷却管路中找到冷却液温度传感器，准备先将该传感器插头拔下，然后再进行起动试验。因为一般的电控发动机如果某个传感器出现故障，电控单元则会按照预设值对发动机进行控制，当发动机冷却液温度传感器或线路有断路现象时，电控单元则按照预先设定值，也就是相当于发动机的工作温度80℃的信号进行喷油控制；当冷却液温度传感器或与之相关的线路中有短路现象时，电控单元则会按照相当于发动机－19℃的温度信号进行控制。而就是拔插头的过程中，却发现冷却液温度传感器芯连同线束插头一起从金属壳内拔出。经将其插头拔下，试着起动发动机，结果连续起动三四次后，发动机被起动，但怠速时有些发抖。

随后对发动机冷却液温度传感器芯进行观察，发现连接插头的两个铜片已紧贴在一起，由此判断喷油量过多可能是由于该冷却液温度传感器短路所造成的。于是将其铜片轻轻分开，插好线束插头后，轻轻地装回金属壳体内，然后起动试车，发动机即被顺利起动。待发动机预热一段时间后，对其点火正时进行调整，发动机工作正常，故障彻底排除。

三、索纳塔车发动机不能熄火的故障一例

故障现象：一辆2007年产北京现代索纳塔2.0L轿车，行驶里程5万km。据车主反映，该车最初的故障是起动无法着车,在其他修理厂检查发现发动机舱内接线盒中的 27 号熔丝 (10A)熔断,更换后又被熔断,反复熔断多次后维修人员更换了 20A 的熔丝,熔丝更换后虽然 没有再熔断,车辆也能顺利起动着车,但是却出现了发动机无法熄火的故障。

　　故障诊断与排除:接车后,观察发动机运转比较平稳,使用故障诊断仪检查也没有故障码 存储,数据流分析也无异常。关闭点火开关拔出点火钥匙,发动机仍然可以正常运行,无法熄 火。发动机舱盒中的 27 号熔丝是 ECM 记忆电源线的熔丝,这是由蓄电池直接供电的常火 线。拔掉发动机舱熔丝盒中的 27 号熔丝,发动机熄火。更换了 10A 的熔丝,熔丝并没有像车 主描述的那样再次熔断,发动机也可以正常起动运转,关闭点火开关,拔掉点火钥匙,发动机又 无法熄火了。

　　看来实际的故障现象与车主的描述有些不同。如果熔丝不再熔断,单纯是发动机不能熄 火的故障,那么检查起来就简单多了。根据经验判断,此类故障的原因大多是点火开关内部短 路,造成点火开关内的触点始终处于 IG－ON 状态,所以发动机就无法熄火。于是维修人员 准备更换点火开关,但是拔下点火开关的连接端子 M03 后,发动机却没有像预料的那样熄火, 这也就直接排除了点火开关有故障的可能,看来问题没有想像的那么简单。

　　参考点火开关电路图(如图 6-1 所示)进行分析,可以看出点火开关 IG－ON 控制的 2 条 线路:一路是控制燃油泵,由＋B 电源→点火开关的 IG－ON 挡→前排乘客侧接线盒→发动机 舱接线盒→发动机控制继电器→ECM,对燃油泵控制;另一路是控制点火,由蓄电池的＋B 电

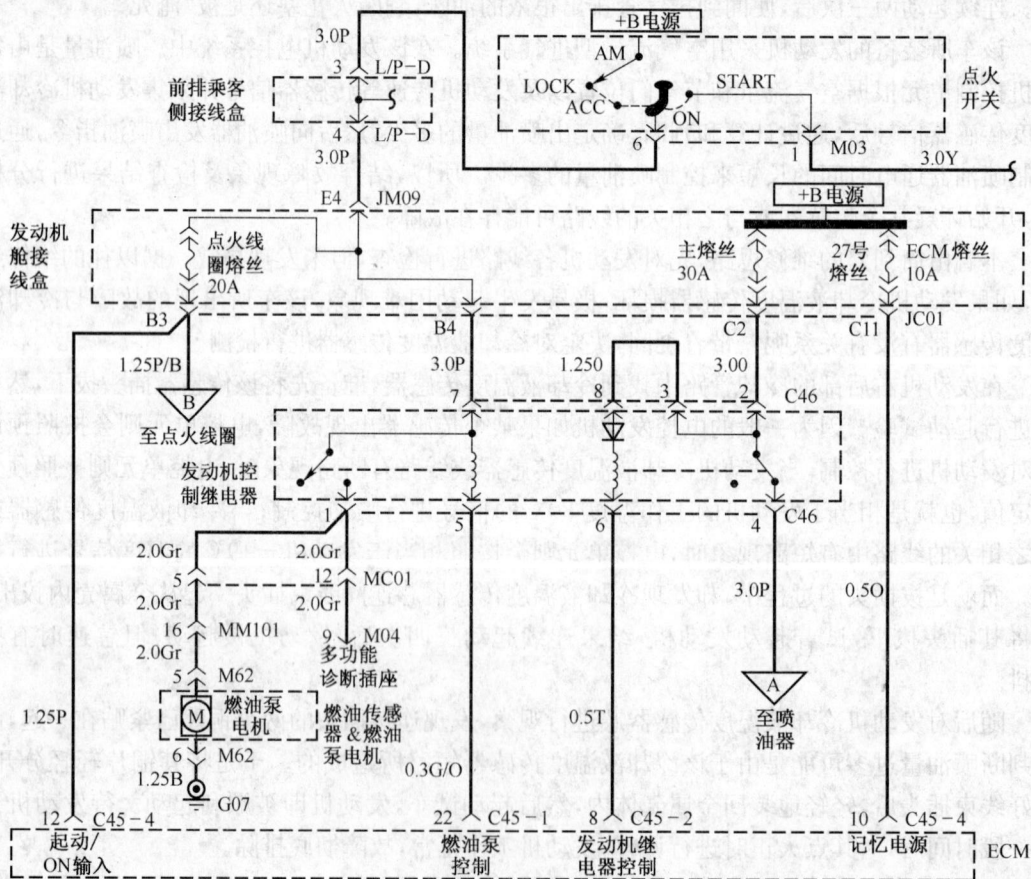

图 6-1　点火开关电路图

源→点火开关的 IG-ON 挡→发动机舱接线盒→点火线圈熔丝→点火线圈→ECM,对点火线圈的初级线圈控制。发动机起动后的 IG-ON 状态下,2 条线路都一直通电才能保持发动机运转,起动时如果任何一条线路没有电,发动机则无法着车或在工作过程中熄火。反之则可以这样理解,点火开关关闭后,IG 的 2 条线路却一直通着电,本来应该是 IG-OFF,却变成了IG-ON,所以发动机就熄不了火。关键是要找到 IG-OFF 状态时 2 条线路中的电是从哪里来的,问题就可以迎刃而解了。

量大的可能故障点,即点火开关的故障可能性已经排除了,接下来可以顺着线路的走向继续排查。在发动机运转的情况下,断开前排乘客侧接线盒中的连接端子 I/P-D,发动机不能熄火,测量 I/P-D 的 4 号脚有 12V 电压,难怪点火开关的 IG-ON 控制失去了作用。接着拔掉发动机舱接线盒中的 JM09 和 JC01 端子,发动机熄火了,然而这并不能说明问题,因为JM09 是连接各熔丝的端子,JC01 端子是发动机舱接线盒的控制端子,连接 ECM 和发动机各传感器及执行器,断开它们肯定可以使发动机熄火。虽然这样,但觉得还是有必要换个熔丝盒试试,因为通过电路图可以看出熔丝盒中有+B 电源,没有经过点火开关,如果此电源与 IG-ON 的线路短路则有可能引起该车的故障。而且 JM09 端子的 E4 脚和 JC01 的 B4 脚很不容易单独挑出来试验,所以只有更换 1 个发动机舱熔丝盒来试验了。

更换发动机舱熔丝盒后故障依旧,但将原车熔丝盒装回后,故障现象却发生了变化,起动发动机无法着车了。检查发现发动机舱熔丝盒中的 27 号熔丝被熔断,更换熔丝后又被熔断,看来用户反映的故障现象的确存在,很有可能是车辆行驶中的振动使原来的故障现象暂时消失,而维修人员检查维修时又凑巧触动了什么部件,所以故障就又出现了。现在看来,27 号熔丝被熔断和发动机无法正常熄火肯定有一定的关系,前面说过此线路是由+B 电源控制,如果此线路和 IG 线路短路,则发动机无法熄火也可以理解了。

将 27 号熔丝的熔断和发动机无法起动的故障现象结合起来分析,ECM 记忆电源线路应该不只是与 IG 线路短路,很有可能与车身也存在短路,否则不会引起熔丝被熔断。断开 JC01端子,测量 C11 脚与车身之间为导通状态,单独调出 JC01 端子的 C11 脚后把 JC01 端子安装上去,再安装熔丝,熔丝没有被熔断,但是发动机无法起动,此时通过故障诊断仪检测,检测结果是系统电源故障,看来上述分析是正确的。由于 ECM 记忆电源线路和 IG 线路都在 ECM控制线束中,理论上分析 2 个端子中相互短路并且与车身也短路的可能性不是很大。仔细检查发动机舱中的线束情况,是按出厂的布置状态且没有拆卸过的痕迹,线束的表面也没有磨损或者破损的痕迹,看来问题不在发动机舱中。ECM 的控制线束是由发动机舱中间位置进入仪表板的中下部与 ECM 连接,位置比较隐蔽,不方便直观目测检查,所以利用检查线束时经常用到的"模拟振动法",即晃动线束看能否快速发现问题。同时,使用万用表检查 ECM 记忆电源线路与车身的导通状态,随着晃动的节奏,万用表指示时而导通时而断开,而且仪表板中部不断有继电器吸合和断开的声音,这应该是发动机控制继电器和燃油泵继电器。断开 ECM的端子,将线束向外拉出来一点,果然发现离 ECM 连接端子不远处的线束破了皮,而且有十几根线已经很严重地烧结在一起,其中就有 ECM 记忆电源线和 IG-ON 控制的线路。

因为烧坏的线束无法修复,于是更换线束总成,试车确定故障解决。

故障维修总结:在该车的检修过程中稍微走了一点弯路,虽然车主如实地反映了故障现象,但是开始检查时更换的 10A 熔丝并没有熔断,所以就按照常规的故障进行分析判断。在检修过程中真正的故障才暴露出来,然后就对照电路图进行了深入分析,逐步缩小故障范围。回过头来看,这例故障其实是由一起很小的问题引起的,ECM 记忆电源线路最初在驾驶舱内磨破了皮,与车身短路,27 号熔丝被熔断,发动机无法起动,其他修理厂的维修人员在连续更换 10A 熔丝后便束手无策了,没有作线路的深入检查,而是直接更换了超过原车额定电流的熔丝,导致线路破皮短路处逐渐发热,最终导致线路烧结。当电路中发生故障时,熔丝盒中的熔丝通过熔断可以避免某些重要电器元件的损坏,所以严禁更换超过原车额定电流的熔丝。

四、索纳塔轿车由双重原因引起水温高的故障

故障现象:一辆北京现代索纳塔轿车,行驶里程为 1.5 万 km。车主反映该车每当热车后上路行驶时,水温指示有时会到达红线,冷车时正常,并且车速表有时也不工作。

故障诊断与排除:维修技师接车后检查,热车至正常工作温度,用诊断仪观察传感器数据流中的水温,发现水温升高到 100℃以上,此时冷却风扇早已运转(高速挡),用手感觉上下水管的温差明显,可见是节温器故障(82℃时打开,全开 93℃),于是更换节温器。再热车至正常工作温度,传感器数据流中的水温正常,水温指示表此时也正常。再次路试,10min 后发现水温表指示又到达红线,停车检查(传感器数据流显示正常),上下水管的温差不明显了,可见实际水温已正常。由此故障点转移到电路问题,用万用表测量仪表至水温传感器搭铁的电阻值,阻值为 65～67Ω,属于正常范围。于是更换仪表,再次路试,不到半小时水温表指针再次到达红线,故障未能排除。回厂仔细检查线路,测量仪表的搭铁电阻,发现阻值极不稳定,在 36Ω 以上变化。找到搭铁点(位于室内接线盒后),发现搭铁螺栓已无法紧固。处理后换回旧仪表,装好路试,水温指示一直正常,车速表工作也正常,故障彻底排除。

故障维修总结:该车故障现象是水温指示高但实际水温却正常。开始时不明白,事后分析,这是因为在冷车时,由于水温传感器电阻较大,高于仪表的搭铁电阻,仪表搭铁不会从水温表串至水温传感器,所以水温指示正常;当水温升高后,传感器电阻降低到小于仪表的搭铁电阻时,仪表内部电路就会通过水温传感器而搭铁,因此水温指示也就高了,造成一种错误的指示。当仪表搭铁不良时,车速表就不能正常工作,这就是造成车速表时有时无的原因。

五、索纳塔轿车遥控器不工作的故障

故障现象:车主反映该车遥控器以前时好时坏,如果在不好的路上行驶,该故障现象就有可能出现,最近是彻底不工作了。

故障诊断与排除:该车曾来厂检查过一次,用专用诊断仪重新设定遥控器后,又工作正常了。出厂后不到一个星期故障再次出现,这次是遥控器彻底不工作。按遥控器时无反应,警告灯不闪烁。接车后经检查,故障同车主说的一样,用专用诊断仪和人工重新设定遥控器也无法工作。检查遥控控制模块的 1、4 号端子,1 号端子电压等于蓄电池电压,4 号端子搭铁电阻为 0.04Ω,用示波器检测与 ETACM 连接的 3 号端子在按动遥控器时发现有不同宽度的脉冲信号输出,可见遥控器已成功设定,遥控控制模块也工作正常。接着检查遥控控制模块与 ETACM 中 M33－2 的 8 号端子间的线路,发现也有相同的信号,因此故障点转移到 ETACM 及其外围的相关电路上。该车中控锁正常,警告灯也闪烁正常,于是更换 ETACM,故障依旧。至此维修进入困境。在无意中摇动 M33—2 的线束,按遥控器发现车门锁"叭"的一声锁上了,警告灯也同时闪烁了一下,松开线束后故障就又出现了,于是拆开 M33—2 插接器中的 8 号线(紫色)连接器,发现中间的弹片已不存在,不能与插片接触,也就无法传递信号了,处理该连接器后系统工作正常,试车未发现异常,故障彻底排除。

故障维修总结:在排除该故障后总结出以下两点:第一,ETACM 与遥控控制模块之间的通信信号用普通的万用表无法检测,而应用示波器就能很好地检测到该信号,否则该故障点的分析可能还停留在遥控器是不是已被成功设定的问题上,因为遥控器是否成功设定系统并没

有提示,用别的方法无法检测,所以不能确定故障点,由此可见示波器在检测过程中所起的作用。第二,使用示波器时采样点的准确性与正确性,因为采样点不正确的话,会给整个故障排除过程增加难度。还有一点就是,在维修过程中,对各连接器工作的可靠性要仔细检查。注意到这几点,相信会给维修工作带来事半功倍的效果。

六、索纳塔轿车倒车雷达连续报警的故障

故障现象:一辆北京现代索纳塔轿车,配备有倒车雷达报警系统。在一次事故后,更换了后保险杠和一个超声波传感器,维修完毕后试车发现挂倒挡时,倒车雷达连续报警,不能进行后部障碍物距离探测。

故障诊断与排除:打开行李箱对倒车雷达系统进行检查,在左侧内衬里发现了倒车雷达控制器。控制器外围线束完好,线束连接器有 23 个端子,通向后保险杠上 4 个超声波传感器的导线共 16 根,中间有 1 个 16 端子连接器,其他则是通向前部的电源、提示音等功能的导线。由于没有该车型的电路图,无法对线路问题做出快速诊断,只好按常规办法一步一步地检查。首先找到那个被撞坏的超声波传感器,其端头已撞碎,但导线完整,共有 4 根导线,由此推测从控制器向每个传感器送出了 4 根导线,构成了通向 4 个传感器的 16 根导线。为了辨别其各线的功能,需要将这 16 根线识别出来。拔下控制器的 23 端子和传感器的 16 端子线束侧连接器,一一测量各导线,结果这 16 根导线连接正常,这样最后剩下 3 根导线的功能不明确了(23端子的导线侧连接器上有 4 个空端子),稍加分析即可判明这 3 根导线分别是搭铁线、倒挡电源线和倒车报警喇叭线。常电源通过报警喇叭后,接到倒车控制器上,由控制器对其进行音频搭铁控制,这 3 根导线的功能也正常。至此可以断定外部线束连接正常,故障极有可能在传感器上。无奈拆下后保险杠进行检查,发现右侧超声波传感器的线束侧连接器在碰撞时有一端子被搜出,造成连接器虚接,将该连接器修复后,倒车报警功能正常,故障彻底排除。

七、索纳塔轿车车身系统控制模块损坏的故障一例

故障现象:一辆北京现代索纳塔轿车,车主反映该车在正常使用过程中,突然出现了防盗系统报警,随后危险警告灯闪亮,示宽灯常亮,开关失灵,中控防盗系统失效的现象。

故障诊断与排除:考虑到该车为新车,加之对现代车系的了解,维修技师初步判定不会是线路上的问题,问题应该出在一些控制系统。然后维修技师查阅了该车的车间维修手册,经过对危险警告灯、示宽灯及防盗系统线路图进行分析,发现它们均受一个车身系统控制模块(BCM)控制,同时它也是控制车上所有用电设备的主体,它通过检测设备还可以监测输入与输出的信号。维修技师怀疑问题就出在这个 BCM 上,于是找到了位于驾驶员侧左下方的BCM,就在拆下 BCM 准备进行检查时,竟然发现有水流出,看来问题就在于此。

在将 BCM 拆下后,可以明显看到烧蚀痕迹和水印,接插件也已经被腐蚀。经向车主了解,得知该车不久前刚在装饰店贴了全车防爆膜,而这正是 BCM 进水的原因。应车主要求,又对风窗下的发动机控制单元,自动变速器控制单元进行了检查,因这两块控制单元的密封性较好,并未损坏。

经对插接件进行清洗,清除腐蚀痕迹,更换 BCM 并进行系统初始化后,故障彻底排除。

八、索纳塔防盗报警器低鸣的故障

故障现象:2005 款北京现代索纳塔,发动机 2.0L,手动变速器,带防盗系统,行驶 8 万km。做完四轮定位后,防盗报警器低鸣不能解除。

故障诊断与排除:危险警告灯系统工作正常,发动机和遥控器工作也正常。怀疑故障出在防盗报警器本身或其线路上。打开发动机盖,在发动机室右前方找到防盗报警器。脱开防盗

报警器连接器 E14,用万用表测量 E14 的 1 号端子的电压为 12.7V,正常。测量连接器 E14 的 2 号端子与搭铁间的电阻为 583Ω。在连接器 E14 的 1 号端子与 2 号端子间连接试灯,在防盗系统解除的情况下试灯不亮,在防盗系统设定的情况下,按一下发动机机盖开关,松开后试灯点亮一会儿熄灭。这证明防盗系统设定和解除功能都正常,故障出在连接器 E14 的 2 号端子的黄色线上或 ETACM 上。首先剪开 ETACM 的连接器 M33—2 的 8 号端子,测量 ETACM 连接器 M33—2 的 8 号端子到连接器 E14 的 2 号端子的电阻为 583Ω。测量 ETACM 侧连接器 M33—2 的 8 号端子与搭铁间的电阻为无穷大(在防盗解除的情况下)。再把连接器 JM09 的 D2 号端子的黄色线剪开,测量连接器 E14 的 2 号端子与搭铁间的电阻为无穷大。再测量连接器 JM09 的 D2 到 ETACM 连接器 M33—2 的 8 号端子的电阻仍为 583Ω,故障就出在这段线路上。这段线在发动机室到驾驶室的总线束内,但更换此线束太贵,破开检查怕对线束影响太大,便看是否能接一根线。于是从 ETACM 连接器 M33—2 的 8 号端子到连接器 JM09 的 D2 端子接了一根线,装上连接器 E14,故障排除。把剪开的没有使用的线用胶布包好,此车行驶一个月后电话回访,故障再也没有出现过。

九、索纳塔轿车冷却风扇常转的故障

故障现象:一辆 03 款北京现代索纳塔轿车,采用 G4GC 2.0L 发动机,累计行驶 17 万 km,出现只要发动机运转,冷却风扇就常转的故障现象。

故障诊断与排除:首先检查冷却液液位,正常。用手触摸散热器上的上、下液管,感觉温度差别较大,因为维修技师前天刚刚维修过一辆类似症状的轿车,于是没加思索就将该车的节温器给换掉了。可是将节温器更换后,发现冷却风扇依旧常转。检查换下的节温器,工作正常。连接 Hi—DS 故障诊断仪,察看数据流,发现冷却液温度显示始终保持在 85.5℃,且"AC"(空调)开关状态显示 ON。但车内自动空调控制面板上的"AC"开关并未接通,空调压缩机电磁离合器也没有吸合,电磁离合器的控制电源线也无电源输入,用万用表测量散热风扇的几个控制继电器,均良好,但为了保险起见,还是换上了新继电器试验,冷却风扇还是常转,即使把空调控制面板后面所有导线连接器拔下,冷却风扇依旧常转,数据流显示空调开关状态一直是 ON。查找电路图,怀疑空调开启时供给 ECU 的信号线有短路之处,拔掉空调管道上的压力开关,Hi—DS 故障诊断仪上显示的空调开关状态依然是 ON。查找中间线束,并无损坏、挤压的情况;测量空调请求信号线,也无短路、断路的现象。断开蓄电池负极电缆,取下 ECU,并打开其外壳,没有发现烧蚀或进水的痕迹。从另外一辆工作正常的索纳塔车上取下 ECU 装到故障车进行试验,故障依旧,到此维修工作陷入了僵局。找来车主询问发生故障时情形,车主反映,前几天下大雨时经过一低洼地段,曾涉过水,第二天起动发动机后,散热风扇便开始常转,但此时仪表上显示的发动机温度并不高。抱着试试看的心态,领取了一个新熔丝/继电器盒装车试验,此时发现,冷却风扇停转,经过长时间试车,一切正常。征得车主同意后,把原车的熔丝/继电器盒拆开,寻找故障原因,发现熔丝盒内部有明显的进水痕迹,冷却风扇常转的原因就是熔丝盒内部短路,风扇继电器在发动机起动后常闭。

十、索纳塔 2.0L 轿车倒车警报系统的故障

故障现象:一辆北京现代索纳塔 2.0L 轿车,行驶里程 9 万 km。打开点火开关,变速器挂入倒挡时倒车警报系统的蜂鸣器长鸣,而车后并无任何障碍物,可见倒车警报系统存在故障。

故障诊断与排除:与车主交流后得知,此车由于碰撞事故更换了后保险杠,不久后便出现了倒车时蜂鸣器无故报警的现象,发生碰撞事故时倒车雷达传感器表面并没有明显受损,所以并没有更换。

维修人员初步检查 4 个倒车雷达传感器,表面并没有发现异常,但认为故障应该还是在倒车雷达传感器上,因为故障是发生后部碰撞事故才出现的。那么会是哪个传感器有故障呢?如果逐个拆装倒车雷达传感器进行试验,不仅拆卸保险杠麻烦,而且也没有必要。查阅维修资料可知,北京现代车型的倒车雷达系统具有自诊断功能。倒车雷达系统控制单元侧面设计有自诊断开关,打开开关即可进入自诊断模式。

拆开行李舱内左侧装饰板,找到倒车雷达控制单元。将控制单元侧面的开关拨到左侧"ON"位置,打开点火开关,将换挡杆置于倒挡位置,倒车雷达系统进入自诊断模式,蜂鸣器发出"哔、哔"的警报声。下面简要介绍不同的蜂鸣器警报声的含义。

①系统自检后,如果系统正常,则蜂鸣器发出持续 0.3s 的"哔"警报声。

②如果蜂鸣器发出连续的"哔、哔"警报声,停顿一会儿后仍然出现同样频率的警报声,这说明系统检测到有一个传感器有故障。图 6-2 所示是警报器信号的波形。左侧传感器有故障时,蜂鸣器发出每组 1 声的"哔"警报声;左后传感器有故障时,蜂鸣器发出每组 2 声的"哔"警报声;右后传感器有故障时,蜂鸣器发出每组 3 声的"哔"警报声;右侧传感器有故障时,蜂鸣器发出每组 4 声的"哔"警报声。如果多个雷达传感器出现故障,则按左侧、左后、右后和右侧的顺序逐个提示。

通过倒车雷达系统的自诊断,可以看出是右侧的雷达传感器出了故障。拆下后保险杠检查右侧传感器,发现传感器的一根线在根部被拉断了,不仔细观察很难发现,这应该是上次碰撞事故造成的。由于线断的位置在传感器的根部,无法修复,只能更换右侧雷达传感器总成。

更换右侧雷达传感器后,再次进行自诊断,蜂鸣器只发出一声"哔"的报警声,这说明系统正常。将倒车雷达控制单元侧面的自诊断开关拨到"OFF"位置,试车故障解除。

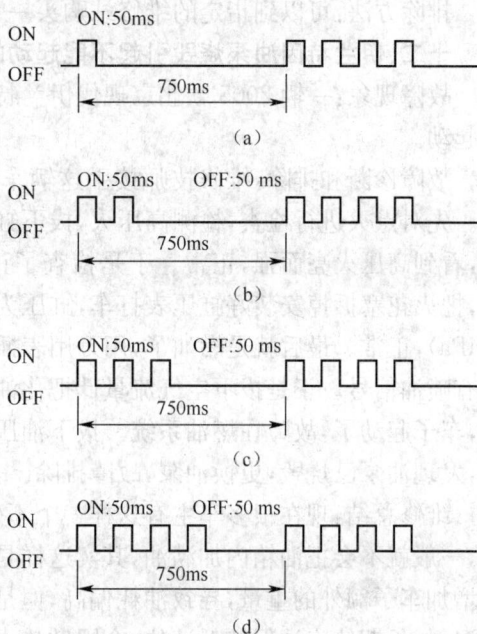

图 6-2 警报器信号波形
(a)左侧传感器故障 (b)左后侧传感器故障
(c)右后侧传感器故障 (d)右侧传感器故障

十一、索纳塔轿车四种常见电器故障及预防方法

北京现代索纳塔轿车是一款朴实耐用的中级轿车。具有丰富维修经验的技师总结了使用过程中经常出现的 4 种常见电器故障及预防方法,在此与广大汽车驾驶与维修的同行们共享。

故障一:新车安全气囊故障指示灯点亮。

故障原因:新车在铺地胶时为了便于操作,会把驾驶人座椅下面的安全气囊线束连接器拔下,而铺好地胶后,经常会忘记插上该连接器,从而导致仪表盘上的安全气囊故障指示灯点亮。

预防方法:建议车主去维修站或正规的汽车美容店去铺地胶。铺过地胶后才出现上述故障的,检查一下位于驾驶人座椅下的安全气囊线束连接器是否连接可靠。

故障二:空调出风口出风量变小,即使将鼓风机开关开到最大挡,也没强风送出。

故障原因:可能是空调滤清器脏堵,造成空气通过不畅;也可能是由于鼓风机长时间工作负荷过大,导致损坏;或者是鼓风机调速器发生故障。

预防方法：厂家建议每年必须更换一次空调滤清器，而车主应根据空调系统的实际使用情况，酌情缩短更换周期。

故障三：遥控器无法正常开启车门。

故障原因：可能是遥控器电池的电容量不足，正常情况下每2年更换1次遥控器电池；或是在贴前风窗玻璃太阳膜时有水流进了防盗电器元件内。

排除方法：更换遥控器电池，在贴前风窗玻璃太阳膜时谨防有水流进电器元件。

故障四：车载电话的免提功能无法使用。

故障原因：现代索纳塔轿车车载电话的制式是按照韩国的CDMA设计的，所以我国的CSM网手机是无法使用的。

排除方法：可以到指定的维修站购买一个C网/G网转接插座就可解决这个问题。

十二、伊兰特因油泵烧毁引起不能起动的故障

故障现象：一辆2005款北京现代伊兰特，直列4缸发动机，1.8L。行驶6万km，突然无法起动。

故障诊断和排除：维修技师接手这辆车后用仪器对车进行调取故障码，仪器显示无故障码。先对点火进行检查，检测高压火，拔下缸线，在缸线上插一个火花塞靠在缸体上，打点火钥匙，看到高压火亮而强，正常。于是检查了正时，曲轴和凸轮轴的正时标记无误，检查汽缸压力，把火花塞拆掉安装好缸压表打车，缸压为1.3MPa（汽油机在0.6~1.5MPa，柴油机在3~5MPa），正常。最后就是燃油了，用万用表插在喷油器的电插头上，同时打开点火钥匙，万用表上有喷油信号。于是拔下空气流量计把化油器清洗剂喷入进气管，同时，把点火钥匙打至起动挡，车子起动了，故障在燃油系统。拔下油压调节器的进油管却发现没有燃油。于是把油泵拆下，发现油泵已烧毁，更换油泵，故障排除。

维修总结：现在很多车主有这样一个不好的习惯，由于考虑到自己经常行驶的路线不是很长，一般就不会把油箱内加满油，其实这样是不对的。把油箱加满是我们不推荐的，因为那样会增加车子额外的重量，导致油耗偏高，但是现在的电喷车都是油泵在油箱里，靠汽油来达到降温，如长期使汽油保持低液位，会因散热不良导致油泵烧毁。所以大家在加油的时候，如果不是跑长途，最好是加半箱左右。

十三、伊兰特1.6L轿车突然熄火再也无法起动的故障一例

故障现象：一辆2006年产北京现代伊兰特1.6L轿车，行驶里程7万km。车主打电话请求救援，反映车辆在正常行驶中突然熄火，再起动时起动机运转正常，但发动机无法起动。

故障诊断与排除：维修人员到达现场后，用万用表测量蓄电池电压为正常的12.5V。试着起动，起动机带动发动机运转比较轻快，但就是不着车。使用专用故障诊断仪检查，但诊断仪根本无法进入发动机系统，ABS系统和安全气囊系统等也无法进入，看来只能靠人工检了。

起动发动机进行跳火试验，没有高压电，拆下后排座椅观察燃油泵是否工作，结果没有听到油泵工作的声音，检查油泵的线束端子也没有工作电源，无火无油车辆当然无法起动了。由于发动机系统无法通过诊断仪来检查，所以也就无法直观地判断某个传感器或者发动机控制单元是否故障。考虑到ABS系统和安全气囊系统也都无法进入，这些故障应该是同一个原因造成的，但基本上排除了发动控制单元出问题的可能。因为即使发动机控制单元故障造成断火断油，使发动机无法着车，但引起其他控制单元无法通过诊断仪检测的可能性不大。

通过上述分析，问题似乎明朗了一些，会不会是发动机控制单元的电源有问题呢？于是参考电路图（图6-3），首先检查了相关的熔丝，结果发现驾驶舱内熔丝盒中10号位置的10A熔

丝已经熔断,从熔丝盒上的说明可以看出,此熔丝正好是发动机控制单元的电源熔丝。维修人员认为问题已经找到,并立即把备用熔丝装上去,刚把点火开关打开,便听到熔丝盒处传出"啪"的一声,10 号位置的熔丝又断了。看来问题没有想象中的那么简单,与 10 号位置熔丝相关的线路中肯定存在短路现象。由于维修人员外出救援没有带更详细的维修资料,于是将车辆拖回维修站。

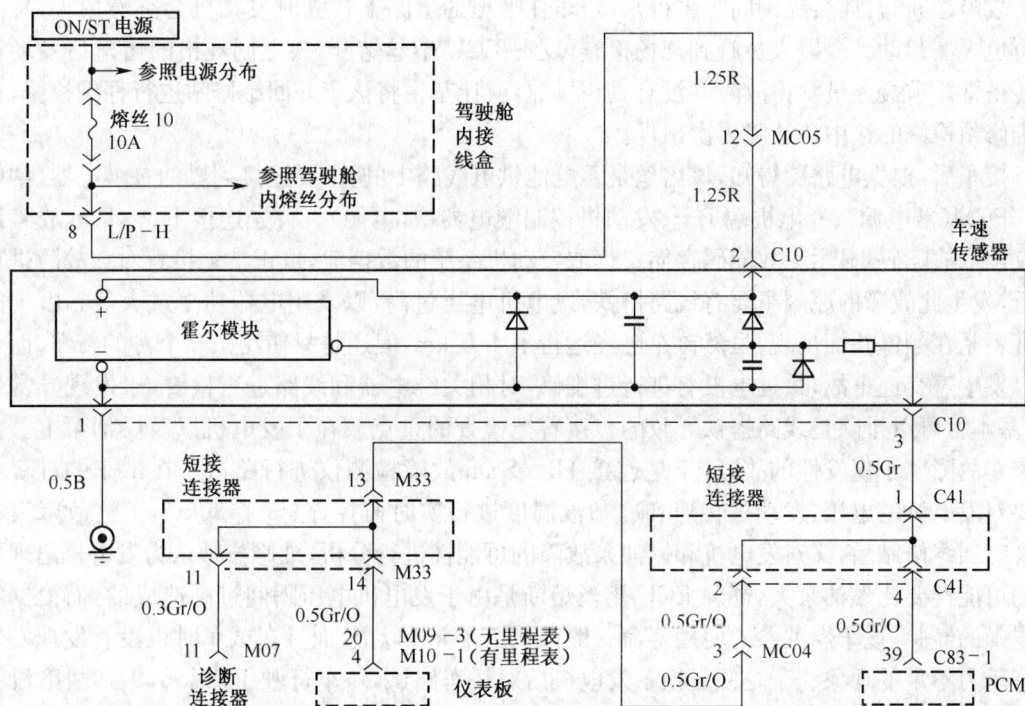

图6-3 车速传感器电路图

回到维修站后,对照详细的电路图才发现,驾驶舱内熔丝盒的 10 号位置熔丝不只是发动机控制单元的电源熔丝,而且车速传感器、点火线圈、电容器、发电机等也使用 10 号位置的熔丝。既然已经分析出原因,接下来的工作就是要找出,到底是 10 号熔丝控制的线路本身短路,还是具体线路中哪个电子元件短路。首先断掉 10 号熔丝控制所有电子元件的连接端子,重新安装一个熔丝,打开点火开关时熔丝没有烧断,这说明线路本身没有问题,故障应该是线路中某个电器元件存在短路。于是就在点火开关打开的情况下,逐个连接上刚断开的各个电子元件的端子,当插上车速传感器的连接端子时,熔丝盒又传出"啪"的一声,熔丝烧断了。拆下车速传感器,发现传感器端子里面有许多白色粉末状的氧化物,问题就出在这里了。

维修技师分析认为,有可能是车主不想让车辆行驶里程记录过多,曾经拔下车速传感器插头行驶过。车速传感器安装在变速器的后面中下部,水或其他异物很容易进入传感器的端子,引起整个线路的短路或者传感器的接触不良。询问车主,果然前段时间车辆借给了朋友一段时间,但是行驶的公里数并不多,车主当时也有些纳闷,没过多久便出现了此故障。

结合车速传感器的电路图进行分析,当车速传感器端子 C10 的 2 号电源线和 1 号地线直接短路引起 10 号熔丝烧断后,不只是发动机控制单元没有了工作电源造成发动机无法着车,检测仪无法进入,而 M07 自诊断连接器也没有了工作电源,车辆的其他控制系统也就无法进入了,所有的问题都是车速传感器引起的。

车速传感器的端子已经严重氧化无法修复,只有更换了。更换车速传感器后车辆起动正常,各系统自诊断检测正常,故障彻底解决。

十四、伊兰特轿车常烧熔丝的故障

故障现象:一辆北京现代伊兰特轿车,采用 1.6L 四缸发动机和手动变速器,累计行驶 4 万 km,出现发动机室外熔丝盒内的 20A ECU 熔丝常烧坏的故障。

故障诊断与排除:经询问车主得知,轿车在平坦的道路上行驶时发动机会突然熄火,且随后再也无法起动。救援人员赶到现场检查,发现 ECU 熔丝熔断,换上同规格的熔丝后发动机运转正常。求援人员觉得故障并没有真正排除,就让车主将该车开回维修站进行仔细检修,在回维修站检修的途中该故障再次出现。

接车后,根据电路图得知,该熔丝是蓄电池供电线路中的,主要连接到燃油泵继电器(常电源)、PCM(常电源)、发电机端 B+、发动机控制继电器(常电源)。首先连接 Hi-Scan 故障诊断仪读取故障码,显示无故障码存储。读取发动机系统的数据流,也正常。接着对该故障进行分析,发生此故障的原因主要有线路搭铁,发电机电压过高,以及用电器功率过大等。由于故障并不是在颠簸路面出现,虽然该车已经运行了 4 万 km,但还是只使用了 5 个月的新车,而且没有发生过交通事故,最近也没有进行过维修,对相关继电器和线路进行检查,未发现异常情况,基本上可以排除是线路搭铁导致的。接着把检查的重点放在了发电机以及燃油泵上。由于该车故障属于偶发性的故障,于是连接 Hi-Scan 故障检测仪进行路试。在试车的过程中主要对发电机的电压、发动机转速和冷却液温度进行实时监控,路试了 30km,上述故障没有出现。回维修站后,又对发电机和燃油泵故障的可能性进行分析,维修技师认为发电机出现故障的可能性要比燃油泵大,怀疑 ECU 熔丝熔断是由于发电机电压瞬间过高造成的,而根据维修技师的经验,该车燃油泵的使用寿命一般都在 7 万 km 以上,而且在试车时也没有发现发动机有动力不足的现象。于是便更换了发电机后对轿车路试,轿车行驶了 20km,上述故障没有出现,当时以为故障已经排除,当天下午车主就将车提走了。

晚上车主又打来求援电话,反映故障依旧。赶到现场检查,发现 ECU 熔丝又熔断了,但更换了熔丝后,发动机仍然无法起动。继续检查发现燃油泵也不工作,测量燃油泵导线侧连接器电源端子电压,正常。怀疑是燃油泵电动机有问题,更换了燃油泵电动机试车,发动机一次性起动成功,而且运转正常。将该车原来的发电机换回后对轿车进行再次路试,结果路试了 60km,上述故障都没有出现,后来车主将车开走,经过电话回访,故障彻底排除了。

十五、伊兰特轿车散热风扇常转的故障一例

故障现象:一辆伊兰特轿车,采用 1.6L 发动机和手动变速器,出现散热风扇长期作高速运转的故障。

故障诊断与排除:因该车车主不在,无法询问有关情况,所以只能进行常规检查。引起散热风扇高速运转的原因主要有电路和机械两方面的故障。电路方面故障原因有冷却液温度传感器、散热风扇控制继电器、发动机电控单元和有关线路等。首先检查冷却液温度传感器,因为冷却液温度传感器出现故障时,发动机电控单元会控制散热风扇长期高速运转。连接 Hi-Scan 故障检测仪读取故障码,显示无故障码存储。读取数据流发现,冷却液温度为 100℃ 左右,和冷却液温度表显示的数据基本一致。待冷却液温度下降后,将冷却液温度传感器拆下并放入 60℃ 的水中,测量其电阻,为 128Ω,正常;放入 100℃ 的水中,其电阻为 30Ω,也正常。装上冷却液温度传感器,连接 Hi-Sean 故障检测仪试车,发现当散热风扇低速运转后,冷却液温度还是在上升直到散热风扇作高速运转,而且散热风扇一直作高速运转。根据电路图检查散热风扇控制继电器的电压及控制线路,没有问题。检查散热风扇线路,没有发现短路和断路之处,各连接器连接可靠,排除了电路方面出现故障的可能。于是把检查重点转到机械方面。机械方面的故障包括冷却液泵损坏、节温器损坏或散热器箱堵塞等。由于储液罐的液面不低,所以按照由简到繁的顺序先检查节温器。用手摸上、下冷却液管,发现温度相差较大。于是拆检节温器,发现节温器已经不能完全开启,更换节温器后上述故障彻底排除。

故障维修总结:由于节温器不能完全开启,冷却液不能进行大循环,使得冷却液温度一直居高不下,所以发动机电控单元就会让散热风扇高速运转,以降低冷却液温度。由于维修技师刚开始以为散热风扇常转就是电路方面的故障,所以走了一些弯路。

十六、伊兰特轿车自动空调不制冷的故障一例

故障现象:一辆北京现代伊兰特1.8L轿车,装备自动空调系统,用户反映该车空调不制冷。

故障诊断与排除:经确认,故障确如车主所述。首先打开空调控制面板,使用全自动模式,将空调系统温度调整到了17℃,A/C开关已自动开启。接着利用系统的自诊断功能对空调系统进行了自诊断,显示屏显示"00",表示系统无故障。于是打开发动机室盖,观察了压缩机的工作状态,发现其已经正常工作。用手触摸低压管,感觉很凉,表明系统还是制冷的。之后连接上压力表测试了空调系统的管路压力,结果高、低压力都正常。

根据以上的检测结果判定,系统制冷性能应该没有什么问题。但为了慎重起见,决定进行路试。当车行驶了10min后,意外地发现仪表指示冷却液温度过高,同时空调也明显不制冷了。看来问题再次出现,于是赶快停车进行检查,在确认节温器的工作性能时,发现上下水管的温差较大,怀疑是节温器失效。回维修站再次检查,当发动机冷却液温度降下来后打开散热器盖(高温时严禁打开),发现散热器里面缺水,加了近2L纯净水后再次试车,故障没有再次出现,空调制冷正常,故障彻底排除。

后来经询问车主,得知此车曾因出过事故在外面换过散热器,看来当初防冻液没有加足。而此车之所以会出现这样的故障,正是因为控制单元接收到冷却液温度高的信号后,为了保护发动机,自动断开了压缩机继电器的线圈搭铁,使压缩机不能吸合,当然也就不能制冷了。

十七、伊兰特轿车空调鼓风机只有在4挡时才有风送出的故障

故障现象:一辆北京现代伊兰特1.8L豪华型轿车,用户反映空调鼓风机只有在4挡时才有风送出。

故障诊断与排除:经检查,故障确实存在。根据电路图分析,鼓风机继电器工作后给鼓风机供给B+电源,低速时,空调控制单元控制1个功率驱动模块间接控制鼓风机的搭铁,相当于在负极串上了1个电阻分压;高速时,通过控制鼓风机高速继电器,使负极直接搭铁,中间没有任何分压元件。

根据故障现象分析,故障点应该出在功率驱动管上。于是拆下功率驱动模块(位于内循环入口处旁边)检查,发现功率驱动管的发射极已经脱焊,可能是由于温度过高引起的。检查线路没有发现异常,更换新件后,故障彻底排除。

后来维修技师多次碰到类似的故障现象,且均是由该功率驱动管损坏引起的,因此在这里提醒各位汽车维修行业的同行,当维修伊兰特轿车的此种故障时,应首先对大功率驱动管进行检查,以提高维修效率。

附:北京现代伊兰特轿车装备的自动空调系统具备自诊断功能,具体的操作方法是:将点火开关置于"ON"位置,按下"AUTO"键,在2s内按动"OUTTEM"键4次,此时LCD将在

0.5s 闪烁 3 次后开始自诊断,故障码将以数字形式输出,见表 6-1。若要退出自诊断模式,按"OFF"键即可。

表 6-1　故障码表

故障码	项　　目	故障区域
00	正常	
11	室内温度传感器电路断路	室内温度传感器;室内温度传感器与控制器线路;控制器
12	室内温度传感器电路短路	
13	室外温度传感器电路断路	室外温度传感器;室内温度传感器与控制器线路;控制器
14	室外温度传感器电路短路	
15	冷却液温度传感器电路断路	冷却液温度传感器;冷却液温度传感器与控制器线路;控制器
16	冷却液温度传感器电路短路	
17	恒温器电路断路	蒸发器表面温度传感器;蒸发器表面温度传感器和空调控制之间的线路连接器或线束;空调控制器
18	恒温器电路短路	
19	温度门电位计断路或短路	温度门电位计和控制器之间的线路连接器或线束
20	温度门电位计故障	温度门电位计
21	通风模式风门电位计断路或短路	通风模式风门电位计和空调控制器之间的线路连接器或线束
22	通风模式风门电位计故障	通风模式风门电位计

十八、伊兰特轿车开空调时脚下出风口一直吹冷风的故障

故障现象:一辆北京现代伊兰特新车(行驶 3 万 km)来维修站检修空调。新车不应该有问题,带着疑问询问车主具体故障情况。车主无可奈何地说,这车没法开,天这么热,开空调时间稍长点,脚就冻得麻了,脚下出风口怎么也关不住。维修技师用手旋转风道转换开关,果然如车主所说,不管在哪个挡位,下面均有冷风吹出,但前风窗除雾及面部风道转换均正常。

故障诊断与排除:伊兰特根据配置不同装有两种空调控制装置,一种为带显示屏的全自动空调,另一种是手动空调。该车装配的即为手动空调。

首先拆下空调控制面板,发现面板上没有一根拉线,全部为电线插头。看来此车与老款的索纳塔及本田雅阁的手动空调控制相似。虽然为手动空调,但也是自动控制。风门转换全部由伺服电动机控制完成。检查后,确定该车共装有三个伺服器来控制三个不同功能。第一个为风门转换伺服器,根据人为操作达到所需位置并稳定,保证出风口按车主所选择的出风口出风。第二个为冷暖转换伺服器,主要控制冷暖风门的关闭程度,使风道吹出符合车主所调节的温度。第三个为内外循环伺服器,主要控制内外循环风门的开闭,以起到调节车内空气质量的作用。很明了,问题肯定出在与第一个伺服器相关的电路、电器元件及机械部分。用手调节空调面板上的风口旋钮,观察其伺服器能够自由来回转动。应该不会有什么问题,车主也说新车就是这样。正在为难之时厂里来了一辆同型号的伊兰特保养,经车主同意调换控制面板及伺服器试一下。顺便检查了一下风口的关闭情况。该车的风口除开关旋到向下吹时,下面才出风,其他时间均没有风,看来那辆车确实有问题。先把空调控制面板总成对调,后来又把伺服器对调,结果表明,伺服器及控制器均正常,但下出风口依然无法关闭。故障原因只能在机械部分了,把风门伺服器拆下后发现,伺服器带动塑料盘转动,而转盘的圆周上有不同角度的轨道,当伺服器带动转盘转动时,在不同角度轨道内滑动的风门连动装置带动各风门转动,来实现各种不同出风口出风模式的转换。本车共有三个风门来控制风道转换,一个为前风窗除雾,

一个为脚部出风,一个为正面吹风。用手依次转动各风门,找出哪个为脚部控制风门。其中两个能自由转动,只有一个卡死了,看来问题就出在这个风门上。到底是什么原因导致风门卡死呢?凭以往的经验,卡死的原因只有风门处掉进杂物,或由于交通事故导致风箱变形。根据现在的情况,这两种可能均被排除(因为是新车)。向下转动风门转不动,向上转动能稍动一点,再往上就转不动了,仪表台内杠上一固定线束的夹子头已顶住,会不会就是这个夹子挡住风门转动了呢?用钳子把线夹取掉,风口竟能关严了,原来风门转动距离本来就小,又让一夹子挡住,看来问题应该解决了。把所有东西按原来位置装好后(夹子不装)试车,发现脚部出风口依然出风,与刚来时不同的是,用手转动时已能关严,只好又把伺服器风门连动杆拆下检查,发现连动杆由于长时间受力(伺服器带动其转动关闭,风门又受到线束阻碍无法转动)而变形,此零件又没现货,只得想办法修复。用加热法使塑料的连动杆变软,然后用力将其调整好位置,冷却后,装车,一切正常,故障彻底排除。

故障维修总结:由于一个小小的线夹子的装配位置不当,引起这么大的麻烦。而整个车由成千上万个零件组成,这就要求汽车厂的每个装配及汽车维修人员一定要认真细心,以免给别人造成不可估量的损失。尽管同样的问题,可能有无数个不同原因造成,遇到相同原因的几率相当小,但我们要学会开阔自己的视野,掌握各系统的原理,考虑最有可能出问题的部位,才能提高工作效率。

十九、伊兰特 ABS、安全气囊报警灯同时报警的故障

故障现象:一辆北京现代伊兰特 1.8 轿车,车主反映该车仪表板上的 ABS、安全气囊报警灯同时报警。

故障诊断与排除:根据该车的故障现象,维修技师先连接故障诊断仪对 ABS、安全气囊控制系统进行了检测,结果发现两个系统中均存有与电源电压相关的故障码,怀疑是发电机的电压出了问题。经测量,发电机的电压过高,而 ABS、安全气囊电脑因监测到了错误供电电压而报警。

在更换新的发电机后,故障彻底排除。

二十、伊兰特安全气囊警告灯点亮的故障一例

故障现象:一辆 2007 年产北京现代伊兰特 1.8L 轿车,行驶里程 8 万 km。据车主反映,车辆正常行驶中仪表板上的安全气囊警告灯经常点亮,有时将发动机熄火后再重新起动,安全气囊警告灯又可以自然熄灭,最近一次行驶中安全气囊警告灯突然点亮后再也不能熄灭。

故障诊断与排除:安全气囊在汽车的配置中是比较特殊的重要部件,当车辆发生碰撞事故导致气囊引爆后,必须要按照维修要求更换气囊控制单元和转向盘游丝等相关配件,否则维修后很可能会出现气囊警告灯点亮的现象。对于该车的故障,维修技师先查阅了该车的维修记录,该车虽然早已过了质量保证期,但一直在维修技师所在的维修店正常保养且没有碰撞事故维修记录。仔细检查实车也没有发现维修过的痕迹,这说明安全气囊警告灯点亮与碰撞事故没有关系。

首先使用故障诊断仪检查安全气囊系统,存储有故障码 B1462,含义是"感知乘客侧无装置电路开放",即乘客座椅 PPD 传感器断路或短路。PPD 传感器是安装在前排乘客座椅上的压力传感器,它的作用是检测座椅上面的负载质量,当负载质量达不到标准要求(≥15kg),在碰撞事故中副气囊将不会被引爆,这样可以避免气囊对儿童的伤害并减少车辆的维修费用。清楚了 PPD 传感器的作用之后,接下来就可以按照维修手册的指导来检查 PPD 传感器及相

关电路了。

①相关端子和连接器的检查。电气系统中的许多故障是由接触不良的线束和端子引起的,故障也可能是由其他电气系统的干涉以及机械或化学损坏导致的。彻底检查 PPD 传感器线束的连接器,没有发现松动、不良连接以及损坏等情况。

②PPD 传感器的检查。检查 PPD 传感器内的短路及断路情况。点火开关"OFF",从蓄电池上分离蓄电池极桩线束并至少等待 1min。从安全气囊控制单元 SRSCM 处分离 PPD 传感器连接器,将质量约 15kg 的物品放到座椅上,以便验证 PPD 传感器的功能。测量 PPD 传感器连接器的端子 1 和端子 2 之间的电阻,电阻显示无穷大,而标准规定座椅上没有物品(小于或等于 0.6kg)时电阻为 50kΩ 以上,座椅上有物品(大于或等于 15kg)时电阻为 5~45kΩ。因此,测量结果说明 PPD 传感器部件本身电路断路。

分解副驾驶座椅拆卸座套,发现 PPD 传感器线束中的蓝色线断路。因为座椅是海绵材料制作而且弹性非常好,前部经常受到乘客挤压而翘起,再加上线束过紧没有足够的活动空间,从而造成 PPD 传感器线束的折断。更换 PPD 传感器并清除故障码,安全气囊指示灯熄灭,故障诊断仪检测系统正常。

故障维修总结:在日常的维修过程中必须了解部件的结构原理,严格按照标准流程维修作业,这样不但可以缩短时间,提高诊断故障的准确性,而且可以提高工作效率,减少误判。

二十一、北京现代途胜轿车充电不当引起的电路故障一例

故障现象:一辆北京现代途胜 2.0 轿车,行驶里程为 13 万 km,其刮水器无间歇挡(其他挡位正常);将空调面板上的 A/C 开关按下去后空调指示灯不亮,空调不能起动;音响不工作。

故障诊断与排除:从车主处了解到,有一段时间由于车主晚间忘记关车门,所以蓄电池亏电太多,以致发动机不能正常起动。车主为了方便,在某修理厂对蓄电池进行了充电,充电时没有把蓄电池从车上拆下来,也没有把蓄电池与轿车的电路断开。充电后发动机虽然可以顺利起动,但仪表中的充电指示灯及 ABS 故障报警灯点亮,很显然,发动机的充电系统出现了故障(北京现代汽车充电系统出现故障的时候,充电指示灯和 ABS 故障报警灯会同时点亮)。当时检查表明发动机室内继电器盒中发电机的 120A 易熔线已经熔断,更换易熔线后充电指示灯和 ABS 故障报警灯熄灭,但出现了新问题—刮水器间歇挡、空调和音响不工作了。于是车主便把轿车开到维修店来做进一步的检查与维修。根据汽车电路维修的一般原则,首先检查了相关熔丝,发现驾驶室内熔丝 13 和熔丝 27 熔断了。熔丝 13 是音响电路的熔丝,而熔丝 27 是一个共用的熔丝,向空调控制模块、鼓风机继电器、ETACM/TACM 及天窗控制模块电路供电,难道它们都是因电路短路而熔断的?估计问题不会这么简单,因为刮水器电路的熔丝 34 是正常的。断开点火开关,更换了 2 个熔丝,然后接通点火开关,音响系统便恢复了正常工作,可熔丝 27 却又熔断了。既然 27 号熔丝一安装上去就熔断,说明其电路中存在着严重的短路故障,但这和刮水器没有间歇挡好像没有直接的关系。首先断开驾驶室内接线盒中的连接器 I/P—H,然后用万用表检查其导线侧连接器的端子 1 和轿车搭铁之间是否导通,结果是不导通,说明此线路和天窗控制模块都是正常的(如果导通,即该端子对地短路,熔丝 27 就会熔断)。然后检查熔丝 27 电源输出端子和轿车搭铁之间是否导通,结果是导通,说明就是这条电路对地短路。接着脱开驾驶室内接线盒中连接器 1/P—E(如图 6-4 所示),检查其导线侧连接器的端子 10 与搭铁是否导通,依然导通;断开短接连接器 M08,检查其导线侧连接器的端子 1 与搭铁之间是否导通,还是导通;脱开空调控制模块连接器 M41—1,检查短接连接器 M08 导线侧连接器的端子 1 与搭铁是否导通,依然导通。剩下的就只有鼓风机继电器的电路了。拔

掉鼓风机继电器,再检查短连接器 M08 导线侧连接器的端子 1 与搭铁之间是否导通,结果是不导通,由此判断鼓风机继电器线圈短路了。接着用万用表测量继电器线圈的端子 1 与端子 3 之间的电阻,几乎为 0Ω,确实是短路了(应为 60Ω～70Ω)。连接好所有的连接器,更换鼓风机继电器,装上 10 A 的熔丝 27,起动发动机,接通空调,空调工作正常。接着准备解决刮水器没有间歇挡的故障,但当接通点火开关,把刮水器的开关置于间歇挡的时候,却发现刮水器间隙挡可以正常工作了。再次查阅刮水器的电路图,发现刮水器的间歇挡是由 ETACM(电子时钟警报控制单元)和刮水器继电器及刮水器开关一起控制的,如果 ETACM 不能正常工作,刮水器就可能没有间歇挡。在熔丝 27 熔断后,ETACM 没有了该路 ON 电源,就失去了部分控制功能,包刮对刮水器间歇挡的控制功能,所以在把熔丝 27 电路的短路故障排除后,刮水器间歇挡也就自然恢复了。

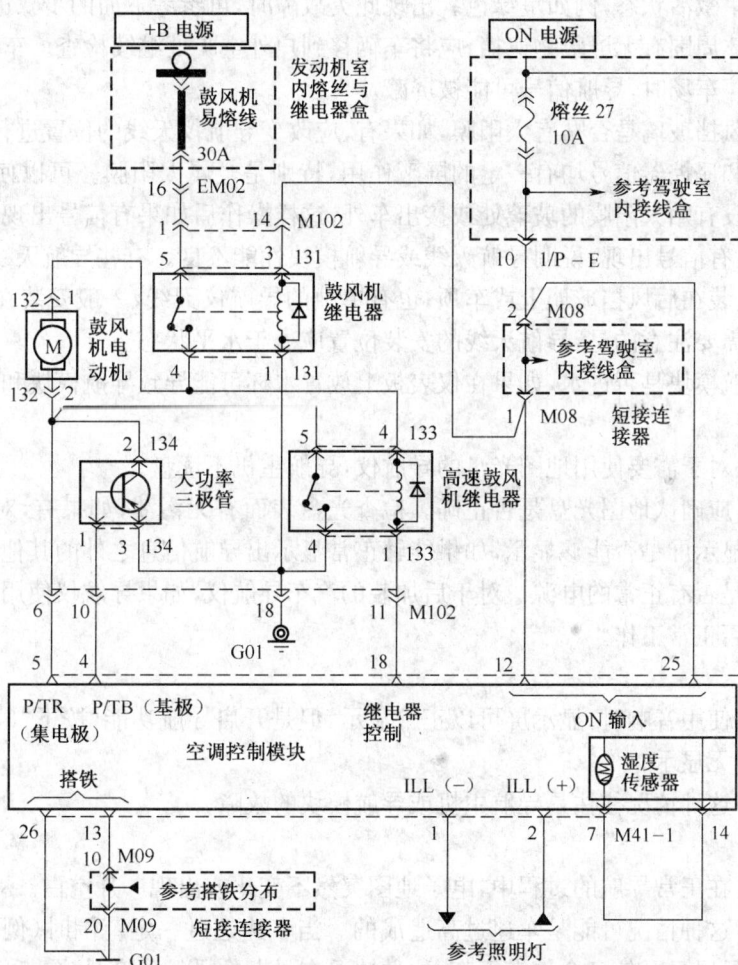

图 6-4　驾驶室内接线盒连接器 1/P 端子 10 的供电电路

　　说明:这是一起典型的人为操作不当引起的故障,在对蓄电池充电时,由于没有事先断开蓄电池和轿车电路的连接,充电过程中电流过大或者不稳定,造成了鼓风机继电器的损坏和相关熔丝的熔断,幸运的是没有造成其他控制单元的损坏,虽然维修过程历经波折,但总算解决了问题。由此可见,在电路的维修工作中,即使是进行一些非常基本的操作,也一定要严格遵守操作规程,只有这样,才能避免发生很多不必要的维修故障。

二十二、汽车导航仪常见故障的诊断方法

汽车导航仪正在从高档轿车向中、低档轿车覆盖,原厂配置或后加装导航仪的车辆越来越多,例如北京现代索纳塔御翔和广州丰田凯美瑞的一些车型都配置了汽车导航仪。

汽车导航系统包括导航主机(导航模块)、显示屏、天线以及扬声器等部件、汽车导航仪与其他多媒体系统共用一个显示屏,还会共用其他一些部件和线路,由此可能会带来一些相互牵连的故障。而且汽车行驶中产生的振动和其他用电设备的电磁干扰等原因也会成为故障的诱因。下面介绍汽车导航系统的 4 种常见故障的诊断方法,供广大汽车维修的同行们参考。

故障一

故障现象:显示屏上的全球定位系统的图标(例如"GPS"字样)颜色呈灰色或不显示。

检修说明:这说明导航模块没有接收到卫星信号。导航模块接收到卫星信号时,全球定位系统的图标应呈激活状态,例如呈绿色。出现此类故障时,可参考下面的步骤进行检查。

①检查车体周围有无屏蔽物遮挡,应将车辆移到户外空旷处继续检查。车辆在高层建筑、隧道以及地下停车场时,导航信号可能被屏蔽。

②检查前风挡玻璃是否贴有太阳膜,如果有,应改变导航仪天线的位置进行试验。太阳膜对导航仪天线和遥控器信号均有一定的屏蔽作用,特别是金属太阳膜。可以使用延长线将导航仪天线移到没有贴太阳膜的玻璃处或接出车外,这样操作后如果有信号出现,说明是太阳膜的原因;如果没有信号出现,说明导航天线或导航模块性能不良。有些导航天线与收音机的天线制成一体,安装在后风挡玻璃上或车顶;也有单独的导航仪天线,一般安装在仪表板下靠近A 柱的地方。需要注意的是,导航天线的安装位置应处于水平状态。

③检查导航模块是否进水,如果在仪表板上放置水杯可能导致导航模块和导航主机进水。

故障二

故障现象:对于需要使用地图光盘的导航仪,导航主机不读盘。

检修说明:应确认地图光盘是否正确。检查光盘表面有无污渍,如果有,对光盘进行清洗或更换。检查显示屏是否能够显示,如果能够正常显示出导航信息之外的其他多媒体信息,应检查导航主机是否有正常的电源。对于后加装的汽车导航仪,如果导航仪使用点烟器供电,应检查点烟器能否正常工作。

故障三

故障现象:使用音响时,显示屏可以正常显示,但是开启导航功能(按下"NAV"或"MAP"按键)后显示屏无显示。

检修说明:这种情况往往是导航主机或导航模块的故障。

故障四

故障现象:在正常导航的过程中,电子地图突然不变化或出现一片空白。

检修说明:这种情况可能是车速过高造成的。当车速超过一定范围时(例如 140 km/h),有些导航仪显示屏显示信息会停滞不变,这种情况在早期的导航仪产品(包括一些原厂配置的导航仪)上比较常见。目前很多导航仪已经提高了处理信息的能力,这种情况就比较少见了。另外,如果将显示区域设置到没有道路的位置或显示比例尺设置过大,也会出现显示信息似乎不变化的情况。

第七章 宝来系列轿车故障检修实例

一、宝来 1.8L 轿车偶尔起动困难的故障

故障现象:一辆宝来 1.8L 轿车,偶尔起动困难。

故障诊断与排除:用 V. A. G1551 检测,无故障存储,各种数据无异常。燃油压力(保持压力)合格,点火波形无异常。起动发动机时起动机只有"咔、咔"声。为确定是否起动机故障,维修技师在起动机的 50 号脚处外加一试灯,反复转动钥匙至起动挡,有几次试灯(12V,5W)仅微亮。于是判定点火开关内部接合不良,更换后故障彻底排除。

二、宝来 1.6L 手动挡轿车突然起动不着车的故障一例

故障现象:一辆宝来 1.6L 手动挡轿车,行驶了 4 万 km,突然早上起动不着车。

故障诊断与排除:经查蓄电池在起动时电压过低(低于 9V),辅助起动后,检查发动机控制单元故障记忆有一个故障码 16955:制动灯开关—F 不可靠信号。因为是偶然故障,所以直接消除了。用万用表检查蓄电池极柱电压为 14V 左右,这说明发电机正常,充了一会儿电后,熄火并再次起动,结果一次起动成功,所以可以初步判断蓄电池正常。故障原因可能是熄火后某个用电器继续工作,导致蓄电池电能损失,无法起动。将这一情况通报车主后,车主突然想起半个月前发现在阳光曝晒下长时间停车后,制动灯会亮。询问车主高位制动灯是否亮,车主说不亮,并说在将车驶入树荫下一段时间或行驶一段时间后,制动灯会自动熄灭,车主也没有太在意。联想到那个制动灯开关不可靠信号的故障码,于是怀疑制动灯熄火后放电。将 VAS5051 的 50A 电流钳夹住蓄电池负极线上,进入万用表功能,熄火锁车时显示为 240mA 左右,过 10s 后变为 33mA 左右,均在正常范围。将车辆放在阳光下曝晒了 2h,制动灯也没有亮,于是分析可能是当天气温低。如果在高温天气并且在烈日下长时间曝晒,车内温度将非常高,制动灯开关可能由于受热膨胀,导致内部触点非正常闭合,使制动灯点亮。而高位制动灯和尾灯总成内的制动灯是同一条线路,并联关系,应同时点亮。可能由于触点接触不良,接触电阻大,分压使制动灯上的电压减小,灯亮度小或可能是角度原因,车主没有发现高位制动灯也亮。

最终决定更换制动灯开关,让车主观察一段时间。经长时间观察故障不再出现,说明故障彻底排除。

三、宝来 1.8AT 轿车蓄电池亏电造成发动机不能起动的故障

故障现象:一辆宝来 1.8AT 轿车,车辆放置几个月后,多次起动车辆,发动机均不能起动。

故障诊断与排除:测量蓄电池电压 7.5V,更换蓄电池并按要求作业(即换完后将钥匙拧至位置 Ⅱ,并保持 30s 后再关闭点火开关,再次拧到位置 Ⅱ)仍不能发动。连接诊断仪进行检测,发现了 2 个故障码:①17978—发动机控制单元防盗功能锁止。②17972—发动机控制单元基本设定电压过低。

如果在蓄电池亏电的情况下多次起动发动机,由于起动机转速低,导致气缸压力降低,造成进入气缸的混合气不能被点燃,汽油累积后将火花塞淹湿,导致发动机不能起动。之后,蓄电池电压低到一定程度又使得发动机防盗功能被锁止,此时即便使用充足电的蓄电池也不能起动发动机。由于用户不知道在蓄电池亏电的情况下不应再使用起动机,所以导致了此车故障的发生。另外,在宝来轿车的维修手册中规定:在更换蓄电池后需要重新做设定,否则发动机会产生起动困难或急速不稳的故障。

　　用诊断仪 V.A.G1551 进入发动机控制单元将防盗锁止解除,将火花塞拆下擦干汽油,装复,并对节气门做基本设定后,发动机顺利起动。

四、宝来 1.8L 轿车熄火一段时间后就无法起动的故障一例

　　故障现象:一辆宝来 1.8L 轿车,行驶里程 4 万 km,出现熄火一段时间后,就无法起动的故障。

　　故障诊断与排除:维修技师接车后,试着起动时,起动机仅有吸合声,无电机工作声,仪表指示变暗。跨接蓄电池后起动,很容易着车,判定蓄电池严重放电。检视蓄电池观察孔,发现已呈现黑色,测量发电机电压为 13.8～14.1V 正常,测试静态放电量为 380mA 左右,表明该车在断开点火开关后仍有大的用电设备工作。于是按常规的检查方法,先排除外加设备,再检查与保险继电器相连工作元件电路的方式诊断。查找结果是该车主为提高音质而加装的"低音炮"设施额外耗电,拆除后放电量为 5mA,正常。

　　将蓄电池进行补充充电后,第二天试车,一切正常。在此提醒广大车主,尽量不要随意添加电器设备,即使需要,一定要到专业的服务站进行添加,以免造成一些不必要的麻烦和浪费。

五、宝来轿车冲洗过发动机后出现无法起动的故障

　　故障现象:一辆宝来轿车(采用 1.6L 发动机和手动变速器),原来运转正常,可冲洗过发动机后出现无法起动的故障。

　　故障诊断与排除:因为该故障是冲洗发动机后才出现的,所以首先就用压缩空气将有关电器元件、导线连接器、高压线和火花塞吹干后试车,故障依旧。接通点火开关,测量空气流量传感器的电源端子,竟然没有 5V 电压。将点火开关置于起动挡,发现喷油器偶尔会工作一下,火花塞也偶尔跳一次火,由此基本上断定发动机控制单元输出电源有误。检查发动机控制单元的电源端子和搭铁情况,都正常,也没发现发动机控制单元有进水的迹象。

　　用元征 431ME 故障检测仪读取故障码,显示有 3 个故障码,分别是:节气门控制单元 J338 信号错误;加速踏板位置传感器 G79 信号错误;发动机转速传感器 G28 无信号输出。用故障检测仪清除故障码,发现节气门控制单元 J338 信号错误和加速踏板位置传感器 G79 信号错误,故障内容无法清除。仔细检查节气门控制单元和加速踏板位置传感器,发现加速踏板位置传感器上有水迹。接着查找水是从何处漏进来的。原来该车曾加装过防盗器,该防盗器的喇叭线就是从加速踏板上方牵出去的,当冲洗发动机时水顺着防盗器喇叭线滴到加速踏板位置传感器内,导致加速踏板位置传感器发出错误的信号给发动机控制单元。

　　拆下加速踏板位置传感器,并撬开其边盖后用压缩空气将其内部水分吹干净后试车,起动正常,故障彻底排除。

六、宝来轿车时常不着车的故障一例

　　故障现象:一辆宝来 1.8L 轿车,在冷热状态下经常不着车。此故障一天出现多次,冷车情况下少,热车情况下多,推车就能着车。

　　故障诊断与排除:首先用 V.A.G1551 进行检测,发动机控制单元无故障记忆存储。车主来报修时,车辆测试起动正常。根据推车能着车的现象,分析可能故障为起动线路引起。进一步询问车主得知,不着车时起动机有起动声,故可排除起动机和点火开关线路故障,但蓄电池故障不能排除。检查蓄电池时,发现蓄电池观察孔呈现黑色,分析可能为蓄电池老化造成起动机起动无力。对发电机的发电量,车身电器放电情况、搭铁情况进行检查,确认正常后为车辆更换蓄电池。三天后该车反映又出现热车难起动现象,要起动几次才着火。依据反映情况查询发动机控制单元故障记忆,发现有水温传感器 SP 故障。读取数据流显示水温温度 90℃。

此时轻拍水温传感器,发现温度有时变为-40℃,由此可推断热车难起动为水温传感器信号失真,引起发动机控制单元错误加浓造成的。蓄电池老化是造成冷车状态下难起动的主要原因,水温传感器偶发故障是热车状态下难起动的原因。由于水温传感器是偶发间断性故障,多次起动后发动机控制单元故障记忆自动消除。

更换水温传感器,故障彻底排除。

七、宝来轿车突然熄火后无法再起动的故障一例

故障现象:一辆宝来轿车,采用1.8T发动机和自动变速器,累计行驶了4.5万km,在一次正常行驶过程中发动机突然熄火,熄火后再也无法起动。据车主介绍,该车是购回后第1次出现故障。

故障诊断与排除:维修技师到达现地后,首先检查发动机机械部分,正常。连接V.A.Gl551故障阅读仪进行故障查询,发现故障阅读仪与发动机ECU无法通讯,与其他控制单元的通讯正常,怀疑发动机ECU供电电源有问题。查看该车型的电路图,发现发动机ECU的供电情况如下:30号常电源经过熔丝盒上10号(15A)熔丝和红-绿色导线到T6连接器的端子4,然后到发动机室线束中的D78连接点,再通过白-红色导线到428号继电器的被控端。428号继电器是受点火开关控制的。在接通点火开关后该继电器吸合,白-红色电源线通过428号继电器后变为受点火开关控制的电源,再经过T2连接器的端子1通过黑-紫色导线到发动机室线束中的D52正极连接点,D52正极连接点将该电源再分配给发动机ECU的端子121和4个点火线圈,作为发动机ECU和点火线圈的供电电源。

检查10号熔丝,正常。从发动机室左侧拔下428号继电器,发现继电器导线侧连接器各端子上均无电压,说明问题出在10号熔丝到428号继电器之间的电路上。在该段电路中只有T6连接器,检查T6连接器,发现在接通点火开关时,其端子4上也无电压,说明10号熔丝至T6连接器之间的导线出现断路现象,这正是发动机不能起动的原因所在。

在10号熔丝和T6连接器间跨接一段导线,并对相关连接点进行了绝缘处理,接通点火开关后,发现V.A.Gl551故障阅读仪可以与发动机ECU进行通讯了。查询故障代码,所得的故障内容为"第3缸失火"和"控制单元没有供电电源"。

根据维修经验,第3缸失火一般是点火线圈的次级线圈损坏造成的,更换第3缸点火线圈后,用V.A.Gl551故障阅读仪清除故障代码后试车,一次起动成功,发动机工作一切正常,故障彻底排除。

该款轿车1.8T发动机所采用的点火线圈与点火控制模块集成一体的,其中点火控制模块位于顶端,下部是点火线圈。点火线圈的初级线圈和次级线圈由硬质绝缘材料封装,最外层是金属屏蔽层。维修技师经过对多个已经损坏的点火线圈进行解体发现,这些点火线圈损坏的原因几乎都是点火线圈的次级线圈绝缘层被击穿。绝缘层击穿并非是其电路设计有问题,主要是绝缘层绝缘性能不良,使匝间、层间与极间出现短路现象,从而导致点火能量下降,或者根本没有点火能量输出。

八、宝来轿车熄火后起动困难的故障一例

故障现象:一辆宝来(1.8L)轿车,行驶里程为4万km,偶尔驻车(停车)熄火后再起动困难,不分冷热车,到几家修理厂检查过都没找到原因,而且故障时有时无。

故障诊断与排除:维修技师接车后,检查蓄电池有电,油箱不缺油,起动时起动机工作有力。在与车主交谈中了解到,这次故障持续时间最长,着车后怠速也抖动很长一段时间。维修技师试着熄火起动几次,也没看到症状,因没见到故障现象,所以建议车主进行全面检查。依

故障现象初步分析,可能有以下几方面:①某些重要信号传感器工作信号失真(偶发性有较长延时),引起空燃比失衡过大。②供油系统存在严重卸压或供油线路工作偶尔不良(如燃油泵继电器(409)工作不良)。③点火线路中有不正常状况(如断路,短路)。④喷油器堵塞,进气门及燃烧室积炭过多,缸压异常等(此条多发于冷车起动困难)。

连接诊断仪 V.A.G1552,依照初步分析的原因检查,读取故障码,显示为偶发性水温传感器—G62 信号过大。拆下此水温传感器(与水温表传感器集成在一个壳体中,是负热敏电阻传感器),分别测量在 20℃和 80℃时,其阻值分别为 2.48kΩ,285Ω,符合标准,而且用诊断仪监测水温值变化(01—08—001—2 区),结果从起动着车开始到散热风扇工作,水温变化一直很平稳。同期观测的氧传感器(电压工作范围)、空气流量计测量值、节气门开度等都表现正常。进一步检查怠速,行驶时发动机熄火后燃油压力(怠速)260kPa,行驶时急加速 340kPa 左右,平稳(匀速行驶)280kPa,熄火后保持压力 220kPa 且 10min 内不回落,无异常。测量点火线路、供电、接地均良好。

因无法从测得数据判定故障点,故采用较费时的故障再现法,将车静置一段时间再起动观察,当第三次熄火后再次起动时故障出现了。外部表现起动机工作有力,燃油油管有脉动压力变化,而诊断仪上显示数据中水温值为—40℃,明显与实际不符,当时水温仍在 80~95℃间(散热风扇刚停不久),环境温度 24℃,拆检 1 缸火花塞发现,电极处有少量油且电极及裙部有轻微积炭。于是判定水温传感器信号中断故障,更换一新传感器后故障排除。

故障维修总结:本车水温信号中断(断路)导致发动机控制单元误判断(认定水温为—40℃)将加大喷油量(时间),引起空燃比严重失衡,且点火时刻的改变,形成了本车火花塞无法工作的淹缸状态,造成冷热均难起动的现象。由于此水温信号不常出错,故在监测时应时间稍长一点。另外,水温传感器信号中断还会导致油耗、排放、怠速自动稳定性的变化。

九、宝来轿车特殊故障一例

故障现象:一辆宝来 1.8L 轿车发动机换机油时,发动机第一次能顺利起动,但第二次就不能起动了。

故障诊断与排除:此故障看起来有点不可思议,因为只换了机油而已。维修人员检查机油位置,发现机油量稍微偏多了一点。怀疑是偶发故障,于是用 V.A.G1552 调取故障码。故障码显示 G28 故障,曲轴位置传感器没有信号输出。更换曲轴位置传感器,发动机仍然不能起动。考虑到机油油位有点高,于是放掉部分机油,发动机能顺利起动,而且在清除旧故障码后也不再显示新的故障码。

故障维修总结:曲轴位置传感器 G28 的作用是检测发动机转速及活塞上止点的位置。机油过多会把信号齿的齿根部填满,曲轴位置传感器 G28 就不能产生磁脉冲信号,发动机控制单元接受不到 G28 的信号,从而导致发动机不能起动,且显示曲轴位置传感器 G28 有故障的故障码。

十、宝来轿车冷车起动后怠速不稳,但热车怠速正常的故障一例

故障现象:车主反映早晨冷车起动后怠速不稳,但热车怠速正常。

故障诊断与排除:使用 V.A.G1551 进行故障查询,发现存在故障:空气流量计 G70 信号太弱。读取测量数据块怠速时的空气流量计进气量为 2.5g/s,接近正常范围下限,原因可能是:①空气流量计 G70 线路断路或短路。②空气流量计 G70 本身损坏。③空气流量计至进气管出现漏气。④空气滤清器堵塞。检查发现空气滤芯很脏,节气门体下壁覆盖了黑黑一层油泥。

清洁空气滤清器壳体,更换空气滤芯,清洗节气门体,进行基本设定后试车,发动机冷怠速恢复正常。

故障维修总结:电喷发动机的主要信号是采集的进气量信号与发动机转速信号,修正信号为水温、进气温度和空燃比等反馈信号。冷车时,发动机 ECU 根据水温信号将喷油加浓,但因实际进气量小,发动机 ECU 采集到的进气量也小,于是 ECU 根据进气量减小喷油量,造成了发动机怠速不稳。而热车时发动机 ECU 停止加浓,虽然进气量较小,但仍可满足发动机正常工作所需进气量,因而出现此例故障现象。

十一、2004 款宝来 1.8 手动挡轿车充电指示灯常亮的故障一例

故障现象:一辆 2004 年产宝来 1.8 手动挡轿车,行驶里程 3 万 km,该车仪表板上的充电指示灯常亮。车主反映,为了排除此故障,不久前曾更换过发电机,但是故障依旧。

故障诊断与排除:维修技师接车后,首先测量发电机的发电情况,蓄电池端电压为 12.6V,发电机电枢端电压也为 12.6V。将发电机上的两线插头拔下,打开点火开关,测量 L 线和DFM 线都有 12.6V 电压。发电机壳体与蓄电池负极接线柱之间的电阻为 0.5Ω,这说明搭铁正常。插上发电机的插头,用长柄螺丝刀可以感觉到发电机带轮上有吸力(即有磁场)。起动发动机,测量发电机的 L 线上的电压为 1.4V,用长柄螺丝刀感觉不到发电机带轮上有磁力,这说明发电机不发电。

检查充电系统电路时没有发现异常。这就奇怪了,按照正常思维,此车故障应该是发电机、蓄电池或充电系统电路故障。更换蓄电池后试车,故障依旧,为了排除发电机故障的可能,于是决定再次更换发电机后试车,但是起动发动机后发电机仍然不发电,测量发电机 DFM 端子电压为 5.0~6.0V,这是不正常的。难道发动机控制单元有问题? 于是更换发动机控制单元,但故障依旧。至此故障检修陷入僵局。

维修技师通过仔细研究宝来轿车电路图后,认为宝来轿车的发电机控制电路很简单,在发动机起动后,只要给 L 线提供励磁电压,发电机就可以依靠自身励磁发电。但该车的发电机不但不能自身励磁发电,也不能他激发电,但在发动机不起动时却有他激磁场。由此看来,故障点似乎应在调节器碳刷处,难道是发电机运转后碳刷接触不好吗? 于是拆下电压调节器,起动发动机后直接给转子线圈通电,但发电机仍然不能发电。重新测量线路,发电机壳体与蓄电池负极之间的电阻在发动机不起动时是 0.5Ω,起动发动机后是 0Ω。根据经验,电阻挡不可能测出 0Ω,除非有电压存在。直接用一根导线将发电机壳体与蓄电池负极相连,发电机仍然不发电,但将导线在车身上搭铁并来回划动时,偶尔发电机会发电,但拔下 L 线后发电机又不发电。

检修至此可以看出,发电机没有问题,线路正常。发电机有他激电流,但无磁场造成不发电。那么只剩下一个可能,就是发动机起动后有一个干扰磁场将发电机的他激磁场抵消,造成不发电。一般来说,发动机运转时能够产生较高磁场的部件有点火线圈、高压线以及火花塞等部件,于是先更换一组高压线,起动发动机后怠速时发电机可以发电,但在发动机转速达到4000r/min 左右时发电机又不发电了。更换了 4 个火花塞后,故障不再出现。

高压线产生电磁干扰的事情并不少见,但是干扰磁场导致发电机不发电的事情却很少见。希望此特殊故障的排除,为广大同行有所借鉴作用。

十二、宝来 1.8AT 轿车急加速时充电指示灯闪亮的故障

故障现象:一辆宝来 1.8AT 轿车,行驶 4 万 km,车主陈述急加速时充电指示灯闪亮。

故障诊断与排除:试车,此车在急加速时充电指示灯偶尔闪亮,测量充电电压正常。但在路试中发现高速行驶时有轻微坐车现象,怀疑高压线漏电所致。检查发现,此车高压线和火花塞都经过改装,并且3缸高压线有轻微的漏电现象,4个火花塞的绝缘瓷体都有电击的痕迹,测量改装的高压线电阻为0Ω。

使用无阻尼高压线是想减小因阻尼电阻产生的电压降,但实际上这个电压降对高压火花能量影响极小,改装后反而失去了阻尼作用而使收音机噪声增加,控制单元等电子设备工作不正常,属于得不偿失。

更换原车规定高压线和火花塞,由于消除了干扰源,充电灯工作正常,故障彻底排除。

十三、宝车轿车行驶中突然空调不制冷的故障一例

故障现象:一辆宝来1.8T自动挡轿车,行驶中突然空调不制冷了。

故障诊断与排除:经查熔丝S5(5A)烧了,换上一个新的熔丝,结果马上又熔断了。怀疑是冷却风扇控制器J293内部损坏,于是更换新的控制器,再插熔丝不熔断了。但车没跑了一会儿S5熔丝又熔断了,查阅电路图发现,该熔丝不仅给冷却风扇控制器J293供电,而且给空调高压传感器G65供电,还给新鲜空气/循环空气翻板开关E159及电动机V154供电,还有舒适系统的自动防眩目车内后视镜Y7供电。检查新鲜空气/循环空气翻板开关E159及电动机V154均工作正常。将点火钥匙打开,用手堵住自动防眩目车内后视镜Y7的前光敏传感器,测量其防眩目功能,结果后视镜不变暗,这说明自动防眩目车内后视镜Y7已损坏,怀疑是Y7内部损坏导致有时内部短路,致使S5熔丝过流烧断。为了验证这一判断,将Y7的三孔插头拔下,经过几天的试车,一切正常。

更换自动防眩目车内后视镜Y7后故障彻底排除。

十四、宝来1.8L轿车空调有时会突然无冷风的故障一例

故障现象:一辆2003款宝来1.8L轿车,行驶里程8万km,装有自动空调。车主反映,在使用空调时,如果踩制动减速或走颠簸道路,空调有时会突然无冷风,同时空调控制面板显示器和仪表多功能显示器上的外界温度显示全部变成零度以下。有时零下几度有时零下十几度,而且2个显示器上的显示数值每次都是一致的。

故障诊断与排除:首先按照车主反映的情况试车,空调没有出现故障。用V.A.G1552进入08(自动空调地址码)→02(查询故障码功能代码)查询故障,无故障码存储。根据自动空调的工作方式和空调的设计原理进行分析,当外界温度在零下几度或零下十几度时根本不需要制冷,空调控制单元就会命令制冷系统停止工作。因此当空调控制面板显示器上的外界温度显示是零下几度或零下十几度时,也就是空调控制单元感知此时外界的温度太低,就命令制冷系统停止工作。由此看来空调控制单元和执行元件出故障的可能性不大,故障点很可能在外界温度传感器或相关线路上。该车的外界温度显示值是根据安装在新鲜空气进气道内的温度传感器G89对温度的测量值和安装在前保险杠上的外界温度传感器G17对温度的测量值综合计算出来的。

用V.A.G1552进入08(自动空调地址码)→08(阅读数据流功能代码)→006(组号),数据流中的2区和3区分别是新鲜空气进气温度传感器G89和外界温度传感器G17的实际测量显示值,观察2个数值的显示和当时的外界温度吻合。升起车辆检查外界温度传感器G17的线路,用手轻拉线束,3区的显示数值变成了-30℃,制冷系统随即停止了工作,故障点找到了。将虚接的G17线束重新连接牢固,经过一段时间的回访,故障再没有出现。

故障维修总结:车用温度传感器往往采用的是负温度系数传感器,阻值越大表示温度越低。处理完故障后询问车主得知,该车曾经发生过前部碰撞。这就清楚了,肯定是

G17 的 2 条线被撞断后没有牢固连接,所以当受到振动时阻值就会变大,从而导致了上述故障的发生。

十五、宝来 1.6L 轿车空调电磁离合器不能吸合的故障一例

故障现象:一辆宝来 1.6L 轿车,打开空调开关,压缩机电磁离合器不吸合,并且散热风扇不转。

故障诊断与排除:对风扇控制器到压缩机的线路进行检查,未发现异常,于是怀疑冷却风扇控制单元 J293(兼有空调控制作用)有问题,更换后试机,故障依旧。又对相关部件及线路进行检测,检查到压缩机切断温度传感器 G346 时发现导线断路。压缩机切断温度传感器 G346 导线断路后,空调控制器将以温度低于 5℃ 对待,限制压缩机工作,所以压缩机不吸合,同时散热风扇电动机不转动。

将 G346 的导线连接好后,故障彻底排除。

十六、宝来 1.6L 轿车冷却液温度升高且空调电磁离合器不能吸合的故障

故障现象:一辆宝来 1.6L 轿车,打开空调开关,空调压缩机可以吸合;当冷却液温度升高后,冷却风扇只以低速运转而无高速,此后运转一定时间,空调压缩机自行停机。

故障诊断与排除:用 V. A. S1551 查询发动机控制单元无故障存储。分析空调压缩机停机的原因是由于冷却风扇无高速,致使冷却液温度过高,又导致制冷系统压力过高,冷却风扇控制单元 J293(兼有空调控制作用)强制压缩机断开进行保护。

经检查发现位于蓄电池上方保护冷却风扇高速的熔丝熔断,经更换熔丝,故障彻底排除。

十七、宝来 1.8AT 轿车车内后视镜电线磨破导致暖风无法工作的故障

故障现象:一辆宝来 1.8AT 轿车,车辆在挂倒挡时倒挡灯不亮。自动空调的暖风也无法启动。

故障诊断与排除:维修技师接车后经检查,发现 7 号熔丝与 5 号熔丝烧毁。换上新熔丝后再次被烧毁,看来线路中存在短路的情况。经仔细检查。发现该车在挂倒挡时锁止继电器与车内后视镜的 15 号火线相碰。经查阅相关线路图,得知后视镜的 15 号火线与暖风系统火线相串联,看来暖风不工作的现象与此有关。为此将车内后视镜拆下进行检查,发现其线束已经烧毁。经仔细观察,终于发现了线路烧毁的故障原因,原来是后视镜的电缆钩上下部件弹簧与雨量传感器将线束挤压到了中间,导致线束外皮磨破短路。由于该线束的故障,最终导致该车挂倒挡后倒车灯不亮,自动空调的暖气也无法起动。

在对相关线路进行修复后,故障彻底排除。

十八、宝来 1.8L 轿车空调系统密封圈损坏引起制冷效果不好的故障一例

故障现象:一辆宝来 1.8L 自动挡轿车,行驶到 7000km 时出现空调制冷效果不好的故障现象。

故障诊断与排除:该车是自动空调,检查空调系统压力发现高压为 1000kPa,低压为 200kPa,当时气温为 33℃,压力明显偏低,说明空调系统存在泄漏现象,但泄漏的并不严重。

因制冷剂油和制冷剂是相互溶合的,所以在制冷剂泄漏的地方一般会留下油迹,依据这一点可以通过目测确定可能的泄漏点,然后可用制冷剂检漏仪进一步确定。

制冷剂泄漏的常见原因:①各处管路的接头,各检测口和开关或压力传感器接头,密封圈密封不严。②压缩机轴前部油封损坏导致制冷剂泄漏。③冷凝器被异物扎伤泄漏。首先检查

冷凝器前部没有油迹和损伤痕迹,于是用制冷剂检漏仪检查接头和压缩机,结果在压缩机进口处检测仪报警,将制冷剂回收后打开接头发现密封圈压偏,导致压力高时制冷剂微漏,制冷效果不好。经检查发现压力和上次一样,这说明仍然存在泄漏现象,用检漏仪查不到故障点,于是决定拆下各接头检查,结果发现干燥瓶入口密封圈也压偏。

更换密封圈,重新加注制冷剂后故障彻底排除。

十九、宝来轿车空调没有暖风的故障

故障现象:一辆宝来轿车空调没有暖风,制冷正常。

故障诊断与排除:经试车发现,风量、风速和风向控制正常,制冷功能也正常,因为该车是自动空调,暖风水箱没有设置开关阀门,由此分析没有暖风的可能原因有两个:①暖风水箱内部堵塞。②温度翻板不能处于正确位置。连接 V. A. G1551,输入自动空调地址码 08,查询自动空调故障记忆,未发现有故障码。用手摸暖风水箱进水管和出水管,结果发现都很烫手,这说明暖风水箱畅通不堵塞,故障原因是温度翻板不能处于正确的位置。也就是说,翻板始终处于关闭暖风的位置,所有的空气经过鼓风机的加压后通过蒸发器就直接从各出风口流出,没有经过暖风水箱的加热。而温度翻板是由温度翻板位置电动机 V68 控制的,和电动机联动的还有一个电位计 G92,用以检测温度翻板的位置。由此分析可能的故障原因是 V68 卡死在温度翻板关闭的位置上。还有一种可能是温度翻板与电动机脱开了,电动机无法控制温度翻板。为了进一步判断,决定进行基本设定和执行元件诊断,做完以后查询故障记忆,有一个故障码:01271,温度调节翻板电动机 V68。这与之前的分析相同,于是决定进行拆检,拆下温度翻板位置电动机 V68,发现温度翻板与空调总成壳体脱开了。经询问车主得知,此车几个月前出过事故,可能是空调总成的装配过程中,没有安装好温度翻板。拆下空调总成,进行解体并重新装配温度翻板,之后进行基本设定,再查询还是有故障码 01271。于是拆下温度翻板电动机 V68,用工具手动将温度翻板调整到制热位置,再次试车,暖风正常了,这说明温度翻板位置电动机 V68 也有问题。

更换温度翻板位置电动机 V68 并进行基本设定(通道号 000)后,故障彻底排除。

二十、宝来轿车空调压力传感器安装不到位导致空调不制冷的故障

故障现象:一辆宝来 1.8L 轿车用户反映此车行驶里程为 2000km,以前没有使用过空调,当使用空调时发现不制冷。

故障诊断与排除:检查发现压缩机电磁离合器不吸合。导致不吸合的原因通常有 3 种:①空调系统缺制冷剂。②空调控制系统不正常。③有限制压缩机工作的条件存在。经检查空调系统无制冷剂泄漏,但发现空调压力传感器无信号输出。拆下空调压力传感器时发现与管路连接处没有油迹,断定此压力传感器根本没有和管路接通,就是说传感器没有把管路上针阀顶开。

正确安装压力传感器后,空调工作正常,故障彻底排除。

二十一、宝来 1.8T 轿车空调伺服电动机故障一例

故障现象:一辆宝来 1.8T 自动空调轿车,行驶 6000km,打开点火开关后,仪表板内有一个部件发出像时钟一样的声音。

故障诊断与排除:宝来轿车车内没有安装发出时钟声音的装备。该声音的出现最大可能性是某个用电设备出现了故障,仔细听声音是在仪表板中部发出,所以怀疑是自动空调的某个伺服电动机发生了故障,不能旋转到位。拆下仪表板仔细听响声,并通过接通、关闭伺服电动机接头的方法确定哪个伺服电动机有故障,最后确定是温度调节板伺服电动机(备件号:

J1J907511A)发出的响声。

更换温度调节板伺服电动机,故障排除。

二十二、宝来轿车散热风扇低速常转的故障

故障现象:一辆宝来1.8L手动挡手动空调轿车,打开点火开关置"ON"挡时,两个冷却风扇均低速运转,开空调时压缩机不工作,且水温警告灯闪烁报警。

故障诊断与排除:维修技师接车后,首先检查了该车冷却液液位,冷却液液位正常。根据该车散热风扇的工作条件,对以下相关电器部件进行了检查,检查结果如下:对水箱上的热敏开关F18进行了检查,根据电路图可知,如果开关内部低速挡常闭合也会造成风扇低速常转故障。为了排除F18的影响,将其插头拔掉,但是点火开关置"ON"挡时故障依旧。考虑到大多数大众车系发动机都有过热保护功能,如果在冷却液温度传感器出现故障后,发动机将激活散热风扇低速运转。因此使用VAS5053进入发动机控制单元01—03对故障码进行读取,显示有发动机监测水温信号不可靠(SP)故障码。清除故障码,为了排除水温传感器损坏的可能性,维修技师更换了一个新的水温传感器,通过01—08—01读取了发动机水温数据流,为48℃,与仪表水温基本相符,但是此时仪表上的水温警告灯不停的闪烁。为了使维修过程少走弯路,对其电路图分析后,将可能的故障点归结为以下几点:①空调高低压开关G65损坏。②空调继电器J293损坏。③压缩机切断温度传感器G346损坏。④检查J293的T14/8脚,空调开闭信号是否正常。⑤检查J293的T14/3脚(发动机信号端)电平状态,判断是否有发动机信号源。⑥检查J293的T4a/2脚是否有12V电压。

根据分析,维修技师进行了逐一测试检查。由于该车之前已在别的修理厂维修过,车主反映风扇继电器已经更换过,但故障依旧。抱着试试看的态度还是换上了一个新件,但故障依旧。该车的空调不工作,会不会真的与G65有关系呢?G65为3线传感器(白线:信号线;黑蓝线:电源线;棕黑线:搭铁线),使用万用表进行测量,搭铁线正常,电源线为12V,正常,信号线为2.5V,也基本正常。将雨刮器左下方的压缩机切断温度传感器G346拔掉测量,阻值正常,不存在断路现象。将空调继电器J293插头拔下,对T14/3脚进行了测量,为接地信号。但此时有一点不能明白,在发动机水温过高时该脚的请求信号是高电平,还是低电平。为了排除是该信号的影响,将通往发动机控制单元J220上的插脚拔掉,同时检测该脚为悬空状态。此时将空调继电器J293线束恢复后测试,故障依旧。为了排除空调开闭信号不良的影响,维修技师在开关空调的状态下测量J293的T14/8脚,有状态变化,开关信号正常。接着又对J293的T4a/2脚进行了测量,该脚在不开空调和开空调时均为12V。检查到此,维修技师有些想不通,因为所有影响散热风扇的信号及其电气部件均仔细检查过,均正常。还有什么会影响风扇的呢?空调继电器J293除了通往仪表的J285的T14/13脚没检查外,就剩下一个S16保险丝没检查了。在驾驶室左侧保险丝盒内找到S16,发现已烧断,更换保险丝后,试车,散热风扇不再转动,空调系统也恢复正常。近两个小时的辛苦检查,没想到竟是一个保险丝惹的祸。

故障维修总结:由于目前中高档的车辆广泛采用了CAN—BUS网络传输技术,包括动力系统、舒适系统、信息娱乐系统等,并通过网关进行数据交换,每个控制单元上都有30号线、15号线等众多保险丝,所以在检查系统电路故障的时候,首先要排除控制单元的电源及接地部分是否正常,然后再配合诊断仪进行故障码的读取和系统化的信号测量,从而少走弯路,以利提高工作效率。

二十三、宝来 1.6L 轿车水温表偶尔不动的故障一例

故障现象：一辆宝来 1.6L 轿车，水温表偶尔不动。

故障诊断与排除：车辆进厂时恰好看到水温表没有指示，实际冷却系统工作正常。用 VAS5051 读取信息，发动机系统无故障存储，水温数据为 99.5℃时风扇起动。因为捷达、宝来轿车的水温（冷却液温度）传感器都是四线制的。简单地说水温传感器中的 G62 是给电控单元提供信号用来修正喷油量的，而 G2 则是给组合仪表提供指示信号的。现在能检测到水温信号只是水温表无指示。于是进入组合仪表地址 17 检查，发现存有一个故障为：传感器 G2 断路。这种情况下可能是水温传感器损坏或是组合仪表及线路问题，而水温传感器是较易损坏的元件，因此先更换了水温传感器，结果水温表指示正常。试车证实故障彻底排除。

二十四、宝来 1.8L 轿车节温器损坏导致怠速不稳的故障

故障现象：一辆宝来 1.8L 轿车，热车时冷却液温度指示过高，怠速不稳，且油耗偏高。

故障诊断与排除：检测发现冷却液温度传感器 G62 信号不可靠。检查传感器插头、导线没问题。用 V.A.G1426 测量其导线电阻，均在允许范围内。更换冷却液温度传感器 G62 后故障码不再出现，但冷却液温度仍高。怀疑节温器有问题。按维修手册拆装节温器，做节温器打开温度试验，发现节温器打开缝隙小。

更换节温器，热车后冷却液温度正常，怠速平稳，故障彻底排除。

二十五、宝来 1.8T 轿车风扇电动机损坏导致冷却液温度警告灯报警的故障

故障现象：一辆宝来 1.8T 轿车，冷却液温度警告灯报警。

故障诊断与排除：经试车发现，左侧大电动风扇不转，检查蓄电池上的 S164（40A）熔丝烧断。拔下大电动风扇的插头，用万用表测量电动机的电阻（端子 1 和 3 之间）为 0.5Ω，测量串联电阻的阻值（端子 1 和 2 之间）为无穷大，而正常电动机的电阻应为 2.5Ω，串联电阻应为 1Ω。对扇叶仔细检查发现，几个扇叶外围都有塑料膜。

故障原因是扇叶被塑料膜缠绕，由于运转阻力大，电动机大负荷运转，导致串联电阻烧坏，失去风扇低速，最终又使 S164 号熔丝烧坏，散热器风扇停转，引起冷却系统高温。

更换电动风扇及 S164 号熔丝，故障彻底排除。

二十六、宝来 1.8L 轿车发动机冷起动后水温警告灯报警的故障

故障现象：一辆一汽—大众宝来 1.8L 轿车，发动机冷起动后水温警告灯报警，热车后警告灯熄灭。

故障诊断与排除：检查冷却液液位正常，连接故障诊断仪 VAS5051 检测发动机控制系统，未发现故障记忆。维修技师根据平时的维修经验，仔细分析后认为，在冷车时水温警告灯报警，不应该是冷却液温度传感器的故障，很有可能是液位传感器 G32 有问题。于是拧开冷却液罐盖检查发现，该车的冷却液较为混浊，使得 G32 的 2 根金属探针表面附有污物。传感器 G32 的 2 根金属探针浸泡在冷却液里，利用冷却液导电的特性形成回路。如果液面低于探针，则会出现断路，便会造成水温警告灯报警。防冻液应每 2 年更换 1 次，如果防冻液杂质过多，金属探针附有污物，冷却液温度低时在 2 根金属探针间导电困难，便会造成水温警告灯报警。发动机达到正常工作温度后，金属探针间导电能力增强，能够形成回路，故水温警告灯不再报警。

更换防冻液，将金属探针清洗干净，第 2 天冷车起动时水温报警灯工作正常，故障彻底排除。

二十七、宝来轿车电子扇常转的故障

故障现象:一辆2003年产1.8豪华型宝来轿车,装备自动空调,行驶里程3万km,该车不论是着车、打开点火钥匙或拔下钥匙,电子扇均以低速挡不停地运转,只有将蓄电池负极断掉后电子扇才能停转。

故障诊断与排除:为了排除该车故障,维修技师认为首先要弄清楚电子扇在该车上的正常工作状态。在宝来轿车上,电子扇有2种工作状态:①当防冻液温度达到95℃时低速旋转,达到102℃时高速旋转。②当空调开启后,为空调系统制冷循环中的冷凝器进行散热。

根据该车的故障现象,维修技师首先找来了与电子扇相关的电路图(图7-1)进行分析。该车的电子扇在工作时主要包括以下4种工况,这几种工况的电流走向如下。

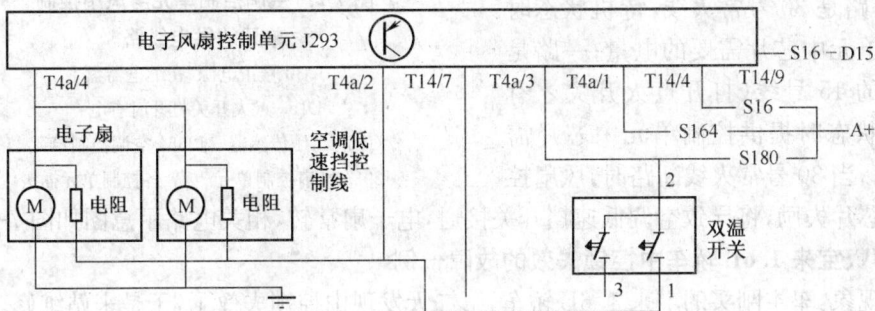

图7-1 电子扇控制电路图
T4a. 风扇控制单元4脚插头　T14. 风扇控制单元14脚插头
A+. 蓄电池正极　D15. 15号正极

①冷却系统中电子扇低速运转:电流经过熔丝S180→双温开关的触点2脚→双温开关的触点1脚→电子扇内部的电阻→电子扇线圈→接地。

②冷却系统中电子扇高速运转:电流经过保险S180→双温开关的触点2脚→双温开关的触点3脚→电子风扇控制单元的T4a/7脚→电子风扇控制单元接收到此信号将接通T4a/4脚与正极连接→电子扇线圈→接地。

③空调系统中电子扇低速运转:当电子风扇控制单元接收到空调控制单元开启空调信号且在系统压力低的情况下,风扇控制单元将接通T4a/2脚与正极连接→电子扇内部的电阻→电子扇线圈→接地。

④空调系统中电子扇高速运转:当空调系统中系统压力太高时,电子风扇控制单元接通T4a/4脚与正极连接→电子扇线圈→接地。

依据电路图,维修技师初步考虑了可能影响电子扇在拔下钥匙的情况下还在低速运转的几种情况:①双温开关中95℃开关粘连。②低速挡线路与30号常火线路有短路现象。③电子扇控制单元内部低速挡控制开关粘连。④自动空调控制单元始终发送给风扇控制单元空调开启的信号。⑤S16熔丝烧毁,导致风扇控制单元失励而将低速挡线路接通。

对于该车的故障,按照从简到繁的方法对冷却系统中风扇的控制回路进行检查。首先,拔下了双温开关的插头,但风扇仍在继续运转,这说明冷却系统中风扇的控制回路没有问题。因此,问题肯定出现在空调系统的控制回路上,那么电子扇低速挡线路的电压到底是从何而来呢? 带着疑问维修技师检查了S16熔丝和低速挡线路,但未发现异常。问题会不会出现在风扇控制单元或空调控制单元呢? 于是找来了无故障的2个控制单元准备替换。考虑到风扇控制单元中低速挡线路直接和蓄电池正极接触的可能性大,于是决定先更

换风扇控制单元,但故障依旧。接着又更换了空调控制单元,并对控制单元进行了编码及基本设定,故障仍然存在。

经过仔细分析,认为故障点肯定在线路上。于是用万用表检查了T14/4脚是否有电压,结果该点无电压。至此,故障点已基本确定在S16熔丝之后。随后,拆下了转向柱下护板,发现S16熔丝相对应的那根导线的焊接点经过一定的拉力已断裂,从熔丝盒孔中脱出。将其重新连接好后,故障排除。

备注:在宝来轿车的自动空调控制系统中,空调控制单元和风扇控制单元有两路供电,一路是30号常火线,待机状态时提供控制单元中芯片需要的电量;一路是点火钥匙的15号线(打开点火开关才有电),工作状态时提供控制单元中芯片需要的电量。当30号常火线断路时,风扇控

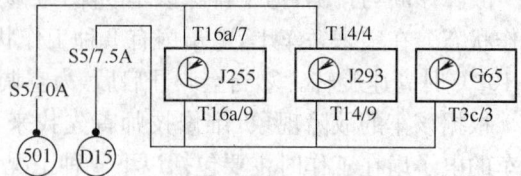

图7-2　空调控制单元与风扇控制单元的供电线路

501. 30号正电源,在继电器盘上
D15. 点火开关打开时有电
G65. 高压传感器　J255. 空调控制单元
J293. 风扇控制单元　T. 各控制单元插头

制单元中芯片失励,将导致空调低速挡开关接通,电子扇常转,相关电路示意图如图7-2所示。

二十八、宝来1.6L轿车中控锁失效的故障一例

故障现象:车主刚买的宝来1.6L轿车,第二天发现中控锁失效了,于是来站维修。

故障诊断与排除:经检查发现,熔丝支架上的S14(10A)熔丝已烧损,当时也没有在意,更换了一个新熔丝,试车发现中控锁正常了,这说明故障是偶发,以为可能是瞬间过流,也没有进一步检查。结果第二天中控锁又失效了,来站检查,还是S14号熔丝烧了。询问得知,车主买车当天就加装了防盗器,由此怀疑可能是加装防盗器时线路破损或这种防盗器本身工作时电流过大。于是决定拆除防盗器恢复原车线路,但没过两天S14号熔丝又烧了。查看电路图,S14熔丝给车内照明灯和舒适系统中央控制单元供电,由于车内照明灯,包括前后左右阅读灯、左右化妆镜照明灯和左右前车门警报灯等多个灯不好检查,于是决定将舒适系统中央控制单元插头拔下,再观察几天。结果没过几天S14熔丝又烧了,这说明这一定是车内照明灯电路某处偶然对地短路。于是逐个检查车内照明灯,结果发现左侧化妆镜灯泡没有装配到位,因为灯泡两头是金属帽,中间是玻璃灯管和灯丝,由于灯泡装歪,导致正极和负极导电片通过灯泡一侧的金属帽短路。碰巧车主刚买车对宝来轿车的功能也不熟悉,化妆镜的盖始终打着,这样当车主将遮阳板扳下挡阳光时,化妆镜的接触开关就闭合,化妆镜照明灯电路接通,由于正极和负极导电片通过灯泡一侧的金属帽已短路,所以导致Sl4熔丝立刻烧断,中控锁失效。

重新安装好左侧化妆镜灯泡后,故障彻底排除。

二十九、宝来1.8T MT轿车中控锁时有时无的故障

故障现象:一辆宝来1.8T MT轿车中控锁时有时无。

故障诊断与排除:维修技师接车后,使用遥控器试验4~5次,只能控制右前和右后门锁的打开和锁止,其他2个门锁不动作,但等一会儿4个门锁又一切正常。将中控锁的接地点处理后,一切正常。将车交给用户试用,一周后故障重现。连接故障诊断仪V.A.G1552进行检测,发现4个车门的控制单元均有故障,更换舒适系统控制单元后,故障依旧。

换回原车舒适系统控制单元,发现左前门控灯时亮时灭。更换左前控制单元后,故障彻底排除。

三十、宝来1.8T轿车车门遥控器失效故障一例

故障现象：一辆宝来1.8T轿车行驶7万km，打开点火开关后仪表板上车门未关指示灯总是点亮，使用车门遥控器开锁、闭锁车门无效。

故障诊断与排除：首先用VAS5051查询舒适系统控制单元，无故障码存储，再检查有关熔丝，没有熔断。唯一不正常的是在打开点火开关的情况下，打开左侧车门左侧门灯不亮。而对于右侧车门灯，在打开点火开关的情况下开门右侧门灯点亮。由此推断故障出在左侧车门锁块内的门灯触点开关不能闭合，所以造成遥控门锁功能失效。

更换了左前车门锁总成，当关上车门后发现车门未关指示灯熄灭了，用遥控器开锁、闭锁车门都恢复正常。

三十一、宝来1.8T轿车防盗指示灯常亮的故障

故障现象：一辆宝来1.8T轿车行驶3万km，防盗指示灯常亮。

故障诊断与排除：用遥控器将车门锁好进入警戒状态，左前门上方的防盗指示灯常亮而不是闪亮。用遥控器将防盗器的警戒状态解除，该指示灯暗亮。用V.A.G1552查询各系统均无故障码存储。拆开左前门饰板，按照电路图测量，未发现指示灯线束有短路故障。因为防盗指示灯K133与左前门控制单元J386相连，所以怀疑J386有故障。

更换左前门控制单元J386后，故障彻底排除。

三十二、宝来1.8T轿车遥控锁车时防盗警报喇叭和灯光无提示的故障

故障现象：一辆宝来1.8T AT轿车，使用遥控器唤车时，防盗警报喇叭不发出提示音，所有转向灯不闪亮。但用遥控器开锁时，防盗警报喇叭发出两响提示音，同时所有转向灯两次闪亮。

故障诊断与排除：用V.A.G1551进入舒适系统地址码46，查询舒适系统控制单元J393无故障码存储。再查询这两个功能是否设置，进入46-10－007（响声提示）和009（灯光提示），看到显示的都是"ON"（打开设置），而不是"OFF"（关闭设置）。在此设置下，用遥控器锁门时防盗警报喇叭应该响一响，同时所有转向灯应闪亮一次。读数据流46-08，当读011组第1区（发动机盖接触开关状态）显示舱盖"开"，而无论怎样关好发动机盖显示仍是"开"。可能是舒适系统控制单元在没有收到4个车门、发动机盖、行李箱（4门2盖）接触开关的闭合信号的情况下，不进入防盗预警状态，所以防盗预警喇叭、转向灯不会发出提示。查阅电路图，看到每个车门的机械锁内都装有门锁接触开关（感知车门打开还是关闭状态），在发动机盖锁内装有接触开关F266，在行李箱盖锁内装有接触开关F124。询问车主得知，此车的前部以前发生过碰撞事故，所以初步判断是F266的安装位置不正确或触点接触不良。

对F266开关的位置进行调整，经试验用遥控器锁门时，防盗警报喇叭响一响，转向灯闪亮一次，故障彻底排除。

三十三、宝来1.8L AT轿车遥控钥匙无法使用遥控功能故障一例

故障现象：一辆宝来1.8L AT轿车，遥控钥匙无法使用遥控功能（功能失效）。

故障诊断与排除：检查遥控钥匙电池有电，机械开、关车门正常，能够正常起动着车。用诊断仪读取故障码，发动机系统（01）无故障存储，舒适系统（46）有1个故障码，为错误的钥匙程序设计，依据此故障码判断可能舒适系统控制单元有问题。清除故障码后利用诊断仪V.A.G1552进行遥控器匹配（宝来遥控钥匙匹配需使用诊断仪），最后一步按键1s以上，如果没有开、关动作也无提示音说明匹配无效，最后确定舒适系统控制单元损坏。更换舒适系统控制单元并进行匹配后能正常遥控，故障彻底排除。

三十四、宝来 1.8L 舒适型轿车当开行李箱开关时 4 个车门就马上闭锁的故障

故障现象：一辆宝来 1.8L 舒适型轿车，只行驶了 1100km。当钥匙处在点火挡（不论是发动机运转还是不运转），4 个车门处在开锁状态时，一开行李箱开关 4 个车门就马上闭锁。

故障诊断与排除：经试验发现将点火开关关闭或拔出，开行李箱都会出现 4 个车门闭锁的情况。连接 V. A. G1551 检查舒适系统（地址码 46）和仪表（地址码 17）控制单元，无任何故障记忆，编码也正确，因此怀疑是否该现象属正常现象。于是找了两辆同型号的宝来试验，发现都没有这一现象，这说明该车还是存在故障。决定检查线路，结果各开关工作正常，线路也没有搭铁和短路现象。综合分析故障原因很可能是舒适系统中央控制单元内部程序错乱。

更换舒适系统控制单元并做遥控匹配后，故障彻底排除。

三十五、宝来轿车的左前门组合控制开关失常故障一例

故障现象：一辆宝来轿车的左前门组合控制开关面板上的右后门玻璃升降开关失效，不能控制右后门玻璃升降。

故障诊断与排除：维修技师接车后，首先验证了故障现象如车主所说，于是用 V. A. G1552 进入舒适系统地址码 46，发现有两个偶发故障：一是舒适系统总线故障；二是右后门控制单元 J389 未通讯。考虑到该车右后门内衬板在别的厂已拆过，认为调取的故障码有可能是被修理工拔控制单元插头时存下的故障记忆，并非真实故障。于是清除了故障码，然后读取数据流 08-002 的第 3 区，检查驾驶侧右后升降开关 E55 的工作状态，此开关控制右后门的状态只能使电动窗上升，不会下降，这与英文显示意思完全一致。接着又进入数据块 005 的第 2 区，观察右后门升降开关 E54 的工作状态，发现右后门电动窗工作自如，证明了右后门控制单元 J389 与右后门升降开关 E54 均工作正常，独立控制电动窗功能完好，只是左前门控制失效。再将右后门电动窗下降某个状态时，用 E55 控制升降，结果右后门电动窗都是上升状态，也证明所读数据与运动状态完全一致。依据电路图进行检修，拆下左前门内衬板，检查右后门升降开关 E55，用万用表测量 J386（左前门控制单元）的 T29/16（白灰线）的电压，右后门升降开关 E55 在上升或下降状态下，电压由 12V 变为 0V，接着又变为 12V 循环显示，说明开关动作正常。因此，怀疑总线传输存在短路或断路，导致通讯中断。于是用万用表测量了左前门控制单元 T29/8 和 T29/27 与右后门控制单元 T186/12 和 T186/11 的导线，结果导线电阻为 0.9Ω，说明 CAN 总线正常。通过以上检查分析，认为故障应在左前门控制单元 J386，更换 J386 后故障彻底排除。

三十六、宝来 1.8T 轿车因收音机损坏引起车门遥控器失效的故障

故障现象：一辆宝来 1.8T 轿车，使用车门遥控器开锁、闭锁车门，门锁无反应。

故障诊断与排除：车门遥控失效的一般原因：①遥控器失效。②舒适控制单元与遥控器匹配记忆丢失。③舒适控制单元损坏。④点火开关故障或线路故障，当供给舒适控制单元的 S 线因故障长期通电，该控制单元就认为钥匙未拔出，使用遥控器时强行制止工作。

操作此车两把遥控器均失效，按下遥控器的开锁与闭锁键，遥控指示灯闪亮。查询舒适控制单元无故障码存储。对控制单元遥控器进行匹配，匹配结束时可听到"嘟"提示音，说明遥控器匹配成功，但是拔出钥匙遥控器仍不能动作。使用钥匙机械开锁、闭锁正常，但在锁车时防盗指示灯不闪烁。用诊断仪做舒适系统执行元件自诊断，指示灯可正常工作，说明防盗指示灯正常，防盗系统未进入防盗状态，故障原因可能是舒适控制单元或线路故障。测量舒适控制单元的 86S 线，在拔下钥匙和插上钥匙打开点火开关时均有 12V 电压。86S 线也称作 S 线，打开点火开关或关闭点火开关而钥匙未拔出的情况下，S 线呈蓄电池电压；拔出钥匙或钥匙插入

后未打开时,S线是0V电压。S线一个作用是当拔出钥匙,舒适系统控制单元根据此信号自动打开车门锁。

　　根据测量结果,判断遥控车门失效是由S线常供电引起,因为不管拔不拔钥匙S线均有电,所以舒适控制单元不能进防盗警戒状态。车上使用S线信号的还有收音机和仪表控制单元J285。S线长期有电的故障原因有:①点火开关的86S触点粘连。②S线与正极短路。③收音机内部S线与正极短路。④仪表控制单元内部S线与正极短路。

　　对以上故障原因逐个排查,当拔收音机插头时,S线的电压消失,所以判断收音机有故障,更换收音机,上述故障彻底排除。

三十七、宝来轿车中控锁及后视镜调节功能失效的故障一例

　　故障现象:一辆2006年款宝来轿车,据车主反映,无论使用遥控器或在左前门用钥匙解锁、上锁,右前车门中控锁都无响应。

　　故障诊断与排除:维修技师接车后,在验证故障时发现,除了车主反映的故障,右侧车外后视镜调节功能也失效。使用故障诊断仪VAS5051进行检查,无故障码存储。于是决定首先对中控锁失效进行测试分析,在故障诊断仪上输入地址码46进入舒适系统,查看数据流08—009组,通过遥控器开锁或在左前门用钥匙中控开锁后,2区显示为锁止,而其他3个区均显示解锁,遥控闭锁后,2区依然显示锁止,而此时其他3个区的显示变为安全。这说明2区所代表的右前门锁电机一直处于锁止状态,根本没有对外部命令进行实时响应。进一步测试发现,此时如果向上拔门提,2区的数据流能显示解锁信息,这说明电机位置信息能够被舒适系统控制单元正确识别。

　　由右前门锁控制电路图(如图7-3所示)可知,舒适系统控制单元J393接收到遥控器或左前门中控锁机械操作信息后,通过舒适CAN总线将信号传递到右前门玻璃升降器控制单元J387,J387通过内部电路进行分析处理后,再由J387的T29a/11脚和T29a/12脚控制右前门锁电机的功能执行。因为玻璃升降信号也通过J393和J387之间的总线传递,而玻璃升降功能正常,所以总线线路出现故障的可能性首先排除,而且之前检查确定了门锁上锁和解锁的反馈信号能正常反馈到J393,这也从另一侧面可说明总线是正常的。由此分析可能的故障点包括:J393内部损坏导致不能发出中控锁的控制总线信号;J387损坏引起在正常接收到中控锁控制信号后不能正常生成执行元件控制电压触发信号;J387至门锁电机的线路断路或右前门锁电机故障,导致执行元件(右前门锁F221)无法执行相应功能。

　　拆下右前车门内饰板,拔下门锁块F221的8孔插头,测得电机电阻正常。参考右前门锁控制电路图,测量T8b/1和T8b/2脚在中控解锁和上锁时无电压信号,进一步测量J387的T29a/11脚和T29a/12脚也无中控控制电压输出,从而J387至电机之间的线路断路可能也基本可以排除。利用VAS5051的波形测试功能,测量J387的T29a/15脚和T29a/16脚的舒适总线波形,观察到在中控上锁和解锁时,总线上有正常的波形变化,这说明J393能正常发出关于中控锁的控制总线信号。既然总线控制正常,而J387不能发出控制解锁和上锁的电机信号电压,分析J387损坏的可能性较大。

　　此时再结合右后视镜不能响应的现象,由电路图同样得知,后视镜调节功能的控制同样也通过J387实现。选取右后视镜总成至J387的中间连接线束12孔插接头为检测点,操作后视镜调节开关或风窗加热功能开关时,测量相关插脚都无执行信号电压,也说明J387发出控制信号电压失效。分析至此,似乎可以确定J387内部损坏。但根据维修经验,控制单元的供电或搭铁不良也会引起部分功能失效,因此在更换J387之前应该先对J387的供电和搭铁线

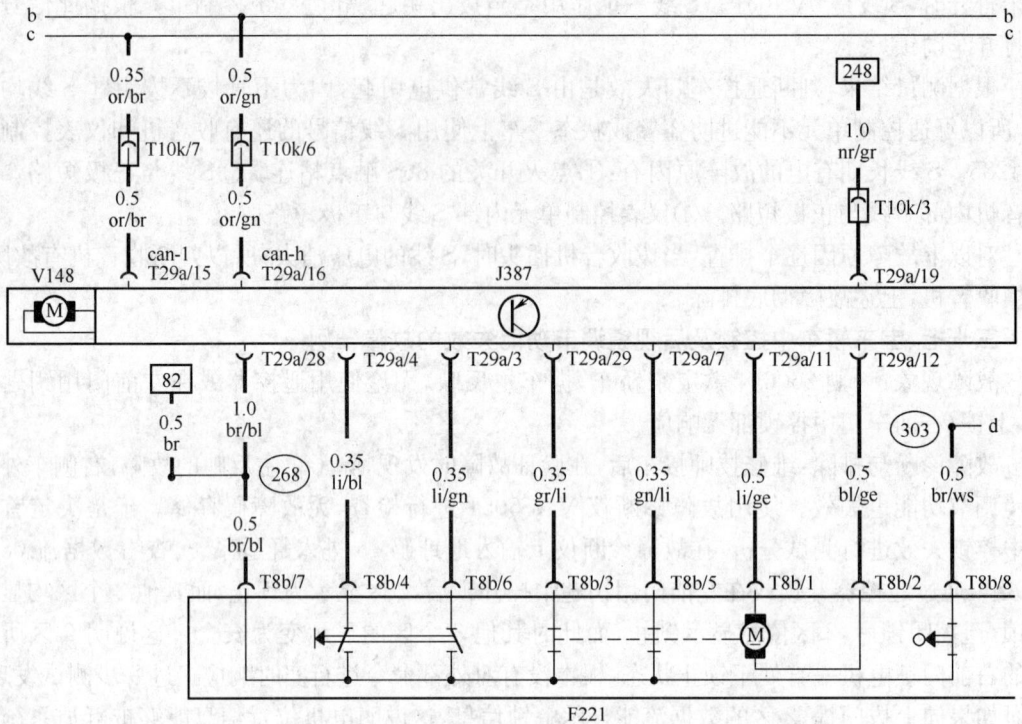

图7-3　右前门锁控制电路图

进行测量。根据J387电源和搭铁电路图(如图7-4所示),测量J387的T29a/10脚接地电阻小于0.5Ω,T29a/20供电电压为12V,这些均属于正常,但测量T29a/19脚无12V的供电电压。T29a/19脚所连接的红/黄线经过右侧A柱下部的10孔黑色插脚分线器通往中央熔丝盒,进一步检查10孔黑色插头,发现其中3号脚位的红/黄接线在根部断开,从插脚内锈蚀状态分析,应是插头进水受潮锈蚀后再因外力造成断裂。临时将红/黄线导通,再测量T29a/19脚有12V供电电压,此时再试右前车门的各功能,中控锁和右后视镜的功能都恢复正常。由

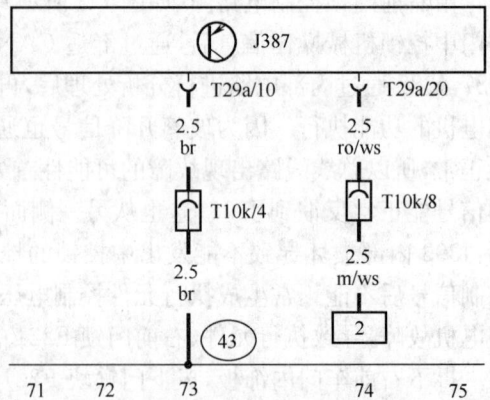

图7-4　J387电源和搭铁电路图

此说明,J387的供电线路有不同的分工,一条用于为玻璃升降器供电,因需电流较大,采用线径为2.5mm的较粗导线,另一条线为中控门锁和后视镜供电,采用线径为1.0mm的导线。

将10孔黑色插头内的锈蚀进行清理,修复断开的红/黄线后,故障彻底排除。

三十八、宝来1.8L MT轿车转发器损坏导致防盗器锁止的故障

故障现象:一辆宝来1.8L MT轿车,出现起动1s后自动熄火,防盗系统警告灯点亮的故障。

故障诊断与排除:连接故障诊断仪V. A. G1551检测发动机控制系统,显示有:"17978——发动机控制单元防盗功能锁止"的故障代码,这说明防盗系统因某种原因被触发,将发动机控制单元锁止。再输入地址码17,检测防盗系统控制单元,显示有:"01176——钥匙信号太弱"的

故障代码。

根据设备显示的故障码,说明该钥匙的转发器有问题。

使用另外 2 把钥匙都能正常起动发动机,安全气囊警告灯熄灭,故障排除。用 V. A. G1551 查询刚才出现的故障码转为偶发故障。但在对 3 把钥匙进行重新匹配时,那一把钥匙还是不能完成匹配,证明该钥匙内部的脉冲转发器确实损坏。鉴于宝来车目前无法配制加工钥匙,如果恢复 3 把钥匙,需更换全车锁,车主决定暂时使用 2 把钥匙。随即维修人员将车交给车主。

三十九、巧解宝来轿车发动机防盗锁死故障一例

故障现象:一辆宝来 1.6L 手动挡轿车,行驶到 1.2km 时,因事故引起仪表板损坏。车主要求更换仪表板总成,更换完毕,却出现了防盗器报警灯只亮不灭,起动后只维持 2s 便熄火的故障。然而,在未更换之前,车辆却能正常起动。

故障诊断与排除:修理工经查资料得知,该车采用的是第 3 代防盗系统,其主要是由嵌入组合仪表中的防盗系统控制单元、组合仪表中的防盗警告灯 K117(位于组合仪表的车速表上)、匹配的发动机控制单元、点火开关上的识别线圈 D2 和匹配的带有发送/应答器的点火钥匙构成。正常情况下,打开点火开关后,电子防盗器组合仪表上的防盗警报灯 K117 将点亮 3s 后熄灭。若发生下列故障之一:点火钥匙适配有误;点火钥匙内无发送/应答器;点火钥匙未经授权;发动机控制单元未经授权;识别线圈 D2 有故障或数据线有故障等,打开点火开关后,防盗警报灯 K117 将闪亮或持续亮着。

通过对该车故障进行分析,修理工认为车辆进入防盗状态,最主要是因为没有对新仪表中的防盗系统控制单元进行匹配引起的。查阅资料,得知如果新仪表是 VDO 公司生产,匹配时可不输入密码,而输入固定码 13867。修理工按资料中所述方法输入这个固定码,却依然不能起动。由于该修理厂不是授权的特约维修站,无权获得大众的原厂资料和相应的技术支持,所以修理工无法知晓是自己的输入有误还是资料所述不对,于是维修陷入困境。

修理工反复进行思考,既然原装仪表可以起动,而新仪表不能起动,这就表明旧仪表的防盗系统控制单元并未损坏。拆开原仪表,找到了一块型号为 93C86 的 8 脚芯片。于是决定将新旧仪表中的同型号芯片进行互换。正确焊好并装复后,试着起动发动机,发动机能顺利起动,一切正常,故障彻底排除。

因用的是原仪表内的芯片,密码没变,所以公里数还是 1.2 万多 km。使用 2 个多月后回访,此故障从未再次出现。

故障维修总结:通过对上述故障排除过程,我们不难看出,对于像帕萨特 B5、奥迪 A6 等车遇到的类似情况,以及一些带防盗装置的音响,我们也可触类旁通,用同样的方法来解决。应注意的是芯片的引脚焊接位置一定要正确,焊接的工具及操作过程一定要符合相关规程,以免损坏芯片及其他电子元件。

四十、宝来 1.8L 轿车安全气囊警告灯报警故障一例

故障现象:一辆宝来 1.8L 轿车,安全气囊警告灯常亮。

故障诊断与排除:连接故障诊断仪 V. A. G1551 进入安全气囊控制单元,显示有"0059 碰撞数据已存储"的故障代码。经反复清除,该故障码依然存在。

该故障码说明安全气囊控制单元内已经存储了 1 个碰撞数据。经检查该车无碰撞痕迹,用户也反映未发生过碰撞事故,由此可见,故障原因应在控制单元内部。

更换安全气囊控制单元并进行编码后,故障彻底排除。

四十一、宝来轿车搭铁线接触不良的故障一例

故障现象：一辆宝来1.8T轿车，车辆行驶里程为6000km。车辆在正常行驶过程中使用远光时，突然出现空调不工作，刮水器电动机常转、小灯常亮且危险警告灯常亮的现象。

故障诊断与排除：首先对前照灯开关、转向灯开关、刮水器开关及相关线路进行检查，但未发现异常。根据以往的维修经验，怀疑是汽车搭铁线路接触不良。于是根据线路图进行检查，发现蓄电池下面的2根搭铁线，由于有绝缘物质导致搭铁不良。经清洁固定后，这辆车的灯光系统、空调系统工作正常，但在打开点火开关时，不打开刮水器开关的情况下，刮水器电动机会转动8～10次后停止，且每次停止的位置不同。根据故障现象，判定刮水器电动机出现问题，更换刮水器电动机后故障排除。

由于集中搭铁点接触不良及刮水器损坏，导致了以上故障的发生。

四十二、宝来1.6L轿车因发动机机体搭铁不良引起脱挡滑行时偶尔熄火的故障

故障现象：一辆宝来1.6L手动挡轿车，在脱挡滑行或空挡时有偶发性熄火现象，挂挡行驶正常。

故障诊断与排除：用V.A.G1552测得故障码17539，氧传感器内部电阻过大，该故障码与故障现象无关，因而不考虑，清除故障码。检测油压，怠速时172kPa，拔下油压调节器上部的真空管，油压达到207kPa，油压正常。检查四个火花塞，工作不太好，均有轻微积炭。接上油压表及V.A.G1552试车，油压正常，各组数据流无异常。由于是偶发性故障，建议驾驶员更换了火花塞及清洗了油箱（怀疑油品中含有水分）。

第二天该车又来了，车主反映故障出现更加频繁，原先使用的是驾驶员购买的特殊高强度火花塞，由于无任何故障码，几乎无从下手，只好先作一些常规检查。于是将发动机舱内的发动机搭铁线全部重新清理。此时，发现蓄电池与发动机机体的搭铁有松动，拆下后，发现有蚀点，打磨后，紧固，并换回原先火花塞。

该车行驶三天后，向车主询问得知，该车再无熄火现象，且车的动力有所增强，至此该故障彻底排除，原因是发动机机体搭铁不良引起的。

故障维修总结：许多疑难故障常常是由一些不起眼的原因引起的，因而在检修这类故障时，做好常规基础检查相当重要，这样许多故障就能被排除掉。

四十三、宝来1.8L自动挡轿车多功能显示器不显示的故障

故障现象：一辆宝来1.8L自动挡轿车，更换机油和机油滤清器后，车主发现仪表中间的多功能显示器不显示了，整屏显示淡淡的红光，关闭点火开关屏幕变黑。

故障诊断与排除：仪表没有故障码，做03终端元件诊断，也是发暗红光。

将蓄电池线断开后重新插上，故障消失。

四十四、宝来1.8T轿车在各个挡位工作时刮水器的运动都很慢的故障

故障现象：一辆2003年产宝来1.8T轿车，该车行驶里程9万km。据车主反映，在各个挡位工作时刮水器的运动都很慢。

故障诊断与排除：接车后，观察刮水器的运动显得无力并有些抖动。根据维修经验，首先检查雨刮片支撑臂与刮水器电动机摇臂之间的连接螺母，没有松动的迹象。测量刮水器电动机的电源线电压，正常，于是怀疑是刮水器电动机的电刷磨损严重导致故障的发生。

更换刮水器电动机试验，故障依旧。将原车刮水器电动机的第4脚和第2脚直接通电，电动机运转正常，这说明刮水器电动机没有问题。将刮水器电动机接回原车电路中，不安装刮水器摇臂等机械部件，观察刮水器电动机的运动还是有些抖动。查阅相关电路图，认为剩下的可

能就是刮水器控制单元 J192 出现了故障。拆下驾驶员侧仪表下饰板,发现刮水器控制单元严重松动,已经快要从插座上掉下来了。

插好刮水器控制单元后,故障彻底排除。

四十五、宝来 1.8L 轿车 ABS 故障灯常亮故障一例

故障现象:ABS 故障灯亮,低速行驶时轻踩制动时有"呲啦,呲啦"的异响,并且伴随有脚部轻微抖动的感觉。

故障诊断与排除:用 V.A.G1551 查询故障码,发现有一个故障码"00285 右前转速传感器 G45 电路故障"。经试车发现,轻点制动踏板使车减速时有上述故障现象,而再加一点力踩制动踏板,故障现象就几乎消失了。将车升起,发现车底盘上挂着许多麦秸秆,右前轮轮速传感器与信号转子之间也夹满了麦秸秆,轮速传感器已因麦秸秆缠绕受力而弯曲断裂,前端与信号转子贴在一起,车轮转动时信号转子与轮速传感器相互摩擦发出异响。其内部的线圈已断路,所以 ABS 系统自诊断出上述的故障码。

更换右前轮轮速传感器。清除故障记忆后,故障彻底排除。

故障维修总结:该车的此类故障在麦收季节比较常见,建议广大驾驶员在通过晒麦路段后应及时清除车底的麦秸秆,以免发生类似故障。

四十六、宝来 1.8T 轿车 ABS 及 ASR 故障警告灯亮的故障一例

故障现象:一辆宝来 1.8T 轿车,ABS(制动防抱死装置)和 ASR(电控防滑装置)故障警告灯亮,同时制动警告灯也不停闪动。

故障诊断与排除:维修技师接车后,首先用专用诊断仪 V.A.G1551 对 ABS 和 ASR 系统进行诊断,发现 V.A.G1551 不能进入诊断系统。专用诊断仪 V.A.G1551 进不了这两个系统,检查故障就比较困难。这时维修技师考虑 ABS 和 ASR 系统进不去,是否可以进其它系统呢,用专用诊断仪 V.A.G1551 试着进入发动机控制单元,成功了。发现系统内有一个故障码 18057,含义为数据总成缺少来自 ABS 控制单元的信息。

分析造成此故障的主要原因有两个:一是 ABS 和 ASR 系统电源线或搭铁不良;二是 ABS 和 ASR 系统控制单元故障。

从最简单的开始,先检查蓄电池上的主保险。在蓄电池上有七个主保险,分别为:S178、S179(30A)ABS 制动系统保险、S180(30A)空调风扇保险、S162(50A)二次空气泵保险、S163(50A)燃油泵继电器供电保险、S164(40A)组合仪表保险、S176(110A)内部装备供电线保险、S177(110A)发电机保险。

检查中发现蓄电池主保险外部的一个插接头松动,而 ABS 制动系统的电源线正好从保险经此至 ABS 制动系统控制单元。将插接头固定牢固,故障彻底排除。

故障维修总结:宝来轿车的各控制单元之间通过两根 CAN 总线电缆连接,总线是一种数据传输和分配系统。这种结构与其它车型控制单元之间通过多根电缆连接或某些控制单元间不相互连接不同。各控制单元通过两根电缆可以使数据按顺序传给相应的控制单元,控制单元通过总线进行通信以交换数据。该例故障即是如此,ABS 和 ASR 控制单元因工作电源中断,用专用诊断仪 V.A.G1551 无法将其故障信息读出,而此时通过 CAN 总线,可以从发动机控制单元中读出故障信息,最终将故障排除。

四十七、宝来 1.8L 轿车操作转向盘右转向时机油压力警告灯报警的故障

故障现象:一辆一汽一大众宝来 1.8L 轿车,车主反映该车在行驶过程中操作转向盘右转向时机油压力警告灯报警,转向盘回正后一切正常。

故障诊断与排除：维修技师接车后，首先连接油压表测量润滑系统压力，发动机怠速运转时油压为 0.2MPa，加速到 2000r/min 时油压为 0.35～0.45MPa，说明机油压力正常。试替换机油压力传感器，故障依旧；测量机油压力传感器的线束没有问题。于是怀疑可能是车辆在转弯时机油泵吸不上油，故决定拆下油底壳检查机油泵。在拆下发动机油底壳后发现，机油泵吸油滤网的紧固螺栓松脱。由于吸油滤网螺栓松脱，当汽车右转弯时，吸油管密封不严，便使油泵吸入的是空气而不是机油，故在短时间内机油压力过低，导致机油压力警告灯报警。

在将松脱的螺栓紧固后试车，一切正常，故障彻底排除。

四十八、宝来 1.8L 轿车风扇控制单元损坏故障一例

故障现象：一辆宝来 1.8L 手动挡轿车，前一天行驶正常，第二天早晨无法起动，拧钥匙没有任何反应，仪表灯也不亮。

故障诊断与排除：维修技师到达现场后，发现蓄电池电眼为黑色，用万用表测量蓄电池电压只有 0.2V。设法将该车起动后，测量发电机的输出电压为 13.7V，这说明发电机能正常发电。检查蓄电池上的主保险也正常，固定螺栓也不松脱。怠速运转 10min，熄火，用万用表测量蓄电池电压为 12.7V，起动一次成功，这说明蓄电池充电正常。于是分析故障原因是有用电器将蓄电池电量耗尽，经检查发现，熄火后风扇一直低速运转。分析电路图发现冷却风扇直接受冷却风扇热敏开关 F18 控制，还有就是由冷却风扇控制单元 J293 控制，当空调开关 E35 打开时，起动冷却风扇低速挡工作，所以故障原因可能是：①F18 低速挡常闭。②空调开关 E35 常闭。③J293 内部损坏。④也可能是线路有短路或搭铁的地方。拔下 F18 插头，风扇仍然转，这说明不是 F18 内部问题。更换一个新冷却风扇控制单元 J293，风扇停转了。由此分析故障原因可能是风扇控制单元 J293 内部的低速挡继电器触点粘连，导致风扇在熄火后仍然常转，最终将蓄电池电能耗尽。

更换风扇控制单元 J293 后故障彻底排除。

四十九、宝来 1.8L 轿车熔丝 S238 多次熔断的故障

故障现象：一辆宝来 1.8L 轿车，中控门锁突然不起作用，同时油箱盖开启功能失效，到某汽修厂检查发现 S238 熔丝（15A）熔断，更换熔丝后一切正常。使用半个月又出现故障，再次更换 S238 熔丝，但只行驶 100m，中控门锁和油箱盖开启功能又同时失效。

故障诊断与排除：查询舒适系统控制单元，发现存储有 1 个故障码：00930，左后门锁单元 F222（内部装有门锁电动机、门锁电动机行程开关、车门撞击开关）信号故障；00931，右后门锁单元 F223（内部结构同 F222）信号故障。

宝来熔丝盒位于仪表台左侧，熔丝代号以 Sxx 表示，S 表示熔丝。24 号以上的熔丝在电路图中前面要加 2，例如 38 号熔丝写成 S238。查阅电路图（第 15 部分舒适系统，19 页）看到 S238 熔丝同时对驾驶侧车门、副驾驶侧车门、左后门、右后门的控制单元供电，S238 熔丝熔断后则 4 个车门的电动玻璃升降、中控门锁、行李箱盖开启等功能全部失效。4 个车门控制单元各有 1 条正极线、负极线，各有 1 条数据总线。各车门控制单元通过 CAN－H 线、CAN－L 线与舒适系统中央控制单元交换信息，也就是说各车门控制单元与舒适系统中央控制单元之间的 1 条数据总线代替了过去的许多导线。再查阅电路图（第 3 部分基本装备，10 页）看到 S238 熔丝还通过油箱盖开启开关对油箱盖开启电动机供电，S238 熔丝熔断后同时使油箱盖开启功能失效。

舒适系统控制单元存储了左后门锁单元 F222 和右后门锁单元 F223 故障码，有可能是由于 S238 熔丝熔断而存储的故障，所以决定先检查油箱盖开启电路是否存在故障。当检查位于

停车制动手柄附近的油箱盖开启开关时,看到开关通往开启电动机的电线由于和停车制动拉索干涉,电线绝缘皮磨破,铜丝与停车制动拉索接触,当操作油箱盖开启开关时,由 S238 提供的电流不经过开启电动机而直接接地,导致 S238 熔丝熔断。

将油箱盖开启开关处的电线进行绝缘,避免与停车制动拉索干涉。经试车和用户使用,S238 熔断的现象再也没有出现,故障彻底排除。

五十、宝来 1.8L 轿车座椅加热开关损坏导致蓄电池亏电的故障

故障现象:一辆宝来 1.8L 轿车,在停放 3 天后再起动发动机时,起动机的转速很低,明显转动无力。

故障诊断与排除:根据该车的故障现象。维修技师怀疑该车存在蓄电池放电的故障,故决定对该车进行线路检查。当所有电气设备开关都关闭的时候,维修技师测量了蓄电池,居然发现有很大的放电电流。当维修技师进入车内时,感觉驾驶室内温度偏高,用手摸驾驶员侧座椅很热,但座椅加热开关在关闭状态,在拔下加热开关后座椅就不热了,看来此车的座椅加热开关损坏。由于座椅加热开关损坏,导致座椅加热器长期供电,从而造成蓄电池放电量过大,起动机运转困难。

更换驾驶员侧座椅加热开关后,故障彻底排除。

五十一、宝来 1.8MT 轿车仪表损坏导致制动警告灯报警的故障

故障现象:宝来 1.8MT 轿车行驶过程中仪表板上的制动警告灯报警。

故障诊断与排除:利用故障诊断仪 V. A. G1552 检测,无故障码存储。拔下 2 个前轮制动摩擦片厚度传感器 G34 插头,测量电阻未见异常;再测量传感器 G34 通往组合仪表的导线也正常;测量传感器通到左前车身接地点的导线正常。

考虑到只要组合仪表与传感器 G34 相连的电线与蓄电池负极连接,制动警告灯就不应报警,除非警报系统本身有问题。于是利用 1 根线将仪表通往传感器 G34 的线直接与蓄电池负极相连,当接通点火开关起动发动机后,警告灯正常,但只要移动车辆就会报警。根据检查结果判定,问题应出在组合仪表上。

更换组合仪表进行匹配后,试车一切正常,故障彻底排除。

五十二、宝来 1.8T 豪华型轿车 38 号保险丝频繁熔断的故障一例

故障现象:车主反映 38 号保险丝频繁熔断,导致油箱盖无法开启,后备箱无法正常电动开启等故障,每次加油都要换上一个新的保险丝,为此车主特意买了一盒保险丝备用。

故障诊断与排除:维修技师接车后,首先,考虑保险丝熔断的原因是电路短路或用电器内部损坏,导致电流超过保险丝的熔断电流。查阅电路图发现,38 号保险丝控制以下电路:行李箱灯、中央门锁、舒适系统、行李箱盖开启装置和油箱盖开启装置。更换一个新的保险丝,逐一重复使用以上各用电器,发现各用电器均能正常工作,这说明各用电器本身工作正常;故障原因肯定是电路的某处有时短路搭铁,为了使故障再现以便进行下一步的检查,决定试车,结果刚行驶十几米就发现保险丝熔断了,于是马上停车检查,用万用表测量 38 号保险丝插座,一端为 12V 正电,而另一端与车身之间的阻值为零,说明与 38 号保险丝相连的电源线与车身处于搭铁短路状态。接下来就是要找到这个短路的故障点并将其修复。

再次分析电路图发现,在左侧 C 柱上设有行李箱灯的黑色 5 孔分线器 T5 和行李箱开启装置的棕色 5 孔分线器 T5d。在左侧 A 柱上设有舒适系统驾驶员一侧车门控制单元的黑色 10 孔分线器 T10i。在右侧 A 柱上设有副驾驶员一侧车门控制单元的黑色 10 孔分线器 T10k。在左侧 B 柱上设有左后车门控制单元的黑色 10 孔分线器 T10i。在右侧 B 柱上设有右后车门控制单元的分线器 T10m,这就给电路的检查带来了很大的方便,因为可以通过断开各分线器同时观察 38 号保险丝插座与车身之间的阻值是否变化来判断该部分电路是否正常,不断缩小包围圈,而不用拆开四个车门和后备箱检查线路。

经过检查发现,断开这几个分线器后万用表仍显示对地短路,说明这几部分电路都正常,剩下的就是检查油箱盖开启装置这部分电路了,因为这部分电路中间没有分线器或插头,所以决定拆检,拆下储物架和盖板及中央副仪表板延长部分后,发现油箱盖遥控开启开关的电源线(红黄色)与手制动手柄挨在一起,而此时手制动是在松开的位置上,拉起手制动手柄使其与线束分离,万用表马上显示无穷大,仔细观察红黄线发现,该线与手制动手柄挨着的地方绝缘层已磨损露出了铜线。询问车主得知,该车前不久刚装了地板革。至此,故障原因便水落石出了,原来是在安装地板革时工人没有将油箱盖开启开关的线束固定到合适位置,致使该线束与手制动手柄相互干涉,磨擦,最终磨透绝缘层使油箱盖遥控开启开关的电源线有时与手制动手柄搭铁,导致 38 号保险丝频繁熔断。

包扎并重新固定好线束后,故障彻底排除。

五十三、宝来 1.8T 轿车 EPC 警告灯报警故障一例

故障现象:一辆宝来 1.8T 轿车,搭载 01M 型自动变速器,该车怠速抖动,行驶中动力不足,继续行驶发现驻车制动手柄和换挡杆下面烫手,EPC 警告灯报警。

故障诊断与排除:连接故障诊断仪 V. A. G1552 对发动机电控系统进行检测,显示有十几个故障码,其中有 2 个永久故障:18039—油门踏板位置传感器—G79 信号太大;18042—油门踏板位置传感器 G185 信号太大,其他都是偶发故障,如空气流量计故障、个别气缸失火等。阅读数据块发现第 2、3 及 4 缸有失火记录。根据故障现象、故障码和数据块,分析可能是点火线圈失效,未点火导致缺缸。更换第 2、3 和 4 缸的点火线圈后怠速平稳了,但有时出现不踩加速踏板发动机转速自动上升至 4000~5000r/min 的现象,并且 EPC 警告灯报警。继续检查,发现三元催化器后面的 λ 传感器 G130 的线束绝缘皮已经烧掉,λ 传感器的 4 根导线像钢丝绳一样缠绕在一起。阅读电路图发现,λ 传感器 G130 内部的加热器是由 S243 号熔丝供电,拔下 S243 熔丝发现已熔断。更换 λ 传感器 G130 和熔丝 S243 后试车,仍然出现怠速自动升到 4000~5000r/min 的现象,且 EPC 警告灯亮,更换油门踏板总成(该总成包括踏板位置传感器 G79 和 G185)故障依旧。

维修技师经仔细思考后,认为故障原因是个别气缸点火线圈失效、火花塞不能跳火,燃油未经燃烧在排气行程便被排到排气管中,燃油在排气管中继续燃烧,导致排气管温度急剧上升,所以驾驶员感觉驻车制动手柄和换挡杆下面很烫手。由于温度过高,将安装在排气管上 λ 传感器的线束绝缘层熔化,λ 传感器的 4 根线相互短路,不仅使熔丝 S243 熔断,还使得发动机控制单元内部烧坏,导致怠速转速自动升到 4000~5000r/min,控制单元错误地自诊断为电子油门踏板上的位置传感器 G79 和 G185 信号太大,仪表上的 EPC 灯常亮。

更换第 2、3 与 4 缸点火线圈,更换三元催化反应器,λ 传感器 G130 及发动机控制单元 J220,并进行基本设定后,故障彻底排除。

五十四、宝来轿车 EPC 指示灯常亮故障一例

故障现象:排量为 1.8L、功率为 92KW、发动机型号为 AGN 的宝来轿车,只能怠速行驶,加速无效,并且仪表板上的 EPC 灯常亮。

故障诊断与排除:连接 V. A. G1552 故障阅读仪,调取故障代码,测得了加速踏板位置传感器(G185)信号对地短路或断路的故障代码,清除故障代码后进行基本设定,仪表盘上的

EPC 故障指示灯熄灭。但在试车过程中,该指示灯再次亮起。再次调取故障代码,仍旧是上述故障内容。拔下 G185 导线侧 6 针连接器,接通点火开关,测量导线侧连接器上电源端子的供电情况,发现其中端子 2 上的电压为 5V,端子 5 上的电压为 0V。于是重点检查发动机 ECU 到 G185 的线束连接情况。结果查到流水槽左侧 10 孔蓝色插头处绿色/蓝色线脱落。重新连接好脱落插头,再次读取故障代码并清除故障码后,起动发动机,EPC 灯熄灭且加油正常,进行路试,加速、减速一切正常,故障彻底排除。

五十五、宝来轿车 EPC 灯点亮且踩加速踏板无反应的故障

故障现象:一辆一汽大众宝来轿车,仪表板上 EPC 灯点亮,发动机怠速始终在 1000r/min 以上,踩加速踏板时发动机转速无任何变化。

故障诊断与排除:询问车主得知,该车在另一个修理厂更换了三元催化器后,原来行驶正常的车就出现这个故障,已分别试换了加速踏板总成及发动机控制单元,故障没能排除,所以到 4S 店请求帮助。

维修技师接车后,首先用诊断仪读取故障码,显示有 4 个故障码:18039 P1631,节气门/踏板位置传感器/开关-C-电路高;18042 P1634,加速踏板位置传感器 2-G185 信号过高;17513 P1105,三元催化器前氧传感器加热器正极短路;17581 P1173,节气门驱动角度传感器 2-G188 信号过高;清除故障码后,再读取故障码,发现 18039、18042 两个故障码始终无法清除。

读取数据流 08-062 显示:1 区 16.41%,2 区 83.59%,3 区 15.23%,4 区 7.42%。慢慢地踩下加速踏板,3 区及 4 区数据能随着加速踏板的踩下而慢慢变大,且 3 区始终为 4 区的两倍,从数据流上看不出加速踏板传感器 G185 有任何故障。这就奇怪了,控制单元明明显示故障码而数据流却反应正常。

连接大众专用线路检测盒 V.A.G1598/31,根据该车线路图在打开点火开关的状态下测量加速踏板上对应发动机控制元 J220 各端子电压,33 脚:0.02V,34 脚:0.35V,35 脚:0.72V,36 脚:0.02V,72 脚:4.97V,73 脚:4.97V。

慢慢地踩加速踏板时,发动机控制单元 J220 的 34 和 35 脚电压能平稳的上升,同时 35 脚为 34 脚的两倍电压,说明加速踏板传感器 G79 和 G185 及其线路正常。难道是发动机控制单元 J220 本身损坏了?为谨慎起见,维修技师决定再次对加速踏板传感器及其线路进行复检,打开点火开关读取数据流,突然发现 062 组 3 区和 4 区都显示为 99.9%,这时再次用万用表检测发动机控制单元 J220 的 36 和 34 脚电压都为 4.97V,36 脚应是搭铁线,有 4.97V 的电压,说明发动机控制单元 J220 内部已断路。用导线直接把 36 脚搭铁后,34 脚电压马上降到 0.32V 电压,证明发动机控制单元 J220 内部确实损坏。更换三元催化器为什么会损坏发动机控制单元呢?把车子举升起来检查,发现三元催化器后氧传感器早已因高温融化,四根线全裸露后绞在一起。这样加热线的正极 12V 电压与两根信号线和搭铁回路线短路,将发动机控制单元烧坏。更换发动控制单元和后氧传感器后故障彻底排除。

故障维修总结:从车主处还了解到该车曾因点火线圈损坏造成缺缸,使燃油在三元催化器中燃烧,高温把三元催化器和氧传感器融化掉了,修理厂在更换三元催化器时,把已烧掉的氧传感器四根线全搅在一块,从而产生了该故障。

五十六、宝来 1.8T 轿车点火线圈爆炸故障一例

故障现象:一辆宝来 1.8T 轿车,行驶过程中熄火,之后发动机便不能起动。

故障诊断与排除:维修技师接车后,先检查了发动机机械部分,正常。再连接故障诊断仪

V.A.G1551 进行检测，却不能与发动机控制单元通讯。于是利用 V.A.G1551 进入其他控制单元，如 ABS 控制单元、安全气囊控制单元，都能正常进入，说明 V.A.G1551 不能进入发动机控制单元可能是该控制单元的供电电路不正常造成的。一般大众车型发动机控制单元的供电线有 2 根，一根是 30 号（常火）线，另一根是 15 号（通过点火开关的火线）。导致 V.A.G1551 不能进入发动机系统多是 15 号线供电出现问题，所以决定先检查发动机控制单元的供电情况。

该车发动机采用的是各缸独立点火系统，发动机控制单元的 15 号线供电由 428 号继电器控制，常火经保险架上的 10 号 15A 保险并通过红绿线至插头 T6 的 4 号插脚，然后到发动机舱线束的 D78 正极连接点，线束颜色变成白红线，再到 428 号继电器的被控端，428 号继电器是受点火开关控制的，当点火开关闭合后 428 号继电器吸合，白红线的常火通过 428 号继电器后，变成了受点火开关控制的火线（白红线），再经过插头 T2 的 1 号插脚后，通过黑紫色线到发动机舱线束的 D52 正极连接点。D52 正极连接点将黑紫色线的电分给发动机控制单元的 121 号插脚和 4 个点火线圈，作为发动机控制单元和点火线圈的供电。

通过电路分析，首先检查 10 号保险，正常。再拔下发动机舱左侧保护壳体内的 428 号继电器，结果各个插脚全都没电，说明问题出在 10 号保险到 428 号继电器之间。这段线束中只有一个插头 T6 在流水槽左侧的保护壳体内，于是检查插头 T6 的 4 号插脚，结果也没电，问题确定了，是 10 号保险到插头 T6 之间的线束出现断路。由于更换一组线束工作复杂，所以对该段线束采用了跨接的方法进行修复，在 10 号保险和插头 T6 之间跨接直径相等的一段电线，并对相关接头作好绝缘处理。修复后将点火开关打开，V.A.G1551 可以进入发动机系统了，通过 02 功能阅读故障，系统内储存了第 3 缸失火、控制单元没有供电的故障。将故障码清除后着车，在起动过程中，10 号保险熔丝熔断，更换后再着车，发动机顺利起动了，但怠速明显不稳。几秒钟后，3 缸点火线圈一声剧响，线圈的驱动块部分被炸开了，迅速将车熄火。回想起刚才 V.A.G1551 检测出的故障和发动机控制单元的供电电路，才恍然大悟，整个故障都是由于 3 缸点火线圈损坏造成的。

将 3 缸点火线圈更换，再将修复的跨接线接牢并处理好绝缘层，用 V.A.G1551 清除故障记忆，装复各个装饰件着车，发动机工作正常，故障彻底排除。

故障维修总结：该车故障是由于发动机 3 缸点火线圈的驱动块损坏，造成短路，电路中电流过大又没有烧毁保险，而将 10 号保险和插头 T6 之间的电线烧断，因为点火线圈和发动机控制单元共用供电线，所以造成发动机熄火无法起动。维修中将线路跨接后，没有认真分析 V.A.G1551 中的故障记忆就盲目着车，3 缸点火线圈短路，电路中电流过大，这次没有烧毁保险和线路，而是将 3 缸点火线圈炸掉了。

宝来车点火线圈的损坏一般都是点火线圈的次级线圈击穿，而造成缺缸现象，点火线圈驱动块短路的故障平时比较少见。

五十七、宝来 1.8T 轿车点火线圈总是跳出的故障

故障现象：一辆宝来 1.8T 轿车，1 缸的点火线圈总是在跑完高速后跳出。

故障诊断与排除：维修技师接车后，先询问车主得知，该点火线圈是新换的。于是决定将该点火线圈换到其他缸后路试，经实际试验发现无论将这只新换的点火线圈放在那一缸，经过一段高速后都是它从气门室盖内跳出一大段。经过仔细分析认为，这种故障的原因应是靠近点火线圈上端的橡胶套排气有问题，于是用旧的套替换新的后装配，车主试车未再出现问题，故障彻底排除。

五十八、宝来 2005 款轿车因点火线圈损坏引起怠速时发动机抖动的故障

故障现象:一辆宝来 2005 款(1.6L)(BJH 发动机)轿车,怠速时发动机有时会突然开始抖动;转速升高至 1100r/min,行驶时则会出现加不上速的情况,过一会儿故障又自动消失。

故障诊断与排除:用 V.A.G1551 检查,有一个故障码 16555,这说明混合气太浓,发动机控制单元已根据氧传感器的这一反馈信息,将混合气调节到最稀,但仍不能使尾气中的氧含量达到正常值。因故障出现时好像缺缸,既有一个缸不工作或工作不好。用 V.A.G1551 读取数据流 014 和 015,无失火记录,发现故障不出现时数据均在正常范围,故障出现时混合气的调节值则在 -10% ~ -30% 之间变化,这说明混合气过浓,可能是某个缸不工作。于是决定用断缸实验来确定,将各缸的高压线拔松之后等故障出现时逐一拔下各缸高压线,结果发现 1、3、4 缸工作正常,2 缸不跳火。由于该发动机采用的是静态高压分配双火花闭磁路点火系统,两个缸共用一个点火线圈,同时点火,因为 3 缸工作正常,所以可以排除线束故障,故障原因很可能是点火线圈内部损坏,导致 2 缸有时缺火,可燃混合气未经燃烧便被排进排气管,导致氧传感器信号过大,发动机控制单元错误的认为是混合气太浓,进行喷油量减少的调节,但调节至最稀的极限仍不能达到空燃比为 14.7:1 时的效果,所以产生一个混合气过浓的故障码。

更换点火线圈后,故障彻底排除。

五十九、宝来轿车点火线圈故障一例

故障现象:一辆豪华型手动档宝来 1.8T 轿车,行驶无力,低速时(2 挡、3 挡)有明显的"发冲"、"后坐"现象,挂高挡行驶最高车速仅为 110km/h,在原地怠速踩油门踏板,发动机严重抖动。

故障诊断与排除:维修技师接车后,首先查询发动机故障码。连接 V.A.G1551 故障诊断仪,输入功能 02,结果显示发动机电控系统存在两个故障码,分别为"16684"和"16688"。

从宝来轿车维修手册查得,故障码"16684"为"发动机控制系统识别出燃烧中断";故障码"16688"为"发动机控制系统识别出某缸燃烧中断",遂根据这条线索查找故障原因。

宝来 1.8T 轿车的发动机为 4 缸多点顺序喷射,各缸独立点火。于是怀疑可能是某一缸在工作时出现"断火",所以发动机控制单元识别出燃烧中断并存储了故障码。为了查清是哪一缸"断火",再次连接 V.A.G1551 故障诊断仪,利用其功能 08(读取数据流)中的第 15 和第 16 显示组,查询气缸的"断火"次数总和(规定值为 0~5 次)。

显示组 15 中的第 1、第 2 和第 3 区分别为 1 缸、2 缸和 3 缸的"断火"次数(规定值为 0);显示组 16 中的第 1 区为 4 缸的"断火"次数(规定值也为 0)。检测结果,第 2 缸有多次"断火",因此判断是第 2 缸出现燃烧中断。

造成燃烧中断的原因可能是喷油器的故障,也可能是点火系统的问题。先检查点火系统,发现该车各缸点火线圈是独立的,并将高压线与点火线圈制成一体,所以不存在高压线故障。由于是新车,因此火花塞和喷油器出现故障的可能性不大,问题可能在点火线圈。

试着将第 2 缸的点火线圈与第 4 缸互换,起动发动机,依然加速无力。再用 V.A.G1551 进行检查,在怠速状态下,发动机控制单元没有故障码储存,各缸点火中断数据也为 0。在低速时挂高挡加速,仪器显示第 4 缸中断次数有 100 多次,这说明最初的判断是正确的,就是第 2 缸的原点火线圈有问题。更换第 2 缸点火线圈后重新试车,汽车行驶强劲有力,故障现象完全消失。

故障维修总结:现代汽车技术越来越先进,汽车上的电子元器件也越来越多,汽车维修的重点在于利用各种仪器准确地判断故障。如在上述维修过程中,就是完全利用故障诊断仪

V. A. G1551 进行数据分析来诊断故障的。因此,汽车维修人员应注重掌握各种先进检测和诊断仪器的使用,并积累一定的汽车专业知识及维修经验,这样在修车时就会如虎添翼,既能省时,又能增效。

六十、宝来 1.8T 轿车门锁内的开关损坏,座椅不能记忆的故障

故障现象:一辆宝来 1.8T 轿车,电动座椅记忆功能失灵。

故障诊断与排除:一般在进行座椅基本设置后记忆功能应能恢复,但经反复尝试也做不了基本设置。连接故障诊断仪 V. A. G1552 进行检测,未发现座椅、网关控制单元中存储任何故障记忆。在检查中,注意到左前门在关闭状态下门灯依然点亮,故判定左前门锁内的开关存在故障。将其更换后,车内室内灯熄灭。此时再进行座椅基本设置,设置成功,故障彻底排除。

故障维修总结:进行座椅基本设置时,车辆的左前门应该开启,而该车因为左前门锁内的开关损坏,传送给座椅控制单元的信号不准确,所以不能执行基本设置。

六十一、宝来 1.8L 轿车怠速时有时抖动且加速时有仰头现象的故障

故障现象:一辆手动挡宝来 1.8L 轿车,怠速时有时抖动,加速时有仰头现象。

故障诊断与排除:首先用 V. A. G1552 诊断仪进行故障码检测,得到 3 个故障码,分别为:"16684—发动机失火"、"16685—1 缸失火"、"16688—4 缸失火"。

在怠速抖动时用 V. A. G1552 读取数据流,发现"015"组的第 1 区、第 4 区记录了 1 缸、4 缸多次失火现象,此外"001"组的第 3 区数值为 25% 左右,超出了正常值范围(−10%～10%)。

从上述检测结果分析,1 缸、4 缸多次失火,说明发动机 1 缸、4 缸工作不良;"001"组第 3 区数据超出正常值范围,说明混合气偏稀,因此维修技师怀疑该发动机 1 缸、4 缸的喷油阀工作不良(堵塞或喷油量少)。接下来检查喷油器。首先,用万用表 OHM×200Ω 挡检测喷油器电磁线圈的阻值,检测时拔下 1 缸、4 缸喷油阀上的 2 端子线束插头,检测 1 缸、4 缸喷油阀插座上两端子之间电磁线圈的阻值,分别为 14.5Ω 和 14.8Ω,正常。然后,用喷油器检验仪对 1 缸、4 缸喷油阀进行检测,结果雾化良好,工作正常。

查阅宝来 1.8L 轿车的电器线路图,得知点火线圈有 2 个次级线圈,1 缸、4 缸共用一个次级线圈。经分析,认为由于点火线圈损坏导致 1 缸、4 缸同时工作不良的可能性最大。

更换点火线圈后,试车一切正常,故障彻底排除。

六十二、宝来 1.6L 手动挡轿车因高压线损坏引起发动机发闯的故障

故障现象:一辆宝来 1.6L 手动挡轿车,怠速时运转平衡,加速正常,但挂挡时车有点发闯。

故障诊断与排除:用 V. A. G1552 读故障码无故障,数据流正常。测量燃油压力也正常。清洗节气门,做节气门设定也不起作用。在检查火花塞时,发现 3 缸火花塞有点发黑,换火花塞不起作用,最后更换了第 3 缸高压线,试车一切正常,故障彻底排除。

六十三、宝来 1.8T 轿车机油灯报警故障一例

故障现象:一辆宝来 1.8T 手动挡轿车,行驶 1 万 km。用户反映自从出事故在小修理厂维修后就出现仪表上的机油灯报警。

故障诊断与排除:检查发现仪表上的机油报警灯常亮,显示黄色并有一声报警音,属于 2 类故障。提示机油油位偏低,检查机油油面并不低,于是判断可能是机油油位传感器 G266 故障。更换 G266 后仍然报警,于是检查仪表与 G266 之间的线束,结果未发现异常,在重新装回 G266 和仪表的插头后,发现仪表不再报警了,这说明故障原因是仪表的插头在事故维修插接

后,其中的绿色插头中的第 18 脚接触不良,导致机油油位信号失准,仪表错误报警。

　　维修技师维修其他车辆时,也曾发现在拆装仪表时,插接仪表插头后经常会出现一些莫名其妙的故障码或仪表报警提示,这是因为仪表插头内的针脚很细,并且数量多,每个插头 32 个针脚,共有蓝绿两个插头,很容易出现个别针脚接触不良的现象,所以在拆装仪表后一定要检查是否有故障码或仪表报警提示,如有需重新安装。该车故障就是在重新安装仪表后,故障彻底排除。

六十四、宝来 1.8L 轿车因仪表编码错误引起的故障一例

　　故障现象:一辆宝来 1.8L 手动挡轿车。打开点火开关或起动着车时,机油油面报警灯报警,行驶一段后又会熄灭(该现象不分冷热车)。

　　故障诊断与排除:首先检查机油油面及机油品质,均正常。

　　使用 V.A.S5051 检测,发动机系统无故障码存储,而在组合仪表(17 地址码)系统中却有一个偶发性故障(故障码 00562,机油油面/温度传感器－G266 断路/对地短路)。测量导线并没有故障码指示的情况,测量数据块中显示的油温也很正常,并且已检查了机油油面,怀疑是组合仪表有问题,但为了确定故障,又测试了 G266,结果与先前的情况一致。在与车主交谈后得知,该车前几天刚更换的组合仪表(原因是多功能显示无显示)。本车故障是更换仪表后出现的,而且多功能显示也不是中文而是英文,看来症结还是在组合仪表上。检查新旧组合仪表发现零件号一致,均为 1JD920826,但利用 VAS5051 检查新表时发现,该组合仪表的编码为00122,而非正常的组合仪表控制单元编码(正常的编码见表 7-1)。将编码改为适合此仪表的编码,清除故障码后试车,故障未再出现。应车主要求更改驾驶员信息的种类后(多功能显示的语言模式,见表 7-2),故障彻底排除。

表 7-1　宝来轿车组合仪表编码

发动机	组合仪表零件号(举例)	单元编码	变速器
1.6L	1J5 920 806C	01102	手动
	1J5 920 806B	01102	自动
1.8L	1J5 920 806	01102	手动
	1JD 920 826	05102	自动
1.8T	1JD 920 826	05112	手动
	1JD 920 826	05122	自动

注:有时车型相同组合仪表零件号不一定相同,以原车仪表编码为准,编码错误可能会引起许多故障,检查时不可轻视。

表 7-2　多功能语言显示模式代码

语文代码	语文种类	语文代码	语文种类
00001	德语	00006	葡萄牙语
00002	英语	00007	只是符号说明
00003	法语	00008	捷克语
00004	意大利语	00009	汉语
00005	西班牙语		

注:自适应只有 Highline 型组合仪表可以进行。

　　更改方法:用 V.A.G1552/V.A.S5051/V.A.S5052 等进入地址码 17,选择自适应功能10,输入 04 通道号(例 V.A.G1552),利用"↑↓"增加或减少代码值,调到适合的语种为止或

直接输入代码(5位)即可。

六十五、宝来 1.8L 手动挡轿车转向及应急灯均不亮的故障一例

故障现象:一辆宝来 1.8L 手动挡轿车转向灯不亮,应急灯也不亮,拨打转向开关和按应急开关都无任何反应。

故障诊断与排除:先检查闪光保险 A2(10A),正常。因宝来车闪光继电器与应急开关是一个总成,如果是转向开关损坏则应急开关能正常工作,而现在是应急灯也不能工作,由此分析,故障原因很可能是闪光继电器失效。

试着更换闪光继电器及应急开关总成后,试车,一切正常,故障彻底排除。

六十六、宝来轿车不挂 R 挡但倒车灯点亮的故障

故障现象:一辆宝来 1.8T AT 轿车,打开点火开关,在未挂入 R 位的情况下倒车灯点亮。

故障诊断与排除:倒车灯点亮的条件是,打开点火开关,挂上 R 位,多功能开关 F125 的倒挡触点闭合,由 F125 的 5 脚将倒车信号送给自动变速器控制单元 T68/18 脚和起动锁止及倒车灯继电器 J226 的 9 脚,使 J226 的倒车灯触点闭合,再由 J226 的 4 脚输出给倒车灯;摘下 R 挡倒车灯应该熄灭。照此原理拔下 J226 的插头倒车灯应熄灭,但是拔下后倒车灯并没有熄灭,说明 J226 的 4 脚与车灯之间的导线正极短路。

查阅电路图,看到 J226 的 4 脚对倒车灯供电,还向带记忆功能的座椅调节控制单元 J136 的 T28/1 脚以及自动防眩目车内后视镜 Y7 的 T6/3 脚提供信号,作用是当挂入倒挡后:①车外右侧倒车镜实现倒车位置。②解除自动防眩目车内后视镜的防眩目功能。

拔下带记忆功能的座椅调节控制单元的 J136 的插头,倒车灯仍点亮。拔下自动防眩目车内后视镜 Y7 的插头,倒车灯熄灭了,说明 Y7 有问题。查阅电路图,看到 Y7 的插头使用 3 个脚,1 脚是钥匙电源,2 脚接地,3 脚接收 J226 的 4 脚的倒车灯信号。可见该车 Y7 的内部 3 脚与正极短路,更换 Y7 故障彻底排除。

六十七、宝来轿车发动机怠速转速时常自动升高的故障一例

故障现象:一辆 1.8L 宝来轿车,发动机怠速转速自动升高,有时在 1300r/min 以上。

故障诊断与排除:首先用 V.A.G1551 进入发动机控制单元检测,发现一偶发故障为水温传感器不可靠信号,起动发动机后怠速正常。读取 08 进入显示区 001,水温显示正常 96℃,20min 后发动机怠速突然升到 1300r/min,再进入显示区水温由 96℃变成−30℃,一会儿又显示到 96℃,显示 96℃时发动机怠速恢复正常。维修技师由此分析为水温传感器输出信号不好,造成混合气间歇性过浓,空挡发动机转速自然升高。

更换水温传感器后,故障彻底排除。

六十八、宝来轿车高速行驶时车速表指示严重失准的故障

故障现象:一辆宝来轿车 1.8T,自动挡。高速行驶时发现仪表上的车速表指示严重失准,低速时车速指示基本正常。

故障诊断与排除:维修技师接车后,首先连接 V.A.G1551 试车。进入发动机控制单元,读取数据流 005,第 3 区车速信号和自动变速器控制单元数据流 003 及第 1 区车速信号,发现车速较低时(50km/h 以下)这两个数据与仪表指示基本一致。车速高时(80km/h 以上),自动变速器控制单元的车速信号正常,仪表和发动机控制单元的车速数值也一致,但与正确车速值相差较远。查看电路图发现,宝来轿车的变速器后端壳体上安装有一个磁电式车速传感器 G68,用来记录输出齿圈的转速,并将其传到自动变速器控制单元,它的作用有三个:①与变速器转速传感器 G38、节气门电位计 G69 信号一起,用以确定换挡时刻。②确定锁止离合器滑

差。③保证巡航系统工作(D、3、2 挡，车速大于 30km/h)，其测得的车速信号并不输送给车速表。在差速器壳体上安装有车速表驱动齿轮，通过与其啮合的速度表驱动轴带动霍尔式车速表传感器 G22，G22 将测得的车速信号传到仪表中的车速表处理并显示，仪表再将这一信号传到发动机控制单元、收音机、清洗—刮水自动间歇继电器和自动空调控制单元等需要车速信号的元件。所以发动机控制单元的车速值与仪表车速表显示值始终一致，且同时失准。而自动变速器控制单元的车速则始终显示正确，不受影响。由此分析故障原因可能是：①车速表驱动齿轮或与其啮合的速度表驱动轴断裂。②车速表传感器 G22 损坏。③仪表中的车速表损坏。拆下速度表驱动轴检查，正常。更换仪表及 G22，故障不能排除，于是判断故障原因一定是差速器壳体上的车速表驱动齿轮松脱或断裂。经拆检发现车速表驱动齿轮已断裂了一个口，如图 7-5 所示。因为车速低时车速表驱动齿轮转速慢，驱动力小，还可以基本保持正常工作，而车速高时由于车速表驱动齿轮转速快，驱动力变大，使得车速表驱动齿轮松脱打滑，最终导致车速表失准。

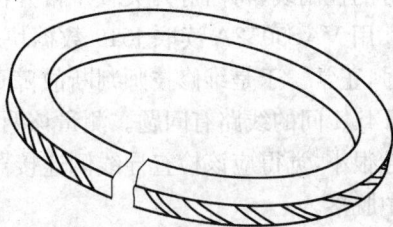

图 7-5　车速表驱动齿轮断裂视图

更换车速表驱动齿轮后故障彻底排除。

六十九、宝来轿车加速熄火的故障一例

故障现象：一辆宝来轿车，装配 BAFl.8L 发动机和 01M 自动变速器。车主反映该车只要将转向盘向右转到底、急加速行驶时，发动机就容易熄火，正常加速和往左转转向盘则没有该现象。

故障诊断与排除：维修技师刚接手该车时，怀疑是转向助力开关损坏，因为该开关失效后，发动机不能接到转向时的负荷信号，发动机转速不能提升，会导致发动机熄火或 EPC 报警。连接 VAS5051 大众专用检测仪，进入 01—08—55 组，起动发动机，来回转动转向盘，观察第 4区 5 位数字的第 1 位，数据始终显示为 0，说明发动机没有接到转向助力开关接通信号。检查转向助力开关，发现其导线侧连接器脱落，转向助力开关也已经损坏，更换转向助力开关，并插牢导线侧连接器后，再次使用专用检测仪检测，01—08—55 组第 4 区 5 位数字的第 1 位的数值在 0 和 1 交替变化，但在对该车路试时发现，上述故障依旧存在。

对该车再次试车，感觉即使未将转向盘转到底，在车速高的情况下，发动机也会熄火，而且熄火后发动机要起动二三次才能着机，感觉是汽油泵不供油。随即用二极管测试灯并联在汽油泵供电端子上再次试车，发现发动机熄火时，汽油泵供电端子上依然有电，这样就把检查目标对准了汽油泵，检查汽油泵，没发现任何问题，抱着试试看的想法，调换一个汽油泵，故障居然排除了。

为什么汽油泵会导致这么奇怪的故障呢？用砂轮机剖开汽油泵泵芯，发现两个电刷已经磨损，其中一个特别严重，而且此电刷的张紧簧相对松动。由此分析，将转向盘向右转到底急加速行驶时，由于离心力的作用，再加上张紧簧松动，此电刷和换向器脱开，汽油泵断电停转，导致不能供油，从而引发动机熄火故障。

七十、宝来轿车开车门时顶棚上的开门指示灯不亮的故障

故障现象：一辆刚刚行驶了 300km 的新宝来轿车(VIN:LFV2A115993015008)，打开车门时顶棚上的开门指示灯(以下简称门灯)不亮。

故障诊断与排除：维修技师接车后，首先验证了故障。随后分析认为导致上述现象的可能

原因有：灯泡损坏；供电不正常；门开关信号有问题；车载电源控制单元(J519)控制有问题；相关线路有故障。

　　维修技师查阅相关电路后得知，门灯的端子 T4j/1 上的导线为 J519 控制后部阅读灯搭铁线（即打开车门时，J519 接收到车门开关的打开信号，J519 控制该导线搭铁，使顶棚上的门灯点亮）；端子 T4j/2 上的导线为电源线；测量端子 T4j/2 上的电压，为 12V，正常；与端子 T4j/3 相连的导线为搭铁线，检查发现该线与搭铁导通；与端子 T4j/4 相连的导线为 J519 控制后阅读灯的控制线，将门灯开关置于常开位置，该灯点亮，说明供电和灯泡本身都没有问题。

　　用 VAS5052A 读取 J519 数据块 05 组，查看门灯开关信号，J519 能准确接收到门控开关信号，正常。于是维修技师判断故障可能为 J519 本身故障或者其端子 T73/4 至门灯接线端子 T4j/1 间的线路有问题。测量该两端子间的电阻，发现断路。因为导线本身出现断路的可能性很小，觉得应该检查导线侧连接器端子，最后发现 J519 导线侧连接器端子 T73/4 从连接器中脱落。

　　修复脱落的 J519 导线侧连接器端子 T73/4，开车门试验，一切正常，故障彻底排除。

七十一、宝来轿车氧传感器故障一例

　　故障现象：一辆宝来 1.6L 轿车，手动挡，AGN 型发动机，已行驶 11 万 km。该车刚起动时正常，着车约 10min 后出现抖动，继而熄火，熄火后马上又能着车。

　　故障诊断与排除：维修技师接车后试车，验证了上述故障症状。于是用金奔腾解码器进入系统读取故障码，无故障码存储。读取数据流，发现氧传感器电压值在 0～0.3V 之间变化，通过该数据可以看出混合气稀。混合气偏稀的原因一是进气量大，二是喷油量小。经检查，进气系统未发现异常，而且空气流量计测出的空气质量也在正常的范围内。那么是不是喷油量小造成的熄火呢？再检查喷油器喷油正常。起动车，再用解码器读取数据流，车辆正常时喷油脉宽正常。但当车辆要熄火时，喷油脉宽却比正常大。这样看喷油量实际上比正常大，混合气应该浓，但氧传感器反馈回来的信息却显示混合气偏稀。难道是发动机控制单元出了问题？仔细分析一下，如果氧传感器出现故障，始终反馈给发动机控制单元混合气稀的信息，发动机控制单元接受了这个错误的信号，加大喷油脉宽从而加大混合气的浓度，如果混合气过浓便造成发动机熄火。

　　升起该车，拔下氧传感器插头，用万用表测量氧传感器的外围线路均正常。更换一新氧传感器后，该车恢复正常，故障彻底排除。

七十二、宝来轿车因点火线圈损坏引起加速无力的故障

　　故障现象：一辆宝来 1.8T 轿车加速无力，且车速较低时有"坐车"现象，原地空负荷加速时发动机抖动。

　　故障诊断与排除：维修技师接车后，首先用 V. A. G1551 对该车进行检测，该车显示有两个故障码，分别为 16684 和 16688。16684 为发动机燃烧中断，16688 为发动机第 4 缸燃烧中断。宝来 1.8T 轿车的发动机为 4 缸多点顺序喷射，各缸均为独立点火线圈。当 4 缸工作出现断火，发动机控制单元可识别出燃烧中断，并存储故障码。由于该车是新车，所以火花塞和喷油器出现故障的可能性很小，问题可能出在点火线圈上，于是将第 4 缸点火线圈更换后，故障彻底排除。

　　故障维修总结：通过对该车的维修，维修技师认为随着现代汽车技术的发展，汽车维修几乎完全采用换件修理法，维修过程的重点集中在故障的诊断上，如果能充分利用各种先进的检测仪器设备来查找故障点，便能极大地提高工作效率。因此，能正确使用各种先进的检测仪器

设备就显得十分重要。

七十三、宝来轿车雨天打右转向灯时,转向灯熔丝熔断的故障

故障现象:一辆宝来 1.8L 轿车,下雨天车辆在打右转向灯时,熔丝会熔断。

故障诊断与排除:在故障出现时,将前后转向灯和右侧转向灯插头都拔掉,熔丝仍然熔断。测量线束正常,插上熔丝再试又没故障。后来经仔细检查,发现是通往右侧转向灯的 2 根电线部分绝缘外皮损坏。这样在下雨时,因 2 根线靠得太近而短路,从而造成熔丝熔断,而在水干时故障就消失了。

将线束破损的地方做好绝缘处理后,故障彻底排除。

七十四、改线巧除宝来轿车倒车灯故障

故障现象:一辆宝来 1.8L 手动挡轿车,只要打开点火开关,倒车灯就常亮。

故障诊断与排除:从宝来车基本装备电路图(如图 7-6 所示)上分析,电流从蓄电池正极出来,经过蓄电池保险支架上的易熔线 S176(110A)到继电器盒,再由继电器到点火开关,这是常火。倒车灯引的是通过点火开关的 15 挡后的电流。该电流经过仪表台左侧的保险支架上的保险 S7(10A),再经过流水槽左侧的分线器中的橙色插头 T10 的 3 号端子。正电通过变速器上的倒车灯开关,通过倒车灯开关后,正电又从流水槽左侧分线器中的橙色插头 T10 的 10 号端子返回,经过线束中的 T5h 插头的 5 号端子,连通两个倒车灯。倒车灯通过线束中内部接地线搭铁,这就是宝来车倒车灯电路的走向。

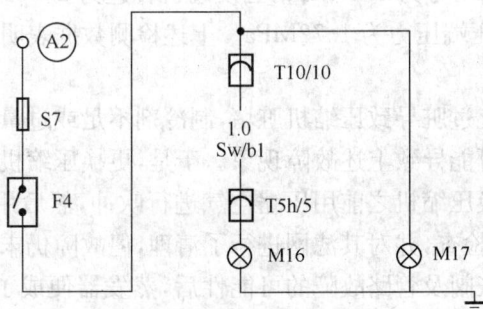

图 7-6　倒车灯电路示意图

bl. 蓝色　SW. 黑色　F4. 倒车灯开关

M16. 左侧倒车灯灯泡　M17. 右侧倒车灯灯泡　S7. 熔丝支架上 7 号熔丝

T5h. 插头,5 孔,左侧 A 柱下部附近,缠在线束内

T10. 插头,10 孔,橙色,在插头保护壳体内,流水槽左侧　A2. 正极连线

维修技师分析,打开点火开关后倒车灯常亮,最有可能就是变速器上的倒车灯开关损坏。于是将倒车灯开关的插头拔下,切断电路的通路,倒车灯还是亮着,说明线路中有短路地方。接着拔下倒车灯开关的保险 S7,倒车灯还是亮着,电源切断了灯还亮着,又能说明倒车灯开关以后的线路或别的相关线路有短路之处,沿着电路走向又剥开了流水槽左侧分线器中的橙色插头 T10,灯还是亮。只能继续沿电路判断线路的短路之处,此时只剩下线束中的 T5h 插头了,该插头在左侧 A 柱的主线束中包裹着,将包裹线束的黑色纱布剥开,拔下 T5h 插头,倒车灯终于熄灭了。左侧插头 T10 和 T5h 都拔开的情况下,用万用表测量 T10 的 10 号端子和 T5h 的 5 号端子都显示有 12V 电压,说明线束短路点在橙色插头 T10 和插头 T5h 之间的黑蓝线上。

由于宝来车线束复杂,插头 T10 和 T5h 之间的线路较长,而且在仪表台之后,不可能将线

束剥开去检查短路点。如果更换线束,工作量也很大,于是决定采用跳线的方法,将这根黑蓝色线甩开。

之后将插头 T10 的 10 号端子后面断开,再把插头 T5h 的 5 号端子前面断开,直接跳接一根电线,连接插头 T10 和 T5h,然后把原来的黑蓝色线的断开处做好绝缘处理。因宝来车线路维修条件要求很多,外接线必须选用线径合适的黄颜色线,而且接点处须用热缩管包好。按照要求工作结束后,倒车灯工作恢复正常,打开点火开关后灯不再亮,挂入倒挡后,白色倒车灯点亮。经过反复试车,没有发现线路有任何异常,故障彻底排除。

七十五、新宝来轿车空调故障一例

故障现象:一辆一汽大众新宝来轿车,行驶里程 4 万 km。据车主反映,该车空调制冷不足,且随着鼓风机风速的提高,出风口的温度也会有所升高。

故障诊断与排除:维修技师用手触摸空调系统的高、低压管路,温度均正常。之后,将诊断重点集中在冷气系统的气流通道部分。如果风门拉线松弛或脱落,造成风门关闭不严,则必然会使出风口的温度升高。但经检查,排除了此种故障的可能性,看来问题在空调制冷系统。

新宝来轿车采用变排量压缩机空调制冷系统,空调制冷系统主要由空调压缩机、冷凝器、膨胀阀、蒸发器及储液干燥器等组成。首先检查压缩机,看压缩机是否因液击现象内部被击穿而不制冷。用歧管压力表组测量制冷系统压力,当发动机怠速运转、鼓风机为 1 挡时,低压端压力为 0.17MPa,高压端压力为 1.32MPa;当发动机转速为 2000r/min、鼓风机为 1 挡时,低压端压力为 0.17kPa,高压端压力为 1.37MPa;当发动机转速为 2000r/min、鼓风机为 4 挡时,低压端压力为 0.15MPa,高压端压力为 1.72MPa。上述检测数据表明,制冷系统压力正常,压缩机不存在液击现象。

进一步分析,如果系统过脏导致压缩机脏堵,制冷剂不足或过量,压缩机压力调节阀损坏,使压缩机不能变排量,均可能导致上述故障现象。于是,更换压缩机总成进行试验。为了检查系统管路是否堵塞,在更换压缩机之前用压缩空气进行吹冲,然后用清洁汽油进行清洗,同时还将膨胀阀拆下来进行了检查,并对其滤网进行了清理,但故障仍未排除。

在排除了压缩机、膨胀阀及管路故障的可能性后,蒸发器便成了最可疑的对象。通常,蒸发器结霜也是导致制冷能力不足的一个重要原因。拆下暖风空调调节装置面板及右侧杂物箱,将手伸进去触摸蒸发器表面,感觉只有右侧大约 1/4 的部分温度较低,由右至左逐渐由凉变温,且节流阀到蒸发箱之间的管路有结霜现象。

为了进一步判断蒸发器内是否出现堵塞,维修技师进行了如下试验:用一只普通家用热水袋装满开水,将其敷在膨胀阀到蒸发箱之间的管路上,用温度计检测出风口的温度。如果出风口的温度能够下降,根据能量守恒定律,说明蒸发箱是畅通的,反之则说明蒸发箱内部堵塞。经测量,在敷上热水袋后,出风口的温度未发生变化,由此可以判定故障就在蒸发箱。更换了蒸发箱后,该车故障彻底排除。

故障维修总结:变排量压缩机空调系统随着压缩机排量的改变,不会出现明显的系统高压侧压力过高、低压侧压力过低的现象,从而使因蒸发器堵塞造成的故障不能很容易地判断出来,这是由变排量压缩机空调系统的结构特点所决定的。

七十六、新宝来轿车水温偏高故障一例

故障现象:一辆 2009 年产新宝来轿车,行驶里程 2 万 km。车主反映该车水温高,空调不凉。

故障诊断与排除:维修技师接车后检查发现该车冷却风扇不转。冷却风扇是通过发动机

控制单元 J361 根据冷却液温度传感器的温度信号和空调压力开关的压力信号来控制的。新宝来轿车有 2 个冷却液温度传感器,1 个装在缸盖出水口,另 1 个装在散热器出水口,J361 根据 2 个传感器的温度值,通过冷却风扇控制单元 J293 控制冷却风扇的运转。当打开空调开关时,如果车辆的外界温度高于 5℃,J361 根据空调高压传感器、冷却液温度传感器及发动机负荷率等决定是否起动空调压缩机。如果空调高压压力为 3.2MPa 以上,表示空调系统高压压力过高,J361 将断开空调压缩机。当空调高压压力大于 0.2MPa 时,J361 使冷却风扇低速运转;当空调高压压力大于 1.6MPa 时,J361 使冷却风扇高速运转。

维修技师检测发动机控制单元,未发现故障码。开空调,读取 01-08-137 空调高压压力,发现数值在 0.15～0.30MPa 之间变化,这表明空调压缩机在切断与接通之间跳变。用故障诊断仪指令冷却风扇运转,无效。这说明故障是由冷却风扇异常所引起的。查阅电路图,找到 J293 供电端子,测量 30a 与 31 端子(搭铁端子)间的电压为 0V。测量 30a 与搭铁点间的电压为 12V,说明搭铁端子 31 与搭铁点间的线路断路。检查线路发现 G40 号搭铁点因接线柱锈蚀导致线路接触不良。

清理并紧固搭铁线接线柱,试车一切正常,故障彻底排除。

七十七、新宝来轿车因防盗系统控制单元损坏引起无法起动的故障

故障现象:一辆 2009 年产新宝来轿车,行驶里程 4000km,搭载 BWH 型 1.6L 发动机。据车主反映,该车起动时偶尔会出现起动机正常工作但不能着车的现象,但稍等一会再起动又可以正常着车。

故障诊断与排除:维修技师接车后,查阅该车的维修记录,发现无法起动的故障已经出现过 3 次。第一次出现故障时,车主打电话请求救援,维修人员到达现场后可以顺利起动着车,反复试验正常。使用故障诊断仪进行检测,存储有"钥匙识别错误"的临时故障码,维修人员清除故障码后让车主继续使用观察。几天后,车主又来电话反映车辆无法起动,维修人员到达现场后又可以顺利地一次性起动着车。使用故障诊断仪调出了与上次相同的"钥匙识别错误"的临时故障码,维修人员怀疑钥匙有问题,让车主使用另一把钥匙继续观察。这次救援只过去了几个小时,车主又来电话抱怨车辆起动无法着车,新车故障就多次出现使车主意见很大。

维修人员到达现场后,验证了车辆偶尔起动不能着车的现象,而且 2 把钥匙都存在偶尔起动不着车的情况。检查车辆是否存在其他故障现象,发现故障出现时电动车窗和天窗都无法开启,如果电动车窗和天窗可以正常使用则车辆也可以起动着车。那么这 2 个故障现象之间有什么联系呢?新宝来轿车采用大众公司的第四代防盗系统,安全性和稳定性比较好,车身控制单元 BCM 融合了电能管理控制单元 J519 和舒适系统控制单元(网关)的功能。结合该车存储的"钥匙识别错误"故障码和电动车窗及天窗都无法开启的故障现象,维修技师认为应该对防盗系统和车身控制系统进行检查。首先使用故障诊断仪 VAS5052 进入车身控制单元 BCM,读取数据流,发现 BCM 能够识别各车窗和天窗的开启与关闭状态,这说明车窗和天窗开关与 BCM 之间的线路正常。根据车窗控制电路图(如图 7-7 所示)进行分析,车窗控制过程如下:车窗升降开关→车门控制单元→LIN 总线→BCM,再由 BCM 下达各车窗的开启信号→各车门控制单元→车窗电机。在上面的检查中,使用故障诊断仪可以看到 BCM 能够收到车窗和天窗开关的信号,那么所有车窗都不能工作应该是 BCM 没有发出工作指令(因为所有车门控制单元同时失效的可能性很小)。会不会是 BCM 工作不良?如果 BCM 工作不良,不仅会导致车窗和天窗无法开启,而且由于 BCM 具有网关功能,也可能会导致防盗系统控制单元与发动机控制单元通信不良,造成了无法起动。根据这些分析,维修技师拆下 BCM 并对其供

电和搭铁线路进行测量。

　　对 BCM 的电源与搭铁线路进行测量,同时使用试灯检查电源的可靠性,以确定是否为虚电。BCM 安装在驾驶员侧仪表板下方,其上有黑色和白色线束插头各一个,均为 72 脚,需要注意区分 2 个线束插头与插座的对应关系,以免拆下后插错。测量后发现,BCM 的电源与搭铁线路都正常。难道 BCM 本身损坏? 将 BCM 装回,准备用 VAS5052 做执行元件诊断,以确定 BCM 的可靠性。连接 VAS5052,打开点火开关,这时发现仪表上显示"SAFE"字样,几分钟后"SAFE"字样消失,按压车窗开关时"SAFE"字样又出现。出现"SAFE"字样说明已经进入防盗安全模式,当防盗系统控制单元认为有人用错误的钥匙企图起动车辆时,则起动防盗安全模式。

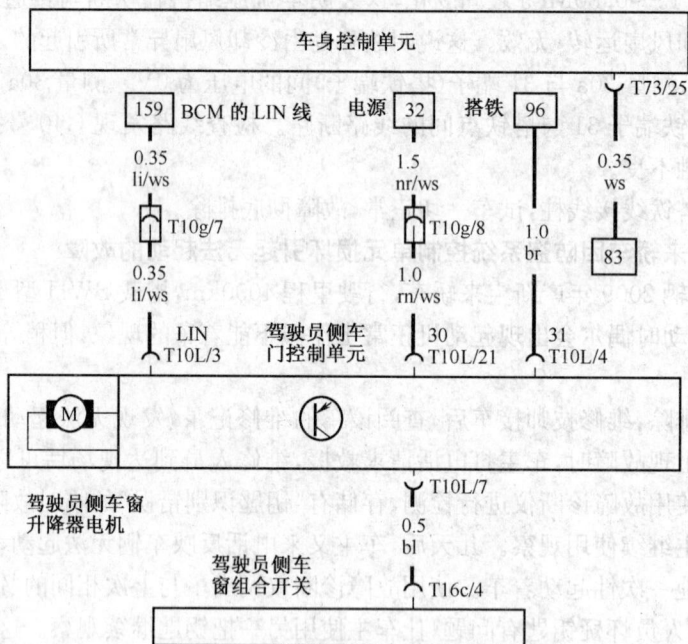

图 7-7　车窗控制电路图

　　下面对防盗系统进行检查。对于防盗系统存储的"钥匙识别错误"故障码,可能原因包括钥匙错误、识读线圈线路或本身故障、防盗系统控制单元线路或本身故障。首先,用户已经换过备用钥匙,说明问题不在钥匙上。测量识读线圈电阻与工作状况,电阻为 23.69Ω,识读线圈的绿色和黑色线上的波形也正常。接下来检查防盗系统控制单元,测量控制单元的电源与搭铁正常,试着在线匹配钥匙,结果令人失望,可以匹配,但关闭点火开关 5min 后仪表上就会又出现"SAFE"字样。综合以上检修过程进行分析,锁定故障点在于防盗系统控制单元。

　　利用车辆 VIN 码定制防盗系统控制单元,到货后使用 VAS5052 在线进行防盗系统控制单元与钥匙的匹配。完成后,进行跟踪回访,确定故障彻底排除。

　　特别提醒广大汽修同行的是,在完成防盗匹配后,仪表上会出现"Pro"字样,这是仪表在出厂时的生产模式,需要关闭。新宝来轿车关闭生产模式的操作与其他车辆有所不同,具体操作如下。①连接 VAS5052,选择车辆自诊断,进入后选择车载诊断(OBD),进入后选择 17—仪表板。②选择诊断功能 012—匹配,进入后选择匹配功能中的生产模式,进入后选择关闭生产模式并保存。

　　故障维修总结:现代汽车上在运用了大量的通信网络后,各控制单元之间可以共享数据。

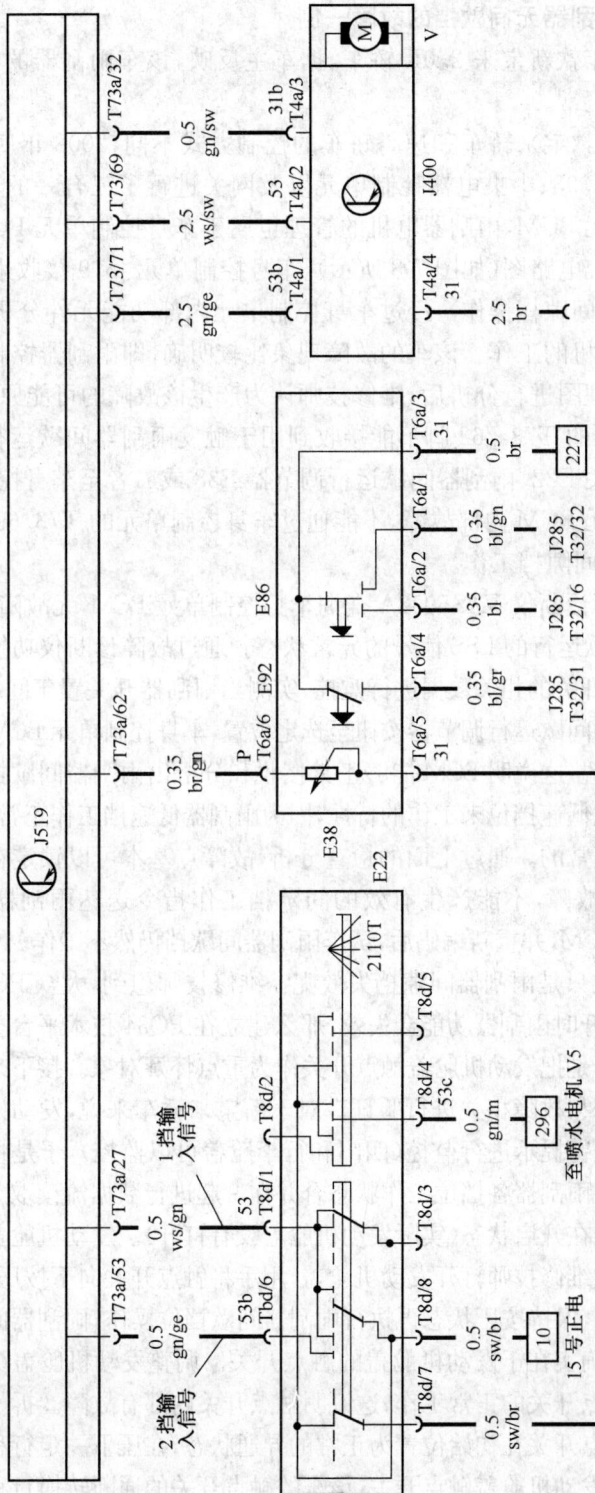

图7-8　雨刮器系统电路图

E22. 间歇式车窗刮水器开关　E38. 车窗玻璃刮水器间歇运行调节器
E86. 多功能显示器调用按钮　E92. 复位按钮　J285. 仪表板中控制单元　J400. 雨刮器电机控制单元　V. 雨刮器电机
J519. 车身控制单元（在仪表板左侧下方）　V5. 喷水电机

在新宝来轿车上,如果防盗系统进入安全模式,当 BCM 接到防盗信息后,会自动控制全车的电动车窗和天窗的关闭,这是第四代防盗系统特有的安全模式。

七十八、新宝来轿车雨刮器无间歇挡的故障一例

故障现象:一辆 2009 年款新宝来 2.0L 轿车,据车主反映,该车雨刮器的间歇挡不工作,而其他挡位和喷水功能均正常。

故障诊断与排除:与老款宝来轿车和速腾轿车的控制方式不同,2008 年底上市的新宝来轿车将舒适系统控制单元 J393、中央电器控制单元以及网关进行了三合一的功能集成,集成后的部件称为车身控制单元 BCM,雨刮器电机的管理也属于车身控制单元 BCM 的功能。根据新宝来轿车的雨刮器系统电路图(如图 7-8 所示),车身控制单元 J519 接收来自雨刮器开关的输入信号(1 挡、2 挡以及间隙挡操作),经过车身控制单元内部功能元件分析转化为相应的指令信号,来控制雨刮器电机的工作。该车的故障现象比较明确,即雨刮器控制功能中只有间隙挡工作失效。对电路原理图进行分析后,维修技师认为产生该故障的可能原因有两个方面:

①车身控制单元 BCM 的 T73a/62 脚不能接收到用于触发雨刮器间歇运行的 LSS 信号,故障原因可能是雨刮器开关 E22、雨刮器间歇运行调节器 E38 或二者至车身控制单元 J519 的线路故障。②车身控制单元 BCM 内部故障,不能通过车身控制单元的 T73/69 脚触发雨刮器电机控制单元 J400 来控制间隙挡工作。

维修技师首先使用故障诊断仪 VAS5052A 查询车身控制单元 BCM,无故障码存储,这说明 BCM 未能识别到雨刮器间歇运行的 LSS 信号的异常状态。通过故障诊断仪功能引导的读取数据流功能,进一步对雨刮器开关的相关数据进行监控,实测当雨刮器开关置于间歇挡时,BCM 能够识别出间歇挡接通。拨动间歇运行调节器按钮至选定位置,车身控制单元 BCM 能精确地识别出 1~4 各级控制开关的位置,这说明 BCM 能够正常接收和分析出雨刮器间歇控制信号。根据雨刮器间歇挡借助雨刮电机低速挡位来工作的特性,因为雨刮器低速挡工作正常,这说明雨刮器电机低速挡执行线路也是正常的。通过上面的检查分析,故障点基本可以锁定在车身控制单元 BCM 内部的执行线路控制故障,不能产生有效的间歇挡工作指令送达雨刮器电机控制单元 J400。更换车身控制单元 BCM,并重新编码后,试车雨刮器间歇挡仍然不工作。

那么还有什么原因导致只是雨刮器间隙挡失效呢? 维修技师想到,大众 PQ35 技术平台的速腾/开迪在发动机舱盖打开时雨刮器功能会失效,那么建立在 PQ34 技术平台上的新宝来是否也有类似的管理功能呢? 于是把发动机舱盖触点开关作为重点怀疑对象。接下来需要对发动机舱盖触点开关位置状态是否与故障相关进行验证。对于新宝来轿车来说,发动机舱盖的开启状态不能通过仪表上的车门报警提示进行监控(四门和行李舱盖可以监控),于是将发动机舱盖的工作状态作为 1 个监测点与雨刮器各挡位工作状态合并在一起进行数据流读取,果然不出所料,此时监控到发动机舱盖正处在开启状态(实际发动机舱盖没有打开)。发动机舱盖触点开关安装在前部散热器框架的左侧。维修技师打开发动机舱盖,用手将触点开关向下按压,此时监控数据中的触点开关变为“关”状态,保持按压状态再执行雨刮器间歇挡位操作,雨刮器间歇挡终于出现了。检修至此,说明故障点确实在于发动机舱盖的触点开关。调整发动机舱盖缓冲装置和舱盖锁位置,试验仍无法实现触点开关的正常工作,这说明触点开关内部有故障。拆下发动机舱盖触点开关进一步检测,测量触点开关在初始位置为正常的导通状态,在压下一定行程后也能表现为断开状态,但通过对比正常发动机舱盖触点开关,该车的触点开关的通断转换行程明显比正常的长,也正是这个无效行程引起了发动机舱盖位置信息的偏差。

更换发动机舱盖触点开关,雨刮器功能恢复正常,故障彻底排除。

第八章　捷达系列轿车故障检修实例

一、捷达王轿车冬天冷车无法起动的故障一例

故障现象：一辆捷达王轿车，在入冬后的一天早晨无法起动。

故障诊断与排除：维修技师接车后，首先进行基本检查。检测发动机的燃油压力和气缸压力在正常范围内；检查喷油嘴，均能按顺序正常工作；检查配气相位、点火正时以及火花塞的跳火情况，也都没有发现问题。用故障诊断仪检测发动机ECU，无故障码输出。通过一系列检查，发动机有油、有火，就是不能起动。

通过仔细思考分析，维修技师后来发现，虽然已经多次起动过发动机，可火花塞却没有被淹的迹象，这一点启发了维修人员。冷车不能起动的故障会不会是由于喷油嘴供油过少，混合气过稀造成的呢？可又是什么原因导致混合气过稀呢？通过读取该车静态发动机数据发现，发动机ECU输出的冷却液温度为105℃，而此时发动机的实际温度只有1℃，很明显，发动机ECU所收到的水温信号是错误的，说明水温传感器出现了问题。仔细询问车主才知道，他前一天曾在发动机很热的情况下冲洗过发动机，这恰恰是引起此故障的关键。为了进一步确定自己的判断，维修技师又用万用表测量了水温传感器。果然不出所料，水温传感器既没有断路，也没有短路，但由于车主的错误操作，使它输出信号失真了。

将已损坏的水温传感器更换后，故障彻底排除。

故障维修总结：这起故障案例实际并不复杂，对于有经验的汽车维修工，可能会直接从水温传感器着手，找到问题的症结。但它说明一个问题，那就是电控燃油喷射发动机系统的ECU对于某些故障是不进行记忆存储的。比如该车的水温传感器，既没有断路，也没有短路，只是信号失真，ECU的自诊断功能就不会认为是故障；再比如氧传感器反馈信号失真使尾气超标，空气流量计由于进气太脏导致实际进气量与空气流量计所检测到的进气量差异大等，都可能不被ECU所存储。在这种情况下，阅读控制单元数据成为解决问题的关键。通过阅读控制单元数据，能够了解各传感器输送到ECU的信号值。通过与真实值的比较，才能找出确切的故障部位。不光是针对无故障存储的ECU，即使对于有故障码输出的ECU，阅读控制单元的数据也是至关重要的。它是维修人员寻找故障原因，判断故障部位过程中重要的一个环节。

二、捷达王轿车电动燃油泵故障一例

故障现象：一辆捷达王轿车(1.6L EA113发动机)，行驶里程9万km，在一次行车途中发动机"突、突"几声后熄火，再起动不着车。

故障诊断与排除：首先检查高压电路，高压火花正常。然后检查油路，起动的同时用手握住进油管，未感到有油压脉动。检查电动燃油泵，保险丝未断，继电器工作正常，初步判断为电动燃油泵不工作。由于条件限制，未能拆检电动燃油泵，遂取下原车蓄电池与1只备用蓄电池并联在一起，再与电动燃油泵导线点击连接，使电动燃油泵间断短时转动工作。然后拆下原车蓄电池，安装好后再次起动，发动机运转正常。

该车故障原因是由于电动燃油泵发生卡滞（内部机械故障或燃油中含有杂质），无法运转。将2只蓄电池并联后再与电动燃油泵短时连接，可使通过燃油泵中的电流强度加大，增加其转矩，从而恢复工作。但应注意，在连接时通电时间不要过长。当然，如条件允许，还是对电动燃油泵进行更换为最佳解决方案。

三、捷达王轿车因点火线圈损坏引起排气冒黑烟的故障一例

故障现象：一辆捷达王轿车行驶约 3 万 km，突然出现怠速不稳，加速时排气严重冒黑烟，同时油耗过多，百公里耗油超过 20L。有时急加速时排气管轻微放炮。

故障诊断与排除：维修技师接车后，先检查电控系统，此车采用 EAll3 发动机（四缸 20 气门）匹配德国博世公司最新开发的 MontronicM3.8.2 闭环电子控制燃油喷射系统，其最大特点是燃油喷射和点火由同一发动机控制单元（ECU）控制。先用 V.A.G1552 查此车故障存储，显示"空气流量计信号不正常"、"节气门阀体超出调整范围、偶发故障"和"氧传感器对地短路或断路，永久性故障"。对此车进行综合分析，查看发动机控制系统数据流，重点看空气流量计信号和氧传感器信号电压，空气流量计显示数值为 3.3g/s，正常，因为怠速和无负荷情况下应为 2～4g/s，氧传感器实测 0.2V，且始终不变，正常情况下应在 0.1～0.9V 之间不断变化。由此数据可看出氧传感器已经中毒、失效，空燃比不能自动调节，喷油量增加，有可能其损坏的同时引发另两个偶发故障出现。于是更换氧传感器，并清除故障码，然后清洗了一下节气门，对其电控系统重新进行基本设定，重新起动，再用 V.A.G1552 读取故障码，只出现"空气流量计信号不正常，偶发故障"，检查线路正常，为安全起见，换上一个好的空气流量计，试车，刚开始一切正常，可是过了 1h 后，排气管又开始冒黑烟。

再用 V.A.G1552 读取故障码，依然是"空气流量计信号不正常，偶发故障"。但空气流量计是好的，数据显示都在正常范围内。冷静分析后，突然想起发动机控制单元只能监控部分传感器和执行器元件，非电控元件则无法监控。于是重新调整思路，对非电控部分重新检查，检查气缸压力，每缸均在 1060kPa 以上，燃油压力怠速时为 350～450kPa，都在正常范围内，更换火花塞、高压线，清洗喷油器并测试，故障依旧。

用 MOT250 博世发动机综合检测仪检测点火波形，发现其点火波形异常，高压点火电压约 7500V 左右，冷车时次级高压在 10000V 左右，于是拆下点火线圈，单独进行预热实验，当其工作 0.5～1h，温度上升到 50℃时，点火能量明显不足，有时还缺火，故障原因终于找到，是点火线圈受热后匝间短路，造成点火电压低，发动机燃烧不完全。

换新后，起动发动机一切正常，怠速运转平稳，故障彻底排除。

四、捷达王轿车怠速游车故障一例

故障现象：一辆捷达王（配备 4 缸 20 气门发动机）轿车，起动发动机后，其怠速转速为 300～1500r/min。摆动数次后稳定在正常值，行车过程中则感觉基本正常。

故障诊断与排除：引起怠速游车的原因可能是电控系统异常、进气管漏气。用元征 431ME 电控系统检测仪检查，显示空气流量计信号异常，该空气流量计为热丝式空气流量计，检查其线路及插接件，连接情况正常。其插接件为四端子，分别为 12V 电源线、搭铁线、5V 标准电压、信号输出端。从信号输出端测量电压信号为 0.03V，起动发动机及加、减速时均为 0.03V，即输出电压信号无变化，由此确定空气流量计已损坏。从常规经验分析，空气流量计损坏可能会引起加速不良或油耗增加的症状，但对怠速游车的症状相对影响不大，可能在进气部分存在漏气的地方。但经验查并未发现有漏气之处，检查怠速控制电机及电位计，均未发现异常情况，而且在游车状态下可以看到节气门在怠速电机驱动下进行反馈调节，开空调时怠速提升正常。由此判断怠速控制系统正常。那么故障是不是由错误的空气流量信号引起的呢？于是用传感器模拟测试仪从流量计信号输出端将怠速时的模拟电压值输入电脑，当输入电压为 1.3V 左右时，怠速游车现象消失。重新起动发动机，不再出现怠速游车现象。

更换空气流量计后，故障彻底排除。

五、捷达王轿车空调不制冷的故障一例

故障现象：一辆 92 款捷达王轿车，搭载 5V 电喷发动机，出现空调系统不制冷的故障。

故障诊断与排除：维修技师接车后，首先打开空调 A/C 开关，空调压缩机电磁离合器不吸合，连接空调压力歧管表，测量管路压力在正常范围之内，检查与空调系统有关的熔丝 S6 和 S19 都没有熔断。

连接故障诊断仪，起动发动机并打开 A/C 开关，读取有关空调系统的数据流。数据流显示区 3 为 A/C-High，这表示发动机控制单元已经接收到空调的请求信号，显示区 4 为 Compr OFF，这表示空调压缩机处于关机状态。关闭 A/C 开关，读取空调系统数据流，数据流显示区 3 变为 A/C-Low，这表示发动机控制单元没有接到空调的请求信号。从上面的检查可以看出，A/C 开关至发动机控制单元之间的线路是完好的，问题应该出在其他控制电路或控制开关上。

为了检查空调系统相关电路，查阅了捷达王空调系统电路图，因为原厂电路图看起来比较繁琐，于是进行了简化，如图 8-1 所示。下面先分析一下空调系统的控制方式。维修人员应注意了解电路图中空调风扇控制器 K 的工作方式和各个接脚的电平变化。只有对空调系统的工作原理清楚了，才有利于故障的排除。

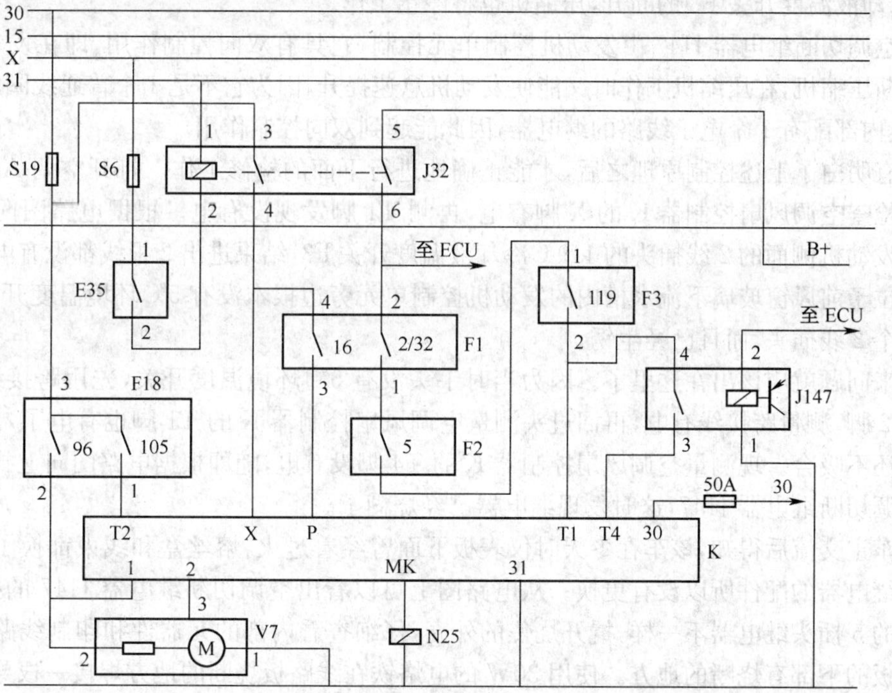

图 8-1 空调系统电路示意图

E35—空调开关 F1—高低压组合压力开关 F2—环境温度开关 F3—冷却液温度开关 F18—双温度开关 J32—空调继电器 J147-空调切断继电器 K—空调风扇控制器 N25—空调机电磁离合器 V7—散热器风扇

①开启空调后，电流从卸荷线 X→熔丝 S6→空调开关 E35→空调继电器 J32 线圈→31 号搭铁线，空调继电器工作，内部触点吸合。

②电流从 30 号常电源线→熔丝 S19→空调继电器 J32 触点。然后分两路，一路到空调风扇控制器 K 的 X 脚，另一路经高低压组合压力开关 F1 的 4 脚（1600kPa→空调风扇控制器 K 的 P 脚）。

③来自蓄电池正极 B+的电流→空调继电器 J32 的另一组触点。然后分两路,一路到发动机控制单元的 10 脚,作为空调请求信号,另一路经空调高低压组合开关 F1 的 2 脚(200～3200kPa 时该开关闭合)→5℃环境温度开关 F2→119℃冷却液温度开关 F3。然后又分两路,一路到空调风扇控制器 K 的 T1 脚,另一路到空调切断继电器 J147→空调风扇控制器 K 的 T4 脚。

④空调风扇控制器 K 的 T1 脚和 T4 脚此时为高电平时,MK 脚输出 12V 电压驱动空调压缩机电磁离合器 N25 吸合,压缩机工作。与此同时,空调风扇控制器 K 的 1 脚也输出 12V 电压通过风扇电阻驱动散热器风扇 V7 以低速挡转动。

⑤当空调管路压力高于 1600kPa 时,空调高低压组合开关 F1 中的 16 压力开关闭合,空调风扇控制器 K 的 P 脚为高电平,2 脚输出 12V 电压控制散热器风扇 V7 高速转动。当空调系统制冷剂发生泄漏后,如果管路静态压力低于 200kPa,空调高低压组合压力开关 F1 中的 2/32 压力开关断开,空调风扇控制器 K 的 T1 脚和 T4 脚断电,空调压缩机立即停止工作,以防止压缩机在润滑不良的情况下工作而损坏。同样,当管路压力高于 3200kPa 时,2/32 压力开关也会断开,压缩机不再工作以保护压缩机和空调管路。

⑥当环境温度低于 5℃或发动机冷却液温度高于 119℃时,由于 5℃环境温度开关 F2 和 119℃冷却液温度开关 F3 的断开,压缩机也将停止工作。

⑦空调切断继电器 J147 由发动机控制单元控制,它具有双向控制作用,即在发动机全负荷时切断压缩机,在压缩机工作时又能使发动机怠速提升,因为它不是 1 个普通线圈触点继电器,而是内部配有 1 个电子线路的继电器,因此能起到双向控制作用。

只有明白了上述控制原理之后,才能正确地进行下面的检修工作。打开空调 A/C 开关,用试灯检查空调风扇控制器 K 的 X 脚有电,再测 T1 脚发现没有电。根据电路图向上找,测量位于发动机侧面的 2 线插头的 119℃冷却液温度开关 F3,结果进出 2 根线都没有电,再往前找发现位于前风窗玻璃下流水槽内的发动机控制单元旁边根本没有 5℃环境温度开关 F2,只剩下一个 2 线插头,而且已经生锈。

看来问题就应该出在这里了。因为当时手头没有 5℃环境温度开关,先用跨接线连接插头中的 2 脚,测量跨接线有电,再回过头测量空调风扇控制器 K 的 T1 脚也有电了,但是此时压缩机还不吸合。现测量空调风扇控制器 K 的 T4 脚没有电,随即根据电路图向上找,这就找到了空调切断继电器 J147,这时发现继电器已经烧糊了。

与车主交流后得知,该车在冬天时仪表板下面曾经着过火,熔丝盒和线束都换了,当时没有这个继电器的配件所以没有更换。从电路图上可以看出空调切断继电器 J147 的控制方式和普通的 5 插头继电器不一样,撬开烧焦的外壳,仔细查看内部的元器件和印制线路板,发现在线路板的下部有烧断的地方。使用 30W 的电烙铁在线路板烧断的地方焊接一根导线,再将 J147 继电器插回原处,打开点火开关和 A/C 开关后就听到了压缩机电磁离合器的吸合声,起动发动机,空调系统可以正常工作了。此时再通过故障诊断仪查看数据流,数据流显示区 4 变为 Compr ON,这表明压缩机开始工作了。空调系统工作一段时间后,感觉制冷量不够,连接空调压力歧管表,低压侧压力为 180kPa(标准值为 103～241kPa),高压侧压力为 830kPa(标准值为 1103～1517kPa),高压侧压力明显偏低。在观察孔发现有气泡,这应该是缺制冷剂。补充一罐 R134a 制冷剂后,再看压力歧管表数值都在正常范围内,空调制冷效果也达到了最佳状态,到此故障彻底排除。

从根本上讲,这个故障并不是一例特别疑难的故障,但是分析故障时具有清晰的思路和扎实的基础是非常关键的。希望通过这个案例中的检查步骤和对空调控制电路的分析,能够对维修人员建立正确的维修思路有所帮助。

六、捷达前卫轿车空调压缩机工作无规律的故障一例

故障现象:一辆捷达前卫轿车。当打开空调后,压缩机不工作,但偶尔又工作正常。此故障现象有别于打开空调后,压缩机正常的工作间歇。

故障诊断与排除:根据该车的故障现象,检查后确定空调系统电路控制部分存在故障。

根据电路图(如图 8-2 所示),首先检查供电熔丝 S51、S52,二者均正常,无熔断现象。检查有关元件,如除霜开关、高低压开关、外部温度开关等,均无故障,插头也无松动现象。

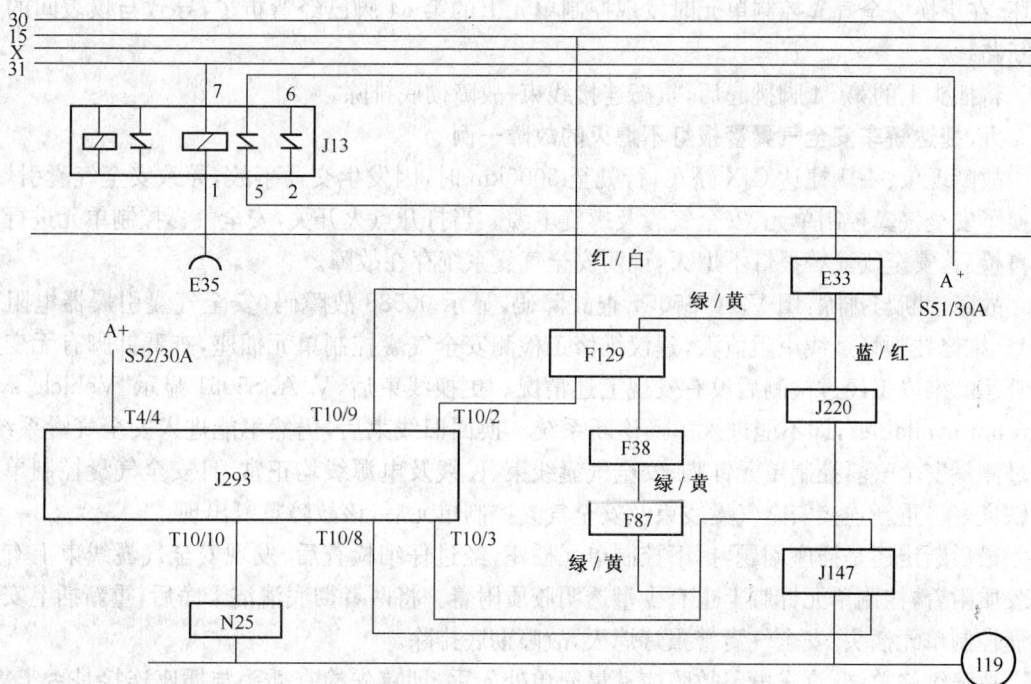

图 8-2　捷达前卫轿车空调系统电路图

J13—空调继电器　E35—空调开关　E33—除霜开关　F129—高低压开关　F38—外部温度开关　F87—水温开关
J147—超速切断继电器　J220—发动机控制单元　J293—空调控制单元　N25—空调电磁离合器　119—搭铁点

打开空调后测量高低压开关插头中的绿/黄色线,测量结果电压值为 0V,正常值应为 12V。根据电路图再次检查有关线路,最后确定是空调继电器 J13 有故障。该继电器第 5 插脚内部接触不良,导致上述故障现象。更换空调继电器 J13 后,故障彻底排除。

应该说明的是:空调继电器 J13 位于中央配电盒第一号位置;熔丝 S51、S52 位于蓄电池附近附加配电盒上。

七、捷达前卫轿车空调工作不正常故障一例

故障现象:一辆捷达前卫轿车,行驶 6 万 km。打开空调连续行驶 1~2h 后,出风口的冷风变成了自然风。这时关闭空调开关,停 2~3min 再打开空调,出风口又吹出冷风。

故障诊断与排除:当出风口的冷风变成自然风时,检查空调低压管有结霜现象,检查蒸发器也有结霜现象。此类捷达 2V 电喷车空调压缩机为可变排量压缩机,因此空调控制系统中无恒温开关。当打开空调,鼓风机开关在 1 挡,内外循环开关打在内循环位置,车辆连续行驶 1~2h 后,可能会出现此故障。出现此故障时可告诉车主连续行驶时可将鼓风机开关打在 2

挡,内外循环开关打在外循环位置工作一会,就不会出现上述故障了。也可加装恒温开关解决这一问题。在蒸发器上加装恒温开关后,当蒸发器温度低时,压缩机电磁离合器断开,当蒸发器温度正常时,压缩机电磁离合器又重新吸合,这样打开空调连续行驶,空调也将一直正常。

八、捷达前卫 GLX 轿车安全气囊故障灯常亮故障一例

故障现象:一辆捷达前卫 GLX 轿车,仪表上的气囊故障灯常亮。

故障诊断与排除:连接 V. A. G1551 进入地址码 15,查询故障记忆有 1 个故障码:01025(气囊故障灯触发失效)。用万用表检查故障灯线路,安全控制单元插头第 64 脚到仪表插头 T28/18,未发现异常,更换一块新仪表,故障灯还是常亮。由于确实可能是安全气囊控制单元损坏,在更换安全气囊控制单元时发现控制单元上的第 64 脚已经弯折了,导致与仪表间的连接断路。

将插头上的第 64 脚挑起后,重新连接线束,故障彻底排除。

九、捷达轿车安全气囊警报灯不熄灭的故障一例

故障现象:一辆捷达 GiX 轿车,行驶至 5000km 时,因发生交通事故,导致安全气囊引爆。更换了安全气囊控制单元、安全气囊及螺旋电缆。当打开点火开关,安全气囊控制单元进行系统自检后,安全气囊警报灯不熄灭,说明安全气囊系统存在故障。

故障诊断与排除:用 V. A. S5051 查故障码,显示 00588 故障码(安全气囊引爆器电阻太大)。维修技师怀疑线束阻值大,建议维修工检测安全气囊控制单元插座,查看针脚有无变形或脏污。维修工经过检测后没有发现上述情况。更换线束后,V. A. S5051 显示"Vehicle system not available",即不能进入车辆诊断系统。换回旧线束后,仍然不能进入安全气囊系统。经过测量安全气囊控制单元针脚、安全气囊线束、K 线及电源线均正常,且安全气囊控制单元搭铁良好。重新连接安全气囊线束及安全气囊控制单元后,该故障重复出现。

最后断定还是插座问题,拆下控制单元插座,经过仔细检查后,发现安全气囊线束上有少量胶质附着,控制单元针脚上也有少量透明胶质附着。将两者彻底清洁干净后,重新插上安全气囊控制单元插头,安全气囊警报灯熄灭,故障彻底排除。

故障维修总结:汽车电路故障应从最简单处入手,即首先检查插头与插座连接是否牢靠,搭铁是否良好,以及线束有无破损造成短路或断路,以免把简单的问题复杂化。

十、捷达前卫 GiX 型轿车高速行驶无力的故障一例

故障现象:一辆捷达前卫 GiX 型轿车,装用 ATK 型发动机,行驶里程为 1 万 km。当发动机转速达到 3000r/min 进行换挡时,发动机运转不平顺,车辆有发冲感,高速行驶无力。

故障诊断与排除:用故障诊断仪 V. A. G1551 对发动机电控系统进行检测,无故障代码存储。检查点火线圈,线束插头连接可靠。拆下各缸火花塞进行跳火实验,火花较强。拆下燃油滤清器,发现滤清器较脏,怀疑燃油箱内的燃油质量较差或油路堵塞。于是卸下油箱,彻底清洗燃油泵滤网及燃油箱后,重新添加优质清洁的燃油,并且更换燃油滤清器,装上燃油压力表,测量燃油系统压力,发动机怠速运行时燃油压力为 250kPa、急加速时为 300kPa。保持压力在 200kPa 以上,所测数值均正常。用万用表的电阻挡测量喷油器电阻为 15Ω,符合规定值。拔下节气门位置传感器线束插头,发现该插头连接可靠,各插脚接触良好,只是节气门附近有些脏污。对其进行清洗后,通过故障诊断仪查看发动机的转速在节气门关闭或打开时反应灵敏、准确。查看氧传感器电压在 0.1~0.8V 间变化,证明氧传感器工作正常。检查曲轴位置传感器,经过测量,其信号输出正常,线束连接状况良好。进行零件替换试验,在先后更换了控制单元、进气压力传感器、节气门体及点火线圈后,故障依旧。对各个传感器元件插头进行检查,发

现2个爆燃传感器的线束插头与插座的连接看上去有些不对劲。

将2个爆燃传感器的插头插回原位后进行试车,结果一切恢复正常,故障彻底排除。

事后经了解才知道,该车此前更换过爆燃传感器。由于2个爆燃传感器插头的型号一样,极易接反,接反后虽不太影响发动机的正常起动,但2接头插反后导致控制单元接收了错误信号,造成发动机工作异常。而之所以费尽周折,主要是源于发动机控制单元未能对该故障记录,所以无法用故障检测仪进行检测。

十一、捷达轿车转向灯故障一例

故障现象:一辆捷达轿车打开点火开关,接通转向信号灯开关,转向信号灯全不亮,仪表板上的指示灯亮,但不闪烁。

故障诊断与排除:为了准确找到故障点,维修技师对捷达轿车转向信号灯及危急报警信号灯的工作电路进行了仔细研究。

捷达轿车转向信号灯和危急报警信号灯的工作电路如图8-3所示。

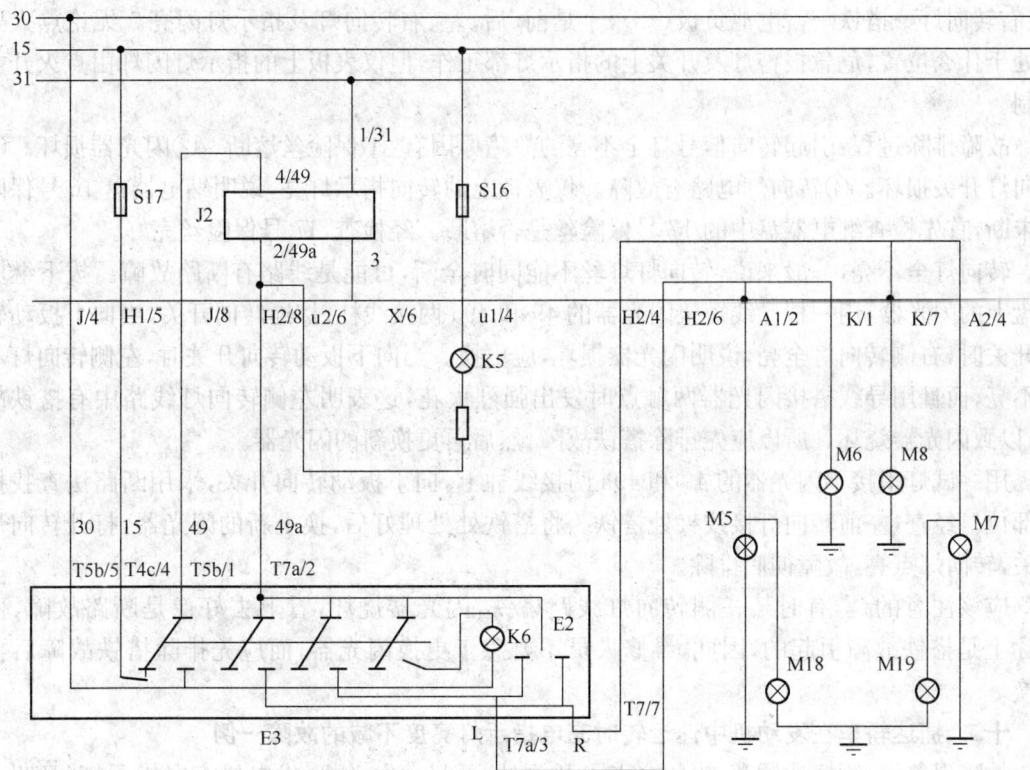

图8-3　捷达轿车转向灯电路图

E2—转向灯开关　E3—危急报警灯开关　J2—闪光器　K6—危急报警灯　K5—转向指示灯　M5—左前转向灯
M7—右前转向灯　M18—左侧停车转向灯　M19—右侧停车转向灯　M6—左后转向灯　M8—右后转向灯

转向信号灯的工作原理:

当点火开关转至点火挡时,如果车辆向左转弯行驶,将转向开关E2手柄向下拨动,这时左侧转向灯及仪表板中的转向指示灯电路接通,其工作电流由蓄电池正极(+)→点火开关触点30与15→保险丝S17→危急报警灯开关E3的常闭触点→闪光器49端子→闪光器→闪光器49a触点→转向开关E2→E2左触点→左侧转向灯及转向指示灯→搭铁→蓄电池负极

（一），于是左侧转向灯及指示灯闪亮。当转向结束，方向盘回位时会自动将转向开关拨回，转向灯和指示灯熄灭。

当右转向时，工作电流在转向开关处发生改变，变为向右转向灯及指示灯供电。必须指出的是，捷达轿车的左、右转向指示灯共用一个，转向指示灯和危急报警开关上的指示灯相当于分别并联在闪光器的两端。当拨动转向开关，闪光器导通（即转向灯点亮）时，短路了指示灯；闪光器截止（即转向灯熄灭）时，电流流经指示灯，指示灯点亮。这就说明转向灯与指示灯的亮灭正好相反，即转向灯与指示灯交替点亮（转向灯亮，指示灯灭；转向灯灭，指示灯亮）。

危急报警灯的工作原理：

当汽车发生故障或有紧急情况时，打开报警灯开关，这时前、后、左、右转向灯一起闪烁，以示警告。

将危急报警灯开关 E3 按下，危急报警灯电路接通，其工作电流由蓄电池正极（＋）→继电器盘 Y/3 触点→J/4 触点→危急报警灯开关 T5b/5 触点→T5b/1 触点→继电器盘 J/8 触点→闪光器 49 触点→闪光器 49a 触点→危急报警灯开关（T7a/2，T7a/3，T7a/7 闭合）→前、后、左、右转向灯→搭铁→蓄电池负极（－），于是前、后、左、右转向灯及指示灯闪亮。无论点火开关处于什么位置，危急报警灯及开关上的指示灯都工作，但仪表板上的指示灯闪烁由点火开关控制。

故障排除过程：引起转向信号灯全不亮的故障原因有：①保险丝熔断。②闪光器损坏。③转向灯开关损坏。④转向灯电路有故障。仪表板上的转向指示灯亮，说明继电器盘 16 号保险丝未断，首先检查继电器盘中的 17 号保险丝是否熔断。经检查，17 号保险丝完好。

转向灯全不亮，一般来说，转向灯灯丝不能同时全断，可能是线路有断路故障。拔下继电器盘上的闪光器，用一根导线短接闪光器的 49 和 49a 两接线柱，接通转向开关，当向上扳动转向开关时，右侧转向灯全亮，说明闪光器损坏，应更换。当向下扳动转向开关时，左侧转向灯不但不亮，而且用导线搭接闪光器两触点时发出强烈火花，这表明左侧转向灯线路中有搭铁故障，以致闪光器烧坏。所以应先排除搭铁故障，然后再更换新的闪光器。

用一试灯串接于闪光器的 49 和 49a 两接线柱上，向下扳动转向开关，采用断路法查找搭铁部位。经查，左前转向灯接线夹处搭铁。将搭铁处处理好后，换上新的闪光器，打开转向灯开关，转向灯点亮，故障彻底排除。

应该注意的是，有时某一侧转向灯线路搭铁，闪光器烧坏，看上去好像是断路故障，而实际上是搭铁故障引起的，因此，维修人员不要急于更换闪光器，而应先排除搭铁故障后再更换。

十二、捷达轿车在发动机中速运转时充电指示灯亮度不减的故障一例

故障现象：一辆捷达轿车，当闭合点火开关时，不起动发动机，发电机充电指示灯（又叫充电指示灯）亮，当发动机中速运转时，该充电指示灯亮度不减。

故障诊断与排除：用万用表电压挡测量发电机 B＋端子与壳体间的电压为 12V，正常值应为 13.5～14.5V。经以上检查确认交流发电机不发电，在排除交流发电机不发电故障时，应首先区分是励磁电路有故障还是发电机本身有故障。断开发电机 D＋端子上的蓝色导线，拆下电压调节器，经检测电压调节器良好。更换一新的发电机，故障依旧。

经过分析，认为故障还在励磁电路上，将万用表（电流挡）串接于发电机 D＋端子与蓝色导线之间，测量预励磁电流为 60mA，远远低于 170mA 的正常值。打开仪表盘，用万用表测量与充电指示灯并联的电阻，阻值偏大。更换组合仪表盘后面的电路板后，故障彻底排除。

十三、捷达轿车雨刷臂不能复位的故障一例

故障现象：一辆捷达轿车，接通刮水器开关时，前风挡玻璃电动刮水器的雨刷臂能左右摇摆。但把刮水器开关关上后，雨刷臂立即停止，不能复位，影响了驾驶员的驾车视线。

故障诊断与排除：雨刷臂能动，说明雨刷电动机正常。先检查刮水器的连动装置、摆杆、连杆及电动曲柄等均连接完好，活动自如，无卡滞、断裂现象，各传动件也无磨损或变形。再检查雨刷臂附着在玻璃上的压力，和一辆正常捷达轿车相比，附着力相差无几，且富有弹性。最后对电动机轴承和减速器齿轮进行润滑，再试，还是不能复位。

把雨刷电动机从车上拆下对其进行检查，电枢、电刷、滑环均正常。分解蜗轮、蜗杆一侧的端盖时，发现其内的搭铁线焊点脱焊。重新焊好后，装车再试，雨刷器工作正常，且能复位。

故障原因分析：当刮水器开关接通时，其基本电路为：蓄电池正极→保险丝→雨刷电动机电枢→刮水器开关→搭铁，此时雨刷电动机转动。雨刷电动机蜗轮、蜗杆内有两个自动回位的滑环铜片，一大一小，其中大的搭铁，小的不搭铁，且与大铜片不相连，它与自动回位触点相连。当把刮水器开关切断后，如刷臂没有停在合适位置，则小的铜片上的自动回位触点就与大铜片相连，则电路照样接通，即蓄电池正极→雨刷电动机电枢→刮水器开关→自动回位触点→大铜片→搭铁，使电枢继续通电运转，带动刷臂接着摇摆，当刷臂停在风挡玻璃下沿，即适当的位置时，自动回位触点就与大铜片分离，回到小铜片上，使电路切断，电枢停转。

此捷达车由于电动刮水器搭铁线脱焊，所以当把刮水器开关切断时，电路不能重新再接通，以致电枢立即停转，故电刷臂停在任一位置，不能自动复位。

十四、捷达轿车因氧传感器的加热继电器损坏引起排气管冒黑烟的故障

故障现象：一辆采用M3.8.2型全电子控制多点燃油喷射系统的捷达轿车，怠速不稳，抖动严重，加速时有较重的生汽油味，排气管冒黑烟，油耗增加。

故障诊断与排除：接通点火开关，起动发动机，发现报警指示灯不熄灭，说明发动机有故障。利用本车自诊断系统调出故障码为00525，经查故障码表，得知为氧传感器故障。安装于排气管消声器前部的氧化锆式氧传感器，起一个固体电池的作用，在正常工作时，能发出$0.1\sim0.8V$的变化的信号电压，此信号电压反馈给ECU，ECU据此控制汽油喷射量，以达到最佳的空燃比（14.7：1）。

使发动机升温至正常工作温度，用高阻抗数字万用表测量氧传感器G39，其电压为0V，怀疑氧传感器损坏，从而使ECU收到"稀"的混合气信号，导致ECU发出加浓混合气的命令，使油耗增大，排气管冒黑烟。换用新的氧传感器，但故障依旧，说明故障不在氧传感器。再用数字万用表检查，发现氧传感器加热器E19无电压，检查线路正常，最后发现是氧传感器的加热继电器损坏，导致氧传感器不能上升到工作温度（300℃以上），致使无信号输出，使ECU收到错误信息而导致混合气过浓，造成发动机排气管冒黑烟。

换用新件后，发动机工作恢复正常，仪表板上的报警指示灯熄灭，故障得以排除。最后，将故障码清除，并换上原来的氧传感器。交车一周后电话回访，车辆一切正常。

十五、捷达轿车因温控开关损坏引起空调不制冷的故障

故障现象：一辆普通型捷达轿车，打开空调后，车内有烧糊焦味，且空调不制冷。

故障诊断与排除：根据故障现象，检查继电器盒上空调保险丝，发现其已熔断。拆下继电器盒，拉出里面的线束，发现从蒸发器温度开关至空调压缩机电磁离合器间的线束特别硬，剥开线皮后，发现电线全烧连在一起，说明电路中有短路。进而检查发现其空调压缩机电磁离合器外表面已发黑，测量该离合器线圈的电阻值仅为0.3Ω，而正常值应为3.3Ω，说明其内部有

短路。更换一个同规格的电磁离合器及损坏的线束后,空调能够正常工作。但仅用了一周的时间,上述故障又再次出现,电磁离合器线圈又烧坏。检查电磁离合器皮带轮,不松旷;转动压缩机,不发卡。但对比 2 个离合器接合盘盘面,发现它们都有新磨损的金属光泽。于是对空调蒸发器上的温控开关进行检查,将其冷冻至 3℃时,发现其不能断开,温度降至−6℃时仍不能断开,说明该温控开关已损坏。

对损坏的所有线束、电磁离合器及温控开关进行更换后重新试机,空调运转正常,故障不再出现。

事后对故障原因进行分析,由于该车温控开关已丧失原有的功用,不能在适宜的温度里对压缩机电磁线圈电源进行很好地控制,造成了压缩机长时间、超负荷地运转。由于在此种情况下电磁线圈产生的热量过多,而使线圈烧坏造成短路,因而出现了上述故障现象。

十六、捷达轿车因温度传感器导线损坏导致热车起动困难的故障

故障现象:一辆捷达 GT 型轿车,发动机出现热车起动困难、起动后怠速运行中转速突然升高现象。

故障诊断与排除:首先用故障检测仪 V. A. G1552 读取故障码,故障内容显示为"冷却液温度传感器对地断路"。打开点火开关,测量冷却液温度传感器的电压,其值在标准范围内,于是认定冷却液温度传感器损坏。更换该传感器后,发动机热车起动正常,试车过程中在 3 挡加速行驶后收节气门,发动机转速下降至 840r/min 左右,但几秒钟后发动机转速却突然上升到2000r/min 左右。通过 V. A. G1552 检测,发现节气门开度由 2°升至 13°。关闭发动机后,又出现热车难起动;怠速失常的故障现象。再次调取故障码,没有故障码显示。进一步仔细检查电路,发现发动机右侧的线束由于固定卡子损坏,使线束与制动助力真空管发生相互摩擦,其中通向冷却液温度传感器的导线已经硬化,而且几乎被磨断。轻轻摇动该处线路,通过V. A. G1552 检测,发现发动机的温度值在 46℃〜96℃范围内变化。

将冷却液温度传感器的导线磨损处包扎好,故障彻底排除。

故障维修总结:该车因冷却液温度传感器线束连接不牢固,热车起动时,因导线接触不实,使控制电脑接收到高阻值的温度信号,误认为发动机处于冷车工况,于是便发出增大喷油量的指令,使该车因混合气过浓而无法起动。而发动机在怠速运行时,因传感器线束突然断裂(或接触不良),控制电脑会通过控制节气门开度增大喷油量,以适应突然改变的工况,从而出现怠速运行时发动机转速突然升高的现象。

十七、捷达轿车因起动机主电路开关触盘处结冰不能起动的故障

故障现象:一辆捷达轿车,因发动机外部较脏,在温暖的室内用水冲洗,又在寒冷(−10℃以下)的室外放置一夜后出现起动机故障。转动点火开关到起动位置时,能够听到电磁开关吸动但起动机不转。

故障诊断与排除:车主反映,出现故障之前包括清洗发动机之后,起动机工作很正常。据此判定起动机突然损坏(比如电机碳刷因磨短而断路)的可能性不大,最大的可能是起动机电磁开关密封不严,清洗发动机时进水,经过一夜结冰致使电磁开关动触点不能与静触点结合。如不能肯定故障原因,可用试灯或万用表检查电磁开关主电路接柱电压以帮助判断。因电磁开关动作时有清晰有力敲击音,说明电磁开关并未被结冰卡死,所以进水量非常有限。

解决的方法是:关闭点火开关,挂入空挡,拉紧手制动手柄,将起动机电磁开关上励磁(控制)接线,即插接片式片状端子(大众车系称为起动机 50 端子)插头拔下,取一根导线,一端接

在该端子上，手持另一端在蓄电池正桩头上点动接触(注意避免被接触火花烫伤)。接触频率应保持较快，约为每秒 5 次，尽量接近电磁开关内活动铁芯运动的谐振频率，目的是增大铁芯的冲击力，迫使动触点或静触点表面的结冰松脱散落，断续操作 30s 左右，起动机出现转动迹象，用点火开关能够顺利起动。这种方法适用于不具备拖(推)车起动的条件时使用。起动后如果车辆能保证停放在温暖环境或发动机需要长时间运转，给电磁开关内部的水分提供蒸发散出的时间和机会，则可不必更换电磁开关。

十八、捷达轿车无法起动着机故障一例

故障现象：一辆捷达轿车，在起动机运转正常和燃油系统正常的情况下，发动机却无法起动着机。

故障诊断与排除：检查分析发现，在起动发动机时起动机运转正常，蓄电池的端电压不低于 9.6V，说明起动机和蓄电池均正常，问题可能出在点火系统。该车的点火系统由安装在分电器内的霍尔传感器提供点火信号，输入至晶体管点火控制单元，再由点火控制单元控制点火线圈一次侧绕组电流的通断，使二次侧绕组产生点火高压。用万用表测量点火线圈一次侧绕组的电阻(接线柱 1 和接线柱 A 间的电阻)为 0.6Ω，在标准范围(0.52~0.76Ω)内；测量点火线圈二次侧绕组的电阻(接线柱 A 和中央高压线之间的电阻)，为 3kΩ，也在标准范围(2.4~3.5kΩ)内，说明点火线圈也正常。接着从分电器上拔下中央高压线，并让其搭铁，拆下分电器，用万用表直流电压挡测试霍尔传感器的端子 1 和端子 2 间的电压，在接通点火开关时旋转分电器轴，发现万用表上的电压变化情况不符合要求(正常应该在 0~2V 变化)，说明霍尔传感器已经损坏。

更换霍尔传感器后试机，发动机能顺利起动，一切正常，故障彻底排除。

十九、捷达轿车发动机起动无征兆的故障一例

故障现象：一辆捷达轿车，有时发动机能够起动，且着车后运转正常；有时发动机在行驶中突然熄火后便不能起动。

故障诊断与排除：维修技师接后，正好处在发动机不能起动状态。打开点火开关至 1 挡位置，仪表板上各仪表及指示灯均不工作，喇叭、音响无任何反应。于是怀疑蓄电池无电或亏电，但经测量，蓄电池电压为 12.3V，为正常电压值。检查蓄电池极柱卡头及极柱导线，无松动、腐蚀现象，且安装良好；检查蓄电池正极保险盒，盒内保险无烧蚀、熔断现象。检查主保险盒的红色正极电源线，发现该线插头与电器设备主保险盒上的插孔接触不良，且有松动、烧蚀的痕迹。

将插头烧蚀处打磨后夹紧，再用胶布包好，插入电器设备主保险盒背面的相应插孔，之后试车，一切正常，故障彻底排除。

故障原因分析：电器设备主保险盒的作用是负责车上所有用电设备的电源供给。当蓄电池正极电源插头与电器设备主保险盒的插孔接触不良时，就使蓄电池无法向电器设备主保险盒正常供电，使车上电器设备不能正常工作，导致发动机突然熄火且不能起动。

二十、捷达轿车因高压线损坏引起发动机进气管回火的故障一例

故障现象：一辆捷达前卫 GiX 轿车，急加速时发动机进气管回火严重。

故障诊断与排除：发动机进气管回火通常是因为点火正时不对、混合气过稀、点火次序不正确等。该车点火系统采用无分电器直接点火，点火时刻无须人工调整。于是先检查缸线的安装情况，没有插错，怀疑燃油系统有故障。如果混合气过稀，也会造成进气管回火放炮。测量燃油系统压力为 260kPa，正常。又拆下喷油器进行清洗检测，也没有发现堵塞，检查燃油质量也没有问题，说明故障不在燃油系统。回过头来又检查电路，因不能确定是何部件损坏，所

以用替换法来试验。最终更换了一组高压线后,发动机不再回火,故障现象消失。

之后为了验证是哪一缸高压线工作不良,把更换下来的旧高压线再逐一更换回去。发现当换回1缸高压线时,故障又出现了,说明是1缸缸线不良。测量损坏的1缸缸线,阻值正常,由此可见,这种故障无法用测量电阻值的方法来检测。而该车故障原因是高压线绝缘不良,耐高压不够,火花塞插头处的中心电极与外壳间产生高压击穿漏电。为什么高压线不良会造成发动机进气管回火的现象呢?这与捷达前卫轿车无分电器点火系统的工作原理有关。该车采用两个双火花塞点火线圈,分别给1、4和2、3缸点火,最佳点火时刻由ECU通过各传感器的信号及ECU内部存储的点火脉冲图,通过计算确定。双火花塞点火线圈的次级两端接有两个火花塞,故称为双火花塞点火线圈。其两个火花塞电流串联,如果其中一个缸的高压线或火花塞断路,将影响另一个缸产生高压。实际上,ECU并不直接控制点火线圈初级电流的通断,ECU将控制信号输出给功率组件,由功率组件控制点火线圈初级电流的通断。功率组件是点火输出末级,是一个发热体,同时在电控系统的故障产生机率比其他元件高,为了便于散热和维修,将输出末级集成在点火线圈内,主要由多级功率三级管的导通与截止来控制点火线圈初级电流的接通与断开。捷达前卫轿车因两缸共用一个点火线圈和一个功率输出末级,同时进行点火,所以两个气缸的选择必须保证一个缸为压缩上止点,而另一个缸为排气上止点。即双火花点火线圈中一个线圈给1、4缸点火,另一个线圈给2、3缸点火。假如此时为1缸压缩上止点,则4缸为排气上止点,1缸内的高压火花点燃缸内混合气,4缸内的高压火花是无效火花。因为此时1缸的压力高,混合气浓度大,击穿火花塞电极间隙需要较大的能量和较高的电压,而4缸点火需要的点火能量极小,所以可视为电流短路。这样一来,虽然两个火花塞同时产生两个火花,但能量都集中在一个缸内。2、3缸也是如此。当发动机急加速时,缸内混合气浓度增大,压力增高,需要更高的点火能量和电压。假若此时是1缸压缩上止点,则会因1缸高压线损坏,不能耐高压而产生击穿漏电,则1缸缸内的可燃混合气可能未被点燃;当发动机曲轴旋转一圈至4缸压缩上止点时,1缸是排气上止点,1、4缸同时点火,则1缸内未燃烧的可燃混合气此时又可能被点燃。因为此时进、排气门有一定的叠开角,因此燃烧气体从1缸进气门窜回进气管,造成进气管回火放炮。由此可见,这是采用无分电器直接点火车型的一种特有故障。

二十一、捷达轿车因高压线损坏引起动力不足的故障一例

故障现象:一辆捷达轿车(采用两气门发动机),当车速低于90km/h时其加速性能尚好,但在车速超过90km/h后再踩加速踏板时,感到提速困难,有时还有"后坐"现象。

故障诊断与排除:用电眼睛X-431检测,显示系统正常。查看数据流,发现点火提前角、进气歧管绝对压力传感器、氧传感器、冷却液温度传感器、空调开关信号和喷油脉宽等都正常。测量燃油系统压力,也在正常范围之内。于是进行常规检查和维护,更换了机油、三滤和火花塞,清洗了喷油器和节气门体后试车,故障依旧。

结合故障现象分析认为,如果进、排气不畅,同样会发生此类故障,于是就对进排气系统进行了检查,但未发现问题。在试车过程中查看数据流时发现了异常情况:当车速在100km/h时,喷油脉宽竟然显示0ms,显然有异常信号迫使发动机ECU切断了喷油器的喷油。继续检查还发现,此时车速里程表显示的车速为100km/h,而电眼睛X-431显示的车速为245km/h。显然,发动机ECU收到了超过最高车速的信号,为了保护发动机,发动机ECU进行了断油控制,所以发动机动力不足。车速里程表是准确的,那么是什么原因使发动机ECU收到的车速信号偏差如此大呢?维修技师仔细分析,认为应该是周围有强磁场干扰了车速信号,而能产生

较强磁场的只有发电机、分缸线和点火线圈。本着先易后难的原则,更换了一组分缸线,结果故障彻底排除。

二十二、捷达轿车因电子点火模块损坏引起加速不良故障一例

故障现象:一辆装备 5 气门发动机的捷达轿车,在行驶中发现加速不良,但故障指示灯未点亮。

故障诊断与排除:该车在怠速和低速时基本正常。故障指示灯未点亮,说明各传感器、执行器和 ECU 工作基本正常,电脑控制单元没有存储故障代码。通过常规基本检查,确认自动变速器部分工作良好,其他部分也未见异常。

捷达轿车 5 气门发动机点火系统电路如图 8-4 所示。

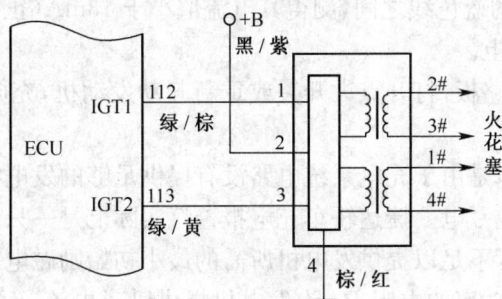

图 8-4　5 气门发动机点火电路

起动发动机,变速杆位于 P 挡,使发动机转速维持在 3000r/min 左右,用示波器分别检测两个点火模块的输入波形 IGT1 和 IGT2,两个波形均正常。检测两个点火线圈的波形,发现 2 缸、3 缸的波形在点火之前存在异常,如图 8-5a)所示,正常的波形见图 8-5b)。

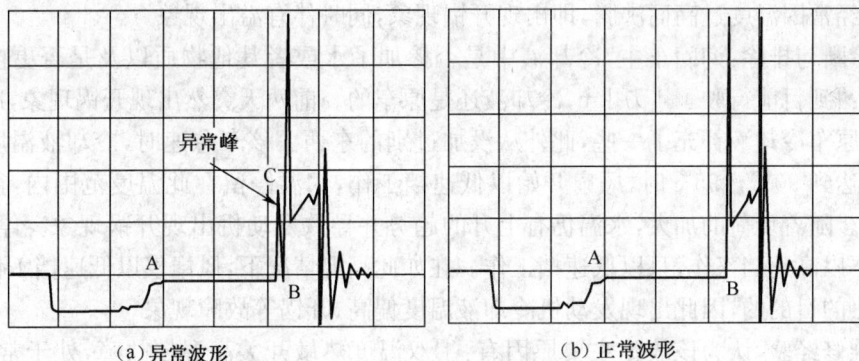

(a)异常波形　　　　　　　　　　　　　(b)正常波形

图 8-5　点火线圈次级波形

(a)异常波形　(b)正常波形

由于异常波形发生在点火之前的瞬间,而 ECU 输出到点火模块的信号 IGT1 是正常的,且点火高压基本正常,所以可以确定点火组件中的点火线圈是正常的,问题出在电子点火模块。将点火组件中的电子点火模块与点火线圈分离开,更换一块新的电子点火模块,故障彻底排除。

在排除这个故障的过程中,利用波形分析是判断电子点火模块损坏的主要依据。下面对异常波形进行更详细的分析。

在如图 8-5b)所示的正常波形中,A-B 段是点火线圈充磁结束阶段,因此是一个稳态过程(充磁过程结束后点火线圈回路的电流保持不变),而在图 8-5a)所示的故障波形中,A-B 段中间多了一个瞬间的暂态过程(C瞬间)。由于输入信号IGT波形正常,因此在IGT点火信号结束之前,高压回路也没有感应高压,所以不应该出现暂态过程(C瞬间)。据此,可以直接得出电子点火模块损坏的结论。

二十三、捷达轿车蓄电池总是亏电的故障一例

故障现象:一辆捷达轿车,发动机在工作时,充电报警灯不亮;发动机熄火后,打开点火开关,仪表盘上充电报警灯仍不亮。

故障诊断与排除:首先将点火开关置于"ON"挡位,拆下发电机"D+"接线柱上的蓝色线,用万用表测量该线对地电压为12V,说明电机励磁电路正常,故障可能是由于电子调节器或发电机转子断路引起的。但重新更换1只合格的电子调节器后,故障依旧。把万用表串接在发电机"D+"接线柱和拆下的蓝色线之间,测得其电流值小于13mA(正常值为170mA),说明故障出在仪表后面的电路板上。

更换仪表板后面的电路板,打开点火开关或重新起动发动机,充电报警灯均显示正常,故障彻底排除。

故障原因分析:该故障是由于充电系统电路没有提供足够的发电机初始励磁电流,以致发电机不发电,最后使蓄电池亏电。捷达轿车充电报警灯实际上是一只发光二极管,由于这类二极管的最大正向电流很小,不足以提供发电机所需的最小初始励磁电流,故实际电路板上在二极管的两端并联了1只大功率的电阻R_2为发电机提供励磁电流;而与发光二极管串联的电阻R_1,则用来提供二极管的发光条件。串、并联电阻总的等效阻值为60~80Ω,当此电路中有断路或阻值变大时,就会使励磁电流过小,造成发电机不发电的故障。

二十四、捷达轿车冷却液温度偏高的故障一例

故障现象:一辆装用ACR发动机的捷达轿车,行驶里程为4万km,发动机冷却液温度偏高,冷却液经常因温度过高而沸腾,即出现开锅现象,同时伴有溢出现象。

故障诊断与排除:询问车主,冷却液中是否掺加了水或者其他物质以及是否更换过冷却液,车主说:"到目前行驶了4万km,冷却液还是原车的。前两天突然出现开锅现象,冷却液减少,买一瓶原车冷却液补充了一些,此外从没加过别的东西。"该车怠速时,冷却液温度基本正常,当温度达到90℃~95℃时,风扇开始以低速挡工作,水温停留在此温度范围内,很快达到100℃以上。随着负荷的加大,水温仍有上升的趋势并导致发动机出现开锅现象。停车检查,发现风扇不以高速挡工作,只以低速挡工作。在如此高温情况下,风扇仅以低速挡工作是达不到快速散热的目的的,因此出现发动机冷却液温度偏高、开锅等故障现象。

根据维修经验,认为该故障主要原因有:①双温度热敏开关高温挡故障,处于常断状态。②风扇高速挡继电器损坏。③有关线路断路。

首先将热敏开关高温挡用导线短接,即将红线与红/黑线短接,检查风扇是否工作。如果工作,表明双温度热敏开关损坏,须更换。短接后该车风扇高速挡并不工作,这样可以排除双温度热敏开关故障可能性。然后将红线与红/黑线继续短接,测量风扇高速挡继电器插头红/黑线与接地点电压值,测得结果为12.4V,该线路无故障;测量高速挡继电器插头红线与接地点电压值,测量结果为12.4V,该线路无断路处;测量高速挡继电器插头红/白线与风扇插头红/白线之间电阻值,阻值为0.3Ω,该线路也无断路处。这时可以确定故障原因为风扇高速挡继电器损坏,更换风扇高速挡继电器,试车一切正常,故障彻底排除。

二十五、捷达轿车间歇性熄火故障一例

故障现象:一辆捷达GiF轿车,不论是正常行驶或是怠速运转,工作约十几分钟后就会突然熄火,等待一会后再起动,发动机工作一切正常,但过一段时间又会自行熄火,故障周而复始。

故障诊断与排除:该车为刚上牌照的新车,才行驶了800多km,因此部件出现问题的可能性很小,初步怀疑是哪个部位接触不良。首先把发动机及蓄电池周围的线束及接头逐一排查一遍,未发现异常。接下来用金德K81诊断仪检测,进入发动机电控系统,查询控制单元存储的故障码,仪器显示系统正常;又进入防盗系统读取故障码,也显示系统正常。上述检查说明该故障不是由发动机电控系统或防盗系统引起的,也就是说,故障不在发动机电控部分。

起动车辆,进入发动机系统,用K81诊断仪的读取数据流功能读取发动机怠速时的数据流。进入"004"组,仪器显示:

00 项　900r/min　　（发动机转速）

01 项　11.8V　　　（蓄电池电压）

02 项　90℃　　　　（冷却液温度）

03 项　48℃　　　　（进气温度）

从以上数据可以看出,发动机是在正常水温条件下运转的,但仪器显示的怠速转速为900r/min,这是不正常的,在该条件下发动机的转速应为800±50r/min。再看01项,供电电压为11.8V,显然也不对,此时发电机的供电电压应为14.2V左右。怀疑发电机不发电或工作不良,遂用万用表直流电压挡测量发电机电压,结果为14.3V,而且相当稳定。

至此,故障原因已清楚了,肯定是发动机电脑的供电有问题。由于电控单元接收到了较低的电压信号,所以电控单元控制提高发动机的怠速转速,以使发电机提高发电量,以供电控单元的需要,导致怠速转速升高。

因为是新车,根据以往的维修经验,怀疑是由于中央控制器的接头接触不良引起的,遂拆下保险丝盒的下护板检查,发现有一根加装的红色导线,用手轻轻一拉就掉了。顺着该线查找,发现该线接在警用报警器上,是报警器的火线。该线接在保险丝盒的下方,由于在加装报警器时螺丝未拧紧,加上报警器的功率较大,导致接触不良而发热。该螺丝连接的又是通往电控单元的常火线,导致电控单元的供电电压不够,随着工作时间的延长,接触电阻越来越大,最终导致熄火。

紧固该螺丝后,再用金德K81诊断仪检测,"004"组数据流为:

00 项　800r/min　　（发动机转速）

01 项　14.2V　　　（蓄电池电压）

02 项　95℃　　　　（冷却液温度）

03 项　49℃　　　　（进气温度）

各项数据均恢复正常,故障彻底排除。

故障维修总结:在改装汽车电路或加装防盗器等用电设备时,紧固螺丝一定要拧紧,线束一定要包扎并固定好,避免留下隐患,导致人为的故障。

二十六、捷达轿车加速偶尔无反应的故障一例

故障现象:故障灯闪亮、加速偶尔无反应。

故障诊断与排除:打开点火开关,发现报警灯闪烁,用V.A.G1551诊断,显示加速踏板位置传感器G79信号超差(不可靠信号),由于该车采用电子油门,加速踏板位置传感器G79为电位计式,故使用08功能读取002组数据,发现1区,数值显示为0且无论怎样踩加速踏板均无变化。正常值应为0.0%～100%。根据故障码分析,可能的原因有:①加速踏板位置传感器 G79 失效。②直喷系统控制单元没有收到加速信号即 G79 传感器与电控单元之间线路对地或正极短路/断路。

按这个思路检查,先拆下加速踏板及传感器,用万用表测量加减油时,传感器阻值变化平滑,是正常的,可排除传感器 G79 本身原因。

接下来测量线路,发现加速踏板位置传感器线是位于制动踏板和离合器踏板上方,已脱出固定夹并与踏板支架相触,当踏下加速踏板时线恰好被扯直且与支架彼此相磨,有两根线(颜色为 ge/gn gr/bl)已磨断,修复后并重新固定,故障彻底排除。

二十七、捷达轿车发动机怠速不稳且急加速时回火的故障一例

故障现象:一辆捷达轿车,出现发动机怠速时抖动、急加速时回火现象。

故障诊断与排除:检查空气滤清器,没有堵塞现象。更换燃油滤清器并清洗 4 只喷油器后试车,故障仍然存在。检查燃油压力,怠速与加速时均正常。检查进气系统,无漏气现象。拔下空气流量计插头后试车,发现故障现象有所好转。检查空气流量计各端子间电阻,均正常。观察其电阻,发现电阻上积尘较多。

用化油器清洗剂清除电阻上的积尘后装复试车,故障彻底排除。

故障原因分析:空气流量计在电控燃油喷射发动机中起着十分重要的作用。捷达轿车采用的是热膜式空气流量计,即以恒定的电压加在电阻两端,使电阻发热,其温度由电路控制保持恒定。ECU 根据热线中流过电流的大小来判断进气量的多少,从而决定喷油量的多少,以满足发动机不同工况的需要。如果电阻上有较多的积尘,便会使其温度变化减慢,所需电流变小,ECU 据此确定的喷油量便会减小,而实际的进气量却较大,这样就会使空燃比过低,出现上述故障。

二十八、捷达轿车发电机不发电故障一例

故障现象:一辆捷达 CL 型轿车,充电指示灯始终不亮,蓄电池严重亏电,但更换蓄电池使用一天后,蓄电池又没电了。

故障诊断与排除:试车发现发动机运转时,充电指示灯不亮。关闭发动机后,再将点火开关转到"ON"位置,仪表板上充电指示灯仍不亮,表明充电指示系统电路有故障,或发电机没有初始的励磁电流,造成发电机不发电。将点火开关转到"ON"位置,拆下发电机 D+ 接线柱的蓝色线,用万用表测量该线上的电压,读数为 0V,表明故障在激磁电流供给电路。拆下中央继电器盒,从中央继电器盒背面的插座处用万用表进行测量:A2 插座 1 号端子的电压为 0V,U2 插座端子的电压为 12V。由以上测量结果可知,中央继电器盒内的供电线路断路。更换中央继电器盒后试车,一切正常,故障彻底排除。

故障维修总结:在实际工作中,如果一时没有新中央继电器盒可换,又须作应急处理时,可将进、出中央继电器的两条蓝色导线短接,这样可暂时不必更换中央继电器。

二十九、捷达轿车电动车窗故障一例

故障现象:一辆捷达轿车,其驾驶员侧车门的电动车窗主控开关失灵,不能对 4 个车门的电动车窗进行升降操作,但除驾驶员侧车门外的其余 3 个车门上的分开关都能正常操作各自的电动车窗工作。

故障诊断与排除:根据故障现象,首先重点怀疑主控开关有故障。主控开关是由电子元件、开关组成的电路板,线束与主控开关用插接器连接,插接器共有 16 个针脚,7 号脚、8 号脚为空脚。断开插接器,打开点火开关,用数字式万用表电压挡测得 10 号脚、11 号脚为 11.5V 的电源电压。再用 12V 试灯检测,试灯的一端接地,另一端依次碰触其他针脚。在碰触过程

中,驾驶员侧车门、右前门、右后门、左后门的电动车窗均能进行升降动作,说明电动车窗本身机构没有问题,同时也证明了电动车窗的执行主电路工作正常。

维修技师分析,主控开关也是一个电子电路,而任何一个电路都必须有正常的电源电压才能工作。前面在插接器上测得的电压是车辆搭铁点与检测点之间的电压,并没有测出负极在插接器上的位置。将数字式万用表设在电压挡,正表笔接正电源,用负表笔依次连接其他针脚,均没有测出电源电压。由此可见,插接器上的搭铁线已经断路。剥开线束的外皮,找出棕色的搭铁线,顺着线路检查,果然发现驾驶员侧车门与车体跨接处的线束由于长期磨损将搭铁线卡断了。

修复该线路后,用主控开关操作电动车窗动作,电动车窗的升降全部恢复正常。

三十、捷达轿车当发动机正常运转后充电指示灯仍不熄灭的故障一例

故障现象:一辆捷达轿车,当接通点火开关时,发电机充电指示灯(又叫充电指示灯)亮。当发动机正常运转后该充电指示灯仍不熄灭。转速高时能充电,但充电性能变差。

故障诊断与排除:维修技师接车后,开始以发电机不发电的故障进行检查。首先检查发电机 V 型带的松紧度,经检查松紧度适宜;发电机的固定情况和线路的连接状况也正常;电压调节器的工作情况也正常。正常情况下,当发电机不发电时,接通点火开关,由蓄电池提供发电机励磁电流,此时充电指示灯亮。当发电机发电输出时,充电指示灯两端均为发电机输出的端电压,由于同电位,充电指示灯熄灭。从该车所出现的充电指示灯常亮不熄的故障分析,最后确定只有当 3 个励磁二极管断路时,不论发电机发电还是由蓄电池供电,励磁电流均通过充电指示灯,故该灯常亮不熄。而且在这种情况下,还伴随着励磁电流因充电指示灯的始终串入励磁回路而减小,导致发电机在较高转速时才能充电,使充电性能变差。断开发电机 D+ 导线,用万用表电阻挡检测,果然发现 3 个励磁二极管断路。

换上同型号二极管,充电性能和充电指示灯恢复正常,故障彻底排除。

三十一、捷达轿车 ABS 故障指示灯偶尔点亮的故障一例

故障现象:一辆捷达轿车,在正常行驶过程中其仪表盘上的 ABS 故障指示灯偶尔会点亮。

故障诊断与排除:该车采用德国博世公司的 MK20-1 型 ABS。首先用故障诊断仪读取故障代码,调得的故障代码为 00287—右后轮速传感器信号不良。于是做常规检查,并在清洗了轮速传感器后试车,故障现象依旧。测量右后轮速传感器的电阻,为 1kΩ 左右,正常。顶起右后车轮并转动,该侧轮速传感器有交流信号输出。拔下 ABS ECU 导线侧连接器,测量其上的端子 1 和端子 17 间的电阻,也为 1kΩ,说明右后轮速传感器线路正常。查看动态数据流,发现右后轮速传感器的信号数值偶尔和其他 3 个轮速传感器的不同步,于是将两后轮速传感器进行对调后试车,结果故障诊断仪显示左后轮速传感器信号不良,说明该轮速传感器确实有故障。

更换右后轮速传感器,并消除故障记忆,上述故障彻底排除。

三十二、捷达轿车 ABS 灯报警故障一例

故障现象:一辆捷达 GiF 型轿车,行驶 1.1 万 km,出现 ABS 灯报警现象。

故障诊断与排除:首先用 VAS5051 对 ABS 控制单元进行故障查询,电脑显示 G44、G46,为两后轮 ABS 传感器直接故障。将车举升,转动 4 轮,查看 VAS5051 中地址 03、08 数据,两后轮传感器数据均为 0,说明两后轮传感器不工作。由于两后轮传感器同时出现故障的机率极低,于是检查 ABS 线路。打开后座椅,发现两后轮传感器的线束插头全部都掉了。

插好两后轮传感器的线束插头后,转动两后轮,电脑显示正常。装好座椅后试车,ABS 报

警灯熄灭,故障彻底排除。

询问车主得知,该车 ABS 灯亮是在一次车辆换洗座套后发生的。原来在换座套时,需要拆下后座椅才能把座套拿下来,在拆座椅时不小心把传感器插头碰掉了,导致 ABS 的两后轮转速传感器断路,ABS 灯报警。该故障提醒我们在保养维护车辆时,一定要小心谨慎,以免节外生枝。

三十三、捷达轿车倒车灯常亮的故障

故障现象:一辆捷达都市先锋轿车,倒车灯始终亮着。

故障诊断与排除:倒车灯电路由倒挡开关控制,倒挡开关位于变速器上。挂入倒挡时,倒挡开关接通倒车灯电路,使倒车灯点亮。该车倒车灯常亮不灭,说明倒车灯电路中的电流始终存在,应首先对倒挡开关进行检查。

脱开变速器上的倒挡开关线束连接器,倒车灯熄灭,说明该故障是由倒挡开关不能断开引起的,拆下倒挡开关进行检查,发现其不能回位。换用一只新倒挡开关后,故障彻底排除。

三十四、捷达都市先锋轿车冷车不易起动故障一例

故障现象:一辆捷达都市先锋轿车,行驶里程 4.5 万 km,时常出现冷车时需要起动 7~8 次才能着车的故障现象,热车时起动则很顺利。

故障诊断与排除:维修技师接车后,询问车主得知,该车曾在其他维修厂进行过检修,更换了点火线圈、点火高压线、喷油嘴、发动机控制电脑、霍尔传感器等元件,但故障始终没有排除,最后车主把车送到服务站请求维修。

本着先简后繁的原则,先对油、电路进行了细致地检查。

第一步,检测系统油压。释放系统压力后连接压力表,拔掉油压调节器真空管,压力表显示油压值为 420kPa,10min 保持压力为 220kPa,由此证明发动机燃油系统无泄漏现象。

第二步,对发动机电控系统进行基本检测。连接故障诊断仪 V. A. G1551,没有发现故障码。对点火线圈供电电压进行测量,供电电压为 12V,正常。检查电阻值,也正常。检查霍尔传感器工作正常,进气系统工作也正常。最后,把重点放在喷油控制电源上。经检测,发现喷油器供电电压为 5V,远远低于标准值 12V。

故障原因找到了,但是什么原因造成的电压下降呢? 于是决定对控制系统电路进行仔细测量,线路中没有短路、断路现象。由于该车刚刚更换过点火线圈、霍尔传感器、发动机控制单元等部件,所以维修人员一致认为故障元件应为点火开关。更换新的点火开关后,在冷车状态下试车,车子顺利起动,故障彻底排除。

该故障的具体原因是:点火开关内部触点因接触不良而电阻过大,导致冷车时产生电压降低,致使车辆不好起动。建议广大同行在进行故障诊断维修时,首先应对该车型的技术数据有充分的了解,然后再根据故障现象进行分析和排除。应避免在问题没搞清楚之前就盲目换件,造成车主额外的维修费用和经济损失。

三十五、捷达都市先锋轿车油泵保险常烧故障一例

故障现象:一辆捷达都市先锋轿车,行驶里程 6 万 km,车主反映油泵保险常烧。车主介绍,该车因起动不着车换过汽油泵,虽然换油泵后车能起动了,但却总烧油泵保险。为了能开到维修站,油泵是直接连到了 15 号线上。

故障诊断与排除:维修技师接车后,首先将该车改装线去除,恢复原车线束,插上保险(中央继电器盒 18 号位 20A),起动车,怠速工作良好,保险也没断。为了弄清原因,让车主开车在厂区内行驶,20 多 min 车也没熄火,可是在经过减速坡时一颠,保险却“叭”烧断了。

根据现象判定,该车烧保险的原因应是线路或元件有搭铁的地方,依电路图所示,S18 保险是油泵和氧传感器加热器的共同保险,当打开点火开关和起动着车时,发动机控制单元控制继电器盒上 12 号位的 J17 油泵继电器线圈搭铁,从而使触点接合,30 号电经此继电器通过 S18 保险将电流输送给油泵和氧传感器加热器,而烧保险就应是 S18 后的线路或元件有不良现象。于是逐一排查,发现当从继电器盒处切断氧传感器加热器电源线 ro/ws 后,保险就再也不烧了。顺着线束查找,发现该线束有被烧烤的痕迹且线已破损,且氧传感器线插头没有固定在支架上,线已被磨破,所以当车受到震动时便搭铁,熔断保险而熄火。

单独更换氧传感器线后试车,一切正常,故障彻底排除。

事后询问车主得知因冒黑烟换过氧传感器,看来是维修工没有正确安装致使线束碰到排气管上,支架将线磨破是故障的根本原因。

三十六、捷达都市先锋轿车空调制冷效果时好时坏的故障

故障现象:一辆捷达都市先锋轿车,空调系统工作时,送入车内的风一会儿凉,一会儿热。

故障诊断与排除:经仔细观察,该车空调的制冷效果与压缩机离合器的工作与否无直接关系,估计是该车制冷系统内有水分。于是,将压力表组分别接在管路中的高、低压侧,起动发动机并使空调系统工作后,高压表显示的压力基本正常,低压表显示压力接近 0,而且压力表的指针不规则地剧烈摆动,无法读出具体数值。经仔细查看高压管路,发现膨胀阀附近有轻微结霜现象,说明制冷系统内存在水分。

更换干燥过滤器,并对系统反复抽真空,排除系统内的水分,充注适量的制冷剂后,空调系统制冷效果即恢复正常。

当制冷系统内存在水分或干燥剂吸湿能力消失后(饱和),往往会出现空调制冷效果时好时坏的现象。经与车主交流得知,该车曾发生过撞车事故,更换过冷凝器和部分空调管路,可能在检修、更换制冷系统部件时空气进入系统中,系统装复后又没有认真抽真空。这样,空气中的水分在温度低时就会凝结成水,并在膨胀阀处结冰而阻碍制冷剂的流动,从而降低制冷效果。制冷效果变差后,系统内的温度随之升高,膨胀阀处结的冰逐渐融化,制冷效果便又恢复正常。

三十七、捷达 GTX 轿车因点火开关接线错误引起不能着车的故障一例

故障现象:一辆捷达 GTX 轿车,因不能着车而进厂维修。

故障诊断与排除:维修技师接车后,试车时,起动机起动有力,正时正常,但来油管无油(油泵继电器在起动时不吸合),火花塞没有高压火。用 V.A.G1551 检测,无故障存储。在 AHP 发动机中,只有发动机转速传感器 G28 无信号会导致无油、无火,遂更换了 G28,但依然无法着车。难道是发动机 ECU 有问题?更换 ECU,故障依旧。测量 G28 至 ECU 之间的导线,正常。检查 ECU 的供电电源及搭铁,也正常。

对照 AHP 发动机电路图仔细分析,发现了一个问题:发动机 ECU 有两个供电端:一个是 ECU 的 3 号脚,由 30 号线供电。经测量,该电源正常;另一个是 ECU 的 1 号脚,由 15 号线供电。经测量,该电源在点火开关位于点火挡时有 12V 左右的电压,仿佛没有问题,但当点火开关位于起动挡时,该电源竟然没有电压。发动机 ECU 缺少正常的供电,当然起动不着。经仔细询问车主,原来该车是在外面修车摊上更换点火开关后才打不着车的。这时维修技师分析,是不是点火开关上的 X 线和 15 号线接反了?拆下来检查,果然不出所料,将接线恢复正常后,故障彻底排除。

在该车电路中,30 号线为常电源,由蓄电池提供;15 号线由点火开关供电,当点火开关位

于点火挡和起动挡时都有电；X线又叫卸荷正电，也由点火开关供电，但只有点火开关位于点火挡时有电，位于起动挡时没电。

三十八、捷达 GTX 轿车喷油嘴线束对地短路导致坐车的故障

故障现象：一辆捷达 GTX 轿车，每次行驶约 10km 后，不管变速器处在哪一挡，且无论是加速或匀速行驶，总会出现坐车现象。车主反映曾换过高压线、点火线圈、发动机电脑及汽油泵，但仍未解决问题。

故障诊断与排除：维修技师接车后，开车路试行驶数公里后，果然出现了用户所陈述的坐车现象。

用故障诊断仪 V. A. G1551 查询显示无故障码，阅读数据块各项数据也均在正常范围内。测量尾气排放也完全正常。而发动机怠速运转工况下尾气排放正常，并不能证明其在加速和高速行驶尾气排放也正常，一般情况下，发动机出现坐车现象应该与某个气缸不工作有关。而导致某个气缸不工作的原因包括：高压断火、混合气过浓及过稀等。此时考虑到用户反映更换了较多配件情况，初步判定问题出在电控系统的线路上。当拆下发动机塑料护罩，仔细检查高压线及喷油嘴线束时，发现发动机电脑通往 1 缸喷油嘴的电线绝缘皮在真空助力泵附近被磨破了，使线束内的铜导线与地有时接通。

由于每个喷油嘴有两个电极，其正极通过油泵继电器得到正极电源，负极通向发动机电控单元，依靠电控单元控制对地导通实现喷油。如果通向电控单元的电线对地短路，喷油嘴将会长期喷油，造成混合气过浓而不能发火燃烧。虽然发动机控制单元对喷油嘴接地线具有故障监视功能，但由于是断续接地，故电脑没能记忆故障码，所以增加了故障诊断的难度。

在找到了故障部位之后，将电线磨破处用胶布包好并使之固定可靠，经路试坐车现象再未出现，故障彻底排除。

三十九、捷达 GTX 轿车换挡熄火的故障一例

故障现象：一辆捷达 GTX 轿车，因车身严重损坏，进行了更换车身总成的工作。维修后，车主反映该车出现了换挡熄火的现象，而且故障频繁出现，同时还伴有安全气囊报警灯报警的故障。

故障诊断与排除：这款车装备的是 AHP 型 5 气门 1.6L 发动机，采用的是博世发动机电控系统。这个系统一般有两个故障会引起换挡熄火的现象，一个是发动机的节气门体过脏，另一个是发动机控制单元接收不到车辆的车速信号。因此，维修技师决定用故障诊断仪先阅读有无故障记录，然后再读取一下发动机节气门开度和车速的数据。于是连接故障诊断仪 V. A. G1551 对系统进行检测，设备显示 K 线没有连接，但检查诊断仪的连接线正常。再尝试进入其他地址码，发现 ABS 03、安全气囊 15 及防盗系统 25 均显示 K 线没有连接。但将这台诊断仪连接到其他车上却能正常工作，这就说明这辆车的诊断线路出现了故障。捷达车的诊断插口后面连接有 3 根线，1 根是供电线，1 根是地线，还有 1 根灰白色的就是设备显示所谓的 K 线。此时维修技师考虑到，既然诊断仪屏幕能有显示，说明供电线及地线正常，问题就出现在 K 线上。而此时也只能先解决设备不能进入电控系统的故障，然后再去排除车辆换挡熄火的故障。经查阅资料，得知该车型各电控系统控制单元的 K 线都连接到诊断插口后面的线束中，其中发动机控制单元的 K 线是先到防盗系统控制单元，再从防盗系统控制单元到诊断插口后面的线束中；ABS 控制单元的 K 线则是直接连接到诊断插口后面的线束中；安全气囊控制单元的 K 线是先接到中央继电器盒上方的蓝色接线器，又从蓝色接线器连接到诊断插口后面的线束中。所有的 K 线都是灰白色的。

继续分析线路图(图 8-6),维修技师还发现在整个线路中,无论哪一根 K 线出现短路或者控制单元与 K 线连接的电路出现问题,都会造成故障诊断仪不能进入所有控制单元的故障。

由于该车线束全部是重新安装的,所以决定先不考虑 K 线线路上的故障,而是怀疑是哪个控制单元出现问题导致故障诊

图 8-6　各控制单元 K 线连接关系

断仪不能进入所有控制单元。于是将所有控制单元的插头断开,挨个插上并分别用 V. A. G1551 试着进入各系统。首先接上发动机控制单元的插头,V. A. G1551 可以进入系统,然后又去连接下一个控制单元,直到把安全气囊控制单元的插头插上时,V. A. G1551 又不能进入各个系统了,说明问题就在安全气囊的控制单元上。

考虑到这辆车是事故车,在发生事故时安全气囊爆开了,所以在更换车身总成时,安全气囊的控制单元和安全气囊的控制线束都更换了。是不是新的控制单元有毛病呢? 维修技师决定再更换 1 个安全气囊控制单元,但故障依然依旧,又把安全气囊的线束更换掉,结果故障依旧。但在第二次更换线束的时候,没有将线束复位,而是控制单元也摆在那儿,就在此时连接 V. A. G1551 时安全气囊控制单元的外壳与仪表台下的金属架子碰出了火花。对照安全气囊的电路图,维修技师发现安全气囊控制单元是靠自身搭铁的,而随意放着的控制单元没有搭铁,所以在通电后打出了火花。给控制单元连接了 1 根搭铁线后,V. A. G1551 可以进入系统了,由此可以判定这个故障的原因就在于安全气囊控制单元的搭铁不良。

为了找到具体故障点,维修人员把该车的副仪表台拆下,发现固定安全气囊控制单元的螺栓处被涂满了油漆。原来是在更换车身总成时,漆工为车身内部刷漆,把螺栓上也涂满了油漆,导致了安全气囊控制单元搭铁不良,使得安全气囊报警灯报警,并且造成 K 线故障,也使 V. A. G1551 不能工作。在对安全气囊控制单元的固定螺栓进行处理后,诊断仪功能恢复。

首要的问题解决了,接下来要解决换挡熄火的故障了。连接上故障诊断仪 V. A. G1551,读取发动机控制单元的数据。在 001 显示组中,发动机在怠速工况下,节气门的开度为 3°,说明节气门体并不脏。再行车读取车速信号,在 011 显示组,显示车速为 0,由此换挡熄火故障的问题也就确定了,就是发动机控制单元收不到车速信号。对于该型车,车速信号由变速器上的车速传感器发出信号传给仪表,再由仪表传给发动机控制单元。该车行车时仪表有车速显示,但发动机控制单元接收不到车速信号,说明故障在仪表到发动机控制单元的线路上,按照电路图检查仪表后面插头的 7 号插脚到发动机控制单元大插头的 20 号插脚,结果正常。只有发动机控制单元有可能存在故障了,于是更换发动机控制单元,并且用 V. A. G1551 做好防盗器控制单元与发动机控制单元的匹配,还有发动机控制单元与节气门的匹配。再次试车,故障彻底排除了。

四十、捷达 GTX 轿车怠速不稳且加速有时闯车的故障一例

故障现象:一辆捷达 GTX 汽车(1.6L,5 气门电喷车),怠速不稳,且怠速接合空调时出现"游车"现象,关掉空调后"游车"现象就消失。路试时,加速有时会发生闯车。尤其在颠簸路面上比较明显。但是,这种故障发生时又没有一定的规律性。

故障诊断与排除:首先,拆卸火花塞检查,发现有的中心电极有烧蚀,更换新的火花塞后试车,故障依旧。再更换高压线试车,故障依旧。接上汽油压力检测表,测得怠速时的油压为

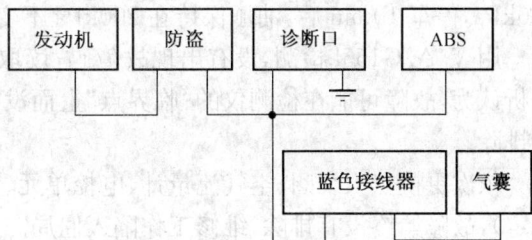

250kPa,停车 10min 后,油压保持在 200kPa 不变,都属正常范围。

用 V. A. G1551 检测,没有出现故障码,读取各数据块,各类参数都在正常范围内。初步分析认为,故障可能在检测仪的"临界点"上而没被反映出来,决定采用更换部件的方法进行试验排除。

依次更换点火线圈、空气流量计、电控单元、节流阀体(更换后,须用 V. A. G1551 进行基本设定),故障始终没有排除,维修工作陷入僵局。更换了这么多的电控部件,仍没有进展,难道是机械故障?于是仔细检查了正时皮带,没有发现问题。又检查了气缸压力,1～4 缸的缸压分别是 1.18MPa、1.2MPa、1.22MPa、1.21MPa,属良好状态。检测发电机电压为 13.7V,正常。

就在这时,无意中碰到了蓄电池的负极搭铁线,发动机马上熄火。仔细一看,搭铁线同车身连接的螺钉没有拧紧。难道是因为它的缘故?关闭点火开关,拧下搭铁线螺钉,将连接点处理干净,重新拧紧,起动发动机试验,怠速运转平稳;打开空调,再没有"游车"现象。开车上路试验,加速流畅有力,再无发闯车现象。至此,故障彻底排除。

维修技师在以往的维修中,还遇到过点火开关触点烧蚀或接触不良,也会出现此类故障。判别的方法是:拔下点火开关插头,直接将 30 号电源线和点火线短接,如果故障消除,就是点火开关的原因造成的。

四十一、捷达 GT AHP 发动机轿车有时怠速高且转速回落慢的故障

故障现象:该车特别是在行驶中收油门后,发动机转速在 2000r/min 左右停留时间特别长,不像正常车辆收油门后即回落到正常怠速 860r/min 左右。

故障诊断与排除:用统领科技汽车电脑解码器检测时,没有故障码。于是读取测量数据块,当看到水温信号显示 66℃时,此车温已是热车状态,便怀疑是水温传感器有故障。当水温表指示到中间格,且风扇 1 挡已转,这时水温度该在 95℃左右,但是仪器显示 66℃。确认水温传感器有故障。

因为水温信号对空燃比的控制较主要,对空燃比起修正作用。当发动机 ECU 由水温及进气温度判断为冷车状态时,发动机 ECU 就会增加喷油脉宽,即多喷油来保持发动机的冷怠速。随着水温不断升高,发动机的内阻逐渐减小和燃油雾化的加强,发动机 ECU 就要根据水温信号不断地按照内存数据和程序来减小喷油脉宽,即可保持怠速转速,直至热车。而此车虽是热车状态,但水温信号给的却不是热车信号,这样发动机 ECU 据此判断便不是热车状态,这时喷油脉宽相应就会增加从而造成上述故障现象。

更换一个新水温传感器后,监测水温信号,仪器显示数值跟水温表显示的数值同步,试车检查,故障彻底排除。

四十二、捷达 EA113 型电喷发动机轿车怠速忽高忽低的故障一例

故障现象:一辆捷达轿车,装用 EA113 型电喷发动机。发动机在冷机起动时,怠速正常;水温升高后,发动机出现怠速忽高忽低且工作粗暴现象。

故障诊断与排除:外部检查发动机怠速控制阀,其导线插头牢固,无异常迹象。用数字万用表电阻挡测量怠速控制阀,其电阻值正常。再把万用表置于电流挡,并将其接在控制阀电路中,起动发动机后发现:当怠速不稳定时,怠速控制阀的控制电流随着怠速的变化而变化,并且电流值变化幅度较大。当拔掉该控制阀导线插头再次起动发动机时,发动机怠速虽居高不下,但是却没有了忽高忽低的现象。

接下来维修人员用故障诊断仪调取故障码,没有发现任何故障码。由于发动机的故障出

现在热机状态,所以判定故障与温度有关。遂检查冷却液温度传感器,经过测量,发现冷却液温度传感器电阻值过大。更换 1 只新品冷却液温度传感器后,发动机的怠速稳定,故障彻底排除。

故障原因分析:该车型的怠速控制阀的工作状态由发动机 ECU 根据冷却液温度传感器传递来的冷却液温度信号来控制,其主要作用是对发动机的冷车高速运转功能和热车低速运转功能进行调控。当冷却液温度较低时,它使怠速气道打开,因此怠速较高。随着发动机冷却液温度的升高,怠速气道的开度越来越小,因此怠速逐渐降低,直至规定值。如果冷却液温度传感器损坏,ECU 测得发动机怠速过高时,会根据空气温度和流量等信号来控制怠速。它通过施给怠速控制阀一定的电流,使怠速值稳定在一个适宜的范围内。但是由于控制电流到极限后,怠速控制阀因自身弹簧的张力而不能保持其固有的稳定状态,怠速气道又被突然打开,便使发动机怠速升高。如此反复,故造成了该车的故障现象。

四十三、捷达 CL 型轿车行驶过程中突然无怠速的故障一例

故障现象:一辆装用 ACR 型发动机的捷达 CL 型汽车,在行驶过程中发动机突然无怠速,空挡滑行时车辆易熄火。

故障诊断与排除:经检查,确定是化油器怠速切断阀供电电路故障。由于该型捷达轿车怠速切断阀由点火开关经 15 号熔丝供电,遂检查第 15 号熔丝,发现该熔丝已经熔断。更换该熔丝后,打开点火开关,第 15 号熔丝又再次熔断,据此判定相关线路有搭铁部位。由电路图得知,第 15 号熔丝供电的元件除怠速阀外还有进气预热继电器和进气管预热加热电阻,遂对 2 号元件进行检查,发现进气预热继电器有较烫手的感觉,说明其内部有短路故障。

更换进气预热继电器后试车,发动机怠速运转正常。

四十四、捷达 CL 轿车空调电磁离合器烧毁的故障

故障现象:一辆捷达 CL 轿车,打开空调开关,空调制冷一段时间后,突然闻到一股焦糊味,接着空调不再制冷,空调压缩机不工作。

故障诊断与排除:检查中央继电器盒,发现继电器盒上的 S23 号空调熔丝熔断。拆下中央继电器盒,拉出里面的线束,发现从蒸发箱温度开关 E33 到空调压缩机电磁离合器 N25 之间的线束特别硬,剥开线束外面的绝缘胶布,发现里面的导线全部烧焦粘连在一起,由此判断该线束内部电线或其负载有短路处。

检查空调压缩机电磁离合器,看到其外表面发黑。用万用表测量电磁离合器线圈,其电阻为 0.22Ω,而正常值应为 3.2Ω,说明线圈内部短路。拆下电磁离合器线圈,发现已烧结在一起。维修技师认为是由于电磁离合器线圈内部短路,所以造成相应线束烧结。更换电磁离合器及损坏的线束后,接通点火开关,打开空调开关,空调压缩机运转,空调开始制冷。

但 3 天后,该车再次出现相同的故障。对空调系统重新进行检查,电磁离合器的 V 形带轮不松旷,对比拆下来的两个损坏了的电磁离合器接合盘,发现盘面上都有新磨损的痕迹(露出金属光泽)。测量电磁离合器接合盘与 V 形带轮的间隙,为 0.7mm,在正常范围内。

由于空调压缩机运转受蒸发器温度开关控制,于是拆下空调蒸发器上的温度开关检查。将其放入冰箱内冷冻,待温度下降至 1℃时,用万用表测量其电阻,发现温度开关不能断开;当温度下降至 -7℃时,温度开关仍不能断开,说明蒸发器温度开关已损坏。

蒸发器温度开关 E33 安装在蒸发器外,在正常情况下,打开空调开关后,蒸发器温度在 1℃ 以上时,温度开关触点闭合,空调压缩机电磁离合器工作,同时怠速提升阀 N62 工作,把发

动机的怠速转速提升至 950r/min。空调低压开关 F73 安装在制冷管路上,当空调系统压力低于 200kPa 时,低压开关断开,以防止空调压缩机在无制冷剂的情况下运转,从而保护压缩机。

蒸发器温度开关损坏后,空调压缩机就不能自动停机。由于压缩机连续不断地工作,使空调管路内的压力升高,压缩机的负荷增大,从而出现离合器打滑现象。当离合器打滑时,其接合盘与压缩机的 V 形带轮摩擦,产生大量的热。电磁离合器线圈因受热而使绝缘皮破损,导致局部短路,通电电流过大,最终造成相关线束烧结,同时使空调熔丝 S23 熔断。

更换一只蒸发器温度开关及相关损坏元件后,故障彻底排除。

四十五、捷达 CIX 轿车怠速不稳且加速性能差的故障一例

故障现象:一辆捷达 CIX 轿车,出现怠速不稳、加速性能差的故障。

故障诊断与排除:经目测观察,该车怠速时发动机抖动,路试时车速最高只能达到 80km/h。用 V. A. G1551 检测出一个故障存储—"凸轮轴位置传感器 G40 信号不可靠"。检查发动机正时正常,遂更换了 G40,清除故障码后起动试车,车况没有改善。重新查询故障码,原故障码依然存在,看来故障不在该传感器。将旧传感器换上,更换发动机线束及发动机 ECU,故障依然如故。ECU 中存储的 G40 故障码总是清除不掉,仿佛该车无药可救了。

这时,另一名修理工说:"不会是这三样(传感器、线束、ECU)都有问题吧!"一般来说,发生这种情况的几率是很少的,但抱着病急乱投医的心态,把这三样全换成新的,奇怪的是故障现象居然消失了。再用 V. A. G1551 检查故障码,原先的故障也变成了偶发故障。清除故障码后,故障不再出现,路试时加速有力,车速能达到 150km/h。难道真的是这三样同时损坏了吗?维修技师又将原车 ECU 换上,一切正常,说明 ECU 没有问题。再分别换上原车的线束和传感器,但故障都会重新出现,说明是凸轮轴位置传感器 G40 和线束同时损坏了。

四十六、捷达 AHP 发动机急加速时耸车故障一例

故障现象:一辆捷达 AHP 发动机轿车,急加速时耸车,尤其是转速在 2000r/min 以下时最明显,若超过 2000r/min 后不再耸车,加速良好,一切正常。

故障诊断与排除:维修技师接车后,与车主交流得知,此车曾冒黑烟,换过氧传感器和火花塞后,故障排除。但行驶几天后,就明显感到耸车。

首先用 V. A. G1552 检测,显示无故障,观察测量数据块 08 之 099 组,控制值在 0 左右跳动(怠速状态),说明发动机燃烧状况良好。实际路试,发现在缓加速时几乎没有耸车现象,但急加速时却前后耸动,待转速超过 2000r/min 后,现象即消失。

根据故障现象和以前的维修记录判断,故障应该在点火系。于是拆下火花塞,看到火花塞有一道黑印,这是被高压电击打而产生的。再看高压线内壁,在相应位置也有一道白痕,说明高压线漏电。这正好与故障现象相吻合。尤其是在急加速需要爆发力时,而高压电通过火花塞裙部外漏造成点火能量不足,从而产生耸车现象。

更换一组火花塞及漏电的高压线后,故障彻底排除。

车辆维修中,高压线漏电的故障特别多,主要表现就是耸车,尤其在 3 挡以后。若车辆由怠速转速行驶转为急加速而产生耸车现象,而转速超过 2000r/min 以上就不耸车,基本上可以判定点火系有故障。在检查时就可以直观看出火花塞和高压线是否漏电。若火花塞裙部有被电击的黑痕,就说明此缸漏电,相应的高压线同时也有被电击的痕迹。AGP 发动机 2 缸和 4 缸最易产生漏电现象,一般在 5 万 km 以后就开始出现,希望广大从事汽修工作的同行们引起注意。

四十七、2008 款捷达轿车喇叭继电器故障一例

故障现象:一辆 2008 款一汽—大众捷达 FV7160 CIF 轿车,装配 BJG 发动机,已行驶

6000km,喇叭不响。

故障诊断与排除:首先对喇叭是否损坏进行检查,结果是喇叭本身正常。再按压转向盘上的喇叭按钮开关,未听到明显的喇叭继电器的吸合声,同时用万用表检测喇叭插头处电压为0,说明故障在喇叭控制线路部分。2008款捷达轿车喇叭继电器连接电路如图8-7所示。喇叭继电器30、85、86、87为其零件引脚编号,括号内2、4、6、8是在电路图中的端子编号。检查喇叭继电器J53(标号为53)的30号脚电压为12V,说明来自熔断丝F13的供电线路正常;在按压喇叭按钮开关时,测量87号脚电压为0,说明问题可能为J53的控制线路故障或其触点常开引起。进一步测量喇叭继电器J53控制端子线圈电阻为465Ω,而正常值在77Ω左右,由此可锁定故障在J53内部控制线圈。

拆解继电器壳体进行验证,发现控制线圈已经断路,实际测得继电器的85号脚和86号脚之间的电阻为喇叭继电器保护电阻的电阻值。保护电阻和线圈并联,可使线圈在突然断电时能够对自感电势起到释放的作用。控制线圈断路后,电阻升高至保护电阻的电阻值,控制端工作电流小于继电器吸合最小额定电流,使继电器执行端不能有效吸合,引起喇叭继电器不工作,从而引起喇叭不响故障。

更换喇叭继电器,故障彻底排除。

四十八、2008款捷达轿车变光继电器故障一例

故障现象:一辆2008款一汽—大众FV7160 CIF轿车,装配BJC发动机,已行驶2万km,熄火后,出现前照灯近光灯仍然点亮的偶发故障。

故障诊断与排除:2004款以后的捷达轿车,为了解决组合变光开关触点承受的电流有限、变光时容易产生过大电流导致触点处产生电弧及过热现象,加装了变光继电器,以使变光开关触点的耐电流满足负载的额定电流,但如果继电器的电气参数不符合要求,仍会产生变光开关线路故障。2008款捷达CIF轿车的变光继电器接线如图8-8所示。由图可知,前照灯变光继电器J12的T9/9引脚通过K标注线连接组合开关近光挡,J12引入控制电压。J12的T9/2引

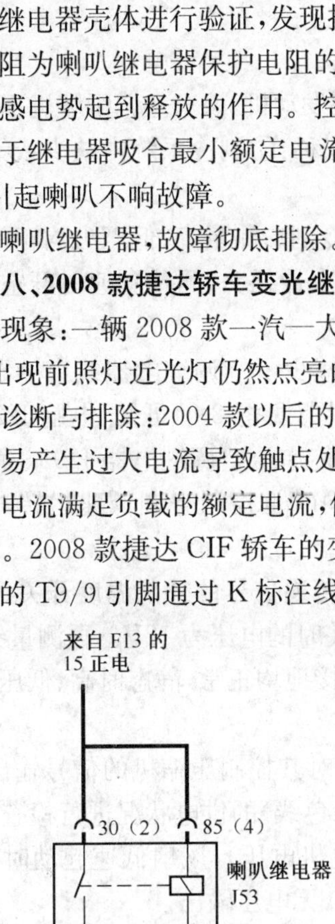

图8-7 喇叭继电器连接电路

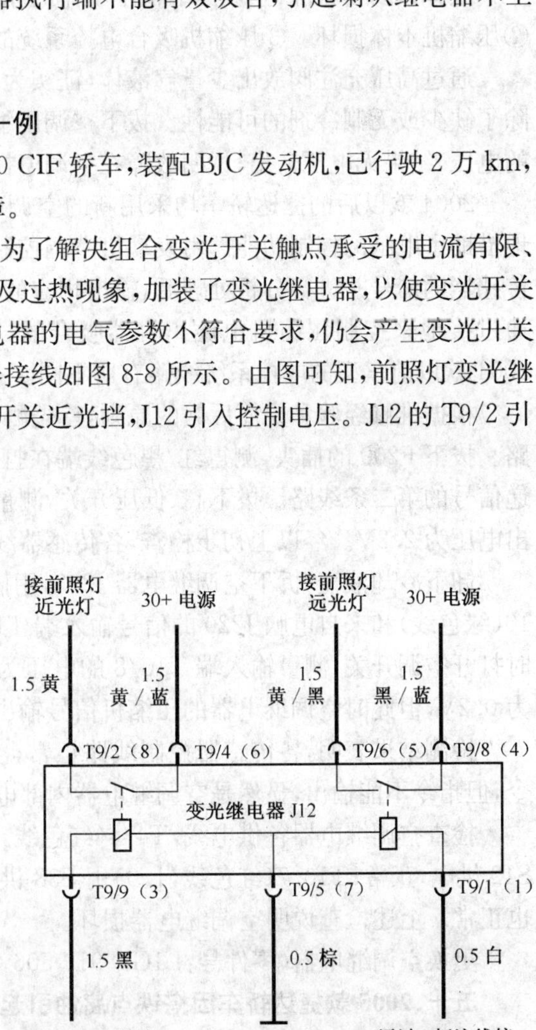

图8-8 变光继电器J12连接电路图

脚连接前照灯近光灯,当组合开关处在近光挡时,近光灯通过 J12 的 T9/4 引脚得到 30 供电电压,近光灯点亮。

拆下前照灯变光继电器 J12,近光灯熄灭,此时,以 J12 的 T9/9 脚为基准,测量其电压为 0,由此说明近光灯常亮并非变光开关未切断供电引起,故障点可锁定在前照灯变光继电器 J12。测量 J12 的近光灯控制引脚 T9/2 与 T9/4,显示为接通状态。

拆解继电器,发现近光灯控制执行端子触点处于常接通状态,轻轻拨一下触点回位弹簧,触点断开,观察触点表面无粘连与发黑迹象,推断因触点材质不良或触点受负载或温度影响受热粘着的因素较小,估计是 J12 的触点回位弹簧品质达不到使用寿命要求,使 J12 偶发性出现触点不回位现象。

更换前照灯变光继电器 J12 后,故障彻底排除。

四十九、2006 款捷达轿车空调不工作的故障一例

故障现象:一辆 2006 款捷达轿车,配备 GIF-3BJG 型发动机,该车空调压缩机不工作。

故障诊断与排除:空调压缩机不工作的原因主要有三种:①制冷系统内缺少或无制冷剂。②压缩机本体损坏。③压缩机吸合电控系统故障。

通过高压充注阀放出少量气液体,证实为 R134a 制冷剂。测量高、低压力均正常,因而排除了缺少或无制冷剂的可能性。拔下空调压缩机电磁离合器插头,测量怠速时开空调状态下的电压,结果无电压输出,说明故障在空调电控系统上。

2004 款以后的捷达轿车均采用新的空调电控系统,减少了空调继电器线束的布置,更多地借助了电脑的控制功能。由发动机空调控制系统电路图(见图 8-9)可知,电脑 J220 接收各传感器的信号并进行分析处理后,输出相应的信号电压,传递至空调继电器 J293。而 J220 是通过接地来控制压缩机电磁离合器吸合的,接地信号同时也控制空调低速运转,这一点与 2004 款以前车型的电控系统线路有所不同。

根据维修经验和先简后繁的原则,首先测量给 J220 传递信号的外部温度开关 F200 的线路。拔下 F200 的插头,测得红/黑色线端在打开空调开关时的电压为 12V。再测量给 J220 传递信号的第二条线路。拔下高、低压开关,测量其供电和接地均正常,静态时高、低压开关的输出电压为 2.2V。经以上初步检查,各传感器线路正常。

卸下冷却液壶,拆下空调继电器 J293,用插针法同时对其控制压缩机的信号输出端 T10/10(绿色线)和来自电脑 J220 的信号输入端 T10/8(蓝/绿色线)的供电状况进行检查。在怠速时打开空调开关,测量输入端 T10/8 的电压为 14V(发电机电压),风扇低速起动时电压下降为 0.2V,但此时空调继电器的压缩机信号输出端 T10/10 无电压输出。

检测结果表明,各传感器控制线路正常,空调继电器已获知电脑发出的压缩机吸合的指令,但指令不能输出,显然是空调继电器内部电路或继电器外部的供电/接地线路出现故障。

检查空调继电器各供电线,T4/4(红色线,4.0)由 S167 供电,正常;T4/3(红色线,2.5)由 S42 供电,正常;T10/7(红色线,1.0)由 S38 供电,正常;T10/9(黑/黄色线,0.5)由 S19 供电,也正常。上述检查说明空调继电器损坏。

更换空调继电器(零件号:L1GD 919 506 C),压缩机工作恢复正常,故障彻底排除。

五十、2005 款捷达轿车因搭铁点腐蚀引起的空调系统故障一例

故障现象:一辆 2005 款捷达轿车,装有 BJG 型发动机,行驶里程为 2 万 km,出现打开空调发动机立即熄火的现象。

故障诊断与排除:维修技师接车后试车,故障正如车主所述。分析可能产生这种情况的原

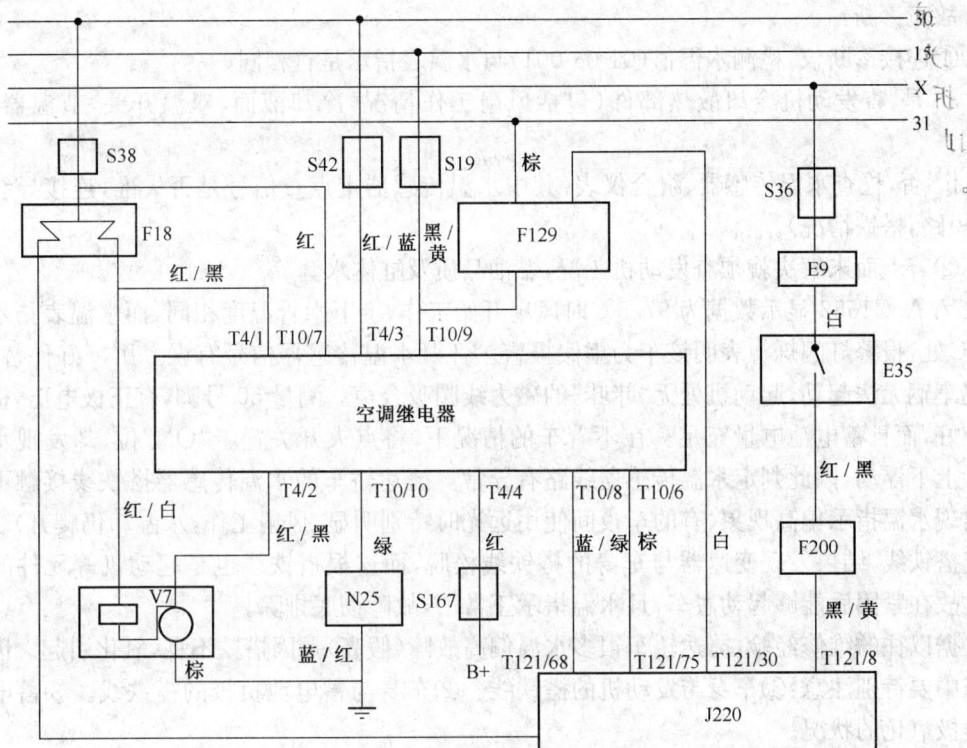

图 8-9　空调电控系统电路

F18—双温开关　V7—散热器风扇　N25—压缩机电磁离合器　F200—温度开关

E35—空调开关　E9—鼓风机开关　J220—发动机控制单元　F129—高低压开关

因有 4 点：①压缩机内部润滑不良，磨损严重。②气缸压力不足。③燃油品质差，燃油压力不足。④空调的相关电路有问题。

首先拆下发动机皮带，转动压缩机，压缩机转动自如，但内部压力无法测量。测量发动机气缸压力，在 0.95MPa 左右。出厂试车，发动机动力足够。接下来测量汽油压力，为 0.25～0.30MPa，正常。更换 97 号燃油，故障依旧。用 V.A.G1552 测试仪检测发动机，怠速运转时喷油脉宽为 2.0～3.0ms。又分别测量了空调开关 E35 及空调控制单元 J293 的输出电压，打开空调后电压为 13.7～13.9V，且无变化，也在正常范围内。经过以上处理后故障更严重了，只要风扇一转动，发动机立即抖动一次，但不会熄火。

根据故障现象，维修技师又测量了风扇的工作电压。经测量，风扇两端电压为 8.2V，小于其工作所需电压 12～14V，这说明风扇线路中有接触不良状况，接触不良处有压降，导致风扇工作电压不足。此时只有用电器回路没有检查，检查空调系统搭铁点（G8 左前翼子板 A 柱下）时，发现搭铁点有腐蚀，处理了搭铁点后，接通空调开关，压缩机吸合，故障彻底排除。

事后维修技师对此故障原因进行了分析，这是一起典型的由于搭铁点有腐蚀而引起的故障。当出现此故障点后，就会导致电路时通时断，电风扇和压缩机的电负荷与机械负荷时而加上时而脱开，使发动机负荷不稳，导致发动机熄火。

五十一、2004 款捷达轿车水温高的故障一例

故障现象：一辆 2004 款捷达轿车，行驶中水温指示达 130℃报警，有时熄火后无法起动着车（起动机无反应）；有时着车后，水温表指示又很正常。

故障诊断：

①连接诊断仪，检测水温值(01-08-001)与水温表指示是否相同。

a. 是，查发动机冷却散热部件(包括风扇工作情况，冷却液面，双温开关，节温器，水泵等)。

b. 否，检查水温传感器、组合仪表(其中水温传感器重点查信号是否失准，连接导线有无断、短路，搭铁情况)。

②若上面未解决就须查发动机工况，燃油品质及缸体水套等。

V. A. G1552 显示数据为 97.5℃时风扇开始工作，上下水管温度相同，而水温表指示却在 130℃处，报警灯闪烁。表明该车为虚假报警。怀疑水温传感器信号有误。用一好件替换后，发现车辆无法起动，起动机处无"咔咔"的磁力线圈吸合声。测量 50 号脚，有正极电压，极柱接线良好，而且蓄电池电量充足。在不着车的情况下，将点火开关置于"ON"位，却发现水温表表针上下浮动，因此判定水温传感器线路有异常。捷达轿车的水温传感器搭铁线接触不良就易出现水温指示偏高现象(有的车夜间使用远光时特别明显，风扇工作，水温却仍爬升)。就先检查搭铁线，结果发现变速器与车身的搭铁线松脱，而这根搭铁线也是起动机等元件的搭铁线。故在紧固后能够起动着车，且水温指示正常了，故障彻底排除。

据以往的维修经验，捷达轿车很多水温偏高故障(假高)是因搭铁不良，氧化引起。因此在维修中要特别注意：①车身与发动机的搭铁线。②车身与蓄电池负极的搭铁线。③蓄电池本身负极氧化的状况。

五十二、2004 款捷达轿车 ABS 系统功能失效的故障一例

故障现象：一辆 2004 款捷达轿车，装有 ATK 型发动机，行驶里程为 9 万 km。行驶中，踩制动踏板让 ABS 系统工作后，出现 ABS 故障报警灯常亮，ABS 系统功能失效的故障。

故障诊断与排除：首先利用诊断仪 1551 对 ABS 系统进行检测，有故障码 01276—ABS 液压泵 V64 信号超差，无法清除，并且不能做执行元件诊断功能。分析可能是 ABS 控制器损坏，更换新的 ABS 控制器后，故障依旧存在，看来问题不在控制器。仔细阅读电路图后，测量了相应的导线，发现通往 ABS 控制器的 2 条主火线中有一条电压为 10.2V，与电源电压(14V)相差太多，不能满足 ABS 的工作条件。通过查找，发现蓄电池上部熔断丝盒支架处的插头有被电解液腐蚀的迹象。处理后，清除故障码，重新测量 ABS 控制器的 2 条主火线电压，均达到 13V 以上，试车，故障现象消失。

捷达轿车的 ABS 熔断丝插头位于蓄电池头部，并且插头向上，很容易进水或者因蓄电池品质问题，导致蓄电池电解液外溢腐蚀该处的插头，使接触电阻变大。

五十三、2000 款捷达王轿车 ABS 不工作的故障一例

故障现象：一辆 2000 年的捷达王轿车 ABS 不工作，且 ABS 报警灯常亮。

故障诊断与排除：首先用 V. A. G1552 故障检测仪进行检查，显示有故障码 01276，ABS 液压泵 V64 信号超限。有时此故障码可以清除，但是试车中又会出现。直接给液压泵通过试验，液压泵工作正常(时间不能过长)，拔下 ABS ECU 的线束插头，用万用表检查 9(25)与 8(24)端子的电压，为 12V，正常。由此判断是 ABS ECU 上的液压泵的接线柱有断路现象。根据经验，此故障原因 90%以上为 ABS 电脑 J104 电脑板上液压泵 V64 的接脚虚焊造成，如遇到此故障，拆开 ABS 电脑板将液压泵 V64 接脚虚焊部分重新焊接即可排除故障。重新安装后须将 ABS 制动系统排空气。V64 的电阻约为 1Ω，V64 工作时的电流理论上是 12A，但在每次工作时会高过此值。另外，此焊点设计也存在缺陷，所以早期的大众的 ABS 多会造成此

焊点电流过大,虚接的现象,造成 ABS 故障灯点亮。

五十四、95 款捷达轿车因散热器风扇电机损坏引起踩制动踏板时有异响的故障

故障现象:踩制动踏板时制动器有异响,该车前几天进行了定期维护保养,检修时并没有发现问题,车主把车取回去的第二天才发现故障,车主陈述:"刚开始一踩制动踏板就产生'咕、咕'很钝的声音。但是若轻轻踩制动踏板就没有异响,特别是平坦的公路上点制动,时有时无,转弯制动时故障较轻。总之,踩制动踏板达到某种力度时就产生异响。"

故障诊断与排除:维修技师接车后,先验证了故障现象,正如车主所述:当时推测轻踩制动踏板也应该有异响,只是异响比较小,感觉不到罢了。但是目视制动盘并没有伤痕,制动片厚度尚残存一半以上,估计不可能产生异响。又分别支起四轮转动和反复踩制动也没有发现毛病,当时怀疑是否是其他地方产生的异响。建议车主把车留在车间进行进一步的检修,但是车主听维修技师分析说可能不是制动系统的故障,安全性能还有保障,借口很忙,不能把车留下来,约定过几天把车送来检修。

几天后车主把车送来了,为了诊断精确,于是与车主一起进行路试试验。紧急制动时可以听到比较大的声音,脚从制动踏板上离开的瞬间异响即消失。当时自信一定是制动系统的问题,拆开检查,没有发现任何异常。的确还有异响,但又没有产生异响的场所,大家都感不可思议。

再次行驶试验。轻踩制动踏板,完全没有异响,逐渐地往里踩制动踏板,就开始有异响了,且随着用力的不同,异响也不断地变化。到现在为止,检查的都是直行状态。在倒车时踩制动踏板,异响就相当小。这表明异响也可能不是制动系统产生的,而是其他地方产生的。

继续进行检查,原来是散热器风扇电动机产生的异响,电动机轴瓦烧坏了,有相当大的间隙,踩制动踏板时,电枢与定子相接触,因而产生异响。因此,更换了散热风扇电动机,故障就彻底排除了。

实际维修中类似的故障相当常见,有些简单的故障在维修中容易产生错觉,此类故障值得同行们借鉴。

第九章　奥迪系列轿车故障检修实例

一、奥迪轿车起动机工作不正常的故障一例

故障现象：一辆奥迪轿车，在接通起动机电路后，有带动发动机运转的迹象，但是转几圈便听到"吱啦、吱啦"的响声，随后发动机停止转动，只听到起动机空转的声音，反复多次均出现上述情况。

故障诊断与排除：对于奥迪等高档轿车，一般很难遇到起动机空转的故障现象，引起这种故障的原因可能有以下几点：

①飞轮齿圈上的齿打毛或磨损严重，使起动机单向离合器齿轮与飞轮啮合不良，起动机不能带动飞轮转动。

②电磁开关调整不当，使起动机电路提前接通。在单向离合器齿轮尚未与飞轮齿圈啮合时，起动机已经运转，使两齿轮无法啮合，形成空转，此种情况还极易打坏齿轮。

③单向离合器上的驱动齿轮损坏。

④由于使用过久，造成单向离合器单向传力作用失效。或电枢轴与单向离合器齿轮内铜套间隙过大，使齿牙在遇到阻力时改变啮合位置也会发生空转。

⑤减速齿轮或拨叉损坏，若减速齿轮因长期磨损而接合不好或拨叉磨损，也会使空转发生。

于是维修技师决定拆检起动机，未发现齿圈、单向离合器齿轮有磨损或断齿现象；单向接合器工作正常，无超前接通现象。进一步仔细检查，发现齿轮铜套与轴的间隙超出规定范围，致使起动机运转阻力增加时，单向离合器的位置偏移，使两齿轮由结合而脱开，造成起动机空转。

更换新的铜套后，故障彻底排除。

二、奥迪轿车冷起动困难的故障一例

故障现象：一辆行驶里程为 23 万 km 的奥迪 A6 轿车，热车起动发动机能正常着车，冷车起动发动机较为困难，需要连续几次才能着车。

故障诊断与排除：使用故障诊断仪进行检查，显示无故障码。检查发动机点火系统，各缸高压火花较强，火花塞工作正常。检查发动机供油系统，供油压力正常，油器喷雾锥角和雾化质量良好。检查发动机汽缸压力，各缸压力值符合要求。检查冷起动线路，点火开关能够正常发出起动信号，但水温传感器电阻值与该温度下的标准值有差异。进一步检查，发现水温传感器随温度变化的动态电阻值与标准值存在一定的误差。

更换水温传感器，连好线路，试车，发动机冷车时能正常起动着车。

故障维修总结：水温传感器是一种热变电阻，它的阻值随着水温的变化而变化。发动机电控单元 ECU 通过水温传感器的电阻值来感知发动机温度，再根据发动机的温度发出相应的指令。如果水温传感器的电阻值不准，会导致 ECU 发出错误的指令。该车因为水温传感器的电阻值有误差，致使 ECU 在发动机冷机时发出了热机状态的喷油脉冲指令，使汽缸内的可燃气体达不到冷起动时需要的混合气浓度，因而造成了冷起动困难故障。

三、奥迪轿车 V6 发动机不能起动的故障一例

故障现象：一辆装载 V6 发动机的奥迪轿车，在行驶中发动机突然熄火后，再也不能起动。

故障诊断与排除：对发动机的点火系统和供给系统进行检查，结果为无火、无油。用万用

表对发动机转速传感器、点火正时传感器(曲轴位置传感器和上止点位置传感器)、霍尔传感器进行检测,三者均有电压(信号)输出。检查正时皮带,发现正时皮带脱掉了2个齿牙。

更换标准的正时皮带、校正配气正时后,进行试车,发动机起动容易,各工况工作正常。由于该车发动机的正时皮带老化掉齿,导致正时链轮与正时皮带上的正时记号对错,致使 ECU 接收到的曲轴位置信号与凸轮轴位置信号不同步,所以其无法识别气缸上止点的位置,从而也就不发出点火、喷油的指令,因而发动机无法起动。

四、奥迪车不易起动的故障

故障现象:一辆一汽生产的奥迪 C5A6 轿车,采用 1.8T 发动机。当汽油箱内的汽油快用尽而加满油后,发动机有时不易起动,需要起动 3~4 次,并且还须踩下加速踏板,发动机才能着机。但是只要发动机起动着后工作一会,以后发动机起动就正常了,直到下一次加油后才可能再次出现发动机难起动的故障。

故障诊断与排除:从故障现象看,该车故障比较奇怪,每次都出现在加油后,但当发动机起动着后一切又正常了。根据故障现象分析,大概有以下几种原因:一是所加汽油引起汽油泵的泵油性能下降;二是所加汽油的品质不良,影响发动机起动;三是添加的汽油引起燃油蒸发排放控制系统工作不良,进而影响发动机起动。

为了排除第 1 种原因,在发动机室内的进油管处连接上汽油压力表,观察到正常时的汽油压力为 270~370kPa。然后开车路试,大概行驶了 60km 后将发动机熄火,再重新起动,结果只用 1 次就将发动机起动着,起动时汽油压力几乎不变化,这说明故障原因不在汽油压力上。接下来将车开往加油站加油,当加满油后起动发动机,第 1 次没有起动着,但是汽油压力却没有变化,跟原来一样,一共起动了 3 次,发动机才起动着。

第一种原因排除了,发动机不易起动与汽油压力无关。

第二种原因可能性不大,因为驾驶人在外地加油出现该故障,但这次是在维修技师所在修理厂附近加油站加的油,也出现了故障,不可能两个异地加油站所添加的汽油均有问题。

对于第三种原因,最好的排除方法是将通往发动机进气管的燃油蒸汽净化软管拔掉堵住,然后再试车,这次一共试了 1 天半,最后到加油站加油,结果问题没有出现,一次就把发动机给起动着了,看来问题就出在燃油蒸发排放控制系统上。燃油蒸发排放控制系统工作过程是从汽油箱出来 1 根汽油蒸汽管到右前翼子板内的炭罐,再经软管连到炭罐净化电磁阀,最后到发动机进气管。当该系统不工作时,炭罐净化电磁阀的线圈内无电流流过,因此是关闭的,汽油蒸汽不能进入发动机进气管。怀疑该车的炭罐净化电磁阀可能存在关闭不严的现象。于是将炭罐净化电磁阀拆下后用嘴吹,发现居然能够吹通,显然炭罐净化电磁阀关闭不严。更换炭罐净化电磁阀后,经长时间试车,一切正常,故障彻底排除。

五、奥迪 100 V6 轿车有时不容易起动的故障一例

故障现象:一辆 1994 年产的奥迪 100 V6 轿车,已行驶 18 万 km。发动机有时容易起动,有时不容易起动。

故障诊断与排除:这辆奥迪 V6 轿车,发动机只是有时难起动,但起动后,发动机仍能正常工作。这说明该车发动机的各部位基本上是正常的,机械部分没多大问题。另一方面,该车的故障报警灯未亮,也无故障码显示,故障原因可能出在线路连接上。先检查电路,该车发动机使用的是无分电器点火装置,点火时间无法调整,只有检查该发动机各元件有无松动或线路连接有无连接不好的地方。经检查发现位于缸盖上后部的霍尔传感器内部固定座断裂,造成松动,使得点火时间不准。由于整个霍尔传感器的线路未断,各阻值均正常,加上发动机故障指

示灯未亮,所以就给故障排除带来了不少困难。更换了新的霍尔传感器后,故障彻底排除。

六、奥迪 A6 轿车因导线插头接错引起冷起动困难的故障一例

故障现象:一辆一汽奥迪 A6 轿车冷起动困难,热车时怠速加速工况皆正常。

故障诊断与排除:首先用元征电眼睛 431ME 检查,无故障代码显示。进一步检查发现:各缸高压火花有些弱,冷车供油压力正常。更换点火线圈、高压线和火花塞后,冷车依然难起动。清洗喷油器后,观察其喷雾锥角正常,雾化状况良好,装车后试验,仍旧难起动。于是又检查冷起动线路,发现水温传感器阻值随温度的变化值与标准数据相同。点火开关处有起动开关信号送给电脑。在无法测得喷油脉宽的情况下,向汽缸喷入少量汽油,冷车起动正常。故障原因终于找到了。因为冷起动时的喷油量少,导致冷车起动困难。故障应该在 ECU 控制电路里。从右侧仪表板上拆下 ECU,检查其各接脚时发现,水温传感器的插头插在制动液液面报警开关插座上,这两个插头与插座的颜色极为相近。而此时的制动液液面报警开关的阻值为 560Ω,相当于水温传感器 80℃时的阻值,通过水温传感器线路传给 ECU 的是 80℃时热车状态的信号。因此 ECU 发出错误指令,输出了 80℃时喷油脉冲,导致喷油时间变短。冷车时的喷油量减少,混合气过稀,造成冷起动困难。

将接错的导线正确连接后试车,一切正常,故障彻底排除。

七、奥迪 A6 轿车起动后约 10s 就熄火的故障

故障现象:一辆 2003 款 2.4L 奥迪 A6 轿车已行驶 6 万 km,使用一直正常,但一天早晨出现起动后约 10s 就熄火的故障,而在这 10s 内发动机运转正常,也无任何警告灯亮,再起动仍只运转 10s。

故障诊断与排除:接车后感觉该车类似防盗现象,用 V. A. G1552 进入防盗系统显示正常无故障。但进入发动机系统发现有故障码 18017(含义为碰撞切断)。由此想到该车具有碰撞保护功能,即车辆发生碰撞时气囊控制单元会根据撞车的性质和强度来确定是否引爆气囊及引爆哪些气囊,同时向中央门锁系统发出一个"撞车信号",中央门锁控制单元将打开全车门锁,停止发动机运转,点亮车内顶灯和危险警告灯。这与有些车型安装燃油惯性切断开关一样,可防止碰撞后燃油溢出起火。为了验证本车是否属于这种情况,维修技师坐在车内将顶灯开关拨到车门接触位置(原在关闭位),并通过车内锁开关锁好门后起动了发动机,果然 10s 后发动机自动熄火,门锁和两灯均自动打开了。由此看来故障确实与碰撞保护有关。

故障检修范围集中在了气囊与中央门锁系统。但用 V. A. G1552 检测气囊显示系统正常,且气囊报警灯在钥匙打开或起动后能自动熄灭。车主反映该车从未有过碰擦。再检测中央门锁系统有故障码 01366(含义为通过碰撞信号中央门锁打开)。随后对气囊与中央门锁系统线路进行了仔细检查,尤其是气囊控制单元 69 脚(通往中央门锁控制单元第 4 插头 4 脚的碰撞信号线)及碰撞传感器,没有发现异常。想到 ABS 和 SRS 系统在有故障的时候会失去功效(保护性停止工作),抱着试试看的想法断开驾驶员侧转向柱气囊游丝插头后起动,发动机竟不熄火而气囊报警灯却亮了。这说明熄火确实是气囊系统引发的。再次进行线路和传感器检测,正常。考虑到控制单元对人为设置的几个故障做出反应,因而怀疑气囊控制单元内局部有故障。

更换气囊控制单元、编码并起动后,发动机没有熄火,故障彻底排除。

事后分析可能是气囊控制单元内部损坏后通过 69 脚输出了碰撞信号,而自身不记忆故障码,同时又没有引爆任何一个气囊所致。

八、奥迪 A6 轿车冷车起动正常而热车起动困难的故障

故障现象：一辆奥迪 A6 2.4 AT 轿车，行驶 9 万 km，出现冷车起动正常，而热车起动困难的现象。

故障诊断与排除：试车时发现，该车热车时，特别是刚熄火，起动困难，但踏加速踏板起动，一次就能起动着车。

用 V.A.G1552 进 01—02 查询发动机自诊断系统，无故障码。由于无故障码，维修技师决定读取发动机的数据流。由于冷热车最大的差别就是发动机冷却液温度的高低，于是读取 08—004 三区的冷却液温度值。该车显示 0℃，而此时发动机刚熄火，冷却液温度应在 90℃左右。从这一点可以判定冷却液温度传感器信号失准。更换该传感器后，起动正常，故障彻底排除。

故障维修总结：该故障车在热车时，由于冷却液温度传感器信号失准，导致起动时喷油过多，造成混合气过浓，导致不易点燃，从而造成热车起动困难。在这种情况下，踩加速踏板可增加起动时的进气量，降低了混合气的浓度，所以能比较容易地起动着机。在维修中冷却液温度传感器故障是常见故障。若该传感器线路断路、短路时，发动机控制单元将计算出一替代值，由于替代值存在着不准确性，有时会造成起动困难，若该传感器信号失准，根据信号失准情况，可能影响冷车起动或者热车起动。

九、奥迪 A6 2.6L 型轿车冷机和热机时都不易起动的故障一例

故障现象：一辆 2000 年产的奥迪 A6 2.6L 型轿车，已行驶 7 万 km。经常发生不易起动故障。只要踩油门踏板，发动机就能起动，可是一松油门踏板，发动机就可能熄火。这样反复几次后，发动机才能起动。

故障诊断与排除：根据故障现象，该车故障原因可能在电控部分。先提取故障代码，ECU 显示两个故障码，一个是冷却液温度传感器短路或断路；另一个是 EGR 电磁阀短路或断路。检查冷却液温度传感器，有间断性断路故障，应予以更换。检查 EGR 电磁阀及线路，发现插头根部导线接触不良，重新连接好导线，消除故障码，第二天早晨试车，一切正常。过了一周，车主反映，该车冷机时起动正常；热机时起动还是不正常，踏油门踏板仍能起动。用 V.A.G1552 重新提取故障码，无故障码显示。读取数据流，发动机怠速时，发动机转速在 780~850r/min 之间不断变化，发动机明显有转速不稳的症状。经过系统分析，故障原因应在点火和进气这两个系统上。首先检查点火系统，各缸火花塞和点火线圈都基本正常，但 1、4 两缸的高压线有漏电痕迹，决定更换。再检查进气系统，进气管没有漏气的地方，各真空管连接良好，检查节气门无卡滞现象。检查怠速电动机，拆下电动机，不拔导线插头，闭合点火开关，电动机打开一定角度；断开点火开关，电动机又关闭了。反复几次，发现怠速电动机有时打不开或有时不关闭，出现了卡滞现象，而且随温度越高，怠速电动机卡滞的频率越高。更换了一台新的怠速电动机后试车，一切正常，故障彻底排除。

故障维修总结：该车由于怠速电动机卡死后，发动机进气很少。几乎不进气，所以就造成混合气过浓，由于混合气浓度与起动时所需的空燃比差别大，所以发动机就不容易起动。但当踩下油门踏板时，节气门打开一定角度，使空气进入，空燃比发生变化，混合气可燃，因此发动机就能顺利起动了。

十、奥迪 A4 2.0L 轿车蓄电池经常亏电的故障

故障现象：一辆奥迪 A4 2.0L 轿车，行驶里程 7 万 km。该车每隔 10 天左右就会出现蓄电池没电，打不着车的情况。

故障诊断与排除：维修技师接车后，首先用万用表检查充电系统，发电机发电正常。用 V. A. S5051 对放电电流进行检查，发现有轻微的漏电现象。逐个拔掉保险丝进行检查，当拔掉舒适系统保险丝时，静态放电电流减小，说明问题就出在这里。用诊断仪进行故障诊断，整个舒适系统不能进行正常的诊断，且在"09-02"组中显示了 6 个"结束输出"（控制单元停用）的故障。进行波形检查，舒适系统 CAN 总线波形基本正常，但单独对 J393 的波形进行检查时，发现其一条正极线短路。

更换舒适系统控制器后试车，一切正常，故障彻底排除。

十一、奥迪 200 1.8T 轿车起动困难及加速时熄火的故障一例

故障现象：一辆奥迪 200 1.8T 轿车，已行驶 1.2 万 km。起动困难、加速时熄火，且伴有两后转向灯不亮的故障。

故障诊断与排除：维修技师接车后，首先用 V. A. G1551 故障检测仪检测，显示节气门故障码，节气门开度为 0°。消除故障码，并作基本设定，故障消失，数据正常。发动机工作良好，但路试时，故障依旧。检查点火系统，此发动机采用单缸独立的点火线圈，点火性能可靠。检测燃油压力，在不起动发动机情况下，强制电动燃油泵工作，燃油压力忽高忽低，怀疑燃油泵控制电路有问题。检查线路，发现左后尾灯处搭铁线松动（此车电动燃油泵线路与转向灯线路在此搭铁），造成燃油泵工作不良，电控部分出现错误信号。

紧固左后尾灯处搭铁，故障彻底排除。

十二、奥迪 100 2.2E 轿车不能起动故障一例

故障现象：一辆奥迪 100 2.2E 轿车发动机不能起动。

故障诊断与排除：检查高压火正常，测量燃油系统压力为 250kPa，维修手册中规定是 560～630kPa。测量电动燃油泵火线与车身之间电压为 12V，测量电动燃油泵火线与燃油泵搭铁线之间电压为 10V，测量电流在 1～2A 间变化不定。由测量得知燃油泵火线与车身之间电压正常，而与搭铁线之间电压不正常，说明搭铁线与车身之间接触不良，接触电阻过大产生电压降，使油泵供电电压低于规定值，导致油泵电机转速下降，泵油压力降低。

经检查发现位于在后尾灯处的油泵电机搭铁线松动，拧紧螺栓后故障排除。

十三、奥迪 100 2.2E 轿车 ABS 警告灯在行车中点亮的故障

故障现象：一辆奥迪 100 2.2E 轿车 ABS 警告灯在行车中点亮。

故障诊断与排除：仪表板上的 ABS 警告灯在行车中点亮，说明 ABS 系统有故障。用 V. A. G1551/1552 故障阅读器查询故障代码，仪器显示两前轮转速传感器速度信号悬殊过大。经对两前轮单独进行测试，并未发现异常现象，认为两前轮转速传感器工作正常无故障。检查两前轮转速传感器的安装状况，亦良好。用 V. A. G1551/1552 故障阅读器清除故障代码，ABS 警告灯熄灭。

将该车开出进行路试，但由于路上车多，车速始终在 60km/h 以下，行驶一段路程后，ABS 警告灯一直未亮。但在一条车流小的路上，当车速达到 90km/h 时，仪表板上的 ABS 警告灯点亮，故障现象重现。根据以往试车经验，若是 ABS 系统的车轮转速传感器有故障，汽车车速在 20km/h 时，仪表板上的 ABS 警告灯便开始点亮报警。而该车不同，车速在 90km/h 时 ABS 警告灯才点亮报警。

再次用 V. A. G1551/1552 故障阅读器读取故障，仪器显示同第一次一样：两前轮转速传感器速度信号悬殊太大，让人百思不得其解。

路试中发现，车辆除车速在 90km/h 时仪表板上的 ABS 警告灯点亮以外，还感到在行驶

中汽车向右斜行。于是怀疑两前轮轮胎气压不一致(这一点也会导致两前轮转速传感器速度信号悬殊过大，而使 ABS 警告灯点亮报警)。于是决定对两前轮气压进行检查。当走到车前面欲查看两前轮气压时，却看到两前轮的直径不一样，右前轮胎直径小些。换装同一规格的轮胎后试车，无论车速为多少，ABS 警告灯均不再点亮，且行驶中汽车向右斜行现象消失，故障彻底排除。

故障维修总结：这起 ABS 系统故障并非 ABS 系统本身故障引起的，而是由于用户在更换轮胎时，忽略了轮胎型号中的高宽比，轮辋直径虽然一样，但轮胎直径不同造成的。由于两前轮的直径不一样，不但造成行驶跑偏，而且高速时两前轮速度信号悬殊过大，从而促使 ABS 电脑发出故障报警，并记录两前轮速度信号悬殊过大的故障信息。

十四、奥迪 100 2.2E 轿车加速熄火的故障

故障现象：一辆奥迪 100 2.2E 轿车冷车行驶基本正常，热车行驶转速突然急剧下降，每当发动机转速低于 2000r/min 时立即熄火。

故障诊断与排除：测量点火提前角、怠速稳定阀、系统压力和控制压力均正常。打开空气滤清器盖，用手将空气计量板向上微微托起，发动机即有怠速，手一放松就熄火。调整 CO 调节螺钉，将混合气调浓后发动机仍无怠速，拔下超速切断阀插头仍无怠速，拆下超速切断阀，发现阀门关闭不严，估计故障就在此了。因为超速切断阀在不通电情况下应处于关闭状态，如果切断阀打开，进入气缸的空气从超速切断阀的旁通路直接进入，空气计量板计量不到这部分空气使得计量板升程减小，导致燃油分配器柱塞上升行程变小，各缸喷油器喷油量同时减小。当发动机转速在 2000r/min 以上时对空燃比影响小一些，当发动机转速 2000r/min 以下时，由于供给的燃油不足导致发动机熄火。冷车发动机基本正常说明冷车时超速切断阀能关闭，热车时超速切断阀关闭不严。

更换超速切断阀后试车，发动机怠速平稳，加速、高速正常，故障彻底排除。

十五、奥迪 100 2.2E 轿车行驶中熄火的故障

故障现象：一辆奥迪 100 2.2E 轿车怠速运转不稳，低速行驶有时熄火，最高车速只能达到 60km/h。

故障诊断与排除：将点火正时的感应夹分别接到各缸高压线，没有缺火现象，检测系统压力和控制压力正常，用量杯检测燃油泵流量正常。测量燃油分配器各缸喷油量，个别缸喷油器在 30s 内喷油量低于规定值。对燃油系统进行不解体清洗后，怠速不稳及低速熄火故障解决，但最高车速仍只能达到 60km/h。根据平时维修的经验，维修技师用手摸点火线圈感觉温度过高。由点火系统基础知识可知，如果点火线圈内部绝缘不好，温度低时火花强度减弱不明显，温度升高后会使次级点火电压下降，火花强度减弱，使得燃烧不良或有的气缸不工作，造成发动机功率下降，车速受限。

更换点火线圈后试车，一切正常，故障彻底消除。

十六、奥迪 100 2.2E 轿车油泵继电器损坏导致发动机经常熄火的故障

故障现象：一辆奥迪 100 2.2E 轿车行车中发动机熄火，熄火后再次着车，发动机还能起动，但熄火次数逐渐增多。

故障诊断与排除：检查燃油系统压力、控制压力和点火系统均正常。根据以前的维修经验，该车超速切断阀故障也能引起熄火，经检查超速切断阀正常。将继电器盒内 10 号位燃油泵继电器的 30 脚与 87 脚短接，经长距离路试，发动机熄火现象没有了。以上试验方法相当于把油泵继电器触点短接，此种试验方法是想证明故障的原因可能有以下几点：①燃油泵继电器触点接触不良。②燃油泵继电器电路损坏。③燃油泵继电器控制线路有问题。这3种故障原因都能使油泵断电,停止转动,最终造成发动机熄火。

打开燃油泵继电器,发现继电器内部有开焊的地方,将开焊点重新焊好,路试一切正常,故障彻底排除。

十七、奥迪 100 2.6E 型轿车空调压缩机电磁离合器吸合后即断开的故障

故障现象:1995年生产的奥迪100 2.6E型轿车,已行驶14万km。打开空调开关,压缩机电磁离合器吸合后即断开,无法工作。

故障诊断与排除:维修技师根据平时的维修经验,首先检查并排除了制冷剂存在泄漏的可能性。然后用大众奥迪专用故障诊断仪查询故障代码,为01270/SP,其含义为空调电磁离合器N25断路或短路,但属偶发故障。用故障诊断仪进行终端执行元件的测试,电磁离合器动作正常。运转时也没有发现卡住现象,说明压缩机本身良好。

考虑到该空调控制单元有压缩机打滑控制功能,如果皮带打滑率大于60%,控制单元将关闭压缩机,由此就会出现电磁离合器吸合后又断开的故障现象。

用故障诊断仪读取数据流功能,观察第9显示组的各显示区数据,结果发现第二显示区显示的压缩机转速为200r/min左右,与实际转速相差太多,说明故障可能出在压缩机转速控制部分。用示波器测量压缩机转速传感器信号极其微弱,更换压缩机上的转速传感器,加入制冷剂后试机,故障彻底排除。

故障维修总结:压缩机电磁离合器吸合后即断开,这是一种自我保护状态。检修时,先排除制冷剂泄漏的可能性后,再用故障诊断仪查询故障代码,以便确定故障的可能部位。根据平时维修经验,该车转速传感器故障发生率较高,应注意对其进行检查和去污处理。

十八、奥迪 100 2.2E 型轿车空调压缩机不工作故障一例

故障现象:一辆1996年生产的奥迪100 2.2E型轿车,行驶里程20万km,夏季的一天发现空调不能制冷,检查发现压缩机未工作。

故障诊断与排除:空调压缩机是由汽车发动机通过皮带带动离合器驱动运转。根据经验,压缩机不工作的原因可能有以下几方面:压缩机本身存在有机械故障而卡死;传动皮带经长期使用以后打滑或破损;离合器因某种原因未能吸合。

维修技师接车后先检查传动皮带,外观完好。用拇指按压皮带,挠度大概在5mm左右,张紧适中。运行时观察,皮带也没有打滑。进一步观察,发现离合器没有吸合、压缩机没有动力输入,造成不能运转。

启闭空调系统,离合器没有任何动作,说明不是因为离合器间隙过大而未吸合。用万用表直流电压挡测离合器线圈两端,发现无工作电压,由此初步确定是系统控制电路故障。

空调系统控制电路简图如图9-1所示。考虑到当时的环境温度接近15℃,所以排除外部温度开关和恒温器开关断开的可能性。接着检查连接线路,没有明显的异常。用万用表直流电压挡接在怠速提升电磁阀两端,有工作电压,这样,故障范围就缩小到离合器线圈所在的局部回路。进一步检查发现,位于仪表板右下侧的离合器附加继电器触点没有闭合,拆开检查,线圈断路,至此压缩机不工作的原因查明。重换一只新的离合器附加继电器,发动机起动后打开空调,离合器吸合,压缩机正常运转,制冷系统稳定工作,故障彻底排除。

十九、奥迪 100 2.6E 轿车空调出风口吹出的风不凉的故障

故障现象:一辆奥迪100 2.6E轿车空调出风口吹出的风不凉,将控制室内温度的设定键调到最低也不起作用。

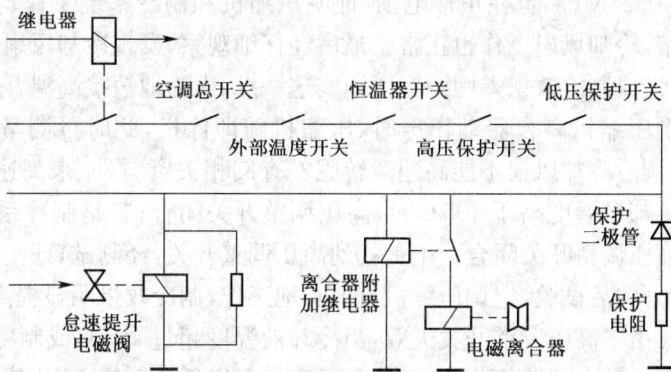

图 9-1　奥迪 100 2.2E 型轿车空调系统控制电路示意图

故障诊断与排除：维修技师接车后，首先检查空调压缩机。压缩机运转正常，系统制冷剂加注量正常，连接压力表显示高低压端压力符合规定值。用手触摸低压侧管道很凉，故怀疑温度控制系统异常。连接故障诊断仪进入空调系统，查询故障码为 01271，含义是温度风板位置电机 V68 卡死或无电源供给。用执行元件测试功能进行终端执行元件测试，结果没有反应。检查线路连接无异常。将调节电机拆下，试换一新电机，接好插头，不装入再进行终端执行元件测试，温度风板能正常移动。将系统装复后，空调恢复正常。此故障是因温度风板位置调节电机卡住造成室内温度控制不正常。

二十、奥迪 100 2.6E 轿车打开空调开关后压缩机离合器不吸合的故障

故障现象：一辆奥迪 100 2.6E 轿车打开空调开关，压缩机离合器不吸合。

故障诊断与排除：检查系统内制冷剂量正常，不存在制冷剂泄漏情况。连接故障诊断仪查询故障码为：00800，含义是鼓风机温度传感器 G109 信号线对地短路/断路，对正极短路。

用万用表测量鼓风机温度传感器 G109 的阻值，显示为无穷大，说明该传感器断路。分析此传感器测量蒸发器出口处的空气温度，用来控制温度调节风板更精确地动作。空调控制单元收不到此信号便切断压缩机，使其停止工作。更换鼓风机温度传感器后，故障彻底排除。

二十一、奥迪 100 轿车空调鼓风机工作不正常的故障一例

故障现象：一辆奥迪 100 轿车，在不平路面上行驶时，空调鼓风机运转不正常，车内空气流通量时大时小，并伴有"呼呼"的喘气声。行驶到平坦路面上（如高速公路），上述故障症状消失。

故障诊断与排除：分析认为，造成上述故障症状的主要原因是空调鼓风机不稳，而造成空调鼓风机不稳的原因则是电流不稳。引起电流不稳的原因有二：一是变速开关触点接触不良；二是双金属片保护开关触点关闭。经过检查，发现变速电阻丝与双金属片保护开关之间的间隙太小。因此，当轿车在不平的道路上行驶时，车辆颠簸剧烈，造成变速电阻丝与双金属片保护开关作瞬间接触。这不仅改变了变速电阻丝串入鼓风机电动机的阻值。也改变了流往鼓风机的电流的大小，造成空调鼓风机转速不稳。

把变速电阻丝与双金属片保护开关之间的间隙加大一些，经试车，故障彻底排除。

二十二、奥迪 100 型 2.2E 轿车因高压调整开关失效引起空调制冷效果差的故障

故障现象：一辆奥迪 100 型 2.2E 轿车，开启空调后压缩机不停地运转，但制冷效果差。

故障诊断与排除：用手触摸干燥器进、出口处的管子，感觉温差较大。在视液镜中没有发现气泡，说明空调制冷系统中无空气，制冷剂循环没有问题。检查空调系统高、低压管路压力，分别为 1.5MPa 和 0.25MPa,也在正常范围,证明压缩机和制冷系统工作均正常。检查冷凝器散热片,未见脏堵,冷却风扇工作也正常。最后经仔细观察,发现冷却风扇一直在低速转动。是否因冷却不够而造成制冷效果差呢? 为了证实这一点,人为地短接高温开关,风扇随即高速运转,几分钟后听到压缩机离合器动作声时,压缩机随即停机,此时再测量车内温度已降至 13℃。为什么开空调后冷却风扇不能高速运转呢? 查阅相关资料,原来高速继电器工作须具备两个条件:一是冷却液温度高于 105℃时,高压调整开关闭合;二是制冷系统高压管路压力大于 1.4MPa 时,高压调整开关闭合。于是找到高压调整开关,经测试,证实已失效。

更换高压调整开关后试验,空调压缩机有节奏地工作,制冷效果明显提高。

故障维修总结:由于高压调整开关失效,当冷却液温度超过 105℃或制冷系统高压管路压力达 1.5MPa 时,高速继电器还不能工作,冷却风扇便仍以低速运转,致使热量无法散出,空调制冷效果便不佳。

二十三、奥迪 100 型轿车因节流阀被脏物堵塞引起空调不制冷的故障

故障现象:一辆奥迪 100 型轿车,空调刚开时一切正常,但工作不久就不制冷了。

故障诊断与排除:连接空调系统压力表,测得空调系统静态压力为 750kPa,属正常。起动发动机,开启空调后观察压力表,发现高压刚开始时正常,但一会儿就上升至 2500kPa,低压则降至 70kPa,此时空调不再制冷。关闭空调,等一会儿后重新开启时故障重现。据此判定故障原因是节流阀被脏物堵塞或空调系统有潮气而在节流阀处产生冰堵。拆下节流阀检查,果然发现其中有脏物。

彻底清洗节流阀,并更换液体分离器,再用氮气吹通制冷系统,然后重新抽真空、加注制冷剂后,空调制冷恢复正常。

故障维修总结:经询问车主得知,该车在天冷时将空调系统拆开而未密封,天热了重新加注制冷剂后便出现上述故障。空调系统在长时间对大气开放后,空气中的尘土等脏物就会进入其中,致使节流阀堵塞而出现故障。遇此情况,在重新加注制冷剂前,应先用氮气吹通管路,吹干其内潮气,抽真空时间也要相应延长,最好更换液体分离器,因为里面的干燥剂(球形分子筛)可能已经失效,过滤网也可能堵塞。否则,很难保证空调系统工作正常。

二十四、奥迪 100 型轿车因双温度开关触点损坏引起极易"开锅"的故障

故障现象:一辆奥迪 100 型轿车,不开空调时冷却液温度正常,开空调后冷却液温度很快升高,极易"开锅"。

故障诊断与排除:开空调后冷却液易"开锅"的一般原因为发动机负荷增加过大,或发动机散热能力不足。据此,开空调后用手摸空调系统高、低压管路温差明显,风道口吹出的风较凉,压缩机也无异常声音,判定压缩机的负荷不大。进而检查冷却系统,无渗漏处;加足冷却液后起动发动机,待冷却液温度升高后开启空调,发现无论冷却液的温度如何升高,直至"开锅",风扇总以低速转动,判定冷却液温度很快升高、极易"开锅"是由于风扇不能高速运转造成的。而风扇不能高速运转的原因,一般为冷却系统的双温度开关失效、空调系统高压调整开关失效、风扇继电器损坏及线路有故障。经逐项检查,终于发现双温度开关的 2 挡触点损坏。

更换双温度开关后试车,一切正常,故障彻底排除。

故障维修总结:根据设计要求,奥迪 100 型轿车的风扇电动机在冷却液温度处于 95℃以下且不开空调时停转;开空调且空调系统压力不高于 1.06~1.5MPa 时以低速运转,冷却液温度处于 92℃～97℃时也以低速运转;开空调且空调系统压力在 1.31~1.75MPa 时以高速运转,冷却液温度超过 105℃时也以高速运转。以便及时将热量散发出去,从而保持发动机的正

常工作温度。该车由于冷却风扇总以低速运转,不能及时将发动机产生的热量散发出去,冷却液温度便会很快升高,直至"开锅"故障出现。

二十五、奥迪 A6 1.8T MT 轿车高速行驶时出现空调出风口不出风的故障

故障现象:一辆奥迪 A6 1.8T MT 轿车,行驶里程为 10 万 km,在高速行驶时,空调出风口时常不出风。

故障诊断与排除:车主称该车在市区行驶,或者低速行驶时,空调制冷效果正常,但空调管路上经常结霜;在高速行驶时,大约 30min 后空调出风口开始不出风,但是空调鼓风机运转,并发出较大的"呼呼"声。车主称遇到这种情况时,按下空调控制面板上的"ECON"键,即经济模式,人为关闭压缩机,10min 后就恢复正常。根据车主的介绍,维修技师先检查空调制冷管路,发现低压管路虽未结霜,但水珠比正常车要多。用 V. A. G1552 进 08—02,显示有一偶发故障码,含义为"新鲜空气鼓风机电压过低或者卡滞"。根据该车出现空调出风口不出风时,鼓风机仍能运转,维修人员判定为该车蒸发箱出现了冰堵,并推断其原因是该车可变排量空调压缩机排量已不可变导致制冷量过大,产生冰堵现象。其理由如下:该车在市区及低速行驶时,发动机转速较低,空调压缩机也保持在较低转速下工作,所以整个空调系统制冷效果不会因为压缩机排量不可变到很大。蒸发箱内的温度也不会过低,制冷后的进气析出的水能及时流出蒸发箱。此时较大的制冷量仅导致空调低压管结霜或者水珠过多。但车在高速行驶时,发动机转速很高,压缩机的制冷效果不正常,在制冷时导致析出的水直接在低温的蒸发器上凝结,最终结冰将整个蒸发器堵死,造成冰堵。由于空调进气管道被堵死,造成鼓风机吸气时声音变大。同时空调控制单元错误地认为是鼓风机不转或转动不畅而造成的空调出风口不出风。为了进一步证实维修人员的判定,于是将制冷剂加注机上的管路与该车相连接,压缩机不工作时管路静态压力为 700kPa,属于正常;发动机怠速运转时,高压为 1400kPa,低压为 230kPa,均属正常。但在提高发动机转速时,高压压力不正常的上升,在发动机转速为 3000r/min 时,高压已升为 1800kPa,而正常值应为 1200~1500kPa,并且在发动机整个转速范围内高压侧压力仅有 100~200kPa 的波动。从故障分析以及数据上看,压缩机的变排量控制失效。在更换压缩机后,长时间试车,一切正常,故障彻底排除。

故障维修总结:奥迪 A6 的可变排量压缩机能够保证蒸发箱不会出现冰堵现象,所以奥迪 A6 取消了常规空调在蒸发箱内的恒温开关。但是压缩机可变排量控制不正常,就会出现制冷效果过大,导致冰堵故障现象出现。

二十六、奥迪 A6 1.8T MT 轿车制冷效果不佳的故障

故障现象:一辆奥迪 A6 1.8T MT 轿车,行驶里程为 8 万 km,出现制冷效果不佳的故障。

故障诊断与排除:试车时发现该车空调出风温度比其他车明显高。用 V. A. G1552 进 08—02,无故障码;又进 08—08—001,一区为 0,这说明压缩机吸合。于是怀疑冷凝器散热不良或者制冷剂管路压力不正常。检查冷凝器散热时发现,冷凝器表面清洁,电子扇高速运转。这样维修技师初步判定为制冷剂管压力不正常。当把制冷剂加注机的管路与该车相连接后,发现压缩机不吸合时制冷管路的静态相对压力为 700kPa,工作时高压为 1500kPa,低压为 200kPa。查阅相应资料,制冷管路静态相对压力与环境温度的规定值如下:

环境温度(℃)	15	20	25	30	35
相对压力(kPa)	370	460	560	660	780

从制冷管路压力看,该车正常。

制冷管路压力正常,但空调制冷效果为何不够呢?唯一能解释该问题的就是制冷管路堵塞。奥迪 A6 采用可变排量压缩机,制冷管路上的膨胀阀采用固定节流管式,即经过压缩机压缩过的制冷剂经过固定截面的节流管变成低压液态制冷剂。在整个制冷管路中直径最小处就是节流管。于是决定将节流管拆下,当拆下节流管时,发现节流管上的滤网黑乎乎的,杂质已将滤网严重堵塞。节流管上的脏物从何而来呢?在询问车主后得知,该车前一段时间发生过事故,当时更换了散热器框架、散热器及冷凝器等。由此可见,节流管上的脏物就是在事故后维修时进入的。将节流管用清洗剂清洗干净,装复,加注 R134a 后,空调制冷恢复正常。

故障维修总结:奥迪 A6 采用可变排量空调压缩机,其可根据制冷管路高压侧压力来改变压缩机活塞的有效行程,这样使制冷剂管路压力稳定,不会随发动机转速的变化而出现管路压力波动的现象,大大提高了空调制冷的稳定性。正是因为可变排量压缩机有这样的特点,使得管路压力不会因为管路堵塞而出现过高的现象,这一点与一般空调维修不同,在维修时应加以重视。

二十七、奥迪 A6 2.4L AT 轿车空调不制冷故障一例

故障现象:一辆奥迪 A6 2.4L AT 轿车,行驶里程为 6 万 km,出现空调不制冷,各出风口出热风的故障。

故障诊断与排除:用 V.A.G1552 进 08—02,显示有一故障码 00792,含义为"空调压力开关 F129 对地短路"。又进 08—08—001 一区为 1,查找维修手册其含义为"空调压缩机因压力开关 F129(触点 3 和 4)打开而被关闭"。空调压力开关 F129 触点 3 和 4 之间为双向压力开关,在空调正常工作时其为常闭,但制冷剂压力小于 120kPa 或大于 3000kPa 时,该开关打开。F129 触点 3 和 4 打开的原因有以下几点:①F129 线路断路。维修技师将 F129 的电线插头拔下,直接短接触点 3 和 4,空调系统的故障码 00792 可以清除,所以该原因可以排除。②空调制冷管路压力大于 3000kPa,在压缩机不工作时,制冷管路的压力约在 700kPa 左右。所以此原因也可排除。③空调制冷管路压力小于 120kPa,即严重泄漏制冷剂。④压力开关 F129 损坏。根据以上分析,就剩下原因③、④无法判定。根据先简后繁的原则,先检查制冷管路的压力。在按压空调高压管路上的维修阀时,几乎没有制冷剂泄出,这说明制冷剂管路压力几乎为 0kPa,制冷剂已漏完。

接下来的任务就是找到泄漏制冷剂之处。先对空调管路抽真空,检漏。抽真空 5min 后,制冷剂加注机上的压力表明显上升,这说明制冷管路明显泄漏。根据经验,制冷剂泄漏处往往会有油污,这是因为空调系统机油会随制冷剂一同漏出,冷冻机油使得泄漏处油乎乎的。在检查空调冷凝器及外部管路时,没有发现有脏污处。无奈之下维修人员对空调充制冷剂,并加入检漏剂,利用荧光检漏。但是也没有发现泄漏之处。以上两种检漏方法仅能判定肉眼看到的部分是否泄漏,但对蒸发箱内的蒸发器以及看不到的制冷管路却无法检测。在判定外部管路无泄漏之后,维修技师决定利用工业内窥镜检查蒸发器是否泄漏。于是拆下副驾驶员侧的杂物箱,并将空调进气道上的鼓风机控制单元拆下,在此处将内窥镜探头插入蒸发箱,此时发现蒸发器表面油乎乎的。该车泄漏之处就在蒸发器上。由于蒸发器不单独作为备件供应,只能对蒸发箱整体更换,在更换蒸发箱后,抽真空试验,进行制冷剂加注。用 V.A.G1552 进 08—04—001 进行基本设定后,空调制冷正常,故障彻底排除。

二十八、奥迪 A6 轿车打开空调时发动机抖动厉害的故障

故障现象:一辆奥迪 A6 1.8T MT 轿车,行驶里程为 6 万 km,出现打开空调时发动机抖动厉害的现象。

　　故障诊断与排除:试车时发现,该车在怠速运转下打开空调发动机抖动十分明显,以致整个车身都有此抖动。但关上空调后,抖动明显减弱,与其他 1.8T 发动机相比较,此时抖动可以接受。在怠速情况下发动机抖动最常见的原因就是喷油器喷油不均,造成发动机各缸做功不一致,进而引起发动机的高频振动。但该车是在开空调时才抖动厉害,维修技师当初以为是压缩机的机械故障,造成压缩机的运转阻力过大,使得发动机负荷过大。要判定压缩机运转是否正常,唯一的办法就是更换压缩机试一试,然而这样做工作量太大,为此决定先清洗喷油器,首先排除喷油器喷油不均的故障,询问驾驶员得知,该车行驶 6 万多 km,但还未清洗过喷油器,而在正常使用情况喷油器应该每 30000～50000km 清洗一次。清洗完喷油器后试车开空调发动机抖动现象明显减弱,这就说明该车喷油器过脏,造成各缸喷油不均,在发动机怠速情况下由于发动机对外无功率输出,抖动不明显;而在开空调时,增加了发动机负荷,加剧了发动机的抖动。

二十九、奥迪 A6 轿车空调不制冷故障一例

　　故障现象:一辆奥迪 A6 1.8L MT 轿车,行驶里程为 110000km,出现空调不制冷,打开空调出热风的故障现象。

　　故障诊断与排除:首先用 V. A. G1552 诊断仪进入 08—02,查询空调自诊断系统,但没有故障码。为了进一步判断故障,维修技师接着检查空调压缩机是否运转。将发动机转速提升为 2500r/min,此时打开空调,按经验由于压缩机在工作,增加了发动机的负荷,发动机转速将下降 300～400r/min,这是判定空调压缩机是否工作的最简捷有效的方法。但该车发动机转速没有变化,从这一步可以肯定,该车空调压缩机没有工作。是什么原因造成空调离合器不吸合,压缩机不能工作的呢? 用 V. A. G1552 进入 08—08—001 读数据流,一区为压缩机空调控制单元关闭压缩机的原因,该车显示 012。查阅维修手册,其含义为发动机控制单元关闭了空调压缩机。根据这条重要信息,维修人员把注意力集中到发动机上。用 V. A. G1552 进入 01—02,查询发动机电控系统,有一个故障码 16486,其含义为空气流量计信号过小。为了验证这故障码,用 V. A. G1552 进入 01—08—002 读数据流。四区为进气量,该车在怠速时为 0.3g/s,规定值为 2～5g/s。很显然是空气流量计及其线路的故障,在更换空气流量计后,空调恢复正常,故障排除。

　　对于奥迪 A6 发动机来说,在发动机工作时的进气量是最重要的参数之一,一旦空气流量计出现故障,发动机将处于紧急运行状态。为了避免空调对发动机的影响,并降低发动机的负荷,发动机控制单元将通过空调控制单元关闭空调压缩机。此车空调不制冷,就属于这种情况。

　　故障维修总结:在维修奥迪 A6 自动空调时,应先根据情况,判断压缩机是否工作。若不工作,应用 V. A. G1552 进入 08—08—001,读取空调压缩机关闭的原因,以此为突破口,可迅速找出故障原因,并快速排除故障。

三十、奥迪 A6 轿车空调工作不正常故障一例

　　故障现象:一辆奥迪 A6 2.8L AT 轿车,行驶里程为 16 万 km,空调工作不正常,在市区行驶经常出热风,在高速行驶时空调工作正常。

　　故障诊断与排除:试车时将发动机怠速运转,发现空调出风口有时出热风,有时出凉风。用 V. A. G1552 进入 08—02,空调自诊断系统有一偶发故障码 00792,其含义为空调压力开关 F129 对地短路或断路。由于是偶发故障码,随后就清除了。但空调还是工作不正常。空调自诊断系统无故障记忆,空调为何不正常? 于是用 V. A. G1552 进入 08—08—001 读一区数据,显示值在 0 和 1 之间变化。0 表示压缩机吸合,1 表示压缩机断开,其原因是空调压力开关 F129(触点 3 和 4 之间)打开或者导线连接松动,或者空调管路压力过高。数据流 001 组一区显示 1 时,空调出热风;在显示 0 时,发动机转速表抖动一下,且能听到压缩机离合器吸合声,这说明压缩机工作。随后空调出凉风,而且冷热风交替很有规律。根据压缩机关闭原因的解释以及这么有规律地吹出热风,维修技师果断地排除了 F129 线路的原因,把问题锁定在空调系统压力过高上。空调压力开关 F129 在空调管路的高压侧,其根据制冷剂的压力,决定压缩机是否吸合,电子扇是否高速运转。F129 为四线式,触点 1 和 2 之间为常开开关,当制冷剂压力超过 1600kPa 时,电子扇将高速运转,以增加冷凝器散热功能,降低制冷剂压力。F129 触点 3 和 4 间为双向开关,其为常闭合,当制冷剂压力小于 120kPa 或大于 3000kPa 时,该双向开关打开,此时向空调控制单元 E87 提供的信号电压由 12V 变为 0V。此时为了避免制冷剂泄漏造成压缩机无功空转,或者压力过高时,压缩机仍转动,压缩机将被断开。该车就是因为制冷剂压力过高,使得 F129 触点 3 和 4 打开,随后压缩机被切断。为了验证这一点,维修技师将 F129 四线线束在发动机舱 ABS 总成前的连接器拔下,用导线直接将触点 3 和 4 相对应的线短接,此时空调工作正常。是什么原因导致空调制冷剂压力过高呢?制冷剂压力过高主要是冷凝器散热不好,其原因是电子扇不转或者不能高速运转,另外冷凝器过脏也是常见原因。经仔细检查发觉电子扇不转,按经验,在炎炎夏日,奥迪 A6 打开空调怠速运转时,电子扇应高速运转。于是确定该车空调工作不良的根本原因就是电子扇不转。在给电子扇直接供电时,电子扇仍不转,于是判定为电子扇本身故障。在更换电子扇后,空调工作正常。

故障维修总结:在奥迪 A6 空调维修中,电子扇不转造成空调工作不良是比较常见的故障,该故障的显著特点是车辆低速行驶或发动机怠速时空调时常出热风,并伴有发动机水温过高;而高速行驶时,空调工作正常。

三十一、奥迪 A6 轿车空调鼓风机不转动故障一例

故障现象:一辆奥迪 A6 2.8L AT 轿车,行驶里程为 7 万 km,出现空调鼓风机不转动,各空调出风口不出风,不制冷的故障。

故障诊断与排除:在对该车试车时发现,各空调出风口均不出风,在按压空调控制面板上的风量调节键时,显示屏上的风量级别显示格相应变化,但鼓风机始终不转。用 V. A. G1552 进入 08—02,显示有一故障码 01273,其含义为鼓风机控制单元 J126 损坏。于是维修技师将副驾驶侧杂物箱拆下,将空调鼓风机左侧的控制单元 J126 拆下并更换。但出人意料的是鼓风机仍不转,原故障码也清不掉。

将鼓风机控制单元更换后仍不奏效是何原因?鼓风机控制单元相当于一个功率放大器,它根据空调控制单元 E87 对风速的需求信号,控制鼓风机 V2 两端的电压。在鼓风机低速运转时,其控制单元分压较大,产生的热量较多,为了散热,控制单元被装配在鼓风机后方的气道内。为了查清故障,维修技师仔细查阅了维修手册上相关电路图,发现鼓风机直接由 S225 号保险丝供电,鼓风机控制单元 J126 控制其搭铁电压,从而控制施加在鼓风机 V2 上的电压。在更换 J126 没有效果的情况下,维修人员决定检查鼓风机供电是否正常。当检查到驾驶员侧保险盒内的 S225 号保险丝时,发现其已熔断。更换保险丝后,鼓风机运转正常,且不再烧保险丝。

故障维修总结:电控自诊断系统中每个故障码的记录,都有各自的条件。由于故障的多样性,使得故障码有时不准确,甚至误导。该车的故障就是一个很好的例子。所以在维修中要对故障码多加考虑,判断其真伪,以及可能造成的故障原因,这样才有利于迅速找到故障的根源。

三十二、奥迪 A6 轿车空调控制面板上各按键指示灯均点亮的故障

故障现象：一辆奥迪 A6 1.8L MT 轿车，行驶里程为 20 万 km，出现空调控制面板上各按键指示灯均点亮，按压各键均无反应的故障。

故障诊断与排除：用 V.A.G1552 进 08—02，显示有一故障码 65535，含义为"空调控制单元损坏"。更换空调控制单元 E87 后，空调工作不正常。于是用 V.A.G1552 进 08—04—001 进行基本设定。在进行基本设定时，下面的翻板伺服电机依次起动：①左侧温度翻板伺服电机 V158。②右侧温度翻板伺服电机 V159。③通风翻板伺服电机 V71。④中央翻板伺服电机 V70。⑤除霜翻板伺服电机 V107。空调室内外循环方式，温度及风量分配就是由以上五个伺服电机带动控制翻板来实现的。在这个方面，各翻板在伺服电机的带动下由当前位置转动到一个机械止点，然后再转动到另一个机械止点。空调控制单元将记录下翻板位置传感器在两个机械止点时的信号，并作为空调调节的基准。这就是在更换空调控制单元后必须进行 04-001 组基本设定的原因。设定之后试机，一切正常，故障彻底排除。

故障维修总结：德国大众系列车型电控系统的基本设定，目的在于让控制单元学习相应传感器或执行元件的工作特性及参数，以便提高控制单元控制的准确性。

三十三、奥迪 A6 轿车因空气流量计损坏引起空调不制冷的故障一例

故障现象：一辆奥迪 A6 1.8L AT 轿车，行驶里程为 4 万 km。出现空调不制冷，起步闯车的故障现象。

故障诊断与排除：车主称，该车在高速行驶时，空调突然吹出热风，停车后再起步发现车辆闯车。

用 V.A.G1552 进入 01—02，显示有一故障码 16486，空气流量计信号过小，又进入 02—02，查询自动变速器自诊断系统，显示"Fault Message From ECU"，有来自发动机控制单元的错误信息。进入 08—02，查询空调自诊断系统，无故障记忆。根据经验，维修技师把问题集中在空气流量计及线路上。用 V.A.G1552 进入 01—08—002 四区，在急速情况下显示进气量为 0.3g/s，且不随发动机转速提高而变化。为了判定故障，将空气流量计插头拔下，在发动机急速运转时，显示进气量为 0g/s。根据拔插头的数据变化，说明问题出在空气流量计上，而线路没问题。为了进一步验证空气流量计的问题，在不拆下旧的空气流量计的情况下，将插头插在新的空气流量计上，起动发动机并急速运转，此时进气量为 0g/s。在用口对着空气流量计吹气时，进气量增到 6.0g/s，此时发动机抖动，但不熄火。由以上判定空气流量计损坏，不能测量进气量的多少。于是更换空气流量计，故障排除。

空气流量计有故障会对自动变速器有影响，为什么对空调系统也会有影响呢？在用 V.A.G1552 查询空调自诊断系统时，仍无故障，但进入 08—08—013 显示 00012，该四个显示区含义为关闭空调压缩机的原因。查找维修手册，显示四区 00012 含义为发动机控制单元关闭压缩机。发动机电控系统一旦有较严重的故障，为了最大限度地保护发动机，会关闭空调压缩机，以减轻发动机的负荷。空调系统中压缩机一旦不工作，由于蒸发箱的结构原因，使得空调进气受到高温暖风水箱的影响，导致出风口温度高于环境温度，这就是该车空调故障的原因所在。

三十四、奥迪 A6 轿车在高速行驶时空调系统出风口无风送出的故障

故障现象：一辆 2004 年生产的奥迪 A6 轿车，装备 2.8 ATX 型发动机、自动变速器、全自动空调系统，累计行驶近 9 万 km。出现空调长时间运行后，出风口无风送出的故障，但能听到鼓风机的运转声。

故障诊断与排除:鼓风机运转,而出风口无风吹出,一般来说应是蒸发器外部出现冰堵塞现象,造成鼓风机吹出的风不能通过蒸发器,无法将冷空气送入车内。

为了进一步确定产生故障的原因,原地起动发动机并开启空调,换气模式选择内循环模式,并把出风量调至最小,在车辆的前方放一台大风扇,帮助冷凝器散热,同时提高发动机转速,以使故障现象重现。10min左右,蒸发器至压缩机的低压管上结了一层薄霜。随后,霜层越来越厚,车内出风口的风量也越来越小,20min后出风口已完全不出风了,而此时鼓风机工作正常,压缩机也在工作。

用故障诊断仪 V.A.G1151 查询空调系统故障码,结果有一个偶发性故障码 00787(SP),含义为新鲜空气进气导管温度传感器偶发性故障。在仪表板的右后方、换气模式电机的上部找到该传感器,测量其20℃时的电阻值为125kΩ,符合标准;打开点火开关,开启空调,测量传感器两导线之间的电压为4.9V,信号电压正常。清除故障码后,这个故障码不再出现。

一般自动空调系统均具有低温自我调节功能,即当低压管路结冰或系统中制冷剂不足时,由低压开关切断压缩机电磁离合器电路,使压缩机停止工作,以达到保护压缩机的作用。本车的情况显然是自我调节功能失效,使空调系统一直处于最大制冷状态造成的。于是更换了空调压力开关,试验时故障现象没有任何好转。

查阅该车的空调系统线路图,结果发现该车空调压力开关,除了在压力异常时断开压缩机电源外,并不能根据制冷温度的高低自动调节压缩机的运转。奥迪 A6 轿车空调系统采用的是可变排量的压缩机,这种压缩机排量的改变是通过一个带低压阀和高压阀的波纹管来实现的,波纹管和低压阀安装在低压吸气口处,高压阀则安装在高压排出口的通道上,两个阀门同时受波纹管的控制,而波纹管又受低压侧压力的控制,当低压侧压力高时,波纹管受压缩,高压阀关闭,低压阀打开,压缩机的制冷剂压缩量最大,制冷效果最强。当车内温度下降的同时,低压侧的压力也逐渐下降。当压力降到规定值时,波纹管膨胀,吸入口的低压阀关闭,排出口的高压阀打开,压缩机的制冷剂压缩量降至最小,制冷效果最弱。这样便达到了不停机也能调节制冷效果的目的,同时也避免了压缩机频繁吸合产生的噪声。所以,安装变排量压缩机的空调系统,即使长时间运转,也不会出现低压管路结冰的现象。从以上的分析可以判断,该车故障是由于变排量压缩机本身故障造成的。

换用一台新压缩机后,试机,一切正常,故障彻底排除。

三十五、奥迪 A6 1.8T 轿车空调不制冷故障一例

故障现象:一辆 2002 年产奥迪 A6 1.8T 轿车,因空调不制冷来 4S 店检修。

故障诊断与排除:维修技师接车后,观察发现仪表台下方有一开关,询问车主得知该车曾因空调不制冷,在别的修理厂进行过维修,将空调压缩机继电器搭铁处安装了 1 个开关,试图强制使压缩机工作,但故障依然存在。

经初步试车发现该车的控制面板上的各个按钮及显示屏均能随操作而正常显示,但是开空调后压缩机却不工作。首先将改装的开关恢复原状,试机空调仍然不工作。使用压力表测量空调内部管路压力,测得低压侧压力为 750kPa,高压侧压力为 980kPa。

首先检查空调及空调控制单元 E87 的熔丝,正常。此时人为在压缩机供电线路施加 12V 电压,压缩机工作,显然电磁离合器及空调压缩机未发生故障。维修技师认为空调不工作的原因是空调压缩机缺少工作电压。

该车的压缩机工作电压是由压缩机继电器进行控制的,而压缩机继电器又受控于空调控制单元 E87。在正常情况下,空调控制单元检测冷媒的压力,即空调压力开关 J129 的状态以

及环境温度传感器、进气温度传感器和空气流量传感器等各个传感器的信号。如果满足空调的运行条件，则空调控制单元 E87 控制压缩机继电器吸合，从而使压缩机工作。由于该车控制系统具有自诊断功能，所以维修技师尝试使用故障诊断仪 VAS5052 进入 08—空调/暖风系统。却发现根本无法进入，这是不正常的。此时故障诊断仪能够进入发动机控制系统，且经检测没有空调方面的故障码，说明不是通信的问题。

既然无法用故障诊断仪进行检测，就只能用常规方法来检查。维修技师首先检查空调压力开关 J129，拔下该插头测量，发现该插头有 12V 电压。直接用万用表测量二极管，导通。测量端子 1、2，导通。连接 3、4 端子线束，风扇可以高速运转，看来压力开关没有问题。接下来检查外部温度传感器。经测量，该传感器阻值为 870Ω，在正常范围内。各部分均正常，难道还有其他条件未满足导致压缩机继电器不工作？

查阅该车电路图得知，空调控制单元 E87 的 D8 脚控制压缩机继电器，为了防止有断路的可能，维修技师对 D8 脚和压缩机继电器控制连线直接测量，结果导通。按照电路图直接测量空调控制单元 E87 线束插头，火线和地线均正常。结合故障现象和之前的测量结果，维修技师判断为该车的空调控制单元 E87 有故障。

为了验证判断，对该车的空调控制单元 E87 进行了替换试验。对替换后的车辆空调进行试机，压缩机能够正常吸合，系统工作正常。故障彻底排除。

故障维修总结：该车的故障排除过程显得比较复杂，原因就是诊断仪无法进入空调系统。在我们日常维修工作中，在不确定的情况下换件不失为一种可取的快捷维修方法。

三十六、奥迪 100 2.2E 型轿车空调冷凝器风扇低速时不转的故障一例

故障现象：一辆奥迪 100 2.2E 型轿车空调冷凝器风扇在冷却液温度 93±1℃ 时低速不转，而在冷却液温度 105±1℃ 时高速运转正常。

故障诊断与排除：根据故障现象与控制电路原理，可以断定故障出在低速控制电路或元件上。故障原因可能有：温控开关、空调开关同时出现故障；低速继电器或线路出现故障；降压电阻断路或接触不良。

检查时，先接通点火开关，拔掉温控开关插头，测量火线（红黑线），有电压。然后取一根导线将火线与高速继电器的开关线（蓝绿线）接通，此时风扇高速运转，这说明高速继电器正常。再取下此导线，接通火线与低速继电器的开关线（红绿线），此时低速继电器发出"嗒"的响声，说明触点已闭合。接着测量低速继电器的输出线（粗白线），有火，这说明低速继电器正常。最后，拆检降压电阻输入端的导线（粗白线），有火；拆检降压电阻输出端（接风扇电动机端），无火。经进一步测量，发现该降压电阻已烧断，从而造成风扇低速挡回路断路，致使风扇电动机低速不转。

更换一只新的降压电阻后，故障彻底排除。

三十七、奥迪 100 V6 2.4L 轿车怠速不工作的故障

故障现象：一辆一汽奥迪 100 轿车，装用 V6 2.4L 发动机。在发动机大修后调试时，发现发动机怠速工况异常，起动时怠速转速为 600r/min，然后再升到 800r/min 左右（正常情况应是先达到 1200r/min 左右后再回到正常怠速转速）；发动机怠速时开空调，转速明显下降后才缓慢升高，但转速明显偏低；将发动机转速提高到 3000r/min 后，急松加速踏板，发动机转速先下降到 600r/min 以下，才能再上升到 800r/min，如果打开空调，将发动机转速提高到 3000r/min 后，再急松加速踏板，发动机则会熄火。

故障诊断与排除：从故障现象看应该是怠速电动机工作不良。拆下怠速电动机检查，发现

怠速控制阀的螺纹损坏,更换怠速电动机试车,故障依旧。拆下怠速电动机,用手按住怠速电动机的阀门,打开点火开关,感觉该阀门没有动作。起动发动机,人为控制怠速空气通道,改变发动机的转速,该阀门也没有动作,好像怠速电动机没有工作。用修车王 SY—380 故障检测仪读取故障代码,显示系统正常。读取数据流,节气门位置传感器信号正常。怠速时读取数据流的第 6 组:怠速设定位置为 40,怠速位置学习值为 32,怠速设定值的变化范围为 34,怠速稳定控制系数为 176。但开空调或挂挡时(数据流可显示)第 6 组的数值都不变化,说明发动机电控单元没有发出稳定怠速的信号。用示波器检查怠速电动机的信号线上的信号,发现无法检测到该信号。拆下发动机电控单元导线侧连接器,测量发动机电控单元到怠速电动机的线路,是导通的。测量怠速电动机的电阻,在正常范围内。怠速电动机正常,节气门位置传感器信号正常,发动机电控单元到怠速电动机的线路也正常,但检测不到怠速电动机控制信号,看来故障应该是发动机电控单元引起的。它没有发送稳定怠速信号到怠速电动机,引起怠速不稳。但发动机电控单元损坏的可能性很小,所以决定再检查一遍发动机电控单元所有供电和搭铁线,如果没有发现异常,就可确定为发动机电控单元有问题。当检测到发动机电控单元 D5 常电源端子时发现没有 12V 电源,而通往该端子的导线上却有 12V 的电源。拆开发动机电控单元连接线束,发现与发动机电控单元端子 D5 相连的连接端子因腐蚀而断路,重新焊接后试车,上述故障现象消失。此时读取数据流,第 6 组显示:怠速设定位置为 46～47,怠速位置学习值为 54,怠速设定值的变化范围为 0,怠速稳定控制系数为 248。开空调或挂挡时上述数值都会变化,至此上述故障排除。

因为发动机除了怠速工况有故障外,其他工况都正常,就很容易忽视发动机电控单元的电源和搭铁问题。因为怠速电动机是新换件,发动机电控单元到怠速电动机的线路正常、节气门位置传感器信号正常、检测不到怠速控制信号,说明发动机电控单元没有产生怠速控制信号,很有可能是发动机电控单元损坏,因此比较容易造成错误的诊断。从这次故障排除的过程,提醒同行,发动机电控单元的电源和搭铁是很重要的,如果有故障,发动机电控单元就不能正常工作;更换发动机电控单元前一定要检查其供电和搭铁情况,否则就有可能更换发动机电控单元后故障还没有排除,将给车主造成经济损失,同时也会给企业的形象造成不良影响。

三十八、奥迪 100 型轿车电子点火装置故障一例

故障现象:一辆奥迪 100 型轿车,发动机配用霍尔式无触点电子点火装置(点火 ECU),在行驶途中突然熄火,再次起动发动机,起动机转动无力。车主打开发动机罩盖,发现蓄电池负极夹子有些松动,其他未见异常。拧紧蓄电池夹子,再次起动发动机,起动机运转正常,但发动机仍不能工作,于是把车拖至维修站进行检修。

故障诊断与排除:维修技师接车后,首先将点火开关置于起动挡,用起动机带动发动机旋转,拔下高压线做高压跳火试验,结果无高压电火花产生,说明点火电路有故障。

本着先简后繁的检修原则,先接通点火开关,检查点火电路的电源电压,正常。关闭点火开关,打开霍尔式无触点分电器盖,检查分火头、信号转子(叶片)以及触发间隙,均符合原车规定值。用万用表检查霍尔传感器,正常,遂将分电器盖盖好。用万用表测量点火线圈的初级和次级绕组,正常。经上述检查,怀疑该车的电子点火器组件(ECU)发生了故障。拔下电子点火器(点火 ECU)的各接线插头,将电子点火器从车上取下,小心拆开点火器的外壳,用万用表测量控制低压电流通断的大功率开关三极管,发现开关三极管内部断路。维修技师花 10 元钱买了一只 BU932R 型三极管代替,再把点火器复原,装回车上,并连接好点火器的各导线,检查无误后试车,发动机起动、运转正常。经过近百余公里的路试,点火电路工作一切正常,故障

彻底排除。

故障维修总结：由于蓄电池负极夹子松动，再加上路况不好，汽车颠簸，致使蓄电池在某一时间与全车电路断路，造成发电机无负载运行，导致发电机瞬间输出很高的浪涌电压，使点火器因过电压而损坏。虽然电子点火器内部的集成电路具有过电压保护功能，但若电压过大，超过一定值时，也会失去保护作用。

三十九、奥迪 100 型轿车挂倒挡时发动机熄火故障一例

故障现象：一辆奥迪 100 型轿车，发动机怠速运转良好，挂前进挡行驶也正常，但发动机怠速运转时一挂倒挡就熄火。

故障诊断与排除：打开点火开关后，踩下加速踏板发动机能起动，挂倒挡也可以行驶，但倒车灯不亮。后经检查发现，倒车灯保险丝已经熔断。更换保险丝后试车，怠速运转良好，无熄火现象，但若挂入倒挡，发动机怠速时仍立即熄火。于是检查倒车灯线路，发现后备箱线束中的倒车灯线因被放置的东西压坏绝缘层而搭铁。

用绝缘胶布将搭铁处包好，更换倒车灯保险丝后试车，发动机运转正常，故障彻底排除。

故障维修总结：由于奥迪 100 型轿车的倒车灯与化油器怠速控制电磁阀共用一个保险丝。一旦倒车灯线路搭铁，该保险丝即会熔断，怠速控制电磁阀随即断电，使节气门完全关闭，发动机便立即熄火。

四十、奥迪 A6 2.4L 轿车怠速运转时会偶尔熄火的故障

故障现象：一辆 2002 年产奥迪 A6 2.4L 轿车，行驶里程为 11 万 km，该车热车怠速运转时会偶尔熄火。有时发动机熄火后再次起动时会无怠速着不住车，但发动机非怠速工况一切正常。

故障诊断与排除：维修技师接车时故障现象并没有出现，连接故障诊断仪 VAS5052 对发动机电控系统进行检测。没有发现故障码。所以怀疑故障有可能出在油路或混合气上，但燃油泵应该没有问题，因为非怠速行驶时一切正常。用诊断仪检查发动机数据流，怠速时空气流量的值是 3.4g/s。喷油脉宽是 2.3ms，这两个数值均在规定范围内。为了确保不留故障隐患，维修技师还是对节气门体和喷油器进行了拆解检查，结果发现节气门体和喷油器均比较脏，所以先清洗了节气门和喷油器并检查了喷油器有无滴漏现象。因故障是偶发性的，清洗检查工作完成后便将车跑热放在烈日下怠速运转近 2h，故障一直未出现，于是认为故障已经排除，车主便将车开走。但车刚开走 1h，便因同样的故障返厂。由于该车的故障出在热车且是在怠速状态下，维修技师认为故障原因还是出在混合气上。那么会不会是进气道中的积炭过多导致喷油器喷出的燃油积存在积炭中，从而导致发动机怠速运转时混合气过浓，使得故障发生呢？根据这一想法，拆掉进气管彻底清洁了进气道和进气门上的积炭，但装复后试车故障依旧。考虑到燃油蒸发排放控制电磁阀一旦损坏，也会导致此类故障发生。于是维修技师利用故障诊断仪对该元件进行了功能检查，发现电磁阀只有 1 次工作响声（正常时应该有连续多次的"嗒嗒"声），而且之前也没有听到电磁阀正常工作时的响声。于是拔掉传感器两端的软管及电源插头，从电磁阀的一端吹气，竟然是通的（正常的电磁阀断电后应该关闭）。有几次给电磁阀通电或者用扳手敲击电磁阀，发现电磁阀有时就会关闭。这样当燃油蒸发排放控制电磁阀收到发动机控制单元的控制信号后，如果卡死在打开的位置，那么燃油蒸气会直接大量地进入进气管，造成怠速时混合气太浓致使发动机熄火。如果再次收到电压信号或受到外力振动时，电磁阀又会卡死在关闭位置，使得故障不出现。

更换燃油蒸发排放控制电磁阀后试车，一切正常，故障彻底排除。

四十一、奥迪 A6 发动机偶发故障一例

故障现象：一辆国产奥迪 A6 轿车，装备带涡轮增压的 1.8T 发动机，行驶里程为 3 万 km。偶发性怠速不良，即起动后怠速很高，可达 1500r/min，并伴有严重的抖动现象，踩油门踏板也没有反应，但熄火后再起动时则又恢复正常，连续起动数次后故障又会出现。

故障诊断与排除：维修技师接车后，详细询问了车主，从故障现象来看，是节气门控制单元内部的问题，可能是拆装或断电后没有进行"基本设定"或者是传动齿轮（塑料）打滑及节气门轴卡滞等，先查询发动机电控系统是否有故障，连接 V.A.G1551 点火 ON，输入地址词"01"并选择"02"功能，显示故障为"节气门控制单元基本设定错误"，于是接着进行基本设定。选择"04"功能并输入通道号"060"，节气门控制单元的基本设定将自动进行，其大致过程如下：先选择通道号"060"并按下"Q"键确认后，发动机控制单元将节气门控制单元（一电机）无电流接通，节气门便被一弹簧拉入"紧急运行"位置，并由两个角度传感器将该位置信号传递给发动机控制单元（以下简称"电脑"）。然后电脑将节气门打开，至某一角度时，再次无电流接通控制器，则节气门又被弹簧关闭至先前的"紧急运行"位置。最后，电脑控制节气门控制单元将节气门关闭，角度传感器再次将该位置信号传递给电脑，这样，电脑经识别和学习了节气门控制单元的运动特性，基本设定完成。在上述过程中，发现节气门动作时发出的响声很大，似乎内部有卡滞现象。果不其然，设定后再起动几次车，故障再次出现，说明问题不在"基本设定"上，而在于节气门控制单元内部。

关闭点火开关，将节气门控制单元拆下，把电位计护盖的几个固定卡箍取下，并拆下护盖，先进行外观检查。包括电机主动齿轮、中间传动轮、节气门轴上的从动齿轮以及电位计上的滑片和电阻等都未发现异常。节气门体内壁也都很洁净，但为了保险起见，装配之前还是将各部位都清洗了一遍，并加了润滑剂，装好后再进行电路检查（见图 9-2）。先测量了 3 脚和 5 脚之间的电阻值为 1.1Ω，表明控制器电机正常；再缓慢打开节气门至全开，分别测量 1 脚和 2 脚、4

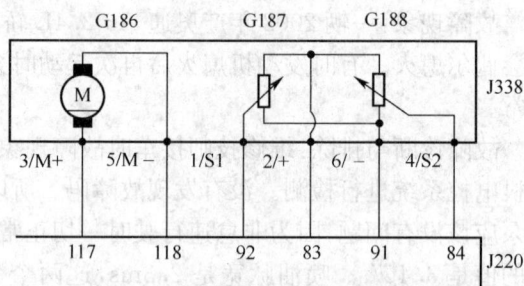

图 9-2　检查电脑以及线束插头

J338—节气门控制单元　J220—发动机控制单元
G186—节气门控制器　G187—角度传感器 1
G188—角度传感器 2

脚和 2 脚之间的电阻值，变化连续且二者变化趋势相反。最大阻值为 1.4kΩ，表明电位计也正常，既然节气门控制单元正常，而故障依旧存在，难道问题出在控制线路或者电脑上？

拆下蓄电池负极线，把电脑取出并拔下两个线束插头，然后把电脑和插头分别接到检测线盒 VAG1598/31 的相应接口上，发动机线束与电脑之间通过测线盒又连接在一起不影响着车。而在测线盘的第三个接口即检测接口上可以检测电脑上每个接脚的线路情况。连接完毕后接上蓄电池电线并打开点火开关，用万用表测得节气门控制单元插头与电脑之间的导线连接均正常，无断路、短路现象，且电阻都小于 1.5Ω。还测得 2 脚和 6 脚之间的电压为 5V，此为电脑提供，亦正常。然后起动发动机，检测接口上 117 号触点与接地之间的电压。该电压为不稳定值，在 12V 与某一值之间（随油门踏板位置变化），触点 92、84 与接地之间的电压在 0～5V 之间变化（二者相反，随节气门开度变化），此为正常。但当出现故障时，触点 117 与接地之间电压为 0V，而且电位计的两个电压值亦固定在某一值不变（踩油门踏板没反应）。这说明电脑将控制器断电，使得节气门在弹簧作用下又处于"紧急运行"状态，导致怠速不良。由此判定

电脑内部存在故障,应更换。

　　值得注意的是,更换电脑之前,应先把原车的防盗器识别码调出,然后根据此识别码向一汽-大众公司查询防盗器密码,以用来进行新的电脑与原防盗器之间的匹配,否则将不能着车。将电脑更换后,故障彻底排除。

四十二、奥迪 A6 因熔丝损坏而引起起步冲击的故障

　　故障现象:一辆奥迪 A6 轿车,采用 2.4 L 发动机和 01V 自动变速器。该车由于发生交通事故而进厂维修,检查发现其发动机气缸体及自动变速器壳体都损坏了,驾驶室内的两个安全气囊也都打开了。更换发动机气缸体、自动变速器壳体及其他损坏的部件,并对变形部分进行修复后试车。起动发动机,发动机怠速及加速均正常,当将变速杆由 N 位挂入 D 位缓慢加速时轿车运行也正常,但当将变速杆返回 N 位后再重新挂入 D 位起步时,轿车有明显的冲击现象。

　　故障诊断与排除:当时怀疑是自动变速器有故障,由于 01V 自动变速器是手动/自动一体,怀疑是在撞击时引起传动部件损坏,导致发闯。但经认真分析认为,第 1 次由 N 位挂入 D 位起步时轿车并没有发闯的现象出现,加速(无负荷)也正常,第 2 次由 N 位挂入 D 位时,轿车却出现发闯的现象,将轿车加速到 80km/h 时,也有发闯现象。由第 1 次运行正常表明该自动变速器传动部件应没有问题,怀疑是自动变速器电路部分出了故障。用 V. A. G1552 故障阅读仪检测,发现发动机电控单元储存有 9 个故障代码,分别为:①16518—气缸体左侧氧传感器不工作。②16538—气缸体右侧氧传感器不工作。③17834—燃油箱通风阀 N80 断路。④17938—凸轮轴调节电磁阀对地短路。⑤17923—进气歧管转换阀 N156 对地短路。⑥17746—左侧凸轮轴位置传感器 G163 断路或对正极短路。⑦16486—空气流量传感器 G70 信号太小。⑧17523—左侧氧传感器加热线路对地短路。⑨17527—右侧氧传感器加热线路对地短路。清除故障代码后再次读取,仍然是上述 9 个故障代码。看来这 9 个故障是真实的发动机故障了。由于该车经过了整形、喷漆等维修作业,怀疑是搭铁不良造成的。但经检查发现,蓄电池负极线与车身搭铁良好,发动机线束搭铁也良好。通常情况下,在维修车辆的时候,都是先检查外围电路,如果外围电路没有故障,最后才怀疑到发动机电控单元,因为发动机电控单元工作是很可靠的,轻易不会损坏。还有一种可能就是上述 9 个故障相关的部件共用同一电源,由于这个电源出现了问题,就会导致出现上述现象。按照该车型的电路图进行检查,终于找到了问题原因。由于 34 号熔丝熔断,引起上述 9 个故障相关的部件没有电源,发动机电控单元没有检测到空气流量传感器的信号,只能用其他的信号代替,引起加速减速不顺畅。再加上氧传感器不工作,没法进行修正。自动变速器电控单元接收不到空气流量传感器的信号,导致加速过程中,控制各个电磁阀打开滑阀的时间不准确,轿车运行有很大的冲击现象。更换34 号熔丝后,该车运行平稳,上述故障得以排除。

四十三、奥迪 C4 A6 100 2.0 轿车怠速不稳的故障一例

　　故障现象:一辆奥迪 C4 A6 100 2.0 轿车,发动机着车时偶尔会出现怠速不稳的现象,严重时会出现熄火现象。

　　故障诊断与排除:连接故障诊断仪 V. A. G1552 对发动机电控系统进行检测,无故障记忆。执行 08 阅读数据流功能,观察发动机冷却液温度为 90℃,进气量为 2.4g/s,进气温度 30℃,这些数据均在正常范围内;检查火花塞、燃油系统压力均未见异常。至此,维修技师分析认为发动机抖动的原因可能是怠速控制阀的问题,于是对其进行了清洗,但清洗工作完成后故障依旧。由于其怠速控制阀是两线控制的,只能用示波器对其进行检测,检查其控制脉宽在

1.5ms 左右正常,因此只能等到发动机抖动时再进行检测。在等待一段时间后,发动机终于开始抖动。仔细观察发动机的几个重要参数,发现喷油控制脉宽在发动机抖动时突然变成1.5～3.4ms,问题终于找到了,原来是由于发动机喷油脉宽突然变化引起了发动机转速的改变。是什么原因导致喷油脉宽异常变化的呢? 重新观察发动机电控系统相关数据流,进入 001 组发现发动机抖动时控制单元的供电电压在 5.6～16V 之间变化,同时喷油脉宽也随之变化。是不是发电机整流二极管损坏产生杂波引起了发动机控制单元供电电压波动呢? 用示波器检查发电机整流二极管的性能,结果发电机工作正常。拆下发动机控制单元(前排乘客脚下位置)检查搭铁线,也没有发现问题。难道是供电电源产生了故障引起了喷油脉宽的波动? 维修技师又利用示波器测量了控制单元的供电电压(黑黄线),结果电压值也在 5.6～16V 之间变化。由于此供电电源线直接由点火开关 15 号供电,应该是点火开关触点磨损导致电压波动,由于一时买不到配件,为此维修技师决定通过改动一下控制线路来解决故障。

之后,维修技师将油泵继电器供电电源(喷油器和点火线圈的供电电源)与控制单元的供电电源相连,发动机控制单元电压保持恒定,不再上下波动,故障彻底排除。

四十四、奥迪 C5 A6 2.4L 轿车机油压力正常但警告灯有时会报警的故障

故障现象:一辆奥迪 C5A6 2.4L 轿车,搭载 01J 型无级变速器,车主反映该车车速在70～80km/h 时,机油压力警告灯有时会报,其他车速时则工作正常。

故障诊断与排除:发动机机油压力警告灯报警时,一般为机油压力不足或机油压力感应塞损坏。检查发动机机油油位,油位在油尺标记的中线正常位置。拆下机油压力感应塞,连接压力表,起动发动机测量机油压力:发动机怠速运转时机油压力为 0.14MPa,将转速提升到2000r/min 时机油压力为 0.32MPa(正常情况下,发动机怠速运转时机油压力达到 0.12～0.16MPa 压力时机油压力开关与地导通,发动机在 2000r/min 时且机油温度达到 80℃时,机油压力至少应为 0.20MPa),压力值均在标准范围内。根据检查结果,维修技师怀疑机油压力感应塞性能不良,于是更换了机油压力感应塞之后试车,行驶一段时间后故障再次出现。机油压力没有问题,感应塞也没有问题,那么问题会出在哪儿呢? 是不是油底壳内有异物,当车辆行驶一段时间将异物吸至机油集滤器的滤网上,导致机油压力有时不足呢? 于是维修人员拆下小油底检查集滤器,发现油很干净并没有异物,之后连接故障诊断仪 V. A. G1552,进入地址码 17(仪表),选择功能 08(阅读数据块)进入 001,观察第 3 组数据(机油压力开关状态),发动机怠速运转时显示为"2＜min",发动机转速稍高于怠速转速时显示为 2,数据正常,机油压力正常,控制数据正常,可为什么还会报警呢? 连接故障诊断仪监控机油压力开关路试,在车速为 30～40km/h 行驶过一段不平路面时,发现数据在开和关两种状态来回变化(机油压力未报警),降低车速时数据又恢复正常。将车辆行驶在平坦路面车速也在 30～40km/h,数据没有反复变化,由此维修技师判定机油压力感应塞的控制线路出现了接触不良的现象。此车的控制线路很简单(从感应塞—发动机线束—仪表),很可能为仪表插头接触不良,于是拆下仪表检查,但未见腐蚀现象,接着检查线束,重新安装仪表,起动发动机,往复晃动发动机主线束的同时利用诊断仪观察其开关数据状态,当检查到发动机舱的防火墙与发动机连接的线束时,随着线束的晃动,诊断仪显示的数据也往复变化,看来线束一定是在此处出现断路。随后剥开线束,终于找到感应塞线束的断处,线束的断头处已经被压得很扁,在拆下节气门的进气口时,找到了出现故障的原因:这条线是从发动机主线束分出的,经过节气门的右侧,连接机油压力感应塞,可以看出以前的维修人员在清洗节气门后安装进气口时不小心将线束压住(由于此线束较长,很容易被压住,拆装进气口时一定要格外小心),发动机运转产生振动时将线束压断(时

通时断），由于机油压力报警时必须同时满足开关状态、发动机转速及持续时间 3 个条件，因此该车只有在车速达到 70～80km/h 时才会报警。

在对线束进行处理后，故障彻底排除。

四十五、奥迪轿车减速时发动机熄火故障一例

故障现象：一辆装用 5 缸 AAN 型发动机的奥迪轿车，在行驶中减速时，出现发动机自行熄火。

故障诊断与排除：根据故障现象，维修技师怀疑是发动机怠速过低的原因，于是调整了发动机的怠速，但故障依旧。试车后发现，当车辆减速踩下制动踏板时，车速降低后，发动机有时熄火；车辆静止时，踩下加速踏板后再抬起时，发动机立即熄火。据此怀疑是超速切断阀工作不良或发卡、其打开后不能关闭所致。于是拆下通向超速切断阀的旁通气道，并将其堵死，试车，发动机不再自行熄火。

更换超速切断阀，起动发动机，发动机怠速稳定，且在其他各工况减速时均不再熄火，故障彻底排除。

故障维修总结：该型奥迪轿车的发动机采用 K 型喷射系统，有超速切断装置。超速切断阀位于跨越空气流量计的旁通气道上，其作用是：在发动机加速状态突然松开油门时，节气门关闭，而发动机由于惯性，仍在中、高速旋转，此时切断阀打开，发动机吸入的空气将不经过空气流量计，空气流量计压力盘因没有空气推力而降落到静止位置，切断喷油器的燃油供应。当发动机转速降到怠速时，此阀关闭，恢复喷油器供油。该车正是由于发动机超速切断阀关闭发卡，而始终处于打开状态，当发动机转速降至怠速时，其不能恢复给喷油器供油，造成发动机无怠速，直至熄火。

四十六、奥迪轿车行驶时发动机转速骤然下降的故障

故障现象：一辆电喷五缸奥迪轿车，高速行驶时只要一起动冷却风扇电机（风扇旋转使水箱不至于开锅），发动机转速就骤然下降，随之车速跌落。随后，即使把油门踏板踩到底，车速依然如故。停车降温后再起动时，低速、中速、高速运转均正常。

故障诊断与排除：根据故障现象，维修技师重点检查风扇电机。用万用表测量其绕组阻值仅为 0.1Ω（新品皆大于 0.2Ω），这样一来致使风扇电机的起动电流瞬时可达 120A 左右，接近或相当于短路状态（实际上就是匝间短路）。故严重影响到其他用电设备，使得其他电控设备不能正常工作，执行器也不能正常工作，导致点火线圈的初级电流强度减弱，而次级往往处于接近断电状态，点火质量很差，所以车速会骤然下降。

换用新的风扇电机后试车，故障彻底排除。

四十七、五缸奥迪轿车点火迟滞引起发动机高温的故障

故障现象：一辆五缸奥迪轿车，由于发动机高温烧毁气缸垫，更换气缸垫后试车，发动机温度仍居高不下。

故障诊断与排除：经认真检查，未发现故障原因。最后，在检查点火正时时，发现点火正时滞后 7°～8°。将点火正时校正后，故障排除。

五缸发动机相对于四缸发动机多出一个缸，在 720° 的工作循环中，点火时间稍有滞后一般不易发现。而如果点火提前，则很容易从急加油时发现点火敲击声。点火迟滞会产生可燃混合气在气缸内燃烧的现象，这属于恶性燃烧的一种，相当于燃烧室加大，使受热面积加大，造成发动机高温。

四十八、奥迪 A6 2.8L 轿车冷却风扇常转的故障

故障现象:一辆奥迪 A6 2.8L 轿车无论点火开关关或开,冷却风扇都常转。

故障诊断与排除:维修技师接车后先证实了故障现象,正如车主所说。于是检查了冷却液温度、空调开关状态均正常。根据维修经验,认为能够影响风扇常转不停的因素莫过于冷却液热敏开关电路,空调压力开关电路系统,风扇继电器触点粘连等。为快速排除故障,查阅该车的风扇控制电路图,发现此车和奥迪 A6 1.8、1.8T 风扇控制电路有所不同,风扇由其风扇控制单元 J293 控制而无继电器,在发动机舱左前照灯下面找到该控制器。按电路图中各条线作用及控制方式进行测量,确定外围电路没有问题后,更换该风扇控制单元,故障彻底排除。

把更换下来的旧控制单元拆开后发现内部存有积水,导致控制单元短路,使风扇常转不停。

四十九、奥迪 A6 轿车电子冷却风扇故障一例

故障现象:一辆奥迪 A6 轿车,发动机为 V 型 6 缸电控多点燃油喷射。该车无法正常行驶,怠速行驶时间过长则发动机出现高温,同时仪表盘中的高温警告灯点亮,冷却液从储液罐的上盖中溢出,检查发现电子冷却风扇不转,因此故障原因很明显,发动机高温是由于电子冷却风扇不能正常工作所致。

故障诊断与排除:该车因发动机高温的故障曾多次维修,换过温控开关,第一次更换之后试车正常,即发动机电子冷却风扇能够正常运转,但不久发动机又出现高温而电子冷却风扇不转的故障。给电子冷却风扇连接了临时控制线,用手动开关在驾驶室根据水温表的指示进行人为控制。

首先拔下温控开关插头,用连接线分别连接 1—3 和 1—2 号插孔,打开点火开关至"ON"挡,发现冷却电子风扇仅有高速,没有低速,表明又出现了新的故障点。检查低速线路系统发现低速串联电阻断路,该元件安装在左前翼子板内衬板下部前方。拆下前风挡的储水壶即可卸下其两个紧固螺丝,再拆开左前挡泥衬板,从下部取出该元件,修复后装复,在温控开关的插头处,用连线方式人为试验电子冷却风扇运转正常,低速恢复,说明电子冷却风扇的电路系统已正常,重新插好温控开关的插头试车,发动机怠速运行 40min 左右仍然高温而风扇不转。手摸上、下水管水温基本一致,表明发动机冷却循环系统是正常的,而且怠速运行 40min 才出现高温说明冷却系统的冷却效果也是良好的。至此故障原因已经非常明确,说明发动机高温是由于温控开关不起作用,致使电子冷却风扇不能正常工作所造成。

因为该车首次更换新的温控开关后发动机电子冷却风扇能够运转,怀疑所换的温控开关可能质量不好又换了一个新的温控开关试车,故障仍然没有排除。停机后用手摸温控开关周围的水槽壁感到烫手,而摸温控开关铜帽部位并不太热,说明温控开关所感受到的温度与冷却液本身的温度不同步,不能及时准确地反映发动机冷却液的温度,才造成发动机高温而电子冷却风扇不转的故障。经过分析认定温控开关感应塞周围可能存有异物,再次拆下温控开关,发现安装孔不向外流防冻液。此前更换温控开关,怕冷却液损耗,因此更换动作非常快,再者上次认为故障点不在此,所以也没有注意到这一现象。用螺丝刀捅该孔,突然有冷却液从该孔流出并掉出一块水垢,至此问题豁然开朗,对温控开关的安装孔内部周围进行清洁后,装上原来的温控开关,重新加注防冻液试车,一切正常,故障彻底排除。

五十、奥迪 C5 A6 轿车蓄电池指示灯偶尔会点亮的故障

故障现象:一辆 2005 年产奥迪 C5A6 轿车,搭载 BBG 型 2.8L 发动机和 01J 型变速器。据车主反映,车辆正常行驶过程中,仪表板上的蓄电池指示灯偶尔会亮起。

故障诊断与排除：维修技师接车后，首先测量发电机的发电电压为 13.8～14.4V，属于正常范围，那么故障应该出在蓄电池指示灯线路或仪表内部电路等方面。因为相关电路图比较复杂，于是维修技师绘制了发电机线路走向示意图（如图 9-3 所示），以便进行蓄电池指示灯线路的分析。

蓄电池指示灯线路走向：点火开关 15 号线→组合仪表和蓄电池指示灯 K2→线路节点 A17→发电机 D＋端子。其中线路节点 A17 分出 6 条线路，分别连接发电机 D＋端子的、点火开关 50 端子、风扇控制单元 J293、动态大灯控制单元 J431、组合仪表控制单元 J285、驻车加热系统的冷却液单向阀继电器（选装，图中未标出）。

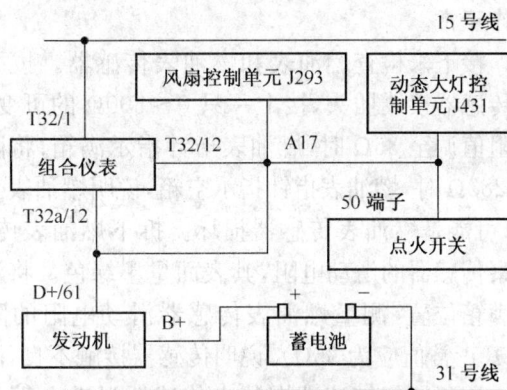

图 9-3　发电机线路走向示意图

由以上分析可以看出，由于需要发电机 D＋（61 端子）信号的控制单元较多，蓄电池指示灯线束出故障的可能性也比较大，于是决定通过逐个断开线束插头的方法进行排查。在排查过程中，当拔掉风扇控制单元 J293 后，试车过程中故障再未出现。拆检风扇控制单元发现，其内部已经进水腐蚀，从而导致发电机故障灯线路偶尔对地短路。

更换风扇控制单元 J293，故障彻底排除。

五十一、奥迪 C5A6 轿车蓄电池指示灯及电子油门 EPC 灯偶尔闪烁的故障

故障现象：一辆 2005 年产奥迪 C5A6 轿车，搭载 AWL 型 1.8T 发动机和 01V 型变速器。据车主反映，车辆正常行驶过程中，仪表板上的蓄电池指示灯、小灯指示灯以及电子油门 EPC 灯偶尔闪烁，一会又恢复正常，发动机原地工作时故障偶尔也会出现。

故障诊断与排除：由于有 EPC 灯闪烁的故障，于是使用故障诊断仪检测了发动机系统，有"第 2 缸失火"的故障码存储，但是维修技师认为该故障码不会导致 EPC 灯闪烁。测量发电机发电电压为 13.8～14.4V，属于正常范围。因为是多个指示灯同时闪烁，维修技师则认为可能是组合仪表内部问题或仪表供电、搭铁有问题，但检测组合仪表的供电线路和搭铁线路均正常。试着更换一个仪表，试车故障依旧。

根据故障提示，维修技师决定还是检查一下 2 缸的火花塞点火情况，于是打开发动机舱盖，这时发现 2 缸点火线圈已经从安装位置脱出。检查发现，点火线圈脱出的原因是 2 缸火花塞松动造成漏气，从而使点火线圈被顶出。

更换火花塞，重新安装点火线圈后试车，仪表上各指示灯闪烁的故障再没有出现。由此判断，造成仪表上多个指示灯偶尔闪烁的原因就是点火线圈脱出后造成了二次点火，形成了很强的电磁干扰，影响了仪表内部电路的正常工作。

五十二、奥迪 100 轿车燃油表故障一例

故障现象：一辆奥迪 100 轿车，配备四缸发动机，行驶里程 8 万 km。该车在油箱加满油后，燃油表指针指示在 1/2 处，即燃油表指示不准确。

故障诊断与排除：该车的燃油表电路如图 9-4 所示。燃油表工作时，其电流路径为：保险丝 S26→稳压器 J6→燃油表 G1→燃油表传感器 G→搭铁。首先检查稳压器 J6 供给燃油表的电压是否正常。正常情况下，稳压器 J6 应输出 10V 的稳定电压。如图 9-4 所示，将稳压器 J6 的端子 1 接在 12V 电源上，将端子 2 搭铁，测量端子 3 输出的是 10V 的稳定电压，说明稳压器

工作正常。

接下来检查燃油表和燃油表传感器。拔下燃油表传感器接线插头,接上一只 0~300Ω 的可变电阻,将阻值调至 36Ω 时,燃油表指针指示满箱;将阻值调至 283Ω 时,燃油表指针指示空箱,说明燃油表工作正常,可能是燃油表传感器损坏。拆下燃油表传感器,观察传感器的滑动电阻,其表面呈墨绿色。将浮子扳至满箱位置,测量燃油表传感器滑动电阻的阻值为 97Ω(正常值应为 36Ω),说明传感器接触不良,阻值过大。用酒精仔细清洗燃油表传感器滑动电阻的表面和传感器触点,然后重新测量,这次满箱时电阻为

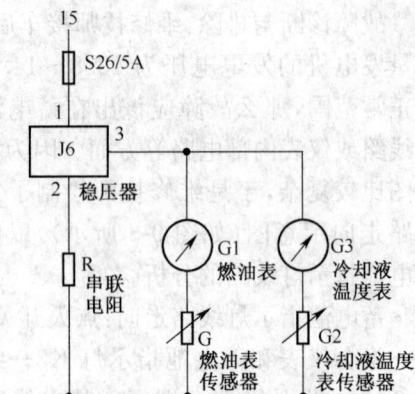

图 9-4 燃油表电路

36Ω,空箱时为 283Ω,说明传感器恢复正常。装复试车,故障彻底排除。

故障维修总结:该车的故障是应该是由于使用过不符合要求燃油后造成的。质量较差的燃油中的水分和杂质太多,沉积在燃油表传感器滑动电阻的表面,杂质中的某些成分与电阻材料发生化学反应,导致传感器接触不良。这例故障提醒我们,一定要使用正规厂家和规定牌号的燃油。

五十三、奥迪 A6 转向灯不闪烁的故障

故障现象:一辆奥迪 A6 转向灯有时常亮而不闪烁,有时又正常。

故障诊断与排除:维修技师接车后,先试验转向灯,确实发现转向灯闪一下就常亮了,左、右转向灯均有此类现象。根据经验,问题可能出在闪光继电器上。为了进一步确认是否是闪光继电器损坏,在转向灯不闪时按应急灯开关,双侧转向灯闪烁正常,关掉紧急灯开关后转向灯又能正常闪烁了。不会是应急灯开关坏了吧? 不过闪光继电器相对好测量,就准备先找出闪光继电器对其进行测量,打开转向灯开关,顺着继电器发出的"叭嗒、叭嗒"声找寻闪光继电器的安装位置,发现闪光继电器在应急灯开关内。为弄清楚该转向灯电路原理,便找到该车电路图,通过仔细分析,认为问题就出在这个应急灯开关上。将开关拆下,打开后发现开关内部有两个继电器,一个双触点型,一个为单触点型。单触点型为转向开关,观察后发现转向开关使用频繁,且触点较小,已被烧蚀,当打开转向灯时触点粘连在一起,使转向灯常亮而不闪。更换后故障彻底排除。

故障维修总结:在维修中如无同型号继电器,更换一个应急灯开关即可。在修理过程中维修技师发现帕萨特 B5 与 A6 原理相似,闪光继电器都在应急灯开关内,容易损坏,望广大汽修人员多加注意。

五十四、奥迪 A6L 轿车电子驻车制动器电机损坏的故障一例

故障现象:一辆 2006 年产奥迪 A6L 轿车,行驶里程为 7 万 km,配备 BDW 型 2.4L 发动机和自动变速器。车主反映该车仪表板上的制动报警灯一直闪烁,且伴有蜂鸣报警声音。

故障诊断与排除:维修技师接车后首先验证故障现象,打开点火开关,仪表板上的制动报警灯和电子驻车制动器开关上的指示灯一同快速闪烁,这说明系统内存储了当前故障码。于是连接故障诊断仪 VAS5052 进入 53 驻车制动系统,发现"右后轮制动器电机电器故障"的故障码,但故障码可以被清除。清除故障码后,按压电子驻车制动器开关,可以听到左后轮制动电机工作的声音,但同时仪表板上的制动报警灯又开始闪烁,再次清除故障码,按压电子驻车制动器开关,仔细听右后轮制动电机的工作声音,在按开关的同时可以听到右后轮制动器电机

发出"咔"的一声响。

奥迪 A6L 的电子驻车制动器系统具有保护功能,即当系统检测到有故障时会存储故障码,如果当前故障仍然存在,系统将执行保护功能,即该系统不再工作,必须清除故障码后才能执行电子驻车功能。

通过前面的检查,维修技师怀疑通往右后轮驻车电机的线路或是电机有故障。于是决定先检查线路,当检查右后轮驻车电机的插头时,插头连接完好,拔下插头接上试灯,此时按压电子驻车制动器开关,可听见左后轮电机的工作声音,但是右后轮驻车电机插头上的试灯始终没有点亮。试灯不亮时就应该检查电子驻车制动控制单元通往右后轮电机的线路,在行李舱右后角拆下电子驻车制动控制单元 J540,按照电路图测量线束的导通性,结果导通良好。既然线路没有问题,那么试灯为何不亮呢,难道是控制单元 J540 有故障? 此时维修技师忽然想起,是不是 J540 识别负载不正确而实施了断电保护功能呢? 为了验证猜想,维修技师采取了替代的方法,将右后轮制动电机的插头线接长,直接通往左后轮制动电机,同理也将左后轮制动电机插头线接长,通往右后轮制动电机。连接完毕后,清除故障码,按压电子驻车制动器开关,发现左后轮制动电机可以正常工作,而右后轮制动电机仍然不工作,看来右后轮制动电机确实损坏了。

更换右后轮制动器电机,试车故障彻底排除。

故障维修总结:通过该故障的排除,说明以往用试灯检测的方法在检修很多新型电子部件时不适用,而且解决此类故障必须清楚工作原理以及是否有负载识别保护等功能,希望广大汽车维修人员对于这一点引起高度注意。

五十五、奥迪 100 轿车刮水器刮水速度慢且无力的故障

故障现象:一辆奥迪 100 轿车刮水器刮水速度慢且无力。用手轻推摇臂,摇臂就停摆。

故障诊断与排除:奥迪 100 轿车刮水器采用了电动三连杆机构,并设有 3 个方向球头活节,所以转动和换向非常自如。刮水器电机总成是由一个永磁直流电机和一个蜗杆减速器构成。此故障原因通常为电机内部有问题。拆下检查,发现炭刷磨损过度,换向器也存在烧蚀现象。由于炭刷和换向器接触导电不良,使电机工作电流减小,扭矩减小。换上新炭刷,并用细砂纸打磨换向器后装复,试机,刮水器工作速度及扭矩一切正常,故障彻底排除。

五十六、奥迪 A4 轿车雨刮器工作不正常的故障

故障现象:一辆 2000 年产奥迪 A4 轿车,车主反映该车突然出现了雨刮器不工作故障,并称在一家维修站更换了雨刮电机,但故障依然存在。

故障诊断与排除:经检查发现,该车的故障症状有点特别,打开点火开关时雨刮器会动作一次,搬动雨刮器开关电机反而不动作。从故障的症状看,雨刮电机出故障的可能性基本可以排除。检查熔丝,没有发现熔断的熔丝,那么接下来就要检查雨刮间歇继电器和雨刮开关了。经查阅电路图,发现此车雨刮喷水功能的控制原理比较简单,即雨刮器开关输入信号,继电器 J31 控制电机动作。拆下仪表下护板,首先测量雨刮间歇继电器 J31 的供电线(蓝红)与搭铁线(棕)之间的电压为 12V,供电正常;接着测量雨刮开关的 3 根信号线,雨刮喷水和间歇调节开关的信号输入均正常;测量 J31 继电器到电机的线路,也正常,因开关线路都正常,维修技师判定继电器 J31 损坏,于是将其更换。本以为故障可以排除了,但故障依旧。开关、继电器、电机及线路均正常,那么故障点会在哪儿呢? 重新仔细查阅电路图,查找每条线路的走向,发现有一个信号没有测量,即电机到控制继申器的位置反馈信号(通过此信号来判定电机是否回到初始位置),反复打开点火开关使电机运转,测量其信号输入,结果无搭铁信号。但因信号是由

电机内部传出,电机已经换过了,线路也正常,为什么还会没有信号输入呢? 维修技师判断是线路中的某个插头出了问题。当检查到雨刮电机插头时发现,这根信号线的插头处间隙比较大,看来故障就在于此。当打开点火开关后,因没有信号输入,继电器认为雨刮器没有在初始位置,故运转一次,电机工作后,因持续没有位置信号输入,继电器就切断电流,不再理会雨刮开关的信号,从而引起上述故障。将插头重新处理后,雨刮器工作正常,故障彻底排除。

五十七、奥迪 A6 C6 2.0T 轿车安全气囊指示灯点亮故障一例

故障现象:一辆奥迪 A6 C6 2.0T 轿车,行驶里程 0.8 万 km。该车安全气囊指示灯点亮,但据车主反映车子并没有什么异常情况(安全气囊爆出、车辆无法行驶等)。

故障诊断与排除:维修技师询问车主得知,该车近期曾更换过真皮座椅。根据故障现象及车主反映的情况,怀疑是气囊引爆器偶然断电所致。用专用仪器 VAS5051 检测气囊控制单元,显示故障码如下:

01738 008—驾驶员前安全气囊碰撞传感器—G283 不可靠信号(偶然)。

01738 0l0—驾驶员前安全气囊碰撞传感器—G283 短路/对正极短路(偶然)。

清除故障码,试车,故障现象消失。交车时我们提醒车主以后一定要到厂家指定的奥迪 4S 店维修。但第三天该车又回来了,用专用仪器检测故障码与上次相同。再次对气囊控制系统进行细致检测,重新编码并试车,故障不再出现。由于没有找到引起故障的原因,觉得现在交车不太合适,于是询问车主得知,该故障一般出现在开大灯之后,难道故障与大灯有关? 经检查,发现该车改装的氙气大灯是副厂产品,其大灯控制器距离安全气囊碰撞传感器过近,对传感器造成电磁波干扰,使其信号失准,从而产生上述故障现象。

将大灯换成原厂配件后试车,一切正常,故障彻底排除。

五十八、奥迪 100 型轿车前后门锁无法实现联动控制的故障一例

故障现象:一辆奥迪牌 100 型轿车,前后门锁无法实现联动控制,当用钥匙开启、关闭前车门时不能同时控制其余车门。

故障诊断与排除:一汽奥迪 100 型轿车各门锁是通过控制阀利用空气的吸压来控制的。各门锁的开关都与真空控制管路连通,动力是由车内后排座椅下蓄电池旁的电动机提供的。当打开前车门门锁时,接通一线路,电动机运转,产生空气压力而顶开其余门锁。当关闭前车门门锁时,又接通另一线路,电动机运转,产生真空而吸下其余门锁。电动机的停转是靠其自身产生的空气压力自动切断来实现的。

维修技师检修时,首先直接给电动机接上电源,发现电动机不运转,并伴有明显的烧焦味。于是分解电动机,发现换向器烧蚀。究其原因,原来是真空控制管路破损、漏气,不能输送气压和真空,致使电动机不能自动切断而长期运转直至烧坏,因此前后门锁无法实现联动控制。

更换损坏的真空塑料管,再用 00 号砂布打磨电动机换向器后,故障彻底排除。

第十章　丰田系列轿车故障检修实例

一、2007 款一汽丰田锐志发动机不能熄火的故障

故障现象：一辆丰田锐志轿车事故修复后，试车时发现发动机不能熄火。将钥匙从锁孔中拔出，发动机依然正常运转。

故障诊断与排除：检查时发现供给发动机 ECU 的保险丝(IGN)在点火开关关闭后仍然有系统电压。

IGN(10A)保险丝是受 IG2 继电器控制的。那么，IGN 不受点火开关控制是在继电器这一侧引起的，还是在经保险丝后的线路引起的呢？为了确认这一可能的故障原因，检测 IG2 继电器的控制侧(C 点)，发现其能接受点火开关控制。难道是继电器触点卡滞所致？将继电器拔出，检查继电器插孔中输出侧(D 点)仍然带有系统电压。这些都表明故障不是由 IG2 继电器引起的。

故障不是由 IG2 继电器引起的，情况就显得复杂了。因为 IGN(10A)保险丝不单是供给发动机 ECU 的电源，还是供给气囊控制单元，停机系统控制单元等。若这保险丝相连的任一支路出现了线路故障，整个与之相连的系统便会出现相同的故障。

详细地查阅电路图(如图 10-1 所示)，把经 IGN(10A)保险丝控制的相关系统插接器全部一一拔出，再次检测，故障依然如故。

最后只剩下 IGN(10A)保险丝至组合继电器这一支路未能检测。该组合继电器实际集成了 3 个继电器：发动机主继电器(EFI MAIN RELAY)，负责供给发动机 ECU 的电源以及发动机 2 号主继电器(EFI N02 RELAY)的控制侧电源；发动机 2 号主继电器；断路继电器。该组合继电器安装在发动机舱左前侧继电器盒里。试着拔掉该继电器的插头，再次检测，故障消失。反复插上插头，再次拔掉均如此。难道此组合继电器坏了吗？试着从同车型同年款的车辆中拆下一组合继电器装复，一切正常，能有效地控制发动机。

为什么会出现如此怪异的故障码呢？仔细阅读电路图发现，组合继电器是分年款的。2006 年 11 月以前生产的车辆与 2006 年 11 月以后生产的车辆继电器外观是一模一样，且插接器接口都完全一样。但其内部结构稍有差异。正是这一细微的差异导致此古怪的故障。原来，2006 年 11 月以前生产的车辆此继电器中断路继电器的控制端(即图中 B 点的)电源不是受点火开关控制的。其受控端(A 点)、控制端(B 点)的电源均来自于发动机 2 号主继电器。A 点、B 点是连在一起的。而 2006 年 11 月以后的车辆此继电器中 A 点、B 点不再相连而是分开的。B 点电源来自于点火开关，即 IGN(10A)保险丝，而 A 点仍然受控于发动机 2 号主继电器，没发生变化。

上述的故障原因就是将一款 2006 年 11 月以前生产的继电器装配到了 2006 年 11 月以后的车辆中。

我们由图可知，发动机主继电器的端子(MREL)由发动机 ECU 控制，具有延时 1s 的功能。即在正常情况下点火开关关闭后，这个端子 1s 后才停止供电。由于 2006 年 11 月以前款的继电器中断路继电器中 A 点、B 点是相连的，在 MREL 端子延时 1s 供给发动机 2 号主继电器又通过断路继电器使得 A 点、B 点带上系统电压。而 2006 年 11 月以后款的此组合继电器 B 点电源是来自于 IGN(10A)保险丝的。而此时 B 点已经由 A 点带上了系统电压，B 点又向 IGN(10A)保险丝继续供电。IGN(10A)保险丝又供给发动机 ECU，发动机 ECU 又继续对

MREL 端子供电,使之继续工作,故而出现失控的现象。

故障维修总结:其实该继电器虽然外观一样,但还是有区别的。零件号是不一样的,在此组合继电器正上方有印刷大写字样"A"、"G"区分的。这是工作不细心造成的故障,提醒广大维修人员,做此工作时一定要多加注意。

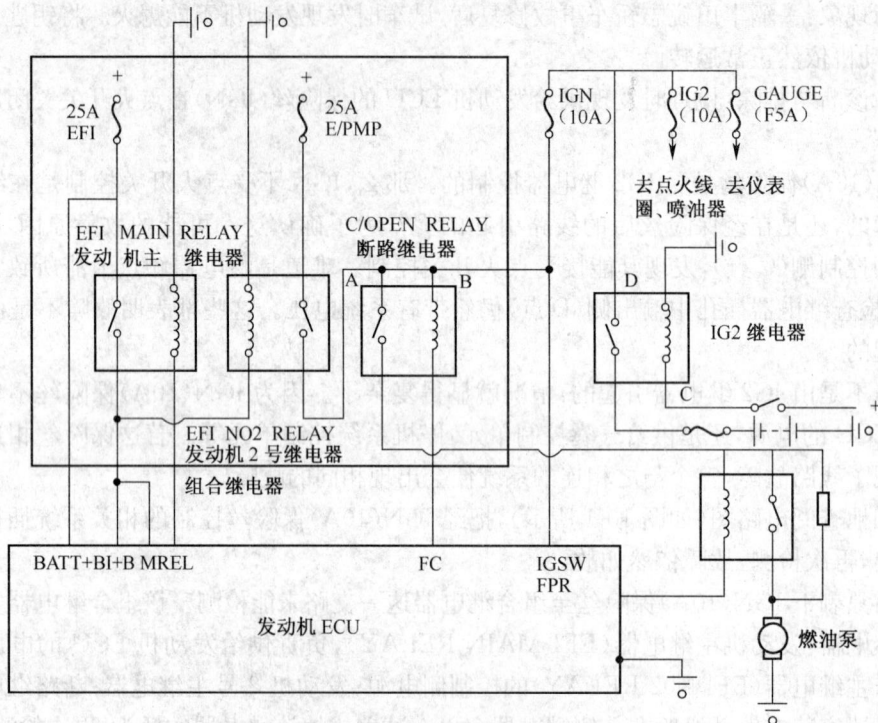

图 10-1　组合继电器电路图

二、2008 款丰田锐志挂 R 挡时集成显示器有时无倒车影像的故障

故障现象:锐志轿车无倒车无影像(驻车辅助监视系统)。

故障诊断与排除:由于成像原理简单,所以检查的重点为倒车影像系统,即摄像头、影像 ECU、集成显示器、倒车信号(开关)本身或与之相联系的线路故障。首先通过集成显示器进入诊断模式读取故障码:KEY-ON,按住集成显示器上的"INFO",然后"打开、关闭"小灯开关3次。集成显示器面板显示与 AVC-LAN(丰田音响视频通信协议)有关的元件功能正常,无故障码。在集成显示器中读取车辆的数据,当挂 R 挡时,集成显示器中"REV"显示由 OFF 变 ON,说明倒车信号输入正常。检查影像 ECU 电源和搭铁,均未发现异常。挂入 R 挡后,检查摄像头端电压为 5.8V。原以为电源输出故障,经查阅维修手册,标准大约为 6V。由于故障无法重现,且故障出现不频繁,维修一时无法展开。于是建议车主先行用车,等待故障出现后现场施救确认。晚上电话请教了另一维修站的技师,恰好他也曾遇到过类似故障—挂 R 挡后有黑屏现象。不同的是,他所遇见的故障出现频率较高,经检查最后确认是倒车影像 ECU 故障。有了前车之鉴,本例故障也更换了倒车影像 ECU,后经回访故障不再重现。

三、2007 款丰田皇冠尾灯、仪表灯异常点亮的故障

故障现象:车主反映该车仪表灯有时会不正常点亮,同时制动灯常亮不灭。

故障诊断与排除:由于来厂维修时该车故障无法重现,只能按先易后难逐步排除故障。用 IT—2 进行 CAN—BUS 系统故障扫描,发现 ABS/VSC 系统有两个历史故障码:制动灯开关

A/B 相关性和 ABS 系统故障。查阅维修手册得知,只要 ABS 系统内存在其他故障码,就会产生"ABS 系统故障"这个伴生故障码。而制动开关 A/B 相关性故障产生的前提是非正常的电源输入或开关不良引起的。制动开关采用双路差分信号检测模式,即踩下制动踏板时输入信号为 12V,制动检测信号为 0V;反之,松开踏板输入信号 0V,检测信号为 12V。若两者输入均为 12V 或 0V 持续超过 0.3s,ABS ECU 将产生制动开关 A/B 关联性故障,如开关涉水或接触不良等情形。经检查开关确认接触良好,性能正常。踩下或松开制动踏板,制动灯能正常亮起或熄灭。

根据多年维修经验,怪异的偶发性故障往往都是由于电子控制单元本身或其电源、搭铁不良引起的。由于故障现象与制动灯有关,同时 ABS/VSC 系统也存在相应的故障码,于是重点检查制动开关信号电路和与之相关的各个 ECU。经查阅制动开关维修电路图得知,制动开关信号是经过乘员侧继电器盒传入驾驶侧继电器盒后,再进入后备箱保险丝继电器盒,由后备箱保险丝继电器盒控制尾灯的点亮或熄灭。根据电路图检查驾驶侧及乘员侧和后备箱保险丝继电器盒的电源和搭铁,均正常。拔下各个继电器盒上相关插头检查,驾驶侧继电器盒上的 DK 插头有锈蚀的痕迹。该插头或 ECU 可能曾经涉水。于是从公司试乘试驾车上拆下驾驶侧继电器盒让客户暂用。恰巧的是,客户车上的 ECU 更换到试驾车上后,第二天出现了与之相同的故障现象,最终车主重新将车入厂更换新的驾驶侧继电器盒(ECU),一个月后回访,车辆正常。

四、2004 款丰田花冠轿车因中控集成 ECU 损坏使中控无法上锁的故障

故障现象:客户反映中控经常无法上锁,但有时正常。

故障诊断与排除:首先确认故障:关上所有车门,操作遥控器锁门 LOCK 键,车门无法上锁,但开锁 UNLOCK 功能正常。用左前门把手上的锁门(LOCK/UNLOCK)开关,现象一样。用手锁止各车门后,再用机械钥匙转动钥匙孔,能正常开启车门,但无法锁门。根据该故障现象可知,遥控器、车门开关、钥匙锁芯三路 LOCK 信号均无法锁止车门而开锁功能正常,说明三个开关输入 ECU 的信号应该正常(三者同时出现损坏的可能非常小),基本上可以排除中控电机及 LOCK/UNLOCK 信号电路的故障。由于丰田花冠点火开关中钥匙未拔出或车门未关闭时,中控具有无法上锁的保护功能,故此故障重点怀疑钥匙未拔警告开关/车门开关线路。确认钥匙未拔警告开关功能:打开车门,将钥匙插入点火开关,钥匙未拔警告音响起;将钥匙拔出点火开关,钥匙警告音消失。而仪表车门指示灯也能随车门的开启/关闭而点亮/熄灭,说明钥匙未拔警告开关/车门开关电路无异常,由此可以判定中控集成 ECU 故障。更换后故障彻底排除。

五、丰田花冠怠速不稳冒黑烟的故障

故障现象:一辆天津一汽丰田花冠轿车,由于交通事故在一个汽修厂修理。在对损坏的部件修复之后,试车发现该车发动机怠速不稳,排气管有微量的冒黑烟现象,并且燃油消耗量增加。但发动机在中高速行驶中一切正常。

故障诊断与排除:为了解决此故障,该汽修厂曾经更换过怠速控制阀、空气流量计和两个氧传感器,对油路进行了多次清洗,并多次检查相关的线路和插头。但是均未解决该故障,4S 店的维修技师接手该车后,首先用电脑检测仪进行检查,诊断仪显示无故障码存储。由于使用的诊断仪并非原厂专用检测仪,无法查看发动机动态数据,于是进行基本常规检查,拆检 4 个火花塞,发现火花塞的头部都呈黑色,根据该车尾气冒黑烟和火花塞头部有黑色积炭这一现象,初步分析认为该车混合气过浓。而造成混合气过浓的原因有燃油压力过高、喷油器卡滞或

漏油、进气压力过大、高压火花过弱或缺火、电控系统问题或发动机机械故障等。经了解,该车在未发生事故以前并无此故障,并且在钣金修复过程中根本没有拆修发动机。原车线路电控部分没有任何损伤。接下来检查进气系统,对节气门体、急速控制阀及相关真空管路进行仔细检查,看是否有堵塞或脏污的地方影响混合气过浓而导致故障,但是均没有发现异常。随后又测量了气缸压力、燃油压力以及4个点火线圈的高压火花,这些均正常。4个喷油器没有漏油及发卡现象,并且雾化良好,活性炭罐电磁阀工作正常,用示波器测试前氧传感器信号,发现其信号电压偏低并且杂波过多,而当时发动机混合气实际上过浓,假如氧传感器工作正常,应产生偏高的电压信号,该车氧传感器为新件,传感器自身不会有问题。如果氧传感器自身性能良好,又出现这一矛盾现象。维修人员考虑只有一种情况,那就是氧传感器检测到错误的废气信息— 即"伪稀"现象,而"伪稀"信号的发生通常有以下两种情况:①由于火花塞或个别点火线圈缺火造成的"伪稀",当个别火花塞不能正常点火时,气缸内没有燃烧的汽油和空气被排到排气管,被氧传感器检测到混合气太稀,因为氧传感器只是一个监测氧气含量的传感器,所测氧气是否经过燃烧,传感器对此不加区分,未参与燃烧的氧气进入排气管会产生"伪稀"现象。②排气歧管漏气,如果在排气门至氧传感器之间出现泄漏现象,会造成"伪稀"。因为当一个排气脉冲经过漏气区域时,在该脉冲的后面会形成一个低压区,而这一低压区会吸入外面的空气,进入排气管的排气气流中,并经过氧传感器,此时进入到废气中的氧使氧传感器电压下降,从而被控制单元认为混合气过稀需要加大供油量。根据以上的测试与分析,第2种情况的可能性较大。起动发动机仔细倾听,发动机排气管接口处有较为轻微的漏气声,经拆检排气管,发现排气管接口垫在事故中有移位痕迹,接口垫已经损坏,更换排气管接口垫及4个火花塞,考虑到由于控制单元的长效燃油修正功能,已经使控制单元不能准确地进行合理修正,因此须对发动机控制单元进行重新学习,随后将车辆行驶几个工作循环,让发动机在各种工况下运行,效果良好。再次试车,车辆故障症状已经消失,测试氧传感器信号,波形显示完全恢复正常。

六、丰田佳美热车难起动的故障一例

故障现象:一辆1998年生产的丰田佳美轿车,装用5S-FE型电喷发动机。在行驶约20万km时,出现了发动机热车难起动,行驶中偶尔熄火的故障。

故障检查与排除:起动发动机试车,发现故障指示灯CHECK点亮,这说明发动机电控系统已经检测到故障码并储存。调取故障码,显示为"22"和"14"。为防止过去维修后的故障码没有清除而影响此次故障的检查与诊断,先清除故障码(点火开关ON时,拔下EFI熔断丝10s以上即可),再调取故障码,显示为"14"。含义是:无点火控制信号。故障涉及范围有:点火电子组件至ECU间的IGF或IGT线路断路或短路;点火电子组件故障;ECU故障等。

冷车正常而热车发生故障,说明线路连接一般不会有大的问题,最大的可能多发生在与点火系相关的元器件,因受热后使技术状况变差而出现异常。所以故障检查要高效、快捷,应在发动机故障现象出现后进行。于是起动发动机,当热车熄火且起动困难时,先用观察与触摸的方法检查。摸点火线圈,温度正常;摸点火电子组件,非常烫手。这说明故障可能是点火电子组件内电子元器件有故障或相关导线在发动机高温时有搭铁或短路处。检查相关线路无任何异常。为准确诊断故障,维修技师先用数字万用表测ECU的IGT、IGF两端子对E1端子的脉冲电压,在故障出现时,测得IGT和E1两端子的电压信号最高仅0.5V(标准是0.7~1.0V)。再对点火电子组件用湿毛巾强制降温后检测,能达到标准脉冲值,且此时起动容易。这说明点火电子组件内有些电子元器件高温时确有工作不良的问题。更换点火电子组件,发动机热车起动恢复正常。

故障维修总结:汽车电子元器件受热后性能下降或不稳定,是导致发动机热车故障的主要原因。鉴于有些汽车维修工在排除故障时,存在两方面的不足:一是不知道把握住应在故障现象出现时进行检查诊断,有的甚至盲目更换机件,结果是很难找到故障的真正原因;二是不会应用触摸诊断技巧,孰不知这种传统诊断方法特别适合电子元器件故障的初期检查。所以建议广大汽车维修人员应尽量克服这两方面的不足,不断探索和掌握科学实用的方法,可较快地判断故障的大致方向,进行针对性的检查,使故障排除更快捷、高效。

七、一汽丰田花冠轿车偶尔无法起动的故障

故障现象:一辆一汽丰田花冠轿车,点火开关位于"ON"位置时无异常,仪表也能正常显示,当将点火开关旋到"ST"位置时,偶尔出现起动电机无反应,发动机不能起动的情况。

故障诊断与排除:前几次出现故障时,4S店的维修技师赶到现场后,有时拔下起动保险丝再重新插回,故障现象即消失,有时将车拖回厂里准备仔细检查,但进厂后故障已经消失。

还有一次维修技师赶到现场后,在点火开关位于"ST"位置时测量起动电机50号端子(S3插头的1号端子)的电压,结果发现电压为0。拔下起动保险丝,目视检查无异常,重新装回后故障消失。进一步检查相关线路,发现驾驶室仪表板接线盒中的集成继电器插头有些松动,将该插头插紧后交车。一周后故障再次出现,维修技师晃动了一下集成继电器插头,故障又消失了。

该车为私人用车,平时都是在市内上下班使用。查阅该车的维修记录,仅有过一次前保险杠及右前翼子板的整形喷漆,没有其他维修记录。车辆按时在4S店进行保养。

从故障现象及先前的检查结果(起动电机S3插头1号端子电压为0)判断,可能性较大的故障部位有起动保险丝、起动继电器、防盗继电器、空挡开关、点火开关及相关线束、插头。花冠轿车电控系统电路如图10-2所示。

根据上述分析,对可能发生故障的零件进行逐一排查,在检查到起动保险丝(7.5A)时,发现起动保险丝的2号插口几乎没有接触压力。装回起动保险丝,并用手按住保险丝插头,将点火开关转到"ST"位置,故障现象消失,证明该车故障是由于起动保险丝2号插片接触不良引起的。更换仪表台线束总成(零件号:82146—02X81)后,故障彻底排除。

八、一汽丰田皇冠3.0轿车发动机停机系统的故障

故障现象:一辆在修的一汽丰田皇冠3.0事故车(GRSl82),装备3GR—FE发动机,在对其顶棚喷漆前发动机工作正常,喷漆结束后发动机无法起动,安全指示灯工作正常。维修人员认为这是防盗系统有故障,更换了收发器钥匙ECU和发动机ECU等部件,但故障依旧,将转至4S店请求修复。

故障诊断与排除:4S店维修技师接车后,对该车进行了目视检查,仪表台在钣金作业时已拆除,收发器钥匙ECU、发动机ECU和发动机停机系统的相关部件都是新的,仪表横梁的线束上,有很多水渍。经询问得知,油漆工在用水打磨顶棚上的腻子时,没有采取防护措施,因而水流到了该线束上。为了还原该车的故障状态,维修技师将所有旧件重新装复到车上,并擦净了线束。

起动发动机,故障确实存在,发动机起动着机3s左右后便熄火,确实是发动机停机系统的故障现象。连接丰田智能检测仪IT—Ⅱ,进入发动机停机系统,无故障代码;又进入发动机控制系统,得到故障代码B2799—发动机停机系统故障,该故障代码不能清除。因为此前维修人员曾更换了发动机停机系统的主要部件但未能排除故障,所以维修技师没有急于查找故障原因,而对该车停机系统的工作原理进行了认真地分析。

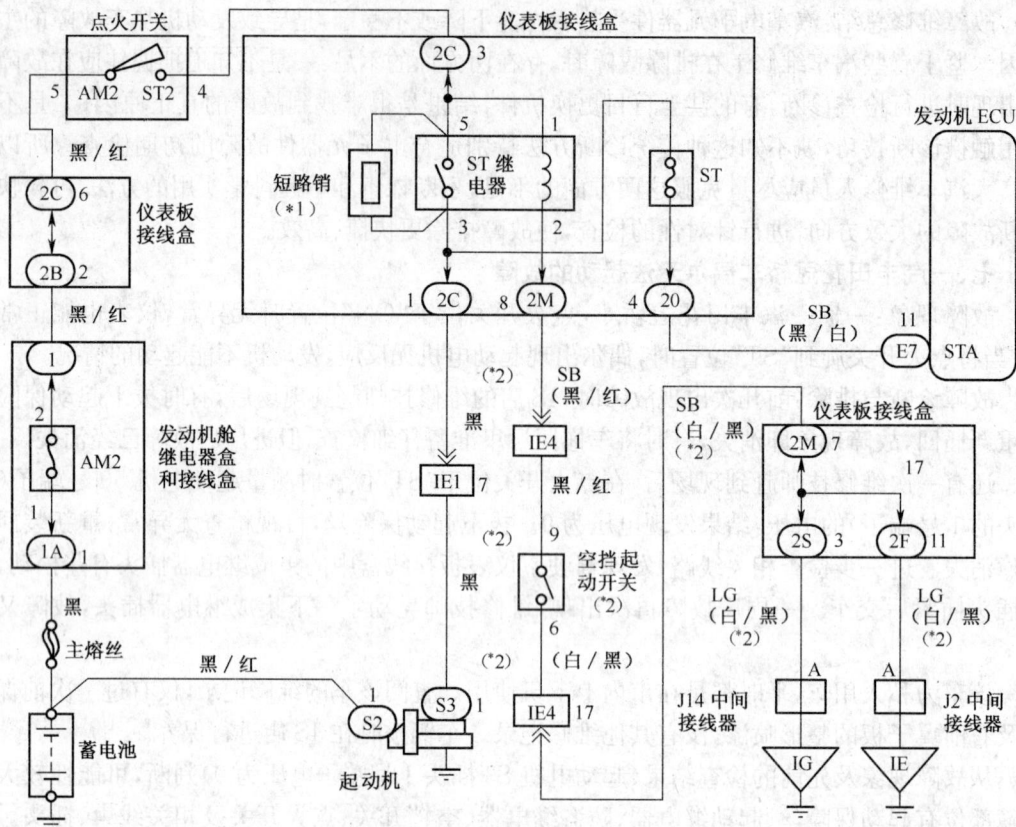

*1：M/T 车型；   *2：A/T 车型；

图 10-2 起动信号相关电路

查看该车的维修资料得知：一汽丰田皇冠 3.0 车的发动机停机系统有 2 种：智能进入起动系统和非智能进入起动系统，该车属于后者（图 10-3）。在将点火钥匙（收发器钥匙）插入点火开关后，未锁警告开关接通（处于 ON 位置），此时收发器钥匙 ECU 就向收发器钥匙放大器（含收发器钥匙线圈）提供 4.6～5.4V 工作电压，并向其内部的收发器钥匙线圈提供脉冲电压，使收发器钥匙线圈产生微弱电波（覆盖于点火开关周围）。当点火钥匙内的收发器芯片接收到电波后就输出收发器钥匙 ID 代码信号，收发器钥匙线圈接收该 ID 代码信号，经放大器放大后传输给收发器钥匙 ECU。收发器钥匙 ECU 将接收到的 ID 代码信号与收发器钥匙 ECU 内储存的车辆 ID 代码进行对照，如果两者互相匹配，则收发器钥匙 ECU 通过乘员侧接线盒 ECU 使安全指示灯熄灭，并允许发动机起动。当转动点火开关时，收发器钥匙 ECU 将 ID 代码匹配的结果传输给发动机 ECU，发动机 ECU 收到 ID 代码匹配的结果后，随即发出点火和喷油信号，从而使发动机顺利起动。如果收发器钥匙的 ID 代码与收发器钥匙 ECU 储存的 ID 代码不匹配，则发动机在起动后不到 5s 就会熄火。

根据发动机停机系统工作原理，维修技师认为安全指示灯工作正常，收发器钥匙 ECU 无故障代码输出，说明安全指示灯与收发器钥匙 ECU 之间的电路工作正常；点火钥匙与收发器钥匙 ECU 之间的 ID 代码通信也正常。显然，故障出在发动机 ECU 和收发器钥匙 ECU 的通信上。结合故障代码的内容，认为导致该车产生故障的原因有以下 2 个：发动机 ECU 与收发器钥匙 ECU 之间有通信故障；收发器钥匙 ID 代码与收发器钥匙 ECU 内储存的 ID 代码不匹配,并且多次尝试了起动发动机。

根据上述分析,首先分别检测收发器钥匙 ECU 连接器与发动机 ECU 连接器间 2 根连接线的电阻,都＜1Ω,符合标准;然后测量该 2 根连接线端子与车身搭铁间的电阻,都≥10kΩ,符合标准;接着从车上拆下收发器钥匙 ECU,发现收发器钥匙 ECU 上有很多水渍。很明显,这是油漆工打磨腻子时溅上去的。将收发器钥匙 ECU 分解后,发现其电路板上有大量水垢,将电路板清洗处理后又发现电路板上有的集成块引脚已锈蚀断裂,即收发器钥匙 ECU 已损坏。

准备更换收发器钥匙 ECU 时想到,原维修人员已更换过,但故障并未排除,于是带着疑问询问了原维修人员,从其所述的整个维修过程中得到了答案。原来是由于原维修人员不了解该车发动机停机系统的工作原理,只是根据故障现象,凭经验判断收发器钥匙 ECU 有了故障,在将其更换后未对其进行任何匹配工作,便多次尝试起动发动机;而在更换该车收发器钥匙 ECU 后,不仅需要对点火钥匙与收发器钥匙 ECU 之间的 ID 代码进行重新匹配,还需要对收发器钥匙 ECU 与发动机 ECU 的通信识别码进行匹配,否则,在尝试起动发动机几次后,收发器钥匙 ECU 会由于发动机起动次数超过了允许的次数而自行锁死。由此说明换上的收发器钥匙 ECU 已经损坏。重新更换收发器钥匙 ECU,用丰田智能检测仪 IT-Ⅱ对点火钥匙与收发器钥匙 ECU 之间的 ID 代码进行匹配成功后,又对收发器钥匙 ECU 与发动机 ECU 的通信识别码进行了匹配。匹配结束后起动发动机,发动机顺利起动,用丰田智能检测仪 IT-Ⅱ清除故障代码后故障排除。

图 10-3　发动机停机系统原理框图

九、一汽丰田皇冠 3.0 轿车发动机无法起动的故障一例

故障现象:一辆 2008 年出厂的一汽丰田皇冠 3.0 轿车,配备 3GR—FE 发动机,行驶中突然出现发动机无法加速,随后慢慢熄火,熄火后发动机无法起动着机。

故障诊断与排除:将该车拖至 4S 店后首先验证故障现象,发现轿车确实无法起动。观察该车的燃油表指示,在两格位置,燃油警告指示灯也未点亮。连接 IT—2 进入发动机及其他控制系统,无故障代码储存。进行高压火跳火试验,火花强烈,说明故障点在油路或机械方面。拆下后排座椅,起动发动机,能听到燃油泵工作的声音,说明燃油泵在工作。连接燃油压力表,再次起动发动机,却发现无燃油压力。怀着认为燃油泵工作异常的心理,将燃油泵总成拆出检查,却发现燃油箱是空的,难道该车无法起动着机是没有燃油造成的? 燃油表为什么显示燃油箱内有燃油呢? 带着疑问在燃油箱内注入了仅够燃油泵吸附的燃油,并将燃油泵总成装复试车,发动机不但顺利着机了,而且着机后工作平稳,加速性能良好。维修到此,虽然该车无法起动的故障点已找到,但为什么其实际燃油量与仪表指示的不相符呢?

再次将燃油泵总成拆出,并参照该车电路图(如图 10-4 所示),准备对燃油量传感器(浮子)进行检查,却发现该车具有主、副 2 个燃油量传感器,主燃油量传感器安装在燃油泵总成上,副燃油量传感器位于燃油箱的另一侧(该侧被称为副油箱),而且这 2 个燃油量传感器在电

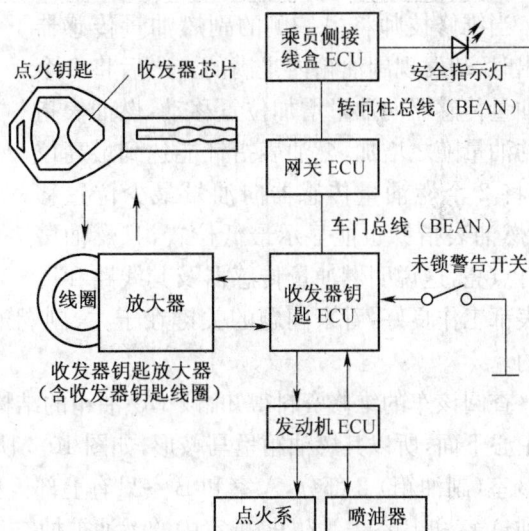

路中是串联关系。

当维修技师将另一侧的副燃油量传感器拆出时，却发现副油箱内是满的。之后将 2 个燃油量传感器向油量增加位置移动，燃油表指示的油量随之增加，燃油表指针能达到最高位置，将 2 个燃油量传感器向油量最少位置移动，燃油表指针也能显示最低位置，且燃油警告灯点亮，这说明燃油量传感器及其线路和燃

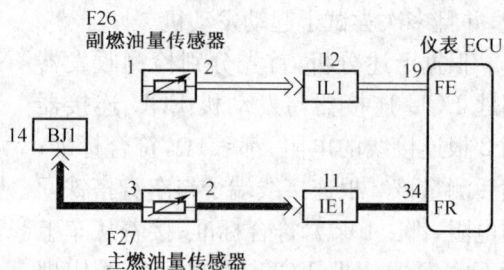

图 10-4　燃油量传感器电路

油表都工作良好，看来问题的关键在于主、副燃油箱的燃油为什么一个是空的，而另一个是满的。

查阅该车的维修资料得知，该车燃油箱的结构比较特殊，因为该车的传动轴位于燃油箱底部中心下面，所以其燃油箱呈马鞍形，如图 10-5 所示。这就导致燃油箱被分为 A 室（主油箱）和 B 室（副油箱）2 部分，A 室和 B 室只有上部极狭小的空间相连，当燃油残量变小时，燃油分散到 A 室和 B 室。为防止 A 室中的燃油被抽空，B 室中的油无法泵出这一现象的发生，该车采用一引射泵，用于将燃油从 B 室送入 A 室，如图 10-6 所示。这个过程是利用燃油的流动性来实现的，其工作原理是：当来自燃油压力调节器的燃油经过引射泵文丘里管时产生负压，当负压作用于喉管时，形成一定的虹吸作用，将燃油吸出 B 室，送入 A 室。

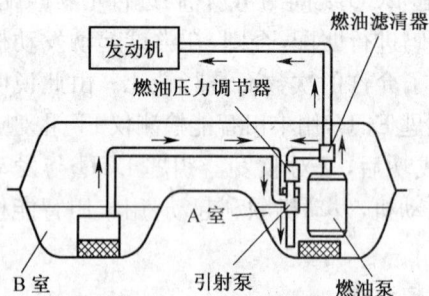

图 10-5　马鞍形燃油箱

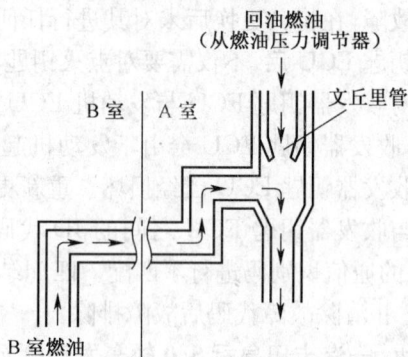

图 10-6　引射泵工作示意图

为了向驾驶人提供正确的燃油箱燃油存量，分别位于 A 室和 B 室的燃油量传感器，将各室的燃油存量信号发送给仪表 ECU，通过计算，得出燃油表的准确指示位置。

故障分析到此，可以认定，故障点一定出现在引射泵的相关部件上，于是决定对燃油泵总成进行分解，检查引射泵的工作情况，分解后发现，引射泵与燃油压力调节器之间的管路有溃折处。经与车主交谈得知，该车前两天刚在其他维修站更换过燃油滤清器，因当时燃油箱满着，这几天一直未加油。至此，此车的故障原因终于得到解释。

由于该车前几日在其他维修店更换汽油滤清器作业时，工作人员不慎将引射泵与燃油压力调节器之间的油管溃折，致使回流燃油无法经过引射泵的文丘里管，从而在其喉管内形不成负压，B 室的油无法被吸入到 A 室。当时因为油箱满着，燃油表指示是正常的，但随着该车的行驶，燃油低于马鞍中间位置后，B 室内的燃油因引射泵的不工作而保持在一定油面，而 A 室的油面会随着车辆的行驶而下降，A 室和 B 室的油面高度不一样。仪表 ECU 根据其主副燃油量传感器的不同测量信息，通过计算在燃油表上做出有燃油的指示，使顾客始终认为燃油箱内燃油充足，直至 A 室的燃油被用完，慢慢熄火后，再也无法起动。

更换溃折的燃油管路,安装好所有部件,并向主油箱内补充一部分燃油后进行路试,在燃油箱没油时,燃油表和燃油警告灯工作正常,这说明引射泵功能恢复正常。几天后对车主进行回访,故障再未出现,故障彻底排除。

十、一汽丰田皇冠 3.0 轿车无法正常着车故障

故障现象:一辆配置智能钥匙系统的一汽丰田皇冠 3.0 轿车,起动车辆,无法正常起动,车能够着一下,但是瞬间就会熄火,无法正常着车。

故障诊断与排除:此车是事故车辆在维修厂维修,部分维修工作完成后,进行组装,装完后起动车辆时,就如前面描述的现象一样,无法进行起动着车。4S 店的维修技师接车后,对车辆进行检查,由于该车属于新车型,维修资料和维修经验都很缺乏。试车后,感觉就像大众车系防盗锁止一样,但是此车不像是防盗了,因为防盗指示灯没有点亮。维修技师还是决定先对发动机系统及停机防盗系统进行诊断仪检测,检查中发现,发动机系统没有故障码存储。发动机的故障指示灯明明是亮的,为什么没有故障码呢? 看来从故障码上找原因是不可能了,只有从基础的检查工作做了。首先对发动机室的线束进行检查,检查有没有在撞车时候撞断的,检查中没有发现什么异常。又对保险丝盒内的一些相关的保险丝进行检查,如 EFI、IG2 这样的保险丝进行了检查,保险丝都是完好无损。

此车能够着车,但是马上就熄火,这说明车辆能够正常喷油,能够正常点火,只是发动机控制单元不知道是什么原因在着车后切断了供油和高压电。什么原因能造成着车后再熄火呢? 经仔细查阅资料发现,皇冠这款车为 6 缸发动机,每个缸都为独立点火系统,而且每个缸都有点火确认信号到控制单元,但是他们每一侧一组,也就是 3 个缸共用一根信号线反馈到发动机控制单元,来确定是否点火。如果发动机控制单元检测到点火反馈信号丢失,发动机控制单元将停止喷油点火,车辆就造成熄火,但是如果有一侧点火信号丢失,发动机还会继续工作,只是在缺缸下工作,发动机的工作状况会非常的差。由于此车是不能正常着车,应该是两侧的信号都没有检测到,那没有检测到点火信号,为什么系统没有存储故障码呢? 尝试了几次起动,终于在发动机系统里出现了故障码,一共存储了 6 个故障码,含义为点火线圈 A、B、C、D、E、F 故障。查阅电路图得知,控制单元的 E6 组线中的 6、7 号线为点火线圈反馈回来的信号线,颜色分别为绿色和绿黑色,这两根线分别到两侧点火线圈上面。用万用表进行检测,线束没有断,也没有对地搭铁的痕迹。将点火开关打开,用万用表对点火反馈线进行测量。正常情况下,6 号和 7 号线在打开点火开关的情况下对地应该有 4.5~5V 的参考电压,经测量此车的 6 号和 7 号线电压为 0V,而供电正常,这说明了问题就出现在发动机控制单元。对控制单元进行更换,新控制单元装上车后,起动机没有任何反应,这种现象是不对的。正常情况新的控制单元装车后,不需要匹配就可以直接着车,这个所谓的新控制单元有可能是有问题的。由于车主着急用车,他建议是否能够维修旧控制单元。对发动机控制单元进行解体检查,发现 6、7 号脚对应的线路板上有虚接的现象,很有可能是在撞车时候引起的虚接,用烙铁加热焊接,加电,检查有 4.6V 的参考电压了。试车,车辆成功起动,对发动机控制单元进行清码操作,故障灯熄灭,发动机运行平稳,故障彻底排除。

十一、一汽丰田皇冠 3.0 轿车轮胎胎压灯闪烁、ABS/VSC 灯一直点亮的故障

故障现象:轮胎胎压灯闪烁,ABS/VSC 还有防侧滑灯一直点亮。

故障诊断与排除:维修技师接车后,用诊断仪对车辆检查,检查中发现 ABS 系统中存储有左前轮车速传感器故障代码,清除后开关点火开关,故障码就会再次出现。接着进行了正常的胎压检查,个个胎压都在正常范围内,并进行了复位操作,但是灯还是点亮。维修技师判断这个故障也和 ABS 系统有关联,正常情况下 ABS 传感器线路中有一根线,在打开点火开关的状态下对地应该有 11～12V 的参考电压。对此车进行测量,发现此传感器中这根线存在,看来一种可能是传感器损坏,一种可能是接传感器的另一根线损坏。因为此车传感器为轴头一体化的。对线路先进行检查,发现传感器中一根黄色的线在玻璃喷水壶和车体的结合处线路经过摩擦造成线路中断,从而造成故障灯点亮。再次仔细检查发现,此车前段时间有过碰撞过的痕迹,很有可能是由于当时维修布线时,走线不规则造成的磨损,从而引发这个故障。将线路修复后,清除故障码。故障彻底排除。

十二、一汽丰田皇冠轿车电动车窗和车外后视镜无法调节的故障

故障现象:打开点火开关或起动发动机后,无法通过按键控制电动车窗和车外后视镜动作。

故障涉及车型:个别装备了智能钥匙的一汽丰田皇冠轿车。

故障诊断与排除:①验证智能钥匙的远程控制功能正常,可以正常控制门锁和电动车窗。将智能钥匙插入钥匙孔,打开点火开关时,转向盘没有动作;关闭点火开关,将智能钥匙拔出时,转向盘也没有动作。②将智能钥匙插入钥匙孔,打开点火开关后,使用操纵按键无法控制车门锁、电动车窗以及车外后视镜。③将用户安装在辅助箱内的车载充电器与车辆脱离连接后,上述故障消失。

故障产生原因是:车载充电器对装备了智能钥匙的皇冠轿车产生电子干扰,从而导致电动车窗和后视镜无法调节的故障发生。维修人员如果遇到类似故障,应首先检查车辆是否装有车载充电器或类似能产生干扰的设备。

十三、一汽丰田皇冠轿车空调出风口左侧出冷风,右侧出自然风的故障

故障现象:一辆为 GRSl88L 的皇冠轿车在其他修理厂修理完事故后发现空调系统工作不正常。询问车主了解到,该车前部曾出现严重的事故,更换过仪表台。起动发动机,打开空调,故障现象十分明显。左侧的出风口有(驾驶员侧)冷风,而右侧出风口(乘员侧)为自然风。

故障诊断与排除:一汽丰田皇冠轿车采用的是驾驶员和乘员侧空调双区独立控制技术,由于左侧制冷正常而右侧异常,重点检查空调的出风口控制功能。首先确认左右分区的温度设置:将两侧温度均设置在 COLD MAX 时,故障现象依旧。其次,用手动方法读取故障码,按住"AUTO"和"R/F 内外循环切换键",打开点火开关,空调面板无故障码显示。进行面板的执行器检查,各风门动作测试正常(在故障诊断功能下,通过点击"R/F 内外循环切换键"进入执行器的检查)。

由于该车出现过严重的事故,拆装过仪表台总成,故怀疑右侧风门控制板安装不到位或者断裂损坏导致卡死。拆下仪表台,检查蒸发箱总成,各风门均完好无损,滑动顺畅,说明风门机械部分正常,维修陷入僵局。维修技师重新研究蒸发箱总成的结构时发现了一个维修手册都没有说明的重点:该车的空调蒸发箱结构是竖向循环的,也就是说左侧出风口(驾驶员)所对应的蒸发箱位置离膨胀阀最近,而右侧出风口(乘员侧)所对应的蒸发箱位置离膨胀阀最远。根据多年的维修经验,在制冷剂不足时离膨胀阀最远制冷效果最差。

抱着试试看的想法,装复所有空调部件。将制冷剂加到标准值。故障不再出现,进一步验证了上述的思路。

十四、一汽丰田皇冠轿车空调系统天热时出自然风的故障

故障现象:一辆为 GRSl82L 的皇冠轿车,外地出险后在一家当地 4S 店维修,交车回程中空调有时不工作,而且油耗比事故前高了 1～2L/100km。

故障诊断与排除：根据维修经验，维修技师首先重点检查空调系统的工作压力：静态时，空调系统高低压侧的压力为 610kPa。打开空调，两分钟不到高压侧压力升到 2450kPa，低压侧压力在 370kPa 左右。当空调压缩机不工作时，空调高低压侧仍维持着异常的压力。空调系统高低压力偏高的原因主要有：空调冷凝器散热不良、空调制冷系统内部有空气，制冷剂添加过量或压缩机故障。由于静态压力正常，故可以排除制冷剂过量的可能性。天热时故障出现频率高，故重点检查冷凝器的散热效果：用手触摸冷凝器表面，发烫——散热效果极差。检查风扇工作情况，均已高速旋转。再次确认冷凝器的装配及产品质量—装配良好，冷凝器为丰田纯正零件。

系统制冷剂量正常，压力不正常。维修技师怀疑空调压缩机机械故障。拆下发动机下护板检查，用手旋转压缩机驱动轴，无发卡现象。将车辆放下后，将车辆移动至洗车区，用水喷洒冷凝器，空调能出冷风，此时冷凝器风扇却往外（前方）吹水。至此真相大白，原来是风扇电机的极性接反，导致风扇旋转方向相反，从而引起冷凝器散热不良。

由于风扇极性接反这种故障维修过程中是极少见的，所以一般维修人员都不会太在意。风扇极性接反将提高车辆高速行驶时的风阻，车主反映的油耗高也在情理之中了。

故障维修总结：此故障产生的可能原因是：事故时风扇侧的插头破碎，维修人员未按照电路图进行接线或者使用了不同车型的风扇电机及非纯正零件。如丰田佳美 2.4 的风扇电机（顺时针旋转）与丰田皇冠 GRS 系列的风扇电机（逆时针旋转）旋转方向正好相反。由此可见，散热系统的检查不仅要检查其是否能工作，同时也要重视其工作性能是否正常。

十五、一汽丰田皇冠轿车空调系统有时吹热风的故障

故障现象：一辆为 GRSl88L 的皇冠轿车，客户反映该车空调出风口经常出现时有冷风，时出热风的现象。在太阳底下暴晒，尤其明显。

故障诊断与排除：经验证，故障如客户所述。当日气温近 35℃，操作面板处于"AUTO"位置时，空调工作一会就停止。从出风口吹出的所谓"热风"，其实是自然风，说明空调系统的制冷功能失效。

用手动方法读取故障码，按住"AUTO"和"R/F 内外循环切换键"，打开点火开关，空调面板无故障码显示。由于空调压缩机能工作一会儿后才停止，所以重点怀疑空调压缩机控制线路。打开点火开关，用丰田专用诊断仪进行空调继电器的动作测试，空调继电器动作正常。综上所述可以彻底排除空调控制系统自身故障的可能性。

空调压缩机为什么会工作一会儿后会自动停止呢？查阅新车资料得知，该车空调系统压缩机具有自我保护功能，在环境温度低于 5℃、压缩机驱动皮带严重打滑或者空调系统压力过高（高压侧高于 2000kPa）时均会切断压缩机控制线路，以保护压缩机。排除了第一、二项的可能性后，重点检查空调系统压力。检查空调系统压力：静态下高低压压力为 750kPa，根据维修经验制冷剂明显过量，一般静态下高低压侧的压力不高于 650kPa。打开空调，压缩机工作后高压侧的压力马上超过 2200kPa，压缩机被切断。

重新加注空调制冷剂至标准值后，故障彻底排除。

十六、一汽丰田皇冠蓄电池亏电的故障

故障现象：一辆新皇冠不能起动。之前不久更换过蓄电池。现在测量蓄电池电压为 8.9V，说明有某一处漏电或发电机不发电。

故障诊断与排除：使用数字万用表测量发电机的发电量正常，可以排除发电机不发电引起的蓄电池亏电。于是测量该车在静态情况下漏电量为 17.80A（正常应小于 40mA）。应是有某处漏电,造成该车蓄电池严重亏电。按以往经验判断,有可能是加装 GPS 造成漏电量增大。卸下所装的 GPS 系统测量,故障依旧。只好应用检查漏电最原始而又最直观的方法:一边逐个拔下系统主电源的保险丝,一边观察数字万用表数值的变化。发动机室右边保险丝盒的 GLWPL 拔下后,漏电量马上下降。

经过观察分析为该继电器进水短路造成漏电。

故障维修总结:该车漏电算是比较隐蔽的,只要诊断方法正确和思路明确,排除故障也不是很难的事。提醒广大驾驶员在冲洗车辆时,一定不要将水喷溅到继电器盒、保险器盒、各种电气控制盒及电器元件上,以免造成人为故障。

第十一章　中华系列轿车故障检修实例

一、中华轿车漏电故障一例

故障现象:一辆中华轿车出现无法起动故障。

故障诊断与排除:测量蓄电池电压为 0V,换一充足电的蓄电池后可以顺利起动着车,但在连接蓄电池极柱时发出很强的火花,怀疑线路存在漏电故障。

关闭全车所有用电设备后,断开蓄电池的一个极柱,串联接入电流表,有 18A 左右的放电电流,说明该车确实存在漏电故障。

检查整车的外观,未发现任何灯泡点亮,也没有发现任何电器元件动作。据车主反映,该车是一辆新车,才行驶 3 万 km 左右,以前没有出现过类似故障。因为该车确实是一款新上市的车型,所以也没有相应的维修经验,只能按其他车型的经验来检测了。

首先,怀疑是发电机中有二极管击穿而出现漏电,但在断开发电机的所有接线后,发现漏电电流还是 18A 没有变化。然后,又断开起动机的接线,发现电流仍存在,再把电动玻璃的保险断开,看是不是有电动玻璃开关损坏后一直给玻璃升降器电机供电,但也排除了。最后,根据漏电电流高达 18A 来分析,这是一个比较大的负载在工作,而不像是短路,如果存在短路的情况,则应该是一个更大的电流,并且会出现冒烟或是有烧焦味出现,但该车经过长时间的通电也没有类似情况,并且电流一直保持稳定。

继续用断路法试验每一个用电器,最后查出是后窗玻璃除霜器一直在工作。再进一步查出是除霜继电器的触点严重烧蚀,造成短路,使除霜开关断开后,仍然接通除霜器的电热丝。更换一个新的继电器后,故障彻底排除。

故障虽然排除了,但维修技师觉得该故障有点特殊:其一,因为很难想到故障是由一个发热的除霜器工作引起的,从外观上又无法看出来,所以该故障具有一定的隐蔽性。其二,该车是一辆新车,才行驶 3 万 km 左右,为什么会出现这个故障呢?维修技师分析认为,该继电器为一个小型塑封继电器,继电器外壳上标有最大允许电流为 20A,按其体积也可以推断出它的正常工作电流也不过是 20A 左右。然而在该车上,正常工作时电流高达 18A 的负载所选用的继电器才 20A(按设计要求,平时工作 18A 的负载,应选取 40A 左右的继电器,这样才能保证用电设备长期工作的可靠性),显然该车的故障不是一个偶发故障,而是因为设计不合理造成的,所以该故障存在一定的普遍性,提醒广大维修人员遇到类似故障时引以为鉴。同时也建议厂家在以后的设计中,对此做出改进,适当增大该继电器的最大允许电流值。

二、中华 MT 轿车无法起动且发动机故障灯常亮的故障

故障现象:一辆中华 MT 轿车无法起动,发动机故障灯常亮。

故障诊断与排除:用诊断仪检测时,故障提示为①发动机控制单元锁死。②当前钥匙无信号。出现这种故障肯定是该车的防盗控制单元出了故障,发动机控制系统一般是不会出现这种情况的。于是对钥匙进行了重新编程,经过重新编程后一切都正常了,车子起动了,发动机故障灯也熄灭了。将车交给车主开回家了。但好景不长,第四天,车主打电话来说:车子起动不了。赶到现场诊断,故障现象跟以前的是一模一样。当时气温比较低,以为是钥匙处于低温状态,因为钥匙芯片处于低温状态其发射频率不能满足要求也会导致该故障,于是对钥匙进行预热,但是没有效果,分析这种情况钥匙是没有问题的。测防盗线圈电阻在正常范围内,到防盗控制单元处的电源和搭铁线经检测没有问题。难道是防盗控制单元出了问题?于是更换了

防盗控制单元和钥匙编程后,故障依旧。于是检查防盗控制单元到发动机控制单元的线束,发现在发动机控制单元的接头处线束有人为损坏的现象,将该处的线修复后故障消失了。

由于发动机控制单元的线束被人为地破坏而导致该故障。修复该处后,故障排除。

三、中华轿车 4A15 型发动机起动不着车的故障

故障现象:偶尔出现起动不着车的故障,关闭点火开关后,等待 10s 后再起动,发动机就可以着车。此故障涉及车型有:2009 年 12 月 4 日之前生产的中华 FRV、FSV 及 CROSS 等 A 级轿车,搭载 4A15 型发动机和手动变速器,发动机电控系统由德尔福公司提供。

故障原因:发动机控制单元进入燃油锁定故障模式,在这种情况下,发动机控制单元停止供油,所以起动不着车。

故障排除方法:德尔福公司对发动机控制程序进行了更新,2009 年 12 月 4 日之后生产的车辆均采用了新程序的发动机控制单元。对于程序没有刷新的的车辆,当出现该故障时,可由服务站订购发动机控制单元进行更换。

注意事项:4A15 型发动机起动困难故障与 4G13/4G18 型发动机加速不良故障存在很大的区别,不应将两者混淆。①4G13/4G18 型发动机的加速不良故障只出现在中华 FRV 手动挡轿车上,发动机电控系统由上海联合电子提供。②4G13/4G18 型发动机的加速不良故障是指行驶中的车辆偶尔出现加速不良,踩下加速踏板时发动机没有响应,欧Ⅳ排放标准的车辆和 OBD 的车辆会存储 P0300/P0304 故障码。故障出现后,关闭点火开关后过一会再起动,发动机一般又会恢复正常。此故障的解决办法也是更换新程序的发动机控制单元。

四、中华轿车水温高的故障一例

故障现象:一辆 2003 款中华轿车,搭载 4G63 发动机,自动变速器。水温高,风扇转但发动机中高速时水温高。

故障诊断与排除:此车来 4S 店时水温达 100℃ 以上,风扇不转。中华轿车冷却风扇有主扇、副扇两个风扇。首先检查冷却液不缺,询问车主也没有过缺冷却液现象,从外表看也没有漏冷却液迹象。用手摸水箱上下水管温差不大,可初步证明节温器、水泵没有问题,毛病可能出在电控方面。

用诊断仪读取故障码:风扇控制器故障。用元件测试功能执行风扇转速和打开空调,风扇均不转。断开风扇插头给主、副风扇直接供给 12V 直流电压,风扇运转正常。于是更换了新的风扇控制器(位于风扇罩上)。自动变速器车型的风扇控制器外形为散热柱形,手动变速器车型为散热条片形,两种型号不通用,因为发动机控制单元的控制不同。冷却风扇的控制原理是发动机控制单元采集水温传感器的温度信号,然后通过继电器和风扇控制器控制风扇工作。

更换新的控制器后原地试车,当水温达 100℃ 时风扇运转,不一会儿发动机中高速水温高且风扇还在运转。

风扇都转了,还是高温,只能怀疑节温器、水泵故障。分别逐个更换试车,但故障依旧。最后维修技师把故障点落在了风扇的转动方向上。散热风扇的作用是引导车体前方的气流加速集中,由前至后穿过冷凝器水箱的散热片达到良好的冷却散热目的。如果风扇反转,不但不能使车前方的气流流通,还导致散热不好或不散热,造成水温高。

风扇转动之后,检查发现确有一个风扇是反转,于是把风扇端的两线插头互换极性试车,风扇转动方向正常,发动机不再高温,故障彻底排除。

故障维修总结:维修技师在维修其他车型时,也遇到过因风扇转向不对导致发动机冷却系高温的情况。提醒广大汽车维修人员遇到冷却系高温时,不妨先看一下风扇的转向,然后再确

定维修思路。

五、中华轿车限速 40km/h 的故障一例

故障现象：中华轿车装备德尔福控制系统的发动机，手动变速器。该事故车修完后，车速超不过 40km/h，只要车速达到 40km/h，就听到前方有"嗡嗡"响声，如果车速稍微低于 40km/h 响声消失，有了响声后加速不起作用。

故障诊断与排除：维修技师接车后，首先用诊断仪读取故障码，显示有节气门、进气压力、防盗信号以及车速信号等故障。由于是事故车，在别处已经做了相关的检查并且换过节气门总成、进气压力传感器等。即使再多的故障码也不一定准确，有可能是人为留下的没有清除，选择清除故障码，清除后还剩下一个防盗信号弱的故障码。但是着车基本正常，每次起动都非常好着车，所以关于防盗的故障码没有在乎它。

把车开到举升架上试车，正常，车速达到 100km/h 没问题。是负荷太小还是车速信号有影响，看数据流，车速信号正常。进行路试，故障出现时，无论节气门、车速信号，还是进气压力都在正常范围之内。响声的位置听起来好像在副驾驶仪表台里面，可是仪表里面应该没什么东西能引起这种响声，是不是 ABS 工作了呢？拔下插头再试车，故障没出现，通过拔、插两次 ABS 插头试车，得到的验证是 ABS 引起的。进入 ABS 控制系统读取故障码，没有，通过观察数据流，发现左前轮车速明显低于其他 3 个轮 10km/h。拆下左前轮发现，左前轮的机械部分都是新换的，唯独传感器是旧的，并且传感器的固定爪已经断裂，导致传感器和齿轮的间隙过大，换新的后试车故障依旧。经过细心观察，发现左前轮齿环上的齿比其他轮的齿大。更换球笼后试车，限速现象解除。

故障维修总结：这个故障是由于更换的配件型号有差异造成的，齿轮大反馈给控制单元的速度信号比其他轮慢，控制单元通过对比后误认为有制动现象，ABS 开始工作，并且通过发动机参与让车速降到 40km/h 以下。

六、中华轿车加速困难且无规律熄火的故障

故障现象：一辆中华轿车（采用 4G63 发动机和手动变速器），当行驶到热机时，会无规律地出现加速困难，随后发动机熄火的现象；断开点火开关并等待几分钟再重新起动发动机，发动机工作会恢复正常，但行驶一段时间后，又出现上述故障现象，而且冷却液温度指示灯点亮，随后发动机就无法再次起动着机了。用户反映，已在多家修理厂更换过火花塞，清洗过油路、油箱和喷油器，更换过汽油滤清器和点火线圈等配件。

故障诊断与排除：该车行驶到 4S 店门口时发动机刚好熄火，冷却液温度指示灯点亮。就车检查，拔出一缸分缸线，接上火花塞进行跳火试验，发现没有高压电。连接故障检测仪读故障代码，显示为 P1340—凸轮轴位置传感器（软件判断），上限、开路或短路；P0443—炭罐（电磁阀），下限、搭铁或开路；P0105—进气歧管绝对压力传感器，上限/开路或短路；P0351—点火线圈 1 点火，下限、搭铁或开路；P0352—点火线圈 2 点火，下限、搭铁或开路；P0230—供油泵（电路）开路。将故障代码打印完毕后，做清码处理，发现只有 P1340 和 P0443 两个当前码不能清除掉。

分析这 2 个故障代码，炭罐有故障不会导致发动机无高压电，而凸轮轴位置传感器有故障，则会影响高压电。因此认为应该重点检查凸轮轴位置传感器及其线路，或 ECU 部分。检查凸轮轴位置传感器信号参数，与维修手册上的相符，正常；检查凸轮轴位置传感器与 ECU 连接线束时，发现 ECU（ECU 位置在防火墙中央位置上）的 2 个大导线连接器和 1 个小的导线连接器是用扎带绑住的，ECU 导线侧连接器固定卡扣已经损坏，是否由于其导线侧连接器接触不良,导致凸轮轴位置信号不正常,发动机无高压电的呢? 带着疑问,用手把该ECU导线侧连接器动了一下,发现仪表盘上的冷却液温度指示灯马上熄灭了,起动发动机,顺利起动着机了,故障点找到了。

拆下ECU,把其导线侧连接器固定好后进行路试,上述故障彻底排除了。

故障维修总结:事后对该起故障进行分析,认为该车在其他厂维修过程中由于维修人员野蛮操作,把ECU的导线侧连接器拔坏了,于是就草草用扎带绑住了事。当该车行驶在不平路面上时,就会引起ECU连接器接触不良,导致凸轮轴位置传感器信号不良,冷却液温度指示灯异常点亮,发动机无法起动。所以在汽车维修过程中忌讳野蛮操作,以减少不必要的损失。

七、中华轿车高温的故障一例

故障现象:一辆2001款中华轿车,搭载4G63S型发动机,该车散热风扇熔丝过热熔化,散热风扇常转,同时发动机冷却液温度过高。

故障诊断与排除:经检查,发现只要发动机运转,散热风扇就高速运转,风扇运转10min左右,熔丝过热,壳体已开始熔化,同时发动机冷却液温度指示110℃左右。

根据故障症状,维修技师决定首先从水温高的故障入手。一般导致散热风扇高速运转,同时水温过高故障原因有以下几个:①冷却液循环不正常(水泵故障、节温器故障)。②热交换不好,水箱部分堵塞。③水温传感器信号不正确。根据先简后繁的原则,先检查了冷却液循环情况,用红外测温仪检测上、下水管温差,上水管95℃左右,下水管40℃左右,温差非常大,检查节温器处前端与后端温差相差53℃左右。

根据检测结果,怀疑节温器故障,于是更换了节温器。此时水温高的故障排除,但散热风扇仍然高速常转。

维修技师找来散热器风扇电路原理图(如图11-1所示),根据电路原理图,首先检查继电器,发动机运转后,1、2号继电器同时工作,风扇高速运转。检查发动机线束状态良好,分析2根控制线,同时搭铁的可能性非常小,但为了准确,还是测量了2根控制线,结果控制线正常,没有搭铁。

检查到此,分析故障应该是发动机控制单元起动了故障应急保护程序。使用故障诊断仪读取数据流,显示水温85℃,这个温度发动机控制单元是不会起动风扇高速运转的。此时维修技师决定检查空调系统的工作情况,于是打开A/C开关,空调正常起

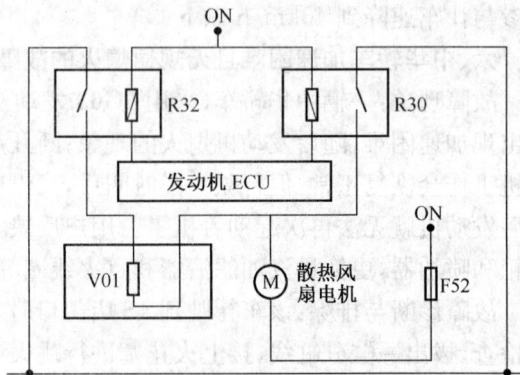

图11-1　散热风扇电路图
F52—散热风扇熔丝30A　R30—风扇2号继电器
R32—散热风扇1号继电器　V01—散热风扇调速电阻

动,工作也正常,ECU收到A/C开启信号后,ECU在开启空调离合器的同时,会指令风扇低速运转。而在空调运行中当系统压力过高时,控制单元会指令高压开关结合,ECU收到这个信号后,便会指令散热风扇高速运转,以降低空调系统压力。

那么会不会是高压开关存在故障呢? 于是维修技师拔下高压开关插头,风扇停止了运转。用万用表检查高压开关,高压开关常通。

在更换空调高压开关后试车,一切正常,故障彻底排除。

八、中华轿车点火系的故障一例

故障现象：一辆 2001 款中华轿车，配置 4G63S 型发动机，怠速稍有抖动，急加速时耸车，有加油不畅的感觉。

故障诊断与排除：连接汽油压力表测量供油压力，正常。检查火花塞，发现 2、4 缸火花塞绝缘体上有微小的裂痕，证明火花塞已被击穿，有的高压线阻值超出正常值；采用玛瑞利 ECU（M M. ECU）的电控系统各项阻值：

高压线阻值：$2.5\sim5k\Omega$；

火花塞电阻：$3\sim7.5k\Omega$。

采用三菱 ECU 的电控系统：

高压线阻值：$22k\Omega$。

更换 2、4 缸火花塞和阻值不正常的高压线后，故障彻底排除。

故障维修总结：由于中华轿车 2、4 缸火花塞容易被击穿，根据经验，建议在更换 2 缸和 4 缸的火花塞时，要换用厂家优化的高阻值火花塞或用日本产电装高阻值火花塞，型号为 DENSO K20PRU 来代替。

九、中华轿车加速过程有时会熄火的故障

故障现象：冷车正常，热车加速无力，但怠速正常，急加速有时会熄火。

故障诊断与排除：经试车，用诊断仪读取参数时发现加速时点火系统正常，但供油时间上有点问题。考虑到该车已行驶 4 万 km，更换了火花塞、高压线、点火线圈、汽油滤清器，但故障依旧。在怠速时测汽油压力，正常，在急加速时，压力突然下降至 1500kPa，根据这一现象，维修技师判断是汽油泵故障，更换汽油泵后，试车一切正常，故障彻底排除。

十、中华轿车发动机控制单元内部损坏导致混合气过浓的故障

故障现象：该车怠速有时抖，加速无力，排气管"突突"响，并冒黑烟，费油。

故障诊断与排除：维修技师根据故障现象判定为混合气过浓所至，用诊断仪读取参数，发现氧传感器和进气压力传感器参数不能正常变化，有时就"死"在那里，读取故障码时显示无故障码，于是更换氧传感器和进气压力传感器，但故障依旧。测汽油压力正常，清洗喷油器后故障依旧。在检测线束正常的情况下更换了发动机控制单元，故障现象消失了。

故障维修总结：该现象应该是发动机控制单元内部故障导致混合气过浓。

十一、中华 MT 轿车空调压缩机不工作的故障

故障现象：一辆中华 MT 轿车空调压缩机不工作。

故障诊断与排除：该车装配的是手动控制面板。检查 R134a 是充足的。起动发动机开空调，冷却风扇工作正常，但压缩机不工作。测压缩机离合器处没有 12V 电源，关闭发动机，打开点火开关"ACC"挡，检查发动机室空调压缩机保险有 12V 电源。检查乘客室内空调压缩机 7.5A 保险正常且有 12V 电源。但在检查压缩机继电器处时发现从点火开关过来的 12V 电源时有时无。反复转动点火开关几次后，继电器处从点火开关过来的 12V 电源恢复正常，起动发动机开空调压缩机工作正常，但关闭后再起动发动机开空调压缩机就不工作了。反复转动点火开关几次，压缩机又工作正常了，故判断点火开关有问题，更换点火开关后一切正常，故障彻底排除。

故障维修总结：经过对点火开关解剖分析发现，内部的触点磨损十分严重，多转动几次有时各触点都能正常接合，但有时就不行了。由此判断点火开关内的触点已经磨损而引起点火开关过早失效。

十二、中华轿车正常行驶中警告灯会偶尔点亮少许时间的故障

故障现象:中华轿车在正常行驶中警告灯会偶尔点亮。

故障诊断与排除:因为该现象只有在行驶中突然工作几秒又马上不工作了。对于这种情况,维修技师怀疑是某处接触不良。对该车初步诊断,车辆没有经过任何改装。只有在闪光器工作的情况下才会让警告灯工作。于是更换了上部组合开关,试车后故障依旧,但是在试车中无意间按了一下遥控器,警告灯就工作了(该车在起动后遥控器是不会起作用的),问题应该出在后中央控制器,将后中央控制器解体后检查,发现 T35/19 脚虚焊,将该点焊好后试车,一切正常了,故障排除。

故障维修总结:T35/19 是惯性开关过来的,由于 T35/19 脚虚焊导致后中央控制器有时判断错误,而使警告灯工作。

十三、中华尊驰轿车 ABS 系统有异响的故障

故障现象:中华尊驰轿车 ABS 指示灯状态正常,常规制动正常,ABS 也能工作,只是有异响,用诊断仪检测无故障码。车速高于 20km/h 以上,轻点制动踏板,ABS 即开始工作,制动踏板有回弹感觉,同时发动机舱右侧出现刺耳的异响,松开制动踏板后此种异响仍持续存在,在车速改变情况下,异响停止。有时低速情况下(20~30km/h),不踩制动踏板,也会出现此种异响,但没有制动作用。

故障诊断与排除:拔掉 ABS 控制单元插头,故障就不会存在。于是将 4 个轮的传感器插头逐个拔掉,当拔到右前轮 ABS 传感器后故障现象消失了。问题就出在右前轮 ABS 传感器采集到的信号不正确,从而导致 ABS 控制单元发出错误指令,使 ABS 电机不正常工作,刺耳的异响为 ABS 电机声音。故障原因有以下几种可能:①右前轮 ABS 传感器安装支架的尺寸出现偏差或变形。②右前轮 ABS 传感器安装不到位,导致 ABS 传感器与 ABS 齿圈间隙不正常。③右前轮 ABS 传感器安装支架装配不到位,导致 ABS 传感器与 ABS 齿圈间隙不正常。④ABS 齿圈、前轮 ABS 传感器头部有油污、铁屑。

将右前轮 ABS 传感器安装支架拆下,更换新支架。对前轮 ABS 传感器、ABS 齿圈、ABS 传感器在转向节上的安装孔进行清洗。全部装好试车,系统正常了。用诊断仪对车辆进行动态数据流检测,主要是对前后左右四个车轮转速、车轮起始速度这两个项目进行检测,车轮速度没有瞬时归零现象,故障彻底排除。

十四、中华轿车 ABS 控制单元继电器断路的故障

故障现象:ABS 故障灯长亮。

故障诊断与排除:读取故障码为"继电器断路",而要解决这个问题就必须更换 ABS 控制单元总成。由于 ABS 控制单元总成价格较贵,大多数车主都不愿意更换,都希望能够把它修复。经过多次试验,维修技师总结了一套可行的维修方法,经过这样维修后便可解决"继电器断路"这个故障码,避免了更换 ABS 控制单元总成,具体步骤如下。①拆下 ABS 控制单元上的 4 个固定螺钉,取下 ABS 控制单元。②在 ABS 控制单元的下方可以看见一个凸起的小四方形,这就是控制单元内的一个继电器。接着在控制单元的上方,在正对下方继电器的位置割开一个继电器大小的孔,然后用恒温电烙铁把继电器的 5 个引脚重新焊一遍,故障车辆一般会有个别引脚的锡焊开裂。维修技师在部分 ABS 控制单元继电器的周围也曾发现有个别焊点开裂过,因此在焊的时候必须把周围的一些大的焊点认真检查一下。③焊好后把割开的孔重新封装好,以避免进水。

经过这样维修后,绝大多数车辆都能解决问题,如还不能解决问题,就必须更换此继电器,

此继电器在部分旧的防盗器中能找到。

　　故障维修总结：用锡焊的方法代替了传统的换件办法，在越来越多的技术人员将自己的工作从"维修"变成"换件"的趋势下，这种解决问题的方式值得提倡，必将受到广大车主的欢迎和好评。不过，此法只能解决由于虚焊产生的断路，不能解决其他原因所致的断路。

十五、中华轿车 ABS 故障警告灯异常点亮的故障

　　故障现象：一辆 2005 款中华轿车，配置 4G63 型发动机，手动变速器。该车起动发动机后，仪表板中的 ABS 故障警告灯处于常亮状态，车辆行驶中进行紧急制动时车轮抱死。

　　故障诊断与排除：从故障现象来看，该车的制动防抱死功能已失效，且 ABS 控制模块储存了相关故障码。使用诊断仪对 ABS 控制系统进行自诊断，有 1 个故障码"C0110"，其内容为"泵电机断路/正极未接/对地短路"。清除故障码，ABS 故障警告灯熄灭，重新起动发动机，约 1min 后 ABS 故障警告灯重新点亮。再次清除故障码，结果发现故障码"C0110"无法清除掉，说明故障真实存在。

　　ABS 控制模块（电脑）安装在 ABS 液压阀体上方，泵电机安装在 ABS 液压阀体侧面。打开发动机舱盖，将 ABS 控制模块拆下，其内部的 2 个插孔正好与泵电机的 2 个针脚对接，说明泵电机是由 ABS 控制模块直接控制的。测量 ABS 控制模块的供电针脚和接地针脚，电压都正常。测量泵电机的电阻，结果为 0.4Ω，与标准值相比偏小。

　　在 ABS 控制模块的泵电机插孔之间跨接 1 只大功率试灯代替泵电机，然后清除故障码，起动发动机，ABS 故障警告灯一直处于熄灭状态。重新查询故障信息，故障码"C0110"消失，说明故障是由于泵电机性能不良引起的。该车型的泵电机与 ABS 液压阀体集成在一起，不可单独更换。更换 ABS 液压阀体总成后，故障彻底排除。

　　故障维修总结：判断泵电机性能是否正常，是 ABS 系统故障检测的难点之一。维修技师采用的方法是用 1 只功率与泵电机基本相同的用电器（如大灯灯泡）来代替泵电机，如果故障现象消失，说明泵电机本身性能不良；如果故障现象依然存在，则说明故障原因是 ABS 控制模块外部供电线路不良，或者是 ABS 控制模块内部电路存在虚接现象，更换相关的故障部件即可排除故障。另外，维修人员可以按照故障码表来进行检修，该车型 ABS 系统故障码表见表 11-1。

表 11-1　ABS 系统故障码表

OBD 故障码	闪码	故障内容	OBD 故障码	闪码	故障内容
C0035	025	左前轮转速传感器断路或短路	C0060	044	左前减压阀短路或输出驱动器断路
C0035	026	左前轮转速传感器或齿圈丢失	C0060	042	左前减压阀断路或输出驱动器断路
C0035	027	左前轮转速传感器脱落	C0070	048	右前减压阀短路或输出驱动器断路
C0040	021	右前轮转速传感器断路或短路	C0070	046	右前减压阀断路或输出驱动器断路
C0040	022	右前轮转速传感器或齿圈丢失	C0080	052	左后减压阀短路或输出驱动器断路
C0040	023	右前轮转速传感器脱落	C0080	054	左后减压阀断路或输出驱动器断路
C0045	035	左后轮转速传感器断路或短路	C0090	058	右后减压阀短路或输出驱动器断路
C0045	036	左后轮转速传感器或齿圈丢失	C0090	056	右后减压阀断路或输出驱动器断路
C0045	037	左后轮转速传感器脱落	C0065	043	左前阻断阀短路或输出驱动器断路
C0050	031	右后轮转速传感器断路或短路	C0065	041	左前阻断阀断路或输出驱动器断路
C0050	032	右后轮转速传感器或齿圈丢失	C0075	047	右前阻断阀短路或输出驱动器断路
C0050	033	右后轮转速传感器脱落	C0075	045	右前阻断阀断路或输出驱动器断路

续表 11-1

OBD 故障码	闪码	故障内容	OBD 故障码	闪码	故障内容
C0085	053	左后阻断阀短路或输出驱动器断路	C0252	075	8 位微处理器与 16 位微处理器间的轮速信号有差异
C0085	051	左后阻断阀断路或输出驱动器断路	C0550	088	车辆禁用码(工厂定义)
C0095	057	右后阻断阀短路或输出驱动器断路	C0550	—	通信失败
C0095	055	右后阻断阀断路或输出驱动器断路	C0550	—	传感器输入电路接地断开
C0110	068	泵电机驱动器损坏;电源正极连接短路;无接地	C0550	—	无效地中断要求
C0110	067	泵电机断路;电源正极未连接;接地短路	C0550	074	阻断阀超时
			C0550	077	循环时间错误
C0110	—	泵电机锁死或短路	C0550	069	减压阀超时
C0121	066	继电器短路	C0556	073	外部看门狗电路失效
C0121	065	继电器断路	C0561	076	8 位微处理器 RAM/ROM 错误
C0121	08A	驱动器继电器损坏	C0563	072	16 位微处理器 ROM 故障
C0161	081	制动灯开关黏结或不起作用	C0564	071	16 位微处理器 RAM 故障
C0232	09A	ABS 故障警告灯与电源正极连接短路或断路	C0880	085	蓄电池电压过高
			C0880	084	蓄电池电压低于 9.5V
C0232	086	ABS 故障警告灯接地短路	—	012	状态代码—未进行制动
C0245	038	轮速错误(车轮转速传感器性能不稳定)	—	013	状态代码—已进行制动
C0245	—	车速与车轮不匹配	—	083	蓄电池电压低于 9.0V

十六、中华 FRV1.6L 轿车由火花塞损坏引起的故障一例

故障现象:一辆 2009 年产中华 FRV1.6L 轿车,据车主反映,车辆起动后,打开转向灯时仪表没有发出"嘀嗒"的提示音。

故障诊断与排除:维修技师接车后首先验证故障现象,发现打开点火开关(未起动发动机)的情况下,打开转向灯时仪表有"嘀嗒"的提示音,只要起动后再开转向灯,就没有提示音了,而且发动机转速表停在 0 位不动,加速时也不动,油表也停在 0 位。

综合上述故障现象,维修技师分析故障很像是仪表的供电(30 号)电源丢失或是仪表故障。为了准确判断故障,参考电路图分别对仪表的常电源与点火开关电源进行检查,电源电压正常,无断路或短路现象,检查仪表搭铁也正常。于是更换仪表,结果很令人失望,故障没有任何改变。再次查看电路图,由电路图看出转向信号走向由转向开关→BCM→仪表的转向灯泡。在起动后,外部转向灯工作正常,于是维修技师怀疑由 BCM 出来的输出信号线分支到仪表的信号线可能有问题,但是为何仪表的转向指示也正常,只是没有提示音?维修技师带着疑问拆下仪表,打开转向灯检查到仪表的信号线,信号可以正常供给。

在故障出现的同时转速表也没反应,但是电源与搭铁都正常。车主在此时又反映车辆加速不良,感觉像火花塞不良,于是更换了火花塞。车辆的所有故障都消失了。

故障维修总结:对于整个维修过程,在检查线路的同时已经发现没有问题,更换元件也不能解决故障,就应该考虑是否车辆上存在干扰源造成信号失真。主要原因是维修人员当时的维修思路不够开阔,对于问题综合分析不够。火花塞损坏后,击穿阻值变大,导致点火线圈的初级电流增大,线圈的磁场变强,产生了超过本车的抗干扰的屏蔽界限,导致车辆出现以上的

故障现象。

十七、中华轿车自动空调不制冷的故障一例

故障现象：一辆 2003 年款中华 2.4 尊贵版轿车，因空调故障进维修站报修。该车配备了自动空调，据车主反映，该车的空调失效，空调控制面板上无论设置成自动模式还是手动模式，出风口吹出的风都是自然风，没有一点凉快的感觉。

故障诊断与排除：维修技师接车后，对该车的空调系统的组成及基本工作原理进行了认真分析，以便更快更准确地找出故障原因。

①该车的空调系统由空调系统控制单元控制，系统具有吹风模式转换、前除霜、后除霜、温度手动/自动调节、鼓风机风速手动/自动调节、内外循环转换、压缩机运转以及空调系统自动运转、经济运转、手动运转相互切换的功能。

②在自动运转模式下，空调系统控制单元可以根据用户设定的车舱内目标温度值，通过对外界温度传感器、车内温度传感器、水温传感器、蒸发器温度传感器、阳光照射传感器以及车速传感器进行信号采集和计算分析，从而实现对空调系统的自动控制，以保证车舱内温度稳定控制在设定值。

③在空调系统的部件均处于正常状态的情况下，影响到空调压缩机吸合共有 4 个因素，这些因素包括空调系统管路压力、蒸发器温度、发动机冷却液温度、外界环境温度。

了解空调系统的基本情况后，下面开始进行检查。打开点火开关，从发动机舱内传来压缩机吸合的声音，这是发动机控制单元进行自检时控制压缩机继电器工作，使压缩机吸合发出的声音，中华轿车都有这个功能。由此可见，压缩机、压缩机继电器以及发动机控制单元的这部分控制是正常的。起动发动机，首先采用手动模式检查，按下 A/C 按键，将温度调低并调节出风量，压缩机不能吸合；再选择自动（AUTO）模式和经济模式，压缩机仍然不能吸合。连接歧管压力表测量空调系统压力，压力在正常的范围内；接着又用导线短接了压力开关，结果压缩机仍然不能吸合。接下来检查线路，拆下位于中央控制台上的空调控制面板，不要拔下插头，起动发动机并打开空调，参考空调控制面板电路图（如图 11-2 所示），使用试灯测试控制面板的 A-3 脚上的 A/C 压力开关信号，试灯能够点亮，这说明压力开关信号已经输入空调控制面板了。用万用表电压挡测量 A-4脚上的空调请求信号输出，发现在开空调和关空调的时候电压均没有变化，始终都为 0V。由于怕万用表检测不准确，维修技师又用示波器测试了 A-4 脚，

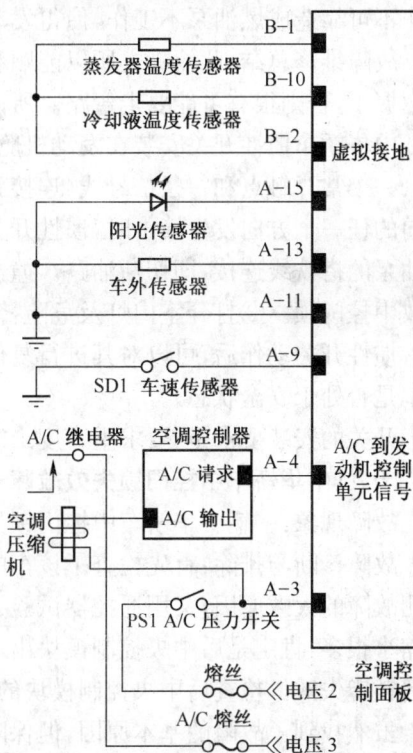

图 11-2　空调控制面板电路图（局部）

结果也是一样，在开空调和关空调的时候显示屏上没有任何变化，于是便怀疑是空调控制面板损坏或蒸发器温度传感器和冷却液温度传感器等发出了错误的信号，从而使空调控制面板不能向发动机控制单元输出空调请求信号。用万用表测量了与几个传感器相连的 B-1 脚、B-10脚、A-13 脚以及 A-15 脚上的电压信号，结果都在正常范围内。为了保险起见，维修技师又测

量了 A-4 脚和发动机控制单元的 48 脚导通情况,结果也是导通的,这说明线路也没有问题,看来空调控制面板存在故障的可能性最大了。

更换控制面板后试车,压缩机能够开始吸合,这说明故障已经排除。在后来的汽车维修工作中,维修技师又遇到了几例相同的故障,结果都是更换了空调控制面板才解决问题。由此看来,此故障在中华轿车上较为普遍,希望此故障的排除过程能对其他维修人员起启示作用。

十八、中华轿车惯性开关故障一例

故障现象:一辆中华轿车在行驶中偶尔熄火。

故障诊断与排除:维修技师车接后,按照常规的思路,进行点火系统、燃油供给系统的初步检查,没有发现问题。用中华轿车的专用诊断工具电眼睛察看数据流和故障码都一切正常,且在检查过程中没有出现熄火的现象。只好跟着车主去试车,试车过程中也没有出现故障,由此可见故障并不是频繁发生,且是比较隐性的故障。当与车主反复去试车后,故障总算出现了,行驶中突然熄火,再起动时也能着车,从现象看很像异常断火,或者是突然不供油的故障。把车开到维修车间,着重检查了容易出现接触不良的地方,也没有发现问题,最后怀疑还是油泵供电线路有问题,这时怀疑惯性开关可能工作性能不好,造成正常状态下自身出现接触不良,切断了燃油泵的工作。检查惯性开关本身看不出问题,试着更换一个新的惯性开关,再试车,故障消失了。车主开车离去,半月故障没有再出现。问题解决,很明显,故障原因是惯性开关工作不可靠造成燃油泵不工作,使得发动机熄火。

故障维修总结:此故障之所以能顺利排除,正是因为维修技师对惯性开关的工作原理彻底地掌握了,否则很有可能要走弯路。所以有必要把惯性开关的工作原理介绍给大家。

中华轿车惯性开关安装在发动机舱的右侧。惯性开关有一个常闭触点(连接到油泵搭铁线)、一个常开触点和一条信号线(连接到中央控制器)。点火开关处于打开状态,在四个正交方向的任一个方向发生撞击时,惯性开关内部的机械装置会使常闭触点切换到常开触点,断开燃油泵的搭铁线连接,即切断油路。撞击信号输入到中央控制器中,控制器发出以下指令:①释放中控门锁。②打开室内灯及危险警报灯。

惯性开关动作后,可以对其进行复位。复位方法是按压软盖保护下的小球(复位前要检查整车是否处于安全状态)。

开关的安装要求是:要求垂直度±3°。

十九、中华轿车中控门锁失效故障一例

故障现象:一辆中华轿车中控门锁失效。

故障诊断与排除:首先检查了该车的中控门锁各项功能,确实已经不起作用了。为了快速检测故障的大致原因,又用遥控器试验了遥控门锁。发现遥控门锁也不起作用,这下故障的范围缩小很多,肯定是后中央控制模块出现问题或有关的保险丝出现问题。导致中央控制和遥控门锁皆失效。检查后中央控制模块的保险丝 F30,发现 F30 已烧断。

虽然找到了故障的基本原因,但保险丝为什么烧断是需要查清的。因为这很可能与线路状况、配件问题、使用方式有关系。找了一个备用保险更换上,中控锁恢复正常,可以使用。但在使用遥控器开锁时。遥控器不管用,询问车主原车的遥控器以前是否管用,车主讲自从安装了遥控防盗装置后,原车的遥控器就不好使了。他一直使用加装的遥控器。维修技师用他的加装遥控器反复遥控开关门锁,没几下也就不起作用了。再检查中控锁又失效,F30 又烧断了。这清楚地说明了问题,车主加装的遥控防盗装置工作不可靠,电流过大,使 F30 烧断。进到驾驶室仪表台下,仔细看了加装的遥控防盗装置器,是杂牌子,线路走得很乱,隐患很多,为

了彻底解决问题,经车主同意后把加装的防盗器拆掉,恢复了原车的线路,换上保险,经反复试验,中控锁问题不再发生,故障彻底排除。

二十、中华轿车中控门锁有时管用有时不管用的故障一例

故障现象:一辆中华轿车,中控门锁一会好使,一会又不好使,此故障发生没有规律。

故障诊断与排除:维修技师接车后,检查了中控门锁的各个方面没有任何问题,工作良好。故障不出现,是不好查找原因的。车主为了解决问题,只好把车留给服务站。维修技师决定先把车停到车间外的待修区,在烈日的照射下很快故障出现了。无论怎么样触发中控门锁,中控门锁就是不起作用,检查信号线路都正常,后中央控制模块的插头接触也没有问题。看来后中央控制模块本身有问题了。为了证明是太阳照射造成模块工作性能不良,使中控门锁不工作,又把车开到阴凉的地方,过了一阵,中控门锁又可以工作了。

更换后中央控制模块,故障彻底排除。

二十一、中华轿车中控门锁自动闭锁的故障一例

故障现象:车主说,他的中华轿车出现这个问题有一段时间了,有好几次差点把钥匙锁到车里。多亏了没关车窗。

故障诊断与排除:车主报修的故障在汽车中控门锁方面是经常出现的,造成此故障的原因就是中控模块接到了异常的闭锁信号,或者中控模块自身出现问题,产生错误的动作。以上两个原因中的第一个造成此故障现象比较多。产生错误信号的原因主要有:①线路有问题:线被磨破、线路受损、乱改线。②相关的配件工作不可靠:带内置开关触点的中控门锁电机、信号开关等。

当询问车主后,确认了该车没有进行过线路改动和加装防盗、音响设备等操作后,基本可以排除线路问题。鉴于中华轿车本身的中控特点,很容易怀疑左右前门中的一个或两个二位开关有问题,产生错误信号给后中央控制模块。

采用隔断法测试两个车门的三位开关,发现当右前门线束断开,左前门线束不断开,反复操纵中控门锁,没有自动闭锁的故障。反之,则出现问题。说明左前门好,右前门的三位开关有问题,拆下右前门的三位开关一看,在三位开关的内部氧化生锈造成了触点黏连,给了中控模块错误的闭锁信号。

更换一个新的三位开关后,故障彻底排除。

维修技师曾在中华轿车的维修中遇到过多起因三位开关故障进而引起中控锁的故障。这是中华轿车三位开关本身有设计上的不足,造成工作不可靠,导致了故障的发生。

二十二、20004 款中华轿车电动车窗失灵的故障一例

故障现象:一辆 2004 款中华轿车 2.0L,自动变速器,行驶里程为 3 万 km。4 个车门电动车窗全部失灵。当使用遥控器利用"便捷控制"功能控制时车窗也无法动作,该故障为突发性故障,无明显征兆。

故障诊断与排除:取下位于后挡风玻璃下的电动车窗控制模块,用试灯测试其 1、19、20 号端子皆有 12V 电压,2、16、23 号端子搭铁良好。24 与 25 号端子,21 与 22 号端子,14 与 15 号端子,17 与 18 号端子为电动车窗电机驱动端子 当用跳线直接给上述端子供电时发现电动车窗动作正常,此时故障点集中到了控制模块本身上。

按正常的原理,一个控制模块只要电源和搭铁正常便能工作,但中华轿车在电动车窗的控制上与众不同,中央控制模块、电动车窗控制模块、天窗控制器组成了一个小型的局域网,其中电动车窗控制模块能工作的一个前提是前中央控制模块输出一个唤醒激活信号。用万用表测

试其 7 号端子粉/白线及 8 号端子粉/黑线的电压时,数据如下:

当点火开关打开时,7 号端子为 0.096V,8 号端子为 0.005V;当关闭点火开关时 7 号与 8 号端子全部为 5V 电压。说明唤醒激活信号已经送达电动车窗控制模块,最后确认电动车窗控制模块损坏,更换后故障排除。

二十三、中华尊驰轿车喇叭长鸣的故障一例

故障现象:一辆中华尊驰轿车因喇叭长鸣无法控制被送进 4S 店维修。

故障诊断与排除:关闭点火开关取下钥匙,喇叭还是长鸣,不受控制。左右转动转向盘并反复按压转向盘中央的气囊盖也无效。试着把气囊盖向转向盘上方提,但还是不管用,只有先断开蓄电池负极连接线。从发动机舱中左侧继电器盒中找到了喇叭继电器。怀疑是继电器烧蚀黏连造成喇叭长鸣。取下继电器,接上蓄电池负极连接线后喇叭不响了,证明喇叭受继电器控制。经检查测试继电器是正常的。在从继电器插座处用短线直接给喇叭供电,喇叭响且受手动控制。证明继电器到喇叭间的线路正常。问题出在继电器到喇叭开关之间。要么是喇叭继电器控制电路有问题,要么是喇叭开关烧蚀黏连。

本着从简到繁的原则,先拆下转向盘上的主气囊。注意小心拆卸螺旋导线与气囊的连接插头。具体方法是:打开插头保险后,用两把微型扁口起子同时相对向里推插头使弹性卡扣变形向内收缩后,再向外撬插头,提取出来。这时发现喇叭开关是设在气囊里面的。是气囊里面的喇叭开关(不可拆卸)触点有问题还是从螺旋导线到喇叭继电器的线路有问题?断开气囊导线后,把新的喇叭继电器插回原位,喇叭不响,用导线把气囊导线的喇叭控制线搭铁,喇叭响了并受手动控制。证明从转向盘到继电器间线路没问题。应该是气囊内喇叭开关触点有问题。由于不可拆解,只有更换新气囊,更换后一切正常,故障彻底排除。

第十二章　红旗系列轿车故障检修实例

一、CA7202E3 红旗轿车热机难起动的故障一例

故障现象：一辆 CA7202E3 红旗轿车，累计行驶 13 万 km，冷机起动正常，但当发动机温度达到 90℃ 左右时，发动机有时难以起动着，等发动机温度降下来后，发动机起动又能恢复正常。

故障诊断与排除：根据故障现象，维修技师首先对冷却液温度传感器及空气流量传感器进行检查，结果两个传感器均正常。然后对供油系统进行检查，用 V.A.G1318 燃油压力表测量起动时发动机燃油系统的压力，燃油系统压力为 280kPa，比标准值略低（标准值为 300kPa），燃油系统也不泄漏。用 V.A.G1763 气缸压力表测量各缸的气缸压力，6 个气缸的压力均为 1.05～1.06MPa，符合技术要求。据初步分析，问题可能出在燃油泵上（因该车行驶了 13 万 km 没有换过燃油泵，燃油系统压力又比标准值略低）。换上 1 只新燃油泵后，发动机立即起动，经过多次试车，发动机起动一切正常，认为故障圆满解决了，就将车交给车主开走。

第 3 天车主又将车开到维修站，反映上述故障现象有好转，但是有时发动机还是难起动，故障没有完全排除。用 SY280 故障检测仪进一步对点火系统进行检测，没有调到故障代码。读取动态数据并与标准数据进行比较，结果所有数据都在标准范围之内，随后对发动机及 ECU 搭铁线进行检查，也没有发现问题。用 V.A.G1526B 万用表对 15 号线进行测量，发现该线电压不稳定，有时只有 6V（标准电压应为 12V），怀疑问题可能出在点火开关上。于是更换点火开关后试车，发动机起动正常，经过多次试车，发动机没有出现难起动现象。一周后进行电话回访，车主反映上述故障没有再出现，故障彻底排除。

二、电喷红旗轿车发动机不能起动的故障一例

故障现象：一辆电喷红旗发动机不能起动，经检查点火系统无高压。

故障诊断与排除：首先用 V.A.G1551 检查发动机电控系统，无故障记忆。基本可以排除曲轴位置传感器故障的可能性。因电喷红旗分电器只是把高压分配给各缸，它与是否产生高压无关，所以应重点检查带能量输出级的点火线圈（如图 12-1 所示）。

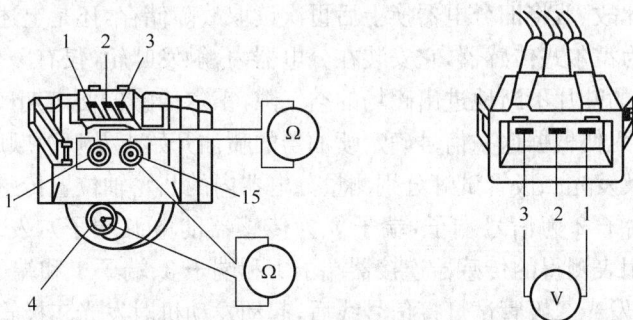

图 12-1　点火线圈的测量

①供电检查：拔下点火控制器的三柱接线插座，打开点火开关，按如图 12-1 所示测量插座内 1-3 端子之间的电压，应为 12V。②点火线圈检测：拔下中央高压线，打开线圈端子护盖即可露出 1 号和 15 号端子接柱（即点火线圈初级）。测量它们之间的电阻应为 0.55Ω，测量高压柱与 15 号接柱之间的电阻（即次级线圈）应为 3.3kΩ。③点火控制器的检测：可用电阻测量比较法判断其好坏，由电路图可知，点火控制器 1 脚接地搭铁。称之为"地脚"。其他各脚与地脚

之间都有固定的阻值,可以用万用表测量各引脚与地脚之间的直流电阻,并把它们与正常值相比较,如果相差过大。刚说明控制器内部损坏。

表12-1所列数据是用国产较精确的MF500型万用表测量的,取3个控制器测量结果的平均值。表12-2是本故障车点火控制器的测量值,对比表1、表2发现,两组测量结果相差较大。证明点火控制器损坏,更换后试车,发动机起动顺利,故障彻底排除。

表 12-1　标准电阻值

脚　码	②	③
红表笔接①脚	3.2kΩ	2.1kΩ
黑表笔接①脚	3.3kΩ	2.3kΩ

表 12-2　故障车实测电阻值

脚　码	②	③
红表笔接①脚	1.4kΩ	0.3kΩ
黑表笔接①脚	1.4kΩ	0.3kΩ

三、红旗轿车发动机热机难起动故障一例

障障现象:一辆2002年6月出厂的红旗轿车(装配CA488型电控发动机),累计行驶近15万km,出现发动机起动困难,在热机时更加难以起动,有时要起动五、六次才能起动着,发动机一旦着机,短时间再次起动发动机能立即着机,但放置时间稍长后又会出现起动困难的现象。

故障诊断与排除:根据车主的叙述,初步怀疑问题出在点火系统,据维修经验,出现此类现象,多为分电器内的霍尔(凸轮轴位置)传感器信号不良所致。更换新分电器换上后试车,故障依旧。

连接故障检测仪读取故障储存,调得的内容为凸轮轴位置传感器(G40)信号不良和凸轮轴位置传感器信号超差。凸轮轴位置传感器出现故障后会使发动机出现功率下降、动力性变差,以及起动困难和油耗增加等情况。这是更换分电器后读得的故障代码,难道是新分电器本身有问题?为排除此故障,将旧分电器换上后再次读取故障储存,还是上述故障内容。该车的凸轮轴位置传感器为霍尔式传感器,它安装在分电器内,触发叶轮(仅有一个缺口)由分电器轴带动旋转,触发叶轮的叶片不断地进出磁场的空气隙,霍尔传感器便定期产生0~11V的脉冲信号,发动机控制单元便根据这一信号确定喷油器的喷油开始点及喷油顺序。

用数字万用表及发光二极管试灯分别测量分电器内的凸轮轴位置传感器的3个接线端子(端子1为搭铁线,端子2为信号端子,端子3为传感器的电源端子),发现将点火开关置于"ON"位,用数字万用表测得的传感器连接器端子1和端子3、端子1和端子2间的电压,均大于10V,无异常。将发光二极管试灯接信号线后,起动发动机时发光二极管试灯闪烁。由此可以说明,凸轮轴位置传感器是完好的。

在多次的起动中,发现了这样一个现象:当拔下分电器的中央高压线试火时,在接通点火开关的瞬间,点火线圈的中心电极上会跳一次火,再试高压火时却无火;而有时接通点火开关的瞬间,点火线圈的中心电极不跳火,再起动试火时却会有高压火,插好中央高压线起动时,发动机能顺利起动,且发动机的工作状况良好。根据这种现象分析,是否为点火开关接触不良导致点火线圈间歇性断火呢?于是拆下点火开关,取下点火开关底座(即点火开关内线路控制部

分,此部分作为点火开关的独立部分,可以单独购买),在该点火开关上标有30线(常电源线)、15线(点火开关控制电源线,为点火系统、ECU、充电系统、仪表等小功率电器设备供电)、75线(卸荷线,主要给大功率的用电设备供电,如空调、前照灯、刮水器电动机等)、50线(起动电源线)、P线(驻车灯线,在拔下钥匙后P线为驻车灯供电)等几个接线柱,在点火开关处于"ON"位及"ST"位时,用数字万用表的二极管(通断)挡分别测量30线和15线的通断情况,在这两种情况下,30线和15线间导通性良好,且接触电阻均小于0.2Ω。由此可大致排除点火开关出现故障的可能。

发动机难起动,是否是曲轴位置传感器信号不良所导致的呢? 一般来说,假如曲轴位置传感器信号不良的话,ECU接收不到发动机转速信号,会造成发动机无法起动,热机难起动是否和曲轴位置传感器有关呢? 于是抱着试试看的心理拆下曲轴位置传感器检查,发现曲轴位置传感器上面有划痕,并且其一端安装螺栓的部位有些变形,内置霍尔集成电路上有一永久磁铁,用它来吸引铁磁物质,发现其磁性较弱。接着检测曲轴位置传感器供电情况。接通点火开关,检查曲轴位置传感器线束连接器端子(端子1接搭铁线,端子2接信号线,端子3接电源线),结果连接器端子1与端子3间的电压为11V左右,而端子1与端子2间的电压,却不足5V,说明其信号电压低,因此可初步确定曲轴位置传感器确实有问题。

从仓库领来一只新的曲轴位置传感器,然后进行新旧比较,新传感器的磁性比旧的磁性要大得多,将新传感器安装后起动发动机试车,一切正常,故障彻底排除。

四、红旗轿车发动机无法起动的故障一例

故障现象:一辆装配CA488发动机的红旗轿车,正常行驶过程中发动机突然熄火,而后无法起动着机。

故障诊断与排除:维修技师接车后起动发动机,发动机着机后立即熄火,反复试验均是如此,怀疑防盗系统已经处于防盗状态。用故障检测仪进入发动机控制系统,显示故障内容为发动机电控单元禁用。接着进入防盗系统,显示的故障内容为防盗指示灯对地短路或断路、钥匙信号过小(间歇性故障)。

用两把原车钥匙试验,故障依旧。将防盗控制单元拆解后发现里面有水渍,将电路板处理后装车,并清除故障代码,试车发现发动机能够顺利起动着机,以为故障就此排除,于是将轿车交付车主。三天后车主再次打电话来反映该车又出现问题了,故障现象还和以前一样,希望这次能予以彻底排除。

接车后再次调取故障代码,发现还是和以前一样,不过在故障检测仪进入发动机系统时,惊奇地发现电控单元的编码居然变成了00514。红旗轿车装配CA488发动机的电控单元编码在出厂时设置为00001,当使用一段时间后由于节气门脏污,清洗节气门以后发动机的怠速会升高,这时可以用改变发动机电控单元的编码来排除。但编码只能是从00001～00007顺序改变,当编码为00007时只能再改为00001,按说其编码绝对不会是00514的,于是手工将编码改为00001,而后起动发动机,还是不能着机。

仔细回想整个检修过程,认为防盗控制单元进水不是主要原因,也可以说它并没有问题,有水渍只是表面的问题,其内部元件并没有被腐蚀。造成故障的根本原因应该是发动机电控单元的编码发生了改变,以致防盗控制单元与发动机电控单元之间的通信出现了问题。那么为什么发动机电控单元的编码会自行改变呢? 怀疑是发动机电控单元内部出现问题了。将发动机电控单元拆下检查,发现其内部并没有进水,连接器的连接也不松动。查阅资料得知,发动机电控单元的数据是由一个93C56的芯片储存的,分析认为该车故障是该芯片损坏或程序错误导致的。

拆下93C56芯片，用数码大师将芯片内的数据刷新后，再用TMS370将防盗系统的密码读出，将2把钥匙重新匹配后故障排除。一周后电话回访，轿车一切正常，证明故障彻底排除。

故障维修总结：虽然说该车车型比较老，但出现这种故障却是比较少见的。第一次检修时并没有注意到发动机电控单元编码发生了改变，只是片面地认为是防盗系统出现了问题，而恰好防盗控制单元里面有水渍，使得排故过程走了弯路。在第二次检修时发现了发动机电控单元编码改变的情况，从而得出了是发动机电控单元有故障的结论，又借助数码大师和TMS370才解决了故障。所以说，现在车辆修理工作中必要的维修工具不仅必不可少，而且还要善于利用这些工具才能更快更好地解决问题。

五、红旗世纪星轿车冷车起动困难的故障一例

故障现象：一辆红旗世纪星轿车，冷车起动困难，热车起动正常。

故障诊断与排除：维修技师接车后，首先用解码器读取故障码，结果无故障码；查看数据流时，发现水温传感器正常，打马达，冷车起动信号也正常。接着，用油压表检查燃油压力，结果也正常，说明燃油泵、油压调节器、管路都没有问题。然后，又检查了点火时间、分电器盖、高压线、火花塞等均属正常。最后，检查并清洗了喷油嘴，此时，故障现象消失。这时，维修技师认为是喷油嘴过脏而导致冷车起动困难。但交车后的第三天，车又返回修理，故障仍然是冷车难以起动。这时，维修技师又考虑此车是否有不同于其他车的冷起动装置。因此，特地到红旗特约维修站查阅了此车的电路图，发现此车的点火开关到电脑的43号脚有一冷起动信号线，此线接25号保险。检查25号保险丝时，发现此保险片上缠绕了一铝丝。原来就是这根铝丝致使线路时断时通，冷起动信号时有时无，更换保险片后试车，一切正常，一周后电话回访，车主反映故障确实彻底排除了。

六、CA7200E3红旗轿长时间停车后发动机无法起动的故障

故障现象：长时间停车后，发动机无法起动。该车短时间停车，不会出现故障，但停车3天以上就会出现。

故障诊断与排除：维修技师接车后初步检查确认，该车故障是长时间停车后，出现电瓶放电，最后使发动机无法起动。

测量发电机工作情况，正常。关闭发动机，测试系统自放电电流为300～500mA，过大。检查中发现断开20号保险，放电电流立刻恢复正常。根据电路图，20号保险有2个用电端，分别是发电机S端和主继电器。将20号保险插上，断开发电机S端插头检查放电电流依然很大。断开主继电器，放电电流恢复正常。拔下点火钥匙，插上主继电器仍有继电器吸合声音出现，测ECU的31号插脚（此插脚控制搭铁）无信号，判定主继电器故障。更换主继电器后，故障彻底排除。

七、CA7180A2E红旗轿车空气流量传感器损坏引起怠速不稳的故障

故障现象：一辆CA7180A2E红旗轿车，行驶约10万km，出现发动机怠速不稳，油耗增加的故障。

故障诊断与排除：试车验证故障现象，发现其发动机怠速抖动严重，有轻微"游车"现象，并且尾气中有严重的异味。根据以往的维修经验，该车在混合气浓度控制方面有问题。拆下4个火花塞，发现火花塞的电极部分发黑，说明混合气过浓。检查混合气控制方面的主要传感器，即空气流量传感器和一氧化碳电位计。拆下一氧化碳电位计，用旋具将电位计调整旋钮顺时针旋转到底，这时测得其电阻为9.2kΩ，正常；将电位计调整旋钮逆时针旋转到底，这时其电阻为 0.335kΩ 左右,也正常。接下来检查空气流量传感器。该车的空气流量传感器为热线式,共有 4 个端子,从左边数起,第 2 个端子为其信号端子。起动发动机,用万用表的电压挡测量空气流量传感器的信号电压,为 3.5V(并伴有信号电压中断的现象),正常值应为 1.5V 左右,怀疑空气流量传感器出问题了。拆下空气流量传感器,发现其内部电阻的绝缘皮已断裂。换上 1 只新的空气流量传感器后试车,发动机怠速平稳。故障彻底排除。

八、CA7180A2E 红旗轿车因曲轴位置传感器损坏引起怠速"游车"的故障

故障现象:一辆 CA7180A2E 红旗轿车,突然出现发动机怠速"游车",加速发"闯",空挡滑行有时会自动熄火的故障。

故障诊断与排除:维修技师接后,与车主交流得知:该车在经过一段颠簸路面后,便出现了上述现象。

于是决定先用修车王故障检测仪读取故障代码,无故障代码储存。读取几个主要传感器的数据流,也都在标准范围之内。看来只能根据以往对该类轿车的维修经验进行维修了。怀疑故障出现在发动机的电控系统。本着先易后难的原则,依次检查燃油系统压力、气缸压力、火花塞、高压线、分电器和发动机点火正时,均未发现异常情况。怀疑节气门体有故障,便换上一只新的节气门体进行试验 故障依旧。在试车时发现发动机突然熄火,再次起动也无着火迹象。检查分缸线的跳火情况,发现不跳火。用试灯插到喷油器连接器中起动发动机,试灯也不闪烁。可几秒钟后试灯闪烁了 2 次,发动机居然又发动着了,但怠速转速在 1500r/min 上下摆动。由此断定故障部位应该就在控制喷油和点火的主要传感器上,曲轴位置传感器、发动机 ECU 和相关线束成为重点检查对象。发动机 ECU 的故障率很低,暂不考虑。目视曲轴位置传感器的连接线束,无松动和断裂现象。该车的曲轴位置传感器位于飞轮壳左侧,为三线式的霍尔传感器,曲轴旋转时霍尔传感器向发动机 ECU 输送 0~11V 的方波信号。拆下曲轴位置传感器后进行检查,发现其头部被磨出了一个深约为 2mm 的凹槽。很可能是在经过颠簸路面时,有异物偶然从飞轮壳上的观察孔进入,造成了该传感器的非正常磨损,导致其信号失准。换上了 1 只新的曲轴位置传感器后试车,发动机怠速平稳,对该车进行路试,没有出现"发闯"现象,故障彻底排除。

九、CA7200E3V6 型轿车自动断油的故障一例

故障现象:一辆 CA7200E3V6 型轿车,当车速达 60km/h 时,发动机即自动断油,使车速无法继续提高。

故障诊断与排除:根据故障现象,维修技师初步判定是发动机超速断油功能起作用的结果。检查电子仪表板内的分频整流系统,发现其工作不良。

更换仪表板总成后试车,故障现象不再出现,汽车行驶正常。

CA7200E3V6 型轿车采用日产发动机,其电控系统有超速断油功能,当车速达到 176km/h 时,发动机就会自动断油,以免汽车超速行驶而发生问题。其工作过程是:安装在变速器上的车速传感器发出车速信号并输送到仪表板内,电子仪表板则把该信号进行分频整流,然后送入电子里程表和发动机电脑(ECCS 系统)。这样,发动机电脑通过分频整流后的车速信号,就能判断出此时的实际车速。如车速已达 176km/h 时,电脑即发出断油信号,以防汽车超速。如果电子仪表板内的分频整流系统出现故障,发动机电脑在无法准确判断实际车速的情况下,便发出了保护性的断油指令。至于此故障在何车速时出现,则由仪表板内分频整流系统与发动机电脑之间的匹配关系决定。

十、CA7200E3 型红旗轿车行驶中会闯车熄火的故障一例

故障现象：一辆红旗 CA7200E3 型轿车，高速行车时，达不到最高车速；低速行驶时，有闯车现象，闯车严重时，发动机甚至熄火。

故障诊断与排除：路试，使用"修车王"监测车速信号，发现车速信号不准；闯车时，车速信号瞬间异常，其显示值远远大于里程表显示车速。考虑可能是车速传感器有故障。

更换一新的车速传感器后，车辆行驶时，闯车现象消失，发动机也不再熄火。

故障维修总结：车辆行驶时，变速器输出轴旋转，带动磁环形成磁场，车速传感器感应磁场变化形成车速信号，并将该信号送给组合仪表，由组合仪表分频电路将车速信号分频处理，保证与实际车速匹配，再传给发动机电子控制单元。车速信号为断油控制的重要信号，若该信号不准确，出现峰值，发动机电子控制单元会错误地判断为车速已超过 180km/h，因此，控制喷嘴断油，出现闯车现象甚至熄火。

十一、CA7220E 型红旗轿车电喷发动机爆燃故障一例

故障现象：一辆 CA7220E 型红旗轿车，装配 CA488 型电喷发动机。该车因发动机强烈振动以致熄火来维修站修理。

故障诊断与排除：根据车主描述的故障现象，维修技师初步推断该车故障是由爆燃所致。为进一步确诊故障，利用该车 SIMOS4S2 电控系统的自诊断功能进行检测。首先将诊断连线 V. A. G1551/3 接入驾驶室内的诊断通信接口，在快速数据传递下，输入地址代码"01"，选择发动机电控系统，按"Q"键确认后，选择查询故障记忆"02"功能。稍后，屏幕显示两组故障代码：00524（爆燃传感器）、01259/PS（油泵继电器输出故障），其中"油泵继电器输出故障"为偶发故障。引起爆燃的主要原因可以归纳为以下几点：①点火时间过早。②气缸压缩比过大。③发动机过热。④使用低辛烷值的汽油。

此外，汽油中含有杂质和水分；混合气过浓，燃烧不充分产生积炭；长时间低速大负荷运行；进气温度及压力过高；等等，都是引发爆燃的因素。在现代汽车上，为了减轻和消除爆燃，在电喷发动机的气缸附近都安装有一个或多个不同类型的爆燃传感器，爆燃时产生的压力冲击波造成缸体振动及异响，传感器由于压电作用将其转化为相应频率的电信号，并迅速传送给发动机控制单元（ECU），ECU 据此测知发动机发生了爆燃以及爆燃的强度，于是向点火系统发出指令，修正点火提前角，推迟点火时刻，从而抑制爆燃的产生。该车即在缸体进气侧 1 缸和 2 缸之间装有一个压电陶瓷式爆燃传感器 KS，由于该爆燃传感器发生故障，中断了信号输出，汽车进入"跛行回家"状态运行。由于车主急于赶路，没有及时进行维修，以致在汽车爬坡时，由于负荷增大而熄火。

拆下爆燃传感器插座，测量 1 号端子与 2 号端子之间的电阻，其阻值不为∞，遂将其更换。接下来检查发动机，各气缸均有不同程度的损坏，其中 1 缸最为严重，气缸内壁有大量积炭和结焦，估计是使用了劣质的汽油所致；火花塞电极已被烧熔，活塞裙部也出现裂纹。分别对上述部位进行处理后，装复发动机。

最后，对油泵继电器进行检查。油泵继电器位于中央配电盒内，该继电器受控于发动机电控单元，当点火开关置于"ON"位时，ECU 即向继电器发出电信号，使继电器励磁。此刻蓄电池电流便从激磁触点流向油泵和继电器，于是油泵和继电器开始工作。如果控制单元在 2s 内没有收到曲轴位置信号，便发出指令使油泵继电器失磁断电，于是油泵和继电器停止工作，发动机因无汽油供给而熄火。

由上可知，该车在发生爆燃时，由于强烈的振动及惯性力，发动机曲轴可能有短时间的停

转,导致油泵继电器失磁,从而出现了偶发性故障。油泵继电器发生故障,在客观上起到了保护发动机的作用,对汽车来说,是不幸中的万幸,如若不然,发动机可能会遭到更严重的破坏。

油泵继电器调整好之后,进行清除故障代码的工作。将点火开关置于"ON"位,但不起动发动机。将故障诊断插座的两个端子用保险丝短接,几分钟后,故障指示灯开始闪烁,输出代码"12"(系统正常)。拔掉诊断插座上的保险丝,故障代码清除完毕。

起动发动机,上路试车,发动机工作恢复正常,故障彻底排除。

十二、CA7220E 型轿车因点火不正时引起高速严重发冲的故障

故障现象:一辆 CA7220E 型轿车,配置 488-3 多点电控汽油喷射式发动机,做完大修后出现怠速游车,高速行驶到 140km/h 时严重发冲。

故障诊断与排除:维修技师初步分析认为,高速发冲厉害与燃油系统有关。首先测量燃油压力,系统正常,拆下油泵底部的过滤网,发现有棉丝状物质附着其表面,清洗后,故障如初。拔下中央高压线做跳火试验,火花很强,说明点火系统正常,测量各汽缸压力也正常。重新校对正时,正时皮带记号正确。经反复试车发现只要车速接近 140km/h,车辆便开始发冲,似乎此时油接不上来。车辆在静止状态做空加油试验。当转速达 4000r/min 时,发动机出现喘振现象。用元征电眼睛调取故障码为 20,凸轮轴位置传感器信号错误。消除故障码后,起动又重现故障码。查阅维修手册得知是分电器本身故障或安装位置不正确时,系统即记忆故障码 20,进入"跛行回家"功能;发动机转速限制 4500r/min。该分电器的安装位置必须借助仪器调整。用元征电眼睛进入发动机数据菜单,输入组号 007 观察第一显示区和第二显示区的数值。缓慢调整分电器,则第一显示区值为 1~57,第二显示区值应为 5~8。扭紧分电器固定压板螺栓,清除故障代码,完成正时调整,故障彻底排除。

十三、电喷红旗轿车低速有严重闯车现象的故障一例

故障现象:一辆电喷红旗轿车,低速行驶时,发动机有严重闯车现象。以 1、2 挡行驶时,油门开度保持不变化的情况下,车辆前窜后坐,特别是在市内跟车时,因车速不稳,必须踩下离合器才能稳定行驶,同时感觉发动机加速不良,动力不足。

故障诊断与排除:这种故障现象容易判断为喷油器堵塞或高压线及火花塞不良,清洗喷油器或更换点火系统有关元件往往无效,用 V.A.G1551 检查无故障记忆,测量有关参数如下:

Read	measuring	value	block 7
61	8	1.00	00000000

显示区 1 是 CMPS(即凸轮轴位置信号)起始点,显示区 2 是 CMPS 信号的结束点,按照技术要求,CMPS 信号的出现点和结束点的正常范围分别为 57~1 和 5~8,测量结果虽然在规定范围之外,但比较接近极限。松开分电器固定压板的紧固螺栓,慢慢转动分电器,试着将两参数分别调整为不同数值再试车,发现当 CMPS 信号的出现点为 59,CMPS 信号的结束点为 6 时,发动机动力充沛,闯车现象也降至最轻微,根据该车的实际情况,这就是最佳状态了。

十四、电喷红旗轿车动力不足及加速不良的故障一例

故障现象:一辆电喷红旗轿车,发动机动力不足,超车时明显感觉加速不良,最高车速只有 140km/h。

故障诊断与排除:用 V.A.G1551 检查故障记忆,显示故障码提示霍尔信号 G40 错误,偶发故障,进一步测量凸轮轴位置信号值如下:

Read	measuring	value	block 7
61	61	1.00	00000000

显示区1的CMPS起始点和显示区2的CMPS信号的结束点信号均为61,而正常值应分别均57~1和5~8,松开分电器固定压板的紧固螺栓,试着左右转动分电器,发现测量值不随着分电器的调整而变化,更换分电器后,测量参数恢复正常,试车,故障彻底排除。

经验证,拔掉正常红旗轿车的分电器插头,再用 V. A. G1551 检查 CMPS 信号,结果与本例完全相同。所以该车故障是分电器内霍尔传感器电气故障,是完全失效所致。

电喷红旗轿车分电器故障比较多,故障现象和测量参数的变化也各不相同,应引起广大汽车修理人员的注意。在遇到类似故障时,不妨先检查或试换分电器。

十五、红旗 488 电喷发动机清洗节气门后怠速过高的故障排除

红旗 488 电喷发动机采用直动式节气门控制怠速。这种节气门体上没有怠速空气控制阀,怠速的调节是由电机驱动节气门开大或关小来实现的,与常见的大众车是相同的。但红旗 488 电喷发动机清洗节气门体后经常出现怠速过高,用故障诊断仪对其做基本设定后常常仍然无效,以至于很多维修人员不敢轻易清洗节气门体,或清洗节气门体后靠更换发动机控制单元来解决问题。这样做显然既不合理又不经济。

下面介绍解决红旗车 488 电喷发动机清洗节气门后怠速过高的几种方法。当然,这些方法都是以发动机及其电机部件正常为前提的。怠速过高的原因是发动机控制单元与节气门体匹配不当造成的。

在解决上述怠速过高问题时,这些方法有时只要用一种就可以解决问题,有时则要用几种才能解决问题。

1. 控制单元编码重设法

连接金德 K60,发动机怠速运转。关闭所有用电器、空调。进入大众/奥迪车系发动机系统,选择读数据流,输入组号"06"后,按"F1"键,观察第"02"项数据,该数值是怠速自适应调节值,在正常情况下应为 1.00。随着发动机工况的变化,例如当车辆长期行驶及节气门体变脏,会使空气流经节气门时截面积变小。这时为了稳定怠速,节气门开度就会适当开大。这样怠速的自适应调节值就会相应增加一点,变成大于 1.00。如 1.05、1.10 等。但是调节值最大只能调节到 1.15。如果节气门体继续变脏,就会使怠速时的进气量不够,造成怠速不稳,甚至熄火的现象。这种情况下只要把节气门体清洗干净,就可以解决熄火的问题。但发动机控制单元中存储的自适应调节值并没有进行修改,仍旧为 1.15,这样节气门开度会依然较大,导致发动机出现怠速过高的现象。

最简单的解决方法是连接金德 K60。进入大众/奥迪车系的发动机系统。读控制单元编码,一般为 00000、00001~00007 之中一个,然后选择控制单元编码,编入与原控制单元不同的编码。编码的数值只限于 00000~00007,大都会解决此类问题。

重新编码是让控制单元停用在原编码下怠速学习控制的自适应值,而让其重新学习。

重新编码时应注意,编码应由小至大编上去,不要任意或倒退编码。

2. 混合气稀释学习法(1)

如果所有控制单元编码都重设过一次,仍无法解决问题。那就尝试通过手动方法调整。首先将空气流量计后面的进气软管卡箍松开。使进气软管和空气流量计之间漏进较多空气。由于混合气过稀,怠速会低下来,通过控制漏进的空气量,使怠速保持在 860r/min 左右(正常怠速值),这样发动机控制单元就会开始学习新的怠速自适应值。然后连接金德 K60,读数据流"06"组,再观察"06"组中的"02"项,每隔十几秒轻点一下加速踏板,第"02"项(怠速自适应调节值)就会随着轻点加速踏板次数的增加而一点一点下降。每次下降幅度大约 0.02,直至降

到 0.95 为最佳。最后再对节气门体进行一次基本设定,然后把进气软管装好,重新起动发动机,怠速便会正常。在发动机控制单元进行自学习的过程中,由于人为增加了进气量造成混合气过稀,在发动机控制单元中会存储相关故障码,应将其消除。有时也会因怠速不稳,造成自学习过程中怠速自适应调节值上下起伏变化。这时应持续进行上述的操作步骤,直到怠速自适应调节值调节到 1.00 以下为止。

3. 混合气稀释学习法(2)

同上,拆开空气流量计后卡箍,使进气软管与空气流量计之间漏入较多空气。将加速踏板迅速踏下再松开,过 50～60s 再次踏下再松开,重复操作 5～6 次。然后再接好软管并对节气门体作基本设定,也同样能将故障消除可以。

4. 人工干预学习法

用故障诊断仪对节气门体作基本设定时,用螺丝刀挡住节气门轴臂,这样节气门在作基本设定时会受阻力不能转动或转动变慢。让控制单元记下在人工干预下时的怠速学习值,然后再作基本设定,以获得正确的怠速。但这一方法有时不太灵,要多试几次并与其他方法合用。

5. 控制单元断电学习法

断开蓄电池搭铁线几秒钟或几小时后,再连接搭铁线,再次作节气门体基本设定,就有可能成功。

这是因为控制单元中的读写存储器 RAM 用于将各个传感器输入的数据信息存储起来,供中央处理器(CPU)调用,同时 RAM 中所有数据在运行过程中可以经常不断更新。当关断电源时,RAM 中所存储的信息会消失。此后再做基本设置时,就不会受原来存储信息的干扰,而能做成正确的基本设置。

十六、7180AE 型红旗轿车 ABS 控制器故障一例

故障现象:一辆 CA7180AE 型轿车,ABS 指示灯不亮,实际试车也没有 ABS 制动效果。车主说,这是一辆刚买的二手车,根本没有看过 ABS 灯亮过。

故障诊断与排除:打开发动机盖确有 ABS 控制单元,拆下仪表板总线,发现 ABS 灯座是空的,拧上一个指示灯泡后,长亮不熄。连接修车王 SY-2000,调取故障码出现了 8 个故障码,清码后,剩下 2 个故障码:右后轮速传感器故障;ABS 继电器故障。拆下右后轮速传感器,发现其头部撞坏,换上新件,调整至正常间隙。清除故障码后剩下一个 ABS 继电器故障码。找到此车的电路图,此车 ABS 电路极为简单,外接元件很少,在图纸上根本没有继电器。难道故障码不准确(比如时代超人、帕萨特 B5 的 ABS 控制系统就没有继电器,因为它们三种车的 ABS 控制单元很相似),但它的 ABS 灯一直点亮,ABS 系统还是有故障。经认真检查外围线路没有发现不良之处,最后故障点确定在 ABS 电脑上,经询问,此车的 ABS 电脑 4000 多元钱,是一个总成,包括 ABS 控制器和 ABS 电机,不单独销售。车主认为太贵了,负担不起,于是想修复它。维修技师想修修试试,从控制单元盒的外部能看到一个鼓包的位置,很像继电器的形状,用刀片将控制盒割开,原来里面真有一个 5 脚的小型继电器,于是找来废旧的铁将军防盗器,拆下里面的继电器,替换、装复,用玻璃胶封严,试车,故障彻底排除。

十七、7200E 型红旗轿车低速行驶换挡有时出现突然熄火的故障

故障现象:一辆红旗 7200E 型轿车,低速行驶时换挡有时出现突然熄火现象,有时加油不畅。

故障诊断与排除:该车行驶了 8 万 km,用 V. A. G1551 检查,发现 G70 有一个偶然故障。经检查,该车当时一切都正常,车主要求一定要找出毛病,并修好。经过又一次仔细检查,该车发动机的传感器及控制单元均正常,发动机工作时各传感器的数据也均正常,因此考虑到可能是线路中某个线头接触不良。经反复拔掉插上 G70 插头,并用 V. A. G1551 观察其数值变化时,发现有一次其数值突然增大,于是刨开空气流量计插头线束检查,发现 G70 有根线在线束内的接点处严重腐蚀。

将线束重新连接并用胶带包好,清除故障记忆后试车,一切正常,故障彻底排除。

十八、7200E 型红旗轿车加速时轻微闯车且提速慢的故障一例

故障现象:一辆红旗 7200E 型轿车,行驶里程为 7 万 km。在行驶中加速时出现轻微闯车现象,且提速慢,排气管有时发突。

故障诊断与排除:用 V. A. G1551 检查时发现,点火时间有些早,调整好后试车,并无好转现象。检查其油压,结果正常。拆下火花塞检查发现,电极间隙正常。测量高压线,电阻值正常。于是判断可能是分电器内霍尔传感器在加速时信号失准造成有时偶尔断火或者是分电器盖和分火头故障而引起的。

更换分电器总成,调整好点火时间后试车,一切正常,故障彻底排除。

十九、CA7180AE 红旗轿车右前电动玻璃升降器无法升降的故障

故障现象:右前电动玻璃升降器无法升降。

故障诊断与排除:检查分析其他电动玻璃升降器工作正常,因此电动玻璃升降器控制器及热敏保险应无故障。观察该电动玻璃升降器开关发现指示灯没亮,根据经验,车门经常开关容易造成车门铰链处电动玻璃升降器线束断路。拆检线束,发现其中一根红蓝线(供电线)内部铜丝已经折断。

重新接线并做好绝缘处理,故障消失。

二十、CA7180AE 型红旗轿车空调鼓风机 1、2、3 挡风力不足的故障

故障现象:一辆红旗 CA7180AE 型轿车,空调鼓风机 1、2、3 挡风力都比正常值小,且 2、3 挡风力差别不大,4 挡风力则正常。

故障诊断与排除:4 挡风力正常,说明电路中的保险丝和鼓风机没有问题,故障可能源于鼓风机变速电阻或鼓风机控制开关。于是将原变速电阻的插头拔下后插上新的变速电阻,结果故障未排除,这样就可判定故障出在鼓风机控制开关上。

更换鼓风机控制开关后,空调鼓风机各挡风力均恢复正常。

该车空调鼓风机是由点火开关端子 75 经过 17 号保险丝供电,然后串联鼓风机变速电阻中不同电阻值的电阻,最后经鼓风机控制开关的滑动触点后搭铁构成回路的。由于 1、2、3 挡使用频繁,滑动触点磨损严重,导致接触不良而使接触电阻增大,这样 1、2、3 挡即因电流减小而使风力减小。

二十一、CA7180AE 型红旗轿车曲轴位置传感器失灵的故障一例

故障现象:一辆红旗 CA7180AE 型轿车,行驶中发动机突然熄火,而且无法起动。

故障诊断与排除:用 V. A. G1551 检测仪查询,显示曲轴位置传感器有故障。将该传感器拆下,发现其已变形。更换曲轴位置传感器后,发动机即能顺利起动,但行驶约 500km 后又突然熄火,而且仍无法起动。再用 V. A. G1551 检测仪查询,还是曲轴位置传感器故障。再次拆下曲轴位置传感器,发现其上有与上次类似的损伤。估计是信号转子变形或离合器壳体内有异物所致。于是转动曲轴并从离合器壳体上的窗口观察,未发现有变形等异常情况;拆下变速器后发现,离合器壳内有一个满是伤痕的 M6 短螺栓。

取出离合器壳中的短螺栓,换上新的曲轴位置传感器后,发动机一次起动成功,而且不再突然熄火。

经询问车主得知，不久前该车因曲轴后油封漏油而拆卸过离合器壳，其中的短螺栓显然是那时留下的。这样，在经过颠簸路面时，螺栓被抛起而与曲轴位置传感器信号转子撞击，致使曲轴位置传感器损坏失灵，发动机便突然熄火并无法起动。

二十二、CA7180AE 型红旗轿车水温表最高指示在 60℃ 左右不变的故障

故障现象：一辆红旗 CA7180AE 型轿车，水温表指示在升高到 60℃ 左右后，就不再升高了，但实际水温正常。

故障诊断与排除：首先拔下水温传感器插头短接，水温表指示正常。故障可能在传感器上。换上新传感器，故障依旧。后检查线路及仪表都无异常，判断故障还应该在传感器上，再换一个新的传感器，故障仍不能排除。用万用表测量发现传感器壳体和车身有电阻存在，这说明水温传感器搭铁不良，有较大的电阻，由于水温传感器是负温度系数的热敏电阻（NTC），在水温升高后传感器电阻应下降，但由于存在一接触电阻，所以使仪表错误的指示为 60℃。

拆下安装传感器的底座，清洗后重新装配，测量接触电阻，消失。试车发现水温指示正常了，故障彻底排除。

二十三、CA7180E 型红旗轿车停驶一夜蓄电池的电就放完的故障

故障现象：该车行驶 1.5 万 km，放一夜，蓄电池电就放完了。

故障诊断与排除：原以为此车是因安装防盗器所致，可是将防盗装置拆除掉，将一只充足电的蓄电池换装到车上，又放了一夜，蓄电池电又放完了。经查电路图后，找到 25 号保险后面的主继电器是通电脑的。当点火开关关掉以后，该继电器应在 15s 内断电，可是因继电器里的回位小弹簧脱落，触点常吸，即使关掉点火开关后也常通电。所以放一夜就把蓄电池电放完了。

更换主继电器，故障彻底排除。

二十四、CA7200AE 型红旗轿车怠速严重抖动故障一例

故障现象：一辆红旗 CA7200AE 型轿车，装备 CA488 型电喷发动机，行驶里程 3.5 万 km。该车因发动机怠速严重抖动到维修站维修。

故障诊断与排除：维修技师接车后，与车主一起试车，发现该车除发动机怠速时严重抖动外，且动力不足，加速不良。

首先用元征 431ME 故障诊断仪（"电眼睛"）调取故障代码，仪器显示系统正常。由于该车已近 8000km 未更换三滤，于是更换了空气滤清器、汽油滤清器和火花塞，但更换后故障依旧。又用喷油器免拆除自动清洗机对喷油器和进气歧管内部进行清洗，也未见任何好转。

为了验证是否是混合气过稀导致的故障，拆下空气滤清器，用手堵住进气管的进口，以减少进气量，人为使混合气变浓，结果发动机怠速平稳，加速有力，说明故障的直接原因是混合气过稀。

于是，维修技师用燃油压力表测试燃油系统油压。起动发动机，同时改变发动机的转速，测得油压值为 260～285kPa，在正常范围（255～290kPa）内。

接下来检查节气门体，发现节气门较脏。于是对节气门进行了清洗，清洗后试车，发动机怠速达到 1400r/min，且忽高忽低。维修技师多次重新起动进行自适应处理，但发动机怠速仍无变化，遂决定采用强制的方法进行自适应。

CA488 型电喷发动机采用西门子技术的电控系统，该电控系统有自学习的功能，当清洗完节气门体后，出现发动机怠速转速过高时，如果设法强制让怠速恢复正常，该系统就会将怠

速自适应调节值学习回来。

首先将空气流量计后面的进气软管卡箍松开,使进气软管与空气流量计之间漏进大量空气,由于混合气过稀,怠速就会降下来。通过控制漏进的空气量,使怠速保持在 860r/min 左右(正常怠速值),这样发动机电脑就会开始学习新的怠速自适应值。

连接"电眼睛",进入显示组 006,观察 006 组中的第 3 个值(怠速自适应调节值)。每隔十几秒轻踩一下加速踏板,该值会随着踩加速踏板次数的增加而一点点下降,每次下降大约 0.02(降到 0.95 为最佳)。最后,对节气门体进行一次基本设定,然后把进气软管装好,重新起动发动机,这时怠速转速降下来了,但怠速时仍严重抖动。

维修技师考虑到空气流量传感器是影响空燃比的重要因素,便拔下其插头试验,发动机能以稳定的怠速运转,加速也有所好转。从进气管路上拆下空气流量传感器检查,发现空气流量传感器的金属防护网和白金热线上粘有树叶和柳絮。用镊子夹出杂物,并用化油器清洗剂喷洗干净,装复后试车,发动机运转正常,故障彻底排除。

二十五、CA7200E3 红旗轿车 ABS 灯亮的故障(一)

故障现象:一辆红旗 CA7200E3 轿车 ABS 灯亮。

故障诊断与排除:用"修车王"检测,显示右后轮速度传感器故障。首先检测右后轮速度传感器电阻,结果电阻值正常,且无搭铁现象,说明传感器正常;接着检测传感器间隙,当把传感器拆下后,发现传感器头部已被严重磨损,这说明传感器间隙过小,致使传感器顶端与齿圈相磨,且发出异响(车主也反映右后轮有异响)。在这种情况下,换上了一个新的传感器,并用一旋具把传感器支架钢板向外撬,把间隙调整到标准范围(若不调,还会磨损),试车一切正常(ABS 灯不亮且没有异响)。此种故障在红旗轿车上极为常见,维修技师先后遇到过近 20 例。由于传感器支架极易产生挠曲变形,结果造成传感器间隙改变。当间隙过小时便会使传感器输出的信号不准或发出异响,且 ABS 灯亮起。

二十六、CA7200E3 红旗轿车 ABS 灯亮的故障(二)

故障现象:一辆红旗 CA7200E3 轿车 ABS 灯亮。

故障诊断与排除:首先用"修车王"检测,显示左前轮速度传感器断路。用万用表检测传感器电阻,电阻值正常。再从 ABS ECU 端测其电阻值,也正常。看来有可能是偶发性故障。清除故障代码后试车,结果 ABS 灯仍亮起,仪器还是显示左前轮速度传感器断路。从 ECU 端测电阻值,仍正常。反复试了五六次,每次均显示同一故障代码,且每次检测传感器电阻值均正常。看来故障点应该是 ABS ECU。但经仔细分析后,似乎又不像是 ECU 故障。因为此款车传感器连接线易出现接触不良的现象。于是换上一个新的传感器(包括连接线)进行对比试验,以免误换 ABS ECU 而造成浪费。换上后试车,故障再未出现。说明左前轮速度传感器的连接线有接触不良的地方。由于在行驶途中车身来回颠簸,传感器连接线在车身上的固定点与在转向节附近的固定点之间的连接线来回弯折,时间久了,便易折断,出现时通时断的现象,严重时就完全断开。在似断非断的情况下,就会给故障判断造成很大困难,极易产生误导。此类故障也是该车一常见故障,维修技师在以后的修理工作中又遇到过近 10 例。

二十七、CA7200E3 红旗轿车 ABS 灯亮的故障(三)

故障现象:一辆红旗 CA7200E3 轿车 ABS 灯亮。

故障诊断与排除:一辆红旗 CA 7200E3 轿车 ABS 灯闪亮。用"修车王"检测,显示无故障。根据故障指示灯闪亮的现象来分析,ABS ECU 应该已进入自诊断状态,可能的原因是故障激励线有短路处或 ECU 内部有故障,故应该先从外围查起。首先从 ECU 处检测 7 端子的接线,结果此线有搭铁处。顺线查找,发现在继电器盒处此线因被磨破而搭铁。处理后,故障排除(在实践中,经常碰到因 ABS 灯闪亮来厂检查的情况。检查结果均是 ABS 自诊断激励接口已插上熔丝,使 ABS 进入自诊断状态而引起的)。

二十八、CA7220AE 红旗轿车 ABS 灯亮的故障(一)

故障现象:一辆红旗 CA7220AE 轿车 ABS 灯亮。

故障诊断与排除:首先用"修车王"检测,仪器只显示"正在通信中,请等待",就是进入不了 ABS 诊断状态。拔下 ABS ECU 插头检查,也未发现接触不良的地方,怀疑仪器可能有故障,便改用手工提码的方法检查。当把故障代码激励接口用熔丝短接后,故障指示灯便开始闪烁故障代码,显示右后轮速度传感器、控制电磁阀和液压泵电动机等有故障。当时认为由于拆下过 ABS ECU 插头,有可能储存一些故障代码,所以根据故障代码分析,应该重点检查右后轮速度传感器,结果是传感器头部磨损。换上一新的传感器,调好间隙,认为故障已经排除,消除故障代码便可以了,但当用手工清码时,却怎么操作也消除不掉,仍显示上述这些故障代码。联想到刚开始仪器不能进入诊断时,怀疑 ECU 有故障。为了在判断 ECU 有故障之前,先把 ECU 电源供给方面出现问题的可能性排除掉,决定先测 ECU 的电源供给情况。便用小试灯测试 ECU 的 17 脚和 18 脚时(如图 12-2 所示),试灯没有亮。说明 60A 的熔丝可能有问题。经查果然是此熔丝烧断。换上熔丝后再接上仪器,仪器便能进入 ABS 诊断状态。用仪器消除故障代码后试车,一切正常,故障彻底排除。

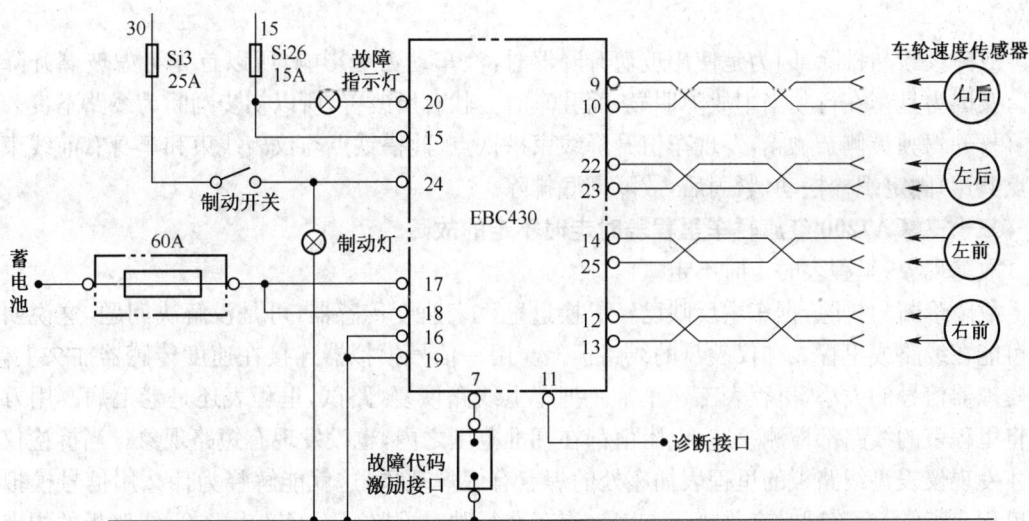

图 12-2　ABS 系统电路图

二十九、CA7220AE 红旗轿车 ABS 灯亮的故障(二)

故障现象:一辆红旗 CA7220AE 轿车 ABS 灯亮。

故障诊断与排除:用"修车王"检测,仪器不能进入 ABS 自诊断状态,用手工提码,也不能提出。看来故障不是在 ABS ECU 就是在线路上。先查线路,当检测电源供给情况时,发现 ABS ECU 的 15 端子没有电,而故障指示灯亮,说明 Si26 没有问题,应该是从 Si26 熔丝到 ECU 插头 15 端子这段线路有问题。顺线查找,发现在左下护板处,此线有一插头松动。插好后,再测 15 端子,有电。插上 ABS ECU 插头后试车,正常(此后维修技师又遇到过 5 例此类故障,均是因此处插头松动引起的,而引起插头松动的原因均是安装防盗器不小心所致)。

三十、CA7220AE 红旗轿车 ABS 灯亮的故障(三)

故障现象:一辆红旗 CA7220AE 轿车 ABS 灯亮。

故障诊断与排除:先用"修车王"检测,仪器不能进入 ABS 诊断状态,于是改用手工提码。当把激励接口用熔丝插上,ABS 灯不闪,看来故障应该在线路或 ABS ECU 上。把 ABS ECU 插头拔下,按照电路图分别检测电源线、搭铁线、故障代码激励接口线和诊断接口线,均正常。但仍不能提出故障代码,看来故障肯定是在 ABS ECU 内部了。换上一新的 ABS ECU 后,故障完全排除。

三十一、CA7200E 型红旗轿车混合气过浓的故障

故障现象:此车刚行驶了 3 万 km,在行驶中就出现窜车现象(在换挡时)。高速行驶时正常,低速较为明显,加速费力。原地急踩油门踏板,偶尔能听到不明显的放炮声,怠速不稳,冒黑烟,排气有汽油味。

故障诊断与排除:按常规,先对火花塞、缸线、分火头及分电器盖进行检查。检查中发现,分电器盖中心炭精柱已磨损到了极限位置,分火头烧蚀严重,更换分电器盖及分火头后试车,故障依旧。接着又进行了油压,真空管路的测试,也都没有发现问题。根据排气管放炮这一现象,说明混合气偏浓。此车的混合气调整比较特别,是通过车的后座椅左下角的一个调整电阻来调整,经仔细调整此电阻,故障彻底排除。

三十二、CA7200E 型红旗轿车在行驶中使用玻璃升降器时车会发抖的故障

故障现象:车在行驶当中使用玻璃升降器时车会发抖,明显影响动力,当驻车时,情况有所改善。

故障诊断与排除:因为是使用玻璃升降器时,汽车动力受影响,所以首先考虑玻璃升降系统。又因为是车在行驶当中故障明显,而驻车时症状有所改善,所以初步判断为线路不良。

打开驾驶员侧杂物箱,发现车窗升降线束搭铁点(此搭铁点与仪表线束和车身右前线束搭铁点共用)固定螺栓松动,紧固后,故障彻底排除。

三十三、CA7200 红旗轿车里程表时走时不走的故障

故障现象:里程表时走时不走。

故障诊断与排除:据车主反映已经更换过里程表速度传感器,可是没解决问题,这说明故障可能在线路或里程表和仪表盘的线路板上。用一信号模拟器连接在速度传感器插头上,调整模拟器信号的大小,里程表工作正常。把车上线路恢复,路试,里程表还是老毛病。用万用表将里程表的线路都检测一遍,电阻值都在标准范围之内,也没发现有短路现象。当拆检仪表盘才发现仪表盘线路板的里程表插座处的焊点有假焊现象,这就能解释为什么用信号模拟器时里程表正常,而路试时有故障了。因为汽车在行驶时因路况不好产生颠簸,线路板的焊点处时接通时断开,造成里程表时走时不走。把线路板里程表插座处的焊点都重新焊接牢固后,装车路试,一切正常,故障彻底排除。

三十四、CA7220E3 红旗轿车按下空调"AC"开关空调没有反应的故障一例

故障现象:一辆红旗 CA7220E3 轿车,空调压缩机不工作,按下空调"AC"开关空调没有反应。

故障诊断与排除:E3 车空调控制系统的工作原理是:按下空调"AC"开关,则 75 号电经过外部温度开关→空调"AC"开关→空调鼓风机电机继电器(RE.11)吸合线圈→搭铁,使空调鼓风机电机继电器(RE.11)触点闭合。这样发动机控制单元 ECU 的 46 脚经恒温开关→低压保护开关→高压保护开关→鼓风机继电器(RE.11)触点→搭铁。发动机控制单元收到这一 0V

低电平的空调加入信号后,会首先在 140 毫秒内提高转速,然后使之与压缩机继电器(RE.6)吸合线圈相连的 ECU 的 9 脚搭铁,使继电器吸合,从而接通压缩机电磁离合器的电路,使压缩机工作。检查压缩机继电器(RE.6)不吸合,这说明发动机控制单元没有发出执行信号,即将 ECU 的 9 脚搭铁,可能的原因有:①控制线路上的某个开关断开了或空调鼓风机电机继电器(RE.11)损坏了。②压缩机继电器(RE.6)损坏。③发动机控制单元收到高温信号,全负荷信号或进入应急状态。④线束断路。

首先检查各开关和两个继电器未发现异常。然后用修车王查询故障记忆,发现不能进入发动机自诊断系统,检查发动机电脑故障诊断端子无信号输出,检查控制单元搭铁线正常,于是更换一块新控制单元,结果一切恢复正常,故障消失。由此可知,故障原因是发动机控制单元内部损坏,导致进入应急状态而切断压缩机工作的。

三十五、加装继电器免换红旗轿车空调控制单元一例

故障现象:一辆红旗轿车打开空调之后,压缩机电磁离合器不吸合,散热风扇不运转。

故障诊断与排除:用万用表测量空调压力开关、环境温度开关以及冷却液温度开关都正常,只是各开关上没有电压。最后经过对各线路进行测量,最终确定为空调控制单元损坏,导致输出至各开关及空调控制单元向发动机控制单元申请空调提速的信号线路没有输出电压。若额外引入 12V 电源,空调便会正常工作。

像这种情况,只需要加装一个普通继电器便可以解决问题,但是继电器必须受空调开关的控制。反复打开和关闭空调开关,同时用万用表进行测量,有 1 根至暖风控制电磁阀的导线符合条件。在打开空调开关时总是输出 12V 电压,在关闭空调开关时输出电压是 0V,且能驱动继电器。于是在不影响其他功能的情况下,按图 12-3 进行改动,改动后试车一切正常,行驶 1 个月,电话回访,故障始终没有出现。

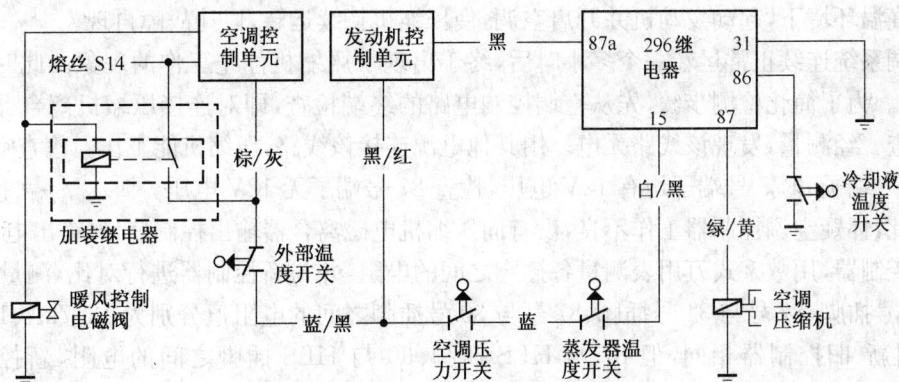

图 12-3　空调改装线路

通过改动线路和加装一个继电器的办法解决了问题,省去了更换相对昂贵的空调控制单元。这里提醒广大驾修人员,对线路进行改动和加装,必须熟悉原车线路和工作原理,同时在选择继电器的各输入和输出端子的接线时,注意不能对其他系统造成干扰或破坏。由于该车控制压缩机运行的信号线路与通向发动机控制单元申请空调提速的信号线路之间为并联电路,并且两条信号线路都来自空调控制单元。因此,在进行这种加装之后,空调提速不会受到影响。

三十六、红旗轿车空调控制器故障一例

故障现象:一辆红旗 7220E 型轿车,累计行驶里程 33 万 km。该车在环境温度较高、长时

间使用空调时,空调压缩机偶尔会出现不工作的现象,系统随即停止制冷,但数分钟后重新开启空调,压缩机又会正常工作,且系统制冷效果良好。该故障时有时无,已经好几年了。当年入夏后,故障发生的次数比较频繁,曾多次进厂检查维修,但在检查时从没有出现过压缩机不工作的现象。

故障诊断与排除:该车采用的是可变排量压缩机,空调控制电路比较复杂。引起压缩机不工作的原因较多,如低压开关断开、空调请求信号中断、电磁离合器工作不良、发动机过热保护功能起动等,都会造成空调压缩机不工作。因此,要排除该故障,有必要先弄清该车型空调控制电路(如图 12-4 所示)的工作原理。

①控制器供电电源:12V 电源由 17 号保险丝、空调管路上的低压开关到空调控制器的 30 号端子、31 号端子。如果低压开关断开,则空调控制器电源切断。

②空调请求信号:12V 电源由 17 号保险丝、环境温度开关、空调开关、安全开关、温控开关到空调控制器的 75 号端子,如果环境温度开关、安全开关、温控开关断开,则空调压缩机不能工作。

③发动机过热保护功能:当发动机温度达到 120℃时,过热开关闭合,空调压缩机停止工作。

④空调控制器信号输出:当控制器供电正常、收到空调请求信号,并且发动机没有过热保护时,其 75 号端子向压缩机电磁离合器输出 12V 电压,压缩机开始工作。

根据以上分析,只有在控制器供电电源中断、空调请求信号停止、冷却液温度超过规定值和空调管路高、低压保护的情况下压缩机才不工作,在车辆正常行驶、空调制冷系统正常的情况下,压缩机离合器是不会断开的。

但是,必须在开启空调、压缩机不工作的情况下,才能检查、判断出故障部位,因此将车停在室外高温环境下,起动发动机并开启空调,使压缩机持续运转,以让故障再现。

空调系统连续正常运转一个多小时后,终于出现了压缩机停止工作的现象。此时测量水温,正常。为了简化检测步骤,先从空调控制电路的终端检查,即对连接压缩机离合器的线路进行检查。经测量,发现该线路无电。用其他电源连接该线路,压缩机能工作。检查空调控制器的 30 号端子和 75 号端子均有 12V 电压,检查 87 号端子无 12V 电压。

至此,怀疑空调控制器工作不良,没有向压缩机电磁离合器输出控制信号(输出电压)。拔下空调控制器,用数字式万用表测量各插脚之间的电阻,并与新控制器进行对比,测量结果 75 号与 87 号插脚、87 号与 31 号插脚、87 号与 30 号插脚之间的电阻值分别为 12.7kΩ、11.7kΩ、14kΩ,且新、旧控制器相同,但 87 与 HLS 插脚、30 与 HLS 插脚之间的电阻,新控制器为 129kΩ,旧继电器为 143kΩ。

更换新的空调控制器,压缩机工作正常,空调系统制冷效果良好,再也没有出现压缩机停止工作的现象,持续了几年的故障终被排除。

分析该故障的原因,一是旧控制器先天不足,部分插脚间的电阻稍大;二是旧控制器长时间工作后发热,使线圈阻值发生变化,引起控制压缩机电磁离合器电路通断的触点断开。等待数分钟后线圈温度下降,所以空调系统又能正常工作。

三十七、红旗轿车开空调水温高的故障一例

故障现象:一辆红旗 CA7220E 型轿车,累计行程里程 40 万 km。该车停车开空调制冷时,水温急剧升高并导致开锅,在市区行驶时开空调水温也偏高,但在一般公路上行驶时开空调水温却很正常,最高不超过 95℃。

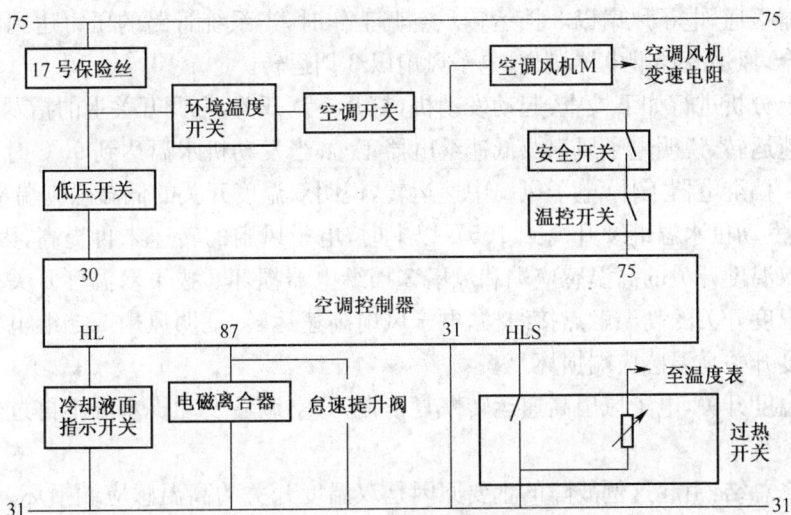

图 12-4　红旗 7220E 型轿车空调控制电路示意图

故障诊断与排除:红旗轿车采用全封闭式强制循环冷却系统,正常工作时冷却系统有 120～150kPa 的压力,配以专用冷却液,可以保证在 125℃时冷却液不沸腾,发动机正常工作时冷却液温度可达 105℃。保持发动机的正常工作温度,主要是靠节温器、散热器及电子风扇来完成的。

根据故障现象,可以初步判断节温器、散热器是良好的,但要判断电子风扇工作状况是否良好,有必要先了解散热器及电子风扇控制电路的工作情况。

散热器通过水泵和电子风扇控制电路来保持发动机的正常温度,电子风扇控制电路在控制过程中有 3 个运转挡位(如图 12-5 所示)。

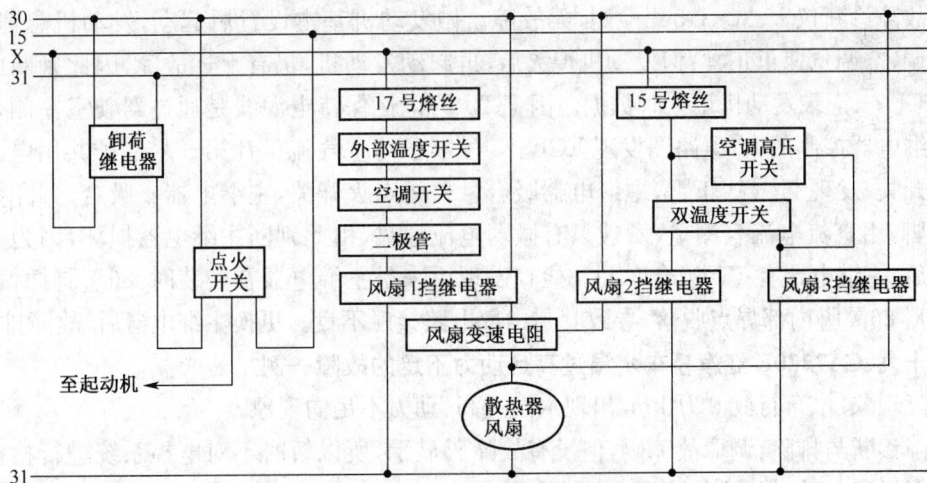

图 12-5　电子风扇控制电路

1 挡运转的条件:当空调开关闭合后,X 线的 12V 电压经外部温度开关→空调开关→二极管→风扇 1 挡继电器,继电器工作,触点闭合,电子风扇以 1 挡运转。空调开关上有 1 个工作指示灯,当空调开关闭合后,该指示灯点亮。

2 挡运转的条件:当冷却液温度达到 95℃时,双温度开关内的低温触点闭合,风扇 2 挡继电器工作,触点闭合,电子风扇以 2 挡运转。

3 挡运转的条件:当冷却液温度达到 102℃～105℃时,双温度开关内的高温触点闭合,风扇 3 挡继电器接通,电子风扇以 3 挡运转。空调工作时,当系统管路的压力达到 1600kPa 时,压力开关闭合,风扇 3 挡继电器接通,电子风扇以 3 挡运转。

根据以上分析进行如下检查:起动发动机,打开空调开关,空调开关上的指示灯点亮,电子风扇开始低速运转,说明电子风扇及低速继电器正常;当发动机水温达到 90℃ 时,双温度开关控制的风扇 2 挡继电器工作,电子风扇中速运转,说明双温度开关的低温感应端及风扇 2 挡继电器正常;当发动机水温继续升高到 105℃ 以上时,电子风扇的转速未再提高,因而怀疑故障原因可能是双温度开关的高温感应端和风扇 3 挡继电器损坏。拔下双温度开关接线插头,用导线短接双温度开关的高温触点接线柱,电子风扇高速运转,证明风扇 3 挡继电器良好,因而判断为双温度开关高温感应端损坏。

更换双温度开关,电子风扇高速运转恢复正常,开空调后发动机水温不再过热,故障彻底排除。

故障维修总结:引起这例故障的主要原因是双温度开关的高温感应端损坏。该车在一般公路上行驶时开空调水温正常,是因为车辆在中高速行驶时,快速流动的空气起到了电子风扇高速运转降温的作用,而在停车和低速行驶时由于基本上没有风,再加上双温度开关的高温感应端损坏,电子风扇无高速,所以发动机水温急剧升高甚至开锅。

三十八、CA7220E 红旗轿车怠速偏低故障一例

故障现象:①怠速偏低(600r/min 以下)。②打开空调,发动机转速急剧下降并导致熄火。③起动时,节流阀控制机构来回无规则运动。

故障诊断与排除:分析故障原因可能是:节流阀体脏;怠速直流电机卡住;怠速直流电机控制电路断路或短路;发动机控制单元(ECU)损坏;CO 电位计须调整;没有空调请求信号;熄火后电脑没有记忆起动前信息。

用故障诊断仪 V. A. G155l 检测,无故障。做发动机基本设置后起动,发动机怠速正常。打开空调,空调怠速也正常;但发动机熄火后,再起动发动机,仍有上述故障,因此判断此车熄火后,ECU 未记录发动机熄火时数据。因 ECU 的记忆保持电源线是通过驾驶室左侧杂物箱内的主继电器控制的,查电路图发现 ECU 13 号端子与空气流量计第 3 号端子共用电源。打开点火开关,发现 l5 号线正常,主继电器吸合。关闭点火开关,主继电器不吸合。此时,检查 86A 插脚,用直流电流表测量,发现只有微弱电流通过,由此判断主继电器损坏,因为关闭点火开关后,主继电器有 15s 吸合时间。检查发现原来是主继电器在安装时,86A 脚插偏,导致主继电器 86A 脚内部焊点脱落,导致其与内部电路接触不良。更换主继电器后,故障排除。

三十九、CA7220E 红旗轿车水温过高且动力不足的故障一例

故障现象:该车行驶 9 万 km,出现水温过高、动力不足的现象。

故障诊断与排除:调取故障码,但没有故障码显示,所以暂时不对电控系统进行检修。经查散热器风扇起动时的冷却液温度过高,在 103℃ 时才开始转动,说明双温开关不正常,更换一个新件,散热器风扇转动正常,但转动时间很长,而且频繁。考虑到造成这一故障的主要原因,不外乎点火时间不正常、混合气供给不正常和燃油质量欠佳等,所以先对点火和供油系统进行检测。经查,点火时间正常,但排气中的 CO 含量几乎为 0,所以断定造成故障的原因是混合气过稀。检查进气系统,无泄漏,油压、喷油器也都正常,调整混合气调节螺钉也不起作用。最后检查配气正时时,发现正时皮带很松,导致皮带跳齿,使配气正时错误造成该故障。

按要求装复后试车,一切正常,故障彻底排除。

四十、CA7220E 红旗轿车行驶中突然熄火

故障现象：一辆红旗 CA7220E 轿车,行驶中会突然出现间歇熄火的故障。检查发现发动机熄火后能迅速起动着,只是起动后无论踩加速踏板或松加速踏板均会很快再次熄火,此时发动机故障指示灯不亮。在修理厂用 V. A. G1551 故障阅读仪进行检查,无故障代码存储。同时检查发现,当拔下空气流量传感器(红旗 CA7220E 采用热膜式空气流量传感器)导线侧连接器时,起动后发动机能运行,但怠速不稳,加速不良,且仪表盘上的故障指示灯闪烁,将车开到 4S 店,请求检修。

故障诊断与排除：维修技师接车后,认真分析了该车发动机的工作原理及故障诊断方法。该车发动机 ECU 自诊断功能只能识别空气流量传感器线路是否短路或断路,不能识别空气流量传感器的信号是否失准,致使发动机起动后熄火。当拔下空气流量传感器导线侧连接器时,由于发动机 ECU 可识别此故障,便自动用节气门位置信号代替空气流量信号,使系统进入自救状态。因此发动机能运行,但运行效果不好,故障指示灯闪烁。于是维修技师决定从仔细检查空气流量传感器以及接线部分是否正常入手,查找故障原因。

将点火开关置于 OFF 位,拆下空气流量传感器,将传感器端子 3 与蓄电池正极连接,端子 4 与蓄电池负极连接,用数字万用表测量其端子 2 与端子 1 间的电压(标准应为 0.03V 左右),用 450W 电吹风紧靠传感器入口向传感器内吹风(用冷气挡),端子 2 和端子 1 间的电压为 2.3V±0.1V。将吹风机缓慢向后移动,以上电压值应逐渐减少。当吹风口与传感器入口相距 200mm 时,电压应为 1.5V±0.1V。可实际测量结果与上述值相差较大,说明空气流量传感器已损坏。更换空气流量传感器后,故障彻底排除。

四十一、CA7220E 型红旗轿车点火开关损坏故障一例

故障现象：一辆红旗 CA7220E 型轿车,累计行驶 27 万 km。该车正常行驶停车后,再起动时发现起动机不转,发动机无法起动。

故障诊断与排除：打开点火开关至起动挡,按喇叭按钮,响声正常;检查蓄电池,不亏电。用其他车牵引,发动机能起动,且运转正常,怀疑是起动机故障。由于起动机被油底壳底板罩住,看不见、摸不着,无法确定就是起动机的故障,所以先从电路连接上查找,看能否确定故障点。

打开中央保险盒检查,盒盖示意图上找不到控制起动机开关线路的保险丝和继电器,并发现 8 号继电器位置上无继电器,只有一个裸露的"7"字形粗铜片。经查该铜片无电,打开点火开关后也无电,也不是接地线。抱着试一试的想法,找来一根 10 多 cm 长的电线,一端连接 3 号保险丝(2、4 号也可以,该保险丝常通电,不受点火开关控制),一端与 8 号继电器位置上的铜片碰接,发现起动机竟然转动起来。打开点火开关,再连接铜片,这时发动机起动,运转正常,证明起动机工作良好,故障原因可能是起动机开关线路连接不良或点火开关损坏。拆下点火开关检查,发现点火开关拨销断缺,点火开关插座开裂。更换新的点火开关后,故障排除。

交车后维修技师对故障原因进行了分析,经查阅电路图后绘制了起动机的控制电路简图(如图 12-6 所示),起动机电源线是 30 号线,点火开关电源线是 30 号线,起动机开关线是 50 号线。其工作原理是:打开点火开关至起动挡,接通 50 号线,在起动机电磁开关的作用下接通起动机电源线,使起动机转动。打开点火开关至起动挡后起动机不转,是因为点火开关损坏,无法将起动机开关 50 号线接通到点火开关电源。用保险丝电源短接铜片能使起动机转动,是由于 8 号继电器位置上的铜片与起动机开关 50 号线是并联的(电路图上没有显示),可能是原厂设计时准备安装一个起动机继电器,后来简化了。

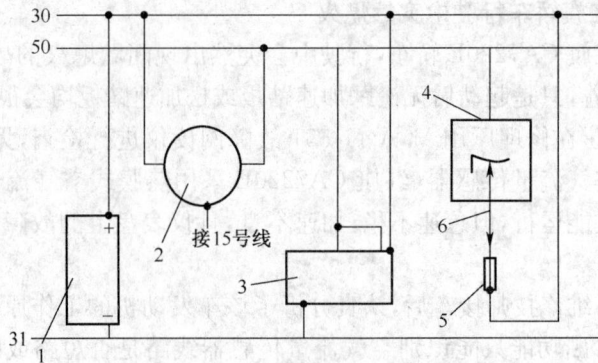

图 12-6　起动机控制电路简图

1. 蓄电池　2. 点火开关　3. 起动机　4. 中央保险盒 8 号继电器座　5. 3 号保险丝　6. 短接线

四十二、CA7220E 型红旗轿车综合故障一例

故障现象:红旗 CA7220E 型轿车,1997 年 7 月 14 日生产,行驶里程为 18 万 km。经询问车主,在进行正常保养时,清洗节气门阀体后怠速游车,高速时有闯车故障现象发生。因是公务用车,必须在指定厂维修。经多家指定厂检修,更换了节气门阀体、空气流量计、分电器总成、火花塞等。由于拆来换去人为地造成多发性故障,发动机已不能着车,将车拖到维修技师所在公司的电控汽车诊断中心,进行诊断维修。

故障诊断与排除:1999 年前生产的红旗 CA7220E 型轿车,采用的是德国西门子开环控制的电控燃油喷射系统,安装了 CO 调节电位计(需人工调整),1999 年 5 月以后开始生产闭环控制的燃油喷射系统(加装了氧传感器)。

首先检查供电系统:

①用数字万用表测量蓄电池电压为 10.1V,很明显蓄电池电压偏低,更换维修备用蓄电池,电压为 13.2V。

②打开点火开关,故障报警灯亮,说明 ECU 工作电压正常,关闭点火开关。

③将点火开关置于"ON",打开油箱盖,听油泵是否有 1～3s 的泵油声(需两人操作),油泵工作正常,关闭点火开关,为慎重起见,将油压表串接于油路中,连续打开点火开关 3 次,油压为 0.26MPa(初始油压建立),10min 后油压无下降,从以上的检查中基本可以说明燃油系统正常。

然后检查电控点火系统:

①将正时灯感应钳夹在高压线上,起动发动机,检查是否有高压火。意外的是一打起动机发动机起动了,并非像车主讲的那么严重。凭经验认为,故障没有这么简单就被排除了,车的温度正常后,怠速开始游车,从 860～1100r/min 或高或低,进行路试 30km 左右发动机突然熄火,再起动发动机无着火迹象,拆下火花塞发现电极被汽油侵湿,说明故障明显在点火系统。

②将车拖回诊断中心,经检查高压无火。红旗电喷车高压无火时,不需要检查分电器,它与分电器无关,即使是分电器中的霍尔效应传感器坏了,也不影响高压点火;拔下分电器上的传感器插头也不影响起动发动机;发动机正常运转时拔下传感器插头,也不会熄火。因为,分电器在这里的作用只是分配高压电和产生判缸信号。红旗电喷车的点火正时、喷油正时、怠速控制、喷油脉宽、及油泵的控制等,都是由转速传感器(CKP)来完成的。

③用故障诊断仪读取故障码,显示一个故障记忆码 00520,发动机转速传感器 G28 信号断路/短路。当拔下转速传感器插头时,发现传感器的输出信号线已基本断开(霍尔效应传感

器),将断开的线重新焊接好,一次就成功起动了发动机。但是,怠速游车和高速闯车的故障现象依然存在。

红旗电喷车的节气门阀体与捷达、奥迪 200 1.8T 通用,只有红旗车清洗阀体后会出现怠速失控的现象。这是红旗电喷车存在的一个多发性故障,主要原因是红旗车的控制电脑单元版本型号的问题;版本号为 9000 和 9010 的红旗车,清洗节气门阀体后一般会出现怠速失常的故障,这与控制软件有关。对于控制单元版本号为 9020 的车辆,清洗阀体后怠速一般不会升高。另外,该车在其他厂已更换新件,可能没有进行基本设置。进行基本设置时,应保证发动机电控系统无故障;发动机水温在 80℃ 以上。选择 08 数据流功能,进入 001 组,显示区 4 中的 8 个状态应是"00000000"。

进行基本设置的方法是:选择基本设置功能 04,进入 001 显示组,按确认健,此时电控系统自动进行基本设置。按以上方法完成节气门阀体的基本设置后,起动车辆后,怠速恢复正常,但进行路试,高速时仍有闯车现象。

将故障诊断仪接入诊断座,选择发动机控制系统,进入 08 功能观察数据流。001 显示组 CO 电位计的电压为 0.8V,显然是不正常现象,需要调整 CO 电位计(在后排座椅左下角)。经反复调整,将 CO 调节电位计的电压调至 1.38V 后试车,闯车现象消除。检测尾气中的 CO 含量,为 1.45%(基本要求为 1.3%~1.5%),至此故障完全排除。

CO 电位计的调整方法是:

①选择 08 数据流功能,进入 001 组、显示区 4 中的状态必须是"00000010"才可调整。

②1997 年 5 月以后生产的红旗车,用保险片短接继电器盒旁边上的 28、29 号两插座,使故障灯快速闪烁,1999 年 5 月后生产的电喷红旗车取消了故障报警灯。

③顺时针旋转 CO 调节电位计,CO 上升,逆时针旋转 CO 调节电位计 CO 下降。

需要特别注意的是:如果需要对红旗轿车电路进行焊接时应将蓄电池的搭铁线拆下,并将预热好的电烙铁电源插头拔下,否则 220V 的交流感应电压会击穿发动机控制单元 ECU 的功率三极管。

四十三、CA7220 红旗轿车双温开关故障一例

故障现象:行驶中车主发现其脚坑上方冒出一股烟,并伴随呛鼻的烧胶皮的味道。

故障诊断与排除:拆下仪表下护板发现风扇高速继电器已被烧毁,换新件后试车,风扇高速运转不停。拔下双温开关插头后,风扇停转。经检查系双温开关高速触点常黏而导致高速继电器工作时间过长,以致发热而烧毁。

更换双温开关、高速继电器,故障彻底排除。

四十四、CA7242E6(L)型红旗轿车电控门窗故障一例

故障现象:一辆红旗 CA7242E6(L)型轿车,行驶里程为 5 万 km。4 个车门窗玻璃在驾驶员门操纵电控门窗开关均无法工作,只有副驾驶员门上的电控门窗开关能控制右前车门窗玻璃升降。

故障诊断与排除:首先闭合点火开关,观察驾驶员门和副驾驶员门电控门窗开关,红色指示灯正常亮起,而后左、右门电控门窗开关指示灯均不亮。按下驾驶员门控制后门的安全开关,黄色指示灯不亮。更换驾驶员门电控门窗开关总成件,故障依旧。根据该车原理图,检测电控门窗开关线束插头 1 号端子对搭铁电压为 0V。该插头 1 号端子和 11 号端子的连线均为红/蓝色,电源来自门窗控制器 87 号端子,11 号端子电压正常,而 1 号端子却无电,那么是什么地方断路呢?找来原厂电气系统线路图(如图 12-7 所示)分析,门窗控制器 87 号端子出线

为 2.5mm² 红/蓝色,而它分支有 4 路,其中 3 路是 0.35mm² 红/蓝色线,分别到驾驶员电控门窗开关 1 号和 11 号端子上,另一路到副驾驶员电控门窗开关 8 号端子上,第 4 路为 1mm² 红/蓝色线,连接到 4 个门窗组合继电器 2 号端子上。并明确地给出它们的焊接点 Q10 在中央门锁、电控门窗线束内。

拆掉左前门内饰板,用刀小心划开线束的外包层,找到焊接点 Q10 位置,重新连接焊好到驾驶员门电控门窗开关 1 号端子的红/蓝线,做绝缘、包扎线束处理。闭合点火开关,再分别操作 4 个电控门窗控制开关,该系统工作正常。

通过该故障实例,证明作为一名好的汽车维修技师,要能通过原厂给出的电气系统线路图上的有关信息,作出正确的判断,才能做到少走弯路,提高工作效率。

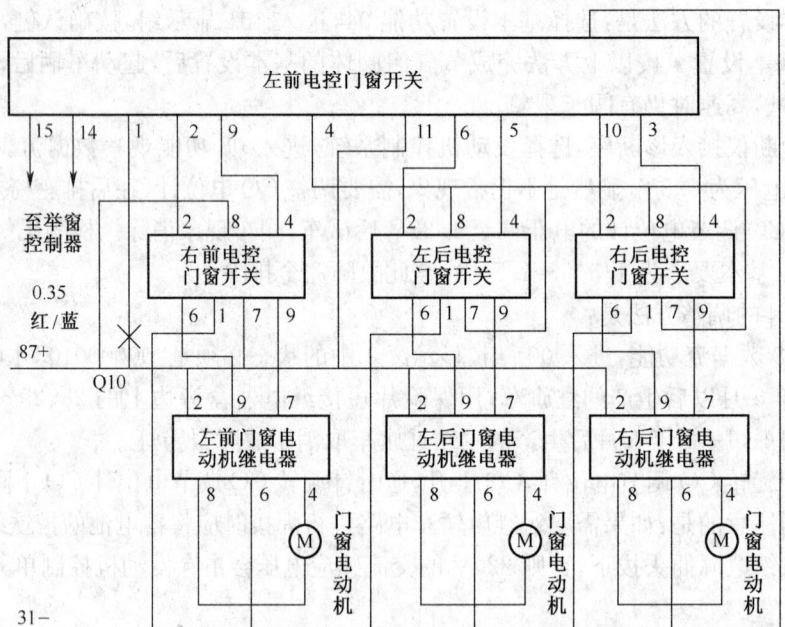

注:由于通往左前电控门窗开关的红/蓝色线断路(注×号处)而造成此故障现象。

图 12-7　红旗 CA7242E6(L)型轿车电控门窗控制线路图

四十五、红旗轿车 ABS 特殊故障一例

故障现象:一辆红旗 7200E 型轿车,配置 488 电喷发动机,肇事后在某修理厂修复。试车进行紧急制动,仪表板上 ABS 灯随之点亮,此后只要打开点火开关,该灯便处于常亮状态。

故障诊断与排除:因维修技师有过此类的维修经验,前去协助。该车型所配置的是美国 Kelsey-Hayes 公司生产的制动防抱死系统,为四车速传感器四通道布置形式。检修的方法首先是进行系统自诊断,但由于当时市面上所使用的 1551 之类的诊断仪无法进入 ABS 自诊断系统,手工诊断程序显得格外重要,也是唯一的途径,方法是:将发动机舱内中央配电盒的黄色保险丝插座短接,打开点火开关,ABS 灯在长亮一下后开始闪码,每个故障码由两位数组成,隔 2s 后再闪烁下一个故障码,然后对照故障码表读出故障内容。实际操作结果如下:

22 右前传感器或盘齿圈的信号丢失。

23 右前传感器脱落。

12 不踩制动踏板时的状态码,可视为正常码。

询问车主得知,肇事碰撞方向位于车身右前方,导致右前车轮的转向臂总成报废,右前

ABS 车速传感器也随之更换过。为验证是否为线路故障,测量右前传感器阻值为 985Ω,左前传感器则为 1100Ω,二者阻值虽存在一定误差,但均在允许范围内。进行清除故障码,方法是:依然短接黄色保险丝插座,打开点火开关,在 ABS 灯闪码期间,连续快速踩制动踏板 5 次以上,且每次间隔时间小于 1s,当 ABS 灯变为只闪烁 12 号时,表明清码成功。

故障码虽已清除,无须找到故障根源。根据上面故障码内容,分析问题可能出在右前传感器探头与半轴上信号盘齿间的间隙调整不当所致。将车举升起进行检查,果然发现右前传感器未完全下到座孔中,与左前传感器对照,尾部长出大约 2mm 之多。重新调整安装右前传感器后打着车,却发现 ABS 灯又变为常亮。继续调码,输出 21 号,即右前传感器断路或短路。而 22 号和 23 号不再出现。

再次测量右前传感器阻值,为无穷大。拆下传感器一看,其端部多了一个明显的压痕,说明已顶到盘齿圈上,致使传感器报废。然而维修人员是按照左前传感器的行程对右前传感器进行安装的,而且两个传感器长度相同,问题会出在何处?仔细分析,只有传感器座圈与半轴盘齿圈的距离不正确,才会出现这种可能性。测量结果,此距离与左前侧相比,短约 1.5mm。重新定购右前传感器,安装后反复试车,经过数次调整和清除故障码,ABS 灯终于熄灭,而且在紧急制动时,能够明显感觉到制动踏板传来的阵阵反弹,四个车轮的拖印无抱死迹象,证明ABS 功能完全恢复正常。

故障维修总结:该车的此故障根源在于新换的右前转向臂总成非正厂配件。转向臂上的车速传感器座圈深度严重超差,该厂的维修人员也为此报废了一个右前传感器。因此,我们再遇到类似的维修作业,要充分地考虑到配件质量的因素,新的配件必须进行测量,以便及时发现问题,避免不必要的经济损失。

四十六、红旗轿车点火线圈故障引起突然熄火的故障一例

故障现象:一辆 2002 年产红旗 CA7180A2E 型轿车,行驶里程 10 万 km。据车主反映,该车在行驶途中有时出现突然熄火故障,有时还不好起动。

故障诊断与排除:维修技师接车后,查阅维修记录,该车报修不好起动,已经更换了起动机。该车已经救援一次,早上不能起动。维修工到现场,起动正常。把车开到维修站,进行试车,没有出现故障。车主第二天早上又报修车辆不能起动。现场救援,确认车辆无法起动,把车拖到维修站,需要全面检查。很显然,该车可能没油或没火。首先连接汽油压力表,起动发动机,油压显示正常。

拔下分电器上的中央高压线试火。无高压火花,以为找到故障点。再次起动,高压火又正常了,车辆也起动正常,多次试验故障也没出现。由于该故障是偶发性故障,需要做全面检查。连接金奔腾解码器,检查无故障码。查看怠速数据流显示:

发动机转速 860r/min、水温 81℃、进气温度 39℃、蓄电池电压 13.41V、喷油脉宽 3.06ms,数据都正常。节气门开度 11% 偏大,需要清洗节气门。数据流 07 组:第一位置为凸轮轴位置传感器下降信号,测量值为 56(正常值为 59~60),第二位置为凸轮轴位置传感器上升信号,测量值 6(正常值为 5~6)。需要旋转分电器至数值相符。通过以上数据流分析,没有发现故障可疑点。

该车装备的是采用西门子 4S3 控制系统的 4GE 型电控多点燃油喷射发动机,霍尔式分电器点火系统,点火线圈与点火控制器组装为一体。在该点火系统中,发动机控制单元(ECU)根据曲轴位置传感器和凸轮轴位置传感器(霍尔传感器,位于分电器内)传送的曲轴转角信号和发动机转速信号,以及 1 缸压缩上止点信号,通过与其他传感器传送的信号进行比较计算

后,确定出最佳的喷油及点火时刻,曲轴位置传感器控制点火。根据对该车点火系统的分析,造成没有高压火可能原因有点火线圈、曲轴位置传感器、发动机控制单元(ECU)、防盗系统故障及相应部件连接的线路。金奔腾解码仪进入防盗系统,没有故障码。抖动点火线圈,曲轴位置传感器,发动机控制单元(ECU)间的线束,发动机工作正常,排除线路接触不良的可能。故障确定在点火线圈、曲轴位置传感器、发动机控制单元(ECU)间。进一步检查,取下点火线圈的插头,打开点火开关,插头电压为12.36V,搭铁也正常。插上插头,发动机运转时,用万用表直流电压挡测量点火触发信号为1.78~2.04V的电压。点火触发信号正常。取下曲轴位置传感器的三线插头,测量曲轴位置传感器的电阻,该车曲轴位置传感器位于变速器壳左侧,为霍尔式传感器。三线间的电阻无穷大,数据正常。打开点火开关,测量曲轴位置传感器的三线插头,插头的两边是火线和搭铁线正常,有11.78V电压。插头中间的为霍尔信号,信号线电压为11.36V。插上曲轴位置传感器的三线插头,起动发动机时,霍尔信号电压为5.25V。发动机怠速运转时霍尔信号电压为6.20V,信号也正常。这是突然想到万用表有频率挡,霍尔信号也是频率信号。连接万用表,选择量程20K,把红表笔接霍尔信号线,黑表笔搭铁,发动机起动就有频率信号。频率信号与发动机转速信号对应一致,怠速测量数据0.85,对应发动机转速850r/min。随发动机转速的升高而曲轴位置传感器频率信号也升高。

根据分析,曲轴位置传感器控制点火,是输入信号,发动机控制单元控制点火触发,点火线圈是执行元件。如果有输入信号和点火触发信号,那么点火线圈就有故障;如果有输入信号,无点火触发信号,那么发动机控制单元有故障;如果无输入信号,那么就是曲轴位置传感器故障。那么如何直观确定是否有点火触发信号呢?这时想到了发光二极管,利用电线焊接一发光二极管,连接在点火线圈上,随发动机转速升高也快速闪亮。通过观察,发现该车点火线圈、分电器应是换过不久。与车主沟通,车主也不了解具体情况。在车间多次起动试车,故障没有出现。为了找出故障现象,外出试车,行驶1000m,故障出现。行车途中突然熄火,起动不着车,这时接上万用表和发光二极管,发现有输入信号和点火触发信号,判定点火线圈故障。更换点火线圈故障排除。

四十七、红旗轿车电动车窗间歇工作的故障一例

故障现象:行驶时红旗轿车电动车窗有时就不工作了,经过颠簸路面有时又工作了,有很多时候车是在进维修厂的路上还不工作,到维修厂修理工一试又工作了,完全正常。

故障诊断与排除:不管是新款还是老款的红旗轿车都比较易出现类似的故障,维修技师已经排除很多例了。第一次遇到时,首先检查了一下相关的线路,没有问题,着重检查了驾驶室门合页处有没有折断线的情况,因为此车易在此处有断线的故障,经检查没有断线情况。于是将转向盘下面的内饰盖板拆下并拔出玻璃升降器继电器(285),用试灯测量插座30号、15号和搭铁线都正常。打开继电器外壳仔细观察线路板,发现有一个针脚和线路板之间开焊,此针脚和插座相对应的正好是控制继电器的15号电源线,此线开焊造成虚接,焊好后故障排除。

四十八、红旗轿车高速闯车故障一例

故障现象:一辆红旗CA7200E3轿车,冷车行驶时车况良好,若热车高速行驶十几分钟以上,就出现车辆发闯现象,一蹿一蹿地无法行驶,此时摘空挡后车熄火,重新起动着车后,又恢复正常。

故障诊断与排除:该车配备尼桑VG20E发动机,性能非常好,电控系统是一个闭环多点顺序集中喷射控制系统,具有喷油、点火、怠速、爆燃、减速断油、超速断油、空调、自诊断和"自救回家"等控制功能。

　　维修技师接车后首先用修车王检测发动机故障,显示无故障码,一切正常。询问车主,他反映曾经加过劣质汽油。于是,彻底清洗了喷油嘴、燃油泵,确保油路无故障,又更换了一组火花塞试车,故障现象依旧。试车时发现,当车辆发生前后闯车时,组合仪表中的车速表指针大范围摆动,指示严重不准,有时能指示到220km/h。同时用修车王进行数据监测,此时显示车速信号突然增大,最高甚至达到400km/h以上,而正常时车速表指示与修车王中的数据一致。

　　通过以上故障现象分析,维修技师认为很可能是发动机控制单元接收到的车速信号严重失真,大大超出识别范围,从而导致控制单元超速断油,该信号由车速传感器产生脉冲,经组合仪表内整形和分频电路处理后送入控制单元,再由控制单元根据此信号判断车速是否需要高速断油(车速超过180km/h)。于是,更换了组合仪表,高速试车,故障现象依然存在,后又更换了车速传感器,经试车,故障彻底排除。之后又将旧组合仪表换到车上试车,一切正常,说明原组合仪表是好的。

　　由于该车速传感器是一舌簧管式传感器,包括舌簧开关和磁铁。当磁铁旋转时,簧片由于磁场的变化而闭合和断开,从而产生脉冲信号。因该传感器高速行驶时产生的脉冲信号严重失真而导致了此故障的发生。

四十九、红旗轿车鼓风机自动高速运转的故障

　　故障现象:一辆红旗轿车,车辆行驶时,鼓风机突然自动以高速挡运转,把风道内的尘土都吹出来,转一会儿后又自行停止,而此时并没有开启鼓风机。

　　故障诊断与排除:红旗轿车鼓风机控制电路如图12-8所示。鼓风机有四个挡位,其转速变化由串联电阻和鼓风机挡位选择开关控制,在串联电阻上还有一个热敏开关F51,如果它闭合后,则鼓风机以高速挡运转。因鼓风机挡位选择开关自动接通高速挡的可能性不大,上述故障的原因常常是此热敏开关性能不良。

　　打开机盖,拆下前风挡下部的导水板塑料罩,再拆下串联电阻,会发现在电阻丝与电阻丝支架之间有一双金属片触点,这是多数人都不会注意的地方,它就是F51。当串联电阻工作温度过高时,双金属片受热弯曲,触点闭合,则鼓风机电流直接通过触点接地。鼓风机高速运转一会儿,同时引入部分风量给自身散热,当其自身温度降低后,触点断开,鼓风机停止运转。修理时用钳子把双金属片触点距离板大一些,再把此串联电阻装复即可。

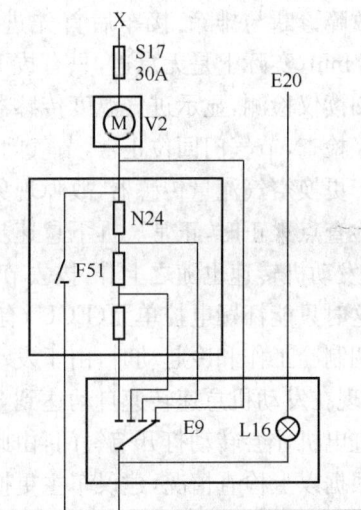

图12-8　红旗轿车鼓风机电路
V2—鼓风机　F51—热敏开关　N24—串联电阻
E9—鼓风机开关照明灯　E20—仪表板照明开关

五十、红旗轿车冒黑烟且加速不良的故障一例

　　故障现象:一辆红旗7180(带有CO调节器)轿车,来维修站报修,加速不良,冒黑烟。

　　故障诊断与排除:维修技师接车后,验证故障一切属实。怠速时不严重,加速时排气管内排出滚滚黑烟。接上1552诊断仪进行诊断,进入02功能读码时未有故障码存入。退出02功能后进入08功能,读数据流时发现,003组内一氧化碳电压偏低,只有0.26V。发动机熄火后拆下保险丝盒盖,将一氧化碳调整插座内插入备用保险,起动发动机后进入08功能003组内一氧化碳的电压值,观察数值;将后座椅拆下,找到一氧化碳传感器,拔下其黑盖,通过调整一

氧化碳传感器后黑烟有所减少,但加速不良没有排除。接着检查油路,测量油压时发现油压为2.6kPa,正常;拔下真空软管,油压上升至3.0kPa,也属正常;踏下加速踏板,油压变为2.9kPa,油压升高也属正常值。三项油压测试后拆下油表时发现油中有沙粒,决定更换汽滤并清洗喷油嘴。清洗喷油器后试验未发现漏油、雾化不良现象,说明油路正常。再次接上1552诊断仪,进行数据流测试又发现08功能007组内凸轮轴传感器不在正常范围内。松开分电器进行调整,调整后其数值不能达到理想状态,于是检查正时是否正常。挂挡松开手刹后推车对齐正时标记,检查其他正时点也都在标记位置上,那是什么原因呢?最后检查点火系统。点火线圈没有问题,只是点火性能下降,换上一个新的点火线圈试车,故障依旧。用万用表测高压线电阻值为6～7kΩ,电阻值也正常;换上一套高压线、分火头及分电器盖后试车,故障并没有好转,只发现分电器盖碳棒烧蚀。用砂纸进行打磨处理。此车来维修站不长时间检查火花塞时,发现火花塞电极被烧黑,其原因为混合气过浓,没发现别的问题。这时再次拆下火花塞发现其黑的程度稍有转变,现在基本都已检查到位。究竟是什么原因呢?于是决定换一组火花塞试一试。从仓库领来一组火花塞装上试车后,发现加速不良、冒黑烟现象被彻底解决。

五十一、红旗轿车无怠速故障一例

故障现象:一辆1998年出厂的红旗CA7220E型轿车,累计行驶里程28万km。该车因发动机运转不稳、怠速过高进维修站检修。

故障诊断与排除:接车后首先进行试车,发现发动机运转不稳,怠速波动,有时转速达3000r/min,实际上是无怠速,只有拔下节气门传感器插头,怠速才能降至800r/min左右。用故障阅读仪检测,显示进气温度传感器、冷却液温度传感器线路故障,且故障码无法清除。

经检查,节气门回位正常,节气门传感器电阻、供电电压及线路连接均正常,各管路无漏气现象。更换空气流量传感器,故障现象无好转。

检查点火正时,正常。拆下怠速步进电机齿轮盖板,起动发动机,观察齿轮状况,齿轮自动转动,发动机转速也随之上升,拔去节气门传感器插座,齿轮自动回位,发动机恢复怠速状态。

这时只能怀疑电控单元(ECU)有问题。因为发动机的标准怠速转速是由ECU设定的,在空调制冷工作和冷起动时,由于发动机负荷增加等原因,ECU将修正到额定的标准怠速转速,而现在发动机怠速转速自动达到3000r/min,只有ECU发出提升怠速转速的错误信号,怠速步进电机才会转动打开节气门,由此说明ECU有故障。

根据以上检查情况,建议车主更换ECU。这时,车主讲了一个新情况:该车不久前在修理店进行全车大修喷漆,装配ECU时,不知因何原因ECU的端子断了两根,只好找来一个旧的ECU装上。维修技师叫车主把原车的ECU拿来,插上ECU端子插座,发动机能起动,但工作状况不好。

经检查,断了的两根端子一根是12号,即冷却液温度信号输入端子,另一根是37号,即进气温度信号输入端子。这两根端子的作用是把传感器的变化电信号输入ECU,ECU据此修正发动机起动时的供油量,以及对发动机运转时的供油量、点火时间、怠速转速等参数进行修正。如果不能恢复这两个传感器的变化电信号输入,发动机将不能达到最佳空燃比,车辆无法正常行驶。

由于两个端子已折断,无法恢复,但更换ECU费用近万元,车主难以承受。最后,维修技师决定修复ECU。小心地拆开ECU的塑料外壳;找两根不同颜色的绝缘良好的导线,用焊锡分别焊接在12号、37号端子与ECU电路板的连接处;在ECU塑料外壳的相应位置钻两个小孔,将两根导线从小孔引出,然后用密封胶封闭两个小孔,以防止灰尘和水气侵入;在 ECU 端子插座的线束中找出冷却液温度和进气温度信号的输入导线,与从 ECU 里引出的相应导线连接后包扎好。装复试车,发动机工作状况良好,一周后电话回访,一切正常,证明故障彻底排除。

五十二、红旗轿车因倒车灯电路搭铁引起熄火后不能起动的故障

故障现象:一辆红旗 7220E 型轿车,行驶里程为 22 万 km。在停车熄火约 10min 后,起动发动机再也不能着车,送至修理厂维修。

故障诊断与排除:经询问车主,得知该车在停车熄火前无任何故障现象,于是决定先从高压电路查起。拔出分电器中央高压线试火,发现无高压火。用万用表测量点火线圈正常,分电器也并未损坏,检查确认高压电路部分并无异常。因当时远离特约服务站又无专用检测设备,只好用万用表先做简单检查。

将点火开关置于"ON"挡,测试点火线圈 1、3 端子,显示 12V 电压,供电正常。考虑到曲轴位置传感器和凸轮轴位置传感器损坏发动机将不能起动,决定对安装在分电器内的凸轮轴位置传感器进行检查。拔下凸轮轴位置传感器插座,打开点火开关后用万用表测试该传感器插座端子 1 和 3 间电压,发现电压为 0V,检查 ECU 45 号端子(连接凸轮轴位置传感器 3 号端子)也无电压。进一步检查发现空气流量传感器,也无供电电压,于是怀疑 ECU 供电电源异常。因设备有限,只能从相对简单易查的部位入手检测,于是又着手检查主继电器。

主继电器安装在仪表板下,抱着试一试的心理,当用手按压继电器时起动发动机,居然着车了。由此初步认定主继电器控制线圈或相关电路有故障。为了进一步确认故障点,又用万用表测量主继电器 86 号端子,该端子在点火开关置于"ON"时应有大于 11V 的电压,测量发现该端子也无电压。

查看线路图,得知 86 号端子连接在 15 号线上,但是连接点在何处从电路图中却无从确定。对着线束仔细查找,发现在 15 号线下接 12、26 号熔丝。检查中央配电盒熔丝,发现 12 号熔丝熔断。经查 12 号熔丝控制的相关电路是倒车灯、怠速燃油切断器、雾灯以及后风窗除雾开关照明装置。更换 12 号熔丝后起动发动机,一切正常。检查发现,点火开关至主继电器 86 号端子之间的连线接在 12 号熔丝控制电路上。而电路图则显示,86 号端子应该是接在 12 号熔丝的上路。如果按图接线,该故障也不会发生了。那么又是什么原因造成 12 号熔丝熔断呢?

为尽快找到故障根源,决定进行一次测试。换上 12 号熔丝,将点火开关置于"ON"时,雾灯、后风窗除霜开关照明装置工作正常。而在偶尔一次挂倒挡时,却发现倒车灯先亮后熄灭,这时再查电路发现 12 号熔丝已经熔断,由此看来是挂倒挡后引起的故障。检查倒挡灯开关良好,再检查倒挡灯开关至倒车灯之间线路,发现在行李舱左边铰链的弯管内,因频繁开启行李舱,使线路损坏,搭铁后引起故障。将破损处整理包扎后试车。发现故障彻底排除。

究竟是什么原因造成一辆能正常行驶的轿车,在停车熄火一段时间后发动机无法起动呢?经车主回忆,在故障发生前,正常行驶中有过一次 20 多米的倒车操作。根据主继电器工作原理,当点火开关在"ON"挡时,主继电器产生励磁作用,触点接通向 ECU 供应 12V 电压。当该车行驶挂倒挡倒车时,由于倒挡灯线路损坏引起搭铁,造成了 12 号熔丝熔断,只是由于车辆没有熄火停车,线路中持续的电源供应使主继电器连续不断地励磁,触点始终接通,保证了发动机能正常工作。而停车熄火一段时间后主继电器失磁,触点分开。当打开点火开关准备起动发动机时,由于倒车灯线路损坏搭铁,12 号熔丝已熔断,主继电器 86 号端子无电源励磁,使主继电器触点不能闭合,无法向 ECU 提供电源,所以发动机无法起动。

第十三章　奇瑞系列轿车故障检修实例

一、2002 款奇瑞轿车有时无法起动的故障一例

故障现象：一辆 2002 款奇瑞轿车（装备 1.6L 480 发动机），起动机工作正常，但有时无法起动，此时挂挡推车可以起动。

故障诊断与排除：在车辆无法起动时进行检查，发现没有转速信号。检查线路没有问题。更换了曲轴位置传感器后，故障依旧。用手转动曲轴检查飞轮信号盘，没有发现异常。维修技师怀疑曲轴位置传感器与飞轮之间的间隙不正确，于是松开曲轴位置传感器固定螺栓，将传感器向外移动一点，使间隙增大。试车，发动机可以顺利起动。维修技师以为已经找到了故障点，就在曲轴位置传感器下面垫了个垫片，然后交车。几天后，该车又出现同样现象，经检查还是没有转速信号。因为相关线路已经检查过，没有发现问题，是不是曲轴位置信号间歇性错误呢？因为曲轴位置传感器的飞轮信号盘是与曲轴固定为一体的，如果曲轴前后窜动，就会导致曲轴位置信号错误。于是抬下变速器，拆开发动机油底壳，发现曲轴前后窜动量较大，已经超出了正常范围。仔细检查，发现曲轴止推垫片严重磨损。更换曲轴止推垫片后试车，一切正常，故障彻底排除。

二、奇瑞 7160E 多点喷射轿车无法起动的故障

故障现象：一辆奇瑞 7160E 多点喷射轿车，无法起动，但挂挡推车能着车，着车后出现怠速不稳和加速无力，偶尔出现加速放炮的现象。

故障诊断与排除：首先拔下高压线起动发动机，检查是否有高压电，结果没有高压电，怀疑很可能是曲轴位置传感器有问题，拆下曲轴位置传感器后测量，没有发现问题。当时正好有一款一样的奇瑞轿车在修理，征得车主的同意，拆下该车曲轴位置传感器，安装到故障车上，也没有着车，为什么会没有高压电呢？首先检测了曲轴位置传感器电压，是 2.5V 左右，当时就怀疑是否是 ECU 出了问题呢？又检查了曲轴位置传感器到 ECU 的线，也没有发现问题，接着又检查了点火线圈和高压线，也没发现问题。再试着起动发动机，听见起动机有"咔咔"声，判定可能是起动机有问题。因为该车用起动机无法着车，但挂挡推车能着，这说明起动机转数不够，所以无法起动。但跟车主说后，车主说不会是起动机的问题，因为点火时起动机转动非常有力。在维修技师的坚持下，并征得车主同意更换了起动机。再次起动时，车子很快就着了，但着车后怠速不稳、加速无力。用油压表检测，油压严重不足，更换新的汽油泵后，怠速非常稳，加速有力，故障排除。

故障维修总结：因为起动机转速不够，ECU 接收不到曲轴位置传感器发出的信号，所以才没有产生高压电。而挂挡推车能着车，是因为推车时的转速能达到 ECU 所需的转数，所以能着车。

三、奇瑞轿车熄火后起动困难的故障

故障现象：一辆奇瑞 SQR7160E 轿车起动不着车，冷车起动也非常困难，尤其是热车熄火后，再起动无法着车。

故障诊断与排除：经检查发现有电、有油，起动机工作正常。用诊断仪进入系统，测试无故障。

如果传感器故障，诊断仪是能够检测出来的，是不是油压系统故障呢？拔下进油管看汽油压力，意外发现起动时发动机着车了，运行十多秒后熄火。为什么拔掉进油管还能着车呢？初

步怀疑是油压调节器故障。正好有一辆奇瑞轿车在维修,征得车主同意后互换汽油泵(油压调节器和汽油泵在一起),故障依旧。回头一想,是不是喷油器漏油,造成混合气过浓起动不着车。根据此想法,拔掉喷油器所有插头的连接线,起动发动机,着车了。顺着思路分析,拆下喷油器实验,打开点火开关(不起动),观察喷油器是否有滴油现象。起动一下看喷油器情况,喷油量特别大,当时是热车情况下。是什么影响喷油量过大呢?是不是水温传感器损坏使喷油量过大从而导致混合气过浓。抱着试一试的想法,拔掉水温传感器的插头,该车顺利起动,经过反复试验,证明水温传感器失效,换上水温传感器后,故障排除。

故障维修总结:发动机控制单元接收曲轴位置传感器、进气压力传感器等信号,适时适量地控制喷油器和点火系统,本车水温传感器损坏,导致发动机控制单元误判断,热车以后还加大喷油量,引起空燃比严重失衡形成淹缸,造成难以起动。

四、奇瑞轿车难着车故障一例

故障现象:一辆奇瑞SQR7160ES轿车,行驶里程为6万km。出现难着车故障。

故障诊断与排除:故障可能原因:①蓄电池不存电。②气门积炭多。③电控系统故障。④其他原因。经仔细检查电控系统一切正常。在起动时发现此车好像没有缸压,测试发现不能着车时缸压只有600kPa询问车主得知此车一直加90号汽油,于是怀疑气门积炭过多造成无缸压,拆下缸盖果然如此,做清洗积炭处理后,故障彻底排除。

五、奇瑞SQR7160ES轿车起动时电源电压低使其不能起动的故障一例

故障现象:一辆奇瑞SQR7160ES轿车,累计行驶里程3万km。该车装备多点电喷发动机,因不能起动而进厂报修。

故障诊断与排除:维修技师接车后,首先对有关线路进行了初步检查,未发现异常。拔下第1缸分缸线,起动发动机试火,没有高压火花产生。用力用表检查点火线圈,供电电压正常。用示波器检查点火线圈输入信号,无波形产生,说明ECU没有输出点火信号。由于该车发动机采用无分电器电子点火系统,点火和喷油信号都是由ECU根据曲轴位置传感器的信号控制的,所以有必要对曲轴位置传感器进行认真检查。测量曲轴位置传感器至ECU的连线,正常。接着检查曲轴位置传感器是否有信号输出,起动发动机,用万用表交流电压挡测量,有交流电压产生,用示波器测量,其输出波形正常。再在ECU导线侧连接器的有关端子处测量,结果相同。为检验ECU连接器是否接触不良,拆开ECU外壳,插上其导线侧连接器,在印刷线路板输入端子处测量,结果曲轴位置传感器输入信号波形也正常。至此,可以断定ECU未工作。将该车的ECU和曲轴位置传感器装到工作正常的同型号轿车上,结果都能正常工作,说明该车ECU和曲轴位置传感器没有问题。根据该车电路图对有关供电线路进行分析,ECU有26、47、29三个电源端子,端子26由点火开关控制,经熔丝和仪表板上的故障指示灯供电;端子47也由点火开关控制,经熔丝供电;端子29由蓄电池经熔丝直接供电,这三个端子在接通点火开关后能测到蓄电池电压,即在ECU工作时应该有12V电压,因为它们均是通过继电器提供电源电压的。如果ECU工作时电源电压低于10V,ECU也不会工作。于是,对ECU进行工作时的电源电压测试,结果发现在起动机未起动时,ECU的电源端子处能测到12.2V的电压,但起动机一工作,该处的电压就仅为8V。更换同型号的新起动机后,发动机立即起动了。将旧起动机解体检查,原来是内部短路引起电压过低,导致ECU不工作,所以无点火信号,最终使发动机不能起动。

六、奇瑞风云轿车冷车起动困难而热车起动则正常的故障

故障现象:一辆2003年产奇瑞风云轿车,用户反映该车冷车时起动困难,热车起动则完全正常。

故障诊断与排除：引起该车故障发生的主要原因应包括线路在冷车时发生虚接现象、蓄电池充电不足、起动机转矩不够、混合气太稀、气缸压力不足、冷却液温度传感器故障、发动机控制单元内部故障及点火系统点火能量不足等。经试车，维修技师感觉该车起动机运转无力，但在起动时蓄电池电压约为 12V，正常。维修技师分析可能是起动机内部碳刷或换向器工作不良所致。在替换一起动机后，试车故障仍没有排除。发动机控制系统内也无故障码，检查燃油系统压力也正常，但在起动时发现没有高压火，只有在起动不成功放开点火开关的瞬间才会产生一下高压火。维修人员更换了曲轴位置传感器，但仍然不见好转。后来又更换了发动机控制单元，但故障依旧。后来维修技师无意间发现蓄电池主搭铁线装在了排气岐管上，经紧固该螺栓后无效；但感觉搭铁线装在排气岐管上还是不合适的，又将其换装回变速器壳体上。之后再试着起动发动机，发动机一次起动成功，反复试车故障始终未再出现。

故障维修总结：该车在其他修理厂维修时将蓄电池主搭铁线改装到排气岐管上，由于当时天气炎热，起动机运转阻力小，所用电流也小，加之发动机各摩擦表面阻力也小，所以故障不明显。但当天气变冷后，起动机所需电流增大，但当主搭铁不良时，导致车辆在起动时电流主要经起动机形成回路，发动机控制单元因搭铁不良工作不正常，从而造成车辆无法起动。汽车上的搭铁点都是经过合理分配后形成的，随意改变其搭铁位置可能产生意想不到的故障。

七、奇瑞 SQR716ES 轿车不能起动的故障一例

故障现象：一辆奇瑞 SQR716ES 轿车，因发生交通事故车身左前部位受损而到一小型汽车修理厂维修，事故部分修复后试车，却出现无法起动的故障。因该厂无法排除而向附近的 4S 店求援。

故障诊断与排除：维修技师经向该厂维修人员了解得知，交通事故对发动机部分并无大碍，只是发动机主线束中有数根导线被撞断，电工将撞断的导线进行了包扎整理后，发动机偶尔可以起动，但怠速不稳，加速时排气管冒黑烟，直至发动机无法起动。首先检查点火系统。拔下第 1 缸分缸线，起动发动机试火，没有高压电火花产生。接上解码器进入发动机控制系统，解码器显示系统正常，无故障。由此基本可以排除有关传感器及其线路出现故障的可能。该车发动机采用无分电器电子点火系统，各分缸线直接与点火模块相连，发动机 ECU 接收到曲轴位置传感器传来的第 1 缸上止点信号后，经过精密计算，按照气缸的点火顺序发出最佳的点火指令。因曲轴位置传感器是发动机 ECU 控制点火和喷油的重要依据，有必要作认真检查。该车的曲轴位置传感器为霍尔效应式，装在变速器前端的飞轮壳上。当维修技师准备测量该传感器的信号数值时，该厂电工反映，该传感器的电源、搭铁和信号输出都正常，并说如果信号不正常，在起动发动机时应听不到燃油泵继电器工作的声音。为验证该电工所反映的情况，在起动发动机时，维修技师将耳朵贴近燃油泵继电器附近，确如该电工所述。因此维修技师也断定曲轴位置传感器有正常的信号输至发动机 ECU。既然曲轴位置传感器有信号输至发动机 ECU，那么影响高压火产生的因素还有哪些呢？从该厂的维修人员处还了解到，他们借了 1 辆行驶正常的同型号的奇瑞轿车，将两车的点火模块、发动机 ECU 和曲轴位置传感器等进行了互换，故障现象还是一样，而且还证明故障车的上述元件均是好的。考虑到该车是在发生碰撞后才导致发动机不能起动的，而且发动机主线束曾因受损而整理过，怀疑存在线路短路或断路的现象。但经过仔细排查，排除了这种可能。测量点火模块上电源端子电压，在接通点火开关后为 12V，正常。故障排除至此进入了僵局，于是维修技师重新整理诊断思路，再三考虑到是在发生碰撞之后才出现发动机不能起动的因素，决定将发动机外部检查一下，看看是

否有变形之处。当检查到飞轮壳时发现飞轮壳已经变形,而且变形处刚好位于曲轴位置传感器的安装点。原来由于飞轮壳变形,导致曲轴位置传感器信号失准,当发动机 ECU 判断出该信号错误时,就发出了中止点火的信号,从而引发了发动机无法起动的故障。更换飞轮壳后起动发动机试车,发动机顺利起动,而且怠速平稳,加速良好。上述故障彻底排除。

八、奇瑞轿车因喷油器底座老化引起不易起动的故障

故障现象:一辆行驶里程为 8 万 km 的奇瑞轿车,配有单点喷射电控发动机,此车加速时坐车,在转弯时更明显,有时不易起动,起动后发动机有"突突"声。

故障诊断与排除:用诊断仪检测,无故障码存储。根据以往修车经验,极有可能是点火系统故障。首先检查了火花塞,发现火花塞间隙过大,更换火花塞,但故障没有排除。在加速时,无意中听到有漏电声响,仔细检查发现高压线漏电,又更换了高压线,故障现象有所减轻,但故障仍然存在。经过仔细检查发现只要用手按住喷油器,在加速时,故障现象就消失了。经检查,喷油器底座因老化而开裂。更换底座后,上述故障完全排除。

故障维修总结:因为底座老化开裂使进气歧管进入大量未计量空气,使混合气过稀,发动机功率下降,导致加速不良,当车在颠簸或转弯时,喷油器底座开裂程度大,导致故障更加严重。

九、奇瑞 SQR7160 蓄电池经常亏电的故障一例

故障现象:一辆 SQR7160 基本型,在行驶 3600km 后,出现停置一段时间蓄电池亏电,在蓄电池电量充足前提下,停置数小时后,蓄电池就出现亏电,甚至全车无电。

故障诊断与排除:蓄电池亏电主要有以下几种原因:①发电机发电量不足。②蓄电池自放电。③用电设备工作放电。因该车常出现亏电,所以对该车发电机充电状况进行了测量,其充电电压为 14.2V 符合正常值(13.8～14.2V)。因该车曾出现在蓄电池电量充足情况下,熄火 2h 后蓄电池严重亏电,导致全车无电。故对该车的放电电流进行了测量,其值为 4.2mA。该值也不会导致上述故障。最后对该车蓄电池进行了更换。可故障现象依然存在。该车蓄电池正极有三根火线,一根为起动机、发电机火线;一根为发动机电控系统常火线;另外一根通往中央继电器盒。首先将电控系统火线拆除,将该车放置一晚上,故障仍存在。单独断开中央继电器盒火线,故障排除。由此断定上述故障原因是中央继电器盒控制的用电设备偶尔放电所致。因该车曾出现熄火 2h 便将新蓄电池放电终了的现象,分析其放电电流一定很强。所以,怀疑是由于进气预热装置导致上述故障,于是打开点火开关,用导线反复短接水温开关 F35,测量进气预热电阻 N15、电压,偶尔出现断开水温开关 F35 后,预热电阻、电压仍存在。说明进气预热继电器 J18 触点不能跳离。更换新继电器,故障排除。

打开进气预热继电器 J18,发现触点结合面烧蚀,有金属毛刺,在受热或颠簸情况下将 J18 的 87 端子与 30 端子连接,导致进气预热阀工作,产生放电,引起上述故障。

十、奇瑞轿车发动机控制单元故障一例

故障现象:一辆 2004 年款奇瑞东方之子 2.0L 手动挡轿车,行驶里程 6 万 km。该车因碰撞事故在一家维修厂进行钣金喷漆维修,维修完毕后便出现了无法起动的现象,维修人员初步判断是发动机控制单元损坏,但又不能确定,于是向 4S 店的维修技师求援。

故障诊断与排除:询问之前的维修人员得知,该车在碰撞事故中车身左前部严重受损,发动机舱内的线束也遭到破坏,一些线路的铜芯线已经裸露并缠绕在一起,经过仔细修复后便出现了发动机不能起动的现象。虽然起动机可以正常工作,但是发动机不喷油不点火。听完维修人员的介绍,维修技师便开始着手检查。

1. 故障原因的确定

①首先打开点火开关,仪表板上的发动机故障指示灯没有点亮,这说明指示灯的线路有问题或发动机控制单元没有工作。连接故障诊断仪 X431 进入发动机系统,结果显示无法通信。拔下节气门位置传感器的插头,用万用表测量每个插脚,结果都没有 5V 电源存在,看来发动机控制单元没有工作。

②接下来检查发动机控制单元的相关线路(如图 13-1 所示)。首先从简单的地方入手检查,查看发动机舱内和仪表板左侧的熔丝,结果都完好。找到前排乘客侧地板下的发动机控制单元,不要拔下线束插头,打开点火开关,用试灯分别测量发动机控制单元线束中的 D10 脚常火线和 D12 脚点火电源控制线,结果试灯都能点亮,这说明发动机控制单元的供电没有问题。再检查地线,将试灯的一端插在 D12 脚,另一端去接触 A13 脚和 A26 脚,结果试灯都能够点亮,看来地线也没有问题。那么究竟是不是发动机控制单元损坏了呢? 仔细分析电路图,发现给发动机控制单元供电的电路共分成 3 路:一路由 D10 脚供常电,一路由 D12 脚通过点火开关供电,剩下的一路由 A12 脚和 A25 脚通过主继电器供电。前面只检查了前两路,第三路没有检查。但是在第三路中,主继电器吸合的条件是前两路供电必须正常,吸合后 A12 脚和 A25 脚才能得到电源,这样发动机控制单元才能正常工作。通过以上分析,维修人员将试灯的一端搭铁,另一端去接触发动机控制单元的 B08 脚(此脚为主继电器线圈的控制端),这时发现仪表上的发动机故障指示灯点亮,试着起动发动机,发动机可以顺利起动。由此看来,发动机控制单元的确已经损坏,导致主继电器不能吸合。

2. 发动机控制单元的维修

发动机控制单元的配件暂时没货,笔者于是决定修复损坏的发动机控制单元。因为主继电器工作后发动机还能起动,说明发动机控制单元内部损坏并不严重,问题应该出在控制主继电器的部分。

①拆开发动机控制单元的外壳,观察电路板上的元件,没有发现明显的烧蚀痕迹。用外接线将 D10 脚接上 12V 稳压电源,将 A13 脚接地(A26 脚在电路板内部与 A13 脚相连,所以只需要接一根地线就可以),再找一个继电器,将继电器线圈的一端接到 12V 稳压电源上,继电器的另一端接到 B08 脚。打开稳压电源开关,然后将 D12 脚用外接插线接出,并触碰 12V 稳压电源的正极,以此来模拟点火工作挡电源。如果发动机控制单元工作正常,那么继电器就会吸合。结果此继电器一点反应都没有,于是应着重检查继电器控制的部分。

②顺着 B08 脚查找,发现 B08 脚连接到一个贴片二极管的正极,贴片二极管的负极连接到了一个小的贴片三极管,此三极管上的标号为 V01A,由一个更小的贴片三极管来驱动它。经过简单地测量,发现此 V01A 型三极管已经击穿,由于不知道这种贴片三极管的实际型号,所以想在电路板上先找一个三极管来代替它。在此 V01A 型三极管的旁边也有一个一模一样的贴片三极管,标号也是 V01A,经测量,这个三极管是用来控制发动机故障灯的,因此先取掉也无妨,也不会影响到发动机起动。于是取掉此三极管,将它换到控制主继电器的三极管的位置。焊好后打开稳压电源,再将 D12 脚触碰 12V 电源,结果继电器开始吸合,这证明发动机控制单元修复成功。

③取下所接的外接插线,将发动机控制单元装车实验,发动机可以顺利起动着车,且各工况工作正常。

④剩下的就是发动机故障指示灯控制的问题了。拆下发动机控制单元,并按照之前所接的插线重新插好,用万用表测量电路板上驱动发动机故障灯的贴片三极管的 3 个引脚的功能。

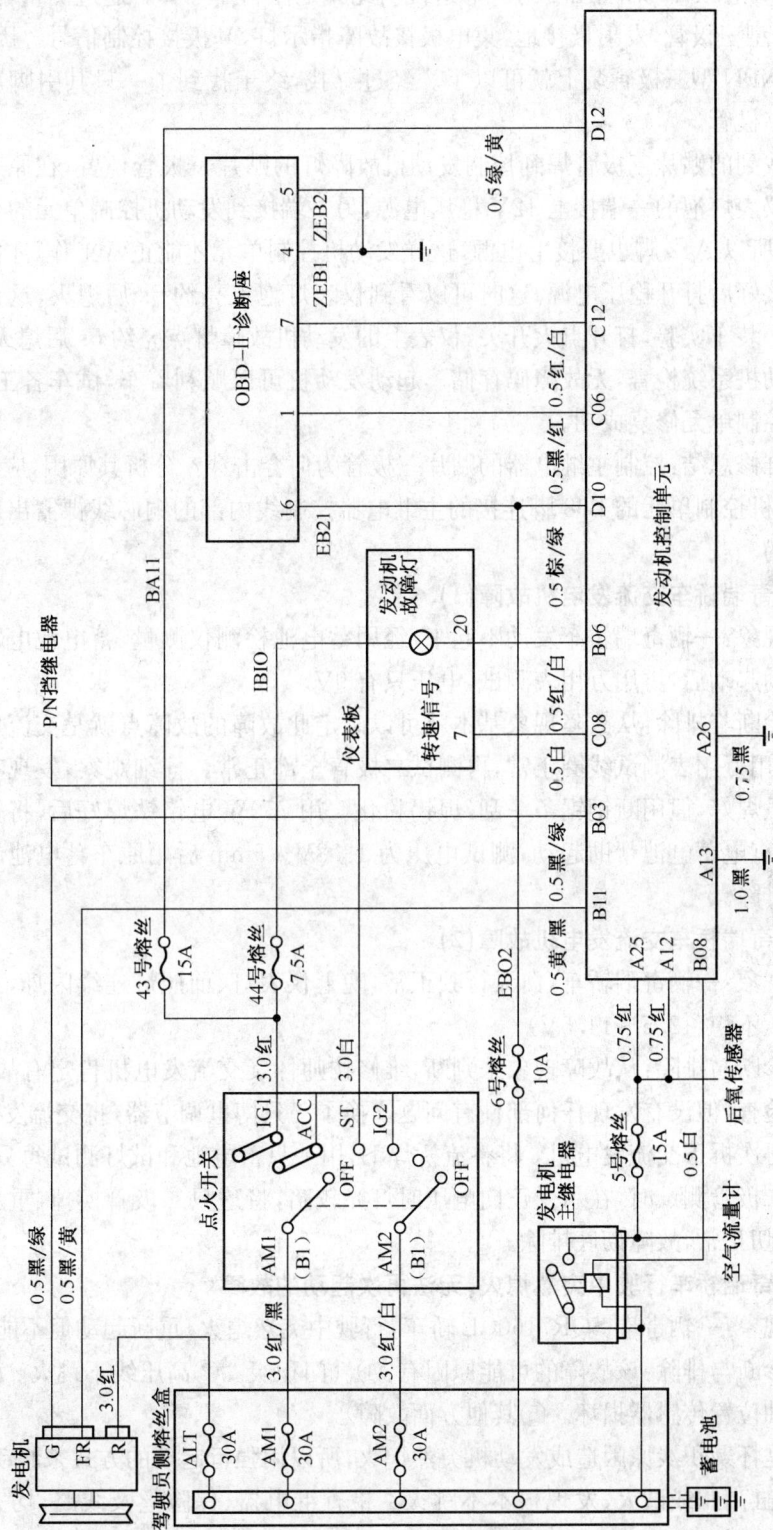

图 13-1 发动机控制单元电路图(局部)

经测量,三极管的 1 个脚接到发动机故障灯,1 个脚接地,剩下的 1 个脚在接通稳压电源的前 5s 内有 12V 电压,5s 后电压变为 0V,这说明此脚是控制信号脚。通过测量可以看出,此三极管是 NPN 型三极管,发射极接地,集电极接故障指示灯,基极接控制信号。因此,只要找到一个合适的 NPN 型三极管装上就可以了。经过寻找,终于找到了一只其引脚功能完全一样的这种贴片三极管。

⑤将找到的贴片三极管焊到控制发动机故障灯的贴片三极管位置,在原来接线的基础上再将 1 个仪表灯泡的一端接上 12V 稳压电源,另一端接到发动机控制单元的 B06 脚。因为要控制灯泡,所以 A12 脚也要接上电源,这样发动机控制单元才能正常工作,才能控制仪表灯泡的亮灭。接好后打开稳压电源,这时可以看到仪表灯泡点亮约 5s 后熄灭,这说明贴片三极管替换成功。装车实验,打开点火开关,仪表上的发动机故障灯点亮约 5s 后熄灭,连接故障诊断仪进入发动机系统检查,无故障码存储。起动发动机可以顺利着车,试车各工况工作正常,至此发动机控制单元修复成功。

故障维修总结:控制主继电器的贴片三极管为何会击穿?分析其原因,应该是发生碰撞事故时,发动机控制单元的 B08 脚连接的主继电器控制线内部的铜芯线裸露出来。并与电源线短接造成的。

十一、奇瑞轿车交流发电机故障(1)

故障现象:一辆奇瑞轿车发动不起来,经用蓄电池检测仪测量,蓄电池电不足。用另一只蓄电池帮助起动后,再用万用表测试,电压只有 9V。

故障诊断与排除:从故障现象基本就可以确定此故障的故障点就是交流发电机。拆下交流发电机,用万用表测试线圈正常,再测试二极管全部正常。仔细观察,发现有一只负极二极管表面锡虽焊好,但用断钢锯条一刮,焊锡粉化。用 750W 电铬铁焊好后,将交流发电机装上车,再次用有电蓄电池帮助起动,测试电压为 13.8V。5min 后用原车蓄电池起动,一切正常,故障彻底排除。

十二、奇瑞轿车交流发电机故障(2)

故障现象:一辆奇瑞轿车,白天行驶正常,晚上仪表灯、前照灯连续闪烁,忽暗忽亮。用万用表测电压不稳(12.5~14.5V)。

故障诊断与排除:从故障现象来判断,维修技师怀疑交流发电机肯定有故障,于是拆开交流发电机检查,但没有发现任何部件有问题。换了一只博世调节器,将交流发电机装上车后故障仍旧。再次拆下交流发电机,将整流桥焊下,用一只蓄电池和试灯测试每只二极管,发现有一只正极二极管测试时,在承受正向电压时灯光较暗,将这只二极管换掉,重新将交流发电机装上车,一切正常,故障彻底排除。

十三、奇瑞轿车行驶中突然熄火,无法再次起动的故障

故障现象:一辆奇瑞 SQR7160CL 轿车,行驶中突然熄火,重新起动但不能着车。

故障诊断与排除:该故障的可能原因有:①气门积炭。②高压线不跳火。③火花塞性能不良。④曲轴位置传感器损坏。⑤其他方面故障。

开始是怀疑积炭原因造成发动机突然熄火,所以用强行起动的方式来起动发动机,毫无效果;拔下 1 缸高压线试火,发现根本不跳火。检查继电器、保险丝及线路,均完好无损。ECU 通过曲轴位置传感器来判别点火时刻,更换 ECU 仍无效果;拆下曲轴位置传感器测其电阻为 0,短路。正常情况下该传感器阻值为 680Ω,更换传感器后故障消排除。

十四、奇瑞 7160E 轿车因车速里程表损坏引起发动机动力不足的故障

故障现象:一辆奇瑞 7160E 轿车(采用 4HPl4 自动变速器),出现发动机动力不足,提速缓慢的故障。

故障诊断与排除:连接金德 K81 故障检测仪进行检测,显示系统正常。读取数据流,各传感器和执行器的工作状况也良好。拆下空气滤清器试车,故障依旧。测量燃油系统的压力为 0.276MPa,正常。测量各缸气缸压力,均为 0.9MPa 左右。更换点火线圈、分缸线和火花塞等试车,故障依旧。怀疑故障出在自动变速器上。检查自动变速器油油位和品质,正常。检查节气门拉索的松紧度,也正常。对该车进行再次路试,发现车速里程表不工作。

原来该车尽管采用的是 4HPl4 全液控自动变速器,但发动机 ECU 会根据车速信号合理控制发动机的点火时刻和喷油量,由于车速里程表损坏,发动机误认为轿车是处在静止状态,按照发动机空载的状态控制发动机的点火时间和喷油量,从而导致发动机行驶时动力不足和提速缓慢故障的发生。

更换车速里程表后试车,一切正常,故障彻底排除。

十五、奇瑞 A516 轿车每次起动后第 1 次踩油门没反应的故障

故障现象:一辆奇瑞 A516 轿车,用户反映 EPC 指示灯点亮,且每次起动后第 1 次踩油门没反应,车辆行驶中伴有加速不良的现象。

故障诊断与排除:连接故障诊断仪对车辆进行检测,设备提示:P2122—加速踏板位置传感器 1 信号过低;P0105—进气压力传感器故障;P0106—进气压力传感器信号不合理。在将故障码清除后,只要一踩油门。上述故障码便会重现。观察数据流发现,设备显示加速踏板位置传感器 1 的信号电压为 0.08V(正常值为 0.74V)。经查阅电路图(如图 13-2 所示)得知,加速踏板位置传感器 1、进气压力传感器的参考电压都是由发动机控制单元的 33 号脚提供的。因此,维修技师认为是该线路存在对地短路或虚接现象。

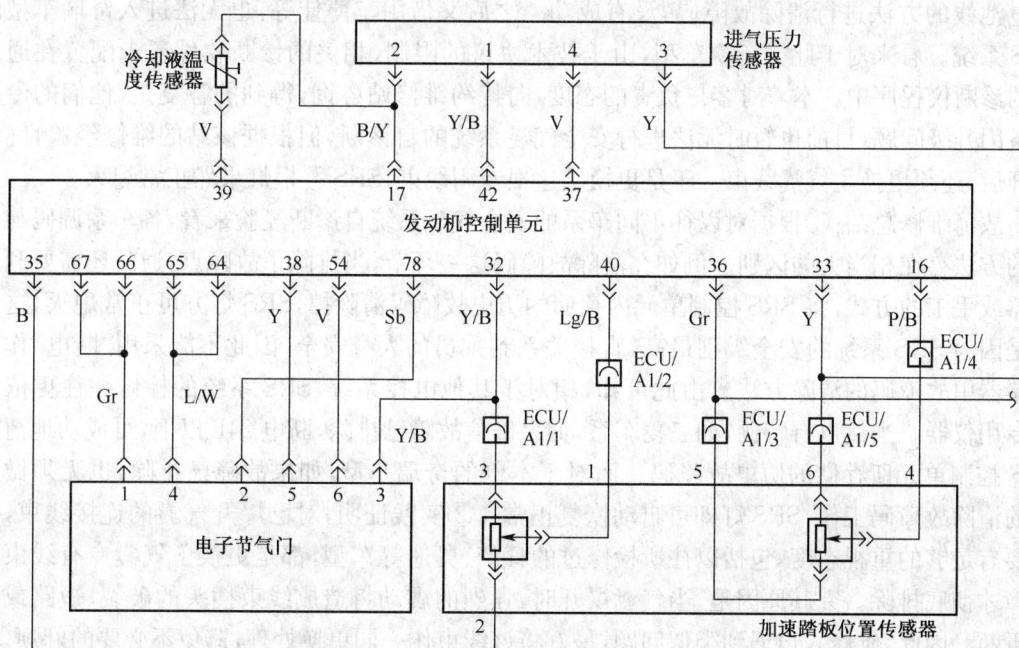

图 13-2 发动机控制系统局部电路图

　　首先拆下发动机控制单元、加速踏板位置传感器及进气压力传感器的插接器,检查发动机控制单元33号脚、加速踏板位置传感器6号脚及进气压力传感器的3号脚间的导通性良好。继续检查该线是否对地短路,经检查该线确实存在对地短路现象。从发动机控制单元33号脚出来的参考电压不但供给进气压力传感器3号脚,还经过插接器A1/5供给加速踏板位置传感器的6号端子。断开该插接器发现,加速踏板位置传感器6号线仍存在对地短路现象,而发动机控制单元的33号脚和进气压力传感器的3号脚不再对地短路,从而判定为加速踏板位置传感器6号端子至发动机控制单元A1/5之间的线束有对地短路的地方。之后,经拆下仪表板发现该线在靠近发动机控制单元A1插接器的附近位置受到挤压,已经将绝缘皮磨掉致使线路对地短路。

　　在对损坏线路进行修复后,试车故障排除。

十六、2002 款奇瑞轿车安全气囊故障一例

　　故障现象:一辆2002款奇瑞轿车,配置1.6L四缸多点燃油喷射发动机,在一次肇事后,驾驶员侧主气囊与前乘客侧副气囊均爆开。换上两个新的气囊后,SRS警报灯依然处于常亮状态。

　　故障诊断与排除:按照常规的检修规程,维修技师更换了位于中央仪表台下方的安全气囊(SRS)控制单元、转向盘下方的主气囊以及仪表杂物箱后方的副气囊。在更换时,又发现副气囊的线束插头有松脱迹象,为保证出厂时间,只好先让车主提车,同时定购这根专用线束。当然,车辆离厂时,SRS警报灯依然处于常亮的故障状态。到货后该车返回更换新线束。打开点火开关,仪表的SRS灯仍常亮不熄。使用元征ADC2000诊断仪进行电控系统自诊断。车上有两个自诊断插座,一个是位于仪表左下方的中央保险丝/继电器盒内,为16针OBD—Ⅱ形式;另一个是位于发动机舱防火墙处的3针形式的插座。反复操作发现,16针插座可以进入ABS系统,3针插座可以进入发动机系统,但都无法进入SRS系统。维修技师试图用拆除蓄电池线的方法进行清除故障码,没有成功。之后又借用车博仕等,也无法进入奇瑞车型的SRS系统。看来对于此类新款车型,由于技术协议的限制,相关的诊断软件还未配置在通用型的诊断仪程序中。本着对客户负责的态度,向特约维修站咨询,得到的答复是,他们的专用设备因升级问题,目前也暂时无法进行安全气囊系统的自诊断,但根据该站的维修经验,气囊爆开后,还须更换主气囊线束。于是更换了这根专用线束,SRS警报灯果然正常熄灭。

　　故障维修总结:①根据对以往不同车系的安全气囊系统自诊断经验来看,各车系调码与清码的方法存在相当大的区别。例如在清除故障码这一环节,当排除了故障点,通常还需要利用仪器或手工的方式,将SRS控制单元内存储的历史故障码清除掉,SRS灯方可正常熄灭,这主要是因为SRS系统的安全级别最高,直接关系到乘员的人身安全,因此不能采用"断电"作为存储器中故障码的清除方法。由此可知,相对于其他电控系统,SRS系统的检修往往更依赖于专用仪器。当然也有特例,如三菱车系,如果确信故障已排除,断电24h以上,可成功地清除SRS控制单元所存储的历史故障码。而对于本例的奇瑞车型,如果故障已排除,也无须做专门的清除故障码工作,SRS灯即可自动恢复正常。②实践证明,对已爆开气囊的连接线束,大家要有足够的重视态度,包括以往所检修过的日产、奥迪等车型,都是更换了气囊专有线束后故障才彻底排除。究其原因是,当气囊爆开时,强烈的震动将造成线束插头的破裂、短路或针脚折断。因此,维修人员遇到类似问题,最好将该线束作一同更换处理,避免不必要的麻烦。

十七、奇瑞 SQR7160ET 型轿车怠速时开空调车身抖动的故障

　　故障现象:一辆已行驶2万km的奇瑞SQR7160ET型轿车,怠速情况下,如果不打开空

调,发动机运转正常,而空调工作时整个车身开始抖动,若再挂上 D 挡或 R 挡并踩住制动踏板,车身就剧烈抖动。

故障诊断与排除:用诊断仪诊断,无故障码输出;更换新标定的 ECU,并调节节流阀体的节气门开度,情况无任何改善;用诊断仪的主动诊断功能测试各执行元件,也没发现任何异常;接下来继续用诊断仪测试发动机在怠速情况下动态运转参数,却发现打开空调时怠速步进电机的步数有所增大,但对应的进气压力值无明显变化。进一步拆检步进电机,在不起动发动机的情况下打开点火开关,观察步进电机的工作状态,步进电机的活塞却一下子弹了出来,步进电机的机体与活塞脱开了。

更换怠速步进电机后,再行试车,故障彻底排除。

十八、奇瑞轿车 ABS 灯偶尔点亮的故障一例

故障现象:奇瑞轿车在行驶中 ABS 灯亮起,但有时发动机熄火后再起动发动机 ABS 灯又不亮了。

故障诊断与排除:打开点火开关,ABS 灯点亮,几秒钟后正常熄灭,起动着车,ABS 灯亮一下后又熄灭属正常现象。找了一段较为宽敞平坦且车辆较少的路面,将车提速到 50km/h 时,将制动踏板踏到底,能明显感觉到制动踏板对脚的阵阵反弹,这属于 ABS 系统工作时正常的反应。下车看车轮无轮胎抱死拖印,说明 ABS 工作正常。看来该 ABS 故障属偶发性故障,借助诊断仪查阅控制单元内有无故障信息,把诊断仪连接到保险盒右侧的诊断座上。该车装备的 ABS 系统为博世 5.3 版,与部分大众车系相同,如果诊断仪中无奇瑞 ABS 诊断程序时可用大众诊断程序替代。进入系统后,读取故障码,右前轮车速传感器断路或短路,故障码被清除掉后,再检测系统,正常,无故障码。会不会是传感器插头没插牢? 该车前轮车速传感器线束共两个插头。一个在传感器端,一个在控制单元端。线路较短中间无任何插头。把两个插头做了清洗处理后装回,询问车主是否途中涉过深水,车主说走过一段泥水路,现在看有可能是涉水时插头进水短路或传感器脏污而信号不好,经过长时间行驶,插头中的水分蒸发故障也就消失了。让车主再跑跑,看故障灯是否还会亮,等亮了再检测一下。车主说最近比较忙,要不再测量一下,不行就更换零件。现在 ABS 系统正常,测量起来肯定数值都正常。诊断仪调出数据流,通过路试观察各个车轮车速传感器的信号数值,发现右前轮数值有时比其他车轮车速数值小几公里,但 ABS 灯并不点亮,看来这属于正常范围。路试一段时间,ABS 系统依然正常,该检查的都检查完了,只有传感器及传感器齿圈没有清洗,打算回去先清洗一下,再不行就是控制单元的问题了。用千斤顶把右前轮顶起来,轮胎拆下,传感器也不算太脏,齿圈也无变形,不会有问题。就在装轮胎时,发现从车身到悬挂的 ABS 线已被车轮磨破,两根线均已漏出铜线,向右打死转向时,车轮会再次和线碰到一起,难免会使两根磨损的线短路,记下故障码,直行时则不会点亮。将线用防水胶布包扎好后,重新固定好,左右来回打死转向确认无摩擦后交车。一周后电话回访,一切正常,故障彻底排除。

故障维修总结:尽管只是线路磨破却令人大费周折。其实修理过程中,最难修的莫过于人为故障,特别有些修理工为了省事在原车线路上乱改,这只能解决暂时的问题,不仅给以后的维修带来一定难度,更主要是给车辆安全带来了隐患,在检修线路时要本着以原车线为主,尽量不改或少改原车线路,即使要更改也应注意改线的型号及走向,并要固定好线束,避免摩擦造成短路或断路。

十九、奇瑞轿车中控锁会自动开锁的故障一例

故障现象:一辆 2006 年出厂的奇瑞 A520 轿车,新车购回的第 2 天就出现了中控锁会自

动开锁的故障。

故障诊断与排除:维修技师接车后首先进行基本检查。遥控器能正常操作,用故障检测仪进行检测,显示一切正常。根据该车的电路图得知,该车4门闭锁器是受ISU(智能开关模块)控制的,其上的D4线(黄色)控制闭锁,D5线(蓝色)控制解锁,因为遥控器能对4门进行正常闭锁、解锁操作,说明线路应该没问题。考虑到该车为新车,车主意见较大,就为该车更换了ISU。试车发现中控锁均工作正常,车主就将该车开走了。

可在第2天早晨该车再次被开进维修站,车主反映上述故障还是存在,并一再坚持他们的操作绝对没问题,而且是关好所有车门后将门锁上的,可早晨发现车门全是开着的,看来中控锁又自动解锁了。再次检测相关线路和电器,没发现有什么问题。维修技师私下怀疑该故障的真实性,于是决定和车主一起试车。可试了一天车,上述故障一直没出现。晚上就将车停在车主昨晚停放的位置,维修技师就躺在车内等待故障再现。就在半夜的时候,听到"咔哒"一声,车门锁打开了,车门照明灯同时也亮了。于是立即接通工作灯,发现二楼和三楼的空调水落在该车的前风窗玻璃上,而且水一直流到翼子板和A柱间,而2前门闭锁器的线路刚好经过那里。于是拆开前门槛条和前轮挡板,拉出前门闭锁器线束,发现线束连接器上全是水珠。此时将4车门用遥控器锁上,然后向该线束连接器上浇水,结果发现"咔哒"一声车门锁又打开了,故障部位终于找到。

将前门闭锁器线束连接器作放水处理后,故障彻底排除。

二十、奇瑞旗云轿车夜间行驶时大灯突然熄灭的故障一例

故障现象:一辆奇瑞旗云轿车,发动机型号为SQR480,行驶里程2.5万km。该车在夜间行驶时大灯突然熄灭,同时仪表板上的ABS指示灯点亮。

故障诊断与排除:根据故障现象判断,应该是保险烧断了。经检查,确实是大灯开关的保险断了。更换新的保险后,大灯亮了,ABS指示灯也熄灭了,说明此时保险是没有问题的。随后,又检查了发电机,其发电量正常;拆下两前大灯检查,其内部及线束也正常,遂将车交给用户。但车子刚刚驶出厂门,ABS指示灯又亮了。用电脑检测仪检查ABS,发现解码仪根本进入不了,没有电源显示。进一步检查,发现大灯开关保险又烧断了。该车的大灯开关和ABS诊断仪是共用一个保险控制的。由于换上的新保险不是立刻就被烧断的,因而怀疑是在受到某种干扰后才引起搭铁(短路)的。有人提议晃动车辆试验一下,在晃动车辆时无意中转动了方向盘,结果保险再次烧断,由此分析可能是转动方向盘时碰到了其中的线束。沿着转向管柱往下查找,果然有一线束离转向万向节很近,经查证恰巧是ABS诊断电源线。该线束在晃动时刚好碰在转动的转向万向节上,由于长时间如此,线束被转向万向节磨破,所以在转动方向盘时引起线束短路,进而导致烧断保险。妥善处理了ABS诊断电源线后,更换保险,故障排除。

故障维修总结:对于此类烧保险的故障,不能简单地更换保险就了事,一定要找到烧保险的原因并彻底排除,否则还会再次发生故障。另外,绝不能随意增加保险的容量,那样做虽然在短时间内不会有问题,但往往会造成更大的事故。

二十一、奇瑞东方之子2.4L轿车天窗突然不能动作的故障

故障现象:一辆奇瑞东方之子2.4L轿车,用户反映天窗突然不能动作。

故障诊断与排除:经试车,故障确实存在。根据维修该车的经验,一般引起该故障的主要原因包括天窗熔丝烧毁、天窗控制模块损坏、天窗电机损坏、相关线路短路或断路及钥匙行程开关卡住。经检查发现,该车天窗系统熔丝烧毁。维修技师先更换了熔丝,之后出去试了一下

车,结果熔丝又烧毁了。经查阅电路图(如图 13-3 所示)得知,天窗主熔丝和电动遮阳帘共用 1 个 20A 熔丝。维修人员依次断开天窗系统相关线路的插接器进行检查,结果故障依旧。

此时维修技师考虑,很有可能是电动遮阳帘引发的故障呢。于是继续断开电动遮阳帘线路插接器,此时故障消失。经观察发现,用户在电动遮阳帘处堆放的东西过多,已经导致电动遮阳帘支架受力卡死。在取掉这些物品并重新调整支架位置后试车,一切正常,故障彻底排除。

故障维修总结:该故障属于典型的因用户操作不当引发的故障,所以我们平时不仅要修好车,还要指导用户正确使用车辆。

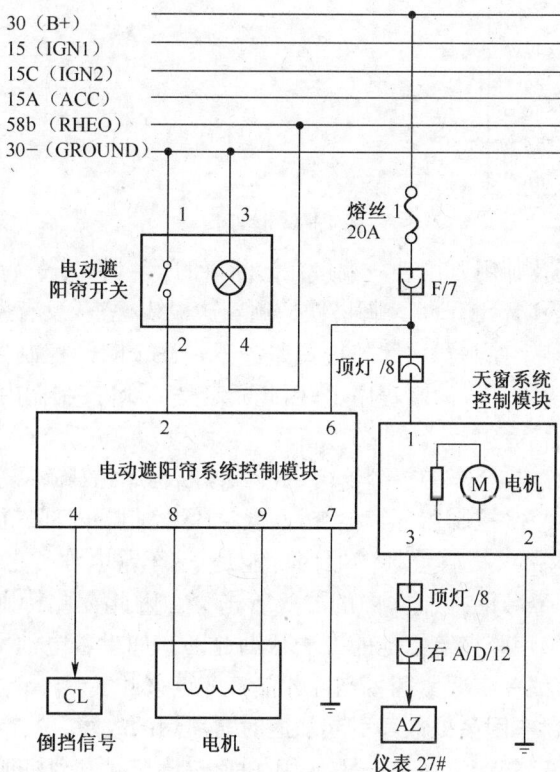

图 13-3　开窗系统相关电路

二十二、奇瑞东方之子轿车二极管短路造成无法进入诊断系统的故障

故障现象:一辆奇瑞东方之子轿车全车的控制器(ABS、ECU、TCUISU 等)无法进入诊断程序,只有安全气囊系统可以诊断。

故障诊断与排除:这个故障是维修技师在检修车辆时无意中发现的,当时由于发动机电喷系统的故障指示灯亮,用诊断仪检查时诊断仪总是过不了诊断程序,以为是 ECU 诊断通信线有问题,按照电路图 13-4,用万用表检查 ECU 62♯脚和诊断口的 7♯脚之间是否存在连接不良,检查结果一切正常;尝试用诊断仪进入 ISU 系统看是否能通信,结果也是不能通信。然后发现该车除安全气囊系统外其他的控制系统都不能诊断,然而检查这些系统的通信线与诊断口的 7♯脚都连接正常。由于有多个系统都不能用诊断仪进入,因此只有用万用表进行检查。从电路图可以看出所有的诊断通信线都是由控制器直接到 OBD—Ⅱ诊断口 7♯脚,显然这些通信线都应该不会是搭铁线,会不会是诊断口的 7♯线对地搭铁引起诊断仪不能进入诊断程序呢?

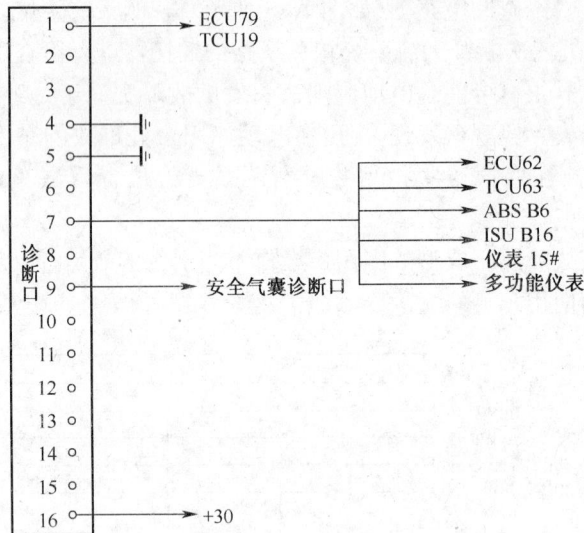

图 13-4　诊断口

带着这个疑问维修技师用万用表一端接在诊断口的 7.#脚,另一端直接对车身搭铁,此时万用表指示电阻很小,表明诊断口 7#脚搭铁。顺着这根线检查,没有发现任何磨破和搭铁的地方,初步怀疑可能是某个控制器内部与地短路。于是逐个断开控制器观察;当断开 ABS 控制器时,其他的控制器可以进入诊断程序了,因此断定是 ABS 控制器内部短路导致搭铁,造成诊断仪不能与控制器通信。

更换 ABS 控制器总成,全车的控制器可以进入诊断程序,故障不复存在。

故障原因分析:将 ABS 控制器分解检查,发现 ABS 控制器内部二极管烧坏造成诊断系统短路。而造成控制器内部二极管烧坏的原因可能是:该车蓄电池亏电,用其他蓄电池帮助起动,在起动的瞬间导致 ABS 的控制器内的二极管击穿。因此在此特别提醒广大汽车维修人员:东方之子轿车应杜绝用跨接蓄电池的方法帮助起动。如果蓄电池亏电,只有更换蓄电池,而且蓄电池的正负极接线一定要紧固妥当后才能打开点火开关。

二十三、奇瑞风云轿车因多处故障引起加速时冒黑烟的故障

故障现象:一辆 2002 年产奇瑞风云轿车,用户反映该车在发动机加速时冒黑烟,油耗高。

故障诊断与排除:经试车故障确如用户所述。引起该故障的主要原因包括燃油系统压力太高或喷油器泄漏;进气压力传感器失效或真空管堵塞;PCV 阀发卡;进气系统堵塞或进气不畅;发动机控制单元内部元件工作不稳定;氧传感器失效或工作不良;气缸压力超差。导致燃烧不完全;相关线路老化、短路或断路,导致传感器或执行器信号失真等。现场检查发现该车加速时排气管冒出浓浓黑烟。连接故障诊断仪对发动机控制系统进行检测,设备提示系统内存在氧传感器相关故障码。用户反映该车曾在其他服务站更换了几乎所有电控系统相关元件。只有发动机控制单元没换,所以维修人员怀疑发动机控制单元工作不正常。现场检查节气门体发现,节气门体喷入进气岐管的燃油较多。且只要堵塞 PCV 阀的通气孔发动机会立即熄火。此种情况表明该车怠速控制阀已经卡死。发动机靠从 PCV 阀进气保持怠速工况,而 PCV 阀正常工作时是不应该直接通大气的,这也表明 PCV 阀被卡住。由于上述 2 个元件工作不正常,从而导致发动机控制单元空燃比控制失常。更换节气门体和 PCV 阀后,试车发现发动机怠速运转平稳,且断开 PCV 阀,堵塞该通气口对发动机的影响很小,说明故障判断正确。但在重复急加速时,仍有黑烟冒出,我们分析可能是排气管内以前留下的积炭。在车辆行驶20km后。再次重复急加速时，排气管仍有黑烟冒出。根据该车的具体症状，维修人员分析可能是氧传感器工作不良。但用户反映该车两天前刚在别的服务站更换过氧传感器，为了做到心中有底，维修人员决定还是拆下氧传感器进行检查。经检查发现，原来上次的维修人员错误地将玛瑞利发动机控制系统用的多点喷射系统的氧传感器装在了该车上。在更换正确的氧传感器后试车，一正常，故障彻底排除。

故障维修总结：该车是一个综合性故障，其他服务站之所有没有排除，是因为他们怀疑什么部件就试换一下，如果不行就再拆下来，接着试换其他可疑件。而且还误将玛瑞利多点喷射控制系统的氧传感器装到了单点喷射系统中，从而产生了系统不匹配的故障。这也提醒我们，在维修车辆时一定要多加思索，要善于考虑各零部件之间的关联和影响，这样才能顺利快速地排除故障。

二十四、奇瑞风云轿车空调制冷间歇性不工作的故障一例

故障现象：一辆奇瑞风云7160ES轿车，出现空调不制冷，出风口出热风的现象，只有不停地拍打空调控制面板，空调才会制冷，而且此时制冷效果也很好。

故障诊断与排除：首先接通空调制冷开关，测量空调制冷开关，测量空调制冷系统高低压侧的压力，高压侧的压力为1.38～1.72MPa，低压侧的压力为0.18MPa，正常。测量出风口的温度为4℃，也正常。试车试了1h，故障没有出现。由于车主反映只有不停地拍打空调控制面板，空调制冷才能正常工作，于是便更换了空调开关，并告知车主下次如果出现类似故障时注意路况、车速、冷却液温度等相关信息。大约1星期后该车又进维修站，空调系统又出现了同样的故障。据车主反映，该故障出现得无任何规律，冷却液温度等均正常。仔细分析该故障，认为只有3种情况才会导致空调压缩机间歇性停转：一是空调系统电路存在接触不良的现象；二是空调系统压力异常，使得压力开关断开，以保护空调压缩机；三是发动机ECU接收到异常的信号（如节气门位置、进气压力、发动机转速、冷却液温度等），切断了压缩机电磁阀的回路，以减少发动机的负荷，从而保证发动机的动力输出和保护发动机。

首先排除空调系统压力异常的问题。因该车使用的是可变排量空调压缩机，该压缩机的压力是由其后部的机械压力调节阀控制的，而该车目前空调制冷效果良好，应该说压力低于0.07MPa使得空调压缩机停转的可能性不大，而且该车的空调电子风扇低速运转均正常。用故障检测仪检测发动机控制系统，无故障码显示。接着检查空调系统电路。因为空调系统电路通过的电流也比较大，如果有接触不良之处就会产生连接烧焦的现象，仔细检查相关的线路及连接器，没有发现问题。怀疑故障是第3种原因导致的，于是对该车进行路试。为了让故障尽快再现，就加大空调负荷；将轿车开到阳光直射的地方，使用外循环的方式，连接故障检测仪，时刻监控发动机的各项数据。发现轿车在阳光下工作40min后空调压缩机停机了，此时故障检测仪上显示冷却液温度为110℃，而其他传感器的信号数值均在标准范围内，此时空调电子风扇仍作高速运转，而仪表盘上冷却液温度表示此时的温度为90℃左右，离红色警告区还有一段距离，难怪车主反映该车的冷却液温度并不高。其实如果留意的话，就可以发现包括大众车系在内的多款轿车发动机冷却液的正常工作温度都不止100℃，而此时冷却液的温度表上的指针却达不到红色警告区。检查散热器中的冷却液，发现是非常浑浊的自来水，没有按要求添加合格的冷却液。显然是散热器及冷却液道结垢严重，造成冷却系统散热不良，以至于冷却液温度过高，发动机ECU检测到冷却液温度过高，就切断空调压缩机继电器回路，以减少发动机负荷，降低发动机冷却液温度，从而保护发动机。

清洗冷却液道，更换散热器后，上述故障彻底排除。

二十五、奇瑞风云轿车只要操作玻璃升降器开关收放机就会停顿一下的故障

故障现象：一辆奇瑞风云轿车，行驶里程 7000km。用户反映该车每次在不起动时，只要操作玻璃升降器开关，无论是上升或下降，收放机都会停顿一下，但当发动机起动后，只要稍一踩加速踏板故障就会消失。

故障诊断与排除：经验证，故障确如车主所述。由于该车是新车，维修人员检查线路时没发现问题。经对玻璃升降器进行检查，由于玻璃升降时也没有任何阻力，维修人员认为玻璃升降器也应该是没有问题的。因为是在维修站，维修人员更换了1台新的收放机进行替换，结果故障依旧。

根据以往的经验，该车的故障应该是电流消耗过大引起的，于是着手进行检查。首先，既然收放机已经换过了，那么它出问题的可能性可以排除。其次，既然维修人员判定该车的线路及附件正常，暂时末考虑此方面的故障。根据上述分析的情况，觉得问题应该在于蓄电池上。经对蓄电池的电压进行测量，发现蓄电池的电压达不到标准值，估计是蓄电池内部存在问题。在更换了1块新的蓄电池后进行试验，故障排除。事后一周进行电话回访，证实故障未再出现。

维修技师后来在相同型号的3辆车上均碰到了同样的故障，因此提醒广大同行在遇到同样的故障时，可以借鉴。

二十六、奇瑞 QQ0.8L 轿车发动机起动困难且发动机故障警告灯点亮的故障

故障现象：一辆 2006 年产奇瑞 QQ0.8L 轿车，行驶里程 6 万 km，搭载采用玛瑞利控制系统的 SQR372 型发动机，用户反映发动机起动困难，发动机故障警告灯点亮。

故障诊断与排除：接车后，经试车发现，该车在起动时起动机比正常时要多运转 3～5s 才能着车。连接故障诊断仪对发动机控制系统进行检测，设备显示"P0340—凸轮轴位置传感器无信号"。在对故障码进行记录后，执行清除操作发现故障码不能被清除，表明故障属实。在该车的控制系统中，当凸轮轴位置传感器损坏后，会引起起动困难的故障，看来故障警告灯点亮和发动机不易起动是 1 个原因造成的。根据我们维修该车的经验，引起凸轮轴位置传感器信号故障的原因一般包括：凸轮轴位置传感器无 12V 电源，凸轮轴位置传感器损坏，凸轮轴位置传感器相关线路短路以及断路或虚接。

首先检查凸轮轴位置传感器 1 号脚有无 12V 电源，经检查发现无 12V 电源。经查阅相关电路图（如图 13-5 所示）可知，该电源在打开点火开关时的路径是经 F8 号熔丝同时向主继电器线圈、凸轮轴位置传感器和发动机控制单元 38 号脚供电。鉴于发动机能起动，表明主继电器和发动机控制单元工作正常，且发动机控制单元的 38 号脚应该有电。经检查发现，主继电器和发动机控制单元 38 号脚处果然有电。那么发动机控制单元和主继电器的电源是来自何处呢？看来问题应该出在发动机控制单元 38 号脚和凸轮轴位置传感器电源的交叉处。但电路图上并未标出交叉点的具体位置。经沿车辆具体线路仔细查找并剖开线束进行检查发现，在发动机舱防火墙处找到该交叉点。该交叉点处采用压接法连接，由于进水，线束被腐蚀导致通往凸轮轴位置传感器的一侧线路断路。

在对该处线路进行处理后，故障彻底排除。

故障维修总结：对于线路在整个线束中断路或短路的故障，检查起来比较费时、费力。建议厂家对线束中的焊接点一定要保证焊接牢固。

二十七、奇瑞 QQ3.0 轿车无法起动的故障

故障现象：一辆行程为 4 万 km 的奇瑞 QQ3.0 轿车出现无法起动的现象，故障指示灯时

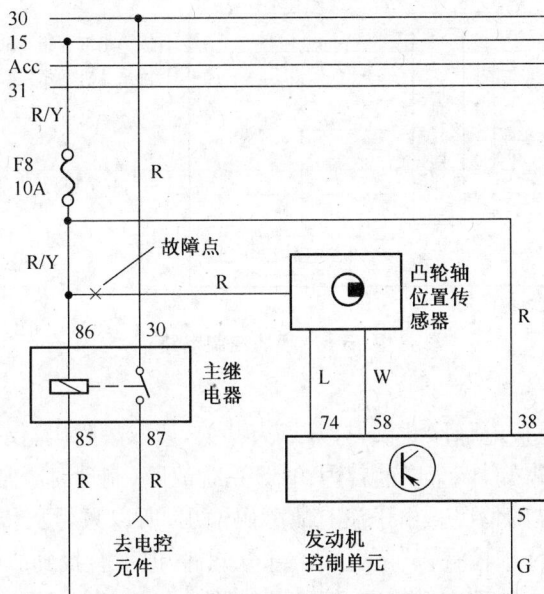

图 13-5　凸轮轴位置传感器

亮时灭,用金德 KT600 读取故障代码,无故障代码。

　　故障诊断与排除:此车使用的是西门子电控系统。根据故障现象,分析认为发动机不能起动的原因,按从易到难的排查原则,主要有 5 个方面:点火系统故障、燃油供给系统故障、空气控制系统故障、正时信号及机械部分故障、ECU 及其连接电路故障。维修技师按如下的检修方法最终将故障排除。

　　①检查机油液面、机油品质符合要求,冷却液液面正常,空气滤清器不脏,起动发动机,起动机能带动发动机转动,但不着车。由此判定发动机的机械部分、电源部分良好。

　　②火花塞上有较多的积炭,试跳火,有火花但较弱。换上新的同型号火花塞后,再试跳火,火花为紫蓝色,装好火花塞后起动发动机,发动机仍然无法起动。再次取出火花塞观察,发动机第 1 缸和第 2 缸火花塞被油打湿,第 3 缸和第 4 缸火花塞却十分干净。做跳火试验,火花良好。

　　③在油路进油管处接上 1 个三通接头,连接燃油压力表,将点火开关转到"ON"位,燃油压力达到 280kPa,而且 10min 后燃油压力为 210kPa。由此可见,该车燃油系统的燃油泵、燃油压力调节器、燃油泵继电器、燃油滤清器等工作良好。

　　将 4 个喷油器拆下,将其放入超声波清洗机清洗,检查喷油雾化、喷油量,然后装回发动机试车,故障依旧。

　　查阅资料发现,该车发动机电控单元 ECU 是德国西门子公司的产品,其喷油控制电路如图 13-6 所示。C(电容器,63V 100μF)的作用是控制喷油器电磁线圈通电时间的稳定,使得喷油量满足发动机的各工况要求。维修技师打开发动机电控单元外壳,对喷油电路进行检查:发现电容器已经开路,从而导致喷油器不喷油或常喷油、缺缸等故障。

　　按理是需要更换整块发动机电控单元。但考虑到发动机电控单元价格不菲,维修技师就更换了 1 只电容器。试车,故障排除。

二十八、奇瑞 QQ7080 轿车 ABS 故障指示灯常亮的故障

故障现象:一辆奇瑞 QQ7080 轿车,行驶里程 3 万 km,该车因 ABS 故障指示灯常亮来厂

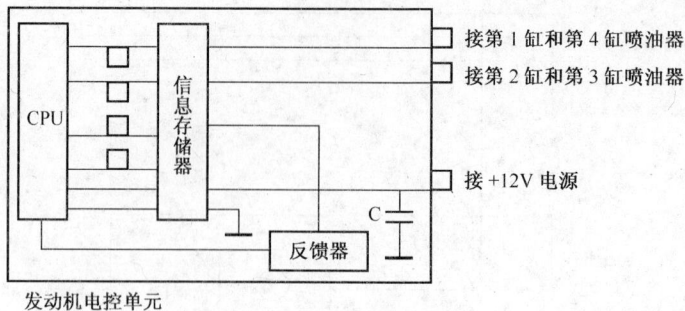

图 13-6　喷油控制电路

检修。

　　故障诊断与排除：连接电脑诊断仪，打开点火开关，读取故障码，仪器显示 ABS 系统正常，无故障码。经询问车主得知，该车以前曾因 ABS 系统故障（制动时经常出现抱死现象）更换了 ECU，后来就出现了现在的情况。由于没有故障码输出，所以只得从传感器、齿圈和线束上查找原因。经过多方面的仔细检查，甚至更换了部分元件，但没有找到故障部位。怀疑上次更换控制器时制动系统中的空气没有排彻底，但重新排除空气后还是不能解决问题。再次连接电脑诊断仪，无意中发现 ABS 的编码显示为"00000"。问题终于找到了，这显然是上次更换控制器后没有设置编码，ABS 无法工作而导致报警。重新输入 ABS 的编码"01901"，故障得以排除。

　　故障维修总结：这是一起典型的由于更换 ABS 控制器后没有进行重新编码而引起的故障。ABS 工作时必须满足两个条件，一是跳线连接必须正确（QQ 轿车 ABS 的跳线是控制器的 14 脚，这在线束生产时已经制作好了），二是输入正确的控制器编码（该控制器的编码为"01901"）。新的 ABS 控制器没有编码，所以在更换新控制器后必须重新输入编码。

二十九、奇瑞 QQ7080 因氧传感器中毒引起油耗偏高的故障

　　故障现象：一辆奇瑞 QQ7080 行驶里程为 4 万 km，该车油耗特别高，城市工况（不开空调）油耗可以达到 9L 左右。

　　故障诊断与排除：根据反映的现象，首先将该车举升，检查底盘制动系统，并没有发现有制动拖滞现象，分析车辆油耗高的原因一般有以下几个方面的原因：

　　①制动拖滞（回位不良）。

　　②氧传感器工作不良。

　　③驾驶风格问题。

　　④其他系统传感器有故障。

　　将专用诊断仪连接到系统上，检查系统并无故障码，检查动态数据流：进气压力传感器显示进气压力在 38kPa 左右波动，氧传感器的数值变化也在 200～800mV 间波动，说明系统基本正常；于是对该车进行路试，在高速公路上以 90km/h 的时速匀速行驶了 150km 左右，经过测试，该车油耗在 8L 左右，说明该车油耗确实偏高，此时再次读数据流发现氧传感器变化数值比较慢，10s 只有 2～3 次，拆下氧传感器发现探头严重发黑，将传感器装复，再上路，挂上三挡，将发动机转速拉至 3000r/min 左右，维持该状态运行 10min 左右，再测量氧传感器数据流，发现其数据流变化频率明显增加，可以达到 10s 钟 6 次左右，再次试车后其油耗降到 6L 左右，恢复正常。

　　更换氧传感器总成后故障彻底排除。

故障维修总结:该故障是由于没有使用规定的汽油造成氧传感器轻微中毒,氧传感器轻微中毒的故障症状就是:发动机油耗增加,怠速不稳;但是发动机电控系统不会报故障码,只有在检查数据流时才会发现该类故障的车氧传感器数据流变化缓慢,变化频率比正常情况下低很多,处理该类型故障一般不需要更换氧传感器,处理方法有如下几条:

①起动发动机,找一段路况比较好的公路,起步行驶,挂上三挡,将发动机转速拉至3000r/min 左右,维持该状态运行 10min 左右。

②用乙炔加热传感器,将传感器探头的颜色烧变色即可(注意传感器热状态下不可遇水,否则,有可能导致传感器爆裂)。

如果试过以上两种方法后,氧传感器数据变化依然缓慢,说明氧传感器已经彻底中毒,无法通过人为方法恢复,必须更换新氧传感器。

三十、奇瑞 QQ 0.8L 轿车开近光、远光或雾灯时雨刮器会自动运转的故障

故障现象:一辆 2007 年产奇瑞 QQ 0.8L 轿车,用户反映该车开近光、远光或雾灯时雨刮器会自动运转不停。

故障诊断与排除:接车后,试车故障确实存在。首先查阅电路图,发现这 2 个系统是相对独立的,它们之间并没有什么直接联系,但近光、远光和雨刮器控制线都绕过"前 2"这个插接器。为此,维修技师初步分析认为:一是前 2 插接器进水导致氧化短路,二是远近光控制线路和雨刮器控制线路短路。

更换雨刮器开关,但没能解决问题。再经往复开闭灯开关发现,在开闭灯开关时伴有继电器吸合声(近光、远光继电器在室外)。经反复查看,是雨刮器间歇继电器在工作,断开该继电器后故障消失。维修技师怀疑继电器内部短路,试换继电器无效。随后检查继电器各端子发现,继电器 T 端子在不开近光时为长搭铁状态。用试灯检查发现,打开近光灯后试灯明显变暗。查看电路图(如图 13-7 所示)发现,该端子为喷水开关信号,该信号一路通往喷水电机,一路通往雨刮器间歇继电器,如喷水时间超过 3s,则控制雨刮器间歇继电器吸合以低速挡运行,直至放开喷水开关。该端子正常情况下在喷水开关不闭合时通过喷水电机搭铁。用万用表测量其电压为 0,用小功率试灯测量为长搭铁。但此时若打开近光灯,该端子居然有 5V 电压,说明近光灯控制线路和 T 端子存在虚接性短路。打开近光灯到外面检查发现,右侧近光灯较左侧暗一些,维修人员判定是右侧灯光线路搭铁虚接。于是拆下前照灯后的搭铁线,发现固定搭铁线的紧固螺母的力矩够但接触表面有锈迹。

经用砂纸打磨搭铁点接触面后试车,一切正常,故障彻底排除。

故障维修总结:右前灯光系统和喷水电机共同在右前照灯后搭铁,但由于搭铁不良,导致在打开近光、远光和雾灯等大负荷用电器时出现搭铁不良的现象。当搭铁不良时,电流会自动通过喷水电机搭铁线→喷水电机→雨刮器继电器形成另外一个回路。所以在雨刮器电机 T 端子处会有 5V 电压,而 T 端子正是雨刮器继电器的控制线。因为雨刮器继电器采用三级管控制,所以 5V 电压已足够使雨刮器电机正常工作。

三十一、奇瑞 QQ 1.1L 轿车前照灯远光常亮及喇叭常响的故障

故障现象:一辆奇瑞 QQ 1.1L 轿车,用户反映该车在停放一段时间后突然前照灯远光常亮,喇叭常响。

故障诊断与排除:经检查发现,只要插上前照灯熔丝故障立即出现,但若触发一下喇叭,喇叭不响前照灯熄灭。检查 2 个相关继电器发现,任意拔掉其中的 1 个这 2 个用电器便会立即停止。根据这个现象,维修技师初步判定为 2 个继电器的 85 号脚短路。于是,找来了相关电

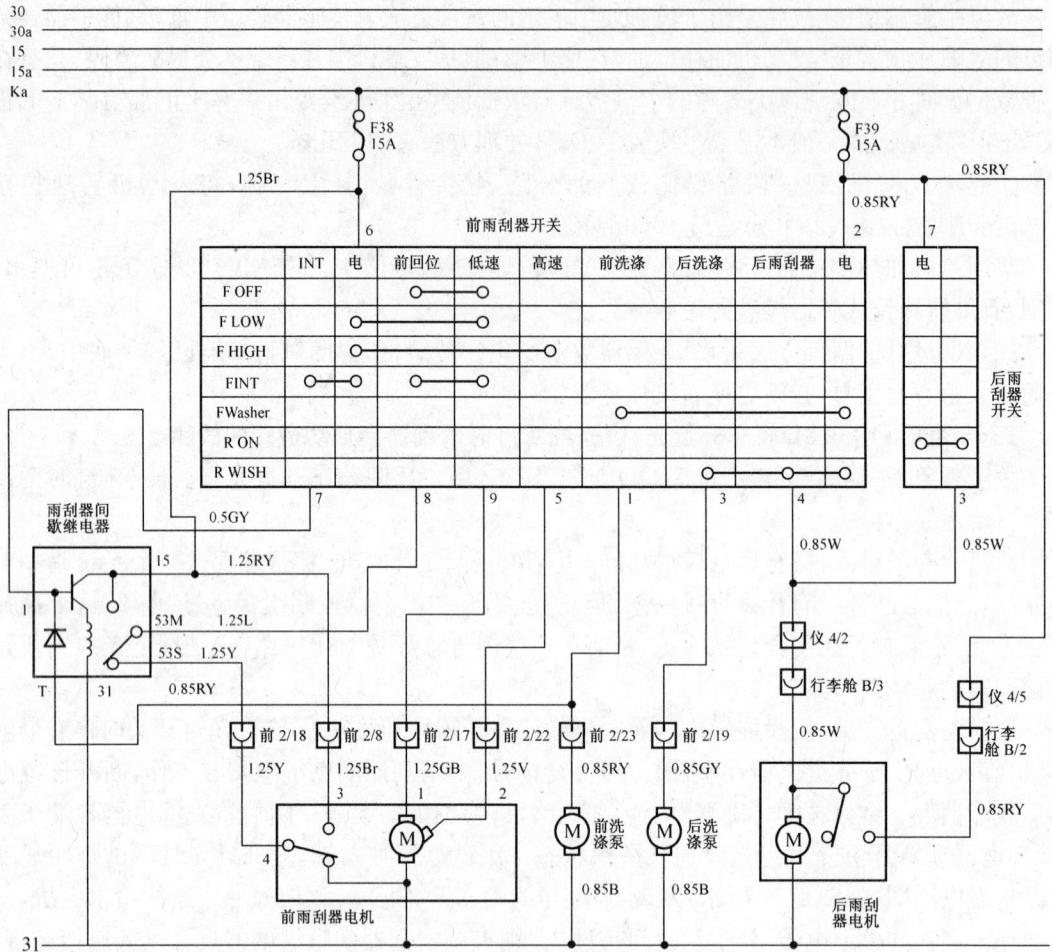

图 13-7　雨刮器相关电路图

路图。根据电路图(如图 13-8 所示)对线路进行检查,最终确定为从组合开关的远光开关和到喇叭按钮的线路插头内部短路。分析电路图可知,前照灯之所以常亮,是因为喇叭继电器 85 号脚输出的电源,使前照灯继电器触点吸合造成前照灯常亮。当按下喇叭按钮时,喇叭继电器的 85 号脚电压变成 0,前照灯继电器因没有磁场电源断开,前照灯熄灭。那么喇叭又为什么会常响呢?这是因为远光继电器 86 号脚是地线,喇叭继电器 85 号脚和远光继电器 85 号脚经远光继

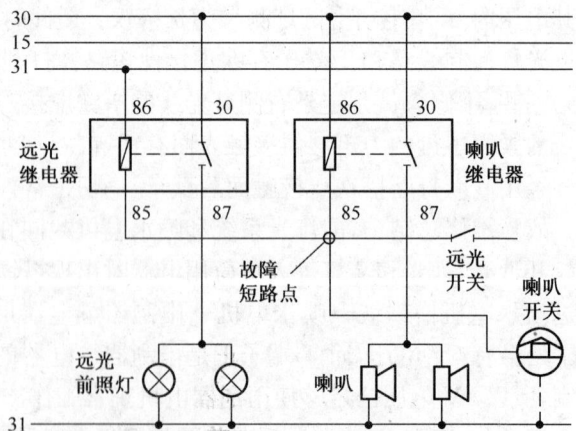

图 13-8　喇叭、前照灯相关电路图

电器 86 号脚形成接地,使喇叭继电器触点闭合导致喇叭常鸣。

最后,在将 2 条线从插头的两端跨接出来后,故障彻底排除。

三十二、奇瑞 QQSQR7110 轿车燃油泵熔丝容易被烧的故障

故障现象:一辆排量为 1.1L 的奇瑞 QQSQR7110 轿车,据车主反映,该车正常行驶时燃

油泵熔丝容易被烧,更换后行驶时间不长又会烧毁,特别是等信号灯制动停车时最容易出现此故障。

故障诊断与排除:根据故障现象,初步判断故障部位在燃油泵及相关线路上。查阅相关资料(如图13-9所示),分析如果喷油器损坏或燃油泵电机损坏也会导致这种现象。经过检查,燃油泵及其配线均正常。更换新的燃油泵,故障依然存在。再根据电路图分析,燃油泵继电器输出端分出来2条线束,一条连接燃油泵,另一条连接发动机舱的氧传感器及喷油器等用电设备,如果燃油泵线路正常,那就可能是连接发动机舱的线路有问题,或者是发动机舱部件有故障(如喷油器短路或氧传感器加热线路故障)。最后,经过认真排查,发现氧传感器加热线路的电源线对地短路,导致电流过大,烧毁熔丝。由于该线束靠近冷却风扇低速电阻,电阻发热后导致线束软化,线束磨损后与车身搭铁。由于车辆在抖动或起步制动时线路容易搭铁,所以出现上述现象。将线束磨损处包扎并固定后,故障消失,系统恢复正常。

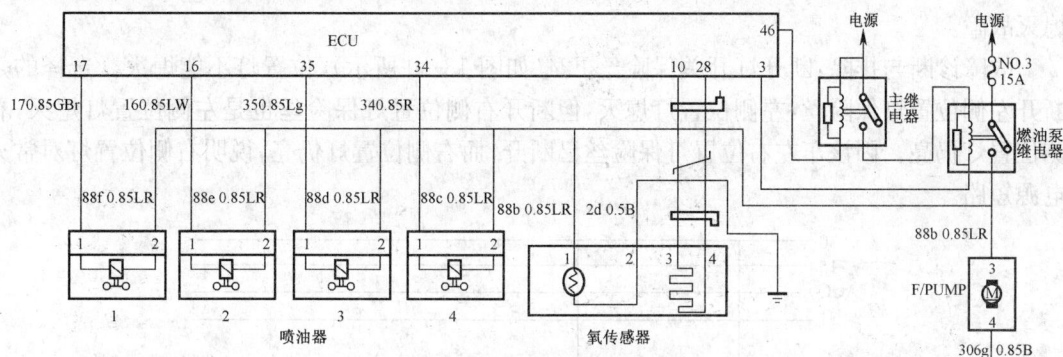

图 13-9 燃油泵相关电路

三十三、奇瑞 QQ1.1 轿车电压调节器故障一例

故障现象:一辆奇瑞 QQ1.1 型轿车,打开大灯开关时,发现灯光异常耀眼,且不时闪烁。

故障诊断与排除:该车采用整体式硅整流发电机,其集成电路(IC)电压调节器与发电机制成一体(内装式),用两颗铆钉固定在碳刷支架上。测量发电机的输出电压,在 14~16V 之间波动,判断为发电机调节器有轻微短路故障。

由于该车发电机除调节器损坏外,其他部分均良好,因此车主不愿意更换发电机总成,加上该车专用的碳刷支架及调节器总成一时购买不到,所以决定采用替换和分离的办法进行修理,将故障排除。清除铆钉后,从碳刷支架上拆下发电机及调节器。将3根相应长度的导线焊接在调节器与碳刷支架的连接线路点上,然后将拆下调节器后的碳刷及支架部分重新装回发电机。找一个废弃的旧发电机(普通桑塔纳或依维柯车上的都可以),从上面拆下未损坏的调节器(不要碳刷及支架)。将引出的3根导线焊接在代用调节器相应的3个接柱上,再将替换好的调节器固定在发动机舱的适当位置(便于以后检查和更换)。整理好线路,妥善包扎固定后试车,发电机发电正常,大灯光亮稳定,故障彻底排除。

三十四、奇瑞 QQ 轿车起动时仪表黑屏的故障

故障现象:一辆采用数字仪表的奇瑞 QQ 轿车使用一年后,起动时仪表黑屏没有任何显示,发动机起动成功后,仪表又恢复显示,换上一个新蓄电池后,仪表显示正常,不再黑屏。

故障诊断与排除:此故障的产生是因为起动发动机时,蓄电池端电压下降所致。考虑到原来的蓄电池还能使发动机起动成功,说明蓄电池还可继续使用,就此换下来有点浪费,因为正常情况下蓄电池可用2~3年,而该车蓄电池才使用了1年多。维修技师考虑,如果能在起动

时保证仪表上的电压不下降,就可解决问题。因此,维修技师决定采用一个 3A 的二极管串联在仪表电源线上,再与仪表并联一个 $500\mu F$ 以上的电容。当点火开关接通,通过二极管给电容充电,并向仪表供电,此时电容及仪表上的电压是 12V,点火开关转至起动挡时。起动机工作使蓄电池电压下降,但二极管隔离了低电压,仪表暂时由电容供电,保证有较高的电压,不会造成黑屏。起动成功后,蓄电池由发电机充电,电压升高,恢复通过二极管向仪表供电。经实际使用,起动时仪表不再黑屏,故障彻底排除。电容充电是要时间,但这个电容只经过导线(电阻很小)充电,所需时间几乎是一瞬间,把钥匙开关转到点火挡时电容就充电了,再转到起动档时电容上就充足电了。二极管的管压降不足 1V,但起动机工作时,蓄电池电压瞬间下降 4～6V 都是正常的。这就是维修技师建议串联二极管和并联电容的依据。

三十五、奇瑞 QQ 位置灯不能熄灭的故障

故障现象:一辆配置 SQR472 发动机,才行驶 6000km 的奇瑞 QQ 轿车,出现位置灯不能熄灭故障。

故障诊断与排除:断开灯开关保险丝 F24(如图 13-10 所示),位置灯不能熄火。奇怪的是断开左侧位置灯保险丝,左侧位置灯熄灭,但断开右侧位置灯保险丝也是左侧位置灯熄灭,右侧位置灯仍亮。因该车左右位置灯保险丝已断开,而右侧位置灯仍亮,说明右侧位置灯对常火电源短路。

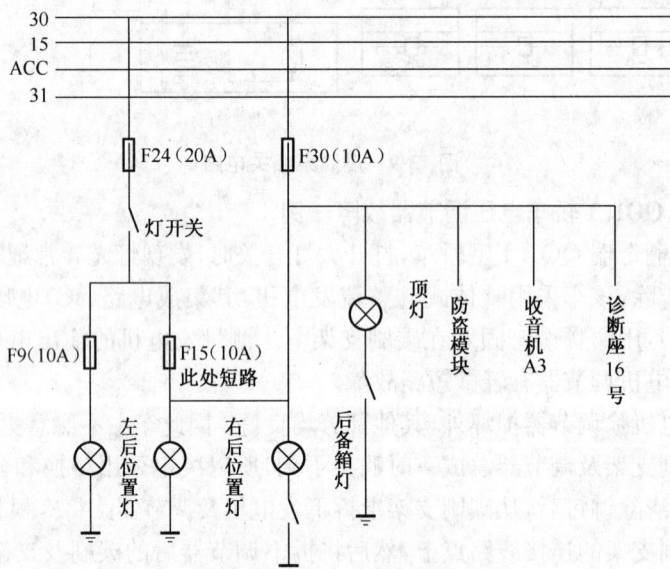

图 13-10　位置灯电路

由电路图得知,位置灯电源在灯开关处于第 1 挡时将 F24 的电源经灯开关分别给前舱左侧位置灯保险丝 F9 和前舱右侧位置灯保险丝 F15 提供电源。而此时无论断开哪一侧保险丝都是左侧位置灯熄灭,恰恰说明短路点就在右侧位置灯保险线 F15 至右侧前后位置灯泡之间。但此时需要了解的是去往前后位置灯的线束中,有什么用电器的导线是由 30 号常火线供电的。详细查阅电路图发现,顶灯保险丝 F30 同时还给后备箱灯和收音机、防盗模块、诊断座供电。而收音机处也有经调光开关过来的电源,但考虑到经调光开关过来的电流很小,仅供发光二极管使用,如果此处和顶灯电源短路,应该不会引起前后位置灯正常点亮,所以暂时排除。还有一路电源去往后备箱灯,在左 A 柱下方找到从 F30 出来的线束交叉点,断开去往后备箱的线路,此处位置灯全部熄灭。说明故障原因分析正确,此处就是故障点。对于这种线束中间没有插接器的短路故障，最好的办法就是从几个可疑的线束交叉处依次断开来锁定故障范围。经在左前座椅后方（该车右后线束从左前座椅后方拐到右侧）测量线束正常，再从右后座椅下方（右后座椅至脚坑）处测最终于发现故障点。原来此处线束在装潢铺地板时将后备箱线束内铜丝部分划断，导致在正常使用后备箱灯时线束（浅绿线）发热，将与其相邻的右后位置灯线束（黄/黑线）绝缘皮熔化，导致两根线形成短路。将该处线束修复包扎后，故障彻底排除。

　　故障维修总结：此故障还是一例人为故障，现代汽车装潢已经对车辆功能，甚至是安全都造成了一定的影响。这就要求组装或维修人员，在对车辆进行装潢或维修时，一定不要让导线被压，以免造成人为故障。

第十四章 长安福特系列轿车故障检修实例

一、2006 款长安福特轿车因点火线圈故障引起行驶时有时发闷的故障一例

故障现象:一辆 2006 款长安福特 FOCUS,发动机全铝合金制造,双顶置凸轮轴,16 气门,采用电子节气门,IMRC 和 IMSC 进气道控制,COP 点火系统的四缸汽油发动机。在行驶了 4 万多 km 后,发现行驶时车辆发闷,仪表故障灯不亮,用 IDS(福特汽车专用检测仪)未检测到故障码。

故障诊断与排除:该车主一来服务站,就直接找前台接待专员给发动机除炭。在车子开到维修车间维修时,技术维修人员对车检查后发现,该车有修理过的新痕迹,维修技师看完派工单后就去问车主:车子有什么故障? 据车主反映,该故障现象在 1 个星期前就出现了,当时车主是送到另外一家长安福特特约服务站进行维修的,这家特约服务站对其故障现象确认后进行了检测,未发现异常故障。建议车主清洗节气门和汽缸除炭,更换火花塞。因车主嫌维修费用贵,而且在维修后还不能保证该车的故障排除,就把车子开到朋友开的一个汽车修理厂维修。在维修厂维修后,故障现象依旧还在,没有能够解决车子发闷的问题。因为该维修厂没有除炭的设备,车主经其他 FOCUS 车主朋友的介绍来维修技师所在的服务站维修。根据车主的叙述,了解到这个原因,维修技师对其车进行了 IDS 检测,也未发现故障码。只好进行路试,以确定此故障的真实性。在路试的时候,维修技师发现车子在开到 40km/h 时有瞬时发闷现象,过了 40km/h 时又好了,跑高速时(120km/h)也很正常。试车回来后,维修技师就此问题进行了分析,如果汽缸积炭过多,车子应该会有难起动,怠速应该受影响,混合气应该不对等现象,而该车的尾气与别的车相比较,也没有异常,冷车时好起动,怠速平稳。此车是单点火(单点火是各缸的点火顺序和发动机做功顺序一样,各缸有一个点火线圈),怀疑有可能是有 1~2 个点火线圈有时会断火,更换 4 个新的点火线圈后路试,此故障消失了。让车主试车后,车主讲已经正常。然后,维修技师逐一安装上旧的点火线圈,发现 1 缸点火线圈有问题。

故障维修总结:那为什么 IDS 未能检测到此故障呢? PCM 不能检测点火线圈故障,这是因为它的故障监测电路只能检测点火触发信号是否正常,对于点火放大器及点火线圈的工作情况无法监测。

二、长安福特 S—MAX 自适应前照灯的故障一例

故障现象:发动机运转时组合仪表有黄色警告灯不熄灭,而且组合仪表上的驾驶员信息显示屏显示"Advanced Front Light Failure"(调校式前灯光故障)信息。

故障诊断与排除:用诊断仪 IDS 进入大灯块 HCM,有"大灯初始化信息丢失"的故障码。清除故障码,用 IDS 做"头灯校正",却进行不下去,提示进行"系统自测",按提示做,却是"检测失败"。

该车有氙气灯自适应功能,开近光时会自动根据车速和方向调整光束向转弯侧倾斜,减小眩目,但在静止、倒挡时不起作用。根据前后高度传感器长时间内的高度差,自动调整灯光高度。由前高度传感器、调整电机、控制模块组成。还有角灯随动功能,可根据车速(在 0~70km/h)和转角(约 30°)内侧灯点亮,增加转弯侧照度。如果更换过该系统的部件都需要用 IDS 进行设置。

此时仔细想了想,是不是因为某个信号错误(但又还未到大灯模块能够记忆故障码的范围)导致做不了校正呢? 于是进入大灯模块内看了一下数据流,发现除了前高度传感器和后高度传感器的高度数据相差很多,其他数据基本没问题。此车前、后高度传感器均采用霍尔传感器,将模拟信号传递至控制模块。按道理,前、后高度传感器的高度数据是应该差不多的。把车顶起来,仔细看了下前、后高度传感器,发现前高度传感器在安装的时候,活动的连接杆是可以在两个位置的,可以朝前也可以朝后。询问车主,原来曾经更换过前下支臂,那么是不是修理工在安装高度传感器的时候造成的位置错误,导致大灯模块接收到不正常的高度信号,而使校正进行不了呢? 查阅维修手册的,将手册中提示的正常位置与现在实车的位置对比,确认以前的修理工在更换前下支臂时高度传感器未按正确位置安装,重新调整高度传感器连接杆位置,再次用 IDS 进入大灯模块看数据,在转向角度是 0°的时候,坐在驾驶座位上,前高度数据是 64311mm,后高度数据是 65335mm,此时再做"头灯校正"(IDS 提示是车上不能够坐人而且不能够放重物,但是在实际操作中坐在驾驶位上对校正并无什么影响),根据 IDS 的提示,很顺利就完成校正了。

再起动发动机,组合仪表无黄色警告灯提示,故障彻底排除。

三、2006 款长安福特福克斯 2.0 轿车中控门锁故障一例

故障现象:一辆 2006 年产长安福特福克斯 2.0 轿车,行驶里程 5000km。据车主反映,该车无论在行驶或停车状态下都会出现自动落锁或开锁现象,而自动落锁现象出现的次数较多。

故障诊断与排除:首先使用故障诊断仪 WDS 进行诊断,系统内存储了驾驶员侧门锁锁止信号线对地短路的故障码。检查门锁和中央接线盒 CJB 的线路正常,清除故障码后关上车门,只要出现自动落锁的故障时,该故障码又会出现。验证车辆的门锁功能,发现通过前排乘客侧车门无法控制全车门锁的开锁和落锁,检查前排乘客侧门锁和线路,在开锁的状态下,测量电动门锁线束插头的 10 号和 8 号脚之间的阻值(电路图如图 14-1 所示)大约为 700Ω,没有完全断开,正常情况下应该是不通。

更换前排乘客侧门锁模块,清除故障码后试车,故障彻底排除。

由于该车的门锁电机与门锁模块整合在一起,连接在中速 CAN—BUS 系统中,在更换模块之前,要确保普通线路和通信线路正常。当然,其他车门的门锁模块也可能会出现相同的故障。当车门锁块出现故障时,其他常见的故障现象还包括车辆行驶在不平路面时门锁反复上锁和开锁,当中速 CAN—BUS 的线束插头出现虚接时也会造成类似的故障现象。

四、长安福特福克斯发动机怠速不稳且有时发动机会自动熄火的故障一例

故障现象:一辆长安福特福克斯,车主反映发动机怠速不稳,有时发动机会自动熄火,同时仪表板上的充电指示灯会点亮。

故障诊断与排除:维修技师接车后分析认为,这种故障,应该是节气门体过脏。该车装备的是电子节气门,节气门的开度由相应的电机驱动实现,而电机则是受发动机控制单元的指令控制。为了保证发动机在各种工况下的稳定运转,发动机控制单元会接收相关的传感器输入信号,在对这些输入信号进行计算后,再向电机发出相应的指令。当节气门过脏后,发动机在怠速运转时,由于此时节气门的开度较小,便会导致发动机的进气量不足,这样发动机便会出现怠速不稳的故障症状。一旦发动机的怠速转速明显偏低,就会有熄火的趋势,此时便会出现仪表板上的充电指示灯点亮的情况。

对于车主报修这种因节气门过脏导致充电指示灯点亮的故障,有些维修人员会盲目地去维修车辆的充电系统,这种做法显然是不对的,汽车维修人员必须科学地分析故障。

对于该车故障,应该对节气门进行清洗,在清洗工作完成后,还需要利用故障诊断仪对节气门进行匹配,当完成上述工作后试车,一切正常,故障彻底排除。

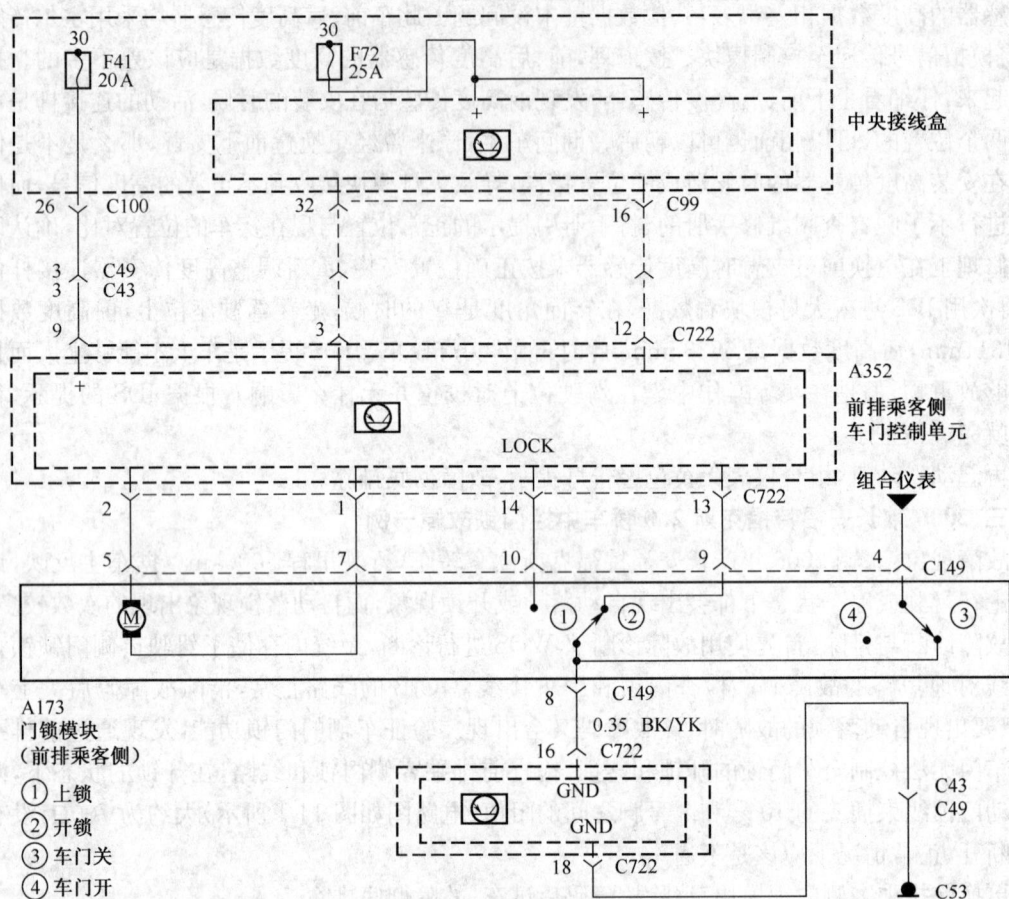

图 14-1　前排乘客侧门锁电路

五、长安福特福克斯 2.0L 轿车熄火后再无法起动的故障

故障现象：一辆长安福特福克斯 2.0L 轿车，搭载自动变速器，车主反映车辆熄火约 20min 再重新起动时发动机无法起动。

故障诊断与排除：经试车，故障确如车主所述，该车不能起动是起动机不能运转。既然是起动机不能运转，那么就需要对起动系统进行重点检查。首先检查蓄电池电量，蓄电池电量充足。检查 F13 号熔丝，熔丝完好。由于该车装备自动变速器，当挡位开关信号异常时，控制单元将禁止发动机起动，为此维修技师对变速器的挡位信号进行了检查，但挡位信号正常。然后又检查了起动继电器的工作状况，继电器工作正常。继续利用万用表检查蓄电池到起动机的线路发现，该线路发生断路现象。经仔细观察发现，该线束靠近蓄电池极柱处有一个类似熔断器的装置，断路即发生在该位置。经查阅电路图（如图 14-2 所示）得知，该处为 150A 的熔丝，这么大容量的熔丝居然被熔断了，看来线路或起动机本身存在问题。经仔细检查，线路没有问题，看来问题出在起动机上，维修技师判定起动机存在内部线圈短路的情况。最后，在更换新的起动机后，试车故障彻底排除。

六、2005 款长安福特蒙迪欧 2.0L 轿车中控门锁自动上锁故障一例

故障现象：一辆 2005 年产长安福特蒙迪欧 2.0L 自动尊贵型精装版，行驶里程为 97km，用户反映该车偶尔会出现车辆起动后中控锁自动上锁的故障。

故障诊断与排除：鉴于该车的故障为偶发性故障，维修技师怀疑左前门中控门锁总成的插

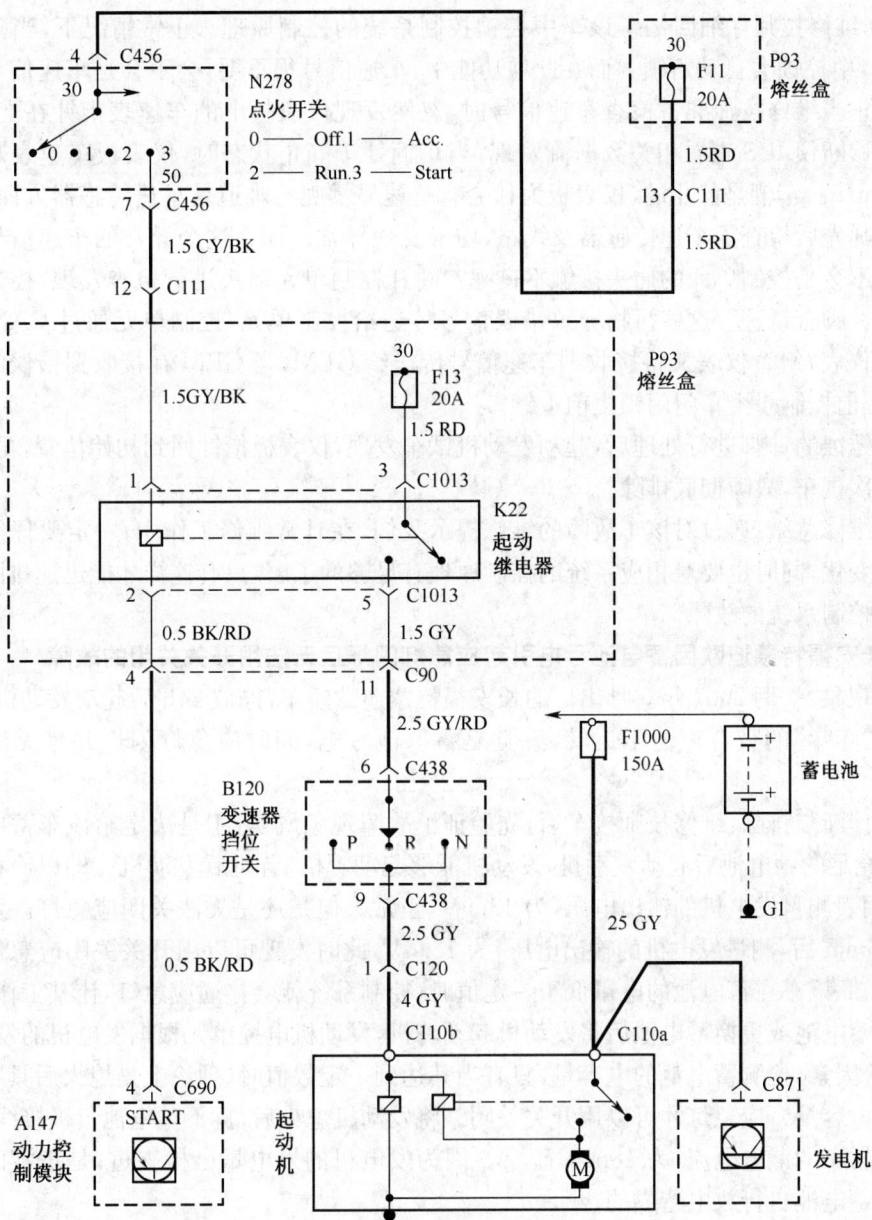

图 14-2　起动系统电路图

接器可能接触不良,但经检查并未发现异常。根据维修该车型的经验,决定更换左前门中控门锁总成。之后进行试车,故障未再出现。由于该车的故障属偶发性故障,当时并不能确定故障已经排除,故让车主在使用中继续观察。经过一段时间的使用,用户反映该车故障再现,车辆返厂。

　　根据该车的故障症状,这次首先连接故障诊断仪 IDS 对车辆进行了检测,但未发现故障码。根据该车中控锁系统的控制原理可知,中控门锁系统由通用电气模块(GEM)控制,一旦GEM 出现问题,便有可能出现这种偶发性故障。结合上次的维修记录,考虑到有相同车型的正常车辆,维修技师决定先替换 GEM 试验。在将 GEM 替换后,试车故障仍然存在。至此,维修陷入困境。

之后,维修技师仔细回忆了该车中控锁控制系统的控制原理。正常情况下,当车速超过7km/h 时,中控锁会自动落锁。而在此项功能中,车速信号很重要,会不会是车速信号出现问题了呢? 正当维修技师准备检查车速信号时,忽然发现仪表板上的车速表指针在上下跳动。利用故障诊断仪 IDS 查看相关数据流发现,当车辆处于静止状态时,仪表板车速表却显示车速约 10km/h。车辆是静止的,仪表板为什么会有车速显示呢? 难道是车速传感器方面的问题? 但维修技师先后检查了车速传感器及线路,均未发现异常。那么这个异常的车速信号从何而来呢? 会不会是控制单元的插头接触不良呢? 断开控制单元插头进行检查发现,控制单元插头的部分针脚有锈迹。这些污物导致错误信号传送给控制单元,控制单元通过 CAN 总线传输给组合仪表,组合仪表又将接收到车速信号传送给 GEM,当 GEM 在接收到错误的车速信号后,便提前控制 4 个车门门锁提前上锁。

在对锈蚀的针脚进行处理后,起动发动机试车发现,仪表板指针回到初始位置,再未跳动。后又经多次试车,故障彻底排除。

故障维修总结:通过对该车故障的维修提示我们,在日常维修工作中,一定要仔细观察车辆的异常变化,同时也要对相应系统的控制原理有足够的了解,只有这样才能迅速排除技术含量较高的控制系统的故障。

七、长安福特蒙迪欧因蓄电池亏电引起应急灯闪烁且无法用开关关闭的故障

故障现象:一辆 2007 年 5 月出厂的长安福特蒙迪欧轿车,停放 24h 后起动发动机,能听到起动机有"咔咔"的吸合声但不运转,感觉是蓄电池亏电,同时应急灯闪烁并且无法用开关关闭。

故障诊断与排除:维修技师接车后,先验证了故障现象属实,于是决定给该车蓄电池并联1 只电量充足的蓄电池后起动发动机,发动机能够起动着机,着机后发动机立即以冷机怠速运转,用万用表测量发电机的输出电压,为 13.9V,正常。但是还是无法关闭应急灯。发动机继续运转 15min 后,测量发电机的输出电压,为 13.6V,此时发现可以用开关关闭应急灯了。查阅资料得知,该车在蓄电池的电量低于一定值时,控制系统就会接通应急灯,让其工作,当用并联另外的蓄电池或更换蓄电池后将发动机起动着机,发动机电控单元根据发电机的发电量、时间、温度等因素,检测蓄电池的电容量,只有当其达到一定数值时(理论上是熄火后具有足够下次起动的电容量),应急灯才可以用开关关闭。将发动机熄火后,拆下蓄电池负极接线,串联电流表测量轿车的漏电电流,为 18mA,正常。因为发电机的发电量已检查过,是正常的。看来故障是由蓄电池自行放电造成的。

更换新的蓄电池后,故障彻底排除。

八、长安福特福克斯轿车雨刮器不工作的故障一例

故障现象:一辆长安福特福克斯轿车,雨刮器在任何挡位都不工作。

故障诊断与排除:清洗水泵工作正常。根据该车的雨刮器电路图(如图 14-3 所示)可以看到。控制雨刮器工作的核心是中央接线盒,中央接线盒由电子控制单元、继电器和熔丝组成,通过组合插头与车内线束连接。该车的很多用电器的控制都是由它控制完成的。中央接线盒内的控制单元接收来自雨刮器开关的信号,然后通过内部的继电器来控制高速、低速和频率可调的间歇挡工作的。依据线路图检查熔丝 F3(60A,在蓄电池盖)和 F50(20A,在中央接线盒上)正常。检查还发现,当置雨刮器开关在高速或低速位置时,可以听到内部的雨刮器继电器有"嗒嗒"的工作声响,由此确定开关信号已经到达中央接线盒内,控制单元已相应做出了执行操作,可以判断问题应该在继电器控制的回路中。再次依据线路图检查中央接线盒插座到雨

刮器电机之间的连接线路,也没有任何问题。给雨刮器电机直接加上 12V 的直流电源。电机工作正常,由此判断为中央接线盒内部有问题。拆下并打开中央接线盒,发现雨刮继电器是一次性地被焊接到电路印刷板上的,而且长方形的中央接线盒印刷板是有双层两面印刷板的结构。边沿有几十个插头将其焊接而成,检查线路板上继电器背面的电路连接难度很大。为了确定故障所在,尽量缩小范围,维修技师深入分析电路图,认为做如下的辅助检测操作,可以确定故障点。具体做法如下:将连接中央接线盒的 40 号接地线(黑色)从中间临时剪断,给其临时加上常电源。依据电路图,当雨刮器在停止位置时。加上常电源,雨刮器应该一直低速工作。当打开点火开关时。临时供电应该被内部继电器 8 的常开触点吸合,转换为由熔丝 F50 供电,按照上述做法,结果维修技师发现,确实雨刮器一直转动起来了,由此说明继电器 8 和继电器 9 的常闭触点肯定正常。同时也证明控制单元已经控制继电器 8 线圈动作。控制回路也没有问题。但是当维修技师打开点火开关后,雨刮器停止转动,说明是通过熔丝 F50 而没有通过继电器的常开触点继续供电,看来故障点在继电器 8 的常开触点。

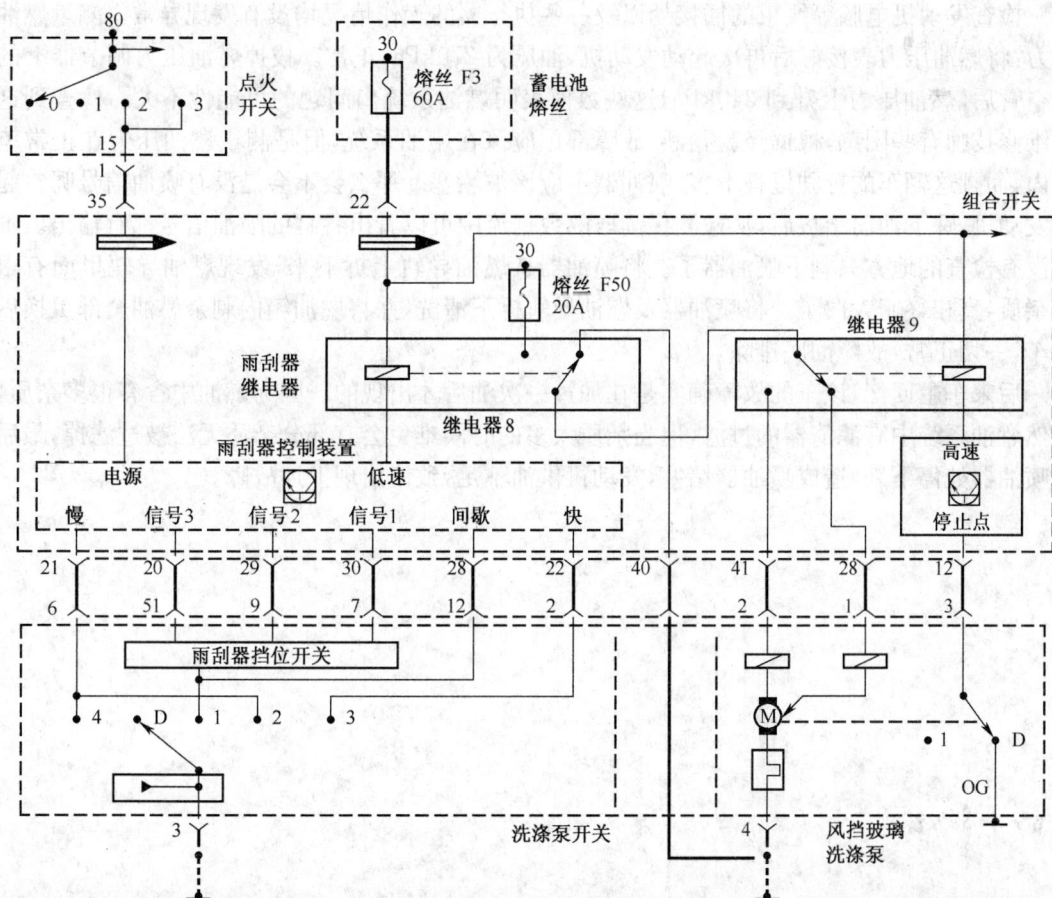

图 14-3　雨刮器线路

随后维修技师通过经验查找继电器的位置,发现实际上继电器 8 和继电器 9 是一个继电器组。有 10 个引脚,焊接面在双面两层电路板的内侧。为了确定故障,维修技师又撬开了该继电器的盖子,结果发现继电器 8 的常开触点已经烧熔变形,看来上述的判断完全正确。

更换中央接线盒后雨刮器工作正常,故障彻底排除。

九、2004 款长安福特嘉年华 1.6L 轿车起动困难和起动后熄火的故障

故障现象:一辆 2004 年产长安福特嘉年华 1.6 轿车该车起动困难。起动后如果不及时加油就会马上熄火。据车主反映,前一段时间该车早上刚起动时,发动机怠速转速在 800～1000r/min 之间变化,等水温正常后这种怠速不稳的现象也随之消失了。但是最近发动机就出现了起动困难和起动后熄火的故障。

故障诊断与排除:维修技师接车后,起动发动机并使转速保持在 2000r/min 以上,发动机剧烈抖动的同时发出沉闷的声音,再加油发动机马上熄火,仪表指示灯正常,用福特专用检测仪 WDS 查询发动机电脑无故障码输出。能造成发动机起动困难 而且起动后马上熄火的原因一般有 2 种:一是断火,也就是没有足够强的火花点燃可燃混合气体;二是断油,一般是因为燃油系统的电控部分有故障,或喷油器、燃油管路堵塞,造成不能及时将燃油喷射到燃烧室中去。根据这个思路,分别对点火系统和燃油系统进行检查:检查点火系统,火花塞的电极表面有一层黑黑的积炭,还有少量的汽油,更换一组新的福特专用火花塞后,检查高压跳火正常,但故障依旧。测量气缸压力:缸压均在 900～1000kPa,各缸之间的压差也不大,看来缸压力也没有问题。检查发动机电脑等线束的插接处以及一些执行器的工作情况均没有发现异常。测量燃油压力:将燃油压力表接好后再次起动发动机,油压为 270kPa,正常。拔掉燃油压力调节器上的真空管后,燃油压力上升到 340kPa,这些数值表明燃油系统出问题的可能性不大。检查到这里维修技师有些困惑,根据经验判断,故障部位应该在燃油系统,但是测量燃油压力在正常范围内,而且这辆车的行驶里程不多,喷油器不应该被堵塞。那么会不会是没有喷油信号呢? 起动发动机,踩下油门踏板后,从检测仪读取的数据流中可以看出各缸的喷油信号都有输出。唯一没有检查的地方只剩下喷油器了。将喷油器从燃油导轨上拆下来,发现燃油导轨里面有很多杂质,真相终于大白了。将喷油器及燃油导轨拆下清洗,并将燃油箱内剩余燃油全部更换后试车,一切正常,故障彻底排除。

后来车主回忆,该车的故障确实是在加过一次油后才出现的。因为燃油中含有很多杂质,虽然燃油系统中有滤清器的过滤,但当杂质太多的时候难免会有部分杂质无法被过滤掉,最后在喷油器处停下来,造成喷油器堵塞,发动机供油不足,致使出现上述故障。

第十五章　南京菲亚特系列轿车故障检修实例

一、南京菲亚特轿车发动机无法起动的故障

故障现象：一辆南京菲亚特(FIAT)派力奥1.3L轿车，累计行驶里程13万km。发动机在起动过程中有火有油，但无着机迹象。

故障诊断与排除：该车已经在一修理厂维修了几天，故障没能排除。维修技师接车后，首先向车主询问了该车的相关情况。车主反映，该车发动机正常工作后，停车约1h后，便出现发动机无法起动的故障，当时打开发动机室盖检查了一下机油情况，同时用手碰了一下加机油盖旁的线束，而后打电话给修理厂救援，修理厂为其换上了一只发动机转速传感器后，发动机依旧无法起动。车主还反映，在此之前修理厂曾对燃烧室及气门上的积炭进行了清理，所以发动机正时部分可能被调整过。使用X—431故障诊断仪检查，无故障代码储存。根据车主的描述，以及对现象的分析，认为导致故障产生的原因有以下几点：一是起动机转速不够；二是发动机转速传感器，凸轮轴位置传感器(传感器与触发轮的间隙，以及传感器的波形)有问题；三是排气系统排气不畅；四是发动机正时有问题。根据以上分析进行了检查，发现各缸点火正常；燃油系统供油正常，供油压力为220～250kPa，用二极管试灯对各喷油器进行了检查，也均正常；4个气缸的气缸压力在1.11～1.16MPa，正常；拆下火花塞，发现火花塞电极处较黑而且较潮湿。为了不影响下面的检查，就直接换上了4只NGK火花塞。在确保常规检查都正常后，开始对发动机正时部分进行检查。由于缺少该发动机正时校对资料，无奈之下，维修技师根据经验采用凸轮轴"倒八字"和活塞上止点试探法对正时进行了校对。根据经验可知，对于采用转速传感器和凸轮轴位置传感器的发动机，如果正时部分出现错误，在发动机电控单元内将有故障代码储存，即使凸轮轴正时齿轮和曲轴正时齿轮的标记错过2～3个齿，在发动机转速传感器工作良好情况下，发动机是可以起动着机的。可将正时重新校对好后，起动发动机试车，故障依旧。而后在发动机起动过程中对节气门喷了少量的化油器清洗剂，经过多次调试，发动机偶尔能起动着机，但无怠速转速，运行不到1min便自动熄火。为了排除是起动机转速不足的原因，用其他车辆对该车发动机进行了牵引起动，但发动机依旧难以起动着机。根据以上的分析，排气管排气不畅或三元催化转化器堵塞，也可能引起发动机难起动的现象，于是拆下排气歧管上的几只螺栓后，准备起动试车，故障仍然依旧。为了排除电路出现故障的可能性，使用X—431故障检测仪对喷油器、点火控制器等进行了执行机构自诊断，发现并无异常。接着使用示波器对发动机转速传感器波形进行了检查。该发动机转速传感器为电磁式，示波器能够很清晰地反映出其信号波形，故障诊断到此维修技师也有些迷茫了。根据发动机在起动过程中有较明显的回火现象，维修技师和其他修理工分析，认为还有可能是正时方面的问题。于是将点火正时向点火延迟方向动了两个齿，但故障依旧并无好转迹象。无奈之下打电话向菲亚特(FIAT)4S店寻求技术支持，该店维修人员驱车到修理厂给予帮助。在他们的帮助下将发动机正时部分进行了再次调整，但仍无法起动着机。

由于确实没有好的方法了，只好采用替换法来诊断故障，于是找来一辆同型号的菲亚特轿车，然后根据该车上的正时标记对故障车的正时进行了重新调整，同时将该车的发动机转速传感器、凸轮轴转速传感器等分别进行调换试验。当将故障车上的发动机转速传感器更换后，发动机能够顺利起动着机。到此真相大白，因为车主反映该车的发动机转速传感器在原来的维修厂已经换过，虽然维修技师也使用了示波器对该传感器进行了检查，但可能由于新换上传感器的波形与原厂传感器的波形有误差,发动机电控单元在接收该信号后就发出错误的点火和喷油信号,从而导致发动机起动困难,以及起动着机后会自动熄火的故障。

二、南京菲亚特派力奥 1.5L 轿车无法起动的故障一例

故障现象:一辆南京菲亚特派力奥 1.5L 轿车,用户反映车辆无法起动。

故障诊断与排除:根据车主反映的故障,维修技师先对故障进行了确认,发现车辆起动时,起动机能够运转,但运转无力,根本无法使发动机起动。根据该车的故障症状,怀疑是蓄电池电量不足。于是利用蓄电池测试仪对蓄电池进行了检测,但经检测蓄电池完全正常。既然蓄电池正常,那么会不会是起动机本身的问题呢? 考虑到蓄电池与起动机之间由一根较粗的电源线相连,如果这根电源线的电阻过大,也会导致起动机因这根线的压降太大而使得到达起动机的电压过低,从而不能驱动起动机。为此,维修技师在车辆起动时测量了起动机处的电压,结果发现电压过低。

在更换这根电源线后。再重新起动发动机,车辆顺利起动,故障彻底排除。

三、南京菲亚特轿车起动机频繁损坏的故障

故障现象:一辆南京菲亚特派力奥 1.3 手动挡轿车,车主反映该车频繁损坏起动机,更换一个新的起动机只能使用一段时间。

故障诊断与排除:维修技师接车后首先利用万用表测量蓄电池电压正常,检查起动机到蓄电池的接线正常,最终确定为起动机内部断路。经拆检旧的起动机,发现旧起动机内部的确断路,怀疑问题根源是起动系统线路存在问题导致起动机烧毁。

最后在检查点火开关处线束时发现,用户加装了电子遥控钥匙,在安装过程中存在不规范操作,导致线路损坏。当车辆行驶中受到颠簸时,引发线路短路,起动机工作。因飞轮的旋转速度远远超出起动机的承受能力,使得起动机损毁。在对损坏的线路进行处理后,故障彻底排除。

四、南京菲亚特轿车发动机自动熄火的故障一例

故障现象:一辆 1.5L 南京菲亚特派力奥(PALIO)两厢轿车,发生了交通事故,但发动机没有受到损伤,只是外观件损坏比较严重。事故修竣后起动发动机试车,发动机却无法起动着机,原因是没有高压火,通过进一步检测发现是曲轴位置传感器损坏。于是就更换了曲轴位置传感器,而后试车,发动机很容易起动着机,但此后却又出现以下故障现象:一旦冷却风扇进入高速运转阶段,发动机就自动熄火。熄火后发动机不能立即起动着机,需要等发动机温度降下来后,才容易起动着机,当冷却风扇又进入高速运转阶段时,发动机又会熄火。

故障诊断与排除:维修技师接车后,首先验证了故障现象。经过几次试验,发现确有此故障现象。连接 X—431 故障检测仪进行诊断,发现故障诊断仪无法和发动机电控单元进行正常通信。无奈之下只能按照常规的方法对该车故障进行分析。在一次发动机刚熄火后,立即拔下一缸分缸线并插上火花塞准备检查是否有高压火时,发动机在"缺缸"的情况下竟然着机了。接着将发动机熄火后,把一缸分缸线插上再试火。发动机没有着机迹象,再将一缸高压线拔下来。继续作起动试验,发动机又能起动着机。根据这些检查结果,并结合故障现象分析,认为故障是一缸火花塞在高温时断火引起的。当发动机电控单元接收到一缸火花塞断火信号后就执行保护措施,使得喷油器不再喷油,所以发动机立即熄火。当发动机温度降下来,重新起动发动机,此时火花塞不失火,发动机电控单元正常向喷油器下达喷油指令,所以发动机又能起动着机。但将 4 个火花塞全部更换后试车,发现上述故障依旧存在,并且出现一个奇特的新故障现象,就是当发动机在正常工作时。有的人用手一碰曲轴位置传感器输出信号线发动

机就熄火,但有的人不管怎样摸碰曲轴位置传感器输出信号线发动机都不会熄火。经过会诊,一致认为此种"奇特怪现象"是静电干扰的结果,因为每个人身体的电阻大小不一样,所带静电电压高低也不尽相同,干扰强度也不尽相同。因为该发动机曲轴位置传感器是磁电式结构,它本身是一个交流发电机,是有源式信号发生装置,它发出的信号是微弱的,只有毫伏级,为了防止该传感器发出的微弱信号被干扰,所以加装了屏蔽线,如果由于屏蔽线有破损,产生以上的所谓奇特现象也不足为奇了。检查曲轴位置传感器线束外侧的屏蔽线,果然发现在接头处有一段破损,于是对其进行包扎处理,以保证屏蔽效果。接着对曲轴位置传感器发出的信号数值进行了检测。用万用表交流电压挡(2V 挡)测量,结果输出信号是 245mV,标准值应该是不小于 250mV。于是检测了曲轴位置传感器与信号发生器齿圈的间隙,实测间隙是 0.80mm,标准值应为 0.2~0.4mm,于是将曲轴位置传感器安装座孔用砂轮磨去一层,使二者间的间隙达到标准值。然后再进行着火试验,故障仍然依旧。经查阅资料得知,电控发动机既然对失火能加以保护控制,同时也就存有记忆,虽然故障排除了,但它的记忆不能马上消失,必须进行重新学习才能恢复正常工作状态。于是决定将该车开出厂进行路试,在行驶不到 5km 时发动机熄火好几次,但继续行驶后,发动机自动熄火现象一直未再出现。到此故障彻底排除。

五、南京菲亚特轿车爬坡和急加速时动力不足的故障

故障现象:一辆南京菲亚特 1.5L 轿车,累计行驶 3 万 km,出现爬坡和急加速时无力,但在平路上正常行驶时正常的现象。

故障诊断与排除:维修技师接后,验证了故障确实存在。首先检查点火正时,凸轮轴和飞轮正时标记,正常;然后检查曲轴位置传感器、进气歧管绝对压力传感器、喷油器、节气门体和排气管等,也均正常。连接故障检测仪,查看在上坡由 2 挡挂入 3 挡时的点火提前角,在 2°~5°之间变化,喷油量在 10ms 以上,但发动机转速最高仅能维持在 1500r/min 左右。于是判断问题还是出在点火正时上。下面决定拆下曲轴带轮做进一步检查,发现曲轴带轮和曲轴正时轮安装不正确,造成点火正时错位。在急加速和爬坡时点火时间过迟。更换曲轴带轮和曲轴正时轮后试车,一切正常,故障彻底排除。

六、南京菲亚特派力奥 1.3L 轿车加速不良的故障

故障现象:一辆 2004 年生产的南京菲亚特派力奥 1.3L 轿车,行驶里程 20 万 km,车主反映该车加速不良。

故障诊断与排除:维修技师接车后,首先起动发动机试车,发动机运转平稳,急速转速为 800r/min 左右(正常值为 750~850r/min),说明发动机急速正常。快速踩下加速踏板,发动机转速不能快速上升,而是缓慢地提高,说明确实存在加速不良的故障。

连接菲亚特专用检测仪 Examiner,进入发动机电控系统进行检测,结果显示第 1 点火线圈故障、爆震传感器故障、氧传感器故障。

清除故障码后重新起动发动机,再次用检测仪 Examiner 进行检测,仪器显示无故障码,但加速不良的现象仍然存在,没有任何好转,这说明上述故障码为偶发性故障。

接着进行断缸跳火试验,电火花非常强烈,说明第 1 点、第 2 点火线圈是正常的。再次试车时发现,当把加速踏板踩到底时,发动机虽然提速缓慢,但过一会儿发动机转速就能达到 6000r/min,这说明可燃混合气量增加比较慢,初步判断是空气通道有问题,故障与燃油供给系统关系不大。考虑到此车行驶里程已达 20 万 km,所以怀疑节气门有问题。经询问车主,得知该车除了正常保养,没有对节气门进行过清洗,于是决定拆下节气门检查。

首先断开蓄电池连接线,拆下发动机电脑(由于发动机电脑在节气门体上方),并把进气管

路的各气管均断开,接线插头均拔掉,最后拆下节气门。拆下节气门后发现积碳非常厚,说明该车加速不良的故障与节气门积碳有着直接的关系。

用毛刷和清洗剂清洗节气门后装车,起动发动机,快速踩下加速踏板,发动机转速快速上升;进行路试,汽车加速有力,提速正常,故障彻底排除。

故障维修总结:造成本故障的原因就是没有对节气门体进行定期保养,导致节气门体内产生大量积炭,空气通道变小,进而造成混合气量增加缓慢,发动机加速迟钝。正常情况下,车辆每行驶 1.5 万 km,就应当对节气门体进行一次彻底清洗,以确保发动机的正常运行。

七、南京菲亚特派力奥轿车发动机怠速偏高的故障一例

故障现象:一辆南京菲亚特派力奥轿车,出现发动机怠速转速居高不下,转速不稳,转速表指针摆动的现象。

故障诊断与排除:维修技师接车后,首先用故障检测仪检测发动机转速,显示在 1000～1100r/min 左右,确实比标准怠速(850～900r/min)略高。根据常规情况分析,能引起该发动机怠速转速偏高和不稳的因素一般有以下几个:一是节气门体过脏,积炭和胶质影响节气门正常回位,使节气门关闭时好时坏;二是空气流量传感器或节气门位置传感器及其线路有故障;三是蓄电池亏电;四是真空软管漏气或进气歧管垫破损漏气,PCV(曲轴箱强制通风)阀芯回位不正常,时好时坏;五是气门关闭不严。

查看该车里程表上的显示,已行驶了 47000km,如节气门体过脏,节气门回不到位,会影响节气门正常关闭。但车主反映,该车节气门不久前刚在 4 万 km 维护中清洗过。看来节气门体不应该存在脏污的情况。因为蓄电池电压不足会导致发动机工作不稳,故测量蓄电池的电压,基本正常。接着检查空气流量传感器和节气门位置传感器及其线路,也没发现问题。于是将疑点集中在漏气方面,松、踩制动踏板,以通过松、踩制动踏板来观察制动助力泵对发动机真空度产生的影响。因为正常情况下,松、踩制动踏板对发动机转速不会产生很大的影响,若此时松、踩制动踏板,发动机转速表指针出现摆动现象,就说明进气歧管与制动助力泵连接软管有漏气现象,若此部位有漏气现象,那么轿车在行驶中即使不踩制动踏板,受道路颠簸等因素的影响,也可能造成发动机真空管真空度变化,而导致发动机转速不稳,但经试验证明上述部件完好。考虑到如果气门密封性不好,发动机怠速不稳,转速表指针也会摆动,但发动机怠速一般情况下不会偏高。分析到此将疑点集中在 PCV 阀漏气方面。接着将连接 PCV 阀的管子拔下,用手指堵住 PCV 阀管端口,发动机转速即下降至标准转速,而且转速表指针也不再摆动了。

根据 PCV 阀工作原理,当发动机怠速工作时,节气门关闭,此时节气门下方产生较强的真空吸力,将 PCV 阀关闭,避免此时将曲轴箱内的机油吸入燃烧室,导致发动机烧机油;当发动机加速时,节气门随之打开,节气门下方的吸力随节气门开度而下降,PCV 阀也随之开启,曲轴箱内废气由此进入燃烧室内燃烧,以减少废气污染,达到环保节能的目的。当节气门处于怠速工况时,如 PCV 阀关闭不良,就会导致其一会开启一会关闭,发动机转速时高时低,转速表指针也会随发动机转速的高低在不停摆动,从而出现上述故障,发动机怠速时用手指堵住PCV 阀,PCV 阀不工作,因此上述故障现象消失,由此断定 PCV 阀已经损坏。

更换 PCV 阀后试车,一切正常,故障彻底排除。

八、南京菲亚特派力奥轿车行驶中发动机突然熄火的故障

故障现象:一辆南京菲亚特派力奥轿车(采用排量为 1.3L 的发动机和手动五速变速器),在正常行驶中经常出现发动机突然熄火的现象,熄火后立即再次起动发动机,无法着机。故障

出现时,组合仪表上会出现黄色的"CODE"指示灯,并且冷却液温度指示灯亮起,冷却液温度表指针回到 0 位,将点火开关转到"MAR"位置时机油指示灯不亮的现象。将该车的蓄电池负极电缆拆下 10min 后再重新装上,轿车又能恢复正常,但行驶一段时间后上述故障还会重现。

故障诊断与排除:故障出现时用故障检测仪进不了相关程序,用断电的方法使轿车工作恢复正常后,用故障检测仪进入车身控制单元(BCM),调得的故障内容为 CAN 总线关闭。进入组合仪表,调得的故障内容为 CAN 总线关闭,而且为间歇性故障。上述故障代码均可清除。但当发动机再次出现熄火故障后这些故障代码还会再现。

对该车的点火系统检查时发现,其火花塞在外面修理厂被更换为日系小阻抗的火花塞,而原车使用的为欧系高阻抗火花塞。用万用表测量车上火花塞两端的电阻值,为 $4\sim5\Omega$,而该车选用的欧系火花塞的电阻为 $4.7\sim4.8k\Omega$。分析认为,故障就是因此产生的。

换上原厂的火花塞,拆下蓄电池负极电缆再重新装上。将点火开关转到"MAR"位置 10s,再转到"STOP"位置 30s,使发动机电控系统进行自学习,再用故障检测仪对控制单元记忆的故障清除。之后试车,一切正常,故障彻底排除。

九、南京菲亚特派力奥轿车雨刮器及中控锁的故障一例

故障现象:一辆派力奥 1.5L 轿车,用户反映前后雨刮器不知何时就不工作了,最近中控锁也失灵了。

故障诊断与排除:维修技师接车后,为了验证故障,首先扳动多功能开关,雨刮电动机和喷水电动机均没有反应,考虑到多个电动机同时损坏的可能性较小,初步判定为电路故障。那么中控锁的故障会不会也与雨刮器的故障有关呢? 维修技师先用钥匙开关两前门门锁,结果左右两侧中控锁全部失灵,沿用上面的思维方式,两个中控锁电动机同时损坏的可能性很小,因此故障也应在于电路方面。根据上述检查结果,维修技师怀疑这两个故障很可能是有联系的。

于是决定先对雨刮器故障进行检修。经查阅电路图得知,车内熔丝盒中 43 号熔丝和 12 号继电器控制雨刮器。将二者拆下仔细检查,未发现任何异常,因此排除了熔丝、继电器出故障的可能性。根据对电路图的分析并结合以往的维修经验,转向盘上的多功能开关出问题的可能性也比较大,如果它的内部出现故障,既能导致雨刮器功能彻底瘫痪,也会连带引发其他异常故障。但按照由简至繁的维修原则,决定先从线路入手。根据以往的维修经验,对于这种电器故障,有些时候会是电器元件的插头或相关的搭铁线接触不良所致,因此决定对雨刮器相关元件的插头进行检查。雨刮器系统的主要部件有:蓄电池、发动机舱熔丝盒、车内熔丝盒、多功能开关、雨刮电动机及喷水电动机,经检查并没有发现有插头松动的情况。之后又参照电路图对雨刮器系统的 3 处搭铁点进行排查,当检查到右仪表板地线与车身的连接处时发现,此处接触不良。

在用砂纸进行打磨并重新紧固连接处后,雨刮器故障排除,同时中控门锁也可以正常使用了。

由电路图可知,右仪表板地线同样也是中控门锁装置的重要接地点,良好的接地效果使得中控门锁故障不治而愈。

十、南京菲亚特轿车的紧急起动方法

为了增强防盗能力,南京菲亚特派力奥轿车上装有发动机电子锁止系统,即 Fiat CODE Ⅱ 防盗系统,在拔出点火钥匙时这个系统就会自动起动。实际上,每把钥匙手柄中均内含一个电子装置,每次起动发动机时此装置通过点火开关内的一个天线环发出一个无线电频率波,该电波经调制后的信号成为电脑用来识别钥匙的密码,只有在识别无误的条件下,发动机才能起

动。所以有了 Fiat CODEⅡ防盗系统，就等于给你的爱车多加了份保险。

如果电脑程序错误时 Fiat CODE 代码不能使发动机锁止系统取消，车主就无法起动车子了，你可能会一筹莫展，别急，南京菲亚特已经为你提供了解决的办法，只要您学会了紧急起动的正确操作步骤，您的车在几分钟内会顺利起动。

首先你必须找到 CODE 卡，该卡在你买车时就已经发放了，你一定要妥善保存，千万不要让别人见到卡上的电子代码。紧急起动的步骤如下。

①阅读 CODE 卡上给出的 5 位数字电子代码。

②将点火钥匙转到"MAR"位置。

③踩下油门踏板。红色发动机故障警告灯点亮约 8s 后熄灭。此时放松油门踏板并准备好计算警告灯的闪动次数。

④在警告灯闪动的次数等于代码中的第一位数时，立即踩下加速踏板。直到警告灯点亮（约 4s），然后熄灭为止，松开油门踏板。

⑤警告灯又开始闪动，在它闪动了相应于 CODE 卡上第二个数的次数后，将油门踏板踩到底并踩住。

⑥对 CODE 卡上的其余数字进行上面的操作。

⑦一旦输入最后的数字，保持油门踏板踩下，警告灯将在亮 4s 后熄灭，松开油门踏板。警告灯会以 1.6Hz 频率迅速闪动（约 4s）确认了操作成功完成，在 10min 可起动发动机。

通过将点火开关钥匙从"MAR"转到"AVV"，起动发动机。

⑧如果警告灯保持常亮，将点火开关钥匙转到"stop"，并从步骤 1 重复此程序。

特别提醒的是，为了保障车辆的安全，你最好不要将 CODE 卡放在车上或带在身上，可将卡上的电子代码记录在随身携带的常用物品上（如手机），以备应急时使用。